公路水运工程试验检测专业技术人员
职业资格考试用书

道路工程

（2020年版）

交通运输部安全与质量监督管理司
交通运输部职业资格中心　组织编写

人民交通出版社股份有限公司
北京

内 容 提 要

本书为交通运输部安全与质量监督管理司、交通运输部职业资格中心组织编写并审定的《公路水运工程试验检测专业技术人员职业资格考试用书》之一。根据交通运输部现行相关标准规范和试验检测规程，书中针对道路工程室内和现场试验检测工作实际需要，对涉及的基本概念、试验操作原理和检测方法进行系统阐述。全书共分七章，主要包括道路工程试验检测相关知识和规定、土工和土工合成材料、集料、路面基层与底基层材料、水泥与水泥混凝土、沥青与沥青混合料、路基路面现场测试等内容。本书与2020年度《道路工程》科目考试大纲内容相一致，力求重点突出、条理清晰，理论和实际相结合，以更好地指导参考人员有针对性复习备考。

本书既可作为公路水运工程试验检测专业技术人员考前复习参考教材，也可供公路建设、施工、监理单位以及质量监督部门的技术人员学习和使用。

图书在版编目(CIP)数据

公路水运工程试验检测专业技术人员职业资格考试用书. 道路工程：2020年版 / 交通运输部安全与质量监督管理司，交通运输部职业资格中心组织编写. — 北京：人民交通出版社股份有限公司，2020.6

ISBN 978-7-114-16494-1

Ⅰ.①公… Ⅱ.①交… ②交… Ⅲ.①道路工程—试验—资格考试—自学参考资料②道路工程—检测—资格考试—自学参考资料③航道工程—试验—资格考试—自学参考资料④航道工程—检测—资格考试—自学参考资料

Ⅳ.①U41②U61

中国版本图书馆CIP数据核字(2020)第066586号

书　　名：	公路水运工程试验检测专业技术人员职业资格考试用书　道路工程(2020年版)
著　作　者：	交通运输部安全与质量监督管理司 交通运输部职业资格中心
责任编辑：	刘永超　黎小东
责任校对：	孙国靖　宋佳时
责任印制：	刘高彤
出版发行：	人民交通出版社股份有限公司
地　　址：	(100011)北京市朝阳区安定门外外馆斜街3号
网　　址：	http://www.ccpress.com.cn
销售电话：	(010)59757973
总　经　销：	人民交通出版社股份有限公司发行部
经　　销：	各地新华书店
印　　刷：	北京市密东印刷有限公司
开　　本：	787×1092　1/16
印　　张：	30.75
字　　数：	738千
版　　次：	2020年6月　第1版
印　　次：	2020年6月　第1次印刷
书　　号：	ISBN 978-7-114-16494-1
定　　价：	90.00元

(有印刷、装订质量问题的图书，由本公司负责调换)

《公路水运工程试验检测专业技术人员职业资格考试用书 道路工程》(2020年版)

主 编

张 超 支喜兰

主 审

常成利 严二虎 于 乐 吴增涛

前　　言

　　交通运输是经济社会发展的重要基础性和先导性产业，也是事关国计民生的重要服务性行业。近年来，我国的交通运输基础设施建设取得了举世瞩目的成就，为国民经济和社会发展以及人民群众的安全便捷出行做出了贡献。公路水运工程试验检测工作是交通运输建设不可或缺的一项重要工作，对于工程建设过程控制、质量评价等方面具有不可替代的重要作用。培育一支高素质的公路水运工程试验检测专业技术人员队伍，是加强交通运输建设工程质量的重要保证。

　　2015年6月，人力资源社会保障部、交通运输部联合印发了《公路水运工程试验检测专业技术人员职业资格制度规定》和《公路水运工程试验检测专业技术人员职业资格考试实施办法》。据此，交通运输部职业资格中心公布了《2020年度公路水运工程试验检测专业技术人员职业资格考试大纲》。

　　为方便考生备考，按照《2020年度公路水运工程试验检测专业技术人员职业资格考试大纲》，我们组织来自全国公路水运工程试验检测相关单位和部分高校的专家编写了公路水运工程试验检测专业技术人员职业资格考试用书(2020年版)，包括《公共基础》《道路工程》《桥梁隧道工程》《交通工程》《水运结构与地基》和《水运材料》六册，分别与六个科目相对应。

　　本套考试用书体现了公路水运工程试验检测的新标准、新工艺、新技术、新设备、新材料的发展对试验检测专业技术人员能力提升的新要求，注重理论联系实际，针对性、实用性和操作性强，既可作为广大考生复习备考的参考用书，也可作为相关从业人员及交通院校相关专业师生在实际工作和教学中的参考用书。

　　本书修订工作在历年考试用书的基础上完成，在此一并向所有参与编写及修订工作的单位及专家表示感谢!

　　由于水平有限，疏漏之处在所难免，敬请批评指正。

编写组

2020年4月

目 录

第一章 总论 ··· 1
　第一节 基本知识 ·· 1
　第二节 试验检测数据整理方法 ··· 16
　第三节 公路工程质量检验与评定 ··· 23
　第四节 公路技术状况评定 ··· 65
第二章 土工与土工合成材料 ··· 77
　第一节 概述 ··· 77
　第二节 土的物理性质试验 ··· 83
　第三节 土的工程分类 ··· 120
　第四节 土的力学性质试验 ··· 125
　第五节 土工合成材料 ··· 167
第三章 集料 ··· 200
　第一节 集料基本概念 ··· 200
　第二节 集料的技术性质和技术要求 ··· 201
　第三节 粗集料试验检测方法 ··· 210
　第四节 细集料试验检测 ··· 226
　第五节 矿质混合料组成设计 ··· 237
第四章 路面基层与底基层材料 ··· 249
　第一节 路面基层、底基层材料及其技术要求 ··································· 249
　第二节 路面基层、底基层材料配合比设计 ····································· 256
　第三节 路面基层、底基层施工质量标准与控制检验内容 ························· 262
　第四节 原材料试验方法 ··· 268
　第五节 无机结合料稳定材料的取样、成型与试验方法 ··························· 270
第五章 水泥与水泥混凝土 ··· 286
　第一节 水泥的技术性质和技术要求 ··· 286
　第二节 水泥试验检测 ··· 292
　第三节 水泥混凝土技术性质 ··· 301
　第四节 水泥混凝土试验检测 ··· 307
　第五节 普通水泥混凝土组成设计 ··· 315
　第六节 面层水泥混凝土组成设计 ··· 330
第六章 沥青与沥青混合料 ··· 341
　第一节 沥青的技术性质和技术要求 ··· 341

— 1 —

第二节　沥青试验检测方法……………………………………………………………… 349
　　第三节　沥青混合料技术性质和技术要求……………………………………………… 367
　　第四节　沥青混合料试验检测方法……………………………………………………… 377
　　第五节　热拌沥青混合料配合比组成设计……………………………………………… 404
第七章　路基路面现场测试…………………………………………………………………… 420
　　第一节　几何尺寸………………………………………………………………………… 420
　　第二节　压实度…………………………………………………………………………… 424
　　第三节　平整度…………………………………………………………………………… 435
　　第四节　承载能力………………………………………………………………………… 442
　　第五节　水泥混凝土强度………………………………………………………………… 452
　　第六节　抗滑性能………………………………………………………………………… 453
　　第七节　渗水和路基路面损坏测试方法………………………………………………… 462
　　第八节　施工控制………………………………………………………………………… 469
参考文献………………………………………………………………………………………… 475

附　2020年度《道路工程》科目考试大纲………………………………………………… 477

第一章

总 论

　　道路工程试验检测工作是设计参数确定、施工质量控制、工程质量验收评定、养护管理决策的重要环节,涉及道路工程原材料、混合料和结构性能等方面的室内与现场试验检测项目的实际操作,试验检测数据处理、分析和评价,试验检测依据为现行部颁有关标准、规程和规范。从事道路工程设计、施工、监理、质量监督或养护管理等工作的有关试验检测人员,必须很好地掌握专业基本知识、有关技术规定、试验检测基本理论和试验测试操作技能,才能胜任道路工程试验检测工作,提供客观、准确的试验检测结果和真实可靠的结论。

　　道路工程涉及的范围较广,本书主要介绍公路路基路面的有关试验检测内容。

　　为了更好地理解和应用公路路基路面有关试验检测的原理和方法,首先应该掌握路基路面工程的基本知识、试验数据处理方法、公路工程质量检验评定标准和公路技术状况评定标准。

第一节 基本知识

　　对工程材料与结构的质量或性能指标进行试验检测,通常用以检验其与设计、施工或养护技术要求的符合度。熟悉路基路面工程的结构与材料的组成及技术要求,是做好路基路面有关试验检测工作的前提。

一、对路基路面的要求

1. 道路工程

　　道路工程是指涵盖道路的规划、勘测、设计、施工、养护等的一门应用科学和技术,是土木工程的一个分支。道路按使用性质分为公路、城市道路、厂矿道路、林区道路等。

2. 公路的行政等级

　　公路按行政等级可分为国道、省道、县道、乡道和村道。

3. 公路的技术等级

　　公路按使用任务、功能和适应的交通量分为高速公路、一级公路、二级公路、三级公路及四级公路五个技术等级。

4. 公路设计基本要求

　　公路主要是为汽车交通运输服务的,应满足车辆快速、安全、舒适且经济运行的基本要求。

5. 公路的主要组成

公路的空间几何组成包括位置、形状和尺寸。公路中线的平面线形由直线、圆曲线与缓和曲线等基本线形要素组成。纵面线形由直坡段和竖曲线等基本要素组成。公路的横断面具有一定的宽度,直线段的横断面有路拱横坡,圆曲线段的横断面可能有超高,二、三、四级公路圆曲线半径小的路段需要加宽。

公路的结构组成部分有路基、路面、桥梁、涵洞、隧道和交通服务设施等,路基和路面是公路的主要工程结构物。

6. 对路基的要求

路基是按照路线位置和一定技术要求在天然地面开挖或填筑而成的岩土结构物,是路面的基础,承受由路面传递下来的行车荷载。路基应具有足够的强度、稳定性和耐久性。

7. 对路面的要求

路面是在路基的顶面用各种材料或混合料分层铺筑而成的层状结构物,直接承受车辆荷载和自然因素的作用。路面应具有足够的强度和刚度,良好的水温稳定性、耐久性、表面平整度和表面抗滑性。

二、路基工程设计与施工

1. 路基典型断面形式

按填挖情况不同,路基断面形式可分为路堤、路堑和填挖结合三种类型。路堤是全部在天然地面上用岩土填筑而成;路堑则是全部在天然地面开挖而成;天然地面横坡较大,需要一侧填筑另一侧开挖而成的断面形式为填挖结合路基,也称为半填半挖路基。

2. 路基工作区与路基层位

从车辆荷载作用下路基的受力状态来看,路基上部的强度和稳定性相对下部更重要,应提出更高要求。

(1)路基工作区

路基工作区是指汽车荷载通过路面传递到路基的应力与路基土自重应力之比大于0.1的应力分布深度范围。

(2)路床

路床是指路面结构层以下0.8m或1.2m范围内的路基部分,路床厚度是根据路基工作区深度确定的。路床分为上路床及下路床两层。上路床厚度为0.3m;下路床厚度在轻、中等及重交通荷载等级下为0.5m,特重、极重交通荷载等级为0.9m。

(3)上路堤与下路堤

路堤分为上路堤和下路堤,上路堤是指路床以下0.8m(1.2m)厚度范围的填方部分,下路堤是指上路堤以下的填方部分。

(4)低路堤

低路堤是指填土高度小于路基工作区深度的路堤。

3. 路基横断面组成

路基横断面的几何尺寸由宽度、高度和边坡坡度组成。

(1)路基宽度

路基宽度为车道宽度与路肩宽度之和,当设有中间带、加(减)速车道、爬坡车道、紧急停车带、超车道、错车道、慢车道、侧分隔带、非机动车道、人行道时,还应计入该部分的宽度。

(2)路基高度

路基高度是指路堤的填筑高度或路堑的开挖深度,是路基设计高程与原地面高程之差。路基中心高度是指路中线设计高程与原地面高程之差,路基两侧边坡的高度是指填方坡脚或挖方坡顶与路基边缘的相对高差。

(3)路基边坡坡度

路基边坡有直线、折线和台阶等形式。边坡坡度指边坡高度与边坡宽度的比值,通常用$1:x$表示,也称为边坡坡率。路基边坡坡度对路基稳定十分重要。

(4)路基附属设施

路基附属设施主要有取土坑、弃土堆、护坡道、碎落台等。需要集中取土填筑路堤时,应设置取土坑。为了妥善堆放开挖路堑的废方,应设置弃土堆。为了保护边坡稳定性,在路基边坡上或路堤坡脚外而设置的平台,称为护坡道。为了防止路堑边坡上碎落的土石阻塞边沟,在挖方边坡坡脚处所设置的用于临时堆积碎落物的平台,称为碎落台。

4. 路基排水设施

水是诱发路基病害的主要因素。为了保证路基的强度与稳定性,使路基处于干燥或中湿状态,必须将可能危害路基的地面水和地下水排至路基以外。

(1)地面排水设施

路堑段路面表面水可通过路拱横坡横向排流的方式汇集于边沟内。路堤段路面表面水可采用路面横向分散漫流排水方式流经边坡排出路基。为防止边坡冲刷,路堤段路面表面水也可以采用路面集中排水系统排除,即降落到路面的雨水顺着路拱横坡流至路肩拦水带,通过泄水口流经边坡急流槽排出路基。

拦水带是沿硬路肩或路面外侧边缘设置,拦截路面表面水的带状结构物,通常采用水泥混凝土、沥青砂或当地其他材料预制或现场浇筑。拦水带泄水口的间距一般为25~50m。

中央分隔带表面未采用铺面封闭时,分隔带内部宜设置由防水层、纵向排水渗沟、集水槽和横向排水管等组成的防排水系统。降雨量较小、中央分隔带较窄时,中央分隔带可采用表面铺面封闭分散排水,回填土与路面结构之间设置防水层。

超高段外侧路面排水,采取经内侧路面排除或设置地下排水设施排除的方案。超高路段的地下排水系统应由纵向集水沟(管)、集水井、检查井、横向排水管、急流槽等组成。

路基地面排水设施包括边沟、截水沟、排水沟、跌水与急流槽、蒸发池、油水分离池、排水泵站等。

①边沟

边沟设置在挖方路基的路肩外侧或路堤坡脚护坡道外侧,用于汇集和排除路面、路肩及边坡的水。常用的边沟断面形式有三角形、浅碟形、U形、梯形、矩形、带盖板矩形、暗埋式边沟等。边沟沟底纵坡一般与路线纵坡一致,一般不小于0.3%。边沟可以是由当地土层开挖而成的土沟,可能产生冲刷时,可采用草皮护面、片碎石(卵砾石)、干砌片石、浆砌片石、水泥混凝土等防护加固措施。

②截水沟

截水沟一般设置在挖方路基坡顶以外、山坡路堤上方或边坡护坡道上,用以拦截并排除山坡或边坡的地表水流。截水沟断面形式一般为梯形,沟底纵坡不小于0.3%,必要时进行加固或铺砌,以防冲刷和渗水。

③排水沟

排水沟的主要用途是将边沟、截水沟、取(弃)土场和路基附近低洼处汇集的水引向路基以外。排水沟的断面形式一般采用梯形,沟底纵坡不小于0.3%,必要时采取防冲刷加固措施。

④跌水与急流槽

跌水与急流槽是用于陡坡地段的排水结构物,断面形式通常采用矩形或梯形,通常采用浆砌块石或水泥混凝土预制块砌筑,进、出水口应予以防护与加固。跌水的沟底形式一般为阶梯式。急流槽的沟底形式一般为直线或折线,沟底纵坡比跌水的平均纵坡更陡。

⑤蒸发池

蒸发池是在气候干旱区且路域范围排水困难地段利用沿线的取土坑或专门设置的汇集、渗透和蒸发地表水的结构物。

⑥油水分离池

在水环境敏感地段,排泄的水质必须达到有关排放标准,应在路基排水沟出口设置油水分离池。公路路面排出水的污染因子一般以悬浮物和石油类为主,油水分离一般采用沉淀法处理。

⑦排水泵站

路基汇水无法自流排出时,可设置排水泵站。排水泵站包括集水池和泵房,集水池应具有足够的容积,水泵抽出的水应排至路界之外。

(2)地下排水设施

路基地下排水设施有排水垫层、隔离层、暗沟(管)、渗沟、仰斜式排水孔、渗井、排水隧洞、检查井与疏通井等。

①排水垫层与隔离层

排水垫层和隔离层设置在地下水埋藏较浅路段而且用细粒土填筑的低路堤底部,以减小地下水及毛细水对路床强度的影响。排水垫层材料可选用天然砂砾或中粗砂。隔离层可选用土工膜、复合土工膜、复合防排水板等土工合成材料。当采用复合防排水板作为隔离层时,可不设排水垫层。

②暗沟(管)

暗沟(管)可用于排除泉水或集中的地下水流。暗沟(管)横断面一般为矩形,泉井壁和沟底、沟壁用浆砌片石或水泥混凝土预制块砌筑,沟顶设置混凝土或石盖板。暗沟(管)应有反滤层,可在暗沟泄水孔盖板上或暗管外壁铺设防渗土工布,土工布外侧铺设砂砾或碎石,防止淤塞暗沟(管)的进水口。

③渗沟

渗沟可设置在挖方路基、斜坡路堤、路基填挖交界结合部以排除出露的地下水,或者在地下水位埋深较浅的低路堤等路段以降低路基土体的地下水位。渗沟根据材料和结构形式,可分为填石渗沟、无砂混凝土渗沟、管式渗沟、洞式渗沟、边坡渗沟、支撑渗沟等。填石渗沟,也称为盲沟,一般适用于地下水流量不大、渗沟不长的地段。洞式及管式渗沟一般适用于地下水流量较大、引水较长的地段。目前多采用管式渗沟代替填石渗沟和洞式渗沟。边坡渗沟、支撑渗沟则主要用于疏干潮湿的土质路堑边坡坡体和引排边坡上局部出露的上层滞水或泉水,坡面采用干砌片石覆盖,以确保边坡干燥、稳定。渗沟材料应采用洁净的砂砾、粗砂、碎石、片石,渗沟沟壁应设置透水土工织物或中粗砂反滤层,渗水管可选用带孔的 HPPE 管、PVC 管、PE 管、软式透水管、无砂混凝土管等。

④仰斜式排水孔

仰斜式排水孔是采用小直径的排水管在边坡体内排除深层地下水,一般用于排泄坡体内有固定的含水层、坡面上有集中地下水出露的地下水,通常成群布置。仰斜式排水孔进水口及渗水管段应包裹透水土工布,防止堵塞渗水孔。

⑤渗井

渗井可用于拦截、引排有固定含水层的深层地下水,以及排除下挖式通道的地表水。用于拦截和引排地下水的渗井,内部宜采用洁净的砂砾、碎石等填充,井壁与填充料之间应设反滤层。用于排除下挖式通道地表水的渗井可采用钢筋混凝土管或波纹管,上部为集水井,下部为渗透井,渗透井应选用洁净的砂砾、片碎石等充填,井壁四周应设置反滤层。

⑥排水隧洞

排水隧洞可用于截断和引排深层地下水。对滑动面以上的其他含水层,应采用在渗水隧洞顶上设置渗井或渗管等将水引入洞内。渗水隧洞以下为承压含水层时,应在洞底部设置渗水孔。

⑦检查井与疏通井

为保证地下排水设施的长期有效性,对于深而长的暗沟(管)、渗沟及渗水隧洞,在直线段每隔一定距离及平面转弯、纵坡变坡点等处,设置检查井、疏通井,以便于进行定期养护维修。检查井内应设检查梯,井口应设井盖。检查井兼作渗井时,井壁应设置反滤层。

5. 路基防护与支挡

(1)路基坡面防护

①坡面防护

坡面防护的作用是保护路基边坡坡面免受雨水冲刷、风化剥落,减缓温差及湿度变化的影响,防止和延缓岩土表面的风化、破碎、剥蚀演变过程,保证路基边坡稳定。路基坡面防护工程应设置在稳定的边坡上。

坡面防护按照材料组成和环境效应可分为三大类:植物防护、骨架植物防护和工程防护。植物防护包括植草或喷播植草、铺草皮、种植灌木、喷混植生等。骨架植物防护,骨架是起固坡、防冲刷的作用,可采用拱形、人字形或方格形浆砌片石或水泥混凝土骨架,也可采用多边形水泥混凝土空心块,骨架内植草或喷播植草。工程防护包括喷护、挂网喷护、干砌片石护坡、浆砌片石护坡和护面墙等。

②沿河路基冲刷防护

沿河路基受水流冲刷时,应对堤岸进行防护或采取导流或改移河道等措施。冲刷防护一般分为直接和间接两种。直接防护是为了防止水流直接危害路基和河岸,防护的重点是边坡和坡脚。直接防护措施包括:植物防护、砌石或混凝土护坡、土工织物软体沉排、土工模袋、石笼防护、护坦防护、抛石防护和排桩防护。间接防护则是通过导流等措施,改变水流方向,消除和减缓水流对路基或河岸的直接破坏。用于间接防护措施的导流工程主要有丁坝和顺坝。

(2)支挡结构

当路基边坡稳定性不足时,应设置必要的支挡结构。支挡结构包括挡土墙、抗滑桩和预应力锚索等支撑和锚固结构。

①挡土墙

挡土墙是支撑路基填土或山坡土体、防止填土或土体变形失稳的墙式构造物。挡土墙与路堤之间可采用锥坡连接。

挡土墙类型包括:重力式挡土墙、石笼式挡土墙、悬臂式挡土墙、半重力式挡土墙、扶壁式挡土墙、锚杆挡土墙、锚定板挡土墙、加筋土挡土墙和桩板式挡土墙。重力式挡土墙可用块石、片石、混凝土预制块作为砌体,或采用片石混凝土、混凝土进行整体浇筑。石笼式挡土墙属于重力式块石结构,将抗腐耐磨的低碳镀锌丝或镀锌铝合金丝编织成网并组装成箱,装入片块石等填充材料,绑扎连接,形成挡土结构。石笼式挡土墙外形可采用外台阶、内台阶、宝塔式等。悬臂式挡土墙由立壁和底板(墙趾板和墙踵板)组成,墙身和基础均采用钢筋混凝土浇筑。半重力式挡土墙是介于重力式挡土墙与悬臂式挡土墙之间的一种挡土墙形式,在墙背设少量钢筋,并将墙趾展宽,以减薄墙身,节省圬工。扶壁式挡土墙相当于沿悬臂式挡土墙的墙长,每隔一定距离设置一道扶壁,增强面板(立壁)与墙踵板的连接,以承受较大的弯矩作用。锚杆挡土墙靠砂浆将锚杆锚固在山体内拉住面板,主要有肋柱式和板壁式两种类型。肋柱式锚杆挡土墙由预制的肋柱、挡土板和锚杆组成。板壁式锚杆挡土墙由现场浇筑的整体式墙面板或装配式墙面板与多排小锚杆组成。锚定板挡土墙与锚杆挡土墙类似,不同的是由埋置于填土中的锚定板提供抗拔力,通过拉杆稳定墙面板。加筋土挡土墙通常由钢筋混凝土预制面板、拉筋和填料组成,依靠拉筋与填料之间的摩擦力来抵抗侧向土压力。桩板式挡土墙由桩柱和挡板组成,利用深埋的桩柱前土层的被动压力来平衡墙后主动土压力。

常用的石砌挡土墙及钢筋混凝土挡土墙一般由墙身、基础、排水设施、沉降缝与伸缩缝组成。墙身应设置倾向墙外且坡度不小于4%的排水孔,墙背应设置反滤层。

②其他支挡结构

预应力锚杆(索)由锚头、预应力筋、锚固体组成,通过对预应力筋施加张拉力以加固岩土体的支护结构。锚固边坡坡面结构形式有框架梁、地梁与单锚墩,一般采用钢筋混凝土浇筑。

土钉是在土质或破碎软弱岩质边坡中设置钢筋钉,维持边坡稳定的支护结构。土钉支护的坡面结构可采用钢筋混凝土框架或喷射水泥混凝土。

抗滑桩是抵抗滑坡下滑力或土压力的横向受力桩。目前公路滑坡治理中使用最多的是矩形钢筋混凝土埋入式挖孔桩。

6. 路基施工

路基施工的主要工作是开挖成型路堑,填筑压实路堤,修筑路基排水、边坡防护与支挡等构造物。要求位置、形状、几何尺寸准确,所用材料满足技术要求,施工方法得当,施工质量达到有关规范要求。

为了确定填料性质,应及时对来源不同、性质不同的拟作为路堤填料的材料进行复查和取样试验。土的试验项目包括天然含水率、液限、塑限、标准击实试验、CBR 试验等,必要时应做颗粒分析、比重、有机质含量、易溶盐含量、冻胀和膨胀量等试验。路堤填料必须满足承载比(CBR 值)和粒径要求,公路等级越高,路基层位(上路床、下路床、上路堤和下路堤)越高,对填料的要求越高。

路堤通常是分层铺筑,分层压实。每层压实厚度一般不超过 0.30m,应在最佳含水率下压实,碾压质量应符合压实度要求。公路等级越高,路基层位(路床、上路堤和下路堤)越高,对压实度的要求越高。

压实度为筑路材料压实后的干密度与标准最大干密度之比,以百分率表示。压实后的干密度是采用灌砂法或环刀法等方法通过现场检测获得,而标准最大干密度则是事先在室内通过标准击实试验得到。

路基完工后,应测定路床顶面的弯沉值,以检验路基设计回弹模量相对应的弯沉值。

三、路面工程设计与施工

1. 路面结构

路面结构通常是分层铺筑的,按照层位功能的不同,可由面层、基层、底基层和必要的功能层组成。

(1)面层

面层是直接同行车和大气接触的表面层次,应具备较高的结构强度和抗变形能力,较好的水稳定性和温度稳定性,表面有良好的平整度和抗滑性,耐磨、不透水。修筑面层所用的材料主要为沥青混合料和水泥混凝土。沥青面层可由一层、两层或三层构成,最上面一层称为表面层或上面层,最下面一层称为下面层,中间一层则称为中面层。

(2)基层和底基层

基层和底基层主要承受由面层传递下来的车辆荷载作用力,并向下扩散,为面层提供坚实平整的支撑。基层和底基层应具有足够的承载能力、抗疲劳开裂性能、耐久性、水稳定性、抗冲刷能力和适当的刚度。修筑基层的材料有无机结合料稳定类材料、沥青稳定碎石、贫混凝土和粒料类材料。无机结合料稳定类材料包括水泥、石灰及粉煤灰稳定土或碎(砾)石材料。底基层位于基层之下,要求也较低。交通荷载很小的情况下,可不设底基层。

(3)功能层

路面结构中的功能层包括:封层、黏层、透层、排水层和防冻层。

①封层

路面结构中用以阻止水下渗的功能层,设置在无机结合料稳定类或冷再生材料结构层与沥青结合料类结构层之间。封层可采用单层沥青表面处治或稀浆封层等。

②黏层

路面结构中起黏结作用的功能层,设置在沥青结合料类材料层间。黏层可采用改性乳化沥青、道路石油沥青、改性沥青。

③透层

用于非沥青类材料层上,能透入表面一定深度,增强非沥青类材料层与沥青混合料层整体性的功能层,设置在沥青结合料类材料面层下的粒料类基层或无机结合料稳定类基层顶面。透层可采用稀释沥青和乳化沥青等。

④排水层

排除路面结构内部水的功能层。排水层位于基层或底基层与路床间,采用粗砂、砂砾和碎石等粒料类材料。

⑤防冻层

路面结构中按防冻要求所设置的功能层。防冻层位于基层或底基层与路床间,采用粗砂、砂砾和碎石等粒料类材料。

排水层和防冻层在我国习惯上也统称为垫层。

(4) 路面分类

按面层所用的材料可分为沥青路面、水泥混凝土路面和砂石路面。通常将沥青混凝土和水泥混凝土路面称为有铺装路面;沥青表面处治、沥青贯入式路面等称为简易铺装路面;砂石路面等称为未铺装路面。

按路面结构的力学特性,一般分为柔性路面、刚性路面和半刚性路面。粒料基层与沥青面层组成的路面结构通常被认为是柔性路面;水泥混凝土作面层的路面结构为刚性路面;无机结合料稳定类基层也被称为半刚性基层,半刚性基层与沥青面层组成的路面结构称为半刚性路面。

2. 路面设计

(1) 沥青路面设计

①结构特点

沥青路面是用沥青混合料作面层与各类基层和底基层组成的路面结构,行车舒适,施工期短,养护维修简便。

面层应具有平整、抗车辙、抗疲劳开裂、抗低温开裂和抗水损坏等性能,表面层混合料还应具有抗滑和耐磨损性能。

面层材料类型有:连续级配沥青混合料、沥青玛蹄脂碎石混合料、厂拌热再生沥青混合料、上拌下贯沥青碎石和沥青表面处治。

②标准轴载与交通荷载等级

沥青路面设计采用轴重为100kN的单轴-双轮组轴载作为设计轴载。

根据设计使用年限内设计车道累计大型客车和货车交通量将路面结构所承受的交通荷载划分为极重、特重、重、中等、轻五个等级。

③设计标准

沥青路面使用性能设计控制指标有五个:沥青混合料层的疲劳开裂寿命应大于设计使用年限内设计车道的当量设计轴载累计作用次数;无机结合料稳定层的疲劳开裂寿命应大于设计使用年限内设计车道的当量设计轴载累计作用次数;沥青混合料层永久变形量应小于容许永久变形量;路基顶面竖向压应变应小于容许值;季节性冻土地区的沥青面层低温开裂指数应小于规定值。

④设计理论与材料设计参数

路面结构力学指标计算采用双圆均布垂直荷载作用下的弹性层状连续体系理论。

路基顶面回弹模量作为路面结构设计参数,采用的是平衡湿度状态下的路基回弹模量,其确定方法为:标准状态下路基动态回弹模量值乘以湿度调整系数和干湿循环或冻融循环条件下路基土模量折减系数。标准状态下路基动态回弹模量可以利用动三轴试验仪在规定的加载条件下测定,试验方法详见《公路路基设计规范》(JTG D30—2015)附录 A。

用作基层和底基层的粒料类材料,如级配碎石、级配砾石和天然砂砾,应满足 CBR 值和粒料公称最大粒径要求。在路面结构验算时,粒料层的回弹模量应采用最佳含水率和与压实度要求相应的干密度条件下的粒料回弹模量乘以湿度调整系数后得到。粒料回弹模量可以采用重复加载三轴压缩试验测定,试验方法详见《公路沥青路面设计规范》(JTG D50—2017)附录 D。

用于基层和底基层的无机结合料稳定类材料应满足公称最大粒径要求、7d 无侧限抗压强度要求。冻土地区高速公路和一级公路的石灰粉煤灰稳定类基层,应进行材料抗冻性能检验,其残留抗压强度比应符合要求。路面结构验算需要无机结合料稳定类材料基层和底基层的弯拉强度和弹性模量,弯拉强度可采用三分点加压的试验方法获得,试验方法详见《公路工程无机结合料稳定材料试验规程》(JTG E51—2009)中的 T 0851 的有关规定;弹性模量可采用中间段法单轴压缩模量试验测定,试验方法详见《公路沥青路面设计规范》(JTG D50—2017)附录 E。测试时水泥稳定类、水泥粉煤灰稳定类材料试件的龄期应为 90d,石灰稳定类、石灰粉煤灰稳定类材料试件的龄期应为 180d。

沥青混合料应满足公称最大粒径要求、车辙试验动稳定度技术要求、单轴贯入强度要求,沥青混合料单轴贯入强度试验方法详见《公路沥青路面设计规范》(JTG D50—2017)附录 F。沥青混合料应测试浸水马歇尔试验残留稳定度和冻融劈裂试验残留强度比检验水稳定性。季节性冻土地区,还应满足低温性能指标要求,如沥青弯曲梁流变试验的蠕变劲度和蠕变曲线斜率、沥青直接拉伸试验的断裂应变、沥青临界开裂温度和沥青混合料低温弯曲试验破坏应变。路面结构验算采用沥青混合料动态压缩模量,其测定方法按照《公路工程沥青及沥青混合料试验规程》(JTG E20—2011)中的 T 0738 的有关规定,试验温度选用 20℃,面层沥青混合料加载频率采用 10Hz,基层沥青混合料加载频率采用 5Hz。

⑤既有路面调查与分析

当既有沥青路面结构承载能力降低到一定程度时,需要对既有路面进行改建。路面状况和损坏程度是制定改建方案的主要依据。因此,有必要对既有路面进行调查与分析,其中需要试验检测的内容有:调查路面破损状况,包括路面病害类型、严重程度、范围和数量等;采用落锤式动态弯沉仪或其他弯沉仪检测评价既有路面结构承载能力;采用钻芯、探坑取样、路面雷达、切割等方式,调查分析既有路面厚度、层间结合及病害程度情况,并取样进行室内试验,测定试件模量、强度等,分析路面材料组成与退化情况;对因路基问题导致路面损坏的路段,取样调查路基土质类型、含水率和CBR值等,分析路基稳定性和承载力等。

既有路面损坏状况的评定应符合现行《公路技术状况评定标准》(JTG H20)和《公路养护技术规范》(JTG H10)的有关规定,可结合路面损坏特点采用路面横向裂缝间距、纵向裂缝率、网裂面积率和修补面积率等指标进行补充评价。

改建路面结构验算时,既有路面结构层的模量利用弯沉盆反演或芯样实测的方法确定;既有路面无机结合料稳定层弯拉强度,可根据现场取芯实测的无侧限抗压强度换算;既有路面结构顶面当量回弹模量可通过落锤式弯沉仪检测弯沉值获得。

路基顶面验收弯沉值 l_g 计算式为:

$$l_g = \frac{176pr}{E_0} \tag{1-1}$$

式中:l_g——路基顶面验收弯沉值(0.01mm);

p——落锤式弯沉仪承载板施加荷载(MPa);

r——落锤式弯沉仪承载板半径(mm);

E_0——平衡湿度状态下路基顶面回弹模量(MPa)。

宜采用落锤式弯沉仪进行路基验收,落锤式弯沉仪荷载为50kN,荷载板半径应为150mm。路基顶面实测代表弯沉值 l_r 应不大于路基顶面验收弯沉值 l_g。

路表验收弯沉值 l_a 根据设计路面结构,采用弹性层状体系理论计算得到。

路面交(竣)工时应对路表弯沉值进行检测。落锤式弯沉仪中心点弯沉代表值 l_r 应不大于路表验收弯沉值 l_a。

(2)水泥混凝土路面设计

①结构特点

水泥混凝土路面是用水泥混凝土作面层与各类基层和垫层组成的路面结构,强度高,稳定性和耐久性好,但修复困难,而且有接缝,增加了施工复杂性,行车舒适性不如沥青路面。

在水泥混凝土路面结构中,基层和底基层应具有足够的抗冲刷能力和适当的刚度,水泥混凝土面层应具有足够的强度和耐久性,表面应抗滑、耐磨、平整。水泥混凝土路面面层分为普通混凝土路面、钢筋混凝土路面、连续配筋混凝土路面、钢纤维混凝土路面、复合式路面和水泥混凝土预制块路面等类型,其中普通混凝土路面应用最为广泛。

普通水泥混凝土路面是除接缝区和局部范围外,面层内均不配筋的水泥混凝土路面,也称素混凝土路面。普通水泥混凝土路面有纵向接缝和横向接缝。纵向接缝分为施工缝和缩缝。纵向施工缝常采用设拉杆平缝形式,纵向缩缝常采用设拉杆假缝形式,拉杆应采用螺纹钢筋,设在板厚中央。横向接缝分为横向施工缝、横向缩缝、横向胀缝。横向施工缝一般采用加传力杆的平缝形式;横向缩缝采用假缝形式,必要时采用设传力杆的假缝形式;横向胀缝内应设置填缝板和可滑动的传力杆,传力杆应采用光圆钢筋。

②标准轴载与交通荷载等级

水泥混凝土路面设计以100kN单轴-双轮组荷载作为标准轴载,将不同轴载的作用次数换算成标准轴载的作用次数,按设计基准期内设计车道临界荷位处所承受的设计轴载累计作用次数大小将交通荷载分为极重、特重、重、中等、轻五个等级。

③设计标准

水泥混凝土路面结构设计以面层板在设计基准期内,在行车荷载和温度梯度综合作用下,不产生疲劳断裂作为设计标准;并以最重轴载和最大温度梯度综合作用下,不产生极限断裂作为验算标准。水泥混凝土的设计强度采用28d龄期的弯拉强度。

④设计理论与材料设计参数

水泥混凝土路面结构分析采用弹性地基板理论,需要用到的主要材料参数有:水泥混凝土面板、基层和底基层的回弹模量,路床顶面的综合回弹模量值。无机结合料稳定类材料基层或底基层的弹性模量采用单轴压缩试验测定,应考虑结构层收缩开裂后的有效模量。沥青混合料基层的动态模量采用周期加载单轴压缩试验测定。路基土、粒料类基层或底基层的回弹模量采用重复加载三轴压缩试验测定。

⑤旧水泥混凝土路面调查

当旧水泥混凝土路面破损到一定程度时,需要进行大修改建。为了确定合理的加铺层设计方案,应对旧水泥混凝土路面状况进行全面调查,需要试验检测的内容有:路面损坏状况(包括损坏类型、轻重程度、范围及修补措施等)和路面结构强度(包括路表弯沉、接缝传荷能力、板底脱空状况、面层厚度和混凝土强度等)。旧混凝土路面的损坏状况应采用断板率和平均错台量两项指标评定。旧混凝土面层板的接缝传荷能力和板底脱空状况应采用弯沉测试法调查评定,弯沉测试宜采用落锤式弯沉仪。板底脱空可根据面层板角隅处的多级荷载弯沉测试结果,并综合考虑唧泥和错台发展程度以及接缝传荷能力进行判别,也可采用雷达、声波检测仪器检测板底脱空状况。旧混凝土面层的厚度可根据钻孔芯样的量测高度测定,弯拉强度可采用钻孔芯样的劈裂试验测定。旧混凝土路面基层顶面的当量回弹模量可采用落锤式弯沉仪检测。

3. 沥青混合料路面施工

(1) 原材料

沥青混合料由沥青、粗集料、细集料和矿粉组成。

沥青路面一般采用道路石油沥青;气候条件恶劣、交通特别繁重路段,可采用改性沥青。道路石油沥青应满足所选沥青等级及沥青标号的针入度、针入度指数(PI)、软化点、60℃动力黏度、延度、蜡含量、闪点、溶解度、密度、抗老化等技术要求。聚合物改性沥青包括SBS类改性沥青、SBR类改性沥青、EVA与PE类改性沥青,应满足针入度、针入度指数PI、延度、软化点、135℃运动黏度、闪点、溶解度、弹性恢复(25℃)、黏韧性、韧性、储存稳定性、抗老化等技术要求。

粗集料应该洁净、干燥、表面粗糙,质量应符合石料压碎值、洛杉矶磨耗损失、表观相对密度、吸水率、坚固性、针片状颗粒含量、小于0.075mm颗粒含量(水洗法)、软石含量等技术要求,粗集料的粒径规格、粗集料与沥青的黏附性、磨光值应符合规范要求。

细集料包括天然砂、机制砂、石屑。细集料应洁净、干燥、无风化、无杂质,其质量应符合表观相对密度、坚固性、含泥量、砂当量、亚甲蓝值、棱角性等要求。细集料应有一定的级配。

矿粉应干燥、洁净,满足表观密度、含水率、粒度范围、外观、亲水系数、塑性指数、加热安定性等质量要求。

（2）混合料

沥青混合料的矿料级配应符合工程设计规定的级配范围。最佳沥青用量确定采用马歇尔试验配合比设计方法，沥青混合料技术要求应符合击实次数（双面）、试件尺寸、空隙率（VV）、稳定度（MS）、流值（FL）、矿料间隙率（VMA）、沥青饱和度（VFA）、析漏损失、肯特堡飞散损失等技术指标规定。为了检验沥青混合料的高温稳定性，还必须进行车辙试验，应达到要求的动稳定度。必须进行浸水马歇尔试验和冻融劈裂试验检验沥青混合料的水稳定性。对密级配沥青混合料进行弯曲试验，测定破坏强度、破坏应变、破坏劲度模量，并根据应力应变曲线的形状，综合评价沥青混合料的低温抗裂性能。为了限制沥青路面的透水性，应利用轮碾机成型的车辙试验试件，脱模架起进行渗水试验，渗水系数应符合要求。

（3）施工与质量控制

沥青混合料路面施工主要有混合料的拌制、运输、摊铺、碾压等环节。沥青混合料必须在沥青拌和厂（场、站）采用拌和机械拌制。装料及运料过程中，应尽量减少混合料离析，运料车运输混合料宜用苫布覆盖保温、防雨、防污染。热拌沥青混合料应采用沥青摊铺机摊铺，摊铺机必须缓慢、均匀、连续不间断地摊铺，以保证平整，减少离析。压实成型的沥青路面应符合压实度、平整度等要求。热拌沥青混合料路面应待摊铺层完全自然冷却，混合料表面温度低于50℃后，方可开放交通。

在沥青混合料路面施工过程中，施工温度对施工质量影响极大，必须严格控制。石油沥青加工及沥青混合料施工温度应根据沥青标号及黏度、气候条件、铺装层的厚度确定。普通沥青结合料的施工温度宜通过在135℃及175℃条件下测定的黏度（表观黏度、运动黏度、赛波特黏度）-温度曲线确定。热拌沥青混合料的施工温度控制包括：沥青加热温度、矿料加热温度、沥青混合料出料温度、混合料储料仓储存温度、混合料废弃温度、运输到现场温度、混合料摊铺温度、开始碾压的混合料内部温度、碾压终了的表面温度、开放交通的路表温度。

施工过程中应对原材料、混合料的质量进行抽样检查，必须随时对铺筑质量进行检查评定，其项目包括：外观、接缝、施工温度、厚度、压实度、平整度、宽度、纵断面高程、横坡度和渗水系数。沥青混合料的矿料级配、沥青用量和马歇尔稳定度应满足生产配合比要求。

4. 水泥混凝土路面施工

（1）原材料

水泥混凝土路面所用的材料包括由水泥、粗集料、细集料、水及外加剂组成的混合料和接缝材料。

面层水泥混凝土所用水泥的技术要求除应满足现行国家标准的有关规定外，各龄期的实测抗折强度、抗压强度应符合要求，各交通荷载等级公路面层水泥混凝土用水泥的化学成分（包括熟料游离氧化钙、氧化镁、铁铝酸四钙、铝酸三钙、三氧化硫、碱、氯离子的含量）和物理指标（包括出磨时安定性、初凝时间、终凝时间、标准稠度需水量、比表面积、细度、28d干缩率、耐磨性）应符合规定。

粗集料应使用质地坚硬、耐久、干净的碎石、破碎卵石或卵石。质量标准包括碎石压碎值、卵石压碎值、坚固性、针片状颗粒含量、含泥量、泥块含量、吸水率、硫化物及硫酸盐含量、洛杉矶磨耗损失、有机物含量、岩石抗压强度、表观密度、松散堆积密度、空隙率、磨光值、碱活性反应等项目。粗集料应满足级配范围。

细集料应使用质地坚硬、耐久、洁净的天然砂或机制砂。天然砂的质量标准包括坚固性、含泥量、泥块含量、氯离子含量、云母含量、硫化物及硫酸盐含量、海砂中贝壳类物质含量、轻物质含量、吸水率、表观密度、松散堆积密度、空隙率、有机物含量、碱活性反应、结晶态二氧化硅含量等项目。机制砂的质量标准包括母岩的抗压强度、母岩的磨光值、单粒级最大压碎指标、坚固性、氯离子含量、云母含量、硫化物及硫酸盐含量、泥块含量、石粉含量、轻物质含量、吸水率、表观密度、松散堆积密度、空隙率、有机物含量、碱活性反应等项目。细集料应满足级配范围。

饮用水可直接作为混凝土搅拌与养生用水。非饮用水应进行水质检验,达到质量标准才可以使用。

外加剂包括普通减水剂、高效减水剂、引气剂、引气减水剂、引气高效减水剂、缓凝剂、缓凝减水剂、缓凝高效减水剂、引气缓凝高效减水剂、早强剂、早强减水剂、早强高效减水剂、引气早强高效减水剂等种类。面层水泥混凝土外加剂质量除应符合国家和行业现行相关标准外,其减水率、泌水率比、含气量、凝结时间差、抗压强度比、弯拉强度比、收缩率比、磨耗量等技术性能指标应符合要求。

接缝材料包括胀缝板和填缝料。胀缝板材料有塑胶板、橡胶(泡沫)板、沥青纤维板和浸油木板等种类,胀缝板的质量应满足压缩应力、弹性复原率、挤出量和弯曲荷载等方面的技术要求。填缝料分为常温施工式和加热施工式,常温施工式填缝料又分为聚氨酯类和硅酮类,加热施工式填缝料又分为道路石油沥青类与改性沥青类。常温施工式填缝料应满足表干时间、失黏-固化时间、拉伸模量、弹性恢复率、定伸黏结性、拉伸量、固化后针入度、耐水性、耐高温性、负温抗裂性、耐油性、抗老化性、抗拉强度、延伸率等技术要求。加热施工式填缝料应满足针入度、软化点、流动值、弹性恢复率、延度、闪点、抗老化等技术要求。

(2)混合料

公路面层水泥混凝土的配合比设计应满足其弯拉强度、工作性、耐久性要求,兼顾经济性,采用正交试验法或经验公式法,确定混凝土的水泥用量、集料用量、水灰(胶)比、外加剂掺量。28d弯拉强度标准值根据交通荷载等级确定;不同施工工艺混凝土拌和物的工作性要求不同;最大水灰(胶)比和最小单位水泥用量以及最大单位水泥用量都有限制;耐久性包括抗冻和耐磨,掺加引气剂可增强耐久性,在严寒和寒冷地区应满足抗冰冻和抗盐冻要求;磨损量必须满足要求。

(3)施工与质量控制

水泥混凝土路面的施工过程主要包括混凝土拌和物搅拌与运输、混凝土面层铺筑和面层接缝施工、抗滑构造施工与养生等环节。混凝土拌和物搅拌与运输应保证原材料符合要求,配合比准确,拌和物均匀一致,到达现场的拌和物满足工作性要求。混凝土面层铺筑有滑模摊铺机摊铺、三辊轴机组摊铺和小型机具摊铺三种方式,后两种方式需要架设模板。混凝土面层铺筑应保证拉杆、传力杆安置准确,处理好施工缝和胀缝,控制摊铺厚度,布料均匀,振捣密实,表面平整。水泥混凝土路面纵、横向缩缝需要使用切缝机在适当时间按设计位置、深度和形状切割而成,各种接缝都应填缝密封。抗滑构造施工包括拉毛形成表面细观纹理和刻槽或拉槽制作宏观抗滑构造,当面层粗集料的磨光值(PSV)大于42时,可使用露石抗滑构造。面层保湿养生是保证混凝土强度增长的需要,防止养生过程中产生微裂纹与裂缝。实测混凝土强度大于设计强度的80%后,可停止养生。不同气温条件下混凝土面层的最短养生龄期有所不同。面层达到设计弯拉强度后,方可开放交通。

应对水泥混凝土路面的铺筑质量进行检查,包括弯拉强度、板厚度、纵向平整度、抗滑构造深度(TD)、横向力系数(SFC)、取芯法测定抗冻等级,还应对面层铺筑的几何尺寸和质量缺陷进行检查。

5. 基层和底基层材料与施工

(1) 无机结合料稳定类基层和底基层

① 分类

无机结合料稳定类基层和底基层根据结合料类型分为水泥稳定类、石灰稳定类、石灰粉煤灰稳定类和水泥粉煤灰稳定类。水泥稳定类材料是指在土或集料中,掺入一定量的水泥和水,经拌和均匀后压实成型,并经一定龄期养生硬化后所得到的材料,包括水泥稳定碎石、水泥稳定砂砾、水泥稳定土等。石灰稳定类材料是指在粉碎了的或原来松散的土或集料中,掺入足量的石灰和水,经拌和、压实及养生后得到的硬化材料,包括石灰土、石灰碎石土等。石灰粉煤灰稳定类材料是指一定数量的石灰和粉煤灰与土或集料相配合,加入适量的水,经拌和、压实及养生后得到的材料,包括石灰粉煤灰稳定土(二灰土)、石灰粉煤灰稳定砂砾(二灰砂砾)等。水泥粉煤灰稳定类材料指在粉碎了的或原来松散的土或集料中,掺入足量的水泥、粉煤灰和水,经拌和、压实及养生后得到的硬化材料,常见的有水泥粉煤灰稳定砂砾、碎石及砂等。

水泥稳定材料的水泥剂量应以水泥质量占全部干燥被稳定材料质量的百分率表示;石灰稳定材料的石灰剂量应以石灰质量占全部干燥被稳定材料质量的百分率表示;石灰粉煤灰混合料应采用质量配合比计算,以石灰、粉煤灰和稳定材料的质量比表示;水泥粉煤灰稳定材料应采用质量配合比计算,以水泥、粉煤灰和被稳定材料的质量比表示。

② 原材料要求

无机结合料稳定类基层和底基层用到的原材料包括结合料、集料和土,结合料有水泥、石灰和粉煤灰。水泥强度等级为32.5或42.5,应满足普通硅酸盐水泥有关技术要求,所用水泥初凝时间应大于3h,终凝时间应大于6h且小于10h。石灰的有效氧化钙加氧化镁含量应达到一定等级技术要求,消石灰还应满足细度要求。粉煤灰的SiO_2、Al_2O_3和Fe_2O_3的总含量、烧失量、比表面积、0.3mm和0.075mm筛孔通过率及湿粉煤灰含水率应满足技术要求。饮用水可直接作为材料拌和与养生用水,非饮用水的水质经检验符合规定才能用于拌和与养生。集料应满足压碎值、针片状颗粒含量、粉尘含量和软石含量等技术要求,集料还应满足最大粒径和级配要求。土的颗粒组成、塑性指数、有机质含量和硫酸盐含量应满足技术要求。

③ 混合料组成设计

无机结合料稳定类材料混合料组成设计采用7d龄期无侧限抗压强度作为控制指标,应根据公路等级、交通荷载等级、结构层位、结合料类型的不同确定相应的混合料强度标准,选择级配范围,制备结合料的剂量或比例不同的混合料,采用重型击实方法或振动压实方法试验确定混合料的最佳含水率与最大干密度后,再按现场压实度标准采用静压法成型试件,进行7d龄期无侧限抗压强度试验,确定满足强度标准的配合比,基层材料还应检验其抗冲刷和抗裂性能。

④施工

无机结合料稳定类材料的施工工序主要包括拌和、摊铺、碾压和养生。拌和应保证混合料的配合比准确,拌和均匀;摊铺应平整;应在最佳含水率下压实,公路等级、层位(基层或底基层)、混合料类型不同,对压实度的要求也不同;养生期不少于7d。

7d龄期无侧限抗压强度是无机结合料稳定材料配合比施工质量控制和检验的主要指标。施工完成后,需要钻取芯样检测压实度、强度;对高速公路和一级公路的基层、底基层,应在养生7~10d内检测弯沉;还应检测水泥或石灰剂量是否符合要求。对于稳定粒料类材料,还应检测颗粒组成是否达到规定级配范围。

(2)粒料类基层和底基层

①分类

粒料类基层和底基层常见类型有级配碎石、未筛分碎石、级配砾石、天然砂砾和填隙碎石等。级配碎石是各档粒径的碎石和石屑按一定比例混合,级配满足一定要求且塑性指数和承载比均符合规定要求的混合料。未筛分碎石是粒径大小不一的碎石仅用一个与规定最大公称粒径相符的筛筛去超尺寸颗粒后得到的碎石混合料。级配砾石是各档粒径的砾石和砂按一定比例混合,级配满足一定要求且塑性指数和承载比均符合规定要求的混合料。天然砂砾是砾石和砂自然形成级配并满足一定要求的混合料。填隙碎石是在碎石骨料层上铺撒石屑填隙料经压实形成的基层和底基层材料。

②原材料要求

级配碎石或砾石、未筛分碎石、天然砂砾的粗集料应采用具有一定级配的硬质石料,且不应含有黏土块、有机物等,公称最大粒径应不大于规定值,公路等级不同、层位不同有不同的级配范围要求。细集料的液限、塑性指数等应符合规定。

填隙碎石的骨料的公称最大粒径、压碎值、针片状颗粒和软弱颗粒的含量、颗粒组成应满足要求;填隙料的公称最大粒径、颗粒组成也应符合规定。

③混合料组成设计

用于不同公路等级、交通荷载等级和结构层位的级配碎石,CBR强度应满足相应的要求。混合料配合比应采用重型击实或振动成型试验方法,确定最佳含水率和最大干密度;应按试验确定的级配和最佳含水率,以及现场施工的压实标准成型标准试件,进行CBR强度试验和模量试验,应选择CBR强度最高的级配作为工程使用的目标级配。

④施工

级配碎石、级配砾石基层或底基层的施工工序主要包括拌和、摊铺、碾压。未筛分碎石、天然砂砾、填隙碎石基层或底基层的施工工序主要是摊铺和碾压。拌和要均匀,摊铺应平整,碾压要密实。

级配碎石、级配砾石基层或底基层施工质量检测项目主要包括压实度、弯沉值、颗粒组成。填隙碎石基层或底基层碾压后应检测固体体积率和弯沉值。

(3) 贫混凝土基层

贫混凝土是由粗集料、细集料、水与用量较普通混凝土低的水泥拌和而成的一种混凝土，可浇筑成型，也可以碾压成型，作基层时常采用碾压方式，称为碾压贫混凝土基层。碾压贫混凝土的集料应具有合适的级配，水泥剂量宜不大于13%，配合比设计应满足7d无侧限抗压强度、收缩性能、弯拉强度和模量等指标要求。碾压贫混凝土等强度较高的基层材料成型后可采用预切缝措施。其他方面与无机结合料稳定类基层类似。

(4) 沥青稳定碎石基层

沥青稳定碎石指的是由沥青、粗集料、细集料和矿粉组成，经拌和、摊铺、碾压成型的混合料，常用设计空隙率为3%~6%的密级配沥青稳定碎石(ATB)作为基层，其配合比设计、施工工艺、质量控制与沥青混凝土基本类似，只是集料的公称最大粒径较大。

第二节 试验检测数据整理方法

工程质量检验是工程质量管理的一个重要环节，是保证工程质量的必要手段。工程质量的评价是以各种试验检测数据为依据的，试验检测采集得到的大量原始数据必须经过合理的分析处理，才能取得可靠的试验检测成果。试验检测数据的整理方法以数理统计与概率论为基础，包括随机取样方法、试验检测数据的处理、数据的统计计算与分析。

一、路基路面现场测试选点方法

路基路面工程体量庞大，现场测试项目只能采取抽样方法确定测试的位置。正确规范地选择测试位置是保证公路路基路面现场测试结果可靠性和代表性的前提。

路基路面现场测试选点方法包括均匀法、随机法、定向法、连续法和综合法。

1. 均匀法

将道路沿纵向或横向进行等间距划分，并在划分点处做好标记，在划分点上布置测点，如图1-1所示。

图1-1 均匀法选点示意图

2. 随机法

用随机数表征测点位置信息，常用的位置信息包括里程桩号、离道路中线的距离等，从而确定测点位置。随机选点方法参照《公路路基路面现场测试规程》(JTG 3450—2019)附录A。

3. 定向法

选取轮迹带或出现裂缝、错台、板角等具有某个特征或指定位置作为测点，如图1-2所示。

图 1-2 定向法选点示意图

4. 连续法

按相应标准的规定,沿道路纵向间距连续、均匀布置测区,如图 1-3 所示。

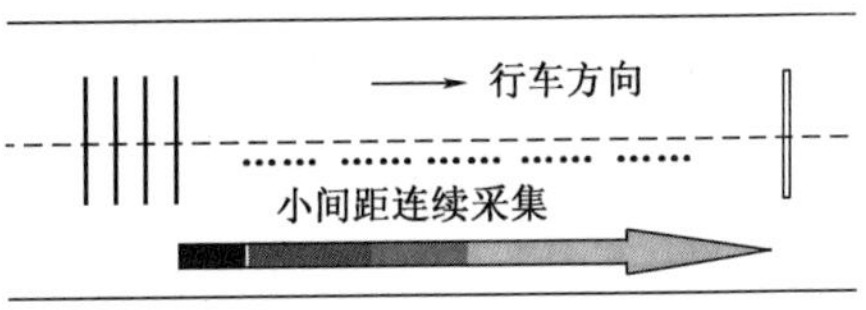

5. 综合法

同时使用上述两种以上的选点方法,确定测点位置。通常有沿道路纵向连续选择测区,测区内随机选择测点,或者沿道路纵向均匀确定测区,测区内定向选取测点等。

图 1-3 连续法选点示意图

二、路基路面现场测试随机选点方法

公路路基路面工程线长面广,质量检验只能采用抽样检验,即从待检工程中抽取样本,根据样本的质量检查结果,推断整个待检工程的质量状况。随机抽样是以数理统计的原理,根据样本取得的质量数据来推测、判断总体质量的一种科学抽样检验方法。随机抽样可排除人的主观因素,使待检总体中每一个产品具有同等被抽取到的机会,能客观地反映总体的质量状况,因而被广泛使用,路基路面工程质量检验就采用了随机抽样的方法。

《公路路基路面现场测试规程》(JTG 3450—2019)规定了公路路基路面现场测试随机选点方法。随机取样选点的方法是按数理统计原理在路基路面现场测试时确定测点位置的方法。

应事先备好量尺(钢尺、皮尺或测距仪等),编号从 1~28 共 28 块硬纸片,装在一个布袋中。随机数表或能够产生随机数的计算机软件(如 WPS 表格、Excel 等)。

《公路路基路面现场测试规程》(JTG 3450—2019)附录 A 提供了一般取样的随机数表,包括栏号 1~栏号 28,每个栏号下分为 A、B、C 三列,A 列为 01~30 的随机数,B 列和 C 列为小于 1 的三位小数的随机数。

根据路基路面施工或验收、质量评定方法等有关规范要求,确定需要测试的路段。它可以是一个作业段、一天完成的路段或路线全程。如在路基路面工程质量验收时,通常以 1km 为一个测试路段。

1. 选取测试区间或断面(纵向位置)的步骤

(1)按照有关标准规范规定的测试区间(断面)数量要求,将确定的测试路段划分为若干个区间或断面,将其编号为第 1~n 个区间或第 1~n 个断面,其总的区间数或断面数为 T。公路路基路面测试一般采用等长度(间距)划分区间(断面)。当区间(断面)数量 $T>30$ 时,应分次选取,若采用计算机软件进行随机选取,则不受选取数量限制。

(2)随机抽取一块硬纸片,硬纸片上的编号即对应一般取样的随机数表上的栏号。根据所抽取硬纸片对应的栏号,依次找出该栏号下 A 列 $1\sim n$ 对应的 B 列中的值,也可通过计算机软件产生对应 A 值的 B 值。即得到 n 组 A、B 值。

(3)将 n 个 B 值与总区间数或断面数 T 相乘,四舍五入成整数,即得到 n 个断面的编号,即可根据该编号确定实际断面位置。

例如:按照有关规范规定,拟从 K36+000~K37+000 的 1km 检测路段中选择 20 个断面测定路面宽度、高程、横坡等外形尺寸,可采取以下方法确定断面:

①按照 20m 等间距对拟测试路段内的断面进行编号。则 1km 总长的断面数 $T=1000/20=50$ 个,其编号为 1,2,…,50。

②从布袋中摸出一块硬纸片,如其编号为 14,则使用一般取样的随机数表的第 14 栏。

③从第 14 栏 A 列中挑出小于或等于 20 所对应的 B 列数值,将 B 与 T 相乘,四舍五入得到 20 个断面号,断面号乘以选择断面,并得到 20 个断面的桩号。

上述计算结果如表 1-1 所示。

随机选取测试断面(纵向位置)示例计算表　　　　　表 1-1

断面编号	14栏A列	B列	B×T	断 面 号	桩 号
1	17	0.089	4.45	4	K36+080
2	10	0.149	7.45	7	K36+140
3	13	0.244	12.2	12	K36+240
4	08	0.264	13.2	13	K36+260
5	18	0.285	14.25	14	K36+280
6	02	0.340	17.05	17	K36+340
7	06	0.359	17.95	18	K36+360
8	14	0.392	19.60	20	K36+400
9	03	0.408	20.40	20	K36+420
10	16	0.527	26.35	26	K36+520
11	20	0.531	26.55	27	K36+540
12	05	0.787	39.35	39	K36+780
13	15	0.801	40.05	40	K36+800
14	12	0.836	41.8	42	K36+840
15	04	0.854	42.7	43	K36+860
16	11	0.884	44.2	44	K36+880
17	19	0.886	44.3	44	K36+900
18	07	0.929	46.45	46	K36+920
19	09	0.932	46.6	47	K36+940
20	01	0.970	48.5	49	K36+980

2. 选取测点(纵向及横向位置)的步骤

(1)按照有关标准规范要求确定测点数量 n。当 $n>30$ 时应分次选取,若采用计算机软件进行随机选取,则不受选取数量限制。

(2)随机抽取一块硬纸片,纸片上的编号即对应一般取样的随机数表中的栏号。根据所抽取硬纸片的栏号,依次找出该栏号下 A 列 $1\sim n$ 值对应的 B、C 列中的值,也可通过计算机软件产生对应 A 值的 B 值和 C 值。即得 n 组 A、B、C 值。

(3)以 A 列中对应的 B 列中数值乘以测试路段的总长度,再加上测试路段起点的桩号,即得出取样纵向位置,即断面桩号。

(4)以 A 列中对应的 C 列中的数值,乘以检查路面的宽度,再减去宽度的一半,即得出取样位置离路面中心线的距离。若差值为正(+),表示在中心线的右侧;若差值为负(-),则表示在中心线的左侧。

例如:按照有关规范规定,检查验收时拟在 K36+000~K37+000 的 1km 检测路段中选择 6 个测点进行钻孔取样检验压实度、沥青用量和矿料级配等,可按照如下方法确定钻孔位置:

①随机抽取一张硬纸片,比如其编号为 3。

②一般取样的随机数表中栏号 3 的 A 列中从上至下小于或等于 6 的数为:01、06、03、02、04 及 05。

③栏号 3 的 B 列中与 A 列这 6 个数相应的 6 个小数为 0.175、0.310、0.494、0.699、0.838 及 0.977。

④取样路段长度 1000m,计算得出 6 个乘积(取样位置与该段起点的距离)分别为 175m、310m、494m、699m、838m、977m。

⑤栏号 3 的 C 列中与 A 列这 6 个数相应的 6 个小数为 0.641、0.063、0.929、0.073、0.166 及 0.494。

⑥路面宽度为 10m,计算得 6 个乘积分别是 6.41m、0.63m、9.29m、0.73m、1.66m 及 4.94m。再减去路面宽度的一半,6 个取样的横向位置分别是右侧 1.41m、左侧 4.37m、右侧 4.29m、左侧 4.27m、左侧 3.34m 及左侧 0.06m。

上述计算结果如表 1-2 所示。

随机选取测点(纵向和横向位置)示例计算表　　　　表 1-2

测点编号	栏号3		取样路段长 1000m		路面宽度 10m		测点数 6 个
	A 列	B 列	距起点距离(m)	桩号	C 列	距路边缘距离(m)	距中线位置
NO.1	01	0.175	175	K36+175	0.641	6.41	右 1.41
NO.2	06	0.310	310	K36+310	0.063	0.63	左 4.37
NO.3	03	0.494	494	K36+494	0.929	9.29	右 4.29
NO.4	02	0.699	699	K36+699	0.073	0.73	左 4.27
NO.5	04	0.838	838	K36+838	0.166	1.66	左 3.34
NO.6	05	0.977	977	K36+977	0.494	4.94	左 0.06

三、试验检测数据处理与分析

1. 数据保留位数

为了使试验检测数据记录、计算规范化,保证数据的精确性,数据处理应遵循一定规则。

在测量和数值计算中,确定取几位数字来代表测量或计算的结果时涉及有效数字问题。有效数字的位数越多,相对(绝对)误差就越小。在记录测量结果时,只允许末位由估读得来的不确定数字,其余数字均为准确数字,称这些所记的数字为有效数字。在量测或计算中应按照有效数字有关判定准则合理确定有效数字的位数。

当试验结果由于计算或其他原因位数较多时,需采用数字修约的规则进行凑整。为了保证试验检测数据计算结果的精度,还应遵循计算法则的规定。

2. 数据的表达方法和分析

如何对通过试验检测获得的一系列数据进行深入的分析,以便得到各参数之间的关系,甚至用数学解析的方法,导出各参数之间的函数关系,这是数据处理的任务之一。测量数据的表达方法通常有表格法、图示法和经验公式法三种。

(1)表格法

对试验中的一系列测量数据都是首先列成表格,然后再进行其他的处理。列成表格可表示出测量结果,也便于以后的计算,同时也是图示法和经验公式法的基础。

表格一般分为两种:一种是试验检测数据记录表,另一种是试验检测结果表。

试验检测数据记录表是该项试验检测的原始记录表,它包括的内容应有试验检测目的、内容摘要、试验日期、环境条件、检测仪器设备、原始数据、测量数据、结果分析以及参加人员和负责人等。

试验检测结果表只反映试验检测结果的最后结论,一般只有几个变量之间的对应关系。试验检测结果表应力求简明扼要,能说明问题。

(2)图示法

图示法的最大优点是一目了然,即从图形中可非常直观地看出测量值的变化规律,如递增性或递减性,最大值或最小值,是否具有周期性变化规律等。

图示法的基本要点如下:

①在直角坐标系中绘制测量数据的图形时,应以横坐标为自变量,纵坐标为对应的测量值。例如,分析平整度检测结果随路面纵向的变化情况,可设横坐标为桩号,纵坐标为国际平整度指数(IRI)。

②坐标纸的大小与分度的选择应与测量数据的精度相适应。坐标分度值不一定自零起,可用低于试验数据的某一数值作起点和高于试验数据的某一数值作终点,曲线以基本占满全幅坐标纸为宜。

③坐标轴应注明分度值的有效数字和名称、单位,必要时还应标明试验条件,坐标的文字书写方向应与该坐标轴平行,在同一图上表示不同数据时应该用不同的符号加以区别。

④将每个试验数据在坐标系中标出成为一个点,然后用直线将这些点相连接,即可大致看

出一组试验数据的变化特点。

（3）经验公式法

运用最小二乘法原理,通常可利用统计分析软件,对一组试验数据进行曲线拟合或回归分析得到经验公式,使测量数据不仅可用一条直线或曲线表示,而且可用与图形对应的一个经验公式来表示。应通过检验其相关性,明确所建立经验公式的准确性。精度达到一定要求的经验公式才能用于工程中。

四、数据的统计计算与分析

在公路路基路面工程质量检验中,通常通过检测一定数量的点位或断面的质量指标,来评价大面积的工程总体质量是否符合要求,即通过抽取总体中的一小部分样本加以检测,以便了解和分析总体质量状况,也就是抽样检验。

样本容量的大小,直接关系到判断结果的可靠性。一般来说,样本容量越大,可靠性越好,但检测所耗费的工作量亦越大,成本也就越高。因此,在路基路面工程施工控制和质量检验中,都规定了试验检测的频率。

按照我国路基路面工程有关施工技术规范和质量检验评定标准规定,需要对每个检测或评定路段内的测定值计算平均值、标准差、变异系数等统计量;按照数理统计原理计算检测或评定路段内的测定值的代表值,用代表值评价总体质量。

1. 数据的统计量计算

一个检测或评定路段内某项检测指标的测定值有 N 个,分别为 X_1, X_2, $\cdots$, X_N,其中任一个测定值表示为 X_i,可按下列方法计算其统计量。

（1）平均值 $\overline{X}$

算术平均值是表示一组数据集中位置最有用的统计特征量,经常用样本的算术平均值来代表总体的平均水平。算术平均值可按式(1-2)计算:

$$\overline{X} = \frac{\sum X_i}{N} \tag{1-2}$$

（2）标准差 S

标准差是衡量样本数据离散程度的指标。标准差可按式(1-3)计算:

$$S = \sqrt{\frac{\sum (X_i - \overline{X})^2}{N-1}} \tag{1-3}$$

（3）变异系数 C_v

变异系数反映样本数据的波动的大小。变异系数是标准差 S 与算术平均值 $\overline{X}$ 的比值,即:

$$C_v(\%) = \frac{S}{\overline{X}} \times 100 \tag{1-4}$$

（4）中位数 $\widetilde{X}$

将 X_1, X_2, $\cdots$, X_N 按其大小次序排序,以排在正中间的一个数表示总体的平均水平,称之为中位数,或称中值。N 为奇数时,正中间的数只有一个;N 为偶数时,正中间的数有两个,取这两个数的平均值作为中位数。

(5) 极差 R

极差 R 表示数据波动范围的大小,是 X_1,X_2,$\cdots$,X_N 数据中的最大值 X_{max} 与最小值 X_{min} 之差。

2. 可疑数据的剔除

在一组条件完全相同的重复试验中,个别的测量值可能会出现异常,如测量值过大或过小,这些过大或过小的测量数据是不正常的,或称为可疑的。对于这些可疑数据应该用数理统计的方法判别其真伪,并决定取舍。

可疑数据的舍弃可按照 k 倍标准差作为舍弃标准,即在数据分析中,舍弃那些在 $\overline{X} \pm kS$ 范围以外的实测值。当试验数据 N 为 3、4、5、6 个时,k 值分别为 1.15、1.46、1.67、1.82;N 大于或等于 7 时,k 值采用 3。

取 $3S$ 的理由是:根据随机变量的正态分布规律,在多次试验中,测量值落在 $\overline{X} - 3S$ 与 $\overline{X} + 3S$ 之间的概率为 99.73%,出现在此范围之外的概率仅为 0.27%。

舍弃可疑值后,应重新计算平均值、标准差、变异系数等统计量,并分析测量值出现异常的原因,对路基路面质量检测出现异常测量值的测点及区域进行妥善处理。

3. 代表值

代表值的确定与测定值的概率分布有关。实践表明,公路路基路面工程试验检测项目的测定值的大小所出现的频率分布大多服从正态分布或 t 分布。

在公路工程质量检验与评价中,对有些指标限定下限,例如压实度、路面结构层厚度、半刚性基层和底基层材料强度;对有的指标限定上限,例如弯沉值。某个质量指标只规定了低限 L 时,其代表值取平均值的单边置信下限,应满足 $X \geq L$ 的要求。某个质量指标只规定了高限 U 时,其代表值取平均值的单边置信上限,应满足 $X \leq U$ 的要求。

一般来说,对于测点数 N 大于 30 时,按正态分布计算试验检测数据的代表值,测点数 N 较少时,则按 t 分布计算代表值。

①服从正态分布数据的代表值

公路路基路面工程质量检验评定方法中,对于服从正态分布的检测数据,计算代表值时考虑保证率 α,用 Z_α 表示保证率系数。

当限定上限时,代表值 X 的评定标准为:

$$X = \overline{X} + Z_\alpha S \leq U \tag{1-5}$$

当限定下限时,代表值 X 的评定标准为:

$$X = \overline{X} - Z_\alpha S \geq L \tag{1-6}$$

当保证率为 90% 时,$Z_\alpha = 1.282$;当保证率为 93% 时,$Z_\alpha = 1.5$;当保证率为 95% 时,$Z_\alpha = 1.645$;当保证率为 97.72% 时,$Z_\alpha = 2.0$;当保证率为 99.87% 时,$Z_\alpha = 3.0$。

②服从 t 分布数据的代表值

对于服从 t 分布的检测数据,计算代表值时考虑保证率 α。

当限定上限时,代表值 X 的评定标准为:

$$X = \overline{X} + t_\alpha \frac{S}{\sqrt{N}} \leq U \tag{1-7}$$

当限定下限时,代表值 X 的评定标准为:

$$X = \overline{X} - t_\alpha \frac{S}{\sqrt{N}} \geq L \tag{1-8}$$

式中 t_α 的数值不仅与保证率 α 有关,还随测点数 N 的不同而变,因其计算复杂,有专用表格可查用。

第三节 公路工程质量检验与评定

公路工程质量检验与评定是对公路工程施工质量的客观评价。《公路工程质量检验评定标准 第一册 土建工程》(JTG F80/1—2017)是各等级公路新建、改扩建工程施工质量的检验评定和验收的依据。

公路建设项目完工,建设质量合格,应进行交工及竣工验收,交工及竣工验收应遵循《公路工程竣(交)工验收办法》(交通部令 2004 年第 3 号)和《公路工程竣(交)工验收办法实施细则》(交公路发〔2010〕65 号)。

本节围绕路基路面工程介绍《公路工程质量检验评定标准 第一册 土建工程》(JTG F80/1—2017)、《公路工程竣(交)工验收办法》(交通部令 2004 年第 3 号)和《公路工程竣(交)工验收办法实施细则》(交公路发〔2010〕65 号)的有关内容。

一、基本规定

1. 一般规定

一个公路工程建设项目通常可以划分为合同段、单位工程、分部工程和分项工程。在合同段中,具有独立施工条件和结构功能的工程为单位工程;在单位工程中,按路段长度、结构部位及施工特点等划分的工程为分部工程;在分部工程中,根据施工工序、工艺或材料等划分的工程为分项工程。

公路工程质量检验评定应按分项工程、分部工程、单位工程、合同段、建设项目逐级进行。

路基路面工程的工程划分见表 1-3。

一般建设项目的工程划分(路基路面工程) 表 1-3

单位工程	分部工程	分项工程
路基工程(每10km或每标段)	路基土石方工程(1~3km路段)①	土方路基,填石路基,软土地基处置,土工合成材料处置层等
	排水工程(1~3km路段)①	管节预制,混凝土排水管安装,检查(雨水)井砌筑,土沟,浆砌水沟,盲沟,跌水,急流槽,水簸箕,排水泵站沉井、沉淀池等
	小桥及符合小桥标准的通道、人行天桥、渡槽(每座)	钢筋加工及安装,砌体,混凝土扩大基础,钻孔灌注桩,混凝土墩、台身安装,台背填土,就地浇筑梁、板,预制安装梁、板,就地浇筑拱圈,混凝土桥面板桥面防水层,支座垫石和挡块,支座安装,伸缩装置安装,栏杆安装,混凝土护栏,桥头搭板,砌体坡面护坡,混凝土构件表面防护,桥梁总体等

续上表

单位工程	分部工程	分项工程
路基工程(每10km或每标段)	涵洞、通道(1～3km路段)①	钢筋加工及安装,涵台,管节预制,混凝土涵管安装,波形钢管涵安装,盖板制作,盖板安装,箱涵浇筑,拱涵浇(砌)筑,倒虹吸竖井、集水井砌筑,一字墙和八字墙,涵洞填土,顶进施工的涵洞,砌体坡面防护,涵洞总体等
	防护支挡工程(1～3km路段)①	砌体挡土墙,墙背填土,边坡锚固防护,土钉支护,砌体坡面防护,石笼防护,导流工程等
	大型挡土墙、组合挡土墙(每处)	钢筋加工及安装,砌体挡土墙,悬臂式挡土墙,扶壁式挡土墙,锚杆、锚定板和加筋土挡土墙,墙背填土等
路面工程(每10km或每标段)	路面工程(1～3km路段)①	垫层、底基层,基层,面层,路缘石,路肩等

注:①按路段长度划分的分部工程,高速公路、一级公路宜取低值,二级及二级以下公路可取高值。

2. 分项工程质量检验

检验是对被检查的项目的特征和性能进行检查、检测、试验等,并将结果与标准规定的要求进行比较,以判定其是否合格所进行的活动。

分项工程按基本要求、实测项目、外观质量和质量保证资料等检验项目分别检查。

分项工程质量应在所使用的原材料、半成品、成品及施工控制要点等符合基本要求的规定,无外观质量限制缺陷且质量保证资料真实齐全时,方可进行检验评定。

(1)基本要求检查

分项工程应对所列基本要求逐项检查,经检查不符合规定时,不得进行工程质量的检验评定。

分项工程所用的各种原材料的品种、规格、质量及混合料配合比和半成品、成品应符合有关技术标准规定并满足设计要求。

(2)实测项目检验

①检查项目合格率

对检查项目按规定的检查方法和频率进行随机抽样检验并计算合格率。

规定的检查方法为标准方法,采用其他高效检测方法应经比对确认。

以路段长度规定的检查频率为双车道路段的最低检查频率,对多车道应按车道数与双车道之比相应增加检查数量。

检查项目合格率按式(1-9)计算:

$$检查项目合格率(\%) = \frac{合格的点(组)数}{该检查项目的全部检查点(组)数} \times 100 \quad (1-9)$$

②检查项目合格判定

根据重要性不同,将分项工程的检查项目分为关键项目和一般项目。关键项目是分项工程中对结构安全、耐久性和主要使用功能起决定性作用的检查项目,在实测项目表中以"△"标识;一般项目是分项工程中除关键项目以外的检查项目。

关键项目的合格率应不低于95%(机电工程为100%),否则该检查项目为不合格。

一般项目的合格率应不低于80%,否则该检查项目为不合格。

有规定极值的检查项目,任一单个检测值不应突破规定极值,否则该检查项目为不合格。

采用数理统计方法进行检验评定的检查项目,不满足要求时,该检查项目为不合格。

(3)外观质量检查

外观质量是通过观察和必要的量测所反映的工程外在质量及功能状态。

外观质量应进行全面检查,并满足规定要求,否则该检验项目为不合格。

(4)质量保证资料检查

工程应有真实、准确、齐全、完整的施工原始记录、试验检测数据、质量检验结果等质量保证资料。

质量保证资料包括六个方面的内容:

①所用原材料、半成品和成品质量检验结果;

②材料配合比、拌和加工控制检验和试验数据;

③地基处理、隐蔽工程施工记录和桥梁、隧道施工监控资料;

④质量控制指标的试验记录和质量检验汇总图表;

⑤施工过程中遇到的非正常情况记录及其对工程质量影响分析评价资料;

⑥施工过程中如发生质量事故,经处理补救后达到设计要求的认可证明文件等。

(5)检验项目评为不合格的,应进行整修或返工处理直至合格。

3. 工程质量评定

评定是对分项工程、分部工程、单位工程和合同段的质量进行检验,并确定其质量等级的活动。

工程质量等级分为合格与不合格。

分项、分部、单位工程质量评定应分别填写分项工程质量检验评定表、分部工程质量检验评定表、单位工程质量检验评定表。

检验记录完整、实测项目合格、外观质量满足要求的分项工程质量评定为合格。

评定资料完整、所含分项工程及实测项目合格、外观质量满足要求的分部工程质量评定为合格。

评定资料完整、所含分部工程合格、外观质量满足要求的单位工程质量评定为合格。

评定为不合格的分项工程、分部工程,经返工、加固、补强或调测,满足设计要求后,可以重新进行检验评定。

所含单位工程合格,该合同段评定为合格;所含合同段合格,该建设项目评定为合格。

二、数理统计方法评定的检查项目

《公路工程质量检验评定标准 第一册 土建工程》(JTG F80/1—2017)规定了压实度、水泥混凝土弯拉强度、水泥混凝土抗压强度、喷射混凝土抗压强度、水泥砂浆强度、无机结合料稳定材料强度、路面结构层厚度、弯沉值、路面横向力系数、水泥基浆体抗压强度等检查项目的评定方法,列于附录中。

1. 压实度评定

路基和路面基层、底基层的压实度以重型击实标准为准。沥青层压实度以现行《公路沥青路面施工技术规范》(JTG F40)的规定为准。对于特殊干旱、潮湿地区或过湿土,可以现行《公路路基设计规范》(JTG D30)、《公路路基施工技术规范》(JTG/T 3610)规定的压实度标准进行评定。

标准密度应做平行试验,求其平均值作为现场检验的标准值。对于均匀性差的路基土质和路面结构层材料,应根据实际情况增补标准密度试验,求得相应的标准值。

路基、路面压实度以 1~3km 长的路段为检验评定单元,按要求的检测频率进行现场压实度抽样检查,求算每一测点的压实度 K_i。细粒土现场压实度检查可以采用灌砂法或环刀法;粗粒土及路面结构层压实度检查可以采用灌砂法、水袋法或钻孔取样蜡封法。应用核子密度仪时,须经对比试验检验,确认其可靠性。

检验评定段的压实度代表值 K(算术平均值的下置信界限)由式(1-10)计算。

$$K = \overline{K} - \frac{t_\alpha}{\sqrt{n}} S \geqslant K_0 \qquad (1\text{-}10)$$

式中:$\overline{K}$——检验评定段内各测点压实度的平均值;

t_α——t 分布表中随测点数和保证率(或置信度 α)而变的系数,t_α 见表1-4;

采用的保证率:

高速公路、一级公路:基层、底基层为99%,路基、路面面层为95%;

其他公路:基层、底基层为95%,路基、路面面层为90%;

S——检测值的标准差;

n——检测点数;

K_0——压实度标准值。

$t_\alpha/\sqrt{n}$ 值   表1-4

n	保证率			n	保证率		
	99%	95%	90%		99%	95%	90%
2	22.501	4.465	2.176	4	2.270	1.177	0.819
3	4.021	1.686	1.089	5	1.676	0.953	0.686
6	1.374	0.823	0.603	23	0.523	0.358	0.275
7	1.188	0.734	0.544	24	0.510	0.350	0.269
8	1.060	0.670	0.500	25	0.498	0.342	0.264
9	0.966	0.620	0.466	26	0.487	0.335	0.258
10	0.892	0.580	0.437	27	0.477	0.328	0.253
11	0.833	0.546	0.414	28	0.467	0.322	0.248
12	0.785	0.518	0.393	29	0.458	0.316	0.244
13	0.744	0.494	0.376	30	0.449	0.310	0.239
14	0.708	0.473	0.361	40	0.383	0.266	0.206
15	0.678	0.455	0.347	50	0.340	0.237	0.184
16	0.651	0.438	0.335	60	0.308	0.216	0.167
17	0.626	0.423	0.324	70	0.285	0.199	0.155
18	0.605	0.410	0.314	80	0.266	0.186	0.145
19	0.586	0.398	0.305	90	0.249	0.175	0.136
20	0.568	0.387	0.297	100	0.236	0.166	0.129
21	0.552	0.376	0.289	>100	$\frac{2.3265}{\sqrt{n}}$	$\frac{1.6449}{\sqrt{n}}$	$\frac{1.2815}{\sqrt{n}}$
22	0.537	0.367	0.282				

路基、基层和底基层：$K \geq K_0$，且单点压实度 K_i 全部大于或等于规定值减 2 个百分点时，评定路段的压实度合格率为 100%；当 $K \geq K_0$，且单点压实度 K_i 全部大于或等于规定极值时，按测定值不低于规定值减 2 个百分点的测点数计算合格率。

$K < K_0$ 或某一单点压实度 K_i 小于规定极值时，该评定路段压实度为不合格，相应分项工程评为不合格。

路堤施工段落短时，分层压实度应全部符合要求，且样本数不少于 6 个。

沥青面层：当 $K \geq K_0$ 且全部测点大于或等于规定值减 1 个百分点时，评定路段的压实度合格率为 100%；当 $K \geq K_0$ 时，按测定值不低于规定值减 1 个百分点的测点数计算合格率。

$K < K_0$ 时，评定路段的压实度为不合格，相应分项工程评为不合格。

2. 水泥混凝土弯拉强度评定

水泥混凝土弯拉强度试验方法应使用标准小梁法或钻芯劈裂法，试件使用标准方法制作，标准养生时间 28d，路面钻芯劈裂时间宜控制在 28~56d 以内，不掺粉煤灰宜用 28d，掺粉煤灰宜用 28~56d。

高速公路和一级公路每工作班制作 2~4 组：日进度 <500m 取 2 组，≥500m 取 3 组，≥1000m 取 4 组。其他公路每工作班制作 1~3 组：日进度 <500m 取 1 组，≥500m 取 2 组，≥1000m 取 3 组。每组 3 个试件的平均值作为一个统计数据。

混凝土弯拉强度的合格标准：

（1）试件组数大于 10 组时，平均弯拉强度合格判断式为：

$$f_{cs} \geq f_r + K\sigma \tag{1-11}$$

$$\sigma = C_v \bar{f_c} \tag{1-12}$$

式中：f_{cs}——合格判定平均弯拉强度（MPa）；

f_r——设计弯拉强度标准值（MPa）；

K——合格判定系数，见表 1-5；

σ——弯拉强度统计均方差；

C_v——实测弯拉强度统计变异系数；

$\bar{f_c}$——实测弯拉强度统计平均值（MPa）。

合 格 判 定 系 数　　　　　　　　　　　　　　　表 1-5

试件组数 n	11~14	15~19	≥20
K	0.75	0.70	0.65

当试件组数为 11~19 组时，允许有一组最小弯拉强度小于 $0.85f_r$，但不得小于 $0.80f_r$。当试件组数大于或等于 20 组时，高速公路和一级公路均不得小于 $0.85f_r$，其他公路允许有一组最小弯拉强度小于 $0.85f_r$，但不得小于 $0.80f_r$。

（2）试件组数小于或等于 10 组时，试件平均强度不得小于 $1.15f_r$，任一组强度均不得小于 $0.85f_r$。

(3)实测弯拉强度统计变异系数 C_v 值应符合设计要求。根据《公路水泥混凝土路面施工技术细则》(JTG/T F30—2014)规定,高速公路、一级公路:$0.05 \leq C_v \leq 0.10$;二级公路:$0.10 \leq C_v \leq 0.15$;三、四级公路:$0.15 \leq C_v \leq 0.20$。

当标准小梁合格判定平均弯拉强度 f_{cs}、最小弯拉强度 f_{min} 和统计变异系数 C_v 值中有一个不符合上述要求时,应在不合格路段每车道每 1km 钻取 3 个以上 $\phi150mm$ 的芯样,实测劈裂强度,通过各自工程的经验统计公式换算弯拉强度,其合格判定平均弯拉强度 f_{cs} 和最小值 f_{min} 必须合格,否则,应返工重铺。

评定路段内水泥混凝土弯拉强度评为不合格时,相应分项工程评为不合格。

3. 水泥混凝土抗压强度评定

评定水泥混凝土的抗压强度,应以标准养生 28d 龄期的试件、在标准试验条件下测得的极限强度为准,试件应为边长 150mm 的立方体,大体积混凝土养生龄期设计另有要求的应从其要求。每组试件 3 个。

(1)制取组数的要求

①不同强度等级及不同配合比的混凝土应在浇筑地点随机取样、分别制取试件。

②浇筑一般体积的结构物(如基础、墩台等)时,每一单元结构物应制取 2 组。

③连续浇筑大体积结构时,每 80~200m³ 或每一工作班应制取 2 组。

④上部结构的主要构件长 16m 以下应制取 1 组,16~30m 制取 2 组,31~50m 制取 3 组,50m 以上者不少于 5 组。小型构件每批或每工作班至少应制取 2 组。

⑤每根钻孔桩至少应制取 2 组;桩长 20m 以上者不少于 3 组;桩径大、浇筑时间很长时,不少于 4 组。如换工作班时,每工作班应制取 2 组。

⑥小桥涵、挡土墙、声屏障等构筑物每座、每处或每工作班应制取不少于 2 组。当原材料和配合比相同并由同一拌和站拌制时,可几座或几处合并制取 2 组。

⑦应根据施工需要,另制取几组与结构物同条件养生的试件,作为拆模、吊装、张拉预应力、承受荷载等施工阶段的强度依据。

(2)水泥混凝土抗压强度的合格评定标准

①同批试件组数大于或等于 10 组时,应以数理统计方法评定,并满足下述条件:

$$m_{fcu} \geq f_{cu,k} + \lambda_1 S_n \tag{1-13}$$

$$f_{cu,min} \geq \lambda_2 f_{cu,k} \tag{1-14}$$

式中:n——同批混凝土试件组数;

m_{fcu}——同批 n 组试件强度的平均值(MPa),精确到 0.1MPa;

S_n——同批 n 组试件强度的标准差(MPa),精确到 0.01MPa。当 $S_n < 2.5$MPa 时,取 $S_n = 2.5$MPa;

$f_{cu,k}$——混凝土设计强度等级(MPa);

$f_{cu,min}$——n 组试件中强度最低一组的值(MPa),精确到 0.1MPa;

λ_1、λ_2——合格判定系数,见表 1-6。

λ_1、λ_2 的值   表1-6

n	10～14	15～19	≥20
λ_1	1.15	1.05	0.95
λ_2	0.9	0.85	

②同批试件组数小于 10 组时,可用非数理统计方法评定,并满足下述条件:

$$m_{f_{cu}} \geq \lambda_3 f_{cu,k} \tag{1-15}$$

$$f_{cu,min} \geq \lambda_4 f_{cu,k} \tag{1-16}$$

式中:λ_3、λ_4——合格判定系数,见表1-7。

λ_3、λ_4 的值   表1-7

混凝土强度等级	<C60	≥C60
λ_3	1.15	1.10
λ_4	0.95	

检查项目中,水泥混凝土抗压强度评为不合格时,相应分项工程应为不合格。

4. 喷射混凝土抗压强度评定

喷射混凝土抗压强度应在喷射混凝土板件上,切割制取 100mm×100mm×100mm 的立方体试件,在标准条件下养生至 28d,用标准试验方法测得的极限抗压强度,乘以 0.95 的系数(精确到 0.1MPa)。

单洞两车道或三车道隧道每 10 延米,应至少在拱部和边墙各取 1 组(3 个)试件。其他工程,每喷射 50～100m³ 混合料或小于 50m³ 混合料的独立工程,不得少于 1 组。材料或配合比变更时应制取新试件。

喷射混凝土强度的合格标准:

(1)当同批试件组数 $n \geq 10$ 时,试件抗压强度平均值不低于设计值,任一组试件抗压强度不低于 0.85 倍的设计值。

(2)当同批试件组数 $n < 10$ 时,试件抗压强度平均值不低于 1.05 倍的设计值,任一组试件抗压强度不低于 0.9 倍的设计值。

实测项目中,喷射混凝土抗压强度评为不合格时,相应分项工程应为不合格。

5. 水泥砂浆强度评定

评定水泥砂浆的强度应以标准养护 28d 的试件为准,试件为边长 70.7mm 的立方体,每组 3 个试件。

(1)制取组数的要求

①不同强度等级及不同配合比的水泥砂浆应随机取样,分别制取试件;

②重要及主体砌筑物,每工作班应制取 2 组;

③一般及次要砌筑物,每工作班可制取 1 组;

④试件组数应不少于 3 组;

⑤拱圈砂浆应同时制取与砌体同条件养护试件,以检查各施工阶段强度。
试验及计算方法应符合现行《建筑砂浆基本性能试验方法标准》(JGJ/T 70)的规定。
(2)水泥砂浆强度的合格标准
①同强度等级试件的平均强度不低于设计强度等级的 1.1 倍;
②任意一组的强度不低于设计强度等级的 85%。
实测项目中水泥砂浆强度评为不合格时,相应分项工程应为不合格。

6. 无机结合料稳定材料强度评定

无机结合料稳定材料强度,应以规定温度下保湿养生 6d、浸水 1d 后的 7d 无侧限抗压强度为准。

应在现场按规定频率取样,按工地预定达到的压实度制备试件。每 2000m² 或每工作班制备 1 组试件。不论稳定细粒土、中粒土或粗粒土,当偏差系数 C_v < 10% 时,可为 6 个试件;C_v = 10% ~ 15% 时,可为 9 个试件;C_v > 15% 时,应为 13 个试件。

试件的平均强度 $\bar{R}$ 应满足式(1-17)的要求:

$$\bar{R} \geq \frac{R_d}{1 - Z_\alpha C_v} \tag{1-17}$$

式中:R_d——设计抗压强度(MPa);
　　　C_v——试验结果的偏差系数(以小数计);
　　　Z_α——标准正态分布表中随保证率而变的系数;
　　　　　高速公路、一级公路:保证率 95%,Z_α = 1.645;
　　　　　其他公路:保证率 90%,Z_α = 1.282。

评定路段内无机结合料稳定材料强度评为不合格时,相应分项工程为不合格。

7. 路面结构层厚度评定

评定路段内路面结构层厚度按代表值和单个合格值的允许偏差进行评定。
按规定频率,采用挖验或钻取芯样测定厚度。
厚度代表值为厚度的算术平均值的下置信界限值,按式(1-18)计算。

$$X_L = \bar{X} - \frac{t_\alpha}{\sqrt{n}} S \tag{1-18}$$

式中:X_L——厚度代表值(算术平均值的下置信界限);
　　　$\bar{X}$——厚度平均值;
　　　S——标准差;
　　　n——检测数量;
　　　t_α——t 分布表中随测点数和保证率(或置信度 α)而变的系数,可查表 1-4;
　　　　　采用的保证率:
　　　　　高速公路、一级公路:基层、底基层为 99%,面层为 95%;
　　　　　其他公路:基层、底基层为 95%,面层为 90%。

当厚度代表值大于或等于设计厚度减去代表值允许偏差时,则按单个检查值的偏差不超过单点合格值来计算合格率;当厚度代表值小于设计厚度减去代表值允许偏差时,该评定路段厚度不合格,相应分项工程应评为不合格。

代表值和单点合格值的允许偏差见各类路面结构层的实测项目表。

沥青面层一般按沥青铺筑层总厚度进行评定,高速公路和一级公路分2~3层铺筑时,还应进行上面层厚度检查和评定。

8. 弯沉值评定

弯沉值采用落锤式弯沉仪(FWD)、自动弯沉仪或贝克曼梁测量。每一双车道评定路段(不超过1km)测量检查点数:落锤式弯沉仪(FWD)为40,自动弯沉仪或贝克曼梁为80。多车道公路应按车道数与双车道之比,相应增加测点。

(1)路基、沥青路面弯沉代表值

路基、沥青路面弯沉代表值为弯沉测量值的上波动界限,按式(1-19)计算。

$$l_r = (\bar{l} + \beta \cdot S)K_1 K_3 \tag{1-19}$$

式中:l_r——弯沉代表值(0.01mm);

$\bar{l}$——实测弯沉的平均值;

S——标准差;

β——目标可靠指标,见表1-8;

K_1——湿度影响系数,根据当地经验确定;

K_3——温度影响系数,路基顶面弯沉测定时取1;路表弯沉值测定时根据式(1-20)确定:

$$K_3 = e^{[9 \times 10^{-6}(\ln E_0 - 1)H_a + 4 \times 10^{-3}](20-T)} \tag{1-20}$$

T——弯沉测定时沥青结合料类材料层中点实测或预估温度(℃);

H_a——沥青结合料类材料层厚度(mm);

E_0——平衡湿度状态下路基顶面回弹模量(MPa)。

目标可靠指标 β 值　　表1-8

公路等级	高速公路	一级公路	二级公路	三级公路	四级公路
目标可靠度(%)	95	90	85	80	70
目标可靠指标 β	1.65	1.28	1.04	0.84	0.52

(2)粒料类基层和底基层顶面弯沉代表值

粒料类基层和底基层顶面弯沉代表值按式(1-21)计算:

$$l_r = \bar{l} + Z_\alpha S \tag{1-21}$$

式中:l_r——弯沉代表值(0.01mm);

$\bar{l}$——实测弯沉的平均值;

S——标准差(0.01mm);

Z_α——与要求保证率有关的系数,高速公路和一级公路取 $Z_\alpha = 2.0$,二级公路取 $Z_\alpha = 1.645$,二级以下公路取 $Z_\alpha = 1.5$。

二级及二级以下公路,当路基和粒料类基层、底基层的弯沉代表值不符合要求时,可将超出 $\bar{l} + (2 \sim 3)S$ 的弯沉特异值舍弃,对舍弃的弯沉值大于 $\bar{l} + (2 \sim 3)S$ 的点,应找出其周围界限,进行局部处理,并对弯沉进行复测后重新计算平均值和标准差。高速公路、一级公路不得舍弃特异值。

弯沉代表值大于设计验收弯沉值时,相应分项工程应为不合格。

9. 路面横向力系数评定

评定路段内的路面横向力系数按 SFC 的设计或验收标准值进行评定。

SFC 代表值为 SFC 算数平均值的下置信界限值,按式(1-22)计算。

$$\text{SFC}_r = \overline{\text{SFC}} - \frac{t_\alpha}{\sqrt{n}}S \qquad (1\text{-}22)$$

式中:SFC_r——SFC 的代表值;

$\overline{\text{SFC}}$——SFC 平均值;

S——标准差;

n——采集数据样本数量;

t_α——t 分布表中随测点数和保证率(或置信度 α)而变的系数,可查表 1-4;采用的保证率:高速公路、一级公路为95%;其他等级公路为90%。

当 SFC 代表值不小于设计或验收标准时,按单个 SFC 值计算合格率;当 SFC 代表值小于设计或验收标准值时,该路段应为不合格。

10. 水泥基浆体抗压强度评定

水泥基浆体的强度评定应以标准养护28d 的试件为准,试件为 40mm × 40mm × 160mm 的棱柱体,每组 3 个试件。

(1)制取组数的要求

①不同强度等级及不同配合比的水泥浆体应随机取样,分别制取试件。

②每一工作班制取 1 组;如用量超过 10m³,应按每 10m³ 制取 1 组。

③对桩基压浆,每桩每次制取 1 组。

④对预应力管道压浆,每次或每 25 根至少制取 1 组。

⑤对锚杆压浆,每次或每 50 根至少制取 1 组。

试验及计算方法应符合现行《水泥胶砂强度检验方法(ISO 法)》(GB/T 17671)的规定,测定每组 6 个抗压强度值。

(2)水泥基浆体强度的合格标准

①同强度等级试件的平均强度不低于设计强度等级。

②任意一组的强度不低于设计强度等级的85%。

检查项目中水泥基浆体强度评为不合格时,相应分项工程应为不合格。

三、路基土石方工程

1. 一般规定

土方路基和填石路基的实测项目的规定值或允许偏差按高速公路、一级公路和其他等级公路(指二级及二级以下公路)两档确定,其中土方路基压实度按高速和一级公路、二级公路、三级和四级公路三档确定。

路基压实度应分层检测,上路床压实度应按压实度评定的规定进行评定。路基工程其他检查项目应在上路床进行检查测定。

土质路肩工程可作为路面工程的一个分项工程进行检查评定。

收费广场及服务区道路、停车场的土方工程压实标准可按土方路基要求进行检验。

2. 土方路基

(1) 土方路基的基本要求

①在路基用地和取土坑范围内,应清除地表植被、杂物、积水、淤泥和表土,处理坑塘,并按施工技术规范和设计要求对基底进行压实。表土应充分利用。

②填方路基应分层填筑压实,每层表面平整,路拱合适,排水良好,不得有明显碾压轮迹,不得亏坡。

③应设置施工临时排水系统,避免冲刷边坡,路床顶面不得积水。

④在设定取土区内合理取土,不得滥开滥挖。完工后应按要求对取土坑和弃土场进行修整。

(2) 土方路基实测项目

土方路基实测项目见表1-9。

土方路基实测项目　　　　表1-9

项次	检查项目			规定值或允许偏差			检查方法和频率
				高速公路一级公路	其他公路		
					二级公路	三、四级公路	
1△	压实度(%)	上路床	0~0.3m	≥96	≥95	≥94	按压实度评定规定检查;密度法:每200m每压实层测2处
		下路床 轻、中及重交通荷载等级	0.3~0.8m	≥96	≥95	≥94	
		下路床 特重、极重交通荷载等级	0.3~1.2m	≥96	≥95	—	
		上路堤 轻、中及重交通荷载等级	0.8~1.5m	≥94	≥94	≥93	
		上路堤 特重、极重交通荷载等级	1.2~1.9m	≥94	≥94	—	
		下路堤 轻、中及重交通荷载等级	>1.5m	≥93	≥92	≥90	
		下路堤 特重、极重交通荷载等级	>1.9m				
2△	弯沉(0.01mm)			≤设计验收弯沉值			按弯沉值评定规定检查
3	纵断高程(mm)			+10,-15	+10,-20		水准仪:中线位置每200m测2点

续上表

项次	检查项目	规定值或允许偏差			检查方法和频率
		高速公路一级公路	其他公路		
			二级公路	三、四级公路	
4	中线偏位(mm)	50	100		全站仪:每200m测2点,弯道加HY、YH两点
5	宽度(mm)	满足设计要求			尺量:每200m测4点
6	平整度(mm)	≤15	≤20		3m直尺:每200m测2处×5尺
7	横坡(%)	±0.3	±0.5		水准仪:每200m测2个断面
8	边坡	满足设计要求			尺量:每200m测4点

注:1. 表列压实度系按现行《公路土工试验规程》(JTG E40)重型击实试验所得最大干密度求得的压实度。评定路段内的压实度平均值下置信界限不得小于规定标准,单个测定值不得小于极值(表列规定值减5个百分点)。按测定值不小于表列规定值减2个百分点的测点占总检查点数的百分率计算合格率。

2. 特殊干旱、特殊潮湿地区或过湿土路基等,可按路基设计、施工规范所规定的压实度标准进行评定。

3. 三、四级公路铺筑沥青混凝土或水泥混凝土路面时路基压实度应采用二级公路标准。

(3)土方路基外观质量要求

①路基边线与边坡不应出现单向累计长度超过50m的弯折。

②路基边坡、护坡道、碎落台不得有滑坡、塌方或深度超过100mm的冲沟。

3. 填石路基

(1)填石路基基本要求

①填石路基应分层填筑压实,每层表面平整,路拱合适,排水良好,上路床不得有碾压轮迹,不得亏坡。

②修筑填石路基时应进行地表清理,填筑层厚度应符合规范规定并满足设计要求,填石空隙用石渣、石屑嵌压稳定。

③填石路基应通过试验路确定沉降差控制标准。

(2)填石路基实测项目

填石路基实测项目见表1-10。

填石路基实测项目　　　　　　　　　　　　　　　表1-10

项次	检查项目	规定值或允许偏差		检查方法和频率
		高速公路一级公路	其他公路	
1△	压实①	孔隙率满足设计要求		密度法:每200m每压实层测1处
		沉降差≤试验路确定的沉降差		精密水准仪:每50m测1个断面,每个断面测5点
2△	弯沉(0.01mm)	≤设计验收弯沉值		按弯沉值评定规定检查

续上表

项次	检查项目	规定值或允许偏差		检查方法和频率
		高速公路一级公路	其他公路	
3	纵断高程(mm)	+10,-20	+10,-30	水准仪:中线位置每200m测2点
4	中线偏位(mm)	≤50	≤100	全站仪:每200m测2点,弯道加HY、YH两点
5	宽度(mm)	满足设计要求		尺量:每200m测4点
6	平整度(mm)	≤20	≤30	3m直尺:每200m测2处×5尺
7	横坡(%)	±0.3	±0.5	水准仪:每200m测2个断面
8	边坡 坡度	满足设计要求		尺量:每200m测4点
	边坡 平顺度	满足设计要求		

注：①上下路床填土时,压实度检验标准同土方路基。
②土石混填路基压实度可根据实际可能进行检验。

（3）填石路基外观质量要求
①路基边线与边坡不应出现单向累计长度超过50m的弯折。
②上边坡不得有危石。

4. 软土地基处置

（1）软土地基处置基本要求
①换填地基的填筑压实要求同土方路基。
②砂垫层:应分层碾压施工;砂垫层宽度应宽出路基边脚0.5~1.0m,两侧端以片石护砌;砂垫层厚度及其上铺设的反滤层应满足设计要求。
③反压护道:护道高度、宽度应满足设计要求,压实度不低于90%。
④袋装砂井、塑料排水板:沙袋和塑料排水板下沉时不得出现扭结、断裂等现象;井(板)底高程应满足设计要求,塑料排水板超过孔口的长度应伸入砂垫层不小于500mm。
⑤粒料桩:施工工艺应符合规范规定;施工前应进行成桩工艺和成桩挤密试验;桩体应连续、密实。
⑥加固土桩:施工前应进行成桩工艺和成桩强度试验;施工设备必须安装喷粉(浆)自动记录装置,施工工艺应符合规范规定。
⑦水泥粉煤灰碎石桩:施工前应进行成桩工艺和成桩强度试验;混合料应拌和均匀,桩体施工应选择合理的施打顺序,成桩过程中应对已打桩的桩顶进行位移监测。
⑧刚性桩:施工前应进行成桩试验;施工工艺应符合规范规定。
⑨软土地基上的路堤,应满足沉降标准和稳定性的设计要求。

（2）软土地基处置实测项目
软土地基的实测项目见表1-11~表1-16。

砂垫层实测项目　　　　表1-11

项次	检查项目	规定值或允许偏差	检查方法和频率
1	砂垫层厚度	≥设计值	尺量:每200m测2点,且不少于5点
2	砂垫层宽度	≥设计值	尺量:每200m测2点,且不少于5点
3	反滤层设置	满足设计要求	尺量:每200m测2点,且不少于5点
4	压实度(%)	≥90	密度法:每200m测2点,且不少于5点

袋装砂井、塑料排水板实测项目　　　　　　　　　　　　　　表 1-12

项次	检查项目	规定值或允许偏差	检查方法和频率
1	井(板)距(mm)	±150	尺量：抽查2%且不少于5点
2△	井(板)长	>设计值	查施工记录
3	井径(mm)	+10, 0	挖验2%且不少于5点
4	灌砂率(%)	-5	查施工记录

粒料桩实测项目　　　　　　　　　　　　　　　　　　　　　表 1-13

项次	检查项目	规定值或允许偏差	检查方法和频率
1	桩距(mm)	±150	抽查2%且不少于5点
2	桩径(mm)	≥设计值	抽查2%且不少于5点
3△	桩长(m)	≥设计值	查施工记录并结合重型动力触探
4	粒料灌入率	≥设计值	查施工记录
5	地基承载力	满足设计要求	抽查桩数的0.1%且不少于3处

加固土桩实测项目　　　　　　　　　　　　　　　　　　　　表 1-14

项次	检查项目	规定值或允许偏差	检查方法和频率
1	桩距(mm)	±100	尺量：抽查2%且不少于5点
2	桩径(mm)	≥设计值	尺量：抽查2%且不少于5点
3△	桩长(m)	≥设计值	查施工记录并结合取芯检查0.2%，且不少于3根
4	单桩每延米喷粉(浆)量	≥设计值	查施工记录
5△	强度(MPa)	满足设计要求	取芯法：抽查桩数的0.5%，且不少于3组
6	地基承载力	满足设计要求	抽查桩数的0.1%且不少于3处

水泥粉煤灰碎石桩实测项目　　　　　　　　　　　　　　　　表 1-15

项次	检查项目	规定值或允许偏差	检查方法和频率
1	桩距(mm)	±100	尺量：抽查2%且不少于5点
2	桩径(mm)	≥设计值	尺量：抽查2%且不少于5点
3△	桩长(m)	≥设计值	查施工记录并结合取芯检查0.2%，且不少于3根
4△	强度(MPa)	满足设计要求	取芯法：抽查桩数的0.5%，且不少于3组
5	地基承载力	满足设计要求	抽查桩数的0.1%且不少于3处

刚性桩实测项目　　　　　　　　　　　　　　　　　　　　　表 1-16

项次	检查项目	规定值或允许偏差	检查方法和频率
1△	混凝土强度	在合格标准内	按水泥混凝土抗压强度评定规定检查
2	桩距(mm)	±100	尺量：抽查2%且不少于5点
3	桩径(mm)	≥设计值	尺量：抽查2%且不少于5点
4△	桩长(m)	≥设计值	查施工记录
5	单桩承载力	满足设计要求	抽查桩数的0.1%且不少于3根

5. 土工合成材料处置层

(1) 土工合成材料处置层基本要求

①土工合成材料应无老化,外观应无破损、污染。

②土工合成材料应紧贴下承层,按设计和施工要求铺设、张拉、固定。

③土工合成材料的接缝搭接、黏结强度和长度应满足设计要求,上、下层土工合成材料搭接缝应交替错开。

(2) 土工合成材料处置层实测项目

土工合成材料处置层实测项目见表1-17~表1-20。

加筋工程土工合成材料处置层实测项目 表1-17

项次	检查项目	规定值或允许偏差	检查方法和频率
1	下承层平整度、拱度	满足设计要求	每200m检查4处
2	搭接宽度(mm)	+50,0	尺量:抽查2%
3	搭接缝错开距离(mm)	满足设计要求	尺量:抽查2%
4	锚固长度(mm)	满足设计要求	尺量:抽查2%

隔离工程土工合成材料处置层实测项目 表1-18

项次	检查项目	规定值或允许偏差	检查方法和频率
1	下承层平整度、拱度	满足设计要求	每200m检查4处
2	搭接宽度(mm)	+50,0	尺量:抽查2%
3	搭接缝错开距离(mm)	满足设计要求	尺量:抽查2%
4	搭接处透水点	不多于1个点	每缝

过滤排水工程土工合成材料处置层实测项目 表1-19

项次	检查项目	规定值或允许偏差	检查方法和频率
1	下承层平整度、拱度	满足设计要求	每200m检查4处
2	搭接宽度(mm)	+50,0	尺量:抽查2%
3	搭接缝错开距离(mm)	满足设计要求	尺量:抽查2%

防裂工程土工合成材料处置层实测项目 表1-20

项次	检查项目	规定值或允许偏差	检查方法和频率
1	下承层平整度、拱度	满足设计要求	每200m检查4处
2	搭接宽度(mm)	≥50(横向) ≥150(纵向)	尺量:抽查2%
3	黏结力(N)	≥20	抽查2%

(3) 土工合成材料处置层外观质量要求

①土工合成材料无重叠、皱折。

②土工合成材料固定处不应松动。

四、排水工程

1. 一般规定

排水工程施工应满足设计要求并符合施工规范的规定,依照实际地形,选择合适的位置,将地面水和地下水排出路基以外。

边沟、截水沟、排水沟等应按土沟和浆砌水沟的要求进行检验。

跌水、急流槽、水簸箕等其他排水工程应按浆砌水沟的要求进行检验。

路面拦水带纳入路面工程中的路缘石分项工程,排水基层应按路面工程的有关要求进行检验。

沟槽回填土应符合施工规范的规定并满足设计要求。

排水泵站明开挖基础可按桥梁工程的有关要求进行检验。

钢筋混凝土构件应包含钢筋加工及安装分项工程,预应力混凝土构件应包括预应力钢筋的加工和张拉分项工程。

2. 管节预制

(1) 管节预制基本要求

①混凝土应满足耐久性(抗冻、抗渗、抗侵蚀)等设计要求。

②不得出现露筋和空洞现象。

(2) 管节预制实测项目

管节预制实测项目见表1-21。

管节预制实测项目　　表1-21

项次	检查项目	规定值或允许偏差	检查方法和频率
1△	混凝土强度(MPa)	在合格标准内	按水泥混凝土抗压强度评定规定检查
2	内径(mm)	≥设计值	尺量:抽查10%管节,每管节测2个断面,且不少于5个断面
3	壁厚(mm)	-3	尺量:抽查10%管节,每管节测2个断面,且不少于5个断面
4	顺直度	矢度不大于0.2%管节长	抽查10%管节,沿管节拉线量,取最大矢高
5	长度(mm)	+5,0	尺量:抽查10%管节,每管节测1点,且不少于5点

(3) 管节预制外观质量要求

不应出现《公路工程质量检验评定标准 第一册 土建工程》(JTG F80/1—2017)附录P"结构混凝土外观质量限制缺陷"中有关小型预制构件的外观限制性缺陷,包括裂缝、空洞、露筋、蜂窝、疏松、夹渣、麻面、外形缺陷、其他表面缺陷等。

3. 混凝土排水管安装

(1) 混凝土排水管安装基本要求

①排水管基础应满足设计要求。

②管材应逐节检查,不得有裂缝、破损。
③管节铺设应平顺、稳固,管底坡度不得出现反坡,管节接头处流水面高差不得大于 5mm。管内不得有泥土、砖石、砂浆等杂物。
④管径大于 750mm 时,应在管内作整圈勾缝。
⑤抹带前,管口应洗刷干净,管口表面应平整密实,无裂缝现象。抹带后应及时覆盖养护。
⑥设计中要求防渗漏的排水管应做渗漏试验,渗漏量应满足设计要求。

(2)混凝土排水管安装实测项目
混凝土排水管安装实测项目见表 1-22。

混凝土排水管安装实测项目 表 1-22

项次	检查项目		规定值或允许偏差	检查方法和频率
1△	混凝土抗压强度或砂浆强度(MPa)		在合格标准内	按水泥混凝土抗压强度评定规定检查;按水泥砂浆强度评定规定检查
2	管轴线偏位(mm)		15	全站仪或尺量:每两井间测 3 处
3	流水面高程(mm)		±10	水准仪、尺量:每两井间进出水口各 1 处,中间 1~2 处
4	基础厚度(mm)		≥设计值	尺量:每两井间测 3 处
5	管座	肩宽(mm)	+10,-5	尺量:每两井间测 2 处
		肩高(mm)	±10	
6	抹带	宽度	≥设计值	尺量:按 10% 抽查
		厚度	≥设计值	

(3)混凝土排水管安装外观质量要求
①不应出现"结构混凝土外观质量限制缺陷"中有关基础的外观限制缺陷。
②管口缝带圈不得开裂脱皮;管口内缝砂浆不得有空鼓。
③抹带接口表面不应有间断和空鼓。

4. 检查(雨水)井砌筑

(1)检查(雨水)井砌筑基本要求
①砌筑材料及井基混凝土强度应满足设计要求。
②井盖质量应满足设计要求。
③砌筑砂浆配合比准确,井壁砂浆饱满,灰缝平整。检查井内壁应平顺,抹面密实光洁无裂缝,收分均匀,踏步安装牢固。

(2)检查(雨水)井砌筑实测项目
检查(雨水)井砌筑实测项目见表 1-23。

检查(雨水)井砌筑实测项目 表 1-23

项次	检查项目	规定值或允许偏差	检查方法和频率
1△	砂浆强度(MPa)	在合格标准内	按水泥砂浆强度评定规定检查
2	中心点位(mm)	50	全站仪:逐井检查
3	圆井直径或方井长、宽(mm)	±20	尺量:逐井检查,每井测 2 点

续上表

项次	检查项目		规定值或允许偏差	检查方法和频率
4	壁厚(mm)		-10,0	尺量:逐井检查,每井测2点
5	井底高程(mm)		±20	水准仪:逐井检查
6	井盖与相邻路面高差(mm)	雨水井	0,-4	水准仪、水平尺:逐井检查
		检查井	+4,0	

(3)检查(雨水)井砌筑外观质量要求

井框、井盖安装不应松动,井口周围不得有积水。

5. 土沟

(1)土沟基本要求

土沟边坡应平整、密实、稳定。

(2)土沟实测项目

土沟实测项目见表1-24。

土沟实测项目　　　　表1-24

项次	检查项目	规定值或允许偏差	检查方法和频率
1	沟底高程(mm)	0,-30	水准仪:每200m测4点,且不少于5点
2	断面尺寸(mm)	≥设计值	尺量:每200m测2点,且不少于5点
3	边坡坡度	不陡于设计值	尺量:每200m测2点,且不少于5点
4	边棱直顺度(mm)	50	尺量:20m拉线,每200m测2点,且不少于5点

6. 浆砌水沟

(1)浆砌水沟基本要求

①浆砌片(块)石、混凝土预制块的质量和规格应符合国家和行业强制性标准以及合同约定的其他标准的规定并满足设计要求。

②砌体砂浆配合比准确,砌缝内砂浆均匀饱满,勾缝密实。

③基础中缩缝应与墙身缩缝对齐

(2)浆砌水沟实测项目

浆砌水沟实测项目见表1-25。

浆砌水沟实测项目　　　　表1-25

项次	检查项目	规定值或允许偏差	检查方法和频率
1△	砂浆强度(MPa)	在合格标准内	按水泥砂浆强度评定规定检查
2	轴线偏位(mm)	50	全站仪或尺量:每200m测5点
3	沟底高程(mm)	±15	水准仪:每200m测5点
4	墙面直顺度(mm)	30	20m拉线:每200m测2点
5	坡度	满足设计要求	坡度尺:每200m测2点
6	断面尺寸(mm)	±30	尺量:每200m测2个断面,且不少于5个断面
7	铺砌厚度(mm)	≥设计值	尺量:每200m测2点
8	基础垫层宽度、厚度(mm)	≥设计值	尺量:每200m测2点

(3)浆砌水沟外观质量要求

①砌体抹面不得有空鼓。

②沟内不应有杂物,无排水不畅。

7.盲沟

(1)盲沟基本要求

盲沟的设置、填料规格、质量等应符合规范规定,并满足设计要求。

(2)盲沟实测项目

盲沟实测项目见表1-26。

盲沟实测项目 表1-26

项次	检查项目	规定值或允许偏差	检查方法和频率
1	沟底高程(mm)	±15	水准仪:每20m测1点
2	断面尺寸(mm)	不小于设计值	尺量:每20m测1点

(3)盲沟外观质量要求

进出水口不应排水不畅。

8.排水泵站沉井

(1)排水泵站沉井基本要求

①地基应具有足够的承载能力。

②井壁混凝土应密实,混凝土强度达到合格标准后方可进行下沉。

③沉井下沉过程中,应随时注意正位,发现偏位及倾斜时应及时纠正。

④沉井封底应密实不漏水。

⑤水泵、管及管件应安装牢固,位置正确。

(2)排水泵站沉井实测项目

排水泵站沉井实测项目见表1-27。

排水泵站沉井实测项目 表1-27

项次	检查项目	规定值或允许偏差	检查方法和频率
1△	混凝土强度(MPa)	在合格标准内	按水泥混凝土抗压强度评定规定检查
2	轴线平面偏位(mm)	50	全站仪:纵、横向各2点
3	竖直度(mm)	1%H	铅锤法:纵、横向各1点
4	几何尺寸(mm)	±50	尺量:长、宽、高各2点
5	壁厚(mm)	-5,0	尺量:每井测5点
6	井口高程(mm)	±50	水准仪:测4点

注:H为井深,计算规定值和允许偏差时以mm计。

(3)排水泵站沉井外观质量要求

不应出现"结构混凝土外观质量限制缺陷"中有关沉井的外观限制缺陷。

9.沉淀池

(1)沉淀池基本要求

①进出水口位置及高程应满足设计要求。

②设计中要求防渗漏的沉淀池应做渗漏试验,渗漏量应符合要求。
(2)沉淀池实测项目
沉淀池实测项目见表1-28。

沉淀池实测项目　　　　　　　　　　表1-28

项次	检查项目	规定值或允许偏差	检查方法和频率
1△	混凝土强度(MPa)	在合格标准内	按水泥混凝土抗压强度评定规定检查
2	轴线平面偏位(mm)	±50	全站仪:纵、横向各2点
3	几何尺寸(mm)	±50	尺量:长、宽、高、壁厚各2点
4	底板高程(mm)	±50	水准仪:测2点

(3)沉淀池外观质量要求
不应出现"结构混凝土外观质量限制缺陷"中有关沉井外观限制缺陷。

五、防护支挡工程

1. 一般规定

砌体、片石混凝土挡土墙,当平均墙高大于或等于6m且墙身面积大于或等于1200m^2时为大型挡土墙,每处应作为分部工程进行检验。

桩板式、锚杆、锚定板等组合式挡土墙,每处应作为分部工程进行检验。

桩板式挡土墙的桩按桥梁工程中的基础相关规定检验,面板预制及安装按锚杆、锚定板和加筋土挡土墙相关规定检验。

抗滑桩应根据成桩工艺,可按桥梁工程中的基础相关规定检验。

丁坝、护岸可参照挡土墙的相关规定进行检验。

未包含的小型砌石构造物的检验参照"其他砌石构筑物"执行。

钢筋混凝土结构或构件均应包含钢筋加工及安装分项工程,按桥梁工程中的钢筋、预应力筋及管道压浆的相关规定进行检验。

2. 砌体、片石混凝土挡土墙

(1)砌体、片石混凝土挡土墙基本要求
①勾缝砂浆强度不得小于砌筑砂浆强度。
②地基承载力、基础埋置深度应满足设计要求。
③砌筑应分层错缝。浆砌时应坐浆挤紧,嵌填饱满密实,不得出现空洞;干砌时不得出现松动、叠砌和浮塞。
④混凝土应分层浇筑,施工缝及片石埋放应符合施工技术规范的规定。
⑤沉降缝、伸缩缝、泄水孔的位置、尺寸和数量应满足设计要求;沉降缝及伸缩缝应竖直、贯通,采用弹性材料填充密实,填充深度应满足设计要求。

(2)砌体、片石混凝土挡土墙实测项目
砌体、片石混凝土挡土墙实测项目见表1-29~表1-31。

第一章 总 论

浆砌挡土墙实测项目 表1-29

项次	检查项目	规定值或允许偏差	检查方法和频率
1△	砂浆强度(MPa)	在合格标准内	按水泥砂浆强度评定规定检查
2	平面位置(mm)	≤50	全站仪:测墙顶外边线,长度不大于30m时测5点,每增加10m增加1点
3	墙面坡度(%)	≤0.5	铅锤法:长度不大于30m时测5处,每增加10m增加1处
4△	断面尺寸(mm)	≥设计值	尺量:长度不大于50m时测10个断面,每增加10m增加1个断面
5	顶面高程(mm)	±20	水准仪:长度不大于30m时测5点,每增加10m增加1点
6	表面平整度(mm) 块石	≤20	2m直尺:每20m测3处,每处测竖直、墙长两个方向
	表面平整度(mm) 片石	≤30	
	表面平整度(mm) 混凝土预制块、料石	≤10	

干砌挡土墙实测项目 表1-30

项次	检查项目	规定值或允许偏差	检查方法和频率
1	平面位置(mm)	≤50	全站仪:测墙顶外边线,长度不大于30m时测5点,每增加10m增加1点
2	墙面坡度(%)	≤0.5	铅锤法:长度不大于30m时测5处,每增加10m增加1处
3△	断面尺寸(mm)	≥设计值	尺量:长度不大于50m时测10个断面,每增加10m增加1个断面
4	顶面高程(mm)	±50	水准仪:长度不大于50m时测5点,每增加10m增加1点
5	表面平整度(mm)	≤50	2m直尺:每20m测3处,每处测竖直、墙长两个方向

片石混凝土挡土墙实测项目 表1-31

项次	检查项目	规定值或允许偏差	检查方法和频率
1△	混凝土强度(MPa)	在合格标准内	按水泥混凝土抗压强度评定规定检查
2	平面位置(mm)	≤50	全站仪:测墙顶外边线,长度不大于30m时测5点,每增加10m增加1点
3	墙面坡度(%)	≤0.3	铅锤法:长度不大于30m时测5处,每增加10m增加1处
4△	断面尺寸(mm)	≥设计值	尺量:长度不大于50m时测10个断面,每增加10m增加1个断面
5	顶面高程(mm)	±20	水准仪:长度不大于30m时测5点,每增加10m增加1点
6	表面平整度(mm)	≤8	2m直尺:每20m测3处,每处测竖直、墙长两个方向

(3)砌体、片石混凝土挡土墙外观质量要求

①浆砌缝开裂、勾缝不密实和脱落的累计换算面积不得超过该面面积的1.5%,且单个最大换算面积不应大于$0.08m^2$。换算面积应按缺陷缝长度乘以0.1m计算。

②混凝土表面不应存在"结构混凝土外观质量限制缺陷"所列限制缺陷。

③墙体不得出现外鼓变形。

④泄水孔应无反坡、堵塞。

3. 悬臂式和扶壁式挡土墙

(1)悬臂式和扶壁式挡土墙基本要求

①地基承载力应满足设计要求。

②沉降缝、伸缩缝、泄水孔的位置、尺寸和数量应满足设计要求;沉降缝及伸缩缝应竖直、贯通,采用弹性材料填充密实,填充深度满足设计要求。

(2)悬臂式和扶壁式挡土墙实测项目

悬臂式和扶壁式挡土墙实测项目见表1-32。

悬臂式和扶壁式挡土墙实测项目　　　　　表1-32

项次	检查项目	规定值或允许偏差	检查方法和频率
1△	混凝土强度(MPa)	在合格标准内	按水泥混凝土抗压强度评定规定检查
2	平面位置(mm)	≤30	全站仪:长度不大于30m时测5点,每增加10m增加1点
3	墙面坡度(%)	≤0.3	铅锤法:长度不大于30m时测5处,每增加10m增加1处
4△	断面尺寸(mm)	≥设计值	尺量:长度不大于50m时测10个断面及10个扶壁,每增加10m增加1个断面及1个扶壁
5	顶面高程(mm)	±20	水准仪:长度不大于30m时测5点,每增加10m增加1点
6	表面平整度(mm)	≤8	2m直尺:每20m测3处,每处测竖向、纵向两个方向

(3)悬臂式和扶壁式挡土墙外观质量要求

①混凝土表面不应存在"结构混凝土外观质量限制缺陷"所列限制缺陷。

②墙体不得出现外鼓变形。

③泄水孔应无反坡、堵塞。

4. 锚杆、锚定板和加筋土挡土墙

(1)锚杆、锚定板和加筋土挡土墙基本要求

①锚杆、拉杆或筋带根数不得少于设计数量。

②地基承载力应满足设计要求。

③筋带应理顺、放平拉直,筋带与面板、筋带与筋带连接牢固。

④锚杆的长度应大于或等于设计长度,锚杆插入锚孔内的长度不得小于设计长度的98%。

⑤锚杆注浆性能应符合相关施工技术规范规定,锚孔内注浆应密实,注浆压力满足设计要求。

⑥沉降缝、伸缩缝、泄水孔的位置、尺寸和数量应满足设计要求;沉降缝及伸缩缝应竖直、贯通,采用弹性材料填充密实,填充深度满足设计要求。

⑦拉杆、锚杆的防护应满足设计要求。

(2)锚杆、锚定板和加筋土挡土墙实测项目

基础和肋柱预制应分别按桥梁工程的基础、桥面系和附属工程有关规定检查,其他实测项目见表1-33~表1-38。

筋带实测项目　　　　　　　　　　　　　　　　　表1-33

项次	检查项目	规定值或允许偏差	检查方法和频率
1	筋带长度	≥设计值	尺量:每20m测5根(束)
2	筋带与面板连接	满足设计要求	目测:全部
3	筋带与筋带连接	满足设计要求	目测:全部
4	筋带铺设	满足设计要求	目测:全部

拉杆实测项目　　　　　　　　　　　　　　　　　表1-34

项次	检查项目	规定值或允许偏差	检查方法和频率
1△	长度(mm)	≥设计值	尺量:每20m测5根
2	拉杆间距(mm)	±100	尺量:每20m测5根
3	拉杆与面板、锚定板连接	满足设计要求	目测:全部

锚杆实测项目　　　　　　　　　　　　　　　　　表1-35

项次	检查项目	规定值或允许偏差	检查方法和频率
1△	注浆强度(MPa)	在合格标准内	砂浆按水泥砂浆强度评定规定检查;其他按水泥基浆体抗压强度评定规定检查
2	锚孔孔深(mm)	≥设计值	尺量:抽查20%
3	锚孔孔径(mm)	满足设计要求	尺量:抽查20%
4	锚孔轴线倾斜(%)	2	倾角仪:抽查20%
5	锚孔间距(mm)	±100	尺量:抽查20%
6△	锚杆抗拔力(kN)	满足设计要求。设计未要求时,抗拔力平均值≥设计值;80%锚杆的抗拔力≥设计值;最小抗拔力≥0.9设计值	抗拔力试验:检查数量按设计要求,设计未要求时按锚杆数5%,且不少于3根检查
7	锚杆与面板连接	满足设计要求	目测:全部

面板预制实测项目　　　　　　　　　　　　　　　表1-36

项次	检查项目		规定值或允许偏差	检查方法和频率
1△	混凝土强度(MPa)		在合格标准内	按水泥混凝土抗压强度评定规定检查
2	边长(mm)	边长<1m	±5	尺量:抽查10%,每板长宽各测1次
		其他	±0.5%边长	

续上表

项次	检查项目		规定值或允许偏差	检查方法和频率
3	两对角线差（mm）	边长<1m	≤10	尺量:抽查10%,每板测2对角线
		其他	≤0.7%最大对角线长	
4△	厚度(mm)		+5,-3	尺量:抽查10%,每板测2处
5	表面平整度(mm)		≤5	2m直尺:抽查10%,每板长方向测1处
6	预埋件位置(mm)		≤5	尺量:抽查10%

面板安装实测项目　　　　　　　　　　　　　　　　　　　表1-37

项次	检查项目	规定值或允许偏差	检查方法和频率
1	每层面板顶高程(mm)	±10	水准仪:长度不大于30m时测5组,每增加10m增加1组
2	轴线偏位(mm)	≤10	挂线、尺量:长度不大于30m时测5点,每增加10m增加1点
3	面板坡度(%)	+0,-0.5	铅锤法:长度不大于30m时测5处,每增加10m增加1处
4	相邻面板错台(mm)	≤5	尺量:长度不大于30m时测5条缝最大处,每增加10m增加1条
5	面板缝宽(mm)	≤10	尺量:每30m检查5条,每增加10m增加1条

注:面板安装以同层相邻两板为一组。

锚杆、锚定板和加筋土挡土墙总体实测项目　　　　　　　　　表1-38

项次	检查项目		规定值或允许偏差	检查方法和频率
1	墙顶和肋柱平面位置(mm)	路堤式	+50,-100	全站仪:长度不大于30m时测5点,每增加10m增加1点
		路肩式	±50	
2	墙顶和柱顶高程(mm)	路堤式	±50	水准仪:长度不大于30m时测5点,每增加10m增加1点
		路肩式	±30	
3	肋柱间距(mm)		±15	尺量:每柱间
4	墙面平整度(mm)		≤15	2m直尺:每20m测3处,每处测竖直、墙长两个方向

(3)锚杆、锚定板和加筋土挡土墙外观质量要求

①混凝土构件不应存在"结构混凝土外观质量限制缺陷"所列限制缺陷。

②锚头不得外露,封锚混凝土或砂浆应无裂缝、疏松。

③墙体不得出现外鼓变形。

④泄水孔应无反坡、堵塞。

5. 墙背填土

(1)墙背填土基本要求

①墙背填土应采用设计要求的填料,不应含有机物、冰块、草皮、树根等杂物或生活垃圾,其化学及电化学性能应符合锚杆、拉杆、筋带的防腐和耐久性要求,严禁采用膨胀土、高液限黏土、腐殖

土、盐渍土、淤泥和冻土块等不良填料。

②墙背填土应和挖方路基、填方路基搭接,并应满足设计要求。

③应分层填筑压实,每层表面平整,顶层路拱合适。

④反滤层的材料、铺设范围应满足设计要求。

⑤墙身强度达到设计强度的75%以上时方可开始填土。

(2)墙背填土实测项目

锚杆、锚定板和加筋土挡土墙距面板1m范围以内压实度实测项目见表1-39,其他部分填土和其他类型挡土墙填土的压实度要求均与路基相同。

锚杆、锚定板和加筋土挡土墙墙背填土实测项目 表1-39

项次	检查项目	规定值或允许偏差	检查方法和频率
1△	距面板1m范围以内压实度(%)	≥90	按压实度评定规定检查,每50m每压实层测1处,且不得少于1处
2	反滤层厚度(mm)	≥设计厚度	尺量:长度不大于50m时测5处,每增加10m增加1处

(3)墙背填土外观质量要求

①填土表面不平整的累计长度不得超过总长度的10%。

②不得出现亏坡。

6. 边坡锚固防护

(1)边坡锚固防护基本要求

①边坡坡度、坡面应满足设计要求,坡面应无风化、无浮石,喷射前应用水冲洗干净。

②锚杆、锚索的数量不得少于设计数量。

③框格梁钢筋、钢筋网与锚杆或其他锚固装置连接牢固,喷射混凝土时钢筋不得晃动。

④注浆性能应符合相关施工技术规范规定,锚孔内注浆应密实,注浆压力满足设计要求。

⑤坡面混凝土喷射前应对坡面的渗漏水、流水等进行处理。

⑥预应力锚杆、锚索的基本要求应符合桥梁工程预应力筋加工和张拉的规定,并按设计要求的工艺进行张拉。

⑦锚杆、锚索的长度应大于或等于设计长度,插入锚孔内的长度预应力锚杆、锚索不得小于设计长度的97%,其他不得小于98%。非锚固段套管安装位置应满足设计要求。

⑧预应力锚杆、锚索应采用机械切割,锁定力应满足设计要求。

⑨沉降缝、伸缩缝的位置、缝宽应满足设计要求,采用弹性材料填充密实,填充深度应满足设计要求。

⑩锚杆、锚索的防护应满足设计要求。

(2)边坡锚固防护实测项目

边坡锚固防护实测项目见表1-40、表1-41。

锚杆、锚索实测项目   表 1-40

项次	检查项目		规定值或允许偏差	检查方法和频率
1△	注浆强度(MPa)		在合格标准内	砂浆按水泥砂浆强度评定规定检查;其他按水泥基浆体抗压强度评定规定检查
2	锚孔深度(mm)		≥设计值	尺量:抽查20%
3	锚孔孔径(mm)		满足设计要求	尺量:抽查20%
4	锚孔轴线倾斜(%)		2	倾角仪:抽查20%
5	锚孔位置(mm)	设置框格梁	±50	尺量:抽查20%
		其他	±100	
6△	锚杆、锚索抗拔力(kN)		满足设计要求。设计未要求时,抗拔力平均值≥设计值;80%锚杆的抗拔力≥设计值;最小抗拔力≥0.9设计值	抗拔力试验:检查数量按设计要求,设计未要求时按锚杆数5%,且不少于3根检查
7△	张拉力(kN)		满足设计要求	查油压表;逐根(束)检查
8	张拉伸长率(%)		满足设计要求;设计未要求时±6	尺量:逐根(束)检查
9	断丝、滑丝数		每束1根,且每断面不超过钢丝总数的1%	目测:逐根(束)检查

注:实际工程中未涉及的项目不检查。

坡面结构实测项目   表 1-41

项次	检查项目	规定值或允许偏差	检查方法和频率
1△	混凝土强度(MPa)	在合格标准内	喷射混凝土按喷射混凝土抗压强度评定规定检查;其他按水泥混凝土抗压强度评定规定检查
2	喷层厚度(mm)	平均厚度≥设计厚度;80%测点的厚度≥设计厚度;最小厚度≥0.6且大于或等于设计规定最小值	凿孔法或工程雷达法:每50m² 测1处,总数不少于5处
3	锚墩尺寸(mm)	+10,-5	尺量:抽查20%,每件测顶底面边长及高度
4	框格梁、地梁、边梁断面尺寸(mm)	≥设计值	尺量:抽查20%,每梁测2个断面
5	框格梁、地梁、边梁平面位置(mm)	±150	尺量:抽查10%

注:实际工程中未涉及的项目不检查。

(3)边坡锚固防护外观质量要求

①喷射混凝土应无突变、漏喷、脱落,空鼓、开裂的累计面积不得超过喷射面积的1.5%,且单个缺陷最大面积不大于0.02m²,开裂按裂缝长度乘以0.1m计算面积。

②锚索墩、框格梁、地梁、边梁、封锚等混凝土构件表面不应存在"结构混凝土外观质量限

制缺陷"所列限制缺陷。

③钢筋网、土工格栅及锚杆、锚索不得外露。

④框格梁不得与坡面脱空。

7. 土钉支护

(1) 土钉支护基本要求

①应按设计要求的程序和分层深度开挖边坡,坡面平整,坡度满足设计要求,严禁超挖、欠挖。

②土钉的数量及其接头的质量应满足设计要求。

③土钉与框格梁钢筋、钢筋网连接应牢固,喷射混凝土时钢筋网不得晃动。

④土钉插入锚孔深度不得小于设计长度的95%。

⑤注浆性能应符合相关施工技术规范规定,锚孔内注浆应密实饱满。

⑥应按设计要求设置施工排水系统。

(2) 土钉支护实测项目

土钉支护实测项目见表1-42,坡面结构应符合表1-41的规定。

土钉支护实测项目　　　　　　　　表1-42

项次	检查项目	规定值或允许偏差	检查方法和频率
1△	注浆强度(MPa)	在合格标准内	砂浆按水泥砂浆强度评定规定检查;其他按水泥基浆体抗压强度评定规定检查
2	土钉孔深(mm)	+200,-50	尺量:抽查10%
3	土钉倾角(°)	2	倾角仪:抽查10%
4	土钉孔距(mm)	±100	尺量:抽查10%
5	土钉孔径(mm)	+20,-5	尺量:抽查10%
6△	土钉抗拔力(kN)	抗拔力平均值≥设计值;80%抗拔力≥设计值;最小抗拔力≥0.9设计值	抗拔力试验:土钉总数1%,且不少于3根

(3) 土钉支护外观质量要求

①钢筋网、土钉不得外露。

②喷射混凝土、框格梁、地梁、边梁应符合边坡锚固防护外观质量的要求。

8. 砌体坡面防护

(1) 砌体坡面防护基本要求

①勾缝砂浆强度不得小于浆砌砂浆强度。

②坡面下端基础埋置深度及其地基承载力应满足设计要求。

③护面下填土密实度应满足设计要求,对坡面刷坡整平后方可铺砌。

④砌块应相互错缝、咬扣紧密,嵌缝饱满密实。

⑤应按设计要求设置沉降缝、伸缩缝、泄水孔、坡面防排水设施。

(2)砌体坡面防护实测项目

砌体坡面防护实测项目见表1-43。

砌体坡面防护实测项目　　　　　　　　　　　表1-43

项次	检查项目		规定值或允许偏差	检查方法和频率
1△	砂浆强度(MPa)		在合格标准内	按水泥砂浆强度评定规定检查
2	顶面高程(mm)	料、块石	±30	水准仪:长度不大于30m时测5点,每增加10m增加1点
		片石	±50	
3	表面平整度(mm)	料、块石	≤25	2m直尺:除锥坡外每50m测3处,每处纵、横向各1尺;锥坡处顺坡测3处
		片石	≤35	
4	坡度		≤设计值	坡度尺:长度不大于30m时测5处,每增加10m增加1处
5△	厚度或断面尺寸(mm)		≥设计值	尺量:长度不大于50m时测10个断面,每增加10m增加1个断面
6①	框格间距(mm)		±150	尺量:抽查10%

注:①仅适用于框格式护面。

(3)砌体坡面防护外观质量要求

①浆砌缝开裂、勾缝不密实和脱落的累计换算面积不得超过该面面积的1.5%,且单个最大换算面积不应大于0.08m²。换算面积按缺陷缝长度乘以0.1m计算。

②框格梁不得与坡面脱空。

③坡面不得出现塌陷、外鼓变形。

9. 石笼防护

(1)石笼防护基本要求

①石笼、绑扎线及填充料的种类、规格和质量应满足设计要求。

②地基处理及承载力应满足设计要求。

③石笼应充填饱满,填充料密实。

④石笼的坐码或平铺应错缝,绑扎应牢固,不得出现松脱、遗漏。

(2)石笼防护实测项目

石笼防护实测项目见表1-44。

石笼防护实测项目　　　　　　　　　　　表1-44

项次	检查项目	规定值或允许偏差	检查方法和频率
1	平面位置偏位(mm)	≤300	全站仪:按设计控制坐标测
2	长度(mm)	≥设计长度-300	尺量:每段测
3	宽度(mm)	≥设计宽度-200	尺量:每段测5处
4	高度(mm)	≥设计值	水准仪或尺量:每段测5处

(3)石笼防护外观质量要求

①坐码石笼不得出现通缝。

②不得出现外鼓变形。

10. 其他砌石构筑物

(1) 其他砌石构筑物基本要求

①勾缝砂浆强度不得小于浆砌砂浆强度。

②砌块应错缝砌筑、相互咬紧;浆砌时砌块应坐浆挤紧,砂浆饱满;干砌时无松动、无叠砌和浮塞。

(2) 其他砌石构筑物实测项目

其他砌石构筑物实测项目见表1-45、表1-46。

浆砌砌体实测项目　　　　　　　　　　　　　　　　表1-45

项次	检查项目		规定值或允许偏差	检查方法和频率
1△	砂浆强度(MPa)		在合格标准内	按水泥砂浆强度评定规定检查
2	顶面高程(mm)	料、块石	±15	水准仪:长度不大于30m时测5点,每增加10m增加1点
		片石	±20	
3	坡度(%)	料、块石	≤0.3	铅锤法:长度不大于30m时测5处,每增加10m增加1处
		片石	≤0.5	
4△	断面尺寸(mm)	料石	±20	尺量:长度不大于50m时测10个断面,每增加10m增加1个断面
		块石	±30	
		片石	±50	
5	表面平整度(mm)	料石	≤15	2m直尺:每20m测3处,每处测竖直、水平两个方向
		块石	≤25	
		片石	≤35	

干砌片石砌体实测项目　　　　　　　　　　　　　　表1-46

项次	检查项目		规定值或允许偏差	检查方法和频率
1	顶面高程(mm)		±30	水准仪:长度不大于30m时测5点,每增加10m增加1点
2	断面尺寸(mm)	高度	±100	尺量:长度不大于30m时测5处,每增加10m增加1处
		厚度	±50	
3	表面平整度(mm)		≤50	2m直尺:每20m测3处,每处测竖直、水平两个方向

(3) 其他砌石构筑物外观质量要求

①浆砌缝开裂,勾缝不密实和脱落的累计换算面积不得超过该面积的1.5%,且单个最大换算面积不应大于$0.08m^2$,换算面积应按缺陷缝长度乘以0.1m计算。

②砌体不得出现塌陷、外鼓变形。

11. 导流工程

(1) 导流工程基本要求

①导流堤、坝的基础埋置深度及地基承载力应满足设计要求。

②填筑材料应分层压实。
③导流堤、坝的接缝应按设计要求施工,与边坡、岸坡的结合处理应稳定、牢靠。

(2) 导流工程实测项目

导流工程实测项目见表1-47。

导流工程实测项目　　　　　　　　表1-47

项次	检查项目	规定值或允许偏差	检查方法和频率
1△	砂浆和混凝土强度(MPa)	在合格标准内	混凝土按水泥混凝土抗压强度评定规定检查,砂浆按水泥砂浆强度评定规定检查
2△	堤(坝)体压实度(%)	满足设计要求	密度法:每压实层测3处
3	平面位置偏位(mm)	30	全站仪:按设计控制坐标测
4	长度(mm)	≥设计长度−100	尺量:测每个
5	断面尺寸(mm)	≥设计值	尺量:测5个断面
6	坡度	≤设计值	坡度尺:测5处
7	顶面高程(mm)	±30	水准仪:测5点

(3) 导流工程外观质量要求
①导流堤、坝体不得出现亏坡。
②表面不规整、边线不顺畅的累计长度不得超过总长度的10%。

六、路面工程

1. 一般规定

路面工程的实测项目规定值或允许偏差应按高速公路、一级公路和其他等级公路两档确定,路面结构层厚度检验标准均为允许偏差。

垫层应按相同材料的底基层检验。透层、黏层和封层的基本要求应与沥青表面处置面层的基本要求相同。水泥混凝土面层中钢筋加工及安装分项工程应按桥梁工程的要求进行检验。

水泥混凝土上加铺沥青面层的复合式路面,两种结构均应进行检验评定。其中,水泥混凝土路面结构可不检查抗滑构造深度,平整度应符合相应等级公路的标准;沥青面层可不检查弯沉。

稳定土基层和底基层包括水泥土、石灰土、石灰粉煤灰、水泥粉煤灰土等;稳定粒料基层和底基层包括水泥稳定粒料、石灰稳定粒料、石灰粉煤灰稳定粒料、水泥粉煤灰稳定粒料等。

粒料基层完工后应及时洒布透层油并铺筑封层,透层油透入深度应不小于5mm,无机结合料稳定材料基层透层油透入深度宜不小于3mm。

2. 水泥混凝土面层

(1) 水泥混凝土面层基本要求
①基层质量应符合规范规定并满足设计要求,表面清洁、无浮土。
②接缝填缝料应符合规范规定并满足设计要求。

③接缝的位置、规格、尺寸及传力杆、拉力杆的设置应满足设计要求。
④混凝土路面铺筑后按施工规范要求养护。
⑤应对干缩、温缩产生的裂缝进行处理。
（2）水泥混凝土面层实测项目
水泥混凝土面层实测项目见表1-48。

水泥混凝土面层实测项目 表1-48

项次	检查项目		规定值或允许偏差		检查方法和频率
			高速公路一级公路	其他公路	
1△	弯拉强度（MPa）		在合格标准内		按水泥混凝土弯拉强度评定规定检查
2△	板厚度（mm）	代表值	-5		按路面结构层厚度评定规定检查，每200m测2点
		合格值	-10		
		极值	-15		
3	平整度①	σ(mm)	≤1.32	≤2.0	平整度仪：全线每车道连续检测，每100m计算σ、IRI
		IRI(m/km)	≤2.2	≤3.3	
		最大间隙h(mm)	3	5	3m直尺：每半幅车道每200m测2处×5尺
4	抗滑构造深度(mm)	一般路段	0.7~1.1	0.5~1.0	铺砂法：每200m测1处
		特殊路段②	0.8~1.2	0.6~1.1	
5	横向力系数SFC	一般路段	≥50	—	按路面横向力系数评定规定检查：每20m测1点
		特殊路段②	≥55	≥50	
6	相邻板高差(mm)		≤2	≤3	尺量：胀缝每条测2点，纵、横缝每200m抽查2条，每条测2点
7	纵、横缝顺直度(mm)		≤10		纵缝20m拉线尺量：每200m测4处；横缝沿板宽拉线尺量：每200m测4条
8	中线平面偏位(mm)		20		全站仪：每200m测2点
9	路面宽度(mm)		±20		尺量：每200m测4点
10	纵断高程(mm)		±10	±15	水准仪：每200m测2个断面
11	横坡(%)		±0.15	±0.25	水准仪：每200m测2个断面
12	断板率③(%)		≤0.2	≤0.4	目测：全部检查，数断板面板块数占总块数比例

注：①表中σ为平整度仪测定的标准差；IRI为国际平整度指数；h为3m直尺与面层的最大间隙。
②特殊路段：高速公路、一级公路特殊路段包括立体交叉匝道、平面交叉口、弯道、变速车道、组合坡度不小于3%坡度段、桥面、隧道路面及收费站广场等处；其他公路特殊路段包括设超高路段、组合坡度大于或等于4%坡度段、交叉口路段、桥面及其上下坡段、隧道路面及集镇附近路段等处。
③断板率中包含断角率，应统计行车道与超车道面板，不计硬路肩板，不计入修复后的面板。

（3）水泥混凝土面层外观质量要求
①不应出现"结构混凝土外观质量限制缺陷"中板的外观限制缺陷。

②面板不应有坑穴、鼓包和掉角。
③接缝填注不得漏填、松脱,不应污染路面。
④路面应无积水。

3. 沥青混凝土面层和沥青碎(砾)石面层

(1)沥青混凝土面层和沥青碎(砾)石面层基本要求
①基层质量应符合规范规定并满足设计要求,表面应干燥、清洁、无浮土。
②应严格控制沥青混合料拌和的加热温度。拌和后的沥青混合料应均匀、无花白、无粗细料分离和结团成块现象。
③应按规定要求控制碾压工艺,严格控制摊铺和碾压温度。

(2)沥青混凝土面层和沥青碎(砾)石面层实测项目
沥青混凝土面层和沥青碎(砾)石面层实测项目见表1-49。

沥青混凝土面层和沥青碎(砾)石面层实测项目　　表1-49

项次	检查项目		规定值或允许偏差		检查方法和频率
			高速公路 一级公路	其他等级公路	
1△	压实度①(%)		≥试验室标准密度的96%(*98%) ≥最大理论密度92%(*94%) ≥试验段密度的98%(*99%)		按压实度评定规定检查,每200m测1点。核子(无核)密度仪每200m测1处,每处5点
2	平整度	σ(mm)	≤1.2	≤2.5	平整度仪:全线每车道连续检测,按每100m计算IRI或σ
		IRI(m/km)	≤2.0	≤4.2	
		最大间隙 h(mm)	—	≤5	3m直尺:每200m测2处×5尺
3	弯沉值(0.01mm)		≤设计验收弯沉值		按弯沉值评定规定检查
4	渗水系数 (mL/min)	SMA路面	≤120	—	渗水试验仪:每200m测1处
		其他沥青混凝土路面	≤200	—	
5	摩擦系数		满足设计要求	—	摆式仪:每200m测1处 横向力系数测定车:全线连续检测,按路面横向力系数评定规定检查
6	构造深度		满足设计要求	—	铺砂法:每200m测1处
7△	厚度②(mm)	代表值	总厚度:-5%H 上面层:-10%h	-8%H	按路面结构层厚度评定规定检查,每200m测1点
		合格值	总厚度:-10%H 上面层:-20%h	-15%H	
8	中线平面偏位(mm)		20	30	全站仪:每200m测2点
9	纵断高程(mm)		±15	±20	水准仪:每200m测2个断面
10	宽度 (mm)	有侧石	±20	±30	尺量:每200m测4个断面
		无侧石	≥设计值		

续上表

项次	检查项目	规定值或允许偏差		检查方法和频率
		高速公路 一级公路	其他等级公路	
11	横坡(%)	±0.3	±0.5	水准仪:每200m测2个断面
12△	矿料级配	满足生产配合比要求		T 0725,每台班1次
13△	沥青含量	满足生产配合比要求		T 0722、T 0721、T 0735,每台班1次
14	马歇尔稳定度	满足生产配合比要求		T 0709,每台班1次

注:①表内压实度,高速公路、一级公路应选用2个标准评定,以合格率低的作为评定结果;其他公路选用1个标准进行评定。带 * 号者是指 SMA 路面。
②表列沥青层厚度仅规定负允许偏差。H 为沥青层总厚度,h 为沥青上面层厚度;其他公路的厚度代表值和合格值允许偏差按总厚度计,当 $H \leq 60mm$ 时,允许偏差分别为 $-5mm$ 和 $-10mm$;当 $H > 60mm$ 时,允许偏差分别为 $-8\%H$ 和 $-15\%H$。

(3)沥青混凝土面层和沥青碎(砾)石面层外观质量要求
①表面裂缝、松散、推挤、碾压轮迹、油丁、泛油、离析的累计长度不得超过50m。
②搭接处烫缝应无枯焦。
③路面应无积水。

4. 沥青贯入式面层(或上拌下贯式面层)

(1)沥青贯入式面层(或上拌下贯式面层)基本要求
①上拌沥青混合料每日应做沥青含量、矿料级配和马歇尔稳定度试验。
②沥青贯入式面层施工前,应先做好路面结构层与路肩的排水。
③碎石层应平整坚实,嵌挤稳定;沥青贯入应深透,浇洒应均匀,不得污染其他构筑物。
④嵌缝料应趁热撒铺,扫料均匀,不应有重叠现象。
⑤上层采用拌和料时,混合料应均匀、无花白、无粗细料分离和结团成块现象;摊铺应平整,接茬平顺,及时碾压。

(2)沥青贯入式面层(或上拌下贯式面层)实测项目
沥青贯入式面层(或上拌下贯式面层)实测项目见表1-50。

沥青贯入式面层(或上拌下贯式面层)实测项目　　　　　表1-50

项次	检查项目		规定值或允许偏差	检查方法和频率
1	平整度	σ(mm)	≤3.5	平整度仪:全线每车道连续按每100m计算 IRI 或 σ
		IRI(m/km)	≤5.8	
		最大间隙 h(mm)	≤8	3m 直尺:每200m测2处×5尺
2	弯沉值(0.01mm)		不大于设计验收弯沉值	按弯沉值评定规定检查
3△	厚度① (mm)	代表值	$-8\%H$ 或 -5	按路面结构层厚度评定规定检查,每200m测2点
		合格值	$-15\%H$ 或 -10	
4	沥青总用量		±0.5%	每台班每层洒布检查1次
5	中线平面偏位(mm)		30	全站仪:每200m测2点

续上表

项次	检查项目		规定值或允许偏差	检查方法和频率
6	纵断高程(mm)		±20	水准仪:每200m测2个断面
7	宽度(mm)	有侧石	±30	尺量:每200m测4点
		无侧石	不小于设计值	
8	横坡(%)		±0.5	水准仪:每200m测2个断面
9△	矿料级配		满足生产配合比要求	T 0725,每台班1次
10△	沥青含量		满足生产配合比要求	T 0722、T 0721、T 0735,每台班1次

注:①H 为设计厚度。当 $H \geq 60mm$ 时,按厚度百分率计算;当 $H<60mm$ 时,直接选用固定值。

(3)沥青贯入式面层(或上拌下贯式面层)外观质量要求

①面层不得松散,不得漏洒,应无波浪、油包。

②路面应无积水。

5. 沥青表面处置面层

(1)沥青表面处置面层基本要求

①下承层表面应坚实、稳定、平整、清洁、干燥。

②沥青浇洒应均匀,无露白,不得污染其他构筑物。

③集料应趁热撒铺,扫布均匀,不得有重叠现象,压实平整。

(2)沥青表面处置面层实测项目

沥青表面处置面层实测项目见表1-51。

沥青表面处置面层实测项目 表1-51

项次	检查项目		规定值或允许偏差	检查方法和频率
1	平整度	σ(mm)	≤4.5	平整度仪:全线每车道连续按每100m计算 IRI 或 σ
		IRI(m/km)	≤7.5	
		最大间隙 h(mm)	≤10	3m直尺:每200m测2处×5尺
2	弯沉值(0.01mm)		不大于设计验收弯沉值	按弯沉值评定规定检查
3△	厚度(mm)	代表值	-5	按路面结构层厚度评定规定检查,每200m每车道测1点
		合格值	-10	
4	沥青用量		±0.5%	每工作日每层洒布查1次
5	中线平面偏位(mm)		30	全站仪:每200m测2点
6	纵断高程(mm)		±20	水准仪:每200m测2个断面
7	宽度(mm)	有侧石	±30	尺量:每200m测4处
		无侧石	不小于设计值	
8	横坡(%)		±0.5	水准仪:每200m测2个断面

(3)沥青表面处置面层外观质量要求

①表面应无拖痕、松散、推挤、油丁、泛油、离析的累计长度不得超过50m。

②路面应无积水。

6. 稳定土基层和底基层

（1）稳定土基层和底基层基本要求

①石灰应经充分消解，路拌深度应达到层底。

②石灰类材料应处于最佳含水率状态下碾压，水泥类材料碾压终了的时间不应超过水泥的终凝时间。

③碾压检查合格后立即覆盖或洒水养护，养护期应符合规范规定。

（2）稳定土基层和底基层实测项目

稳定土基层和底基层实测项目见表1-52。

稳定土基层和底基层实测项目　　　　　表1-52

项次	检查项目		规定值或允许偏差				检查方法和频率
			基层		底基层		
			高速公路 一级公路	其他 公路	高速公路 一级公路	其他 公路	
1△	压实度(%)	代表值	—	≥95	≥95	≥93	按压实度评定规定检查，每200m测2点
		极值	—	≥91	≥91	≥89	
2	平整度(mm)		—	≤12	≤12	≤15	3m直尺；每200m测2处×5尺
3	纵断高程(mm)		—	+5，-15	+5，-15	+5，-20	水准仪；每200m测2个断面
4	宽度(mm)		满足设计要求		满足设计要求		尺量；每200m测4个断面
5△	厚度(mm)	代表值	—	-10	-10	-12	按路面结构层厚度评定规定检查，每200m测2点
		合格值	—	-20	-25	-35	
6	横坡(%)		±0.5	±0.3	±0.5		水准仪；每200m测2个断面
7△	强度(MPa)		满足设计要求		满足设计要求		按无机结合料稳定材料强度评定规定检查

（3）稳定土基层和底基层外观质量要求

表面应无松散、无坑洼、无碾压轮迹。

7. 稳定粒料基层和底基层

（1）稳定粒料基层和底基层基本要求

①应选择质坚干净的粒料，石灰应充分消解，矿渣应分解稳定，未分解渣块应予剔除。

②路拌深度应达到层底。

③石灰类材料应处于最佳含水率状态下碾压，水泥类材料碾压终了的时间不应超过水泥的终凝时间。

④碾压检查合格后立即覆盖或洒水养护，养护期应符合规范规定。

（2）稳定粒料基层和底基层实测项目

稳定粒料基层和底基层实测项目见表1-53。

稳定粒料基层和底基层实测项目　　　　　　　　　　表1-53

项次	检查项目		规定值或允许偏差				检查方法和频率
			基层		底基层		
			高速公路一级公路	其他公路	高速公路一级公路	其他公路	
1△	压实度(%)	代表值	≥98	≥97	≥96	≥95	按压实度评定规定检查,每200m测2点
		极值	≥94	≥93	≥92	≥91	
2	平整度(mm)		≤8	≤12	≤12	≤8	3m直尺;每200m测2处×5尺
3	纵断高程(mm)		+5,-10	+5,-8	+5,-5	+5,-20	水准仪;每200m测2个断面
4	宽度(mm)		满足设计要求		满足设计要求		尺量;每200m测4点
5△	厚度(mm)	代表值	-8	-10	-10	-12	按路面结构层厚度评定规定检查,每200m测2点
		合格值	-10	-20	-25	-30	
6	横坡(%)		±0.3	±0.5	±0.3	±0.5	水准仪;每200m测2个断面
7△	强度(MPa)		满足设计要求		满足设计要求		按无机结合料稳定材料强度评定规定检查

(3)稳定粒料基层和底基层外观质量要求

①表面应无松散、无坑洼、无碾压轮迹。

②表面连续离析不得超过10m,累计离析不得超过50m。

8. 级配碎(砾)石基层和底基层

(1)级配碎(砾)石基层和底基层基本要求

①配料应准确。

②塑性指数应满足设计要求。

(2)级配碎(砾)石基层和底基层实测项目

级配碎(砾)石基层和底基层实测项目见表1-54。

级配碎(砾)石基层和底基层实测项目　　　　　　　　　　表1-54

项次	检查项目		规定值或允许偏差				检查方法和频率
			基层		底基层		
			高速公路一级公路	其他公路	高速公路一级公路	其他公路	
1△	压实度(%)	代表值	≥98		≥96		按压实度评定规定检查,每200m测2点
		极值	≥94		≥92		
2	弯沉值(0.01mm)		满足设计要求		满足设计要求		按弯沉值评定规定检查
3	平整度(mm)		≤8	≤12	≤12	≤15	3m直尺;每200m测2处×5尺
4	纵断高程(mm)		+5,-10	+5,-15	+5,-15	+5,-20	水准仪;每200m测2个断面
5	宽度(mm)		满足设计要求		满足设计要求		尺量;每200m测4点
6△	厚度(mm)	代表值	-8	-10	-10	-12	按路面结构层厚度评定规定检查,每200m测2点
		合格值	-10	-20	-25	-30	
7	横坡(%)		±0.3	±0.5	±0.3	±0.5	水准仪;每200m测2个断面

(3)级配碎(砾)石基层和底基层外观质量要求

①表面应无松散、无坑洼、无碾压轮迹。

②表面连续离析不得超过10m,累计离析不得超过50m。

9. 填隙碎石(矿渣)基层和底基层

(1)填隙碎石(矿渣)基层和底基层基本要求

①所用材料的规格、质量应满足设计要求。

②应采用振动压路机碾压至填隙饱满密实。

(2)填隙碎石(矿渣)基层和底基层实测项目

填隙碎石(矿渣)基层和底基层实测项目见表1-55。

填隙碎石(矿渣)基层和底基层实测项目　　　表1-55

项次	检查项目		规定值或允许偏差				检查方法和频率
			基层		底基层		
			高速公路一级公路	其他公路	高速公路一级公路	其他公路	
1△	固体体积率(%)	代表值	—	≥98	≥96		密度法:每200m测2点
		极值	—	≥82	≥80		
2	弯沉值(0.01mm)		满足设计要求		满足设计要求		按弯沉值评定规定检查
3	平整度(mm)		—	≤12	≤12	≤15	3m直尺:每200m测2处×5尺
4	纵断高程(mm)		—	+5,-15	+5,-15	+5,-20	水准仪:每200m测2个断面
5	宽度(mm)		满足设计要求		满足设计要求		尺量:每200m测4点
6△	厚度(mm)	代表值	—	-10	-10	-12	按路面结构层厚度评定规定检查,每200m测2点
		合格值	—	-20	-25	-30	
7	横坡(%)		—	±0.5	±0.3	±0.5	水准仪:每200m测2个断面

(3)填隙碎石(矿渣)基层和底基层外观质量要求

①表面应无松散、无坑洼、无碾压轮迹。

②表面连续离析不得超过10m,累计离析不得超过50m。

10. 路缘石铺设

(1)路缘石铺设基本要求

①水泥混凝土强度应满足设计要求。

②安装应砌筑稳固,顶面平整,缝宽均匀,勾缝密实,线条直顺。

③槽底基础和后背填料应夯打密实。

(2)路缘石铺设实测项目

路缘石铺设实测项目见表1-56。

(3)路缘石铺设外观质量要求

①路缘石不应破损。

②平缘石不应阻水。

路缘石铺设实测项目 表 1-56

项次	检查项目		规定值或允许偏差	检查方法和频率
1	直顺度(mm)		15	20m 拉线尺量;每200m 测4 处
2	预制铺设	相邻两块高差(mm)	3	水平尺;每200m 测4 点
		相邻两块缝宽(mm)	±3	尺量;每200m 测4 点
	现浇	宽度(mm)	±5	尺量;每200m 测4 点
3	顶面高程(mm)		±10	水准仪;每200m 测4 点

11. 路肩

(1)路肩基本要求

①路肩表面应平整密实,无积水。

②肩线应直顺,曲线圆滑。

(2)路肩实测项目

路肩实测项目见表 1-57。

路肩实测项目 表 1-57

项次	检查项目		规定值或允许偏差	检查方法和频率
1	压实度(%)		不小于设计值,设计未规定时不小于90%	按压实度评定规定检查,每200m 测1 点
2	平整度(mm)	土路肩	≤20	3m 直尺;每200m 测2 处×5 尺
		硬路肩	≤10	
3	横坡(%)		±1.0	水准仪;每200m 测2 个断面
4	宽度(mm)		满足设计要求	尺量;每200m 测2 点

(3)路肩外观质量要求

路肩应无阻水、无杂物。

七、工程项目验收鉴定

1. 公路工程验收阶段

(1)公路工程验收阶段

根据《公路工程竣(交)工验收办法》(交通部令 2004 年第 3 号)和《公路工程竣(交)工验收办法实施细则》(交公路发〔2010〕65 号),公路工程验收分为交工验收和竣工验收两个阶段。

(2)主要工作

交工验收阶段主要工作有:检查施工合同的执行情况,评价工程质量,对各参建单位工作进行初步评价。

竣工验收阶段主要工作有:对工程质量、参建单位和建设项目进行综合评价,并对工程建设项目作出整体性综合评价。

2. 交(竣)工验收内容

(1)交工验收主要工作内容
①检查合同执行情况。
②检查施工自检报告、施工总结报告及施工资料。
③检查监理单位独立抽检资料、监理工作报告及质量评定资料。
④检查工程实体,审查有关资料,包括主要产品的质量抽(检)测报告。
⑤核查工程完工数量是否与批准的设计文件相符,是否与工程计量数量一致。
⑥对合同是否全面执行、工程质量是否合格做出结论。
⑦按合同段分别对设计、监理、施工等单位进行初步评价。

(2)竣工验收主要工作内容
①成立竣工验收委员会。
②听取公路工程项目执行报告、设计工作报告、施工总结报告、监理工作报告及接管养护单位项目使用情况报告。
③听取公路工程质量监督报告及工程质量鉴定报告。
④竣工验收委员会成立专业检查组检查工程实体质量,审阅有关资料,形成书面检查意见。
⑤对项目法人建设管理工作进行综合评价。审定交工验收对设计单位、施工单位、监理单位的初步评价。
⑥对工程质量进行评分,确定工程质量等级,并综合评价建设项目。
⑦形成并通过《公路工程竣工验收鉴定书》。
⑧负责竣工验收的交通运输主管部门印发《公路工程竣工验收鉴定书》。
⑨质量监督机构依据竣工验收结论,对各参建单位签发"公路工程参建单位工作综合评价等级证书"。

3. 工程质量鉴定

(1)总体要求
构造物混凝土强度、路面面层厚度的代表值、路面弯沉代表值等评定均合格;桩基的无破损检测、预应力构件的张拉应力、桥梁荷载试验等均符合设计要求,桥梁主要受力部位无超过规范要求的裂缝,桥梁通航净空尺度满足设计要求;隧道支护、衬砌厚度无严重不足,隧道支护、衬砌背后无严重空洞;重要支挡工程无严重变形、高填方无严重沉陷变形、高边坡无失稳等现象。只有上述要求得到满足后,方可对工程质量进行鉴定。

(2)工程实体检测
①路基工程压实度、边坡每公里抽查不少于一处,每个合同段路基压实度检查点数不少于10个。路基弯沉检测,高速公路、一级公路以每半幅每公里为评定单元,其他等级公路以每公里为评定单元。
②排水工程的断面尺寸每公里抽查2～3处,铺砌厚度按合同段抽查不少于3处。
③小桥的混凝土强度和主要结构尺寸抽查不少于总数的20%且每种类型抽查不少于1座。

④涵洞的结构尺寸和流水面高程抽查不少于总数的10%且每种类型抽查不少于1道。

⑤支挡工程的混凝土强度、断面尺寸和表面平整度抽查不少于总数的10%且每种类型抽查不少于1处。

⑥路面工程的弯沉、平整度检测，高速公路、一级公路以每半幅每公里为评定单元，其他等级公路以每公里为评定单元。其他抽查项目如压实度、车辙、混凝土强度、抗滑、厚度等每公里不少于1处。

⑦特大桥、大桥逐座检查；中桥抽查不少于总数的30%且每种桥型抽查不少于1座。桥梁下部工程抽查不少于墩台总数的20%且不少于5个，墩台数量少于5个时全部检测。每种结构形式抽查不少于1个。

桥梁上部工程抽查不少于总孔数的20%且不少于5个，孔数少于5个时全部检测。每种结构形式抽查不少于1个。

⑧隧道逐座检查。

⑨交通安全设施中防护栏、标线每公里抽查不少于1处；标志抽查不少于总数的10%。

⑩机电工程各类设施抽查不少于10%，每类设施少于3个时全部检测。

⑪房屋建筑工程逐处检查。

(3) 抽查项目

①抽查项目与权值

在公路工程质量鉴定抽查项目中与路基路面工程有关的抽查项目及其权值、分部工程权值见表1-58。

公路工程质量鉴定抽查项目 表1-58

单位工程	分部工程类别	抽查项目	权值	备注	权值
路基工程	路基土石方	压实度	3	每处每车道不少于1点	3
		弯沉	3	每评定单元检测不少于40点，各车道交替检测	
		边坡	1	每处两侧各测不少于两个坡面	
	排水工程	断面尺寸	1	每处抽不小于两个断面	1
		铺砌厚度	3	每处开挖检查不少于1个断面	
	小桥	混凝土强度	3	每座用回弹仪或超声波测上、下部结构各不少于10个测区	2
		主要结构尺寸	1	每座抽10~20个	
	涵洞	混凝土强度	3	每处用回弹仪或超声测不少于10个测区	1
		结构尺寸	2	每道5~10个	
	支挡工程	混凝土强度	3	每处用回弹仪或超声测不少于10个测区	2
		断面尺寸	3	每处开挖检查不少于1个断面	
路面工程	路面面层	沥青路面压实度	3	每处不少于1点	1
		沥青路面弯沉*	3	每评定单元检测不少于40点，各车道交替检测	
		沥青路面车辙*	1	允许偏差：≤10mm；每处每车道至少1个断面	
		沥青路面渗水系数	2	每处不少于1点	

续上表

单位工程	分部工程类别	检查项目	权值	备注	权值
路面工程	路面面层	混凝土路面强度	3	每处不少于1点	1
		混凝土路面相邻板高差*	1	每处测膨胀缝位置相邻板高差不少于3点	
		平整度*	2	高速公路、一级公路连续检测	
		抗滑*	2	高速公路、一级公路检测摩擦系数、构造深度	
		厚度	3	每处不少于1点	
		横坡	1	每处1~2个断面	

注：表中"支挡工程"指挡土墙、抗滑桩、铺砌式坡面防护、喷锚等防护工程。

②抽查要求

抽查项目均应在合同段交工验收前完成检测。竣工验收前，应对带"＊"的抽查项目进行复测，复测结果和其他抽查项目在交工验收时的检测结果，作为竣工验收质量评定的依据。沥青路面弯沉、平整度、抗滑等复测指标的质量评定标准根据相关规范及当地实际情况确定。

未列出的检查项目、竣工验收复测项目以及技术复杂的悬索桥、斜拉桥等工程，质量监督机构均可根据工程实际情况增加检测、复测项目。

未明确规定抽查项目的规定值或允许偏差的，按照《公路工程质量检验评定标准　第一册　土建工程》(JTG F80/1—2017)执行。

对弯沉、路面厚度、平整度、摩擦系数、隧道衬砌混凝土强度及厚度等抽查项目优先采用自动化检测(或无损检测)设备进行检测，也可采用常规方法进行检测。采用无测试规程的自动化检测(或无损检测)结果有争议时，由交通运输主管部门组织有关专家确定。

竣工验收前复测的沥青路面弯沉值评定方法：采用数理统计方法评定，以每评定单元计算实测弯沉代表值，可采用3倍标准差方法对特异数据进行一次性舍弃；若计算实测弯沉代表值满足设计要求该评定单元为合格，否则为不合格；以合同段内合格的评定单元数与总的评定单元数比值为该合同段内竣工验收复测路面弯沉合格率。对于超出大于3倍标准差的舍弃点及不合格单元要加强观察。

(4)外观检查

由该项目工程质量鉴定的质量监督机构或其委托的有资质的检测单位负责在交工验收前和竣工验收前对工程外观进行全面检查。

工程外观存在严重缺陷和安全隐患或已降低服务水平的建设项目不予验收，经整修达到设计要求后方可组织验收。

项目交工验收前应对桥梁、隧道、重点支挡工程、高边坡等涉及安全运营的重要工程部位进行详细检查。

对外观检查不符合要求的分部工程予以扣分。

(5)内业资料审查

内业资料主要审查以下质量保证资料：

①所用原材料、半成品和成品质量检验结果。

②材料配比、拌和加工控制检验和试验数据。

③地基处理、隐蔽工程施工记录和大桥、隧道施工监控资料。

④各项质量控制指标的试验记录和质量检验汇总图表。
⑤施工过程中遇到的非正常情况记录及其对工程质量影响分析。
⑥施工过程中如发生质量事故,经处理补救后,达到设计要求的认可证明文件。
⑦中间交工验收资料。
⑧施工过程发生的较大质量问题、交工验收遗留问题及试运营期出现的质量问题处理情况资料。

质量保证资料及最基本的数据、资料齐全后方可组织工程质量鉴定。

内业资料存在伪造涂改现象、不齐全、不满足有关标准和规范要求、不规整等问题时,予以扣分。

4. 工程质量等级评定

(1) 分部工程质量鉴定方法

工程实体检测以《公路工程竣(交)工验收办法实施细则》(交公路发〔2010〕65号)规定的抽查项目及频率为基础,按抽查项目的合格率加权平均计算分部工程的合格率,乘以100作为分部工程实测得分,计算式见式(1-23)。

$$分部工程实测得分 = \frac{\sum(抽查项目合格率 \times 抽查项目权值)}{\sum 抽查项目权值} \times 100 \quad (1-23)$$

式中抽查项目权值见公路工程质量鉴定抽查项目表,如表1-58所示。

外观检查存在的缺陷,在分部工程实测得分的基础上采用扣分制,扣分累计不得超过15分。分部工程实测得分减去外观扣分为该分部工程得分,计算式见式(1-24)。

$$分部工程得分 = 分部工程实测得分 - 外观扣分 \quad (1-24)$$

(2) 单位工程、合同段、建设项目工程质量鉴定方法

① 单位工程质量鉴定

根据分部工程得分采用加权平均值计算单位工程得分,计算式见式(1-25)。

$$单位工程得分 = \frac{\sum(分部工程得分 \times 分部工程权值)}{\sum 分部工程权值} \quad (1-25)$$

式中分部工程权值见公路工程质量鉴定抽查项目表,如表1-58所示。

② 合同段工程质量鉴定

根据单位工程得分采用逐级加权计算合同段工程质量得分,计算式见式(1-26)。

$$合同段工程质量得分 = \frac{\sum(单位工程得分 \times 单位工程投资额)}{\sum 单位工程投资额} \quad (1-26)$$

内业资料审查发现的问题,在合同段工程质量得分的基础上采用扣分制,扣分累计不得超过5分。合同段工程质量得分减去内业资料扣分为该合同段工程质量鉴定得分,计算式见式(1-27)。

$$合同段工程质量鉴定得分 = 合同段工程质量得分 - 内业资料扣分 \quad (1-27)$$

③ 建设项目工程质量鉴定

根据合同段工程质量鉴定得分采用加权平均值计算建设项目工程质量鉴定得分,计算式见式(1-28)。

$$建设项目工程质量鉴定得分 = \frac{\sum[合同段工程质量鉴定得分 \times 合同段工程投资额]}{\sum 合同段工程投资额}$$

$$(1-28)$$

公式中的投资额原则使用结算价,当结算价暂时无法确定时,可使用招标合同价。但无论采用结算价还是招标合同价,计算时各单位工程或合同段均应统一。

(3)工程质量等级划分

工程质量等级应按分部工程、单位工程、合同段、建设项目逐级进行评定,分部工程质量等级分为合格、不合格两个等级;单位工程、合同段、建设项目工程质量等级分为优良、合格、不合格三个等级。

分部工程得分大于或等于75分,则分部工程质量为合格,否则为不合格。

单位工程所含各分部工程均合格,且单位工程得分大于或等于90分,质量等级为优良;所含各分部工程均合格,且得分大于或等于75分、小于90分,质量等级为合格;否则为不合格。

合同段(建设项目)所含单位工程(合同段)均合格,且工程质量鉴定得分大于或等于90分,工程质量鉴定等级为优良;所含单位工程均合格,且得分大于或等于75分、小于90分,工程质量鉴定等级为合格;否则为不合格。

不合格分部工程经整修、加固、补强或返工后可重新进行鉴定,直至合格。

第四节 公路技术状况评定

公路技术状况评定包括了评定指标、评定等级、公路损坏分类、公路技术状况检测与调查、公路技术状况评定模型等内容。本节重点介绍《公路技术状况评定标准》(JTG 5210—2018)中与路基路面相关的内容。

一、公路技术状况评定体系

1. 公路技术状况评定指标

公路技术状况评定应采用公路技术状况指数 MQI 和相应分项指标路基技术状况指数 SCI、路面技术状况指数 PQI、桥隧构造物技术状况指数 BCI 和沿线设施技术状况指数 TCI。

路面技术状况评定应采用路面技术状况指数 PQI 和相应分项指标路面损坏状况指数 PCI、路面行驶质量指数 RQI、路面车辙深度指数 RDI、路面跳车指数 PBI、路面磨耗指数 PWI、路面抗滑性能指数 SRI 和路面结构强度指数 PSSI。

公路技术状况指标体系见图1-4,公路技术状况指数 MQI 和相应分项指标值域为 0~100。

2. 公路技术状况评定等级

公路技术状况分为优、良、中、次、差五个等级。公路技术状况等级划分标准应符合表1-59的规定。

公路技术状况等级划分标准　　表1-59

评定指标	优	良	中	次	差
MQI	≥90	≥80,<90	≥70,<80	≥60,<70	<60

公路技术状况各分项指标分为优、良、中、次、差五个等级。各分项指标的等级划分标准应符合表1-60的规定。

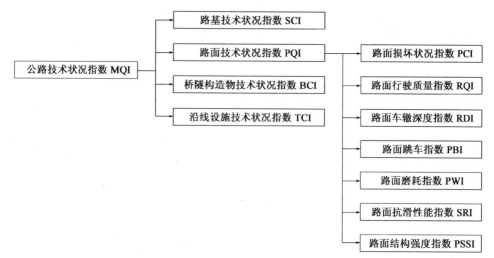

图 1-4 公路技术状况指标体系

公路技术状况分项指标等级划分标准　　　　　　　　　　　　　　表 1-60

评定指标	优	良	中	次	差
SCI、PQI、BCI、TCI	≥90	≥80，<90	≥70，<80	≥60，<70	<60
PCI、RQI、RDI、PBI、PWI、SRI、PSSI	≥90	≥80，<90	≥70，<80	≥60，<70	<60

注：1. 高速公路路面损坏状况指数 PCI 等级划分标准应为"优"大于或等于 92，"良"在 80~92 之间，其他保持不变。
　　2. 水泥混凝土路面行驶质量指数 RQI 等级划分标准应为"优"大于或等于 88，"良"在 80~88 之间，其他保持不变。

二、公路损坏分类

公路技术状况公路损坏类型包含路基、沥青（水泥）路面、桥隧构造物和沿线设施四方面的损坏程度和技术性能，这里仅介绍路基路面的损坏类型。

1. 路基

路基损坏分 7 类。

（1）沥青路面路肩损坏分类应符合沥青路面损坏的规定，水泥混凝土路面路肩损坏分类应符合水泥路面损坏的规定。所有损坏均应按面积计算，累计面积不足 $1m^2$ 应按 $1m^2$ 计算。损坏程度应按下列标准判断：

①轻度应包括沥青路面损坏和水泥路面损坏规定的所有轻度和中度损坏。

②重度应包括沥青路面损坏和水泥路面损坏规定的所有重度损坏。

（2）边坡坍塌应为路堤、路堑边坡表面松散及破碎引起的边坡坡面局部坍塌，按处计算。损坏程度应按下列标准判断：

①轻度应为边坡坍塌长度小于 5m。

②中度应为边坡坍塌长度在 5~10m 之间。

③重度应为边坡坍塌长度大于 10m。

（3）水毁冲沟应为雨水冲刷形成的冲沟，按处计算。损坏程度应按下列标准判断：

①轻度应为冲沟深度小于 20cm。

②中度应为冲沟深度在20~50cm之间。

③重度应为冲沟深度大于50cm。

(4)路基构造物损坏应为挡墙等圬工体出现的表面、局部和结构等损坏,按处计算。损坏程度应按下列标准判断:

①轻度应为勾缝损坏、沉降缝损坏、表面破损、钢筋外露和锈蚀等,每10m计1处,不足10m按1处计算。

②中度应为局部基础淘空、墙体脱空、轻度裂缝、鼓肚、下沉等,每10m计1处,不足10m按1处计算。

③重度应为整体开裂、倾斜、滑移、倒塌等。

(5)路缘石缺损应为路缘石缺失或损坏,按长度(m)计算。

(6)路基沉降应为深度大于30mm的沉降,按处计算。损坏程度应按下列标准判断:

①轻度应为路基沉降长度小于5m。

②中度应为路基沉降长度在5~10m之间。

③重度应为路基沉降长度大于10m。

(7)排水不畅应为路基边沟、排水沟、截水沟等排水系统淤塞,按处计算。损坏程度应按下列标准判断:

①轻度应为边沟、排水沟、截水沟等排水系统存在杂物、垃圾,每10m计1处,不足10m按1处计算。

②中度应为边沟、排水沟和截水沟等排水系统全截面堵塞,出现衬砌剥落、破损、圬工体破裂、管道损坏等,每10m计1处,不足10m按1处计算。

③重度应为路基排水系统与外部排水系统不连通。

2. 沥青路面

沥青路面损坏分11类。

(1)龟裂应按面积计算,损坏程度应按下列标准判断:

①轻度应为主要裂缝块度在0.2~0.5m之间,平均裂缝宽度小于2mm。

②中度应为主要裂缝块度小于0.2m,平均裂缝宽度在2~5mm之间。

③重度应为主要裂缝块度小于0.2m,平均裂缝宽度大于5mm。

(2)块状裂缝应按面积计算,损坏程度应按下列标准判断:

①轻度应为主要裂缝块度大于1.0m,平均裂缝宽度在1~2mm之间。

②重度应为主要裂缝块度在0.5~1.0m之间,平均裂缝宽度大于2mm。

(3)纵向裂缝应是路面上与行车方向基本平行的裂缝,应按长度(m)计算。检测结果应用影响宽度(0.2m)换算成损坏面积。损坏程度应按下列标准判断:

①轻度应为主要裂缝宽度小于或等于3mm。

②重度应为主要裂缝宽度大于3mm。

(4)横向裂缝应是路面上与行车方向基本垂直的裂缝,应按长度(m)计算。检测结果应用影响宽度(0.2m)换算成损坏面积。损坏程度应按下列标准判断:

①轻度应为主要裂缝宽度小于或等于3mm。

②重度应为主要裂缝宽度大于3mm。

(5)沉陷应为路面的局部下沉,应按面积计算。损坏程度应按下列标准判断:

①轻度应为沉陷深度在10~25mm之间,行车无明显颠簸感。

②重度应为沉陷深度大于25mm,行车有明显颠簸感。

(6)车辙应按长度(m)计算,检测结果应用影响宽度(0.4m)换算成损坏面积。损坏程度应按下列标准判断:

①轻度应为车辙深度在10~15mm之间。

②重度应为车辙深度大于或等于15mm。

(7)波浪拥包应按面积计算,损坏程度应按下列标准判断:

①轻度应为波峰波谷高差在10~25mm之间。

②重度应为波峰波谷高差大于25mm。

(8)坑槽应按面积计算,损坏程度应按下列标准判断:

①轻度应为坑槽深度小于25mm,或面积小于0.1m²。

②重度应为坑槽深度大于或等于25mm,或面积大于或等于0.1m²。

(9)松散应按面积计算,损坏程度应按下列标准判断:

①轻度应为路面表面细集料散失、脱皮、麻面等。

②重度应为路面表面粗集料散失、脱皮、麻面、露骨、表面剥落。

(10)泛油应为沥青路面表面出现的薄油层,损坏应按面积计算。

(11)修补应为裂缝、坑槽、松散、沉陷、车辙等损坏的修复。块状修补应按面积计算,条状修补应按长度(m)乘以0.2m影响宽度计算。长度大于5m的整车道修复不计为路面修补损坏。修补范围内再次发生的损坏,应按新的损坏类型计算。

3. 水泥混凝土路面

水泥混凝土路面损坏分11类。

(1)破碎板应按板块面积计算,损坏程度应按下列标准判断:

①轻度应为板块被裂缝分为3块及以上,破碎板未发生松动和沉陷。

②重度应为板块被裂缝分为3块及以上,破碎板有松动、沉陷和唧泥等现象。

(2)裂缝应为板块上只有一条裂缝的情况,应按长度(m)计算。检测结果应用影响宽度(1.0m)换算成损坏面积。损坏程度应按下列标准判断:

①轻度应为裂缝宽度小于3mm,一般为未贯通裂缝。

②中度应为裂缝宽度在3~10mm之间。

③重度应为裂缝宽度大于10mm。

(3)板角断裂应为裂缝与纵横接缝相交,且交点距板角小于或等于板边长度一半的损坏,应按断裂板角的面积计算。损坏程度应按下列标准判断:

①轻度应为裂缝宽度小于3mm。

②中度应为裂缝宽度在3~10mm之间。

③重度应为裂缝宽度大于10mm。

(4)错台应为接缝两边出现的高差,应按长度(m)计算。检测结果应用影响宽度(1.0m)

换算成损坏面积。损坏程度应按下列标准判断：

①轻度应为接缝两侧高差在 5~10mm 之间。

②重度应为接缝两侧高差大于 10mm。

(5)拱起应为横竖两侧板体高度大于 10mm 的抬高，损坏应按拱起涉及板块的面积计算。

(6)边角剥落应为沿接缝方向板边上出现的碎裂和脱落，裂缝面与板面成一定角度，应按长度(m)计算。检测结果应用影响宽度(1.0m)换算成损坏面积。损坏程度应按下列标准判断：

①轻度应为板边上的碎裂和脱落。

②中度应为板边上的碎裂和脱落，接缝附近水泥混凝土有开裂。

③重度应为板边上的碎裂和脱落，接缝附近水泥混凝土多处开裂，开裂深度超过接缝槽底部。

(7)接缝料损坏应按长度(m)计算，检测结果应用影响宽度(1.0m)换算成损坏面积。损坏程度应按下列标准判断：

①轻度应为填料老化，不密水，尚未剥落脱空，未被砂、石、土等填塞。

②重度应为 1/3 以上接缝出现空缝或被砂、石、土填塞。

(8)坑洞应为板面出现直径大于 30mm、深度大于 10mm 的坑槽，损坏应按坑洞或坑洞群的包络面积计算。

(9)唧泥应为板块接缝处有基层泥浆涌出，损坏应按长度(m)计算。检测结果应用影响宽度(1.0m)换算成损坏面积。

(10)露骨应为板块表面细集料散失、粗集料暴露或表层松疏剥落，损坏应按面积计算。

(11)修补应为裂缝、板角断裂、边角剥落和坑洞等损坏的修复。块状修补应按面积计算，裂缝类的条状修补应按长度(m)乘以 0.2m 影响宽度计算。长度大于 5m 的整车道修复不计为路面修补损坏。修补范围内再次发生的损坏，应按新的损坏类型计算。

三、公路技术状况检测与调查

公路技术状况检测与调查应包括路基、路面、桥隧构造物和沿线设施四部分内容。路面检测与调查应包括路面损坏、路面平整度、路面车辙、路面跳车、路面磨耗、路面抗滑性能和路面结构强度七项内容。这里仅介绍路基、路面相关的检测与调查。

公路技术状况检测与调查应以 1000m 路段长度为基本检测(或调查)单元。在路面类型、交通量、路面宽度和养管单位等变化处，检测(或调查)单元的长度可不受此规定限制。公路技术状况检测与调查应按上行(桩号递增方向)和下行(桩号递减方向)两个方向分别实施，二、三、四级公路可不分上下行检测与调查。不具备自动化检测条件的路线或路段可采用人工调查方式，人工调查宜采用便携设备。

公路技术状况检测与调查的频率应按表 1-61 的规定执行。

公路技术状况检测与调查频率　　　　　　　　　表 1-61

检测与调查内容		沥 青 路 面		水泥混凝土路面	
		高速、一级公路	二、三、四级公路	高速、一级公路	二、三、四级公路
路面 PQI	路面损坏	1年1次	1年1次	1年1次	1年1次
	路面平整度	1年1次	1年1次	1年1次	1年1次
	路面车辙	1年1次			

续上表

检测与调查内容		沥青路面		水泥混凝土路面	
		高速、一级公路	二、三、四级公路	高速、一级公路	二、三、四级公路
路面 PQI	路面跳车	1年1次		1年1次	
	路面磨耗	1年1次		1年1次	
	路面抗滑性能	2年1次		2年1次	
	路面结构强度	抽样检测		抽样检测	
路基 SCI		1年1次			
桥隧构造物 BCI		按现行标准规范的有关规定执行			
沿线设施 TCI		1年1次			

注：1.路面结构强度为抽样检测指标，抽样检测的路线或路段应按路面养护管理需要确定，最低抽样比例不得低于公路网列养里程的 20%。

2.路面磨耗和路面抗滑性能为二选一指标，在检测与调查中可二选一。

1.路基技术状况检测与调查

(1)路基技术状况可采用人工调查和自动化检测方式。

(2)路基技术状况应按《公路技术状况评定标准》(JTG 5210—2018)规定的损坏类型调查。

2.路面技术状况自动化检测

(1)路面技术状况自动化检测指标应包括路面破损率 DR、国际平整度指数 IRI、路面车辙深度 RD、路面跳车 PB、路面构造深度 MPD、横向力系数 SFC 和路面弯沉 l_0。其中，路面构造深度 MPD 和横向力系数 SFC 应为二选一指标。

(2)路面技术状况自动化检测应符合现行《多功能路况快速检测设备》(GB/T 26764)和《公路路面技术状况自动化检测规程》(JTG/T E61)的规定。

(3)路面技术状况检测应采用自动化检测设备。每个检测方向应至少检测一个主要行车道。二、三、四级公路的路面技术状况检测宜选择技术状况相对较差的方向。

(4)路面损坏自动化检测应满足下列要求：

①检测指标应为路面破损率 DR，每 10m 应计算 1 个统计值。

②路面损坏应纵向连续检测，横向检测宽度应不小于车道宽度的 70%。检测设备应能分辨约 1mm 的路面裂缝，检测数据宜采用机器自动识别，识别准确率应达到 90% 以上。

(5)路面平整度自动化检测应满足下列要求：

①应采用断面类检测设备。

②检测指标应为国际平整度指数 IRI，每 10m 应计算 1 个统计值。

③超出设备有效检测速度或有效减速度范围的数据应为无效数据。

(6)路面车辙自动化检测应满足下列要求：

①应采用断面类检测设备。

②检测指标应为路面车辙深度 RD，每 10m 应计算 1 个统计值。

③当横断面数据出现异常或横断面数据不完整时，该检测断面应为无效数据。

(7)路面跳车自动化检测应满足下列要求：

①应采用断面类检测设备。

②检测指标应为路面跳车 PB,每 10m 应计算 1 个统计值。

(8)路面磨耗自动化检测应满足下列要求:

①应采用断面类检测设备。

②检测位置应为车道的左轮迹带、右轮迹带和无磨损的车道中线。

③检测指标应为路面构造深度 MPD,每 10m 应计算 1 个统计值。

(9)路面抗滑性能自动化检测应满足下列要求:

①应采用横向力系数检测设备或其他具有有效相关关系的自动化检测设备,相关系数应不小于 0.95。

②检测指标应为横向力系数 SFC,每 10m 应计算 1 个统计值。

(10)路面结构强度自动化检测应满足下列要求:

①应采用与贝克曼梁具有有效相关关系的高效自动化弯沉检测设备,相关系数应不小于 0.95。

②检测指标应为路面弯沉 l_0,每 20m 应计算 1 个统计值。

③路面弯沉检测应满足现行《公路路基路面现场测试规程》(JTG 3450)的规定。

3. 路面技术状况人工检测

(1)路面损坏人工调查应满足下列要求:

①人工调查的路面损坏类型应满足《公路技术状况评定标准》(JTG 5210—2018)的规定。同一位置存在多类路面损坏时,应计权重最大的损坏。

②各类路面损坏应以 100m 为单位,按损坏程度,每 100m 计 1 个损坏,每一个调查单元计算 1 个累计损坏面积。

③路面损坏人工调查应包含所有行车道,紧急停车带应按路肩处理。

(2)路面结构强度人工调查应满足下列要求:

①应采用贝克曼梁。

②检测指标应为路面弯沉 l_0。

③检测方法应满足现行《公路路基路面现场测试规程》(JTG 3450)的规定。

四、公路技术状况评定模型

公路技术状况评定模型包含公路技术状况(MQI)评定、路基技术状况(SCI)评定、路面技术状况(PQI)评定、桥隧构造物技术状况(BCI)评定以及沿线设施技术状况(TCI)评定,这里仅介绍 MQI、SCI 以及 PQI 相关的内容。

公路技术状况评定应以 1000m 路段长度为基本评定单元。在路面类型、交通量、路面宽度和养管单位等变化处,评定单元的长度可不受此规定限制。公路技术状况评定应计算优等路率、优良路率和次差路率三项统计指标。

1. 公路技术状况(MQI)评定

(1)公路技术状况应采用公路技术状况指数 MQI 评定。MQI 应按式(1-29)计算。

$$MQI = w_{SCI}SCI + w_{PQI}PQI + w_{BCI}BCI + w_{TCI}TCI \tag{1-29}$$

式中：w_{SCI}——SCI 在 MQI 中的权重，取值为 0.08；
w_{PQI}——PQI 在 MQI 中的权重，取值为 0.70；
w_{BCI}——BCI 在 MQI 中的权重，取值为 0.12；
w_{TCI}——TCI 在 MQI 中的权重，取值为 0.10。

（2）对长度小于或大于 1000m 的非整千米评定单元，除 PQI 外，SCI、BCI 和 TCI 三项指标的实际扣分应换算成基本评定单元的扣分[实际扣分 × 基本评定单元长度(1000m)/实际评定单元长度]。桥隧构造物评价结果（BCI）计入桥隧构造物所属评定单元。

（3）存在 5 类桥梁、5 类隧道、危险涵洞及影响交通安全的重度边坡坍塌的评定单元，MQI 值应取 0。

（4）路线公路技术状况评定时，应采用路线内所有评定单元 MQI 的算术平均值作为该路线的 MQI。

（5）公路网公路技术状况评定时，应采用公路网内所有路线 MQI 的长度加权平均值作为该公路网的 MQI。

（6）MQI 及各级分项指标评价结果应保留两位小数。

2. 路基技术状况（SCI）评定

（1）路基技术状况应采用路基技术状况指数 SCI 评定。SCI 应按式（1-30）计算。

$$SCI = \sum_{i=1}^{i_0} w_i (100 - GD_{iSCI}) \tag{1-30}$$

式中：GD_{iSCI}——第 i 类路基损坏的累计扣分，最高扣分为 100，按表 1-62 的规定计算；
w_i——第 i 类路基损坏的权重，按表 1-62 的规定取值；
i——路基损坏类型；
i_0——路基损坏类型总数，取 7。

路基损坏扣分标准 表 1-62

类型 i	损坏名称	损坏程度	计量单位	单位扣分	权重 w_i	备注
1	路肩损坏	轻	m²	1	0.10	
		重		2		
2	边坡坍塌	轻	处	20	0.25	边坡坍塌为重度且影响交通安全时，该评定单元的 MQI 值应取 0
		中		50		
		重		100		
3	水毁冲沟	轻	处	20	0.15	
		中		30		
		重		50		
4	路基构造物损坏	轻	处	20	0.10	路基构造物损坏为重度时，该评定单元的 SCI 值应取 0
		中		50		
		重		100		
5	路缘石缺损		m	4	0.05	
6	路基沉降	轻	处	20	0.25	
		中		30		
		重		50		

续上表

类型 i	损坏名称	损坏程度	计量单位	单位扣分	权重 w_i	备注
7	排水不畅	轻	处	20	0.10	
		中		50		
		重		100		

3. 路面技术状况(PQI)评定

(1)沥青路面技术状况评定应包括路面损坏、路面平整度、路面车辙、路面跳车、路面磨耗、路面抗滑性能和路面结构强度七项内容。

(2)水泥混凝土路面技术状况评定应包括路面损坏、路面平整度、路面跳车、路面磨耗和路面抗滑性能五项内容。

(3)路面技术状况应采用路面技术状况指数 PQI 评定。PQI 应按式(1-31)计算。

$$PQI = w_{PCI}PCI + w_{RQI}RQI + w_{RDI}RDI + w_{PBI}PBI + w_{PWI}PWI + w_{SRI}SRI + w_{PSSI}PSSI \quad (1-31)$$

式中:w_{PCI}——PCI 在 PQI 中的权重,按表 1-63 的规定取值;

w_{RQI}——RQI 在 PQI 中的权重,按表 1-63 的规定取值;

w_{RDI}——RDI 在 PQI 中的权重,按表 1-63 的规定取值;

w_{PBI}——PBI 在 PQI 中的权重,按表 1-63 的规定取值;

w_{PWI}——PWI 在 PQI 中的权重,按表 1-63 的规定取值;

w_{SRI}——SRI 在 PQI 中的权重,按表 1-63 的规定取值;

w_{PSSI}——PSSI 在 PQI 中的权重,按表 1-63 的规定取值。

PQI 各分项指标权重 表 1-63

路面类型	权重	高速公路、一级公路	二、三、四级公路
沥青路面	w_{PCI}	0.35	0.60
	w_{RQI}	0.30	0.40
	w_{RDI}	0.15	—
	w_{PBI}	0.10	—
	$w_{SRI(PWI)}$	0.10	—
	w_{PSSI}	—	—
水泥混凝土路面	w_{PCI}	0.50	0.60
	w_{RQI}	0.30	0.40
	w_{PBI}	0.10	—
	$w_{SRI(PWI)}$	0.10	—

注:采用式(1-31)计算 PQI 时,路面抗滑性能指数 SRI 和路面磨耗指数 PWI 应二者取一。

(4)路面结构强度指数 PSSI 不参与 PQI 评定。

(5)路面损坏状况指数 PCI 应按式(1-32)和式(1-33)计算。

$$PCI = 100 - a_0 DR^{a_1} \quad (1-32)$$

$$DR = 100 \times \frac{\sum_{i=1}^{i_0} w_i A_i}{A} \quad (1-33)$$

式中:DR——路面破损率(%);

a_0——沥青路面采用15.00,水泥混凝土路面采用10.66;

a_1——沥青路面采用0.412,水泥混凝土路面采用0.461;

A_i——第i类路面损坏的累计面积(m^2);

A——路面检测或调查面积(m^2);

w_i——第i类路面损坏的权重或换算系数,见表1-64、表1-65;

i——路面损坏类型,包括损坏程度(轻、中、重);

i_0——损坏类型总数,沥青路面取21,水泥混凝土路面取20。

沥青路面损坏类型、权重及换算系数 表1-64

类型i	损坏名称	损坏程度	计量单位(m^2)	权重w_i(人工调查)	换算系数w_i(自动化检测)
1	龟裂	轻	面积	0.6	1.0
2		中		0.8	
3		重		1.0	
4	块状裂缝	轻	面积	0.6	1.0
5		重		0.8	
6	纵向裂缝	轻	长度×0.2m	0.6	2.0
7		重		1.0	
8	横向裂缝	轻	长度×0.2m	0.6	2.0
9		重		1.0	
10	沉陷	轻	面积	0.6	1.0
11		重		1.0	
12	车辙	轻	长度×0.4m	0.6	—
13		重		1.0	
14	波浪拥包	轻	面积	0.6	1.0
15		重		1.0	
16	坑槽	轻	面积	0.8	1.0
17		重		1.0	
18	松散	轻	面积	0.6	1.0
19		重		1.0	
20	泛油		面积	0.2	0.2
21	修补		面积或长度×0.2m	0.1	0.1(0.2)

注:1. 人工调查时,应将条状修补的调查长度(m)乘以影响宽度(0.2m)换算成面积。
2. 自动化检测时,块状修补的换算系数w_i为0.1,条状修补的换算系数w_i为0.2。

水泥混凝土路面损坏类型、权重及换算系数 表1-65

类型i	损坏名称	损坏程度	计量单位(m^2)	权重w_i(人工调查)	换算系数w_i(自动化检测)
1	破碎板	轻	面积	0.8	1.0
2		重		1.0	
3	裂缝	轻	长度×1.0m	0.6	10
4		中		0.8	
5		重		1.0	

续上表

类型 i	损坏名称	损坏程度	计量单位（m²）	权重 w_i（人工调查）	换算系数 w_i（自动化检测）
6	板角断裂	轻	面积	0.6	1.0
7		中		0.8	
8		重		1.0	
9	错台	轻	长度×1.0m	0.6	10
10		重		1.0	
11	拱起		面积	1.0	1.0
12	边角剥落	轻	长度×1.0m	0.6	10
13		中		0.8	
14		重		1.0	
15	接缝料损坏	轻	长度×1.0m	0.4	6
16		重		0.6	
17	坑洞		面积	1.0	1.0
18	唧泥		长度×1.0m	1.0	10
19	露骨		面积	0.3	0.3
20	修补		面积或长度×0.2m	0.1	0.1(0.2)

注:1. 人工调查时,应将条状修补的调查长度(m)乘以影响宽度(0.2m)换算成面积。
2. 自动化检测时,块状修补的换算系数 w_i 为0.1,条状修补的换算系数 w_i 为0.2。

(6)自动化检测时,A_i 应按式(1-34)计算。

$$A_i = 0.01 \times GN_i \tag{1-34}$$

式中:GN_i——含有第 i 类路面损坏的网格数;

0.01——面积换算系数,一个网格的标准尺寸为0.1m×0.1m。

(7)路面行驶质量指数 RQI 应按式(1-35)计算。

$$RQI = \frac{100}{1 + a_0 e^{a_1 \text{IRI}}} \tag{1-35}$$

式中:IRI——国际平整度指数(m/km);

a_0——高速公路和一级公路采用0.026,其他等级公路采用0.0185;

a_1——高速公路和一级公路采用0.65,其他等级公路采用0.58。

(8)路面车辙深度指数 RDI 应按式(1-36)计算。

$$RDI = \begin{cases} 100 - a_0 RD & (RD \leq RD_a) \\ 90 - a_1(RD - RD_a) & (RD_a < RD \leq RD_b) \\ 0 & (RD > RD_b) \end{cases} \tag{1-36}$$

式中:RD——车辙深度(mm);

RD_a——车辙深度参数,采用10.0;

RD_b——车辙深度参数,采用40.0;

a_0——模型参数,采用1.0;

a_1——模型参数,采用3.0。

(9)路面跳车指数 PBI 应按式(1-37)计算。

$$PBI = 100 - \sum_{i=1}^{i_0} a_i PB_i \qquad (1-37)$$

式中：PB_i——第 i 类程度的路面跳车数。

a_i——第 i 类程度的路面跳车单位扣分，按表 1-66 的规定取值；

i——路面跳车程度；

i_0——路面跳车程度总数，取 3。

路面跳车扣分标准　　　　　　　　表 1-66

类别(i)	跳车程度	计量单位	单位扣分
1	轻度		0
2	中度	处	25
3	重度		50

（10）路面磨耗指数 PWI 应按式（1-38）和式（1-39）计算。

$$PWI = 100 - a_0 WR^{a_1} \qquad (1-38)$$

$$WR = 100 \times \frac{MPD_C - \min\{MPD_L, MPD_R\}}{MPD_C} \qquad (1-39)$$

式中：WR——路面磨耗率（%）；

a_0——模型参数，采用 1.696；

a_1——模型参数，采用 0.785；

MPD——路面构造深度（mm）；

MPD_C——路面构造深度基准值，采用无磨损的车道中线路面构造深度（mm）；

MPD_L——左轮迹带的路面构造深度（mm）；

MPD_R——右轮迹带的路面构造深度（mm）。

（11）路面抗滑性能指数 SRI 应按式（1-40）计算。

$$SRI = \frac{100 - SRI_{min}}{1 + a_0 e^{a_1 SFC}} + SRI_{min} \qquad (1-40)$$

式中：SFC——横向力系数；

SRI_{min}——标定参数，采用 35.0；

a_0——模型参数，采用 28.6；

a_1——模型参数，采用 -0.105。

（12）路面结构强度指数 PSSI 按式（1-41）和式（1-42）计算。

$$PSSI = \frac{100}{1 + a_0 e^{a_1 SSR}} \qquad (1-41)$$

$$SSR = \frac{l_R}{l_0} \qquad (1-42)$$

式中：SSR——路面结构强度系数（Pavement Structure Strength Ratio），为路面弯沉标准值与路面实测代表弯沉之比；

l_R——路面弯沉标准值（0.01mm）；

l_0——路面实测代表弯沉（0.01mm）；

a_0——模型参数，采用 15.71；

a_1——模型参数，采用 -5.19。

第二章

土工与土工合成材料

第一节　概　　述

一、土的形成

土是由地壳表面的岩石经过物理风化、化学风化和生物风化作用之后的产物。岩石暴露在大气中，受到温度变化的影响，体积经常发生膨胀和收缩，不均匀的膨胀和收缩使之产生裂缝，同时长期经受风、霜、雨和雪的侵蚀以及动植物的破坏，逐渐由整块岩体崩解成大小不等和形状不同的碎块，这个过程叫作物理风化。物理风化只改变岩石颗粒的大小和形状，不改变颗粒的成分。物理风化后形成的碎块与氧气、二氧化碳和水接触后，发生化学变化，变成更细的颗粒并且其成分也发生改变，产生与原来岩石成分不同的矿物，这个过程叫作化学风化。在此基础上，由于生物活动的参与，进而产生有机质的积聚，此过程即为生物风化。经过这些风化作用所形成的矿物颗粒堆积在一起，与其间贯穿的孔隙，孔隙间存在的水以及空气等集合体组成了土。

土在其形成的过程中还会受到重力、流水、冰川和风等自然力的作用使之产生运动、迁移和沉积，从而在不同的自然环境中沉积，形成不同的结构与构造，并表现出不同的工程性质。

广泛分布在地壳表面的土，主要特征是分散性、复杂性和易变性。因其是由固体颗粒和孔隙及存在于孔隙中的水和气体组成的分散体系，土颗粒之间没有或只有很弱的联结，因而土的强度低且易变形。由于土是受不同自然力作用且于不同的环境下沉积形成的，其构成与性质复杂，且具有分散性和多变性，即它的性质在受到外界温度和湿度变化的影响时极易发生变化，这些特征无疑都将反映到它的物理、化学和力学性质中。

在工程建设中，土往往因其用途不同而具有不同的功能。如在建筑工程中（房屋、桥梁、道路、堤坝），土是被作为地基，用来支承建筑物传来的荷载；在路堤、土坝等工程中，土则被用作建筑材料；在隧道、涵洞及地下建筑工程中，土则成为建筑物周围的介质或环境。由于用途不同对土的性质要求也有所不同，因此，相应的试验检测内容亦有所不同。

二、土的三相组成

1. 组成物质的基本状况

土是由土颗粒（固相）、水（液相）及气体（气相）三种物质组成的集合体。

1) 固相

土的固相物质分为无机矿物颗粒和有机质,是土体的骨架物质。其中无机矿物颗粒又分为原生矿物和次生矿物两大类。

原生矿物是指岩浆在冷凝过程中形成的矿物,如石英、长石、云母等。次生矿物则是由原生矿物经化学风化作用后而形成的新矿物,如三氧化二铁、三氧化二铝、次生二氧化硅、黏土矿物及盐类等。次生矿物按其与水相互作用的程度,可分为可溶于水与不可溶于水的。溶于水的按其溶解的难易性,又可分为易溶、中等溶解和难溶的土颗粒。次生矿物的成分和性质比较复杂,对土的工程性质影响较大。

土在风化过程中,往往由于微生物的参与,会产生有机质成分。其中有机质成分分解完善的,称为腐殖质土;有机质成分分解不完善、尚存有残余物的称为泥炭。有机质成分对土的工程性质具有不利影响,在公路工程中不应采用有机质土。

2) 液相

土的液相是指土孔隙中存在的水。一般这种水与自由水类似,是无色、无味、无嗅的中性液体,其密度为 $1g/cm^3$,重度为 $9.81kN/m^3$,在 0℃时冻结,在 100℃时沸腾。但实质上,土中水是成分复杂的电解水溶液,它与土粒间有着复杂的相互作用。

水在土中以三种状态存在:固态、液态和气态。

(1) 气态水:在土孔隙中任何时候都存在有水汽,它与空气形成气态混合物。在大多数情况下,土中空气被水汽饱和达 100% 时,这时土中水汽的含量约为 0.001%。只有当土中水含量达最大吸湿量(即土中含强结合水)时,土中空气的湿度才低于 100%。温度升高时,土内空气中水汽压力随之增大;温度降低导致空气被水汽饱和水汽凝结。水汽不断地在土中形成,不断地从这一部分土层进入另一部分土层,并以凝结或吸附方式,不断地转变为其他形态的水。负温引起气态水特别强烈和快速地凝结与冻结成冰。在大气压力、温度、湿度变化的影响下,气态水被迫随着土中空气在土中移动,或者由于水汽压力梯度的存在,以扩散的方式积极地移动。水分以气态运动时,盐类自然不迁移。但是气态水形成过程经常伴随着原先存在于水溶液中的物质在蒸发层中积累。在干旱和半干旱地区,由于这种积累发生盐胀,往往会使公路路面遭到破坏。

(2) 液态水:可分为存在于矿物颗粒内部的水——化学结构水和化学结晶水,及存在矿物颗粒表面的水——结合水和自由水。

①化学结构水:以 H^+、OH^- 离子的形式存在于次生黏土矿物结晶格中,成为土颗粒结构的组成部分。这种水只有在 165~175℃ 温度作用下才能被释放,对某些矿物如氢氧化铝、氢氧化硅之类,甚至要高达 500℃ 以上时才能被释放出来。

②化学结晶水:是以 H_2O 水分子的形式,存在于一些盐类矿物中,如石膏($CaSO_4 \cdot 2H_2O$),芒硝($NaSO_4 \cdot 10H_2O$)等。化学结晶水对盐渍土性能有较大影响。带有大量结晶水的盐分含量在盐渍土中可达 2%~5%,甚至达到 20%~30%。这种情况下,土中含有较大数量的结晶水。不同盐类的盐渍土,化学结晶水可在不同的温度下被分离出,如含有结晶水的石膏在 60~65℃时,其结晶水即开始逸出。

③结合水:通过土颗粒表面静电引力所吸附的表面水。水分子极易牢固地被土颗粒表面吸附,形成水的定向偶极体的水膜。紧靠土颗粒的表面,被吸附水分子定向排列程度和固着强

度最大,随着远离颗粒表面的程度,此种定向排列程度和固着强度则逐渐减弱。

结合水根据被吸附的程度又可分为两种形态的结合水:强结合水和弱结合水。

强结合水:土在风干状态下,都含有一定数量的强结合水,这种水是由处于干燥土颗粒吸附孔隙中的水汽形成。它受到1万~2万个大气压力吸附于土表面,其密度达到 $1.5 \sim 1.8 \text{g/cm}^3$。强结合水只有转变为气态,才能够移动。这种转变依赖于温度和湿度的变化,在 $105 \sim 110 ℃$ 时才可完全被释放。强结合水以若干分子层组成的薄膜包裹着土粒,因而减小了土孔隙的容积。且强结合水没有溶解能力,不能使盐分发生迁移。

强结合水的含量决定于土的矿物成分和粒度成分,土颗粒越细,比表面积越大,含有黏土矿物和腐殖质时,强结合水含量则偏高。

弱结合水:在强结合水外一定范围内的水分子,受到1~10个大气压力,被吸附在土粒表面。弱结合水呈现黏滞的液体形态,密度大于 1g/cm^3,它能够由水膜厚处向水膜薄处移动,但移动的速度特别慢。它具有溶解和移动盐分的能力。特别是向蒸发点移动的同时,弱结合水可以把土中的盐分在水平方向或垂直方向上带走 $4 \sim 6 \text{m}$。弱结合水难于冻结,其冻结温度为 $-70 \sim -80℃$。土中含有弱结合水时可使土具有塑性。

结合水有时占据很大的容积,因而减少了内部孔隙和毛细管的断面(有时减少可达20%~40%)。在高黏粒含量的土中,结合水完全能够充满细小孔隙,这就造成了土的不透水性。

④自由水:包括毛细水和重力水。

毛细水:水与土孔隙管壁接触时,由于湿润和静电引力的作用,在毛细管中形成弯液面。毛管的直径越细,弯液面的曲率越大,则负毛管压力值就越高,从而引起水分在毛管孔隙中的上升。这种由于表面张力作用,在土孔隙中移动正是毛细水的特点。它能够溶解盐分并使之发生迁移;在季节冰冻地区,若地下水位较高,毛细水可成为已冻土层中的弱结合水不断补充的水源,使冻土层中的聚冰体膨胀,造成严重冻胀从而破坏道路及构造物。

重力水:重力水的特征是液体状态,在重力作用下倾向于垂直下行(或侧向沿地面坡度)运动,具有很强的溶解作用,能够以溶液状态转运盐分、胶体溶液和很细的悬浮体等。在地下水位埋藏很深的情况下,重力水在下行移动的过程中逐渐扩散,同时转变为毛细水和弱结合水的状态。

(3)固态水——冰:即处于固态的晶体状态中的水,是自由水的一个特殊类型。土中水以冰的形态呈季节性出现,称为季节性冻结,在我国北方广大地区冬季可见到。除此之外,在我国东北及西北的部分地区,还存在有多年冻结土层及永久性冻结土层。

3)气相

土的气相主要指土孔隙中充填的气体。土的含气量与含水率有密切关系,其中土是气体占优势还是水占优势,对土的性质会有很大的影响。

土中气体成分与大气成分相比较,主要的区别在于 CO_2、O_2 及 N_2 的含量不同。一般土中气体含有更多的 CO_2,较多的 N_2 以及较少的 O_2。土中气体与自然界气体的交换越困难,两者的差别就越大。

土中的气体可分为两类:与大气相连通的自由气体和与大气隔绝的封闭气体(气泡)。在受到外力作用时,自由气体能很快地从孔隙中被挤出,一般不影响土的工程性质。而封闭气体在受到外力作用时,随着压力的增大,气泡可被压缩或溶解于水中,当压力减少时,气泡又会恢复原状或重新游离出来。气泡的存在增加了土体的弹性,减小了土的渗透性。这种含气体的土称为非饱和土,不含气体的则称为饱和土。

2. 土的物理性质指标

组成土的固体颗粒、水和气体在体积上和重力(或质量)上的比例关系不同,则土的物理状态也会不同。土中孔隙体积大,土就松,土中水分多,则土就软。所以研究土的状态,首先就要分析土的三相比例关系,而土的三相在体积上和重力(质量)上的相对比值,也可作为衡量土的基本物理性质的指标。

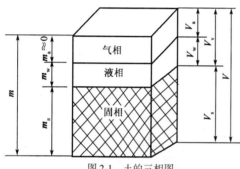

图 2-1 土的三相图

V-土的总体积(cm^3 或 m^3);V_s-土的固体颗粒体积(cm^3 或 m^3);V_v-土的孔隙体积(cm^3 或 m^3),$V_v = V_a + V_w$;V_a-土中气体体积(cm^3 或 m^3);V_w-土中水的体积(cm^3 或 m^3);m-土的总质量(g);m_a-土的气体质量,通常 $m_a \approx 0$;m_w-土中水的质量(g);m_s-土中固体颗粒的质量(g)

为了便于说明和记忆,把土中交错分布的土颗粒、水和气分别集中起来,按体积划分为固相、液相、气相三部分,构成如图 2-1 所示的三相图。

水的单位体积的质量 $\left(\rho_w = \dfrac{m_w}{V_w}\right)$,一般采用 $1 g/cm^3$,已足够准确,因此,在数值上可认为 $m_w = V_w$。

土样的体积:$V = V_s + V_w + V_a$。

土样的质量:$m = m_s + m_w + m_a$。

反映土的物理性质的指标有密度、比重、含水率、干密度、饱和密度、浮密度、孔隙比、孔隙率、饱和度等。

(1)土的密度 ρ:是指土体单位体积的质量。从图 2-1 中可知:

$$\rho = \frac{m}{V} \tag{2-1}$$

(2)土颗粒的比重 G_s:是指土的固体颗粒的单位体积的质量与水在 4℃ 时单位体积的质量之比。

$$G_s = \frac{\dfrac{m_s}{V_s}}{\dfrac{m_w}{V_w}} = \frac{\rho_s}{\rho_w} \tag{2-2}$$

其中,ρ_s 为土粒密度,计算公式见式(2-3)。

$$\rho_s = \frac{m_s}{V_s} \tag{2-3}$$

(3)土的含水率 w:是指土中水的质量与固体颗粒质量之比,通常以百分数表示。

$$w = \frac{m_w}{m_s} \times 100\% \tag{2-4}$$

(4)干密度 ρ_d:是指土的固体颗粒质量与土的总体积之比。

$$\rho_d = \frac{m_s}{V} \tag{2-5}$$

(5)饱和密度 ρ_{sat}:是指土孔隙中全部被水充满时土的密度。

$$\rho_{sat} = \frac{m_s + V_v \cdot \rho_w}{V} \tag{2-6}$$

(6)浮密度(或称浸水密度)ρ':是指土浸在水中受到水的浮力作用时的单位体积的质量。

$$\rho' = \frac{m_s - V_s \cdot \rho_w}{V} \tag{2-7}$$

或

$$\rho' = \rho_{sat} - \rho_w \tag{2-8}$$

(7)孔隙比 e:是土中孔隙的体积与固体颗粒体积之比。

$$e = \frac{V_v}{V_s} \tag{2-9}$$

(8)孔隙率 n:是指土中孔隙体积与总体积之比。

$$n = \frac{V_v}{V} \times 100\% \tag{2-10}$$

孔隙比与孔隙率之间存在下述换算关系:

$$n = \frac{e}{1+e} \tag{2-11}$$

(9)饱和度 S_r:是指孔隙中水的体积与孔隙体积之比。

$$S_r = \frac{V_w}{V_v} \times 100\% \tag{2-12}$$

饱和度用来描述土中水充满孔隙的程度,$S_r = 0$ 时,土是完全干燥的;$S_r = 1$ 时,则土为完全饱和的。按饱和度可以把砂土划分为三种状态:

$$0 < S_r \leq 0.5, 稍湿状态$$

$$0.5 < S_r \leq 0.8, 潮湿状态$$

$$0.8 < S_r \leq 1.0, 饱和状态$$

以上九项物理指标中,前三项指标是通过试验直接测定的指标,称之为基本物理性质指标;后六项可以根据前三项试验测定指标由三相图换算求出,见表2-1。

三相指标的换算关系　　　　　　　　　　表2-1

指标	符号	物理表达式	换算关系式
孔隙比	e	$e = \dfrac{V_v}{V_s}$	$e = \dfrac{G_s(1+w)\rho_w}{\rho} - 1$
孔隙率	n	$n = \dfrac{V_v}{V}$	$n = 1 - \dfrac{\rho}{G_s(1+w)\rho_w}$
干密度	ρ_d	$\rho_d = \dfrac{m_s}{V}$	$\rho_d = \dfrac{\rho}{1+w}$
饱和密度	ρ_{sat}	$\rho_{sat} = \dfrac{m_s + V_v \cdot \rho_w}{V}$	$\rho_{sat} = \dfrac{\rho(G_s - 1)}{G_s(1+w)} + \rho_w$
浮密度	ρ'	$\rho' = \dfrac{m_s - V_s \cdot \rho_w}{V}$	$\rho' = \dfrac{\rho(G_s - 1)}{G_s(1+w)}$
饱和度	S_r	$S_r = \dfrac{V_w}{V_v}$	$S_r = \dfrac{\rho G_s w}{\rho_w G_s(1+w) - \rho}$

三、土工试验项目

在公路工程中,为适应公路各类工程的需要,测定土的基本工程性质,可将土工试验项目分为四个方面:

(1)物理性质试验

包括含水率、密度、比重、颗粒分析和相对密度等。

(2)水理性质试验

包括界限含水率、稠度、膨胀、收缩和毛细水上升高度等。

(3)力学性质试验

包括渗透性、击实性、压缩性、黄土湿陷性、直接剪切、三轴剪切、无侧限抗剪、土基承载比及回弹模量等。

(4)化学性质试验

包括酸碱度、烧失量、有机质含量、可溶盐含量、阳离子交换量和矿物成分等。

上述各项试验项目在选择时应根据不同的研究对象而有所侧重,如表2-2所示。

土的物理力学试验项目选择参考表　　　　　　　　　　　　　　　表2-2

试验项目	桥涵		房建			隧道		挡墙			路基			沼泽	黄土及黄土状土
											深挖	松软基底	高填方		
土的类别	砂类土	黏质土	砂类土	黏质土	黄土状土	黏质土	黄土	砂类土	黏质土	黄土状土	黏质土	黏质土	黏质土	黏质土	黄土及黄土状土
天然含水率	+	+	+	+	+	+	+	+	+	+	+	+	+	+	+
天然密度	+	+	+	+	+	+	+	+	+	+	+	+	+	+	+
比重	+	+	+	+	+		+	+	+	+	+	+		+	+
天然孔隙比	+		+	+	+	+	+	+	+		+			+	+
孔隙率		*		*	*	*	*		*	*					
饱和度															
界限含水率		+		+	+	+	+		+	+	+	+	+	+	+
稠度												+	+		
相对密度	+		+					+							
颗粒分析	+	*	+	*	+		+								+
毛管水上升高度											*		*		
渗透系数				*						+		+			
膨胀试验						*					+				
击实试验											+	+			+
回弹模量											+				+
压缩试验		+		+	+		+					+		+	

续上表

试验项目		桥涵		房建		隧道		挡墙		路基				
										深挖	松软基底	高填方	沼泽	黄土及黄土状土
土的类别		砂类土	黏质土	砂类土	黏质土	黄土状土	黏质土	黄土	砂类土	黏质土	黄土状土	黏质土	黏质土	黏质土	黏质土
相对湿陷系数						+		+							+
剪切试验	固结排水剪											*		+	+
	不固结不排水剪			+			+			+					
	固结不排水剪			*							+	*	+		
十字板剪切试验												+		*	
无侧限抗压强度												+			
天然坡角	干燥								+						
	水下								+						

注:表中+表示初步设计、施工设计试验项目;*为视需要的试验项目。

第二节 土的物理性质试验

一、含水率试验

土的含水率试验方法主要有烘干法、酒精燃烧法和比重法。

1. 烘干法

烘干法是测定含水率的标准方法,适用于黏质土、粉质土、砂类土、砂砾石、有机质土和冻土等土试样。

1)仪器设备

(1)烘箱:可采用电热烘箱或温度能保持105～110℃的其他能源烘箱。

(2)天平:称量200g,感量0.01g;称量1000g,感量0.1g。

(3)其他:干燥器、称量盒等。

2)试验步骤

(1)取具有代表性试样,细粒土为15～30g,砂类土、有机质土为50g,砂砾石为1～2kg,放入称量盒内,立即盖好盒盖,称质量。称量时,可在天平一端放上与该称量盒等质量的砝码,移动天平游码,平衡后称量结果即为湿土质量。

(2)揭开盒盖,将试样和盒放入烘箱内,在温度105～110℃恒温下烘干。烘干时间对细粒土不得少于8h,对砂类土不得少于6h。对含有机质超过5%的土或含石膏的土,应将温度控制在60～70℃的恒温下烘干12～15h为宜。

(3)将烘干后的试样和盒取出,放入干燥器内冷却(一般只需 0.5～1h 即可)。冷却后盖好盒盖,称质量,准确至 0.01g。

3)结果整理

含水率按下式计算:

$$w = \frac{m - m_s}{m_s} \times 100 \tag{2-13}$$

式中:w——含水率(%),计算至0.1;

　　m——湿土质量(g);

　　m_s——干土质量(g)。

4)精密度和允许差

本试验须进行二次平行测定,取其算术平均值,允许平行差值应符合表2-3的规定。

含水率测定的允许平行差值　　　　　　　　表 2-3

含水率(%)	允许平行差值(%)	含水率(%)	允许平行差值(%)
5 以下	0.3	40 以上	≤2
40 以下	≤1	对层状和网状构造的冻土	<3

对于粗粒土,称量盒可采用铝制饭盒、搪瓷盘等,相应的土样也应多些。

2. 酒精燃烧法

在土样中加入酒精,利用酒精能在土上燃烧,使土中水分蒸发,土样成干燥状态。本法是快速测定法中较准确的一种,现场测试中用得较多。

1)仪器设备

(1)称量盒。

(2)天平:感量 0.01g。

(3)酒精:纯度 95%。

(4)滴管、火柴、调土刀等。

2)试验步骤

(1)取代表性试样(黏质土 5～10g,砂类土 20～30g)放入称量盒内,称湿土质量,准确至 0.01g。

(2)用滴管将酒精注入放有试样的称量盒中,直至盒中出现自由液面为止。为使酒精在试样中充分混合均匀,可将盒底在桌面上轻轻敲击。

(3)点燃盒中酒精,燃至火焰熄灭。

(4)将试样冷却数分钟,按第(2)、(3)步的方法重新燃烧两次。

(5)待第三次火焰熄灭后,盖好盒盖,立即称干土质量,准确至 0.01g。

其余同烘干法。

3)注意

(1)上一次的酒精燃烧熄灭后,必须确定完全熄灭时,才能加下一次酒精,以免发生危险。

(2)本法适用于无凝聚性土和一般黏质土,不适用于含有机质土、含盐量较多的土和重黏土等土质试样。

3. 比重法

试验方法仅适用于砂类土。

1）仪器设备

（1）玻璃瓶：容积 500mL 以上。

（2）天平：称量 1000g，感量 0.5g。

（3）其他：漏斗、小勺、吸水球、玻璃片、土样盘及玻璃棒等。

2）试验步骤

（1）取代表性砂类土试样 200~300g，放入土样盘内。

（2）向玻璃瓶中注入清水至 1/3 左右，然后用漏斗将土样盘中的试样倒入瓶中，并用玻璃棒搅拌 1~2min，直到所含气体完全排出为止。

（3）向瓶中加清水至全部充满，静置 1min 后用吸水球吸去泡沫，再加清水使其充满，盖上玻璃片，擦干瓶外壁，称质量。

（4）倒去瓶中混合液，洗净，再向瓶中加清水至全部充满，盖上玻璃片，擦干瓶外壁，称质量，准确至 0.5g。

3）结果整理

按下式计算含水率（%）：

$$w = \left[\frac{m(G_s - 1)}{G_s(m_1 - m_2)} - 1 \right] \times 100 \tag{2-14}$$

式中：m_1——瓶、水、土、玻璃片合质量（g）；

m_2——瓶、水、玻璃片合质量（g）；

G_s——砂类土的比重。

其余同烘干法。

二、密度试验方法

密度是土的基本物理性质指标之一，无论在室内试验或野外勘察以及施工质量控制中均须进行密度测试。测定密度常用的方法有环刀法、蜡封法、灌砂法、灌水法等。环刀法操作简便而准确，在室内和野外都得到广泛采用，但该方法有一定局限性；当针对坚硬、易碎、含有粗粒、形状不规则的土样时，不宜采用环刀法，则需采用蜡封法；在野外则可采用灌砂法、灌水法等。

1. 环刀法

环刀方法采用一定体积的环刀切削土样，使土按环刀形状充满其中，测环刀中土重，根据已知环刀的体积就可计算土的密度。

1）仪器设备

（1）环刀：内径 6~8cm，高 2~5.4cm，壁厚 1.5~2.2mm。

（2）天平：感量 0.1g。

（3）其他：修土刀、钢丝锯、凡士林等。

2)试验步骤

(1)按工程需要取原状土或制备所需状态的扰动土样,整平两端,环刀内壁涂一薄层凡士林,刀口向下放在土样上。

(2)用修土刀或钢丝锯将土样上部削成略大于环刀直径的土柱,然后将环刀垂直下压,边压边削,至土样伸出环刀上部为止。削去两端余土,使土样与环刀口面齐平,并用剩余土样测定含水率。

(3)擦净环刀外壁,称环刀与土合质量 m_1,准确至 $0.1g$。

3)结果整理

按下式计算湿密度和干密度:

$$\begin{cases} \rho = \dfrac{m_1 - m_2}{V} \\ \rho_d = \dfrac{\rho}{1 + 0.01w} \end{cases} \quad (2\text{-}15)$$

式中:ρ——湿密度(g/cm^3),计算至 0.01;

m_1——环刀与土合质量(g);

m_2——环刀质量(g);

V——环刀体积(cm^3);

ρ_d——干密度(cm^3),计算至 0.01;

w——含水率(%)。

4)精密度和允许差

本试验须进行二次平行测定,取其算术平均值,其平行差值不得大于 $0.03g/cm^3$。

2. 蜡封法

将不规则的土样称其自然质量后,浸入熔化的石蜡中,使土样被石蜡所包裹,而后称其在空气中的质量与在水中的质量,并按公式计算土样密度。

本试验方法适用于易破裂土和形态不规则的坚硬土。

1)仪器设备

(1)天平:感量 $0.01g$。

(2)烧杯、细线、石蜡、针、削土刀等。

2)试验步骤

(1)用削土刀切取体积大于 $30cm^3$ 试件,削除试件表面的松、浮土以及尖锐棱角,在天平上称量,准确至 $0.01g$。取代表性土样进行含水率测定。

(2)将石蜡加热至刚过熔点,用细线系住试件浸入石蜡中,使试件表面覆盖一薄层严密的石蜡,若试件蜡膜上有气泡,需用热针刺破气泡,再用石蜡填充针孔,涂平孔口。

(3)待冷却后,将蜡封试件在天平上称量 m_1,准确至 $0.01g$。

(4)用细线将蜡封试件置于天平一端,使其浸浮在盛有蒸馏水的烧杯中,注意试件不要接触烧杯壁,称蜡封试件的水下质量 m_2,准确至 $0.01g$,并测量蒸馏水的温度。

(5)将蜡封试件从水中取出,擦干石蜡表面水分,在空气中称其质量,将其与 m_1 相比,若质量增加,表示水分进入试件中,若浸入水分质量超过 $0.03g$,应重做。

3)结果整理

按下式计算湿密度：

$$\rho = \frac{m}{\dfrac{m_1 - m_2}{\rho_{wt}} - \dfrac{m_1 - m}{\rho_n}} \qquad (2\text{-}16)$$

式中：ρ ——土的湿密度(g/cm^3)；

　　m ——试件质量(g)；

　　m_1 ——蜡封试件质量(g)；

　　m_2 ——蜡封试件水中质量(g)；

　　ρ_{wt} ——蒸馏水在 t℃时密度(g/cm^3)，准确至 0.001；

　　ρ_n ——石蜡密度(g/cm^3)，应事先实测，准确至 $0.01g/cm^3$，一般可采用 $0.92g/cm^3$。

其余同环刀法。

3. 灌砂法

灌砂法适用于现场测定细粒土、砂类土和砾类土的密度。试样的最大粒径一般不得超过 15mm，测定密度层的厚度为 150~200mm。

在测定细粒土的密度时，可以采用 ϕ100mm 的小型灌砂筒。如最大粒径超过 15mm，则应相应地增大灌砂筒和标定罐的尺寸，例如，粒径达 40~60mm 的粗粒土，灌砂筒和现场试洞的直径应为 150~200mm。

1)仪器设备

(1)灌砂筒：金属圆筒的内径为 100mm，总高 360mm。灌砂筒主要分两部分：上部为储砂筒，筒深 270mm(容积约 2120cm^3)，筒底中心有一个直径 10mm 的圆孔；下部装一倒置的圆锥形漏斗，漏斗上端开口直径为 10mm，并焊接在一块直径 100mm 的铁板上，铁板中心有一直径 10mm 的圆孔与漏斗上开口相接。在储砂筒底与漏斗顶端铁板之间设有开关。开关为一薄铁板，一端与筒底及漏斗铁板铰接在一起，另一端伸出筒身外，开关铁板上也有一个直径 10mm 的圆孔。将开关向左移动时，开关铁板上的圆孔恰好与筒底圆孔及漏斗上开口相对，即三个圆孔在平面上重叠在一起，砂就可通过圆孔自由落下。将开关向右移动时，开关将筒底圆孔堵塞，砂即停止下落。

灌砂筒的形式和主要尺寸如图 2-2 所示。

(2)金属标定罐：内径 100mm，高 150mm 和 200mm 的金属罐各一个，上端周围有一罐缘。

注：如由于某种原因，试坑不是 150mm 或 200mm 时，标定罐的深度应该与拟挖试坑深度相同。

(3)基板：一个边长 350mm、深 40mm 的金属方盘，盘中心有一直径 100mm 的圆孔。

(4)打洞及从洞中取料的合适工具，如凿子、铁锤、长把勺、长把小簸箕、毛刷等。

(5)玻璃板：边长约 500mm 的方形板。

(6)饭盒(存放挖出的试样)若干。

(7)台秤：称量 10~15kg，感量 5g。

(8)其他：铝盒、天平、烘箱等。

(9)量砂:粒径 0.25~0.5mm、清洁干燥的均匀砂,20~40kg。应先烘干,并放置足够时间,使其与空气的湿度达到平衡。

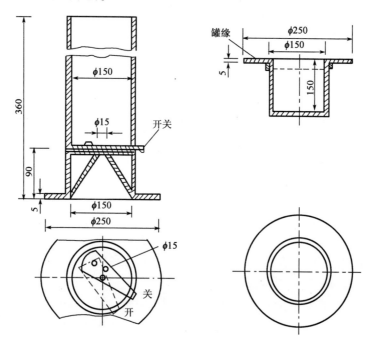

图 2-2 灌砂筒和标定罐(尺寸单位:mm)

2)仪器标定

(1)确定灌砂筒下部圆锥体内砂的质量

①在储砂筒内装满砂,筒内砂的高度与筒顶的距离不超过 15mm,称筒内砂的质量 m_1,准确至 1g。每次标定及而后的试验都维持该质量不变。

②将开关打开,让砂流出,并使流出砂的体积与工地所挖试洞的体积相当(或等于标定罐的容积);然后关上开关,并称量筒内砂的质量 m_5,准确至 1g。

③将灌砂筒放在玻璃板上,打开开关,让砂流出,直到筒内砂不再下流时,关上开关,并小心地取走罐砂筒。

④收集并称量留在玻璃板上的砂或称量筒内的砂,准确至 1g。玻璃板上的砂就是填满灌砂筒下部圆锥体的砂。

⑤重复上述测量,至少三次;最后取其平均值 m_2,准确至 1g。

(2)确定量砂的密度

①用水确定标定罐的容积 V。

a. 将空罐放在台秤上,使罐的上口处于水平位置,读记罐质量 m_7,准确至 1g。

b. 向标定罐中注水,注意不要将水洒到台秤上或浸湿罐的外壁;将一直尺放在罐顶,当罐中水面快要接近直尺时,用滴管往罐中加水,直到水面接触直尺;移去直尺,读记罐和水的总质量 m_8。

c. 重复测量时,仅需用吸管从罐中取出少量水,并用滴管重新将水加满到接触直尺。

d. 标定罐的体积 V 按下式计算:

$$V = \frac{m_8 - m_7}{\rho_w} \tag{2-17}$$

式中：V——标定罐的容积（cm^3），计算至 0.01；

m_7——标定罐质量（g）；

m_8——标定罐和水的总质量（g）；

ρ_w——水的密度（g/cm^3）。

②在储砂筒中装入质量为 m_1 的砂，并将罐砂筒放在标定罐上，打开开关，让砂流出，直到储砂筒内的砂不再下流时，关闭开关；取下罐砂筒，称筒内剩余的砂质量，准确至 1g。

③重复上述测量，至少三次，最后取其平均值 m_3，准确至 1g。

④按下式计算填满标定罐所需砂的质量 m_a：

$$m_a = m_1 - m_2 - m_3 \tag{2-18}$$

式中：m_a——砂的质量（g），计算至 1；

m_1——灌砂入标定罐前，筒内砂的质量（g）；

m_2——灌砂筒下部圆锥体内砂的平均质量（g）；

m_3——灌砂入标定罐后，筒内剩余砂的质量（g）。

⑤按下式计算量砂的密度：

$$\rho_s = \frac{m_a}{V} \tag{2-19}$$

式中：ρ_s——砂的密度（g/cm^3），计算至 0.01；

V——标定罐的体积（cm^3）；

m_a——砂的质量（g）。

3）试验步骤

(1) 在试验地点，选一块面积约 40cm×40cm 的平坦表面，并将其清扫干净；将基板放在此平坦表面上；如果表面的粗糙度较大，则将盛有量砂 m_5 的灌砂筒放在基板中间的圆孔上；打开灌砂筒开关，让砂流入基板的中孔内，直到储砂筒内的砂不再下流时关闭开关；取下罐砂筒，并称筒内砂的质量 m_6，准确至 1g。

(2) 取走基板，将留在试验地点的量砂收回，重新将表面清扫干净；将基板放在清扫干净的表面上，沿基板中孔凿洞，洞的直径为 100mm。在凿洞过程中，应注意不使凿出的试样丢失，并随时将凿松的材料取出，放在已知质量的塑料袋内，密封。试洞的深度应与标定罐高度接近或一致。凿洞毕，称此塑料袋中全部试样质量，准确至 1g。减去已知塑料袋质量后，即为试样的总质量 m_t。

(3) 从挖出的全部试样中取有代表性的样品，放入铝盒中，测定其含水率 w。样品数量：对于细粒土，不少于 100g；对于粗粒土，不少于 500g。

(4) 将基板安放在试洞上，将灌砂筒安放在基板中间（储砂筒内放满砂至恒量 m_1），使灌砂筒的下口对准基板的中孔及试洞，打开灌砂筒开关，让砂流入试洞内。关闭开关。小心取走灌砂筒，称量筒内剩余砂的质量 m_4，准确至 1g。

(5) 如清扫干净的平坦的表面上，粗糙度不大，则不需放基板，将灌砂筒直接放在已挖好的试洞上。打开筒的开关，让砂流入试洞内。在此期间，应注意勿碰动灌砂筒。直到储砂筒内的砂不再下流时,关闭开关。仔细取走灌砂筒,称量筒内剩余砂的质量 m_4,准确至1g。

(6)取出试洞内的量砂,以备下次试验时再用。若量砂的湿度已发生变化或量砂中混有杂质,则应重新烘干,过筛,并放置一段时间,使其与空气的湿度达到平衡后再用。

(7)如试洞中有较大孔隙,量砂可能进入孔隙时,则应按试洞外形松弛地放入一层柔软的纱布。然后再进行灌砂工作。

4)结果整理

(1)计算填满试洞所需砂的质量。

灌砂时试洞上放有基板的情况:

$$m_b = m_1 - m_4 - (m_5 - m_6) \tag{2-20}$$

灌砂时试洞上不放基板的情况:

$$m_b = m_1 - m_4' - m_2 \tag{2-21}$$

式中:m_b——砂的质量(g);

m_1——灌砂入试洞前筒内砂的质量(g);

m_2——灌砂筒下部圆锥体内砂的平均质量(g);

m_4、m_4'——灌砂入试洞后,筒内剩余砂的质量(g);

$m_5 - m_6$——灌砂筒下部圆锥体内及基板和粗糙表面间砂的总质量(g)。

(2)按下式计算试验地点土的湿密度:

$$\rho = \frac{m_t}{m_b} \cdot \rho_s \tag{2-22}$$

式中:ρ——土的湿密度(g/cm³),计算至0.01;

m_t——试洞中取出的全部土样的质量(g);

m_b——填满试洞所需砂的质量(g);

ρ_s——量砂的密度(g/cm³)。

(3)按下式计算土的干密度,计算至0.01(g/cm³)。

$$\rho_d = \frac{\rho}{1 + 0.01w} \tag{2-23}$$

式中:ρ_d——土的干密度(g/cm³),计算至0.01;

ρ——土的湿密度(g/cm³);

w——土的含水率(%)。

其余同环刀法。

4. 灌水法

本试验方法适用于现场测定粗粒土和巨料土的密度。

1)仪器设备

(1)座板:座板为中部开有圆孔,外沿呈方形或圆形的铁板,圆孔处设有环套,套孔的直径为土中所含最大石块粒径的3倍,环套的高度为其粒径的5%。

(2)薄膜:聚乙烯塑料薄膜。

(3)储水筒:直径应均匀,并附有刻度。

(4)台秤:称量50kg,感量5g。
(5)其他:铁镐、铁铲、水准仪等。
2)试验步骤
(1)根据试样最大粒径,宜按表2-4确定试坑尺寸。

试 坑 尺 寸 表2-4

试样最大粒径（mm）	试坑尺寸(mm)	
	直径	深度
5～20	150	200
40	200	250
60	250	300
200	800	1000

(2)按确定的试坑直径画出坑口轮廓线。将测点处的地表整平,地表的浮土、石块、杂物等应该清除。坑洼不平处用砂铺整。并用水准仪检查地表是否达到水平要求。

(3)将座板固定于整平后的地表,并将聚乙烯塑料膜沿环套内壁及地表紧贴铺好。记录储水筒初始水位高度,拧开储水筒的注水开关,从环套上方将水缓缓注入至刚满不外溢为止。记录储水筒水位高度,计算座板部分的体积。在保持座板原固定状态下,将薄膜盛装的水排至对该试验不产生影响的场所,然后将薄膜揭离底板。

(4)在轮廓线内下挖至要求深度,将落于坑内的试样装入盛土容器内,并测定其含水率。

(5)用挖掘工具沿座板上的孔挖试坑,为了使坑壁与塑料薄膜易于紧贴,对坑壁需加以整修。将塑料薄膜沿坑底、坑壁密贴铺好。在往薄膜形成的袋内注水时,牵住薄膜的某一部位,一边拉松,一边注水,使薄膜与坑壁间的空气得以排出,从而提高薄膜与坑壁的密贴程度。

(6)记录储水筒内初始水位高度,拧开储水筒的注水开关,将水缓缓注入塑料薄膜中。当水面接近环套的上边缘时,将水流调小,直至水面与环套上边缘齐平时关闭注水管,持续3～5min,记录储水筒内水位高度。

3)结果整理
(1)细粒与石料应分开测定含水率,按下式求出整体的含水率:

$$w = w_f p_f + w_c (1 - p_f) \tag{2-24}$$

式中:w——整体含水率(%),计算至0.01;
　　　w_f——细粒土部分的含水率(%);
　　　w_c——石料部分的含水率(%);
　　　p_f——细粒料的干质量与全部材料干质量之比。

细粒料与石块的划分以粒径60mm为界。

(2)按下式计算座板部分的容积:

$$V_1 = (h_1 - h_2) A_w \tag{2-25}$$

式中:V_1——座板部分的容积(cm³),计算至0.01;
　　　A_w——储水筒截面积(cm²);
　　　h_1——储水筒内初始水位高度(cm);

h_2——储水筒内注水终了时水位高度(cm)。

(3)按下式计算试坑容积：

$$V_p = (H_1 - H_2)A_w - V_1 \tag{2-26}$$

式中：V_p——试坑容积(cm^3)，计算至0.01；

H_1——储水筒内初始水位高度(cm)；

H_2——储水筒内注水终了时水位高度(cm)；

A_w——储水筒断面积(cm^2)；

V_1——座板部分的容积(cm^3)。

(4)按下式计算试样湿密度：

$$\rho = \frac{m_p}{V_p} \tag{2-27}$$

式中：ρ——试样湿密度(g/cm^3)，计算至0.01；

m_p——取自试坑内的试样质量(g)；

V_p——试坑容积(cm^3)。

其余同环刀法。

三、比重试验

土的比重试验目的是求得土在105~110℃下烘干至恒重时的质量与同体积4℃时蒸馏水的质量的比值。

土的比重是可以通过试验直接测定的，它是土的物理性质中三个基本指标之一。土的比重试验方法有比重瓶法、浮称法、浮力法和虹吸筒法，可根据土的粒径大小不同采用不同的试验方法。

1. 比重瓶法

比重瓶法适用于粒径小于5mm的土。

1)仪器设备

(1)比重瓶：容量100(或50)mL。

(2)天平：称量200g，感量0.001g。

(3)恒温水槽：灵敏度±1℃。

(4)砂浴。

(5)真空抽气设备。

(6)温度计：刻度为0~50℃，分度值为0.5℃。

(7)其他：如烘箱、蒸馏水、中性液体(如煤油)、孔径2mm及5mm筛、漏斗、滴管等。

2)比重瓶校正

因为比重瓶的玻璃和瓶中的水，在不同温度下其膨胀系数和水的密度都在变化，因而需进行校正求得瓶加水重在不同温度下的关系曲线。

3)试验步骤

试验具体步骤可参见《公路土工试验规程》(JTG E40—2007)。

4)注意事项

如系砂土,煮沸时砂粒易跳出,允许用真空抽气法代替煮沸法排除土中空气。其余步骤与规程相同。

对含有某一定量的可溶盐、非亲水性胶体或有机质的土,必须用中性液体(如煤油)测定,并用真空抽气法排除土中气体。真空压力表读数宜为100kPa,抽气时间为1~2h(直至悬液内无气泡为止),其余步骤同规程。

本试验称量应准确至0.001g。

5)结果整理

(1)用蒸馏水测定时,按式(2-28)计算比重:

$$G_s = \frac{m_s}{m_1 + m_s - m_2} \cdot G_{wt} \tag{2-28}$$

式中:G_s——土的比重,计算至0.001;

m_s——干土质量(g);

m_1——瓶、水总质量(g);

m_2——瓶、水、土总质量(g);

G_{wt}——t℃时蒸馏水的比重(水的比重可查物理手册),准确至0.001。

(2)用中性液体测定时,按式(2-29)计算比重:

$$G_s = \frac{m_s}{m_1' + m_s - m_2'} \cdot G_{kt} \tag{2-29}$$

式中:m_1'——瓶、中性液体总质量(g);

m_2'——瓶、土、中性液体总质量(g);

G_{kt}——t℃时中性液体比重(应实测),准确至0.001。

6)精密度和允许差

本试验必须进行二次平行测定,取其算术平均值,以两位小数表示,其平行差值不得大于0.02。

2. 浮称法

浮称法适用于土的粒径大于或等于5mm的土,其中粒径大于或等于20mm的土质量应小于总土质量的10%。

1)仪器设备

(1)静水力学天平(或物理天平):称量1000g以上,感量0.001g;应附有孔径小于5mm的金属网篮,其直径为10~15cm,高为10~20cm;适合网篮沉入的盛水容器(图2-3)。

(2)其他:烘箱、温度计、孔径5mm及20mm筛等。

2)试验步骤

(1)取代表性试样500~1000g。彻底冲洗试样,直至颗粒表面无尘土和其他污物。

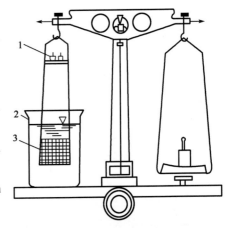

图2-3 浮称天平
1-调平平衡砝码盘;2-盛水容器;3-盛粗粒土的金属网篮

(2)将试样浸在水中一昼夜取出,立即放入金属网篮,缓缓浸没于水中,并在水中摇晃,至无气泡逸出时为止。

(3)称金属网篮和试样在水中的总质量。

(4)取出试样烘干,称量。

(5)称金属网篮在水中质量,并立即测量容器内水的温度,准确至0.5℃。

3)结果整理

按下式计算土粒比重:

$$G_s = \frac{m_s}{m_s - (m_2' - m_1')} \cdot G_{wt} \tag{2-30}$$

式中:m_s——干土质量(g);

m_1'——金属网篮在水中质量(g);

m_2'——试样和金属网篮在水中总质量(g);

G_{wt}——t℃时蒸馏水的比重(水的比重可查物理手册)。

对所求得大于5mm土粒的比重,和小于5mm土粒的比重按下式计算土料平均比重:

$$G_s = \frac{1}{\frac{P_1}{G_{s1}} + \frac{P_2}{G_{s2}}} \tag{2-31}$$

式中:G_{s1}——大于5mm土粒的比重;

G_{s2}——小于5mm土粒的比重;

P_1——大于5mm土粒占总质量的百分数(%);

P_2——小于5mm土粒总质量的百分数(%)。

4)精密度和允许差

同比重瓶法。

3. 浮力法

浮力法适用于粒径大于或等于5mm的土,且其中粒径大于或等于20mm的土质量应小于总土质量的10%。

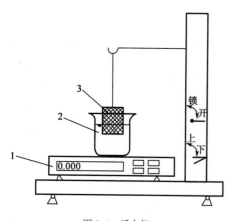

图2-4 浮力仪
1-电子天平;2-盛水容器;3-盛粗粒土的金属网篮

1)仪器设备

(1)浮力仪(含电子天平):称量1000g以上,感量0.001g;应附有孔径小于5mm的金属网篮,其直径为10~15cm,高为10~20cm;适合网篮沉入的盛水容器(图2-4)。

(2)其他:烘箱、温度计、孔径5mm及20mm筛等。

2)试验步骤

(1)取代表性试样500~1000g(m_s)。彻底冲洗试样,直至颗粒表面无尘土和其他污物。

(2)称烧杯和杯中水的质量m_1,将金属网篮缓缓浸没于水中,再称烧杯、杯中水和悬没于水中的金属网篮的总质量,并立即测量容器内水的温度,准确至 0.5℃。计算出悬没于水中的金属网篮的浮力质量 m_2。

(3)将试样浸在水中一昼夜取出,立即放入金属网篮,缓缓浸没于水中,并在水中摇晃,至无气泡逸出时为止。

(4)称烧杯、杯中水和悬没于水中的金属网篮及试样的总质量 m_3。并立即测量容器内水的温度,准确至 0.5℃。

(5)取出试样烘干,称量。

3)结果整理

按下式计算土粒比重:

$$G_s = \frac{m_s}{m_3 - m_2 - m_1} \cdot G_{wt} \qquad (2-32)$$

式中:m_s——干土质量(g);

m_1——烧杯和杯中水的质量(g);

m_2——悬没于水中的金属网篮的浮力质量(g);

m_3——烧杯、杯中水和悬没于水中的金属网篮及试样的总质量(g);

G_{wt}——t℃时蒸馏水的比重(水的比重可查物理手册)。

土料平均比重计算同浮称法。

精密度和允许差同比重瓶法。

4. 虹吸筒法

虹吸筒法适用于粒径大于或等于 5mm 的土,且其中粒径大于或等于 20mm 土的含量大于或等于总土质量的 10%。

1)仪器设备

(1)虹吸筒:见图 2-5。

(2)台秤:称量 10kg,感量 1g。

(3)量筒:容积大于 2000mL。

(4)其他:烘箱、温度计、孔径 5mm 及 20mm 的筛等。

2)试验步骤

(1)取代表性试样 1000~7000g。将试样彻底冲洗,直至颗粒表面无尘土和其他污物。

(2)再将试样浸在水中一昼夜取出,晾干(或用布擦干),称量。

(3)注清水入虹吸筒,至管口有水溢出时停止注水。待管不再有水流出后,关闭管夹,将试样缓缓放入筒中,边放边搅,至无气泡逸出时为止,搅动时勿使水溅出筒外。称量筒质量。

(4)待虹吸筒中水面平静后,开管夹,让试样排开的水通过虹吸管流入筒中。

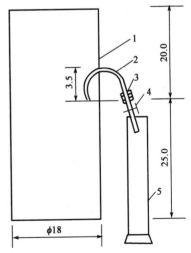

图 2-5 虹吸筒(尺寸单位:cm)
1-虹吸筒;2-虹吸管;3-橡皮管;4-管夹;5-量筒

(5)称量筒与水质量后,测量筒内水的温度,准确至0.5℃。
(6)取出虹吸筒内试样,烘干,称量。
(7)本试验称量准确至1g。

3)结果整理

按下式计算比重:

$$G_s = \frac{m_s}{(m_1 - m_0) - (m - m_s)} \cdot G_{wt} \tag{2-33}$$

式中:m_s——干土质量(g);
m——晾干试样质量(g);
m_1——量筒加水总质量(g);
m_0——量筒质量(g);
G_{wt}——t℃时蒸馏水的比重(水的比重可查物理手册)。

土料平均比重计算同浮称法。
精密度和允许差同比重瓶法。

四、颗粒分析试验

1. 概述

1)土粒大小及粒组划分

土粒大小是描述土的最直观和最简单的标准。对于立方体或圆球体的土粒,可直接量测立方体的边长或圆球体的直径来描述土粒的大小。但实际上,土粒的形状往往是不规则的,很难直接量测土粒的大小,因而有必要通过一些分析方法来定量地描述土粒的大小。常用的分析土粒大小的方法有两种:对于大于0.075mm的土粒常采用筛分法,而对于小于0.075mm的土粒则用沉降分析法。

筛分法就是把试样在筛网网孔逐级减小的一套标准筛上摇振,存留在某一筛孔上的土粒质量,代表了该筛孔尺寸土粒的质量。

沉降分析法依据的原理是司笃克斯(Stokes)定律,当土粒在液体中靠自重下沉时,较大的颗粒下沉较快,而较小的颗粒下沉则较慢。在沉降分析法中,土粒大小采用与实际土粒有相同沉降速度的理想圆球体的直径来代表。

天然土体土粒大小变化很大,由1×10^{-6}mm的极细黏土颗粒,一直变化到有几米大小的岩石碎块。

土粒的大小称为粒度。在工程上常把大小相近的土粒合并为组,称为粒组。粒组间的分界线是人为确定的。划分粒组有两种方式:

(1)任意划分的方式,即按一定的比例递减关系划分粒组的界限值。

(2)考虑土粒性质变化的方式,即使划分的粒组界限值与粒组性质(如矿物成分、物理性质、水理性质、力学性质等)的变化相适应。

2)粒度成分及其表示方法

土的粒度成分是指土中各种不同粒组的相对含量(以干土质量的百分比表示),它可用来描述土的各种不同粒径土粒的分布特性。

常用的粒度成分的表示方法有:表格法、累计曲线法和三角形坐标法。

(1)表格法:以列表形式直接表达各粒组的百分含量。它用于粒度成分的分类时十分方便,见表2-5。

土 的 粒 度 成 分　　　　　　　　　　表2-5

粒组 (mm)	粒度成分(以质量%计)		
	土样a	土样b	土样c
10～5	—	25.0	—
5～2	3.1	20.0	—
2～1	6.0	12.3	—
1～0.5	14.4	8.0	—
0.5～0.25	41.5	6.2	—
0.25～0.10	26.0	4.9	8.0
0.10～0.05	9.0	4.6	14.4
0.05～0.01	—	8.1	37.6
0.01～0.005	—	4.2	11.1
0.005～0.002	—	5.2	18.9
<0.002	—	1.5	10.0

(2)累计曲线法:它是一种比较完善的图示方法。通常用半对数纸绘制。横坐标(按对数比例尺)表示某一粒径 d;纵坐标表示小于某一粒径的土粒的累计百分含量(注意:不是某一粒径的百分含量)。采用半对数纸,可以把细粒的含量更好地表达清楚,如采用普通坐标纸,则不可能做到这一点。图2-6是根据表2-5的资料绘制的土粒粒径累计曲线。由累计曲线可以直观地判断土中各粒组的分布情况。曲线a表示该土绝大部分是由比较均匀的砂粒组成的;而曲线b表示该土是由各种粒组的土粒组成,土粒极不均匀;曲线c表示该土中砂粒极少,主要是由细颗粒组成的黏性土。

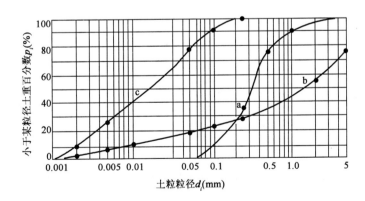

图2-6　粒度成分累计曲线

根据累计曲线,可确定两个土粒的级配指标。

不均匀系数:

$$C_u = \frac{d_{60}}{d_{10}} \qquad (2\text{-}34)$$

曲率系数(或称级配系数):

$$C_c = \frac{d_{30}^2}{d_{10} \times d_{60}} \qquad (2\text{-}35)$$

式中:d_{10}、d_{30}、d_{60}——分别相当于累计百分含量为10%、30%和60%的粒径,其中d_{10}称为有效粒径;d_{60}称为限制粒径。

不均匀系数C_u反映大小不同粒组的分布情况。C_u越大,表示土粒大小分布范围大,土的级配良好。曲率系数C_c则是描述累计曲线的分布范围,反映累计曲线的整体形状。

一般认为不均匀系数$C_u<5$时,为匀粒土,其级配不好;$C_u>10$时,为级配良好的土。但实际上仅用一个指标C_u来确定土的级配情况是不够准确的,还应同时考察累计曲线的整体形状,即兼顾曲率系数C_c的值。

当同时满足不均匀系数$C_u>5$和曲率系数$C_c=1\sim3$这两个条件时,土为级配良好的土;如不能同时满足,则为级配不良的土。

例如图2-6中曲线a,$d_{10}=0.1\text{mm}$、$d_{30}=0.22\text{mm}$、$d_{60}=0.39\text{mm}$,则$C_u=3.9$、$C_c=1.24$,土样a为级配不良的土。

(3)三角坐标法:三角坐标法可用来表达三种粒组的含量。三角形坐标由等边三角形组成,如图2-7所示。在几何上已知等边三角形内任一点到三角形各边的垂直距离之和为一常数,等于三角形之高,即$h_1+h_2+h_3=H$。如取三角形的高$H=100\%$,h_1为黏土颗粒的含量,h_2为粉土颗粒的含量,h_3为砂土颗粒的含量,则m点即表示土中黏土粒、粉土粒及砂土粒的百分含量分别为30%、23%和47.0%。在道路工程、水利工程中三角坐标法也是常用的方法。

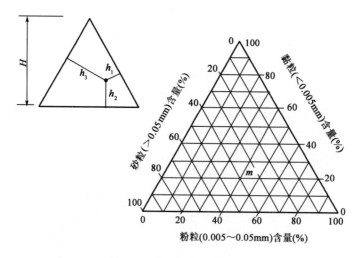

图2-7 三角坐标表示粒度成分

3)粒度成分分析方法

粒度成分分析的目的在于确定土中各粒组颗粒的相对含量。对于粗粒土,即颗粒大于

0.075mm 的土,可以用筛分析法。对于颗粒小于 0.075mm 的土,则可用沉降分析法。当土中粗细粒兼有,则可联合使用筛分法和沉降分析法。

(1)筛分法:利用一套标准筛子,可测定留在每一筛子上的土粒质量(表 2-5),并可计算小于某一筛孔直径土粒的累计质量及累计百分含量。

(2)沉降分析法:沉降分析法就是根据土粒在液体中沉降的速度与粒径间的关系由司笃克斯(Stokes)定理确定。属于沉降分析法的有密度计法及移液管法。

土粒越大,在静水中沉降速度越快;反之,土粒越小,沉降速度越慢。设有一个圆球形颗粒在无限大的不可压缩的黏滞性液体中,它在重力作用下产生的稳定沉降速度 v 可以用司笃克斯公式计算:

$$v = \frac{2}{9}r^2\frac{\rho_s - \rho_w}{\eta} \tag{2-36}$$

式中:v——球形颗粒在液体中的稳定沉降速度(m/s);
　　　r——球形颗粒的半径(m);
　　　ρ_s、ρ_w——分别为颗粒及液体的重度(N/m³);
　　　η——液体的黏滞度(Pa·s)。

式(2-36)也可写成为:

$$d = \sqrt{\frac{18\eta}{\rho_s - \rho_w}}\sqrt{v} \tag{2-37}$$

式中:d——球形颗粒的直径(m)。

如近似地取 $\rho_w = 9.81 \times 10^3 \text{N/m}^3$(水溶液),$\eta = 0.00114 \text{Pa·s}$(对于15℃的水溶液),$\rho_s = 26 \times 10^3 \text{N/m}^3$,则代入式(2-37)得:

$$d = 0.001126\sqrt{v} \quad (\text{m}) \tag{2-38}$$

若颗粒直径 d 以毫米计,则上式成为:

$$d = 1.126\sqrt{v} \quad (\text{mm}) \tag{2-39}$$

式(2-39)表明粒径与沉降速度的平方根成正比。实际上土粒并不是圆球形颗粒,因此用司笃克斯公式求得的颗粒直径并不是实际土粒的尺寸,而是与实际土粒有相同沉降速度的理想球体的直径,称为水力直径。

在进行粒度成分分析时,先把一定质量 m_s(g)的干土制成一定体积的悬液,并搅拌均匀。在刚停止搅拌的瞬时,各种粒径的土粒在悬液中是均匀分布的,即各种粒径在悬液中的浓度(单位体积悬液内含有的土粒质量)在不同深度处都是相等的。静置一段时间 t_i(s)后,悬液中粒径为 d_i 的颗粒以相应的沉降速度 v_i 在水中沉降。较粗的颗粒在悬液中沉降较快,较细的颗粒则沉降较慢。考虑如图 2-8 所示深度 L_i(m)处,则沉降速度为 $v = L_i/t_i$ 的颗粒,其直径相当于 $d_i = 1.126\sqrt{L_i/t_i}$

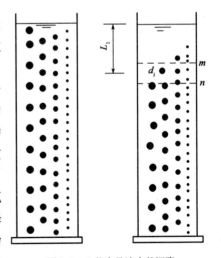

图 2-8　土粒在悬液中的沉降

(mm)。所有大于 d_i 的颗粒,其沉降速度必然大于 v_i ,因此在 L_i 深度范围内,肯定已没有大于 d_i 的颗粒。如在 L_i 深度处考虑一个小区段 m-n,则 m-n 段内的悬液中只有等于及小于 d_i 的颗粒,而且等于及小于 d_i 颗粒的浓度与开始均匀悬液中等于及小于 d_i 颗粒的浓度相等。

如果悬液体积为 1000cm^3 ,其中所含小于或等于 d_i 的土粒质量为 m_{si} (g),则在 m-n 段内悬液的密度为:

$$\rho_i = \frac{1}{1000}\left[m_{si} + \left(1000 - \frac{m_{si}}{\rho_s}\right)\rho_w\right] \tag{2-40}$$

式中: m_{si} ——悬液中小于或等于 d_i 土粒的质量(g);

ρ_s、ρ_w ——土颗粒及水的密度(g/cm³)。

则

$$m_{si} = 1000 \frac{\rho_i - \rho_w}{\rho_s - \rho_w} \cdot \rho_s \tag{2-41}$$

悬液中小于或等于 d_i 土粒质量 m_{si} 占土粒总质量 m_s 的百分比 P_i 为:

$$P_i = \frac{m_{si}}{m_s} \times 100\% \tag{2-42}$$

式(2-41)中的悬液密度 ρ_i 可用密度计测读,也可用移液管吸取 m-n 处的悬液试样测定。密度计法的优点是操作简便,不需多次烘干称重;而移液管法则比较麻烦,但对于细砂及黏土,它是可靠的方法,通常用它测定小于 0.075mm 土粒的含量。

2. 筛分法

筛分法适用于分析粒径大于 0.075mm 的土颗粒组成。对于粒径大于 60mm 的土样,本试验方法不适用。

1)仪器设备

(1)标准筛:粗筛(圆孔)孔径为 60mm、40mm、20mm、10mm、5mm、2mm;细筛孔径为 2.0mm、1.0mm、0.5mm、0.25mm、0.075mm。

(2)天平:称量 5000g,感量 5g;称量 1000g,感量 1g;称量 200g,感量 0.2g。

(3)摇筛机。

(4)其他:烘箱、筛刷、烧杯、木碾、研钵及杵等。

2)试样

从风干、松散的土样中,用四分法按照下列规定取出具有代表性的试样:

(1)小于 2mm 颗粒的土 100~300g。

(2)最大粒径小于 10mm 的土 300~900g。

(3)最大粒径小于 20mm 的土 1000~2000g。

(4)最大粒径小于 40mm 的土 2000~4000g。

(5)最大粒径大于 40mm 的土 4000g 以上。

3)试验步骤

(1)对于无凝聚性的土

①按规定称取试样,将试样分批过 2mm 筛。

②将大于 2mm 的试样按从大到小的次序,通过大于 2mm 的各级粗筛。将存留在筛上的土分别称重。

③如 2mm 筛下的土如数量过多时,可用四分法缩分至 100~800g,并针对 2mm 部分做进一步筛分。可用摇筛机进行振摇,振摇时间一般为 10~15min。

④由最大孔径的筛开始,顺序将各筛取下,在白纸上用于轻叩摇晃,至每分钟筛下数量不大于该级筛余质量的 1% 为止。漏下的土粒应全部放入下一级筛内,并将留在各筛上的土样用软毛刷刷净,分别称量。

⑤筛后各级筛上和筛底土总质量与筛前试样质量之差,不应大于 1%。

⑥如 2mm 筛下的土不超过试样总质量的 10%,可省略细筛分析;如 2mm 筛上的土不超过试样总质量的 10%,可省略粗筛分析。

(2)对于含有黏土粒的砂砾土

①将土样放在橡皮板上,用木碾将黏结的土团充分碾散,拌匀、烘干、称量。如土样过多时,用四分法称取代表性土样。

②将试样置于盛有清水的瓷盆中,浸泡并搅拌,使粗细颗粒分散。

③将浸润后的混合液过 2mm 筛,边冲边洗过筛,直至筛上仅留大于 2mm 以上的土粒为止。然后,将筛上洗净的砂砾风干称量。按以上方法进行粗筛分析。

④通过 2mm 筛下的混合液存放在盆中,待稍沉淀,将上部悬液过 0.075mm 洗筛,用带橡皮头的玻璃棒研磨盆内浆液,再加清水、搅拌、研磨、静置、过筛,反复进行,直至盆内悬液澄清,最后,将全部土粒倒在 0.075mm 筛上,用水冲洗,直到筛上仅留大于 0.075mm 净砂为止。

⑤将大于 0.075mm 的净砂烘干称量,并进行细筛分析。

⑥将大于 2mm 的颗粒及 0.075~2mm 的颗粒质量从原称量的总质量中减去,即为小于 0.075mm 颗粒质量。

⑦如果小于 0.075mm 颗粒质量超过总土质量的 10%,有必要时,将这部分土烘干、取样,另做密度计或移液管分析。

4)结果整理

(1)按式(2-43)计算小于某粒径颗粒质量百分数:

$$X = \frac{A}{B} \times 100 \quad (2\text{-}43)$$

式中:X——小于某粒径颗粒的质量百分数(%),计算至 0.01;

A——小于某粒径的颗粒质量(g);

B——试样的总质量(g)。

(2)当小于 2mm 的颗粒如用四分法缩分取样时,按式(2-44)计算试样中小于某粒径的颗粒质量占总土质量的百分数:

$$X = \frac{a}{b} \cdot p \times 100 \quad (2\text{-}44)$$

式中:X——小于某粒径颗粒的质量百分数(%),计算至 0.01;

a——通过 2mm 筛的试样中小于某粒径的颗粒质量(g);

b——通过 2mm 筛的土样中所取试样的质量(g);

p——粒径小于2mm的颗粒质量百分数(%)。

(3)在半对数坐标纸上,以小于某粒径的颗粒质量百分数为纵坐标,以粒径(mm)为横坐标,绘制颗粒大小级配曲线,求出各粒组的颗粒质量百分数,以整数(%)表示。

(4)必要时按下式计算不均匀系数:

$$C_u = \frac{d_{60}}{d_{10}} \tag{2-45}$$

式中:C_u——不均匀系数,计算至0.1且含两位以上有效数字;

d_{60}——限制粒径,即土中小于该粒径的颗粒质量为60%的粒径(mm);

d_{10}——有效粒径,即土中小于该粒径的颗粒质量为10%的粒径(mm)。

(5)精密度和允许差。

筛后各级筛上和筛底土总质量与筛前试样质量之差,不应大于1%。

3. 密度计法

本试验方法适用于分析粒径小于0.075mm的细粒土。

1)仪器设备

(1)密度计。

①甲种密度计:刻度单位以20℃时每1000mL悬液内所含土质量的克数表示,刻度为-5~50,最小分度值为0.5。

②乙种密度计:刻度单位以20℃时悬液的比重表示,刻度为0.995~1.020,最小分度值为0.0002。

(2)量筒:容积为1000mL,内径为60mm,高度为350mm±10mm,刻度为0~1000mL。

(3)细筛:孔径为2mm、0.5mm、0.25mm;洗筛:孔径为0.075mm。

(4)天平:称量100g,感量0.1g;称量100g(或200g),感量0.01g。

(5)温度计:测量范围0~50℃,精度0.5℃。

(6)洗筛漏斗:上口直径略大于洗筛直径,下口直径略小于量筒直径。

(7)煮沸设备:电热板或电砂浴。

(8)搅拌器:底扳直径50mm,孔径约3mm。

(9)其他:离心机、烘箱、三角烧瓶(500mL)、烧杯(400 mL)、蒸发皿、研钵、木碾、称量铝盒、秒表等。

2)试剂

浓度25%氨水、氢氧化钠(NaOH)、草酸钠($Na_2C_2O_4$)、六偏磷酸钠[$(NaPO_3)_6$]、焦磷酸钠($Na_4P_2O_7 \cdot 10H_2O$)等;如须进行洗盐手续,应有10%盐酸、5%氯化钡、10%硝酸、5%硝酸银及6%双氧水等。

3)试样

密度计分析土样应采用风干土。土样充分碾散,通过2mm筛土(样风干可在烘箱内以不超过50℃鼓风状态下干燥)。

求出土样的风干含水率,并按下式计算试样干质量为30g时所需的风干土质量。准确至0.01g。

$$m = m_s(1 + 0.01w) \qquad (2\text{-}46)$$

式中：m——风干土质量(g)，计算至0.01；

m_s——密度计分析所需干土质量(g)；

w——风干土的含水率(%)。

4)密度计校正

(1)密度计刻度及弯月面校正：按《标准玻璃浮计检定规程》(JJG 86—2011)进行。

(2)温度校正：当密度计的刻制温度是20℃，而悬液温度不等于20℃时，应进行校正，校正值查表2-6。

温度校正值　　　　　　　表2-6

悬液温度 t (℃)	甲种密度计温度校正值 m_t	乙种密度计温度校正值 m'_t	悬液温度 t (℃)	甲种密度计温度校正值 m_t	乙种密度计温度校正值 m'_t
10.0	-2.0	-0.0012	20.5	+0.1	+0.0001
10.5	-1.9	-0.0012	21.0	+0.3	+0.0002
11.0	-1.9	-0.0012	21.5	+0.5	+0.0003
11.5	-1.8	-0.0011	22.0	+0.6	+0.0004
12.0	-1.8	-0.0011	22.5	+0.8	+0.0005
12.5	-1.7	-0.0010	23.0	+0.9	+0.0006
13.0	-1.6	-0.0010	23.5	+1.1	+0.0007
13.5	-1.5	-0.0009	24.0	+1.3	+0.0008
14.0	-1.4	-0.0009	24.5	+1.5	+0.0009
14.5	-1.3	-0.0008	25.0	+1.7	+0.0010
15.0	-1.2	-0.0008	25.5	+1.9	+0.0011
15.5	-1.1	-0.0007	26.0	+2.1	+0.0013
16.0	-1.0	-0.0006	26.5	+2.2	+0.0014
16.5	-0.9	-0.0006	27.0	+2.5	+0.0015
17.0	-0.8	-0.0005	27.5	+2.6	+0.0016
17.5	-0.7	-0.0004	28.0	+2.9	+0.0018
18.0	-0.5	-0.0003	28.5	+3.1	+0.0019
18.5	-0.4	-0.0003	29.0	+3.3	+0.0021
19.0	-0.3	-0.0002	29.5	+3.5	+0.0022
19.5	-0.1	-0.0001	30.0	+3.7	+0.0023
20.0	-0.0	-0.0000			

(3)土粒比重校正：密度计刻度应以土粒比重2.65为准。当试样的土粒比重不等于2.65时，应进行土粒比重校正。校正值查表2-7。

土粒比重校正值　　　　　　　表 2-7

土粒比重	甲种密度计 C_G	乙种密度计 C'_G	土粒比重	甲种密度计 C_G	乙种密度计 C'_G
2.50	1.038	1.666	2.70	0.989	1.588
2.52	1.032	1.658	2.72	0.985	1.581
2.54	1.027	1.649	2.74	0.981	1.575
2.56	1.022	1.641	2.76	0.977	1.568
2.58	1.017	1.632	2.78	0.973	1.562
2.60	1.012	1.625	2.80	0.969	1.556
2.62	1.007	1.617	2.82	0.965	1.549
2.64	1.002	1.609	2.84	0.961	1.543
2.66	0.998	1.603	2.86	0.958	1.538
2.68	0.993	1.595	2.88	0.954	1.532

(4) 分散剂校正：密度计刻度系以纯水为准，当悬液中加入分散剂时，相对密度增大，故须加以校正。

注纯水入量筒，然后加分散剂。使量筒溶液达 1000mL。用搅拌器在量筒内沿整个深度上下搅拌均匀，恒温至 20℃。然后将密度计放入溶液中，测记密度计读数。此时密度计读数与 20℃ 时纯水中读数之差，即为分散剂校正值。

5) 土样分散处理

土样的分散处理，采用分散剂。对于使用各种分散剂均不能分散的土样（如盐渍土等），须进行洗盐。

对于一般易分散的土，用 25% 氨水作为分散剂，其用量为：30g 土样中加氨水 1mL。

对于用氨水不能分散的土样，可根据土样的 pH 值，分别采用下列分散剂：

(1) 酸性土（pH<6.5），30g 土样加 0.5mol/L 氢氧化钠 20mL。溶液配制方法：称取 NaOH（化学纯）20g，加蒸馏水溶解后，定容至 1000mL，摇匀。

(2) 中性土（pH=6.5~7.5），30g 土样加 0.25mol/L 草酸钠 18mL。溶液配制方法：称取 $Na_2C_2O_4$（化学纯）33.5g，加蒸馏水溶解后，定容至 1000mL，摇匀。

(3) 碱性土（pH>7.5），30g 土样加 0.083mol/L 六偏磷酸钠 15mL。溶液配制方法：称取 $(NaPO_3)_6$（化学纯）51g，加热馏水溶解后，定容至 1000mL，摇匀。

(4) 若土的 pH 大于 8，用六偏磷酸钠分散效果不好或不能分散时，则 30g 土样加 0.125mol/L 焦磷酸钠 14mL。溶液配制方法：称取 $Na_4P_2O_7 \cdot 10H_2O$（化学纯）55.8g，加蒸馏水溶解后，定容至 1000mL，摇匀。

对于强分散剂（如焦磷酸钠）仍不能分散的土，可用阳离子交换树脂（粒径大于 2mm 的）100g 放入土样中一起浸泡，不断摇荡约 2h，再过 2mm 筛，将阳离子交换树脂分开，然后加入 0.083mol/L 六偏磷酸 15mL。

对于可能含有水溶盐，采用以上方法均不能分散的土样，要进行水溶盐检验。其方法是：取均匀试样约 3g，放入烧杯内，注入 4~6mL 蒸馏水，用带橡皮头的玻璃棒研散，再加 25mL 蒸馏水,煮沸 5~10min,经漏斗注入 30mL 的试管中,塞住管口,放在试管架上静置一昼夜。若发现管中悬液有凝聚现象(在沉淀物上部呈松散絮绒状),则说明试样中含有足以使悬液中土粒成团下降的水溶盐,要进行洗盐。

6) 洗盐(过滤法)

(1) 将分散用的试样放入调土皿内,注入少量蒸馏水,拌和均匀。将滤纸微湿后紧贴于漏斗上,然后将调土皿中的土浆迅速倒入漏斗中,并注入热蒸馏水冲洗过滤。附于皿上的土粒要全部洗入漏斗。若发现滤液混浊,须重新过滤。

(2) 应经常使漏斗内的液面保持高出土面约 5mm。每次加水后,须用表面皿盖住漏斗。

(3) 为了检查水溶盐是否已洗干净,可用两个试管各取刚滤下的滤液 3~5mL,管中加入数滴 10% 盐酸及 5% 氯化钡;另一管加入数滴 10% 硝酸及 5% 硝酸盐。若发现任一管中有白色沉淀时,说明土中的水溶盐仍未洗净,应继续清洗,直至检查时试管中不再发现白色沉淀时为止。将漏斗上的土样细心洗下,风干取样。

7) 试验步骤

(1) 将称好的风干土样倒入三角烧瓶中,注入蒸馏水 200mL,浸泡一夜。按前述规定加入分散剂。

(2) 将三角烧瓶稍加摇荡后,放在电热器上煮沸 40min。若用氨水分散时,要用冷凝管装置;若用阳离子交换树脂时,则不需煮沸。

(3) 将煮沸后冷却的悬液倒入烧杯中,静置 1min。将上部悬液通过 0.075mm 筛,注入 1000mL 量筒中。杯中沉土用带橡皮头的玻璃棒细心研磨。加水入杯中,搅拌后静置 1min,再将上部悬液通过 0.075mm 筛,倒入量筒。反复进行,直至静置 1min 后,上部悬液澄清为止。最后将全部土粒倒入筛内,用水冲洗至仅有大于 0.075mm 净砂为止。注意量筒内的悬液总量不要超过 1000mL。

(4) 将留在筛上的砂粒洗入皿中,风干称量,并计算各粒组颗粒质量占总土质量的百分数。

(5) 向量筒中注入蒸馏水,使悬液恰为 1000mL。如用氨水作分散剂时,这时应再加入 25% 氨水 0.5mL,其数量包括在 1000mL 内。

(6) 用搅拌器在量筒内沿整个悬液深度上下搅拌 1min,往返约 30 次,使悬液均匀分布。

(7) 取出搅拌器,同时开动秒表。记录 0.5min、1min、5min、15min、30min、60min、120min、240min 及 1440min 的密度计读数,直至小于某粒径的土重百分数小于 10% 为止。每次读数前 10~20s 将密度计小心放入量筒至接近估计读数的深度。读数以后,取出密度计(0.5min 及 1min 时的读数除外),小心放入盛有清水的量筒中。每次读数后均须测记悬液温度,准确至 0.5℃。

(8) 如一次做一批土样(20 个),可先做完每个量筒的 0.5min 及 1min 读数,再按以上步骤将每个土样悬液重新依次搅拌一次。然后分别测记各规定时间的读数。同时在每次读数后测记悬液的温度。

(9) 密度计读数均以弯月面上缘为准。甲种密度计应准确至 1,估读至 0.1;乙种密度计应准确 0.001,估读至 0.0001。为方便读数,采用间读法,即 0.001 读作 1,而 0.0001 读作 0.1。这样既便于读数,又便于计算。

8)结果整理

(1)小于某粒径的试样质量占试样总质量的百分比按下列公式计算:

①甲种密度计:

$$\begin{cases} X = \dfrac{100}{m_s} C_G (R_m + m_t + n - C_D) \\ C_G = \dfrac{\rho_s}{\rho_s - \rho_{w20}} \cdot \dfrac{2.65 - \rho_{w20}}{2.65} \end{cases} \quad (2\text{-}47)$$

式中:X——小于某粒径的土质量百分数(%),计算至 0.1;

m_s——试样干土质量(g);

C_G——比重校正值,查表 2-7;

ρ_s——土粒密度(g/cm³);

ρ_{w20}——20℃时水的密度(g/cm³);

m_t——温度校正值,查表 2-6;

n——刻度及弯月面校正值;

C_D——分散剂校正值;

R_m——甲种密度计读数。

②乙种密度计:

$$\begin{cases} X = \dfrac{100V}{m_s} C'_G [(R'_m - 1) + m'_t + n' - C'_D] \rho_{w20} \\ C'_G = \dfrac{\rho_s}{\rho_s - \rho_{w20}} \end{cases} \quad (2\text{-}48)$$

式中:X——小于某粒径的土质量百分数(%),计算至 0.1;

V——悬液体积(等于 1000mL);

m_s——试样质量(干土质量)(g);

C'_G——比重校正值,查表 2-7;

ρ_s——土粒密度(g/cm³);

n'——刻度及弯月面校正值;

C'_D——分散剂校正值;

R'_m——乙种密度计读数;

ρ_{w20}——20℃时水的密度(g/cm³);

m'_t——温度校正值,查表 2-6。

(2)土粒直径按下列公式计算,也可按图 2-9 确定。

$$d = \sqrt{\dfrac{1800 \times 10^4 \eta}{(G_s - G_{wt}) \rho_{w4} g} \cdot \dfrac{L}{t}} \quad (2\text{-}49)$$

式中:d——土粒直径(mm),计算至 0.0001 且含两位有效数字;

η——水的动力黏滞系数(参见"渗透试验")(10^{-6}kPa·s);

ρ_{w4}——4℃时水的密度(g/cm³);

G_s——土粒比重;

G_{wt}——温度 t℃时水的比重;

L——某一时间 t 内的土粒沉降距离(cm);

g——重力加速度,981cm/s^2;

t——沉降时间(s)。

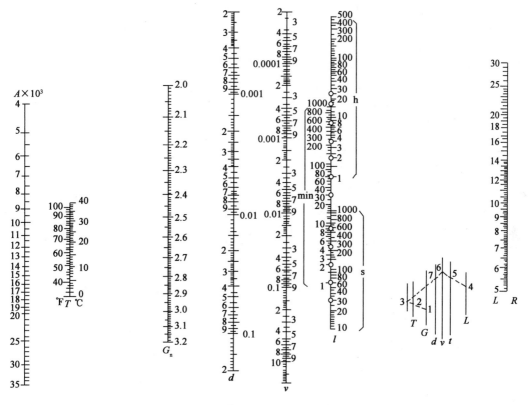

图 2-9 土粒直径列线表

为了简化计算,式(2-49)可写成:

$$d = K\sqrt{\frac{L}{t}} \tag{2-50}$$

式中:K——粒径计算系数,$K = \sqrt{\dfrac{1800 \times 10^4 \eta}{(G_s - G_{wt})\rho_{w4}g}}$,与悬液温度和土粒比重有关,其值见图2-10。

(3)以小于某粒径的颗粒百分数为纵坐标,以粒径(mm)为横坐标。在半对数纸上,绘制粒径分配曲线(图 2-11)。求出各粒组的颗粒质量百分数,并且不大于 d_{10} 的数据点至少有一个。

如系与筛分法联合分析,应将两段曲线绘成一平滑曲线。

4. 移液管法

本试验方法适用于分析粒径小于 0.075mm 细粒土的组成。

1)仪器设备

(1)分析天平:感量 0.001g。

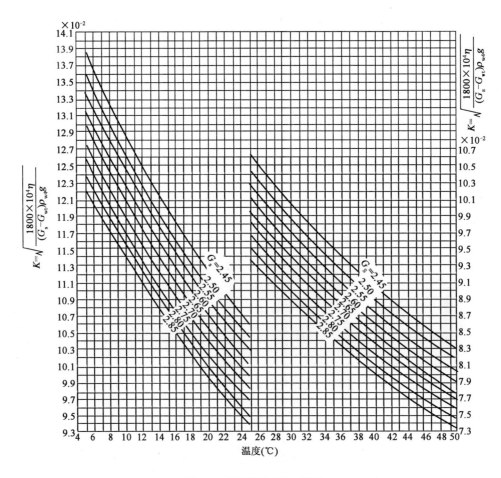

图 2-10　粒径计算系数 K 值图

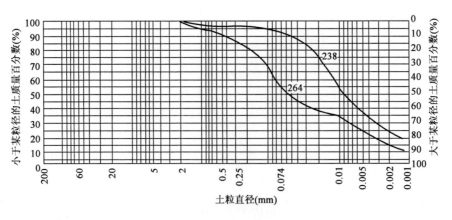

图 2-11　粒径分配曲线

(2)移液管:为土的颗粒分析特制的 25mL 移液管,管端侧面开有四个小孔(图 2-12)。

(3)恒温水槽:高度应高于量筒。

(4)1000mL 量筒、50mL 小烧杯(高型)等,其他与密度计分析相同。

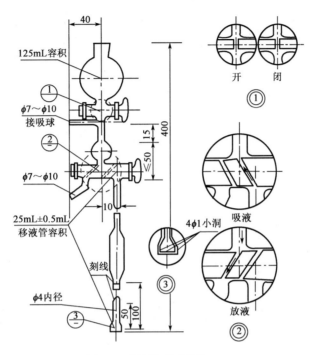

图 2-12 移液管(尺寸单位:mm)

2)试验步骤

(1)取代表性试样,黏质土为 10~15g,砂类土为 20g,按密度计法制取悬液。

(2)将盛土样悬液的量筒放入恒温水槽,使悬液恒温至适当温度。试验中悬液温度变化不得大于 ±0.5℃。按式(2-51)计算粒径小于 0.05mm、0.01mm、0.005mm 和其他所需粒径下沉一定深度所需的静置时间:

$$t = \frac{L}{\frac{2}{9} \times 10^{-4} \times g \times r^2 \times \left(\frac{\rho_s - \rho_{wt}}{\eta}\right)} \tag{2-51}$$

式中:t——某粒径土粒下沉一定深度所需的静置时间(s),计算至 0.01;

g——重力加速度,981cm/s^2;

r——土粒半径($d/2$)(cm,原以 mm 表示的粒径在这里须化为 cm);

ρ_s——土粒密度(g/cm^3);

ρ_{wt}——t℃时水的密度(g/cm^3);

η——纯水的动力黏滞系数(10^{-6}kPa·s);

L——移液管浸入悬液深度(10cm)。

(3)准备好 50mL 小烧杯,称重,精确至 0.001g。

(4)准备好移液管,活塞①应放在关闭位置上,旋转活塞②应放在与移液管及吸球相通的位置上。

(5) 用搅拌器将悬液上下搅拌各约 30 次,时间为 1min,使悬液分布均匀。停止搅拌,立即开动秒表。

(6) 根据各粒径的静置时间提前约 10s,将移液管放入悬液中,浸入深度为 10cm,靠连接自来水管所产生的负压或用吸球来吸取悬液。

(7) 吸入悬液,至略多于 25mL,旋转活塞②180°,使与放液管相通,再将多余悬液从放液口放出。

(8) 将移液管下口放入已称量的小烧杯中,再旋转活塞②180°,使与移液管相通。同时用吸球将悬液(25mL)全部注入小烧杯内。在移液管上口预先倒入蒸馏水,此时开活塞①,使水流入移液管中,再将这部分水连同管内剩余颗粒冲入小烧杯内。

(9) 将烧杯内悬液浓缩至半干,放入烘箱内在 105~110° 温度下烘至恒量。称量小烧杯连同干土的质量,精确至 0.001g。

3) 结果整理

土中小于某粒径的颗粒含量百分数按下式计算:

$$X = \frac{A \times 1000}{25 \times B} \times 100 \tag{2-52}$$

或

$$X = \frac{C}{B} \times 100 \qquad C = \frac{A \times 1000}{25} \tag{2-53}$$

式中:X——小于某粒径的颗粒含量百分数(%),计算至 0.1;

A——25mL 悬液中小于某粒径的颗粒烘干质量(g);

B——试样总质量(g);

C——1000mL 悬液中小于某粒径的颗粒总质量(g)。

如系与筛分法联合分析,应将两段曲线绘成一平滑曲线。

五、砂的相对密度试验

砂土的密实状态对其稳定性有很大影响。如密实的砂,结构稳定、压缩性小,具有较大的强度,是良好的天然地基;疏松的砂,尤其是饱和的细颗粒砂,结构常处于不稳定状态,显然是一种很不利的地基条件。

用孔隙比 e 的大小作为判断砂土密实状态的指标是最简便的方法,但是它没有考虑到级配的影响,即同样密实的砂土,在颗粒均匀时 e 值较大,而当颗粒大小混杂(级配良好)时,e 值就小。为此,引入相对密度的概念。相对密度是砂紧密程度的指标,等于其最大孔隙比与天然孔隙比之差和最大孔隙比与最小孔隙比之差的比值。

本试验的目的是求无凝聚性土的最大与最小孔隙比,用于计算相对密度,借此了解该土在自然状态或经压实后的松紧情况和土粒结构的稳定性。

本试验适用于颗粒直径小于 5mm 的土,且粒径 2~5mm 的试样质量不大于试样总质量的 15%。

1. 仪器设备

(1) 量筒:容积为 500mL 和 1000mL 两种,后者内径应大于 60mm。

(2) 长颈漏斗:颈管内径约 12mm,颈口磨平。

(3) 锥形塞:直径约 15mm 的圆锥体镶于铁杆上。

(4) 砂面拂平器。

(5) 电动最小孔隙比仪,如无此种仪器,可有如(6)~(8)所列的设备。

(6) 金属容器,有以下两种:

① 容积 250mL,内径 50mm,高度 127mm。

② 容积 1000mL,内径 100mm,高度 127mm。

(7) 振动仪。

(8) 击锤:锤重 1.25kg,高度 150mm,锤座直径 50mm。

2. 试验步骤

1) 最大孔隙比的测定

(1) 取代表性试样约 1.5kg,充分风干(或烘干),用手搓揉或用圆木棍在橡皮板上碾散,并拌和均匀。

(2) 将锥形塞杆自漏斗下口穿入,并向上提起,使锥体堵住漏斗管口,一并放入体积 1000mL 量筒中,使其下端与量筒底相接。

(3) 称取试样 700g,精确至 1g,均匀倒入漏斗中,将漏斗与塞杆同时提高,移动塞杆使锥体略离开管口,管口应经常保持高出砂面 1~2cm,使试样缓慢且均匀分布地落入量筒中。

(4) 试样全部落入量筒后取出漏斗与锥形塞,用砂面拂平器将砂面拂平,勿使量筒振动,然后测读砂样体积,估读至 5mL。

(5) 以手掌或橡皮塞堵住量筒口,将量筒倒转,缓慢地转动量筒内的试样,并回到原来位置,如此重复几次,记下体积的最大值,估读至 5mL。

(6) 取上述两种方法测得较大体积值,计算最大孔隙比。

2) 最小孔隙比的测定

(1) 取代表性试样约 4kg,按最大孔隙比测定的步骤处理。

(2) 分三次倒入容器进行振击,先取上述试样 600~800g(其数量应使振击后的体积略大于容器容积的 1/3)倒入 1000cm³ 容器内,用振动仪以各 150~200 次/min 的速度敲打容器两侧,并在同一时间内,用击锤于试样表面锤击 30~60 次/min,直至砂样体积不变为止(一般需用时间 5~10min)。敲打时要用足够的力量使试样处于振动状态。振击时,粗砂可用较少击数,细砂应用较多击数。

(3) 如用电动最小孔隙比试验仪时,当试样同上法装入容器后,开动电机,进行振击试验。

(4) 按上述方法进行后两次加土的振动和锤击,第三次加土时应先在容器口上安装套环。

(5) 最后一次振毕,取下套环,用修土刀齐容器顶面削去多余试样,称重,精确至 1g,计算其最小孔隙比。

3. 结果整理

(1) 按下列公式计算最小与最大干密度:

$$\rho_{\text{dmin}} = \frac{m}{V_{\max}} \tag{2-54}$$

$$\rho_{\text{dmax}} = \frac{m}{V_{\min}} \tag{2-55}$$

式中：ρ_{dmin} ——最小干密度(g/cm^3)，计算至 0.01；

ρ_{dmax} ——最大干密度(g/cm^3)，计算至 0.01；

m ——试样质量(g)；

$V_{\max}$ ——试样最大体积(cm^3)；

$V_{\min}$ ——试样最小体积(cm^3)。

(2)按下列公式计算最大与最小孔隙比：

$$e_{\max} = \frac{\rho_w G_s}{\rho_{\text{d min}}} - 1 \tag{2-56}$$

$$e_{\min} = \frac{\rho_w G_s}{\rho_{\text{dmax}}} - 1 \tag{2-57}$$

式中：$e_{\max}$ ——最大孔隙比，计算至 0.01；

$e_{\min}$ ——最小孔隙比，计算至 0.01；

G_s ——土粒比重。

(3)按下式计算相对密实度：

$$D_r = \frac{e_{\max} - e_0}{e_{\max} - e_{\min}} \tag{2-58}$$

式中：D_r ——相对密实度，计算至 0.01；

e_0 ——天然孔隙比或填土的相应孔隙比。

(4)精密度和允许差。

对于最小与最大干密度，均须进行两次平行测定，取其算术平均值，其平行误差值不得超过 $0.03g/cm^3$。

原规范《公路桥涵地基与基础设计规范》(JTJ 024—85)中规定用相对密度 D_r 来确定砂土的紧密程度，见表 2-8。

砂 土 的 密 实 度　　　　表 2-8

分 级		相对密度 D_r
密实		$D_r \geq 0.67$
中密		$0.67 > D_r \geq 0.33$
松散	稍松	$0.33 > D_r \geq 0.20$
	极松	$D_r < 0.20$

从理论上讲，用 D_r 划分砂土的紧密程度是合理的。在实际工程中，由于难以采取砂土原状土样，因此很难通过 $e_{\max}$、$e_{\min}$ 的测定来确定砂土密实度，所以利用标准贯入试验或静力触探试验等原位测试手段来评定砂土的密实度得到了重视。

现行《公路桥涵地基与基础设计规范》(JTG 3363—2019)对砂土的密实度是按照标准贯入试验锤击数 N 来划分的，如表 2-9 所示。

砂 土 的 密 实 度　　　　　　　表 2-9

标准贯入试验锤击数 N	密 实 度	标准贯入试验锤击数 N	密 实 度
$N \leq 10$	松散	$15 < N \leq 30$	中密
$10 < N \leq 15$	稍密	$N > 30$	密实

六、液塑限试验

1. 概述

含水率对黏性土的工程性质(如强度、压缩性等)有极大的影响。当土从很湿的状态逐渐变干时,会表现出几个不同的物理状态,土也就有不同的工程性质。

当黏性土含水率极高时,土变成泥浆,呈黏滞流动的液体。当施加剪力时,泥浆将连续地变形,土的抗剪强度极低。当含水率逐渐降低到某一值,土会显示出一定的抗剪强度,并且在外力作用下,可以塑成任何形状,并不发生裂缝,解除外力后,土仍保持已有的变形而不恢复原状。这些特征与液体完全不同,它表现为塑性体的特征。土从液体状态向塑性体状态过渡的界限含水率称为液限 w_L。

当含水率继续降低时,土能承受较大的剪切应力,在外力作用下不再具有塑性体特征,而呈现具有脆性的固体特征。土由塑性体状态向脆性固体状态过渡的界限含水率称为塑限 w_P。

液限和塑限,在国际上称为阿太堡界限(Atterberg Limit),它们是黏性土的重要物理性质指标。

黏性土的塑性大小,可用土处于塑性状态的含水率变化范围来衡量。这个范围即液限与塑限之差值,称为塑性指数 I_P:

$$I_P = w_L - w_P \tag{2-59}$$

塑性指数一般在习惯上用不带百分数符号的数值表示。塑性指数越大,表示土的可塑性越大。

土的天然含水率可反映土中水量的多少,在一定程度上可说明黏性土的软硬与干湿状况。但仅有天然含水率并不能说明土处于什么物理状态,如果有几个含水率相同的土样,但它们的液限和塑限不同,那么这些土样所处的状态可能不同,因此还需要一个能够表示天然含水率与界限含水率相对关系的指标,即液性指数 I_L:

$$I_L = \frac{w - w_P}{w_L - w_P} \tag{2-60}$$

式中:w——天然含水率;
$\quad w_L$——液限;
$\quad w_P$——塑限。

当 $I_L = 1.0$,即 $w = w_L$,土处于液限;$I_L = 0$,即 $w = w_P$,土处于塑限。

故按 I_L 可区分土的各种状态,在《公路桥涵地基与基础设计规范》(JTG 3363—2019)中规定:

$I_L \leq 0$　　　　　　为坚硬状态

$0 < I_L \leq 0.25$　　　　为硬塑状态

$0.25 < I_L \leq 0.75$　　为可塑状态

$0.75 < I_L \leq 1$　　　　为软塑状态

$I_L > 1$　　　　　　为流塑状态

当土达塑限后继续变干,土的体积随含水率的减少而收缩。但达某一含水率后,土体积不再收缩,这个界限含水率称为缩限w_s。当土的含水率低于缩限时,土将是不饱和的。

2. 液塑限联合测定法

本试验的目的是联合测定土的液限和塑限,用于划分土类、计算天然稠度和塑性指数,供公路工程设计和施工使用。

本试验适用于粒径不大于0.5mm、有机质含量不大于试样总质量5%的土。

1)仪器设备

圆锥仪:锥体质量为100g或76g,锥角为30°,读数显示形式宜采用光电式、数码式、游标式、百分表式。

盛土杯:直径50mm,深度40~50mm。

天平:称量200g,感量0.01g。

其他:筛(孔径0.5mm)、调土刀、调土皿、称量盒、研钵(附带橡皮头的研杵或橡皮板、木棒)、干燥器、吸管、凡士林等。

2)试验步骤

(1)取有代表性的天然含水率或风干土样进行试验。如土中含有大于0.5mm的土粒或杂物时,应将风干土样用带橡皮头的研杵研碎或用木棒在橡皮板上压碎,过0.5mm的筛。取0.5mm筛下的代表性土样200g,分开放入三个盛土皿中,加不同数量的蒸馏水,使土样的含水率分别控制在液限(a点)、略大于塑限(c点)和二者的中间状态(b点)。用调土刀调匀,盖上湿布,放置18h以上。测定a点的锥入深度,对于100g锥应为20mm±0.2mm,对于76g锥应为17mm。测定c点的锥入深度,对于100g锥应控制在5mm以下,对于76g锥应控制在2mm以下。对于砂类土,用100g锥测定c点的锥入深度可大于5mm,用76g锥测定c点的锥入深度可大于2mm。

(2)将制备好的土样充分搅拌均匀,分层装入盛土杯,用力压密,使空气逸出。对于较干的土样,应先充分搓揉,用调土刀反复压实。试杯装满后,刮成与杯边齐平。

(3)当用游标式或百分表式液限塑限联合测定仪试验时,调平仪器,提起锥杆(此时游标或百分表读数为零)、锥头上涂少许凡士林。

(4)将装好土样的试杯放在联合测定仪的升降座上,转动升降旋钮,待锥尖与土样表面刚好接触时停止升降,扭动锥下降旋钮,同时开动秒表,5s时,松开旋钮,锥体停止下落,此时游标读数即为锥入深度h_1。

(5)改变锥尖与土接触位置(锥尖两次锥入位置距离不小于1cm),重复本试验(3)和(4)步骤,得锥入深度h_2。h_1和h_2允许平行误差为0.5mm,否则,应重做。取h_1、h_2平均值作为该点的锥入深度h。

(6)去掉锥尖入土处的凡士林,取 10g 以上的土样两个,分别装入称量盒内,称质量(准确至 0.01g),测定其含水率 w_1、w_2(计算到 0.1%)。计算含水率平均值 w。

(7)重复本试验(2)~(6)步骤,对其他两个含水率土样进行试验,测其锥入深度和含水率。

(8)用光电式或数码式液限塑限联合测定仪测定时,接通电源,调平机身,打开开关,提上锥体(此时刻度或数码显示应为零)。将装好土样的试杯放在升降座上,转动升降旋钮,试杯徐徐上升,土样表面和锥尖刚好接触,指示灯亮,停止转动旋钮,锥体立刻自行下沉,5s 时,自动停止下落,读数窗上或数码管上显示锥入深度。试验完毕,按动复位按钮,锥体复位,读数显示为零。

3)结果整理

(1)在双对数坐标纸上,以含水率 w 为横坐标,锥入深度 h 为纵坐标,点绘 a、b、c 三点含水率的 h-w 图(图 2-13),连此三点,应呈一条直线。如三点不在同一直线上,要通过 a 点与 b、c 两点连成两条直线,根据液限(a 点含水率)在 h_P-w_L 图上查得 h_P,以此 h_P 再在 h-w 图上的 ab 及 ac 两直线上求出相应的两个含水率,当两个含水率的差值小于 2% 时,以该两点含水率的平均值与 a 值连成一直线。当两个含水率的差值大于 2% 时,应重做试验。

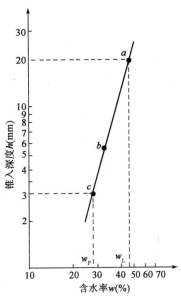

图 2-13 锥入深度与含水率(h-w)关系图

(2)液限的确定方法

若采用 76g 锥做液限试验,则在 h-w 图上,查得纵坐标入土深度 $h=17$mm 所对应的横坐标的含水率 w,即为该土样的液限 w_L。

若采用 100g 锥做液限试验,则在 h-w 图上,查得纵坐标入土深度 $h=20$mm 所对应的横坐标的含水率 w,即为该土样的液限 w_L。

(3)塑限的确定方法

若采用 76g 锥,则在 h-w 图上,查得锥入土深度为 2mm 所对应的含水率即为该土样的塑限 w_P。

若采用 100g 锥,先通过液限 w_L 与塑限时入土深度 h_P 的关系曲线,查得或计算出 h_P,再由 h-w 图求出入土深度为 h_P 时所对应的含水率,即为该土样的塑限 w_P。查 h_P-w_L 关系图时,须先通过简易鉴别法及筛分法把砂类土与细粒土区别开来,再按这两种土分别采用相应的 h_P-w_L 关系曲线,对于细粒土,用双曲线确定 h_P 值;对于砂类土,则用多项式曲线确定 h_P 值。

对于细粒土,用下式计算塑限入土深度 h_P:

$$h_P = \frac{w_L}{0.524w_L - 7.606} \tag{2-61}$$

对于砂类土,则用下式计算塑限入土深度 h_P:

$$h_P = 29.6 - 1.22w_L + 0.017w_L^2 - 0.0000744w_L^3 \tag{2-62}$$

当 a 点的锥入深度在 20mm ± 0.2mm 范围内时,应在 ab 线上查得入土深度为 20mm 处相对应的含水率,此为液限 w_L。再用此液限在 h_P-w_L 关系曲线上找出与之相对应的塑限入土深度 h_P,然后到 h-w 图 ab 直线上查得 h_P 相对应的含水率,此为塑限 w_P。

(4)精密度和允许差

本试验须进行两次平行测定,取其算术平均值,以整数(%)表示。其允许差值为:高液限土小于或等于 2%,低液限土小于或等于 1%。

3. 液限碟式仪法

本试验的目的是按碟式液限仪法测定土的液限,适用于粒径小于 0.5mm 以及有机质含量不大于试样总质量 5% 的土。

1)仪器设备

(1)碟式液限仪:由土碟和支架组成专用仪器,并有专用划刀(图2-14),底座应为硬橡胶制成。

(2)天平:称量 200g,分度值 0.01g。

(3)其他:烘箱、干燥缸、铝盒、调土刀、筛(孔 0.5mm)等。

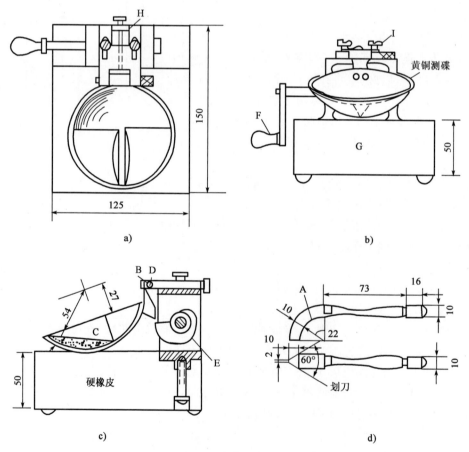

图 2-14 碟式液限仪(尺寸单位:mm)

A-划刀;B-销子;C-土碟;D-支架;E-蜗轮;F-摇柄;G-底座;H-调整板;I-螺钉

2)试验步骤

(1)取过 0.5mm 筛的土样(天然含水率的土样或风干土样均可)约 100g,放在调土皿中,按需要加纯水,用调土刀反复拌匀。

(2)取一部分试样,平铺于土碟的前半部,如图 2-15a)所示。铺土时应防止试样中混入气泡。用调土刀将试样面修平,使最厚处为 10mm,多余试样放回调土皿中。以蜗形轮为中心,用划刀从后至前沿土碟中央将试样划成槽缝清晰的两半[图 2-15a)]。为避免槽缝边扯裂或试样在土碟中滑动,允许从前至后,再从后至前多划几次,将槽逐步加深,以代替一次划槽,最后一次从后至前的划槽能明显地接触碟底。但应尽量减少划槽的次数。

图 2-15 划槽及合拢状态

a)试前划成两半;b)试后合拢情况

(3)以 2r/min 的速率转动摇柄 F,使土碟反复起落,坠击于底座 G 上,数记击数,直至试样两边在槽底的合拢长度为 13mm 为止,记录击数,并在槽的两边采取试样 10g 左右,测定其含水率。

(4)将土碟中的剩余试样移至调土皿中,再加水彻底拌和均匀,按本试验步骤(1)~(3)的规定至少再做两次试验。这两次土的稠度应使合拢长度为 13mm 时所需击数在 15~35 次(25 次以上及以下各 1 次),然后测定各击次下试样的相应含水率。

3)结果整理

(1)按下式计算各击次下合拢时试样的相应含水率:

$$w_n = \left(\frac{m_n}{m_s} - 1\right) \times 100 \tag{2-63}$$

式中:w_n——n 击下试样的含水率(%),计算至 0.01;

m_n——n 击下试样的质量(g);

m_s——试样的干土质量(g)。

(2)根据试验结果,以含水率为纵坐标,以击实次数的对数为横坐标,绘制曲线,如图 2-16 所示。查得曲线上击数 25 次对应的含水率,即为该试样的液限。

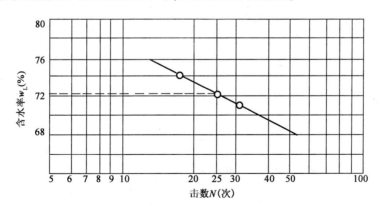

图 2-16 含水率与击数关系曲线

(3) 精密度和允许差。

本试验须进行两次平行测定,取其算术平均值,以整数(%)表示。其允许差值为:高液限土小于或等于2%,低液限土小于或等于1%。

4. 塑限滚搓法

本试验适用于粒径小于0.5mm以及有机质含量不大于试样总质量5%的土。

搓条法测土的塑限为国内外以往常用的基本方法。虽然其标准不易掌握,人为因素较大,但由于历史原因,这种方法在大量工程建设中得到广泛应用,试验人员在实践中积累了许多经验,目前国际上也有很多国家采用此法,故规程将此法列入,作为校核试验。

滚搓法或搓条法测定土的塑限含水率。将塑性状态土重塑均匀后,用手掌在毛玻璃板上把土团搓成圆土条,在搓的过程中,土条水分渐渐蒸发变干,当搓到土条直径恰好为3mm左右时,土条自动断裂为若干段,此时土条的含水率即为塑限。收集3~5g滚搓后合格的土条测得的含水率,即为土的塑限含水率。

5. 缩限试验

土的缩限是扰动的黏质土在饱和状态下,因干燥收缩至体积不变时的含水率。本试验适用于粒径小于0.5mm和有机质含量不超过5%的土。

1)仪器设备

(1)收缩皿(或环刀):直径4.5~5cm,高2~3cm。

(2)天平:感量0.01g。

(3)电热恒温烘箱或其他含水率测定装置。

(4)蜡、烧杯、细线、针。

(5)卡尺:分度值0.02mm。

(6)其他:制备含水率大于液限的土样所需的仪器。

2)试验步骤

(1)制备土样:取具有代表性的土样,制备成含水率大于液限的土膏。

(2)在收缩皿内涂一薄层凡士林,将土样分层装入皿内,每次装入后用皿底拍击试验台,直至驱尽气泡为止。

(3)土样装满后,用刀或直尺刮去多余土样,立即称收缩皿加湿土质量。

(4)将盛满土样的收缩皿放在通风处风干,待土样颜色变淡后,放入烘箱中烘至恒量,然后放在干燥器中冷却。

(5)称收缩皿和干土总质量,精确至0.01g。

(6)用蜡封法测定试样体积。

3)结果整理

(1)缩限:含水率达液限的土在105~110℃温度下水分继续蒸发至体积不变时的含水率,称作缩限,用下式计算:

$$w_s = w - \left(\frac{V_1 - V_2}{m_s}\right) \times \rho_w \times 100 \qquad (2\text{-}64)$$

式中:w_s——缩限(%),计算至0.1;

w——试验前试样含水率(%);
V_1——湿试件体积(即收缩皿容积)(cm^3);
V_2——干试件体积(cm^3);
m_s——干试件质量(g);
ρ_w——水的密度,$\rho_w \approx 1g/cm^3$。

(2)收缩指数:液限与缩限之差称为收缩指数,按下式计算:

$$I_s = w_L - w_s \tag{2-65}$$

式中:I_s——收缩指数(%),计算至0.1;
w_L——土的液限(%)。

(3)精密度和允许差。

本试验需进行二次平行测定,取其算术平均值,计算至0.1%。平行差值,高液限土不得大于2%,低液限土不得大于1%。

七、土的天然稠度试验

土的液限与天然含水率之差和塑性指数之比,称为土的天然稠度。

本试验分为直接法和间接法。直接法是按烘干法测定原状土的天然含水率,用稠度公式计算土的天然稠度。间接法是用LP-100型液限塑限联合测定仪测定天然结构土体的锥入深度,并用联合测定结果确定土的天然稠度。

1. 仪器设备

(1)LP-100型液限塑限联合测定仪。
(2)环刀:直径5~6cm,高3~4cm。
(3)其他:削土刀、钢丝锯、凡士林、含水率试验设备等。

2. 试验步骤

(1)按含水率试验中烘干法的试验步骤测定原状土的天然含水率。
(2)切削具有天然含水率、土质均匀的试件1块,其长度、宽度(或直径)不小于5cm,厚度不小于3cm。整平上下面。对于软黏土,若能用环刀切入土体时,将切入环刀后的土体整平上下面。
(3)将制备好的试样按液限塑限联合测定法测定其液限和塑限。
(4)改变锥尖在试件表面的位置3~5处(锥尖之间的距离不小于1cm),测其锥入深度,并记入记录表内。

3. 结果整理

(1)由联合测定,已知土的液限w_L和塑性指数I_P;由含水率试验,已知土的天然含水率w。将这些数据代入下式,即可计算该土的天然稠度w_c:

$$w_c = \frac{w_L - w}{I_P} \tag{2-66}$$

(2)土体的含水率 w 和锥入深度 h 为曲线关系,用下式表示:

$$\lg h = \alpha + \beta \lg w \tag{2-67}$$

或

$$\lg h = \alpha + \beta \lg(w_L - I_P w_c)$$

式中:$\beta = \dfrac{\lg 20 - \lg h_P}{\lg w_L - \lg w_P}$;

$\alpha = \lg 20 - \beta \lg w_L$。

在联合测定法中,w_L、w_P、h_P 和 I_P 均为已知,测得锥入深度 h 后,由式(2-67)或查由该式绘制的诺谟图,即可求得稠度 w_c。

(3)由测得的多个锥入深度中取占多数的值,或对允许误差范围内的数值求其平均值,作为计算锥入深度。根据联合测定时该土样的塑限入土深度 h_P,由图 2-17 查得相应的稠度 w_c 值。

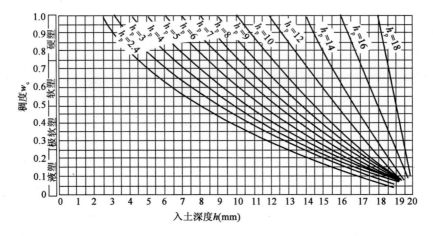

图 2-17 入土深度与天然稠度的诺谟图

第三节 土的工程分类

一、土的工程分类依据

土是自然地质历史的产物,它的成分、结构和性质是千变万化的,其工程性质也是千差万别的。为了能大致地判断土的基本性质、合理地选择研究内容及方法,以及在科学技术交流中有共同的语言,有必要对土进行科学的分类。土的工程分类的依据应具有简单易测的一些特征指标,在分类中最常用的指标是粒度成分和反映塑性的指标。

根据工程用途不同,提出了不同的土工程分类体系。例如,为了解决渗流问题,可按土的透水性进行分类。在考虑粒度成分界限值时,注意到使粒组的划分能反映透水性的变化。又例如,在道路工程中,为了反映路基土的压实性和水稳性,则要按土的不同粒组的级配进行土的分类。

一般对粗粒土(包括碎石类土和砂类土)主要按粒度成分进行分类,黏性土则按塑性指数分类。这样的分类基本上能满足地基土的分类要求。

目前国内应用较广的土的工程分类主要有下述几种:
(1)《公路桥涵地基与基础设计规范》(JTG 3363—2019)中的土的工程分类。
(2)《公路路基设计规范》(JTG D30—2015)中公路路基土的分类。
(3)《水电水利工程土工试验规程》(DL/T 5355—2006)中的土的工程分类。
(4)《公路土工试验规程》(JTG E40—2007)中的土的工程分类。

二、《公路土工试验规程》中土的工程分类

1. 一般规定

(1)土的工程分类适用于公路工程用土的鉴别、定名和描述,以便对土的性状作定性评价。
(2)应以土的下列特征作为土的分类依据:
①土颗粒组成特征。
②土的塑性指标:液限(w_L)、塑限(w_P)和塑性指数(I_P)。
③土中有机质的存在情况。
(3)按筛分法确定各粒组的含量;按液限塑限联合测定法确定液限和塑限;按本规程有关规定判别有机质存在情况。
(4)土的颗粒应根据图2-18所列粒组范围划分粒组。

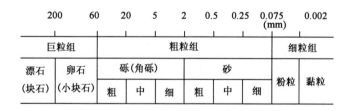

图2-18 粒组划分图

(5)将土分为巨粒土、粗粒土、细粒土和特殊土,分类总体系见图2-19。

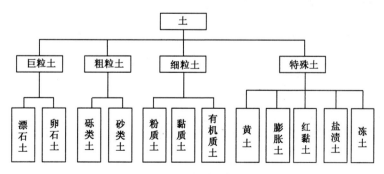

图2-19 土分类总体系

(6)土颗粒组成特征应以土的级配指标的不均匀系数(C_u)和曲率系数(C_c)表示。

(7)细粒土应根据塑性图分类。土的塑性图是以液限(w_L)为横坐标、塑性指数(I_P)为纵坐标构成的。

(8)土的成分、级配、液限和特殊土等基本代号构成详见土工试验规程。

2. 巨粒土分类

试样中巨粒组质量多于总质量15%的土称为巨粒土,其分类见表2-10。

巨 粒 土 分 类 表　　　　表2-10

土 类	分 类		代 号
巨粒土	漂(卵)石 (巨粒含量>75%)	漂石(漂石>卵石)	B
		卵石(漂石≤卵石)	C_b
	漂(卵)石夹土 (巨粒含量≤75%且>50%)	漂石夹土(漂石>卵石)	BSl
		卵石夹土(漂石≤卵石)	C_bSl
巨粒质土	漂(卵)石质土 (巨粒含量≤50%且>15%)	漂石质土(漂石>卵石)	SlB
		卵石质土(漂石≤卵石)	SlC_b

3. 粗粒土分类

试样中巨粒组土粒质量少于或等于总质量15%,且巨粒组和粗粒组土粒质量之和大于总质量50%的土称为粗粒土,其分类见表2-11。

粗 粒 土 分 类 表　　　　表2-11

土 类	分 类		代 号
粗粒土类	砾类土(砾粒含量大于砂粒含量)	砾 (F≤5%)	
		级配良好砾(当C_u≥5且C_c=1~3时)	GW
		级配不良砾(当不同时满足C_u≥5,C_c=1~3时)	GP
		含细粒土砾(5%<F≤15%)	GF
	细粒土质砾 (15%<F≤50%)	粉土质砾(当细粒土位于塑性图A线以下时)	GM
		黏土质砾(当细粒土位于塑性图A线以上时)	GC
	砂类土(砾粒含量不大于砂粒含量)	砂 (F≤5%)	
		级配良好砂(当C_u≥5且C_c=1~3时)	SW
		级配不良砂(当不同时满足C_u≥5且C_c=1~3时)	SP
		含细粒土砂(5%<F≤15%)	SF
	细粒土质砂 (15%<F≤50%)	粉土质砂(当细粒土位于塑性图A线以下时)	SM
		黏土质砂(当细粒土位于塑性图A线以上时)	SC

注:1.需要时,砂可进一步细分为粗、中和细砂。粗砂是粒径大于0.5mm颗粒多于总质量50%;中砂是粒径大于0.25mm颗粒多于总质量50%,细砂是粒径大于0.075mm颗粒多于总质量75%。

2.砾类土分类体系中的砾石换成角砾,G换成G_a,即构成相应的角砾土分类体系。

3.F代表细粒土含量。

4. 细粒土分类

试样中细粒组质量多于或等于总质量50%的土称为细粒土类,分类见表2-12。

细 粒 土 分 类 表　　　　　表 2-12

土　类	分　类			代　号
（低液限 w_L 小于 50，高液限 w_L 不小于 50） 细粒土类	粉质土（塑性图 A 线以下）	高（低）液限粉土（粗粒组质量≤25%）		MH ML
		含砾（砂）高（低）液限黏土 (25%＜粗粒组含量≤50%)	砾粒≥砂粒	MHG MLG
			砾粒＜砂粒	MHS MLS
	黏质土（塑性图 A 线及 A 线以上）	高（低）液限黏土（粗粒组含量≤25%）		CH CL
		含砾（砂）高（低）液限黏土 (25%＜粗粒组含量≤50%)	砾粒≥砂粒	CHG CLG
			砾粒＜砂粒	CHS CLS
	有机质土	塑性图 A 线及 A 线以上有机质高（低）液限黏土		CHO CLO
		塑性图 A 线以下有机质高（低）液限粉土		MHO MLO

细粒土中粗粒组质量少于或等于总质量25%的土称粉质土或黏质土。细粒土中粗粒组质量为总质量25%～50%（含50%）的土称含粗粒的粉质土或黏质土，试样中有机质含量多于或等于总质量5%，且少于总质量的10%的土称有机质土，试样中有机质含量多于或等于10%的土称为有机土。

细粒土应按塑性图分类。公路土工试验规程的塑性图（图 2-20），采用的液限分区为：低液限 w_L＜50%；高液限 w_L≥50%。

（1）细粒土按其在塑性图中的位置确定土名称：

①当细粒土位于塑性图 A 线或 A 线以上时：

a. 在 B 线或 B 线以右，称为高液限黏土，记为 CH；

b. 在 B 线以左，I_P = 7 线以上，称为低液限黏土，记为 CL。

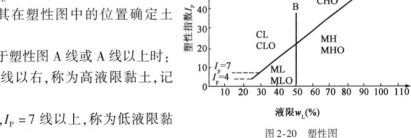

图 2-20　塑性图

②当细粒土位于 A 线以下时：

a. 在 B 线或 B 线以右，称为高液限粉土，记为 MH；

b. 在 B 线以左，I_P = 4 线以下，称为低液限粉土，记为 ML。

（2）含粗粒的细粒土应先确定细粒土部分的名称，再按以下规定最终定名：

①当粗粒组中砾粒组占优势时，称为含砾细粒土，应在细粒土代号后缀以代号"G"。

②当粗粒组中砂粒组占优势时,称为含砂细粒土,应在细粒土代号后缀以代号"S"。

(3)土中有机质包括未完全分解的动植物残骸和完全分解的无定形物质。后者多呈黑色、青黑色或暗色;有臭味;有弹性和海绵感。借目测、手摸及嗅感判别。

当不能判定时,可采用下列方法:将试样在 105~110℃ 的烘箱中烘烤。若烘烤 24h 后试样的液限小于烘烤前的 3/4,该试样为有机质土。当需测有机质含量时,按有机质含量试验进行。

有机质土应根据塑性图规定定名:

①位于塑性图 A 线或 A 线以上:

a. 在 B 线或 B 线以右,称为有机质高液限黏土,记为 CHO;

b. 在 B 线以左,$I_P = 7$ 线以上,称为有机质低液限黏土,记为 CLO。

②位于塑性图 A 线以下:

a. 在 B 线或 B 线以右,称为有机质高液限粉土,记为 MHO;

b. 在 B 线以左,$I_P = 4$ 线以下,称为有机质低液限粉土,记为 MLO。

5. 特殊土分类

(1)《公路土工试验规程》(JTG E40—2007)给出了黄土、膨胀土和红黏土在塑性图中的位置及其学名,以及盐渍土的含盐量标准和冻土的分类标准。

(2)黄土、膨胀土和红黏土按图 2-21 定名。

①黄土。低液限黏土(CLY),分布范围:大部分在 A 线以上,$w_L < 40\%$。

②膨胀土。高液限黏土(CHE),分布范围:大部分在 A 线以上,$w_L > 50\%$。

③红黏土。高液限粉土(MHR),分布范围:大部分在 A 线以下,$w_L > 55\%$。

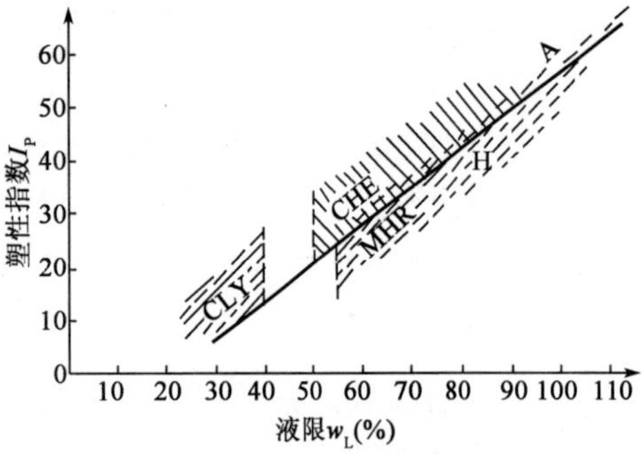

图 2-21 特殊土塑性图

(3)盐渍土按表 2-13 规定划分。

盐渍土分类　　表 2-13

名　称	被利用的土层中平均总盐量(以质量%计)			
	氯盐渍土	亚氯盐渍土	亚硫酸盐渍土	硫酸盐渍土
弱盐渍土	0.3~1.5	0.3~1.0	0.3~0.8	0.3~0.5
中盐渍土	1~5	1~4	0.8~2	0.5~1.5
强盐渍土	5~8	4~7	2~5	1.5~4
过盐渍土	>8	>7	>5	>4

注:表中所指含盐类名称的定性区分标准为:
　　氯盐渍土:$Cl^-/SO_4^{2-} > 2$;
　　亚氯盐渍土:$Cl^-/SO_4^{2-} = 2~1$;
　　亚硫酸盐渍土:$Cl^-/SO_4^{2-} = 1~0.3$;
　　硫酸盐渍土:$Cl^-/SO_4^{2-} < 0.3$。

第四节 土的力学性质试验

一、击实试验

1. 概述

1) 土的击实性在工程中的意义

在工程建设中,经常遇到填土压实、软弱地基的强夯和换土碾压等问题,需要采用既经济又合理的压实方法,使土变得密实,从而在短期内提高土的强度以达到改善土的工程性质的目的。

2) 击实试验的原理

击实是指采用人工或机械对土施加夯压能量(如打夯、碾压、振动碾压等方式),使土颗粒重新排列紧密,其中粗粒土因颗粒的紧密排列,增强了颗粒表面摩擦力和颗粒之间嵌挤形成的咬合力,细粒土则因为颗粒间的靠紧而增强了颗粒间的分子引力,从而使土在短时间内得到新的结构强度。

研究土的压实性常用的方法包括现场填筑试验和室内击实试验两种。前者是在某一工序动工之前,在现场选一试验路段,按设计要求和拟定的施工方法进行填筑,并同时进行有关测试工作,查明填筑条件(如使用土料或其他集合料、堆填方法、碾压方法等)与填筑效果(压实度)之间的关系,从而可确定一些碾压参数。后者则是在室内通过击实仪进行模拟施工现场压实条件的试验操作。

2. 室内击实试验

本试验方法适用于细粒土。

本试验分为轻型击实和重型击实。内径100mm的试筒适用于粒径不大于20mm的土;内径152mm的试筒适用于粒径不大于40mm的土。

当土中最大颗粒粒径大于或等于40mm,并且大于或等于40mm颗粒粒径的质量含量大于5%时,则应使用大尺寸试筒进行击实试验,或按规定进行最大干密度校正。大尺寸试筒要求其最小尺寸大于土样中最大颗粒粒径的5倍以上,并且击实试验的分层厚度应大于土样中最大颗粒粒径的3倍以上。单位体积击实功能控制在2677.2~2687.0kJ/m³范围内。

当细粒土中的粗粒土总含量大于40%或粒径大于0.005mm颗粒的含量大于土总质量的70%(即d_{30}≤0.005mm)时,还应做粗粒土最大干密度试验,其结果与重型击实试验结果比较,最大干密度取两种试验结果的最大值。

1) 仪器简介

仪器主要部件由击实筒、击锤和导杆组成,如图2-22、图2-23所示。

2) 试验方法的类型

击实试验分轻型和重型两类,其击实试验方法类型见表2-14。

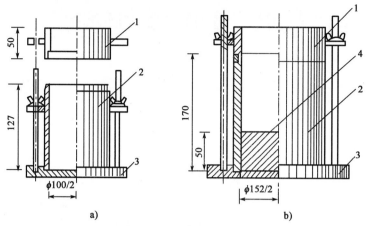

图 2-22 击实筒(尺寸单位:mm)
a)小击实筒;b)大击实筒
1-套筒;2-击实筒;3-底板;4-垫块

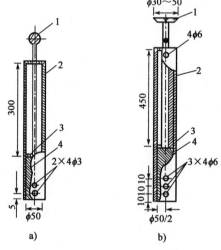

图 2-23 击锤和导杆(尺寸单位:mm)
a)2.5kg击锤(落高30cm);b)4.5kg击锤(落高45cm)
1-提手;2-导筒;3-硬橡皮垫;4-击锤

击实试验方法类型 表 2-14

试验方法	类别	锤底直径(cm)	锤质量(kg)	落高(cm)	试筒尺寸 内径(cm)	试筒尺寸 高(cm)	试筒尺寸 容积(cm^3)	层数	每层击数	击实功(kJ/m^3)	最大粒径(mm)
轻型Ⅰ法	Ⅰ-1	5	2.5	30	10	12.7	997	3	27	598.2	20
轻型Ⅰ法	Ⅰ-2	5	2.5	30	15.2	12	2177	3	59	598.2	40
重型Ⅱ法	Ⅱ-1	5	4.5	45	10	12.7	997	5	27	2687.0	20
重型Ⅱ法	Ⅱ-2	5	4.5	45	15.2	12	2177	3	98	2677.2	40

3) 试样

本试验可采用干土法或湿土法准备试样。

干土法(土不重复使用):按四分法至少准备5个试样,分别加入不同水分(按2%~3%含水率递增),拌匀后闷料一夜备用。

湿土法(土不重复使用):对于高含水率土,可省略过筛步骤,用手拣除大于40mm的粗石子即可。至少准备5个试样。保持天然含水率的第一个土样,可立即用于击实试验;其余几个试样,将土分成小土块,分别风干,使含水率按2%~3%递减。

4) 试验步骤

(1)根据工程要求,选择轻型或重型试验方法。根据土的性质(含易击碎风化石数量多少、含水率高低),选用干土法或湿土法。对于高含水率土宜选用湿土法,对于非高含水率土则选用干土法。

(2)将击实筒放在坚硬的地面上,在筒壁上抹一薄层凡士林,并在筒底(小试筒)或垫块(大试筒)上放置蜡纸或塑料薄膜。取制备好的土样分3~5次倒入筒内。小筒按三层法时,每次约800~900g(其量应使击实后的试样等于或略高于筒高的1/3);按五层法时,每次约400~500g(其量应使击实后的土样等于或略高于筒高的1/5)。对于大试筒,先将垫块放入筒内底板上,按三层法,每层需试样1700g左右。整平表面,并稍加压紧,然后按规定的击数进行第一层土的击实,击实时击锤应自由垂直落下,锤迹必须均匀分布于土样面,第一层击实完后,将试样层面"拉毛"然后装入套筒,重复上述方法进行其余各层土的击实。小试筒击实后,试样不应高出筒面5mm;大试筒击实后,试样不应高出筒顶面6mm。

(3)用修土刀沿套筒内壁削刮,使试样与套筒脱离后,扭动并取下套筒,齐筒顶细心削平试样,拆除底板,擦净筒外壁,称量,准确至1g。

(4)用推土器推出筒内试样,从试样中心处取样测其含水率,计算至0.1%。测定含水率用试样的数量应根据最大粒径按规定取样(取出有代表性的土样)。

(5)对于干土法(土不重复使用)和湿土法(土不重复使用),将试样搓散,然后进行洒水、拌和,每次约增加2%~3%的含水率,其中有两个大于和两个小于最佳含水率,所需加水量按下式计算:

$$m_w = \frac{m_i}{1+0.01w_i} \times 0.01(w-w_i) \tag{2-68}$$

式中:m_w——所需的加水量(g);

m_i——含水率w_i时土样的质量(g);

w_i——土样原有含水率(%);

w——要求达到的含水率(%)。

按上述步骤进行其他含水率试样的击实试验。

5) 结果整理

按下式计算击实后各点的干密度:

$$\rho_d = \frac{\rho}{1+0.01w} \tag{2-69}$$

式中:ρ_d——干密度(g/cm³),计算至0.01;

ρ——湿密度（g/cm³）；

w——含水率（%）。

以干密度 ρ_d 为纵坐标，含水率 w 为横坐标，绘制 ρ_d-w 关系曲线，曲线上峰值点的纵、横坐标分别为最大干密度和最佳含水率。如曲线不能绘出明显的峰值点，应进行补点或重做。

如表 2-15 和图 2-24 为击实试验实例。

击实试验记录表 表 2-15

校核者_____　　　　计算者_____　　　　试验者_____

土样编号		筒号		落距		45cm	
土样来源		筒容积	997cm³	每层击数		27	
试验日期		击锤质量	4.5kg	大于5mm颗粒含量			

	试验次数	1	2	3	4	5
干密度	筒+土质量(g)	2981.8	3057.1	3130.9	3215.8	3191.1
	筒质量(g)	1103	1103	1103	1103	1103
	湿土质量(g)	1878.8	1954.1	2027.9	2112.8	2088.1
	湿密度(g/cm³)	1.88	1.96	2.03	2.12	2.09
	干密度(g/cm³)	1.71	1.75	1.80	1.83	1.76
含水率	盒号									
	盒+湿土质量(g)	35.60	35.44	33.93	33.69	32.88	33.16	33.13	34.09	36.96	38.31
	盒+干土质量(g)	34.16	34.02	32.45	32.26	31.40	31.64	31.36	32.15	24.28	35.36
	盒质量(g)	20	20	20	20	20	20	20	20	20	20
	水质量(g)	1.44	1.42	1.48	1.43	1.48	1.52	1.77	1.94	2.68	2.95
	干土质量(g)	14.16	14.02	12.45	12.26	11.40	11.64	11.36	12.15	14.28	15.36
	含水率(%)	10.3	10.1	11.9	11.7	13.0	13.0	15.6	16.0	18.8	19.2
	平均含水率(%)	10.2		11.8		13.0		15.8		19.0	
最佳含水率=15.0%					最大干密度=1.83g/cm³						

当试样中有大于 40mm 的颗粒时，应先取出大于 40mm 的颗粒，并求得其百分率 P，把小于 40mm 部分作击实试验，按下面公式分别对试验所得的最大干密度和最佳含水率进行校正（适用于大于 40mm 颗粒的含量小于 30% 时）。

最大干密度按下式校正：

$$\rho'_{dmax} = \frac{1}{\dfrac{(1-0.01P)}{\rho_{dmax}} + \dfrac{0.01P}{\rho_w G'_s}} \quad (2\text{-}70)$$

式中：ρ'_{dmax}——校正后的最大干密度（g/cm³），计算至 0.01；

ρ_{dmax}——用粒径小于 40mm 的土样试验所得的最大干密度（g/cm³）；

P——试样中粒径大于 40mm 颗粒的百分率（%）；

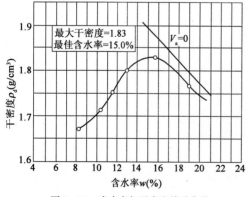

图 2-24　含水率与干密度关系曲线

G'_s——粒径大于40mm颗粒的毛体积比重,计算至0.01。

最佳含水率按下式校正:

$$w'_0 = w_0(1 - 0.01P) + 0.01Pw_2 \qquad (2-71)$$

式中:w'_0——校正后的最佳含水率(%),计算至0.01;

w_0——用粒径小于40mm的土样试验所得的最佳含水率(%);

w_2——粒径大于40mm颗粒的吸水量(%)。

6)精密度和允许差

本试验含水率须进行两次平行测定,取其算术平均值,允许平行差值应符合如下规定:含水率5%以下,允许平行差值为0.3%;含水率40%以下,允许平行差值≤1%;含水率40%以上,允许平行差值≤2%。

3. 土的击实特性

由击实试验结果(表2-15)可以得到土的含水率与干密度关系曲线,见图2-24。从图中可看出:

(1)击实曲线有个峰点,这说明在一定击实功作用下,只有当土的含水率为某一定值(称为最佳含水率)时,土才能被击实至最大干密度。若土含水率小于或大于最佳含水率时,则所得的干密度都小于最大值。

(2)当土含水率偏干时,含水率的变动对干密度的影响要比含水率偏湿时的影响更为明显,由图上可看出曲线的左段较右段偏陡。

(3)该图右上侧的一根曲线称为饱和曲线,它表示当土在饱和状态时的含水率与干密度之间的关系。根据土中各相的相对含量关系,可以推导得到饱和曲线含水率的表达式为:

$$w_{\max} = \left(\frac{\rho_w}{\rho_d} - \frac{1}{G_s}\right) \times 100 \qquad (2-72)$$

式中:$w_{\max}$——土的饱和含水率(%),计算至0.01;

G_s——土粒的相对密度;

ρ_w——水的密度(g/cm³);

ρ_d——土的干密度(g/cm³)。

事实上,当土的含水率接近和大于最佳值时,土内孔隙中的空气越来越多地处于与大气隔离的封闭状态,击实作用已不能将这些气体排出,亦即击实土不可能达到完全饱和的状态。因此,击实曲线必然位于饱和曲线左下侧。当土的含水率偏干即 $w < w_0$ 时,土处于疏松状态,此时土中的孔隙大都以与大气连通的气体充满,土中含水较少。压实时,锤击或碾压的功能需要克服土粒间的内摩阻力、黏结力以及排除气体,促使颗粒产生相互的位移且靠近。含水率偏小时,气体易于被挤出,故土体的密度容易被击实增大,当含水率增多并接近最佳含水率时,土中所含的水量有利于在击实功能作用下,克服摩阻力和黏结力而发生相互位移使土密实。故只有在最佳含水率时,土才能被击实至最大干密度。

4. 影响压实的因素

(1)含水率对整个压实过程的影响。由击实曲线可知,严格地控制最佳含水率是至关重要的。但是,不同的土类其最佳含水率和最大干密度也是不同的。一般粉粒和黏粒含量多,土的塑性指数越大,土的最佳含水率也越大,同时其最大干密度越小。因此,一般砂性土的最佳含水率小于黏性土,而砂性土的最大干密度大于黏性土。

(2)击实功对最佳含水率和最大干密度的影响。对同一种土用不同的击实功进行击实试验的结果表明:击实功越大,土的最大干密度也越大,而土的最佳含水率则越小,但是这种增大是有一定限度的,超过这一限度,即使增加击实功,土的干密度的增加也很不明显。

(3)不同压实机械对压实的影响。如光面压路机、羊足碾和振动压路机等,它们的压实效果各不相同,作用于不同土类时,其效果也不同。

(4)土粒级配的影响。路基、路面基层等材料的施工经验表明,粒料的级配对压实的密实度也有明显的影响。均匀颗粒的砂,单一尺寸的砾石和碎石,都很难碾压密实。只有级配良好的材料才能达到相关的密实度要求,也才能满足强度和稳定性的要求。

除上述影响压实效果主要因素之外,施工现场的不同条件,都将对压实效果产生一定程度的影响。

二、压缩试验

1. 概述

1)基本概念

由于土是固体颗粒的集合体,具有碎散性,因而土的压缩性比钢材、混凝土等其他材料大得多,并具有下列两个特点:

(1)土体的压缩变形主要是由于孔隙的减小所引起的。土是三相体,土体受外力引起的压缩,包括三部分:土粒固体部分的压缩,土体内孔隙中水的压缩,水和空气从孔隙中被挤出以及封闭气体被压缩。据研究,在一般工程中,所遇到的压力为 100～600kPa 范围内,土粒和水本身的压缩都很小,可以略去不计。因此,土体的压缩可以认为是由于孔隙减小而产生的。

(2)饱和土的压缩需要一定时间才能完成。由于饱和土的孔隙中全部充满着水,要使孔隙减小,就必须使土中水部分挤出,亦即土的压缩与孔隙中水的挤出是同时发生的。土中水部分挤出需要一定时间。土的颗粒越粗,孔隙越大,则透水性越大,因而土中水的挤出和土体的压缩越快。而黏土由于颗粒很细,则需要很长的时间。这个过程也叫作渗流固结过程,是土区别于其他材料压缩性的又一特点。

2)有效应力原理

在研究土的压力和孔隙大小关系时,必须区别土体中所受压力的性质及其物理意义。

如果把一薄层砂放在一容器底部,在砂层表面再放一层钢球,使砂层受 $\sigma(kPa)$ 压力,于是砂层发生压缩,孔隙比减小。若相同砂样放在容器底部,其上不放钢球而是注水至高度 h,也使砂层表面增加 $\sigma(kPa)$ 的压力。这时发现砂层体积没有发生压缩或其他变化。正如容器内放一块浸透了水的棉花,不论向容器内倒多少,也丝毫不能使棉花压缩一样。这一现象反映土体中存在两种不同性质的应力。前一种应力叫作有效应力,它是经过土骨架传递下去的,用 $\bar{\sigma}$ 表示。后一种应力作用于孔隙水上,不能使土体发生体积和强度变化,称为孔隙水压力,用 u 表示。因此,饱和土体所受到的总应力 σ 为有效应力与孔隙水压力之和,即:

$$\sigma = \bar{\sigma} + u \qquad (2\text{-}73)$$

式(2-73)称为有效应力原理或有效应力概念,这是土力学中的一个基本公式。当已知土体中某一点所受的总应力 σ,并测得或算得该点的孔隙水压力 u,就可推算出这点的有效应力 $\bar{\sigma}$。土的变形和强度只随有效应力而变化,因此只有通过有效应力分析才能准确地确定土工建筑物或地基的变形与安全度。

为了确保路桥工程的安全使用,需要确定地基土的变形的大小。地基土在外荷载作用下压缩变形的特性和规律以及反映这种特性的计算指标,则需要通过土的压缩性试验来获得。压缩性试验也可分为室内压缩试验和野外承载板试验。

2. 压缩试验与压缩曲线

1) 室内压缩试验

试验室用压缩仪(亦称固结仪)进行压缩试验是研究土压缩性的基本方法。

如图 2-25 所示是压缩仪容器的示意图。土样连同金属环刀装于容器内,在无侧胀条件下对土样分级施加竖向压力,测记每级压力下不同时间的土样竖向变形(压缩量)Δh_t 以及压缩稳定时的变形量 Δh,据此计算并绘制不同压力 p 时的 Δh_t-t 曲线和 Δh-p 关系曲线,或者孔隙比 e 与压力 p 的关系曲线(图2-26)。

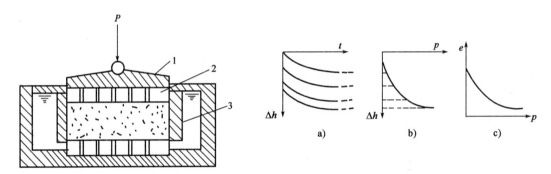

图2-25 压缩仪结构示意图
1-传压活塞;2-透水石;3-环刀

图2-26 压缩试验曲线
a) Δh_t-t 关系曲线;b) Δh_t-p 关系曲线;c) e-p 关系曲线

通过推导运算可建立压缩变形 Δh 与孔隙比变化 Δe 的关系:

$$\frac{\Delta h}{h_1} = \frac{\Delta e}{1+e_1} \tag{2-74}$$

$$e_2 = e_1 - \frac{\Delta h}{h_1}(1+e_1) \tag{2-75}$$

这样,图 2-26b)便可转化为图 2-26c)。

整理压缩试验结果时,首先要根据试验前土样的重度、含水率及土粒重度等指标求出天然孔隙比 e_0,然后按式(2-75)求出每级荷载下压缩稳定时的孔隙比,绘制 e-p 压缩曲线(图2-27)。这是目前工程中常用的表示土体压缩特性的一种关系曲线,它是用普通尺度的直角坐标系统表示的。在实用中还有另一种表示压缩曲线的方法,即半对数直角坐标系统的 e-$\lg p$ 曲线(图2-28)。

2) 压缩性指标

在假定土体为各向同性的线弹性体前提下,压缩曲线所反映的非线性压缩规律被简化成

线性的关系,即在一般的压力变化范围内,用一段割线近似地代替该段曲线(图2-26),此时则有:

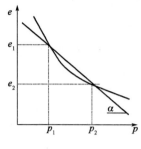

图2-27　e-p 压缩曲线　　　　图2-28　e-$\lg p$ 压缩曲线

$$e_1 - e_2 = a(p_2 - p_1) \tag{2-76}$$

式(2-76)便是土的压缩定律的表达式。用文字可表述为:当压力变化不大时,孔隙比变化与压力变化成正比。比例常数 a 是割线的斜率,称为土的压缩系数,单位为 1/kPa。

$$a = \tan\alpha = -\frac{\Delta e}{\Delta p} \tag{2-77}$$

严格地说,压缩系数 a 不是常数,一般随压力 p 的增大而减小。工程上常以 $p = 100 \sim 200\text{kPa}$ 时的压缩系数 a_{1-2} 作为评价土层压缩性的标准,如表2-16所示。

土 的 压 缩 性　　　　表2-16

压 缩 性	a_{1-2}(1/kPa)
高压缩性	$\approx 0.05 \times 10^{-2}$
中压缩性	$\approx 0.01 \times 10^{-2} \sim 0.05 \times 10^{-2}$
低压缩性	$< 0.01 \times 10^{-2}$

压缩系数 a 是土的一种重要的压缩性指标。在图2-27中,在简化的直线段内根据弹性力学的虎克定律原理还可求出另一个压缩性指标。

由式(2-74)可得某一级压力增量下的竖向应变 ε_z 为:

$$\varepsilon_z = \frac{\Delta h}{h_1} = \frac{\Delta e}{1 + e_1} \tag{2-78}$$

综合式(2-76)、式(2-78)可得:

$$p_2 - p_1 = \frac{1 + e_1}{a}\varepsilon_z$$

取

$$E_s = \frac{1 + e_1}{a} \tag{2-79}$$

式中,E_s 称为土的压缩模量,单位为 kPa,它表示土体在无侧胀条件下竖向应力与竖向应变的比值。当用 a_{1-2} 代入式(2-79)求 E_s 时,所得的压缩模量为 $E_{s(1-2)}$,常作为常数用于估算地基的沉降量。

土的压缩曲线也可用 e-$\lg p$ 曲线表示(图2-28)。从 e-$\lg p$ 曲线可见,当压力强度超过某一

数值后,曲线近似呈线性关系。因此,压缩定律可写为:

$$e_1 - e_2 = C_c(\lg p_2 - \lg p_1) = C_c \lg\left(\frac{p_2}{p_1}\right) \quad (2-80)$$

即孔隙比变化与压力的对数值变化成正比。比例常数 C_c 是该直线段的斜率,称为压缩指数,是无因次量,它也是表征土的压缩性的重要指标。

从式(2-80)得:

$$C_c = \frac{e_1 - e_2}{\lg\left(\frac{p_2}{p_1}\right)} \quad (2-81)$$

3) 先期固结压力和土层的天然固结状态判断

e-$\lg p$ 曲线所表达的压缩性规律较 e-p 曲线有其独特的优点。试验研究已经证明,在 e-$\lg p$ 曲线上,对应于曲线过渡到直线段的拐弯点的压力值是土层历史上所曾经承受过的最大固结压力,称为先期固结压力 p_c。它是一个很有用的物理量,也是了解土层应力历史的指标。

先期固结压力 p_c 还被用来判断天然土层的固结状态。天然土层可区分为下列三种固结状态。

(1) 超固结状态:指的是该天然土层在地质历史上受到过的固结压力 p_c 大于目前的上覆压力的情况。以现地面以下某一深度 z 处的单元土体 A 而言,当 $p_c > \gamma_z$ 时(γ_z 为土的重度)即为超固结状态。上覆压力由 p_c 减小至 γ_z,可能是由于地面上升或河流冲刷将其上部的一部分土体剥蚀掉了,或者古冰川下的土层曾经受过冰荷载(荷载强度为 p_c)的压缩,后由于气候转暖、冰川融化以致上覆压力减小等。

(2) 正常固结状态:指的是土层在历史上最大固结压力作用下 p_c 压缩稳定,但沉积后土层厚度无大变化,也没有受到过其他荷载的继续作用。因此,现地面以下 z 深度处的 A 点,目前的上覆压力 γ_z 就是历史上的最大固结压力 p_c,即 $\gamma_z = p_c$ 的情况。

(3) 欠固结状态:土层历史上曾在 p_c 作用下压缩稳定,固结完成。以后由于某种原因使土层继续沉积或加载,形成目前大于 p_c 的自重压力 γ_z,但因时间不长,γ_z 作用下的压缩固结还没有完成,还在继续压缩中。因此这种固结状态的土层 $p_c < \gamma_z$,是为欠固结。

上述三种固结状态可以统一用超固结比 OCR $= p_c/p_0$($p_0 = \gamma_z$ 即自重压力)的大小来判断。显然,当 OCR > 1 时,土层为超固结状态;OCR $= 1$ 时,为正常固结状态;OCR < 1 时,为欠固结状态。

4) 变形指标间的关系

室内压缩试验是土样在无侧胀条件下的单向受力试验,它与实际地基土中的受力情况不同,因此压缩试验所得到的压缩性规律及指标存在一定的局限性。有时为了研究或计算空间受力情况下土体变形,常通过野外现场的荷载试验取得地基土的压缩性规律,以及根据弹性力学的空间研究,以解答求出所需要的变形指标。但是,做一次野外现场的荷载试验,需要花费较多的时间、物力、人力和财力。因此,一般仅对较为重要的建筑项目才考虑进行。在工程中利用广义虎克定律,即可从理论上导得一维受力状态下的压缩系数 α 和压缩模量 E_s,与野外荷载试验确定的变形模量 E_0 之间的关系如下:

$$E_0 = E_s\left(1 - \frac{2\mu^2}{1-\mu}\right) = \beta E_s \quad (2-82)$$

式中:$\beta = 1 - \dfrac{2\mu^2}{1-\mu}$。

由于土体不是完全弹性体,因此上述关系式是一种近似关系。但是,这些相互关系式为工程应用提供了方便。

3. 粗粒土的三轴压缩试验

本试验方法适用于测定最大粒径为60mm粗粒土的抗剪强度指标参数。

根据路面基层的受力状态和使用条件,本试验方法采用应变控制式试验,试样在不饱水、不固结和不排水情况下测定抗剪强度参数。

试件尺寸分为 $\phi 30\text{cm} \times 60\text{cm}$ 和 $\phi 30\text{cm} \times 75\text{cm}$ 两种规格。

1)仪器设备

(1)粗粒土三轴压缩试验仪(图2-29)。

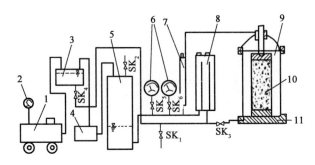

图2-29 三轴压缩仪控制系统

1-空压机;2-电接点压力表;3-水罐;4-定值器;5-蓄能器;6-标准压力表;7-油封管;8-体变管;9-压力室;10-试件;11-放水口

①试验主机:由主机架、油缸、压力室和压力移动滑车组成。仪器轴向最大允许使用荷载为500kN。

②操作控制屏:由侧压力(或称周围压力)恒定系统、体变量测装置、电器控制组件等组成。

③液压站:由液压油箱、液压泵和无级调速系统组成。

④空气压缩机(简称空压机)。

(2)附属设备。

①压力室起吊装置(电动葫芦)。

②标准测力计(量程为10t、30t各一套)。

③轴向应变测量装置(表架和量程为5cm的百分表)。

④对开成型筒及承膜筒。

⑤击实设备。

⑥磅秤:称量100kg,感量50g。

⑦托盘秤:称量5kg,感量1.0g。

⑧托盘天平:称量100g,感量0.1g。

⑨烘箱、瓷盘(盆)、铝盒各若干。

⑩橡皮膜若干。

⑪扭力扳手和活动扳手等工具。

⑫圆孔筛(孔径按试验要求确定)。

2)仪器检查

(1)检查轴向加压系统及侧压力恒压系统等运行是否正常。

(2)检查体变测量系统运行是否正常。

(3)检查压力室的密封性、传压活塞在轴套内滑动是否正常,管路、接头、阀门等是否畅通、不漏气。

(4)检查橡皮膜是否完好。

(5)标定无级调速阀上的刻度与油缸上升速度的关系。

(6)检查蓄能器水位高程,其高程不应高于蓄能器高度的1/3,亦不得低于水面指示管。水罐内水位应高于罐高的3/4。

(7)测力计使用超过半年或温差过大时,应重新标定。

(8)安装测力计时,应根据试件最大破坏荷载,选用适当量程。

3)试样

(1)试样准备。

①取样进行筛分。筛的孔径按试验材料类型不同分别选用。经筛分的试料分组称量,堆放备用,并计算出通过各级筛孔的质量百分数。如果需要准确控制试样的级配组成时,对含黏土的粒料材料,黏着的细粒土不易分散,可将粗料中的各级粒料用水洗过筛烘干备用,对不含黏土的粒料材料,则将全部试料依次过筛备用。

②根据工程需要,从粗料(粒径大于5mm)和细料(粒径小于0.5mm)中分别取代表性试样进行石料磨耗和液限、塑限等物理性质试验。

③测定颗粒粒径小于0.5mm细料和粒径大于0.5mm各级粒料材料的天然含水率。

④对超过仪器允许粒径的颗粒含量的处理,可采用下述方法:

a.当超过粒径颗粒含量小于5%时,可采用剔除法,即把超径颗粒剔除。

b.当超过粒径颗粒含量大于5%时,则采用等质量代换法处理,方法是按仪器允许的全部粗料(从粒径为5mm至最大粒径之间的粗料)按比例等质量代换超径颗粒含量。新的级配组成可按下式计算:

$$p_i = \left(\frac{100 - p_m}{p_m - p_5}\right)(p_{0i} - p_5) + p_{0i} \tag{2-83}$$

式中:p_i——代换后某粒径的粒料通过百分数(%);

p_5——原级配中粒径为5mm的粒料通过百分数(%);

p_m——原级配中粒径为60mm的粒料通过百分数(%);

p_{0i}——原级配中某粒径粒料的通过百分数(%)。

⑤分级确定粒径为0.5~60mm的某级粒料的饱和吸水率(w_a),即将粒径为0.5~60mm的风干后的某级粒径(质量为m_s)浸泡至吸水饱和,再把表面揩干,然后称湿质量(m)。某级粒料的饱和吸水率为:

$$w_a(\%) = \left(\frac{m - m_s}{m_s}\right) \times 100 \tag{2-84}$$

(2)试件制备。

①试件尺寸:试件直径为30cm,高度60cm;若试件压缩量较大时,试件高度可采用75cm。

②根据试件体积和密度要求,计算每个试件需要材料的干质量。为防止试样粗细颗粒分离,要求试件密实度均匀一致,试样应分层装填(一般6层)。按材料组成要求分层计算所需的试料,分层配料。粒径小于0.5mm的细粒另置,大于0.5mm的各级粒料可放一堆。

③计算试件每层装填试料的需要加水量:

$$m_w = (w_d - w_1)m_s + \sum_{i=1}^{n}(w_{id} - w_{i1})m_i \tag{2-85}$$

式中:m_w——试件需要的加水量(kg);

w_d——细料的设计含水率(%);

w_1——细料的天然含水率(%);

w_{id}、w_{i1}——0.5~60mm 粒料中某级粒料的设计含水率和天然含水率(%);

m_s——细料的干质量(kg);

m_i——0.5~60mm 粒料中某级粒料的干质量(kg);

n——0.5~60mm 粒料按相邻筛孔孔径划分的级数。

④把水加到粒径大于0.5mm 的粒料中,充分拌和,然后掺入细粒继续拌和,直至拌匀为止。

⑤将拌好的试料放入盘(盆)内,用塑料薄膜盖严,待用。为避免差错,应任意抽查复称其中一份,每份试料质量应为试件总湿质量的1/6。

⑥在压力室试样底座上加盖板,扎好橡皮膜,安装成型筒。将橡皮膜外翻套在成型筒上,让橡皮膜顺直,使之与成型筒壁紧贴。

⑦逐层装入试料,每装一层,先用细钢钎捣实,再用击实法使试料达到要求的密实度(用高度控制其密实度);然后将表面刨松,再装第二层。依此类推,直至最后一层。

⑧整平试件顶面,加上盖板和试件帽,卸除对开成型筒,脱去橡皮膜,用钢尺量测试件的实际高度。测量误差不得大于±2mm。再套上完好的橡皮膜,并将两头扎紧。

⑨制件结束后,扫清底盘。

⑩安装压力室,用扭力扳手旋紧和底盘连接的螺栓,然后往压力室内加满水,旋紧加水孔螺帽,置压力室于剪切试验仪机座上,静置24h,使试件内水分充分渗润。

4)试验步骤

(1)合上电源开关,接通电源。总电源指示灯亮,指示电源接通。

(2)将旋钮开关扳向油缸上升位置。按油缸起动按钮,逆时针旋转无级调速阀,压力室在油缸推动下快速上升。当与测力计下端接近时,顺时针旋动调速阀,使油缸缓慢上升,直到测力计百分表指针微动即关机。调整测力计百分表指针为零。

(3)将电接点压力表调至高于所需周围压力200kPa 左右,定值器旋至截止位置(反时针),其余阀门处于关闭状态。按空压机按钮,压力上升到调定压力后,自动停止。此时打开标准侧压力表开关SK_5,缓缓调整定值器至所需侧压力为止(侧压力分别采用100kPa、150kPa、

200kPa、250kPa)。稳定后,记录体变管读数。

(4)逆时针旋开加压截止阀 SK_3,压力便自动加入压力室,可见体变管内油液面下降(表示试件压缩)。与此同时,逆时针旋开油封开关。

(5)待侧压力稳定后(即体变管液面不动),此时记录测力计百分表读数,重新调整测力计百分表为零,并记录体变管读数。

(6)按下油缸起动按钮,然后旋动(逆时针方向)无级调速阀到规定位置,使剪切速率为 1.5mm/min。此时试件开始剪切。

(7)剪切开始阶段,试件每产生 1.0mm 的垂直变形,测记轴向压力和垂直变形、体变各一次。当应力-应变曲线接近峰值时,应适当加密读数。一般应按每产生 0.5mm 的垂直变形记录一次读数。当轴向测力计百分表数读不再上升或有明显减小时,表明已出现峰值,继续测读 1~2 次读数,即可停机。若没有出现峰值,则当相邻两级的应力差小于 5kPa 时,即可关机。

(8)当采用一个试件做四级侧压力的剪切试验时,侧压力由小到大,分级进行。在第一级侧压力作用下,施加轴向压力进行剪切,当轴向测力计百分表不再上升或相邻两级应力差小于 5kPa 时关机。立刻施加第二级侧压力。稳定 10min 后,再施加轴向压力进行剪切,当轴向测力计百分表不再上升或相邻两级应力差小于 5kPa 时关机。如此继续进行第三、第四级侧压力作用下的剪切试验,直至试件剪损为止。

(9)试验进行中,若因试件剪胀,体变管内油液面向上推至顶点时,应将内管水排除,才能继续剪切。排除内管水时,首先关闭 SK_3,后再开 SK_1,让内管水经 SK_1 阀排出。当内管水面达到所需的位置,再关阀 SK_1。待压力稳定后,再旋开 SK_3,继续剪切。(注意:排水时,应停止剪切,并使试件悬停于原处。)

(10)试验进行中,若体积压缩很大,致使体变管内管油液面下降至底部,此时应先关闭 SK_3,后旋开 SK_4。水罐内压力大于周围压力,罐内水自动加入体变管内,将外管之水压回蓄能器。此时恒压系统压力升高,然后将放水阀 SK_2 适当旋开放气,补水到所需位置。先关闭 SK_4,后关闭 SK_2,待恒压系统压力平衡稳定后,再旋开 SK_3,继续剪切。(注意:在补水时,应停止剪切,并使试件悬停于原处)。

(11)剪切试验结束后,关闭侧压力阀 SK_3 及油封阀,把旋钮开关扳向油缸下降位置,按下油缸起动按钮,使油缸迅速下降;打开排气阀放气,打开压力室加水孔和排水孔螺帽,排出压力室内的水,卸除压力室与底座的连接螺栓。吊起压力室,揩干试件周围的余水,脱去橡皮膜,描述试件的破坏情况。卸下试件,从中部取样,测定含水率。必要时,结合含水率试验,取烘干后试样进行颗粒分析,以了解颗粒的剪损情况。

5)结果整理

(1)计算试件的最大主应力 σ_1 和应变 ε_1

① 计算轴向荷载 P:

$$P = GR \tag{2-86}$$

式中:P——轴向荷载(N);

G——测力计校正系数(10N/0.01mm);

R——测力计百分表读数(0.01mm)。

② 计算轴向应变 ε_1:

$$\varepsilon_1 = \frac{\Delta h}{h_0} \tag{2-87}$$

式中：Δh——试件的轴向变形（cm）；

h_0——试件的初始高度（cm）。

③计算试件剪切过程中的体积变化 ΔV：

$$\Delta V = \Delta V_1 + \Delta V_2 \tag{2-88}$$

式中：ΔV_1——从体变管测读的体积变化量（压缩为负，膨胀为正）（cm³）；

ΔV_2——柱塞在剪切过程中伸入压力室而引起的体积变化量（为负值）（cm³）；

$$\Delta V_2 = \frac{\pi d^2}{4} \cdot \Delta h = 44.2\Delta h \quad \text{（其中柱塞直径 } d = 7.5\text{cm）}$$

④校正后的试件截面积 A_a：

$$A_a = \frac{V_0 + \Delta V}{h_0 - \Delta h} \tag{2-89}$$

式中：V_0——试件的初始体积（cm³）。

⑤应力差：

$$\sigma_1 - \sigma_3 = \frac{P}{A_a} \tag{2-90}$$

式中：σ_3——侧压力（kPa）。

⑥最大主应力 σ_1：

$$\sigma_1 = \frac{P}{A_a} + \sigma_3 \tag{2-91}$$

（2）计算抗剪强度指标 c、φ 值

①确定试件剪切破坏极限值 $\sigma_{1\max}$。

②c、φ 可分别采用作图法或计算法求解。

a. 作图法。

以主应力为纵坐标，剪应力 τ 为纵坐标。在横坐标上，以 $(\sigma_{1\max} + \sigma_3)/2$ 点为圆心，以 $(\sigma_{1\max} - \sigma_3)/2$ 为半径，画莫尔圆，再作这几个莫尔圆的包线。包线的倾角即为摩擦角 φ，包线与纵坐标的截距即为黏聚力 c，如图 2-30 所示。

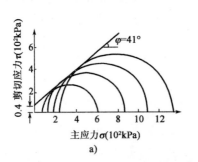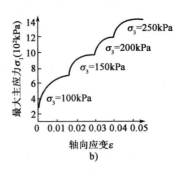

图 2-30 应力应变曲线的莫尔包线

a)莫尔包线；b)应力应变曲线

b. 计算法。

$$\varphi = \arcsin\left(\frac{m-1}{m+1}\right)$$

$$c = \frac{b}{2\sqrt{m}}$$

注：相关系数要求达到 0.99 以上。

$$m = \frac{\sum(\sigma_3 \sigma_{1\max}) - \frac{1}{n}(\sum \sigma_3)(\sum \sigma_{1\max})}{\sum \sigma_3^2 - \frac{1}{n}(\sum \sigma_3)^2}$$

式中：n——试件的个数或侧压力的级数；

$b = \sigma_{1\max} - m\sigma_3$；

$\sigma_{1\max}$——各级侧压力作用时，最大主应力极限值的平均值；

σ_3——四级侧压力的平均值。

三、抗剪强度试验

1. 概述

土的抗剪强度是指土体对于外荷载产生的剪应力的极限抵抗能力。当土中某点由外力所产生的剪应力达到土的抗剪强度、发生了土体的一部分相对于另一部分移动时，认为该点发生了剪切破坏。工程实践和室内试验都验证了土常常是由于受剪而产生破坏。剪切破坏是强度破坏的重要特点，所以强度问题是土力学中最重要的基本内容之一。

与强度有关的工程问题主要有下列三方面：第一是土作为材料构成的土工构筑物的稳定问题，如土坝、路堤等填方边坡以及天然土坡（包括挖方边坡）等的稳定性问题；第二是土作为工程构筑物的环境的问题，即土压力问题，如挡土墙、地下结构等的周围土体，它的强度破坏将对墙体造成过大的侧向土压力，以致导致这些工程建筑物发生滑动、倾覆等破坏事故；第三则是土作为建筑物地基的承载力问题。如果基础下地基土体产生整体滑动或者其局部剪坏区发展导致过大的甚至不均匀的地基变形，都会造成上部结构的破坏或发生影响正常使用的事故。所以土的强度问题及其原理将为上述这些土工工程的设计和验算提供理论依据和计算指标。

土的强度确定方法与变形问题一样，也是分室内试验与现场测定两大类。直剪试验是其中最基本的室内试验方法。

2. 直剪试验

1）仪器设备

直剪仪按加荷方式分为应变式和应力式两类，前者是以等速推动剪切盒使土样受剪，后者则是分级施加水平剪力于剪力盒使土样受剪。我国目前普遍应用的是应变式直剪仪。仪器的主要部件剪切容器是由固定的上盒和活动的下盒（应变式）等部件组成，如图 2-31 所示。

2)试验过程

采用应变式直剪仪试验时,按照试验操作规程,用环刀对保持同样含水率、密度和相同结构的土,切取3~4个试件,分别放在剪力盒内,按顺序安装完毕后,对仪器中的土样先施加不同的法向应力$\sigma = N/F$(F为土样截面积),然后再施加水平剪力T,将下盒推动,使土样在侧限条件下沿人为规定的剪切面ab受剪,见图2-32。按给定的破坏标准确定其破坏状态。例如,当剪应力-剪切位移曲线出现峰值(图2-33)和一组终值数据:法向应力σ和剪坏时剪切面上的平均剪应力$\tau_f = T_{max}/F$。在直角坐标σ-τ关系图中可以作出破坏剪应力的连线[图2-33b)]。在一般情况下,这个连线是线性的,见式(2-92)、式(2-93)。

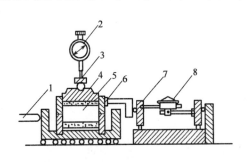

图2-31 应变控制式直剪仪示意图
1-推动座;2-垂直位移百分表;3-垂直加荷框架;4-活塞;5-试样;6-剪切盒;7-测力计;8-测力百分表

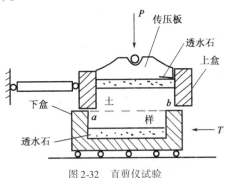

图2-32 直剪仪试验

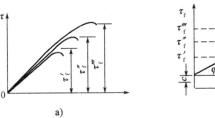

图2-33 直剪试验曲线
a)剪应力-剪切位移关系;b)抗剪强度-法向应力关系

砂性土:
$$\tau_f = \sigma \tan\varphi \tag{2-92}$$

黏性土:
$$\tau_f = c + \sigma \tan\varphi \tag{2-93}$$

式中:c——土的黏聚力(kPa),图2-33b)中的τ-σ直线在纵轴上的截距;

φ——土的内摩擦角,即τ-σ直线与横轴的夹角;

$\tan\varphi$——直线的斜率。

式(2-92)、式(2-93)就是土体的强度规律的数学表达式。在18世纪70年代由库仑提出,所以也称库仑定律。它表明在一般的荷载范围内土的抗剪强度与法向应力之间呈直线关系,其中c、φ被称为土的强度指标。

3)强度指标

强度指标c、φ反映土的抗剪强度变化的规律性。按照库仑定律,对于某一种土,它们是作为常数来使用的。实际上,强度指标c、φ值随着土的颗粒组成和含水率的不同而变化。

砂土的内摩擦角φ值取决于砂粒间的摩擦阻力以及联锁作用。一般可以取中砂、粗砂、砾砂的$\varphi = 32° \sim 40°$;粉砂、细砂的$\varphi = 28° \sim 36°$。孔隙比越小时,φ越大。但是,含水饱和的粉砂、细砂很容易失去稳定,因此必须采取慎重的态度,对此有时取$\varphi = 20°$左右。

黏性土的抗剪强度主要取决于黏聚力c:

(1)由于土粒间水膜与相邻土粒之间的分子引力形成的黏聚力,通常称为"原始黏聚力"。当土被压密时,土粒间的距离减小,原始黏聚力随之增大。当土的天然结构被破坏时,将丧失原始黏聚力的一部分,但也会随着时间而恢复其中的一部分。

(2)由于土中化合物的胶结作用而形成的黏聚力,通常称为"固化黏聚力"。当土的天然结构被破坏时,即丧失这一部分黏聚力,而且不能恢复。

黏性土的抗剪强度指标的变化范围很大,与土的种类有关,并且与土的天然结构是否被破坏、试样在法向压力下的排水固结、试验方法等因素有关。黏性土的黏聚力大致从小于9.81kPa到近似200kPa。

直接剪切试验目前依然是室内最基本的抗剪强度测定方法。试验和工程实践都表明:土的抗剪强度是与土受力后的排水固结状况有关,因而在土工工程设计中所需要的强度指标试验方法必须与现场的施工加荷实际相符合。

4)试验方法

为了在直剪试验中能考虑实际需要,可通过采用不同的加荷速率来达到排水控制的要求。于是,直剪试验有快剪、固结快剪和慢剪三种不同试验方法。

(1)快剪。竖向压力施加后立即施加水平剪力进行剪切,而且剪切的速率也很快。一般从加荷到剪坏只用$3 \sim 5$min。由于剪切速率快,可认为土样在这样的短时间内没有排水固结或者说模拟了"不排水"的剪切情况,得到的强度指标用c_q、φ_q表示。

(2)固结快剪。竖向压力施加后,给以充分时间使土样排水固结。固结终了后再施加水平剪力,快速地(在$3 \sim 5$min内)把土样剪坏,即剪切时模拟不排水条件,得到的指标用c_{cq}、φ_{cq}表示。

(3)慢剪。竖向压力施加后,让土样排水固结,固结后以慢速施加水平剪力,使土样在受剪过程中一直有充分时间排水和产生体积变形,得到的指标用c_s、φ_s表示。

上述三种试验方法对黏性土是有意义的,但效果要视土的渗透性大小而定。对于非黏性土,由于土的渗透性很大,即使快剪也会产生排水固结,所以常采用一种剪切速率进行"排水剪"试验。

5)技术要求

(1)剪切速率的影响。

剪切速率对砂土抗剪强度的影响很少,常可忽略不计,但对黏性土抗剪强度的影响则比较明显。黏性土的抗剪强度一般情况都会随剪切速度加快而增大。较灵敏的土,剪切速率降低10倍时,其抗剪强度则可降低5% $\sim$ 8%。

(2)破坏标准取值问题。

土的应力-应变关系曲线一般具有如图2-34所示的几种类型,破坏值的选定常有下述情

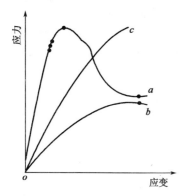

图 2-34 应力-应变关系曲线

况:如应力-应变曲线具有明显峰值(紧密砂、硬黏土、超固结土),则取峰值作为抗剪强度破坏值;如曲线无峰值(松砂、饱和软黏土、欠固结土等),一般取其剪应变的 15% 或试样直径的 $1/15 \sim 1/10$ 剪切变形时的剪应力值作为破坏值。

3. 三轴试验

抗剪强度试验的方法有多种,目前室内最常用的是直剪试验与三轴试验。直剪试验基本原理与方法已如前述,它的优点是仪器构造简单,操作方便,它的主要缺点是不能控制排水条件、剪切面人为固定以及剪切面上的应力分布不均匀等。因此,后来又发展了三轴剪力仪和三轴试验方法等。

1)试验基本原理

如图 2-35 所示是三轴剪力仪的构造示意图。它由三个主要部分组成:主机、稳压系统以及量测系统。

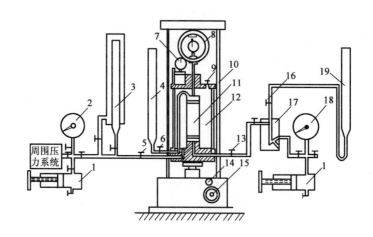

图 2-35 三轴剪力仪示意图

1-调压筒;2-周围压力表;3-体变管;4-排水管;5-周围压力阀;6-排水阀;7-变形量表;8-量力环;9-排气孔;10-轴向加压设备;11-试样;12-压力室;13-孔隙压力阀;14-离合器;15-手轮;16-量管阀;17-零位指示器;18-孔隙压力表;19-量管

主机部分包括土样压力室、加荷系统(包括传动装置)等。常规三轴的压力室是一圆筒形空间,由底座与上盖板及有机玻璃压力圆筒组成。通常底座有 $3 \sim 4$ 个通孔分别与稳压调压系统和量测(体积变形、孔隙压力)系统等连通。土样用橡皮膜包裹密封后置于压力室圆筒内,这样土样便与压力室空间隔绝了。土样上下端板(包括透水面)都有管路,分别接上底座,相应孔道通往体积量测和孔隙压力量测装置,可以由此测知试验时土样的排水量和孔隙压力变化。

对土样施加的荷载分别为侧向和竖向压力,它们是通过液(气)体介质向压力室内加压以及由活塞杆加竖向力来达到的,所以是空间(三维)的施力条件。在常规三轴中土样是圆柱形的,所以是轴对称的受力状态。由于在向土样施加侧压力时,土样在压力室中处于四面受力状态,所以又称为周围压力。

稳压调压系统由压力源、调压筒或调压阀、压力表等组成。试验时通过向压力室施放液(气)体介质对试样施加周围压力,并在试验过程中根据不同的试验要求予以控制和调节,如变化压力或保持恒压等。

量测系统由排水管、体变管、零位指出器、调压筒和压力表等组成。试验时分别测出试样受力后土中排出的水量变化以及土中孔隙压力的变化。前者是通过让土样排水固结,土中排出水量由排水管读出,测定排水量随时间的变化,可以了解土样的固结过程;后者是通过零位指示器调压筒等来实现的。零位指示器是一种压力平衡装置,常用有机玻璃制成,内中有U形孔道,它的两端分别与土样底部和调压筒用管路连通。当土样受力产生孔隙压力时,零位指示器上的水银面便出现高差,旋动调压筒活塞使指示器中两种液面(水银与水的交界面)显示的零位保持不变,则可从压力表中读出孔隙压力的大小。土样的体积变形是通过体积变化管(有时也用排水管)来测定,竖向位移变形则用置于压力室上方的测微表读出。

三轴剪力仪所有各组成部分之间的连接管路上都设有各种阀门开关,以便根据不同试验方法的要求随时调整其开启或关闭。

常规三轴试验的一般程序是:装好试样,根据不同试验要求启闭有关阀门开关,接着便先后向压力室施加土样所承受的周围压力 σ_3(即侧向主应力)以及竖向作用的轴应力 $\sigma_1 - \sigma_3$。施加压力后,土样便发生变形,分别测读所加的各级压力增量以及土样的体积变形和竖直变形,直至土样剪切破坏为止。按照量测结果作出应力-应变曲线确定或计算土样的破坏应力,再作出极限应力圆(莫尔圆)。对 3~4 个土样(均属同一层土)分别施加不同的周围压力 σ_3 进行试验,可得几个极限应力圆,由此绘得强度包线,并求得强度指标 c、φ 值。

2)试验方法

三轴剪力仪由于土样和压力室均可分别形成各自的封闭系统(通过相关的管路和阀门),因此,它可控制试验时的土中排水条件。根据土样固结排水的不同条件,三轴试验可分为下列三种基本方法。

(1)不固结不排水剪(UU 试验):先向土样施加周围压力 σ_3,随后即施加竖向轴应力 $\sigma_1 - \sigma_3$ 直至剪坏。在施加 σ_3 和 $\sigma_1 - \sigma_3$ 的过程中,自始至终关闭通向量水管的排水阀门 6(图 2-35),不允许土中水排出,即在施加周围压力和剪切力时均不允许土样发生排水固结。这样从开始加压直至试样剪坏全过程中土中含水率保持不变。这种试验方法所对应的实际工程条件相当于饱和软黏土中快速加荷时的应力状况。

"UU"试验时,若要测定孔隙压力,则只要在整个试验过程中打开土样底部与量测系统中零位指示器间的管路开关(图 2-35 中的孔隙压力阀 13)即可。

(2)固结不排水剪(CU 试验):试验时先对土样施加周围压力 σ_3,并打开土样顶板与排水管的通路开关排水阀门 6,使土样在 σ_3 作用下充分排水固结。在确认土样的固结已经完成后,关闭这个通路开关,施加轴应力 $\sigma_1 - \sigma_3$,使土样在不能向外排水的条件下受剪直至破坏为止。由于不排水,土样在剪切过程中自然也没有体积变形。若要在受剪过程中量测孔隙压力,则要打开孔隙压力阀门 13。如果在施加 σ_3 使土样排水的固结过程中需要监测孔隙压力的消散情况,则也要打开这个阀门。

三轴"CU"试验基本能够模拟实际工程中一般正常固结土层在工程竣工时或以后受到大量、快速的活荷载或新增加的荷载的作用所对应的受力情况,因此,土工试验中得到广泛应用。

(3)固结排水剪（CD 试验）：在施加 σ_3 和 $\sigma_1-\sigma_3$ 的全过程中，土样始终是排水状态，土中孔隙压力始终处于消散为零的状态，为此，整个试验过程中，包括施加周围压力 σ_3 后的固结以及施加轴应力 $\sigma_1-\sigma_3$ 后的受剪，排水阀门 6，甚至包括孔隙压力阀门 13 一直是打开着的。

3）试验结果的整理与表达

下面通过一个实例数据来说明试验结果的整理与表达。若有一组同一种黏土的试样共 4 个，通过三轴 CU 试验测得其结果及计算值，如表 2-17 所示。

一组三轴试验结果（单位：kPa）　　　　表 2-17

土样编号	1	2	3	4	说　明
σ_3	50	100	150	200	三轴侧压力（周围压力）
$\sigma_1-\sigma_3$	130	220	310	382	剪破时之偏应力
σ_1	180	320	460	582	剪破时之大主应力
$\dfrac{\sigma_1+\sigma_3}{2}$	115	210	305	391	莫尔圆圆心位置坐标
$\dfrac{\sigma_1-\sigma_3}{2}$	65	110	155	191	莫尔圆的半径

在 $\tau-\sigma$ 应力坐标图中作出一组莫尔应力圆，如图 2-36 中的圆①、②、③、④等所示。并作各圆的公切线即强度包线，如 $\overline{ab}$。在图上量得黏土的强度指标分别为 $c=17\text{kPa}$ 和 $\varphi=26°$。

在这个实例中，试验时并没有量测孔隙水压力的变化，表中数据都是指总应力的情况。用总应力大小整理表达出来的强度指标称为总应力指标。只考虑总应力大小而不考虑孔隙压力影响的方法称为总应力法。

同一种土的试样在不同的三轴侧压力 σ_3 的作用下所作的 UU 试验或 CD 试验也有类似的整理结果。三种不同的三轴试验方法所得强度包线性状及其相应的强度指标不相同，其大致形态与关系如图 2-37 所示。

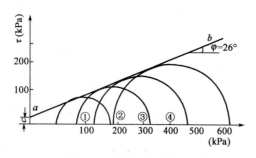

图 2-36　三轴试验的强度包线

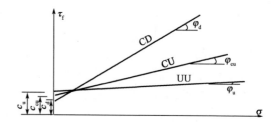

图 2-37　不同排水条件下的强度包线与强度指标

需要指出的是 UU 试验的指标。在一般情况下，φ_u 是不太大的。大量试验结果表明，对于饱和软黏土，$\varphi_u\approx 0°$，即它的强度包线是一条近乎水平的直线（图 2-38）。通常，这种条件下的软土强度大小主要用 c_u 表达。

4. 单轴试验与无侧限抗压强度

1）试验简介

单轴试验是指试件在无侧向压力条件下抵抗轴向压力的极限强度，又称无侧限压缩试验。

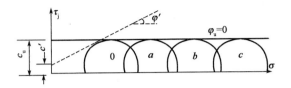

图 2-38 饱和软黏土 UU 试验的强度包线

土工试验中的单轴试验,主要用于测定饱和软黏土的无侧限抗压强度及灵敏度。所用仪器为应变控制式允许膨胀压缩仪,如图 2-39 所示。

试样用圆柱形,直径一般为 40mm,高度为 100mm,试样直径与高度之比应大于 2,现行《公路土工试验规程》(JTG E40—2007)建议采用 2.0 ~ 2.5。

除仪器主机外,还应有制备土样试筒、切土盘、百分表、天平、卡尺、削土刀等一系列设备,操作步骤及结果整理详见现行《公路土工试验规程》(JTG E40—2007)。

2)试验结果

(1)求得轴向应变量。

(2)求得轴向应力。

(3)根据应力与应变作出应力-应变关系曲线,求得土样的无侧限抗压强度。

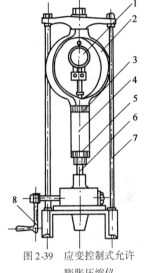

图 2-39 应变控制式允许膨胀压缩仪

1-百分表;2-测力计;3-土加压板;4-试样;5-下加压板;6-升降螺杆;7-加压框架;8-手轮

(4)将分别求得的原状土样的无侧限抗压强度(q_u)以及重塑土样的无侧限抗压强度(q'_u),按下式求出软黏土的灵敏度 S_t:

$$S_t = \frac{q_u}{q'_u} \tag{2-94}$$

式中:S_t——软黏土的灵敏度;

q_u——原状土的无侧限抗压强度;

q'_u——重塑土(扰动土)的无侧限抗压强度。

灵敏度是表示土结构对强度影响的指标,灵敏度值越大,表示土的结构对土体强度影响也越大,根据灵敏度的大小可将黏性土划分如下:

$S_t < 2$,不灵敏的黏土;

$S_t = 2 \sim 4$,中等灵敏黏土或一般黏土;

$S_t = 4 \sim 8$,灵敏性黏土;

$S_t > 8$,高灵敏性黏土。

5. 粗粒土的直接剪切试验

本试验采用应力控制式或应变控制式大型直接剪切仪测定粗、巨粒土的抗剪强度参数。试验描述以应力控制式大型直接剪切试验为例。

本试验方法适用于最大粒径为 60mm 的粗颗粒土。

1)仪器设备

(1)应力控制式大型直剪仪:由上剪切盒、下剪切盒、传压板、滚珠排、垂直加压框架和水平加压支座等组成,如图2-40所示。

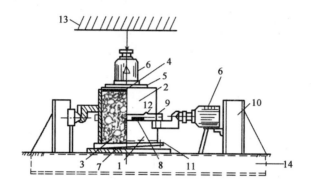

图2-40 大型直剪仪示意

1-下剪切盒;2-上剪切盒;3-透水板;4-试样;5-传压板;6-千斤顶;7-滚轴排;8-开缝装置;9-水槽;10-水平加荷支座;11-进水孔;12-固定销;13-上反力横梁;14-下反力横梁

①剪切盒:形状宜采用圆形,尺寸:$D/d_{max} = 8 \sim 12$,$H/d_{max} = 4 \sim 8$。

②加荷设备双向油压千斤顶2台和稳压装置。

(2)百分表:量程30mm,分度值0.01mm。

(3)其他设备:真空泵(附真空测压表)、饱和器(附金属真空缸)、粗筛一套(筛孔孔径分别60mm、40mm、20mm、10mm、5mm、2mm)、磅秤(分度值250g)、台秤、托盘天平、水平尺、拌和工具、恒湿设备与击实锤。

2)试验步骤

(1)制备和安装

①试样按规定进行备料。根据试验要求的干密度、含水率和试样尺寸,计算并称取试验所需的土样数量。对无黏性粗颗粒土,为防止颗粒分离,也可根据装填层数,分层称取试验所需的土样。

②将下吊放在滚轴排上,并在下剪切盒上安放开缝环及钢珠[控制剪切开缝尺寸为(1/4 ~ 1/3)d_{max}],然后将上剪切盒放上,务使上、下盒同心,并用固定插销定位。

③将称好的试样拌匀后分层装入剪切盒内(层次可根据高度与层缝错开的原则而定,一般为3层或5层),每一层应击实至要求的高度。对黏质粗颗粒土,每层表面刨毛后,再填第二层。重复上述步骤至最后一层,整平表面。

④试样如需饱和,对无黏性粗颗粒土,宜用水头饱法;对黏质粗颗粒土宜用真空饱和法。

⑤在试样面上依次放上透水板、传压板、垂直千斤顶和传压板等,并与液压稳定器管路连接。要求安装对中,传压板应用水平尺校平。上、下反力钢梁应水平。然后安装2~4个垂直百分表,徐徐开动垂直千斤顶,使各部接触。记录变形起始读数。

⑥安装水平千斤顶和水平百分表,务使水平千斤顶的着力线通过剪切面的中心。徐徐开动水平千斤顶,使其与下剪切盒的着力点接触(即水平百分表开始微动)即停止。

⑦每组试验应制备4个或5个试样,其密度差值不得大于0.03g/cm³,含水率差值不得大

于1%。在不同压力下进行试验,各级垂直压力级差大致相同。

(2)快剪试验(Q)

①按本试验规定安装试样并定位,但在试样上、下面接触处,安放与透水板厚度相等的不透水钢板。在试样上一次施加额定的垂直荷载,使其在整个试验过程中保持恒定。

②拔除上、下剪切盒的固定销并取掉开缝环,记录垂直、水平千斤顶、百分表等的读数。随即开动水平千斤顶,施加水平荷载,每30s加一级,并测读一次水平百分表和垂直百分表的读数。起始水平荷载按垂直荷载的7%～10%施加。当某级水平荷载下的剪切位移超过前一级剪切位移的1.5～2.0倍时,改为按5%施加。每施加一级水平荷载,测读垂直和水平百分表各一次。

当水平荷载读数不再增加或剪切变形急骤增长时,即认为已剪损。若无上述两种情况出现,应控制剪切变形达试样直径的1/15～1/10,方可停止试验。应控制试样在5～10min内达到剪切破坏。

③试验结束后,尽快卸去百分表、水平荷载、垂直荷载和加荷设备,视需要对剪切面作简要描述。取剪切面附近的试样,测定其剪切后含水率与颗粒级配。

(3)固结快剪试验(R)

①按本试验规定进行试样安装和定位,但试样上、下两面的不透水板换放细铜丝布和透水钢板。

②在试样上施加垂直荷载后,如每小时垂直变形小于0.03mm,则认为变形稳定。测记此时垂直百分表读数。

③试样达到固结稳定后,按本试验规定进行剪切。

(4)慢剪试验(S)

①按本试验规定进行试样安装和定位,但试样上、下两面的不透水板改放细铜丝布和透水铜板。

②按本试验规定进行试样固结。

③试样达到固结稳定,拔除上、下剪切盒固定销并取掉开缝环。检查垂直千斤顶、水平千斤顶、百分表等,记录其读数。开动水平千斤顶,施加水平荷载,每隔1min测记一次水平百分表读数和垂直百分表读数。若1min内剪切变形不超过0.01mm,则施加下一级水平荷载。起始水平荷载每级按垂直荷载的7%～10%施加,当某级水平荷载下的剪切位移超过前一级剪切位移的1.5～2.0倍时,改为按5%施加。

当水平荷载读数不再增加或剪切变形急骤增长时,即认为已剪损。若无上述两种情况出现,应控制剪切变形达试样直径的1/10～1/5,方可停止试验。

④试验结束后,按本试验规定拆除试样,并测定其剪切后含水率与颗粒级配。

3)结果整理

(1)按下列公式计算垂直压力和剪应力:

$$P = \frac{P_V + \Delta P}{A} \tag{2-95}$$

$$\tau = \frac{P_h - F}{A} \tag{2-96}$$

$$P_V = C_V R_V \tag{2-97}$$

$$P_h = C_h R_h \tag{2-98}$$

式中：P、τ——垂直压力和剪应力（kPa）；

P_V、P_h——垂直荷载和水平荷载（kN）；

C_V、C_h——垂直千斤顶和水平千斤顶上压力表的率定系数（kN/kPa）；

R_V、R_h——垂直和水平千斤顶压力表读数（kPa）；

F——某垂直压力下仪器摩擦力（kN）；

ΔP——附加垂直荷载，包括透水板、传压板和千斤顶的重力，千斤顶以上的设备重力不计在内（kN）；

A——试样面积（m²）。

（2）以剪应力和垂直变形为纵坐标，水平位移为横坐标，分别绘制某级垂直压力下剪应力 τ 与水平位移 ΔL 关系曲线和垂直变形 Δs 与水平位移 ΔL 关系曲线，见图2-41和图2-42。

（3）取剪应力 τ 与水平位移 ΔL 关系曲线上峰值或稳定值作为抗剪强度。如无明显峰值，则取水平位移达到试样直径1/15~1/10处的剪应力作为抗剪强度 S。

（4）以抗剪强度 S 为纵坐标，垂直压力 P 为横坐标，绘制抗剪强度 S 与垂直压力 P 的关系曲线，如图2-43所示。直线的倾角为粗颗粒土的内摩擦角 φ，直线在纵坐标轴上的截距为粗颗粒土的黏聚力 c。

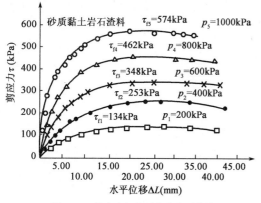

图2-41 剪应力与水平位移关系曲线

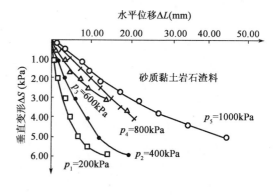

图2-42 水平位移与垂直位移关系曲线

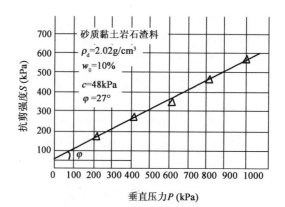

图2-43 抗剪强度与垂直压力关系曲线

四、粗粒土和巨粒土的最大干密度试验

1. 表面振动压实仪法

本试验方法适用于采用表面振动压实仪法测定通过0.075mm标准筛的土颗粒质量百分数不大于15%的无黏性自由排水粗粒土和巨粒土(包括堆石料)的最大干密度。

1)仪器设备

(1)振动器:见图2-44,功率0.75~2.2kW,振动频率30~50Hz,激振力10~80kN。钢制夯:可牢固于振动电机上,且有一厚15~40mm夯板。夯板直径应略小于试筒内径2~5mm。夯与振动电机总重在试样表面产生18kPa以上的静压力。

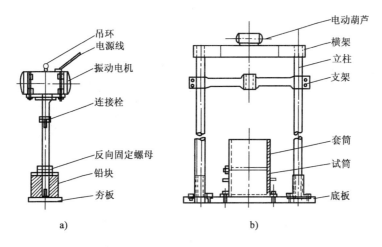

图2-44 表面振动压实仪试验装置

(2)试筒:见表2-18或根据土体颗粒级配选用较大试筒。但固定试筒的底板须固定于混凝土基础上或质量至少为450kg的混凝土块上。试筒容积宜用灌水法每年标定一次。

试样质量及仪器尺寸　　表2-18

土粒最大尺寸 (mm)	试样质量 (kg)	试筒尺寸 容积(cm³)	试筒尺寸 内径(mm)	套筒高度 (mm)	装料工具
60	34	14200	280	250	小铲或大勺
40	34	14200	280	250	小铲或大勺
20	11	2830	152	305	小铲或大勺
10	11	2830	152	305	φ25mm漏斗
5或<5	11	2830	152	305	φ3mm漏斗

(3)套筒:内径应与试筒配套,高度为170~250mm;与试筒固定后内壁须成直线连接。
(4)台秤、电动葫芦、标准筛(圆孔筛:60mm、40mm、20mm、10mm、5mm、2mm、0.075mm)。
(5)直钢条:宜用尺寸为350mm×25mm×3mm(长×宽×厚)。
(6)深度仪或钢尺:量测精度要求至0.5mm。
(7)大铁盘:宜用尺寸为600mm×500mm×80mm(长×宽×高)。

(8)其他:烘箱、小铲、大勺及漏斗、橡皮锤、秒表、试筒布套等。

2)试验步骤

(1)干土法。

①充分拌匀烘干试样,即使其颗粒分离程度尽可能小,然后大致分成三份,测定并记录空试筒质量。

②用小铲或漏斗将任一份试样徐徐装填入试筒,并注意使颗粒分离程度最小(装填量宜使振毕密实后的试样等于或略低于筒高的1/3),抹平试样表面,然后可用橡皮锤或类似物敲击几次试筒壁,使试料下沉。

③将试筒固定于底板上,装上套筒,并与试筒紧密固定。

④放下振动器,振动6min。吊起振动器。

⑤按本试验步骤②~④进行第二层、第三层试样振动压实。

⑥卸去套筒。将直钢条放于试筒直径位置上,测定振毕试样高度。读数宜从四个均布于试样表面至少距筒壁15mm的位置上测得并精确至0.5mm,记录并计算试样高度H_0。

⑦卸下试筒,测定并记录试筒与试样质量。扣除试筒质量即为试样质量。计算最大干密度ρ_{dmax}。

⑧重复本试验步骤①~⑦,直至获得一致的最大干密度。但须制备足够的代表性试料,不得重复振动压实单个试样。

(2)湿土法。

①按湿法试验时,可对烘干试料加足量水,或用现场湿土料进行。拌匀试料颗粒级配及含水率(使颗粒分离程度尽可能小),然后大致分成三份。如果向干料中加水,则需最小饱和时间约1/2h;加水量宜加到足够分量,即在拌和盘中无自由水滞积,且在振密过程中基本保持饱和状态。

注:对于估算向烘干试料中的加水量,起初可尝试每4.5kg试料约加1000mL的水量,或按下式估算:

$$M_w = M_s \left(\frac{\rho_w}{\rho_d} - \frac{1}{G_s} \right) \tag{2-99}$$

式中:M_w——加水量(g);

ρ_d——由起初振密结果所估算的干密度(kg/m³);

M_s——试样质量(g);

ρ_w——水的密度(1000kg/m³);

G_s——土粒比重。

②将试筒固定于底板上。用小铲或大勺将任一份湿料徐徐填入试筒(装填量宜使振毕试样等于或略低于筒高的1/3)。

③放下振动器,振动6min。吊起振动器,吸去试样表面自由水。

④按本试验步骤②、③进行第二层、第三层试样振动压实。

⑤卸下试筒。吸去加重底板上及边缘的所有自由水。将百分表架支杆插入每个试筒导向瓦套孔中;刷净试筒顶沿面上及加重底板上位于试筒导向瓦两侧测量位置所积落的细粒土,并尽量避免将这些细粒土刷进试筒内。然后分别测读并记录试筒导向瓦每侧试筒顶沿面(中心

线处)各三个百分表读数,共12个读数(其平均值即为百分表初始读数 R_i);再从加重底板上测读并记录出相应读数(其平均值即为终了百分表读数 R_f)。

⑥测定振毕试样含水率后。计算最大干密度 ρ_{dmax}。

⑦同干土法步骤⑧。

(3)对于粒径大于60mm 的巨粒土,因受试筒允许最大粒径的限制,应按相似级配法制备缩小粒径的系列模型试料。相似级配法粒径及级配按以下公式及图 2-45 计算。

相似级配模型试料粒径:

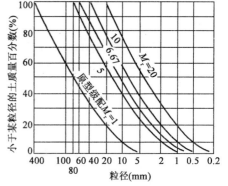

图 2-45 原型料与模型料级配关系

$$d = \frac{D}{M_r} \tag{2-100}$$

式中:D——原型试料级配某粒径(mm);

d——原型试料级配某粒径缩小后的粒径,即模型试料相应粒径(mm);

M_r——粒径缩小倍数,通常称为相似级配模比;

$$M_r = \frac{D_{max}}{d_{max}} \tag{2-101}$$

式中:D_{max}——原型试料级配最大粒径(mm);

d_{max}——试样允许或设定的最大粒径,即60mm、40mm、20mm、10mm 等。

相似级配模型试料级配组成与原型级配组成相同:

$$p_{M_r} = p_p \tag{2-102}$$

式中:p_{M_r}——原型试料粒径缩小 M_r 倍后(即为模型试料)相应的小于某粒径 d 的含量百分数(%);

p_p——原型试料级配小于某粒径 D 的含量百分数(%)。

3)结果整理

(1)对于干土法,最大干密度 ρ_{dmax}(g/cm^3)按下式计算:

$$\rho_{dmax} = \frac{M_d}{V} \tag{2-103}$$

$$V = A_c H \tag{2-104}$$

式中:ρ_{dmax}——最大干密度(g/cm^3),计算至0.001;

M_d——干试样质量(g);

V——振毕密实试样体积(cm^3);

A_c——标定的试筒横断面积(cm^2);

H——振毕密实试样高度(cm)。

(2)对于湿土法,最大干密度按下式计算:

$$\rho_{dmax} = \frac{M_m}{V(1 + 0.01w)} \tag{2-105}$$

式中：ρ_{dmax}——最大干密度（g/cm³），计算至0.001；
　　　　V——振毕密实试样体积（cm³）；
　　　　M_m——振毕密实湿试样质量（g）；
　　　　w——振毕密实湿试样含水率（%）。

（3）巨粒土原型料最大干密度应按以下方法确定：

①作图法。

延长图2-46中最大干密度ρ_{dmax}与相似级配模比M_r的关系直线至$M_r=1$处，即读得原型试料的ρ_{Dmax}值。

②计算法。

对几组系列试验结果用曲线拟合法可整理出下式：

$$\rho_{dmax} = a + b\ln M_r$$

式中：a、b——试验常数。

由于$M_r=1$时，$\rho_{dmax}=\rho_{Dmax}$，所以$a=\rho_{Dmax}$，即

$$\rho_{dmax} = \rho_{Dmax} + b\ln M_r$$

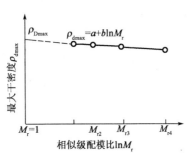

图2-46　模型料ρ_{dmax}-M_r关系

令$M_r=1$时，即得原型试料ρ_{Dmax}的值。

（4）计算干土法所测定的最大干密度试验结果的平均值作为试验报告的最大干密度值，当湿土法结果比干土法高时，采用湿土法试验结果的平均值。

（5）压实指标计算。

如果已测定最小干密度ρ_{dmax}（采用测定ρ_{dmax}的试筒及装料工具，以干土样松填法试验测定或采用砂的相对密度试验方法），且已知土料的沉积或填筑干密度ρ_d，则相对密度D_r可按下式计算：

$$D_r = \frac{e_{max} - e_0}{e_{max} - e_{min}} \tag{2-106}$$

或

$$D_r = \frac{(\rho_d - \rho_{dmin})\rho_{dmax}}{(\rho_{dmax} - \rho_{dmin})\rho_d} \tag{2-107}$$

式中：D_r——相对密度，计算至0.01；
　　　　ρ_{dmin}——最小干密度（g/cm³）；
　　　　ρ_{dmax}——最大干密度（g/cm³）；
　　　　e_0——天然孔隙比或填土的相应孔隙比；
　　　　e_{max}——最大孔隙比；
　　　　e_{min}——最小孔隙比；
　　　　ρ_d——天然干密度或填土的相应干密度（g/cm³）。

如果粒径大于60mm的巨粒土难以测定其最小干密度，但当已知土料的沉积或填筑干密度ρ_D时，则压实度K可按下式计算：

$$K(\%) = \frac{\rho_D}{\rho_{Dmax}} \times 100 \tag{2-108}$$

(6)精密度及允许差。

最大干密度试验结果精度要求如表2-19所示。最大干密度 ρ_{dmax}（kg/m³），取三位有效数字。

最大干密度试验结果精度　　表2-19

试料粒径 （mm）	标准差 S （kg/cm³）	两个试验结果的允许范围 （以平均值百分数表示）（%）
<5	±13	2.7
5~60	±22	4.1

2. 振动台法

振动台法适用于采用振动台法测定通过 0.075mm 标准筛的干颗粒质量百分数不大于 15% 的无黏性自由排水粗粒土和巨粒土（包括堆石料）的最大干密度。

1）仪器设备

(1)振动台（图2-47）：固定于混凝土基础上；振动台面尺寸至少 550mm×550mm，且具有足够刚度。振动台最大负荷应满足试筒、套筒、试样、加重底板及加重块等质量的要求，不宜小于 200kg；其频率 20~60Hz 可调，双振幅 0~2mm 可调。

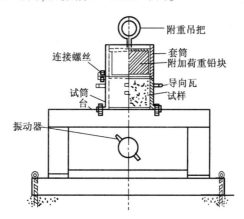

图 2-47　振动台法试验装置

(2)试筒、套筒及试样质量及仪器尺寸要求与表面振动压实仪法相同。

(3)加重底板：底板为 12mm 厚的钢板，其直径略小于相应试筒内径，中心应有 15mm 未穿通的提吊螺孔。

(4)加重块：对于相应采用的试筒，加重块及其加重底板在试样表面产生的静压力应根据碾压设备确定，一般应大于 18kPa。

(5)百分表及表架：百分表量程至少 50mm 以上，分度值为 0.025mm。表架支杆应能插入试筒导向瓦套孔中，并使百分表表头杆中心线与试筒中心线或内壁面平行。

(6)台秤：应具有足够测定试筒及试样总质量的量程，且达到所测定土质量 0.1% 的精度。所用台秤，对于 ϕ280mm 的试筒，量程至少 50kg，感量 6g；对于 ϕ152mm 的试筒，量程至少 30kg，感量 2g。

(7)起吊机：起重量至少 180kg。

(8)标准筛(圆孔筛):60mm、40mm、20mm、10mm、5mm、2mm、0.075mm。

(9)其他工具:如加重底板提手、烘箱、金属盘、小铲、大勺及漏斗、橡皮锤、秒表、直钢尺、试筒布套等。

2)试样

(1)采集代表性试料,妥善储存备用。

(2)采用标准筛分法测定各粒组的颗粒百分数。

(3)对于粒径大于60mm的巨粒土,因受试筒允许最大粒径的限制,应按相似级配法制备缩小粒径的系列模型试料。相似级配法粒径及级配计算方法与表面振动压实仪法相同。

(4)如果采用干土法进行试验,则需将试样在烘箱内烘至恒量,并用烘干法测定现场试料含水率。烘干后,应完全剥去弱胶结物,以免增大颗粒的自然尺寸。

3)试验步骤

(1)干土法。

① 充分拌匀烘干试样,使其颗粒分离程度尽可能小,然后大致分成三份,测定并记录空试筒质量。

② 用小铲或漏斗将任意一份试样徐徐装填入试筒,并注意使颗粒分离程度最小(装填量宜使振毕密实后的试样等于或略低于筒高的1/3);抹平试样表面;然后可用橡皮锤或类似物敲击几次试筒壁,使试料下沉。

③ 放置合适的加重底板于试料表面上,轻轻转动几下,使加重底板与试样表面密合一致,卸下加重底板把手。

④ 将试筒固定于振动台面上,装上套筒,并与试筒紧密固定。将合适的加重块置于加重底板上,其上部尽量不与套筒内壁接触。

⑤ 设定振动台在振动频率50Hz下的垂直振动双振幅为0.5mm,或在振动频率60Hz下的垂直振动双振幅为0.35mm。振动试筒及试样等,在50Hz下振动10min;在60Hz下振动8min。振毕卸去加重块及加重底板。

⑥ 按本试验步骤②~⑤进行第二层、第三层试料振动压实。但第三层振毕加重底板不再立即卸去。

⑦ 卸去套筒,然后检查加重底板是否与试样表面密合一致,即按压加重底板边缘,看其是否翘起,若翘起则宜在试验报告中注明。

⑧ 将百分表架支杆插入每个试筒导向瓦套孔中;刷净试筒顶沿面上及加重底板上位于试筒导向瓦两侧测量位置所积落的细粒土,并尽量避免将这些细粒土刷进试筒内。然后分别测读并记录试筒导向瓦每侧试筒顶沿面(中心线处)各三个百分表读数,共12个读数(其平均值即为百分表初始读数R_i);再从加重底板上测读并记录出相应读数(其平均值即为终了百分表读数R_f)。

⑨ 卸去加重底板,并从振动台面上卸下试筒。在此过程中,尽可能避免加重底板上及试筒沿面上落积的细粒土进入试筒里。如这些细粒土质量超过试样总质量的0.2%,应测定其质量并注明于试验报告中。

⑩ 在合适的台秤上测定并记录试筒及试样总质量,扣除空试筒质量即为试样质量,或仔细地将试筒里试样全部倒入已知质量的盘中称量。计算最大干密度ρ_{dmax}。

⑪重复本试验步骤①~⑩,直至获得一致的最大干密度值(最好在2%内)。如果发现产生过分的颗粒破碎或者是有棱角的石渣、堆石料或风化软弱岩试料,则宜尽量制备足够数量代表性试样,以避免单个试样重复使用。

(2)湿土法。

①按湿法试验时,可对烘干试料加足量水或用现场湿土料进行。具体加水操作规定及加水量估算方法同表面振动压实仪法。

②装试筒于振动台上。启动振动台,用小铲或勺将任一份湿料徐徐装填入试筒(装填料宜使振毕试样等于或略低于筒高的1/3)。每次添加试料后,宜察看试样表面是否滞积有少量自由水。若无,可用海绵蘸水挤入、小器皿注入或其他工具加入足量水。在此过程中,振动台的振幅或振动频率或这两者须随时调节,以阻止试样颗粒过分沸动或松散。振动2~3min后,宜用尽可能不带走土粒的办法吸去试样表面的所有自由水。

③按本试验干土法步骤③、④装上加重底板、套筒及加重块。

④振动试筒及试样等,按本试验干土法步骤⑤进行振动。振毕,卸去加重块及加重底板,吸去试样表面所有自由水。

⑤按本试验干土法步骤③~⑤进行第二层、第三层试料的振动压实。但第三层振毕加重底板不再立即卸去。

⑥卸下套筒。吸去加重底板上及边缘的所有自由水。按本试验干土法步骤⑧测读并记录百分表读数。

⑦按本试验干土法步骤⑨卸下加重底板及试筒,然后测定并记录试筒与试样的总质量。为测定试样的含水率,仔细地将试筒中全部湿试样倒入已知质量的盘中,并将黏附于试筒内壁及筒的所有颗粒冲洗于盘中;然后在烘箱中将试样烘至恒量,测定并记录其烘干质量。

4)结果整理

(1)对于干土法,最大干密度按下式计算:

$$\rho_{dmax} = \frac{M_d}{V}$$

式中:ρ_{dmax}——最大干密度(g/cm^3),计算至0.001;

M_d——干试样质量(kg);

V——振毕密实试样体积(m^3);

$$V = \left[V_c - A_c \left(\frac{\Delta H}{10} \right) \right] \times 10^{-6} \tag{2-109}$$

V_c——标定的试筒体积(cm^3);

A_c——标定的试筒横断面积(cm^2);

$\Delta H = (R_i - R_f) + T_p$ (顺时针读数百分表)

$\quad\quad = (R_f - R_i) + T_p$ (逆时针读数百分表)

其中:R_i——初始百分表读数(0.01mm);

R_f——振毕后加重底板上相对位置百分表终读数的均值(0.01mm);

T_p——加重底板厚度(mm)。

(2)对于湿土法最大干密度计算、巨粒土原型料最大干密度确定方法、干土法最大干密度值确定方法、压实指标计算等,其余规定均与表面振动压实仪法相同。

五、土的承载比(CBR)试验

本试验方法只适用于在规定的试筒内制件后,对各种土和路面基层、底基层材料进行承载比试验。

试样的最大粒径宜控制在 20mm 以内,最大不得超过 40mm 且含量不超过 5%。

1. 仪器设备

(1)圆孔筛:孔径 40mm、20mm 及 5mm 筛各 1 个。

(2)试筒:内径 152mm、高 170mm 的金属圆筒;套环,高 50mm;筒内垫块,直径 151mm、高 50mm;夯击底板,同击实仪。试筒的形式和主要尺寸如图 2-48 所示,也可用击实试验的大击实筒。

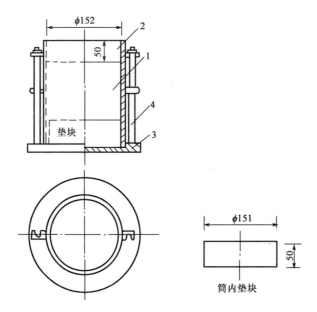

图 2-48 承载比试筒(尺寸单位:mm)
1-试筒;2-套环;3-夯击底板;4-拉杆

(3)夯锤和导管:夯锤的底面直径 50mm,总质量 4.5kg。夯锤在导管内的总行程为 450mm,夯锤的形式和尺寸与重型击实试验法所用的相同。

(4)贯入杆,端面直径 50mm、长约 100mm 的金属柱。

(5)路面材料强度仪或其他荷载装置:能量不小于 50kN,能调节贯入速度至每分钟贯入 1mm,可采用测力计式,如图 2-49 所示。

(6)百分表:3 个。

(7)试件顶面上的多孔板(测试件吸水时的膨胀量),如图 2-50 所示。

(8)多孔底板(试件放上后浸泡水中)。

(9)测膨胀量时支承百分表的架子或采用压力传感器测试。

(10)荷载板:直径 150mm,中心孔眼直径 52mm,每块质量 1.25kg,共 4 块,并沿直径分为两个半圆块,如图 2-51 所示。

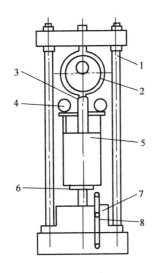

图 2-49　手摇测力计式荷载装置示意图
1-框架;2-量力环;3-贯入杆;4-百分表;
5-试件;6-升降台;7-蜗轮蜗杆箱;8-摇把

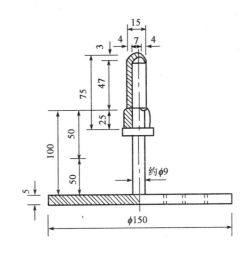

图 2-50　带调节杆的多孔板(尺寸单位:mm)

(11)水槽:浸泡试件用,槽内水面应高出试件顶面25mm。

(12)其他:台秤,感量为试件用量的0.1%;拌和盘、直尺、滤纸、脱模器等与击实试验相同。

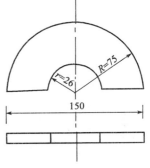

图 2-51　荷载板(尺寸单位:mm)

2. 试样

将具有代表性的风干试料(必要时可在50℃烘箱内烘干),用木碾捣碎,但应尽量注意不使土或粒料的单个颗粒破碎。土团均应捣碎到通过5mm的筛孔。

采取有代表性的试料50kg,用40mm筛筛除大于40mm的颗粒。并记录超尺寸颗粒的百分数,将已过筛的试料按四分法取出约25kg,再用四分法将取出的试料分成4份,每份质量6kg,供击实试验和制试件之用。

在预定做击实试验的前一天,取有代表性的试料测定其风干含水率。测定含水率用的试样数量可参照表2-20采取。

测定含水率用试样的数量　　　　表 2-20

最大粒径(mm)	试样质量(g)	个数(个)
<5	15～20	2
约5	约50	1
约20	约250	1
约40	约500	1

3. 试验步骤

(1)称试筒本身质量(m_1),将试筒固定在底板上,将垫块放入筒内,并在垫块上放一张滤纸,安上套环。

(2)将试料按重型击实试验Ⅱ-2规定的层数和每层击数进行击实,求试料的最大干密度和最佳含水率。

(3)将其余3份试料,按最佳含水率制备3个试件。将一份试料平铺于金属盘内,按先计算得的该份试料应加的水量均匀地喷洒在试料上。

$$m_w = \frac{m_i}{1 + 0.01 w_i} \times 0.01 (w - w_i) \quad (2\text{-}110)$$

式中:m_w——所需的加水量(g);

$\quad m_i$——含水率 w_i 时土样的质量(g);

$\quad w_i$——土样原有含水率(%);

$\quad w$——要求达到的含水率(%)。

用小铲将试料充分拌和到均匀状态,然后装入密闭容器或塑料口袋内浸润备用。

浸润时间:重黏土不得少于24h,轻黏土可缩短到12h,砂土可缩短到1h,天然砂砾可缩短到2h左右。

制每个试件时,都要取样测定试料的含水率。

如需要时,可制备三种干密度试件。如每种干密度试件制3个,则共制9个试件。每层击数分别为30次、50次和98次,使试件的干密度从低于95%到等于100%的最大干密度。这样,9个试件共需试料约55kg。

(4)将试筒放在坚硬的地面上,取备好的试样分3次倒入筒内(视最大料径而定),每层需试样1700g左右(其量应使击实后的试样高出1/3筒1~2mm)。整平表面,并稍加压紧,然后按规定的击数进行第一层试样的击实,击实时锤应自由垂直落下,锤迹必须均匀分布于试样面上。第一层击实完后,将试样层面"拉毛",然后再装入套筒,重复上述方法进行其余每层试样的击实。大试筒击实后,试样不宜高出筒高10mm。

(5)卸下套环,用直刮刀沿试筒顶修平击实的试件,表面不平整处用细料修补。取出垫块,称试筒和试件的质量(m_2)。

(6)泡水测膨胀量的步骤如下:

①在试件制成后,取下试件顶面的破残滤纸,放一张好滤纸,并在其上安装附有调节杆的多孔板,在多孔板上加4块荷载板。

②将试筒与多孔板一起放入槽内(先不放水),并用拉杆将模具拉紧,安装百分表,并读取初读数。

③向水槽内放水,使水自由进到试件的顶部和底部。在泡水期间,槽内水面应保持在试件顶面以上大约25mm。通常试件要泡水4昼夜。

④泡水终了时,读取试件上百分表的终读数,并用下式计算膨胀量(%):

$$\text{膨胀量}(\%) = \frac{\text{泡水后试件高度变化}}{\text{原试件高}(=120\text{mm})} \times 100 \quad (2\text{-}111)$$

⑤从水槽中取出试件,倒出试件顶面的水,静置15min,让其排水,然后卸去附加荷载和多

孔板、底板和滤纸,并称量(m_3),以计算试件的湿度和密度的变化。

(7)贯入试验。

①将泡水试验终了的试件放到路面材料强度试验仪的升降台上,调整偏球座,对准、整平并使贯入杆与试件顶面全面接触,在贯入杆周围放置4块荷载板。

②先在贯入杆上施加45N荷载,然后将测力和测变形的百分表指针均调整至整数,并记读起始读数。

③加荷使贯入杆以1~1.25mm/min的速度压入试件,同时测记三个百分表的读数。记录测力计内百分表某些整读数(如20、40、60)时的贯入量,并注意使贯入量为250×10^{-2}mm时,能有5个以上的读数。因此,测力计内的第一个读数应在贯入量为30×10^{-2}mm左右。

4. 结果整理

(1)以单位压力(p)为横坐标,贯入量(l)为纵坐标,绘制$p-l$关系曲线,如图2-52所示。图上曲线1是合适的。曲线2开始段是凹曲线,需要进行修正。修正时在变曲率点引一切线,与纵坐标交于O'点,O'即为修正后的原点。

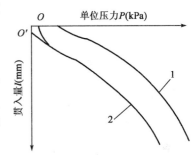

图2-52 单位压力与贯入量的关系曲线

(2)一般采用贯入量为2.5mm时的单位压力与标准压力之比作为材料的承载比(CBR):

$$\text{CBR} = \frac{p}{7000} \times 100 \tag{2-112}$$

式中:CBR——承载比(%),计算至0.1;
  p——单位压力(kPa)。

同时计算贯入量为5mm时的承载比:

$$\text{CBR} = \frac{p}{10500} \times 100 \tag{2-113}$$

如贯入量为5mm时的承载比大于2.5mm时的承载比,则试验应重做。如结果仍然如此,则采用5mm时的承载比。

(3)试件的湿密度用下式计算:

$$\rho = \frac{m_2 - m_1}{V} \tag{2-114}$$

式中:ρ——试件的湿密度(g/cm³),计算至0.01;
  m_2——试筒和试件的合质量(g);
  m_1——试筒的质量(g);
  V——试筒的容积,$V = 2177$(cm³)。

(4)试件的干密度用下式计算:

$$\rho_d = \frac{\rho}{1 + 0.01w}$$

式中:ρ_d——试件的干密度(g/cm³),计算至0.01;
  w——试件的含水率。

(5)泡水后试件的吸水量按下式计算:

$$w_a = m_3 - m_2 \quad (2\text{-}115)$$

式中:w_a——泡水后试件的吸水量(g);
m_3——泡水后试筒和试件的合质量(g);
m_2——试筒和试件的合质量(g)。

(6)精密度和允许差。

如根据三个平行试验结果计算得的承载比变异系数 C_v 大于12%,则去掉一个偏离大的值,取其余两个结果的平均值。如 C_v 小于12%且三个平行试验结果计算的干密度偏差小于 0.03g/cm^3,则取三个结果的平均值。如三个试验结果计算的干密度偏差超过 0.03g/cm^3,则去掉一个偏离大的值,取其两个结果的平均值。

六、土的回弹模量试验

1. 承载板法

本试验适用于不同湿度和密度的细粒土。

1)仪器设备

(1)杠杆压力仪:最大压力1500N,如图2-53所示。

(2)承载板:直径50mm,高80mm,如图2-54所示。

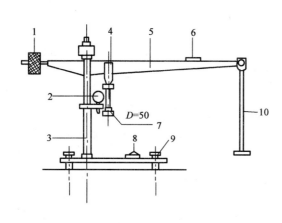

图2-53 杠杆压力仪(尺寸单位:mm)　　图2-54 承载板(尺寸单位:mm)

1-调平砝码;2-千分表;3-立柱;4-加压杆;5-水平杠杆;6-水平气泡;7-加压球座;8-底座气泡;9-调平脚螺钉;10-加载架

(3)试筒:内径152mm、高170mm的金属圆筒;套环,高50mm;筒内垫块,直径151mm,高50mm;夯击底板与击实仪相同。

(4)量表:千分表两块。

(5)秒表一只。

2)试样

(1)本试验可分别采用不同的方法准备试样。试料用量同击实试验。

(2)干土法(土不重复使用)按四分法准备至少 5 个试样,分别加入不同水分(按 2% ~ 3%的含水率递增),拌匀后闷料一夜备用。

(3)使用湿土法(土不重复使用)时,对于高含水率的土,可省略过筛步骤,用手拣除大于 40mm 的粗石子即可。保持天然含水率的第一个土样,可立即用于击实试验。其余几个试样,将土分成小土块,分别风干,使含水率按 2% ~ 3% 递减。

(4)根据工程要求选择轻型或重型法,视最大粒径用小筒或大筒进行击实试验,得出最佳含水率和最大干密度,然后按最佳含水率用上述试筒击实制备试件。

3)试验步骤

(1)安装试样:将试件和试筒放在杠杆压力仪的底盘上;将承载板放在试件中央(位置)并与杠杆压力仪的加压球座对正;将千分表固定在立柱上,将表的测头安放在承载板的表架上。

(2)预压:在杠杆仪的加载架上施加砝码,用预定的最大单位压力 p 进行预压。含水率大于塑限的土,$p = 50 \sim 100 \text{kPa}$;含水率小于塑限的土,$p = 100 \sim 200 \text{kPa}$。预压进行 1 ~ 2 次,每次预压 1min。预压后调正承载板位置,并将千分表调到接近满量程的位置,准备试验。

(3)测定回弹量:将预定最大单位压力分成 4 ~ 6 份,作为每级加载的压力。每级加载时间为 1min 时,记录千分表读数,同时卸载,让试件恢复变形。卸载 1min 时,再次记录千分表读数,同时施加下一级荷载。如此逐级进行加载卸载,并记录千分表读数,直至最后一级荷载。为使试验曲线开始部分比较准确,第一、二级荷载可用每份的一半。试验的最大压力也可略大于预定压力。

4)结果整理

(1)计算每级荷载下的回弹变形 l:

$$l = 加载读数 - 卸载读数$$

(2)以单位压力 p 为横坐标(向右),回弹变形 l 为纵坐标(向下),绘制 p-l 曲线,如图2-55所示。

(3)按下式计算每级荷载下的回弹模量:

$$E = \frac{\pi p D}{4l}(1 - \mu^2) \tag{2-116}$$

式中:E——回弹模量(kPa);

p——承载板上的单位压力(kPa);

D——承载板直径(cm);

l——相应于单位压力的回弹变形(cm);

μ——细粒土的泊松比,取 0.35。

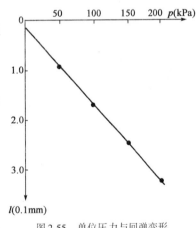

图 2-55 单位压力与回弹变形 (p-l)的关系曲线

(4)每个试样的回弹模量由 p-l 曲线上直线段的数值确定。

(5)对于较软的土,如果 p-l 曲线不通过原点,允许用初始直线段与纵坐标轴的交点当作原点,修正各级荷载下的回弹变形和回弹模量。

(6)精密度和允许差。

土的回弹模量由三个平行试验的平均值确定,每个平行试验结果与均值回弹模量相差均应不超过 5%。

2. 强度仪法

本试验适用于不同湿度、密度的细粒土及其加固土。

1)仪器设备

(1)路面材料强度仪:能量不小于50kN,能调节贯入速度至每分钟贯入1mm,可采用测力计式,如图2-56所示。

注:为使读数时不挡视线,可将贯入杆上的量表支架用螺钉孔与贯入杆相连,做CBR试验时将支架拧上,进行本试验时将支架取下。

(2)试筒:内径152mm,高170mm的金属圆筒;套环,高50mm;筒内垫块,直径151mm,高50mm;夯击底板同击实仪。试筒的形式和尺寸与击实试验相同,仅在与夯击底板的立柱联结的缺口板上多一个内径5mm、深5mm的螺钉孔,用来安装千分表支架,如图2-56所示。

(3)承载板与承载板法测土的回弹模量的承载板一样。

(4)量表支杆及表夹:支杆长200mm,直径10mm,一端带有长5mm的与试筒上螺钉孔联结的螺钉杆。表夹可用钢制,也可用硬塑料制成。

(5)量表:千分表两块。

(6)秒表一只。

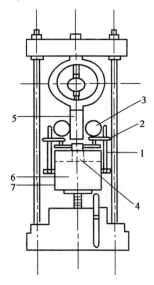

图2-56 路面材料强度仪及试样安装方法
1-千分表支杆;2-表夹;3-千分表;
4-承载板;5-贯入杆;6-土样;7-试筒

2)试样

用上述带螺钉孔的试筒采用不同的方法击实制备试件。试料用量同击实试验。

3)试验步骤

(1)安装试样:将试件和试筒放在强度仪的升降台上;将千分表支杆拧在试筒两侧的螺钉孔上,将承载板放在试件表面中央位置,并与强度仪的贯入杆对正;将千分表和表夹安装在支杆上,并将千分表测头安放在承载板两侧的支架上。

(2)预压:摇动摇把,用预定的试验最大单位压力进行预压。含水率大于塑限的土,$p = 50 \sim 100\text{kPa}$;含水率小于塑限的土,$p = 100 \sim 200\text{kPa}$。预压进行1~2次,每次预压1min。预压后调正承载板位置,并将千分表调到接近满量程的位置,准备试验。

(3)测定回弹模量。

①将预定的最大压力分为4~6份,作为每级加载的压力。由每级压力计算测力计百分表读数,按照百分表读数逐级加载。

②加载卸载:将预定最大单位压力分成4~6份,作为每级加载的压力。每级加载时间为1min时,记录千分表读数,同时卸载,让试件恢复变形。卸载1min时,再次记录千分表读数,同时施加下一级荷载。如此逐级进行加载卸载,并记录千分表读数,直至最后一级荷载。为使试验曲线开始部分比较准确,第一、二级荷载可用每份的一半。试验的最大压力也可略大于预定压力。

如果试样较硬,预定的 p 值可能偏小,此时可不受 p 值的限制,增加加载级数,至需要的压力为止。

4)结果整理

方法和其余规定与承载板法完全相同。

七、黄土湿陷试验

1. 相对下沉系数试验

本试验的目的是测定黄土(黄土类土)的大孔隙比和相对下沉系数。

1)仪器设备

(1)固结仪(图 2-57):试样面积 30cm² 和 50cm²,高 2cm。

(2)环刀:直径为 61.8mm 和 79.8mm,高度为 20mm。环刀应具有一定的刚度,内壁应保持较高的光洁度,宜涂一薄层硅脂或聚四氟乙烯。

(3)透水石:由氧化铝或不受土腐蚀的金属材料组成,

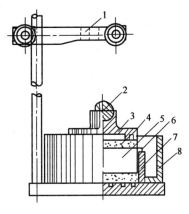

图 2-57　固结仪
1-量表架;2-钢珠;3-加压上盖;4-透水石;
5-试样;6-环刀;7-护环;8-水槽

其透水系数应大于试样的渗透系数。用固定式容器时,顶部透水石直径小于环刀内径 0.2~0.5mm;当用浮环式容器时,上下部透水石直径相等。

(4)变形量测设备:量程 10mm,最小分度为 0.01mm 的百分表或零级位移传感器。

(5)其他:天平、秒表、烘箱、钢丝锯、刮土刀、铝盒等。

2)试样

为判定黄土(黄土类土)的下沉性质,应切取三个原状土样。切土时应使土样受荷方向与天然土层受荷方向一致,并记录和描述土样的层次、颜色和有无杂质等。各试样间的密度差值不得大于 0.03g/cm³,并测定试样含水率。

3)试验步骤

(1)单线法

①安放试样到固结仪。

切取 5 个环刀试样,分别将切好的原状土样的环刀外壁涂一薄层凡士林,然后将刀口向下放入护环内。

将底盘放入容器内,底盘上放透水石和滤纸,借助提环螺钉将护环放入容器中,土样上面覆以滤纸和透水石,然后放下加压导环和传压活塞,使各部密切接触,保持平衡。

将加压容器置于加压框架正中,密合传压活塞及横梁,预加 1.0kPa 的压力,使固结仪各部密切接触,装好百分表,并调整读数至零。

②对 5 个试样均在天然湿度下分级加压,分别加至不同的规定压力,按下述进行试验,直至试样湿陷变形稳定为止。

a. 去掉预加荷载,立即加上第一级荷载 50kPa,在加上砝码的同时开动秒表,按下述时间读百分表读数:10min、20min、30min。以后每 1h 读数一次,直至达到稳定沉降为止。然后,加第二级荷载。沉降稳定的标准是每小时变形量不超过 0.01mm。

b. 第二级荷载为 100kPa，以后顺次为 150kPa、200kPa、400kPa，加压间隔为 50kPa。荷载加上后，按本试验 a 的规定的时间记录百分表读数至沉降稳定为止。

c. 5 个试样分别在最后一级压力下，达到沉降稳定，稳定标准为每小时变形不大于 0.01mm。而后自试样顶面加水，按本试验 a 的规定的时间间隔记录百分表读数至再度达沉降稳定。稳定标准为每 3d 变形不大于 0.01mm。

③记读最后一级荷载下达到假定沉降后的百分表读数。拆除仪器，取下试样，测定其含水率和干密度。

④如需测定大孔隙比与压力的关系，用从同一块土切取的另外两个性质相同土样，测定其密度和含水率。并按上述步骤安装仪器并进行试验。但第一个试样在整个过程中应保持其天然含水率。为此，需用湿棉花覆盖在传压活塞周围。第二个试样在 50kPa 压力下达到沉降稳定，稳定标准为每小时变形不大于 0.01mm。而后自试样顶面加水，直至试样分别在各级压力下浸水变形稳定。稳定标准为每 3d 变形不大于 0.01mm。

⑤为求实际压力下的大孔隙比及相对下沉系数，可按本试验②中 b 和 c 以及③步骤进行试验，求大孔隙比及相对下沉系数的实际最大值。

⑥试验完毕，放掉容器的积水，拆除仪器，取出土样。在试样中心处取土测定其含水率。

（2）双线法

双线法和单线法不同的是只需要切取两个环刀试样，对其中一个试样在天然湿度下分级加压，直至湿陷变形稳定为止。其试验过程与单线法相同。

对另一个试样在天然湿度下施加第一级压力 50kPa，按规定的时间间隔记录百分表读数，直至变形稳定，稳定标准为每小时变形不大于 0.01mm。而后浸水，再分级加压、记录百分表读数，直至试样在各级压力下浸水变形稳定为止。稳定标准为每 3d 变形不大于 0.01mm。

为求实际压力下的大孔隙比及相对下沉系数，可按本试验规定步骤进行试验，并在加荷至计算压力下浸水，求其在该荷载下的大孔隙比及相对下沉系数，或在不同荷载下进行试验，求大孔隙比及相对下沉系数的实际最大值。

其他步骤与单线法相同。

4）结果整理

（1）按下式计算试样的孔隙比：

$$e = \frac{h}{h_s} - 1 \quad (2\text{-}117)$$

$$h_s = \frac{h_0}{1 + e_0} \quad (2\text{-}118)$$

式中：e——试样的孔隙比，计算至 0.001；

e_0——试验开始时试样的孔隙比；

h_s——试样土粒体积高度(mm)，计算至 0.001；

h——试样高度(mm)；

h_0——试验开始时试样的高度(mm)。

（2）按下式计算大孔隙比（图 2-58）：

$$e_m = e_P - e'_p \tag{2-119}$$

式中：e_m——大孔隙比，计算至 0.001；

e_p——$p(\text{kPa})$压力时浸水前试样的稳定孔隙比；

e'_p——$p(\text{kPa})$压力时浸水后试样的稳定孔隙比。

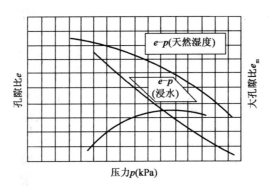

图 2-58　e-p 和 e_m-p 关系曲线

（3）按下式计算相对下沉系数：

$$i_m = \frac{e_m}{1+e_0} \tag{2-120}$$

式中：i_m——相对下沉系数，计算至 0.01；

e_m——大孔隙比；

e_0——试验开始时孔隙比。

2. 自重湿陷系数试验

本试验的目的是测定黄土（黄土类土）的自重湿陷系数。

1）仪器设备

仪器设备包括固结仪、环刀、透水石、变形量测设备等，与黄土相对下沉系数试验规定相同。

2）试验步骤

（1）原状土试件制备

①按土样上下层次小心开启原状土包装皮，将土样取出放正，整平两端。在环刀内壁涂一薄层凡士林，刀口向下，放在土样上。无特殊要求时，切土方向应与天然土层层面垂直。

②将试验用的切土环刀内壁涂一薄层凡士林，刀口向下，放在试件上，用切土刀将试件削成略大于环刀直径的土柱，然后将环刀垂直向下压，边压边削，至土样伸出环刀上部为止，削平环刀两端，擦净环刀外壁，称环刀合质量，精确至 0.1g，并测定环刀两端所削下土样的含水率。试件与环刀要密合，否则应重取。

切削过程中，应细心观察并记录试件的层次、气味、颜色，有无杂质，土质是否均匀，有无裂缝等。

如连续切取数个试件,应使含水率不发生变化。

视试件本身及工程要求,决定试件是否进行饱和。如不立即进行试验或饱和时,则将试件暂存于保湿器内。

切取试件后,剩余的原状土样用蜡纸包好置于保湿器内,以备补做试验之用。切削的余土做物理性试验。平行试验或同一组试件密度差值不大于 ±0.1g/cm³,含水率差值不大于 2%。

(2)单线法

①安放试样到固结仪的步骤与黄土相对下沉系数单线法试验规定相同。

②将土的饱和自重压力大致均分规定为 5 级压力,分别施加在 5 个试样上。当施加的压力小于或等于 50kPa 时,可一次施加;当压力大于 50kPa 时,应分级施加,每级压力不大于 50kPa,每级压力时间不少于 15min,如此连续加至规定压力。加压后每隔 1h 测记一次变形读数,直到每小时试样变形量不超过 0.01mm 为止。

③向容器内注入纯水,水面应高出试样顶面,每隔 1h 测记一次变形读数,分别测记 5 个试样浸水变形稳定读数后的百分表读数,直至试样浸水变形稳定为止。稳定标准为每 3d 变形不大于 0.01mm。

④拆除仪器,取下试样,测定其含水率和干密度。

(3)双线法

双线法和单线法不同的是只需要切取两个环刀试样,在其中一个试样上施加土的饱和自重压力,其试验过程与单线法相同。

在另一个试样上施加第一个 50kPa 压力,每隔 1h 测记一次变形读数,直至试样每小时变形量不超过 0.01mm 为止;再向容器内注入纯水,水面应高出试样顶面,当饱和自重压力小于或等于 50kPa 时,可一次施加;当压力大于 50kPa 时,应分级施加,每级压力不大于 50kPa,每级压力时间不少于 15min,如此连续加至饱和自重压力。加压后每隔 1h 测记一次变形读数,直到试样浸水变形稳定为止。稳定标准为每 3d 变形不大于 0.01mm。

其他步骤与单线法相同。

3)结果整理

自重湿陷系数按下式计算:

$$\delta_{zs} = \frac{h_z - h_z'}{h_0} \tag{2-121}$$

式中:σ_{zs}——自重湿陷系数,计算至 0.001;

h_z——在饱和自重压力下,试样变形稳定后的高度(mm);

h_z'——在饱和自重压力下,试样浸水湿陷变形稳定后的高度(mm);

h_0——试样的初始高度(mm)。

3. 湿陷起始压力试验

本试验的目的是测定黄土(黄土类土)的湿陷起始压力。

1)仪器设备

黄土的湿陷起始压力试验所需仪器设备与黄土相对下沉系数试验和自重湿陷系数试验所

用仪器设备相同。

2) 试验步骤

(1) 原状土试件制备。

黄土的湿陷起始压力试验的原状土试件制备与黄土自重湿陷系数试验规定相同。

(2) 单线法。

试验步骤与黄土相对下沉系数单线法试验相同。

(3) 双线法。

试验步骤与黄土相对下沉系数双线法试验相同。

3) 结果整理

各级压力下的湿陷系数应按下式计算：

$$\delta_{sp} = \frac{h_{pn} - h_{pw}}{h_0} \tag{2-122}$$

式中：δ_{sp}——各级压力下的湿陷系数，计算至 0.001；

h_{pw}——在各级压力下试样浸水变形稳定后的高度(mm)；

h_{pn}——在各级压力下试样变形稳定后的高度(mm)；

h_0——试验开始时试样的高度(mm)。

以压力为横坐标，湿陷系数为纵坐标，绘制压力与湿陷系数关系曲线（图 2-59），湿陷系数为 0.015 所对应的压力即为湿陷起始压力。

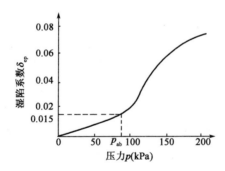

图 2-59 湿陷系数与压力关系曲线

第五节 土工合成材料

土工合成材料是工程建设中应用的以人工合成或天然聚合物为原料制成的工程材料的总称。在道路工程中通常将土工合成材料置于路基内部、边坡表面或者路基路面结构层之间，发挥过滤、防渗、隔离、排水、加筋和防护等作用，达到加强和保护路基路面结构功能的目的。

土工合成材料的应用和相关试验应符合《土工合成材料应用技术规范》(GB/T 50290—2014)、《公路土工合成材料应用技术规范》(JTG/T D32—2012)、《公路工程土工合成材料试验规程》(JTG E50—2006)等标准的规定及技术要求。

一、土工合成材料在公路工程中的应用与要求

1. 土工合成材料分类

土工合成材料可分为土工织物、土工膜、土工复合材料和土工特种材料四大类,每一大类又有若干不同亚类和品种,见表 2-21。

土工合成材料类型 表 2-21

大类	亚类	典型品种
土工合成材料		
土工织物	有纺(织造 woven)	机织(含编织)、针织等
	无纺(非织造 non-woven)	针刺、热粘、化粘等
土工膜	聚合物土工膜	
土工复合材料	复合土工膜	一布一膜、两布一膜等
	复合土工织物	
	复合防排水材料	排水板(带)、长丝热粘排水体、排水管、防水卷材、防水板等
土工特种材料	土工格栅	塑料土工格栅(单向、双向、三向土工格栅)、经编土工格栅、黏结(焊接)土工格栅等
	土工带	塑料土工加筋带、钢塑土工加筋带等
	土工格室	有孔型、无孔型
	土工网	平面土工网、三维土工网(土工网垫)等
	土工模袋	机织模袋、针织模袋等
	超轻型合成材料	如泡沫聚苯乙烯板块(EPS)
	土工织物膨润土垫(GCL)	
	植生袋	

2. 土工合成材料在公路工程的用途

土工合成材料可应用于公路路基、挡土墙、路基防排水、路基防护、路基不均匀沉降防治、路面裂缝防治、特殊土和特殊路基处治、地基处理等工程中。

土工织物可用于两种介质间的隔离、路基防排水、防沙固沙、构筑物表面防腐、路面裂缝防治等场合;高强度的土工织物可用于加筋。

复合土工膜可用于路基防水、盐渍土隔离等场合。

复合排水材料可用于地基处理和路基排水等场合,其中:排水带可用于插入软弱地基中进行固结排水;排水板和长丝热粘排水体可用于路侧、路基内部、支挡结构墙后排水;缠绕式排水管可用于路基内部排水;透水软管可用于边坡仰斜排水、路基内部、支挡结构墙后排水;透水硬管可用于路基内部、支挡结构墙后排水。

土工格栅可用于路基加筋、路基不均匀沉降防治、特殊土路基处治、地基处理等场合。玻璃纤维格栅可用于路面裂缝防治。

土工带可用于有面板的加筋土挡墙。

土工格室可用于路基加筋、防沙固沙、路基防护等场合。

土工网和植生袋可用于边坡生态防护。
土工模袋可用于路基冲刷防护等场合。
泡沫聚苯乙烯板块(EPS)可用于桥头或软基路段,以及需要减载的场合。

3. 土工合成材料的性能指标

土工合成材料的性能指标一般可分为物理性能指标、力学性能指标、水力学性能指标、土工合成材料与土相互作用指标及耐久性能指标等。

(1)物理性能:材料密度、厚度(及其与法向压力的关系)、单位面积质量、等效孔径等。

(2)力学性能:拉伸、握持拉伸、撕裂、顶破、CBR顶破、刺破、胀破等强度和直剪摩擦、拉拔摩擦等。

(3)水力学性能:垂直渗透系数(透水率)、平面渗透系数(导水率)、梯度比等。

(4)耐久性能:抗紫外线能力、化学稳定性和生物稳定性、蠕变性等。

4. 土工合成材料的质量要求

按照土工合成材料在公路工程中的用途提出相应的质量要求。

(1)路基加筋

路基加筋宜采用整体性和耐久性好、强度高、变形小的土工格栅、高强土工织物、土工格室等土工合成材料。加筋材料的设计计算抗拉强度、加筋材料与土接触的界面阻力系数是加筋路堤设计的重要参数。

用于路基加筋的土工合成材料设计计算抗拉强度为:对试验确定的加筋材料极限抗拉强度进行蠕变折减、老化折减(微生物、化学、热氧化等影响)和施工损伤折减后的抗拉强度。

加筋材料与土接触的界面阻力系数,可采用拉拔试验或直接摩擦特性方法,按筋土界面实际条件试验确定。

(2)路基防排水

独立用于排水、隔离的无纺土工织物,单位面积质量宜为 $300 \sim 500 g/m^2$,在通常环境条件下其强度应达到的要求见表2-22。

无纺土工织物强度的基本要求　　　　　　　表2-22

测试项目	单　位	伸长率<50%	伸长率≥50%
握持强度	N	≥1100	≥700
撕裂强度	N	≥400	≥250
CBR顶破强度	N	≥2750	≥1350

注:表列数值指卷材沿强度最弱方向测试的最低平均值。

用于过滤的土工织物的等效孔径应满足挡土要求,渗透系数应满足透水性要求,梯度比应满足防淤堵要求。

排水用土工合成材料的强度应满足现行《公路工程土工合成材料　排水材料》(JT/T 665)的要求。在实际荷载作用下,土工合成材料排水截面最大压缩率应小于15%。

防渗采用的土工合成材料,其规格和强度应满足现行《公路工程土工合成材料　防水材料》(JT/T 664)的要求。通常采用的"两布一膜"的规格为织物质量/膜厚/织物质量 = 200g/(0.5~1mm)/200g。

防渗隔离层采用的复合土工膜等复合防水材料,一般工程土工膜厚度应大于0.3mm,重要工程土工膜厚度应大于0.5mm。

(3)路基防护

对一般护坡工程,土工格室焊距宜为40~68cm,格室高度宜为8~20cm,格室壁厚宜为1.2mm左右;平面土工网极限抗拉强度应大于5kN/m,土工格栅极限抗拉强度应大于25kN/m。

用于坡面生态防护的土工合成材料的性能应满足表2-23~表2-25的要求。

坡面生态防护三维土工网性能要求　　　　　　　　表2-23

单位面积质量	厚度	极限抗拉强度(kN/m)	
(g/cm²)	(mm)	纵向	横向
≥400	≥16	≥3.2	≥3.2

坡面生态防护土工格室片材性能要求　　　　　　　　表2-24

项目	单位	聚丙烯材料	聚乙烯材料
环境应力开裂 F_{50}	h	—	≥1000
低温脆化温度	℃	≤-23	≤-50
维卡软化温度	℃	≥142	≥112
氧化诱导时间	min	≥20	≥20

坡面生态防护土工格室性能要求　　　　　　　　表2-25

项目		单位	聚丙烯土工格室	聚乙烯土工格室
外观		—	格室片应平整、无气泡、无沟痕	
格室片的极限抗拉强度		MPa	≥23	≥20
焊接处极限抗拉强度		kN/m	≥20	≥20
格室组间连接处抗拉强度	格室片边缘	kN/m	≥20	≥20
	格室片中间	kN/m	≥20	≥20

用于路基冲刷防护的土工织物软体沉排材料可采用编织型土工织物,其等效孔径应满足要求。

土工模袋材料应满足表2-26的要求。

土工模袋材料要求　　　　　　　　表2-26

强度(N)	渗透系数(10^{-3}cm/s)	等效孔径 O_{95}(mm)	延伸率(%)
≥1500	0.86~10.0	0.07~0.15	≤15

当需要考虑紫外线影响时,应进行土工合成材料抗老化性能检验,室内紫外线辐射强度为550W/m²照射150h,强度保持率应大于80%。

(4)路基不均匀沉降防治

防治路基不均匀沉降宜采用整体性和耐久性好、强度高、变形小的土工合成材料,应满足表2-27的性能要求。

防治路基不均匀沉降土工合成材料要求　　　　　　　　　表2-27

材　料	要　求
土工格栅、高强土工织物	极限抗拉强度≥50kN/m,2%伸长率时的抗拉强度≥20kN/m
EPS块	密度在20~30kg/m³之间,抗压强度≥100kPa
土工格室	格室片极限抗拉强度≥20MPa,焊接处极限抗拉强度≥20kN/m,高度≥10cm。宜用于软弱地基顶部形成垫层

(5) 路面裂缝防治

用于路面裂缝防治的土工合成材料可采用玻璃纤维格栅、聚酯玻纤土工织物、无纺土工织物等。

用于沥青路面裂缝防治的玻璃纤维格栅应满足表2-28的要求,其余技术指标应满足现行《玻璃纤维土工格栅》(GB/T 21825)的规定。

用于路面裂缝防治的玻璃纤维格栅要求　　　　　　　　　表2-28

技术指标	技　术　要　求
原材料	无碱玻璃纤维,碱金属氧化物含量应不大于0.8%
网孔形状与尺寸	矩形,孔径宜为其上铺筑的沥青面层材料最大粒径的0.5~1.0倍
极限抗拉强度	≥50kN/m
极限伸长率	≤4%
热老化后断裂强度	经170℃、1h热处理后,其经向和纬向拉伸断裂强度应不小于原强度的90%

用于沥青路面裂缝防治的聚酯玻纤无纺土工织物应满足表2-29的要求。

用于路面裂缝防治的聚酯玻纤无纺土工织物技术要求　　　　　　　　　表2-29

单位面积质量	抗拉强度	极限抗拉强度纵、横比	极限延伸率(纵、横向)	CBR顶破强度
125~200g/m²	≥8.0kN/m	1.00~1.20	≤5%	≥0.55kN

用于沥青路面裂缝防治的长丝纺粘针刺非织造土工织物应满足表2-30的要求,应单面烧毛,其余技术指标应满足现行《公路工程土工合成材料　长丝纺粘针刺非织造土工布》(JT/T 519)的规定。

用于路面裂缝防治的长丝纺粘针刺非织造土工织物技术要求　　　　　　　　　表2-30

单位面积质量	极限抗拉强度	CBR顶破强度	纵、横向撕破强度	沥青浸油量
≤200g/m²	≥7.5kN/m	≥1.4kN	≥0.21kN	≥1.2kg/m²

用于沥青路面裂缝防治的聚丙烯非织造土工织物应满足表2-31的要求,应单面烧毛,其余技术指标应满足现行《公路工程土工合成材料　短纤针刺非织造土工布》(JT/T 520)的规定。

用于路面裂缝防治的聚丙烯非织造土工织物技术要求　　　　　　　　　表2-31

单位面积质量	抗拉强度	极限抗拉强度纵、横比	极限延伸率(纵、横向)	CBR顶破强度	沥青浸油量
120~160g/m²	≥9.0kN/m	≥0.80	≤40%	≥2kN	≥1.2kg/m²

5. 土工合成材料的性能与工程质量检验

(1) 材料性能检验

施工前应对拟采用的土工合成材料,根据设计文件提供的设计指标要求,按表2-32所列试验项目和频度,委托具有相应资质的单位进行相关试验。施工过程中,当土工合成材料及其连接材料等来源发生变化时,应重新进行试验。

施工单位工地试验室应配备相应的检测仪具,能进行表2-33所列的土工合成材料基本试验,能满足现场施工质量控制和检验的需要。

土工合成材料试验项目 表2-32

试验项目	加筋		排水	过滤	防渗/隔离	坡面防护		冲刷防护		防治差异沉降		路面防裂	频度
	土工织物	土工格栅/格室	排水材料	土工织物	土工膜	土工网	土工格栅/格室	土工织物	土工模袋	土工织物	土工格栅/格室	土工织物	玻璃纤维格栅	
单位面积质量	★	△	★	★	★	★	△	★	★	★	△	★	△	1次/10000m²
厚度	△	△	★	★	★	★	△	★	★	△	△	△	△	1次/10000m²
孔径	×	★	△	△	×	★	★	×	×	×	★	×	★	1次/10000m²
几何尺寸	★	★	★	★	★	★	★	★	★	★	★	★	★	1次/10000m²
垂直渗透系数	×	×	★	★	×	×	×	★	×	×	×	×	×	1次/10000m²
水平渗透系数	×	×	★	★	×	×	×	★	×	×	×	×	×	1次/10000m²
有效孔径	×	×	△	★	×	×	×	△	×	×	×	×	×	1次/10000m²
淤堵	×	×	★	★	×	×	×	△	×	×	×	×	×	1次/10000m²
耐静水压	×	×	×	×	★	×	×	×	★	×	×	×	×	1次/10000m²
拉伸强度	★	★	△	△	×	△	△	×	★	★	★	★	★	1次/10000m²
CBR顶破	★	×	★	★	★	×	×	★	★	★	×	★	×	1次/10000m²
刺破	★	×	★	★	★	×	×	△	△	★	×	★	×	1次/10000m²
节点/焊点强度	×	★	×	×	×	★	★	×	×	×	★	×	★	1次/批
直接剪切摩擦	★	★	×	×	×	×	×	×	×	★	★	×	△	1次/批
拉拔摩擦	★	★	×	×	×	×	×	×	×	★	★	×	△	1次/批

注:1. ★为必做试验项目;△为选做试验项目;×为不做试验项目。
2. 试验频度亦可根据工程规模、所用材料数量由设计单位或监理单位确定。当材料数量不足10000m²时,抽样频度也取1次。
3. 当土工合成材料兼起两种或多种功能时,应测试各功能所包含的所有试验项目。

土工合成材料工地试验项目 表 2-33

试验项目	加筋		排水	过滤	防渗/隔离	坡面防护		冲刷防护		防治差异沉降		路面防裂		频度
	土工织物	土工格栅/格室	排水材料	土工织物	土工膜	土工网	土工格栅/格室	土工织物	土工模袋	土工织物	土工格栅/格室	土工织物	玻璃纤维格栅	
单位面积质量	★	△	★	★	★	★	△	★	★	★	△	★	△	1次/批
厚度	△	△	★	★	★	★	★	△	★	★	△	★	★	1次/批
孔径	×	★	△	△	×	★	★	×	×	×	★	×	★	1次/批
几何尺寸	★	★	★	★	★	★	★	★	★	★	★	★	★	1次/批
拉伸强度	★	★	△	△	△	★	△	×	★	★	★	★	★	1次/批

注：1. ★为必做试验项目；△为选做试验项目；×为不做试验项目。
2. 工地试验频度按所购材料的批次进行，如每批次大于 5000m²，为一批。

表 2-32 和表 2-33 所列试验项目应按现行《公路工程土工合成材料试验规程》(JTG E50) 的规定及其他试验规程的规定进行。

（2）工程质量检验

对满足基本要求的土工合成材料应用工程，应按表 2-34 ~ 表 2-40 规定的实测项目进行质量检验。

土工合成材料与地基质量检验实测项目 表 2-34

项目	序号	检查项目	允许偏差或允许值	检查方法
主控项目	1	土工合成材料强度（%）	≤5	拉伸试验（结果与设计标准相比）
	2	土工合成材料延伸率	符合设计要求	拉伸试验（结果与设计标准相比）
	3	地基承载力	符合设计要求	按规定方法
一般项目	1	土工合成材料搭接长度（mm）	+50,0	用钢尺量
	2	土石料有机质含量	符合设计要求	焙烧法
	3	层面平整度（mm）	≤20	用 2m 靠尺
	4	每层铺设厚度（mm）	±25	水准仪

不均匀沉降防治工程土工合成材料实测项目 表 2-35

项次	检查项目	规定值或允许偏差	检查方法和频率
1	铺设范围	不小于设计值	每 200m 检查 4 处
2	下承层平整度、拱度	符合设计要求	每 200m 检查 4 处
3	搭接宽度（mm）	+50,0	抽查 2%
4	搭接缝错开距离（mm）	符合设计要求	抽查 2%
5	锚固（回折）长度（mm）	符合设计要求	抽查 2%

不均匀沉降防治工程 EPS 路堤质量检测项目

表 2-36

序号	检查项目		允许偏差	检查方法和频率
1	EPS 块体尺寸 (mm)	长度	±10	卷尺丈量,抽样频率:EPS 施工用量 $V<2000m^3$ 时抽检 2 块,$2000m^3 \leq V<5000m^3$ 时抽检 3 块,$5000m^3 \leq V<10000m^3$ 时抽检 4 块,$V>10000m^2$ 时,每 $2000m^3$ 抽检 1 块
		宽度	±8	
		厚度	±3	
2	EPS 块体密度		不低于设计值	天平,抽样频率同序号 1
3	EPS 块体强度		符合设计要求	抗压试验抽样频率同序号 1
4	基底压实度(%)		≥90	环刀法或灌砂法,每 $1000m^2$ 检测 3 点
5	垫层平整度(mm)		10	3m 直尺,每 20m 检查 3 点
6	EPS 块体之间的平整度(mm)		5	3m 直尺,每 20m 检查 3 点
7	EPS 块体之间缝隙(mm)		20	卷尺丈量,每 20m 检查 1 点
8	EPS 块体之间错台(mm)		10	卷尺丈量,每 20m 检查 1 点
9	基底横坡(%)		±0.5	水准仪,每 20m 检查 6 点
10	护坡宽度		不小于设计值	卷尺丈量,每 40m 检查 1 点
11	钢筋混凝土板厚度(mm)		+10,-5	卷尺丈量板边,每块 2 点(钻孔,视需要)
12	钢筋混凝土板宽度(mm)		±20	卷尺丈量,每 100m 检查 2 点
13	钢筋混凝土板强度		符合设计要求	抗压试验,每工作台班留 2 组试件
14	钢筋网间距(mm)		±10	卷尺丈量

注:路线曲线部分的 EPS 块体缝隙不得大于 50mm。

加筋工程土工合成材料实测项目

表 2-37

项次	检查项目	规定值或允许偏差	检查方法和频率
1	下承层平整度、拱度	符合设计要求	每 200m 检查 4 处
2	搭接宽度(mm)	+50,0	抽查 2%
3	搭接缝错开距离(mm)	符合设计要求	抽查 2%
4	锚固(回折)长度	符合设计要求	抽查 2%
5	铺设层数	符合设计要求	每 200mm 检查 4 处
6	铺设层间距(mm)	±50	每 200mm 检查 4 处
7	筋材连接处强度	符合设计要求	每 200mm 检查 4 处

隔离防水工程土工合成材料(土工膜)实测项目

表 2-38

项次	检查项目	规定值或允许偏差	检查方法和频率
1	下承层平整度、拱度	符合设计要求	每 200m 检查 4 处
2	搭接宽度(mm)	+50,0	抽查 2%
3	搭接缝错开距离(mm)	符合设计要求	抽查 2%
4	表面保护层厚度	符合设计要求	抽查 2%

冲刷防护工程土工合成材料(土工织物软体沉排)实测项目　　　表2-39

项次	检查项目	规定值或允许偏差	检查方法和频率
1	下承层平整度、拱度	符合设计要求	每200m检查4处
2	搭接宽度(mm)	+50,0	抽查2%
3	充填或压重块体厚度(mm)	符合设计要求	每100m检查4处

冲刷防护工程土工合成材料(土工模袋)实测项目　　　表2-40

项次	检查项目	规定值或允许偏差	检查方法和频率
1	下承层平整度、拱度	符合设计要求	每200m检查4处
2	模袋厚度(mm)	+50,0	每100m检查4处
3	模袋混凝土坍落度(mm)	+20,-20	每100m^2检查2处
4	充填料强度(mm)	符合设计要求	每100m^3检查1处

土工合成材料分项工程以及所在分部和单位工程,其交工及竣工验收的质量检查评定,应按照《公路工程质量检验评定标准　第一册　土建工程》(JTG F80/1—2017)的有关规定进行。

二、取样与试样准备

取样与试样准备的不同,直接影响检测的最终结果。统一取样和试样准备的方法,是各项试验应共同遵守的基本原则,也是减少争议的必要手段。

本方法规定了卷装土工合成材料的取样方法与试样准备方法,其他类型的土工合成材料可参照执行。本方法的基本内容为土工合成材料各项试验均应遵守的共同规定。

1. 取样程序

(1)取卷装样品

取样的卷装数按相关文件规定。所选卷装材料应无破损,卷装呈原封不动状。

(2)裁取样品

全部试验的试样应在同一样品中裁取。卷装材料的头两层不应取作样品。取样时应尽量避免污渍、折痕、孔洞或其他损伤部分,否则要加放足够数量。

(3)样品的标记

样品上应标明下列内容:商标、生产商、供应商;型号;取样日期;要加标记表示样品的卷装长度方向。

当样品两面有显著差异时,在样品上加注标记,标明卷装材料的正面或反面。

如果暂不制备试样,应将样品保存在洁净、干燥、阴凉避光处,并且避开化学物品侵蚀和机械损伤。样品可以卷起,但不能折叠。

2. 试样准备

(1)用于每次试验的试样,应从样品长度和宽度方向上均匀地裁取,但距样品幅边至少10cm。

(2)试样不应包含影响试验结果的任何缺陷。

(3)对同一项试验,应避免两个以上的试样处在相同的纵向或横向位置上。

(4)试样应沿着卷装长度和宽度方向切割,需要时标出卷装的长度方向。除试验有其他要求,样品上的标志必须标到试样上。

(5)样品经调湿后,再制成规定尺寸的试样。

(6)在切割结构型土工合成材料时可制定相应的切割方案。

(7)如果制样造成材料破碎,发生损伤,可能影响试验结果,则将所有脱落的碎片和试样放到一起,用于备查。

3. 调湿和状态调节

(1)土工织物

试样应在标准大气条件下调湿24h,标准大气条件:温度20℃±2℃、相对湿度65%±5%。

(2)塑料土工合成材料

在温度23℃±2℃的环境下,进行状态调节,时间不少于4h。

(3)如果确认试样不受环境影响,则可省去调湿和状态调节的处理程序,但应在记录中注明试验时的温度和湿度。

三、物理性能试验

1. 单位面积质量测定

单位面积质量反映产品的原材料用量,以及生产的均匀性和质量的稳定性,与产品性能密切相关。单位面积质量指单位面积的试样在标准大气条件下的质量。

本方法适用于土工织物、土工格栅,其他类型的土工合成材料可参照执行。

(1)仪器设备及材料

剪刀或切刀;称量天平(感量为0.01g);钢尺(刻度至毫米,精度为0.5mm)。

(2)试验步骤

①试样制备

对于土工织物,用切刀或剪刀裁取面积为10000mm^{2}的试样10块,剪裁和测量精度为1mm;对于土工格栅、土工网这类孔径较大的材料,试样尺寸应能代表该种材料的全部结构。可放大试样尺寸,剪裁时应从肋间对称剪取,剪裁后应测量试样的实际面积。

②称量

将裁剪好的试样按编号顺序逐一在天平上称量,读数精确到0.01g。

(3)结果计算

①按式(2-123)计算每块试样的单位面积质量,保留小数一位。

$$G = \frac{m \times 10^6}{A} \tag{2-123}$$

式中：G——试样单位面积质量（g/m^2）；

　　m——试样质量（g）；

　　A——试样面积（mm^2）。

②计算 10 块试样单位面积质量的平均值，精确到 $0.1g/m^2$；同时计算出标准差和变异系数。

2. 厚度测定

土工合成材料的厚度是发挥其排水或渗水功能以及保温作用的基本保证。

1）土工织物厚度测定

本方法规定了在一定压力下测定土工织物和相关产品厚度的试验方法。本方法适用于土工织物及复合土工织物。

厚度：土工织物在承受规定的压力下，正反两面之间的距离。

常规厚度：在 2kPa 压力下测得的试样厚度。

(1) 仪器设备及材料

①基准板：面积应大于 2 倍的压块面积。

②压块：圆形，表面光滑，面积为 $25cm^2$，重为 5N、50N、500N 不等；其中常规厚度的压块为 5N，对试样施加 $2kPa \pm 0.01kPa$ 的压力。

③百分表：最小分度值 0.01mm。

④秒表：最小分度值 0.1s。

(2) 试验步骤

①试样制备

裁取有代表性的试样 10 块，试样尺寸应不小于基准板的面积。

②测定 2kPa 压力下的常规厚度

擦净基准板和 5N 的压块，压块放在基准板上，调整百分表零点。

提起 5N 的压块，将试样自然平放在基准板与压块之间，轻轻放下压块，使试样受到的压力为 $2kPa \pm 0.01kPa$，放下测量装置的百分表触头，接触后开始记时，30s 时读数，精确至 0.01mm。

重复上述步骤，完成 10 块试样的测试。

③根据需要选用不同的压块，使压力为 $20kPa \pm 0.1kPa$，重复②，测定 $20kPa \pm 0.1kPa$ 压力下的试样厚度。

④根据需要选用不同的压块，使压力为 $200kPa \pm 1kPa$，重复②，测定 $200kPa \pm 1kPa$ 压力下的试样厚度。

(3) 试验结果

计算在同一压力下所测定的 10 块试样厚度的算术平均值，准确至 0.01mm。

2）土工膜厚度测定

本方法规定了用机械测量法测定土工薄膜、薄片厚度的试验方法。本方法适用于没有压花和波纹的土工薄膜、薄片。

(1) 仪器设备及材料

①基准板：表面应平整光滑，并有足够的面积。

②千分表:最小分度值0.001mm。
(2)试验步骤
①试样制备
沿样品的纵向距端部大约1m的位置横向截取试样,试样条宽100mm,无折痕和其他缺陷。
②基准板、试样和千分表表头应无灰尘、油污。
③测量前将千分表放置在基准板上校准表读值基准点,测量后重新检查基准点是否变动。
④测量厚度时,要轻轻放下表测头,待指针稳定后读值。
⑤当土工膜(片)宽大于2000mm时,每200mm测量一点;膜(片)宽在300~2000mm时,以大致相等间距测量10点;膜(片)宽在100~300mm时,每50mm测量一点;膜(片)宽小于100mm时,至少测量3点。对于未裁毛边的样品,应在离边缘50mm以外进行测量。
(3)试验结果
试验结果以试样的平均厚度和厚度的最大值、最小值表示,准确至0.001mm。

3. 土工格栅、土工网网孔尺寸测定

本方法适用于各类孔径较大的土工格栅、土工网,其他相同类型的土工合成材料可参照执行。

当量孔径:土工格栅、土工网等大孔径的土工合成材料,其网孔尺寸是通过换算折合成与其面积相当的圆形孔的孔径来表示的,称为当量孔径。

(1)仪器设备及材料
游标卡尺:量程200mm,精度0.02mm。
(2)试验步骤
①试样制备
每块试样应至少包括10个完整的有代表性的网孔。
②测试方法
对较规则网孔的试样(图2-60),当网孔为矩形或偶数多边形时,测量相互平行的两边之间的距离;当网孔为三角形或奇数多边形时,测量顶点与对边的垂直距离。同一测点平行测定两次,两次测定误差应小于5%,取均值;每个网孔至少测3个测点,读数精确到0.1mm,取均值。

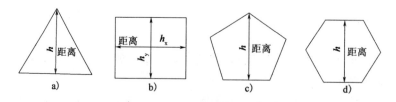

图2-60 土工格栅、土工网网孔尺寸测试示意图

(3)结果计算
①计算网孔面积。

三角形网孔： $A = 0.5774h^2$
矩形网孔： $A = h_x h_y$
五边形网孔： $A = 0.7265h^2$
六边形网孔： $A = 0.8860h^2$

以上式中：A——网孔面积(mm^2)；
  h——网孔高度(mm)。

②按式(2-124)计算网孔的当量孔径,计算精确到 0.1mm。

$$D_e = 2 \times \sqrt{A/\pi} \tag{2-124}$$

计算 10 个网孔当量孔径的平均值,精确到 1mm。

四、力学性能试验

1. 宽条拉伸试验

土工合成材料的拉伸强度和最大负荷下伸长率是各项工程设计中最基本的技术指标,拉伸性能的好坏,可以通过拉伸试验进行测试。

本方法规定了用宽条试样测定土工织物及其有关产品拉伸性能的试验方法。本方法适用于大多数土工合成材料,包括土工织物及复合土工织物,也适用于土工格栅。

本方法包括测定调湿和浸湿两种试样拉伸性能的程序,包括单位宽度的最大负荷和最大负荷下的伸长率以及特定伸长率下的拉伸力的测定。

(1)仪器设备及材料

①拉伸试验机:具有等速拉伸功能,拉伸速率可以设定,并能测读拉伸过程中试样的拉力和伸长量,记录拉力-伸长曲线。

②夹具:钳口表面应有足够宽度,至少应与试样 200mm 同宽,以保证能够夹持试样的全宽,并采用适当措施避免试样滑移和损伤。

注:对大多数材料宜使用压缩式夹具,但对那些使用压缩式夹具出现过多钳口断裂或滑移的材料,可采用纹盘式夹具。

③伸长计:能够测量试样上两个标记点之间的距离,对试样无任何损伤和滑移,能反映标记点的真实动程。伸长计包括力学、光学或电子形式的。伸长计的精度应不超过±1mm。

④蒸馏水:仅用于浸湿试样。

⑤非离子润湿剂:仅用于浸湿试样。

(2)试样制备

①试样数量

纵向和横向各剪取至少 5 块试样。

②试样尺寸

无纺类土工织物试样宽为 200mm±1mm(不包括边缘),并有足够的长度以保证夹具间距 100mm;为控制滑移,可沿试样的整个宽度与试样长度方向垂直地画两条间隔 100mm 的标记线(不包含绞盘夹具)。

对于机织类土工织物,将试样剪切约220mm宽,然后从试样的两边拆去数目大致相等的边线以得到200mm±1mm的名义试样宽度,这有助于保持试验中试样的完整性。

注:当试样的完整性不受影响时,则可直接剪切至最终宽度。

对于土工格栅,每个试样至少为200mm宽,并具有足够长度。试样的夹持线在节点处,除被夹钳夹持住的节点或交叉组织外,还应包含至少1排节点或交叉组织;对于横向节距大于或等于75mm的产品,其宽度方向上应包含至少两个完整的抗拉单元。

如使用伸长计,标记点应标在试样的中排抗拉肋条的中心线上,两个标记点之间应至少间隔60mm,并至少含有1个节点或1个交叉组织。

对于针织、复合土工织物或其他织物,用刀或剪子切取试样可能会影响织物结构,此时允许采用热切,但应在试验报告中说明。

当需要测定湿态最大负荷和干态最大负荷时,剪取试样长度至少为通常要求的两倍。将每个试样编号后对折剪切成两块,一块用于测定干态最大负荷,另一块用于测定湿态最大负荷,这样使得每一对拉伸试验是在含有同样纱线的试样上进行的。

③试样调湿和状态调节

土工织物:干态试验所用试样的调湿,按"取样与试样准备"规定进行;湿态试验所用试样应浸入温度为20℃±2℃的蒸馏水中,浸润时间应足以使试样完全润湿或者至少24h。为使试样完全湿润,也可以在水中加入不超过0.05%的非离子型润湿剂。

塑料土工格栅试样状态调节按"取样与试样准备"规定进行。

如确认试样不受环境影响,则可不进行调湿和状态调节,但应在报告中注明试验时的温度和湿度。

(3)试验步骤

①拉伸试验机的设定

土工织物,试验前将两夹具间的隔距调至100mm±3mm;土工格栅按上述"试样尺寸"的有关规定进行。选择试验机的负荷量程,使断裂强力在满量程负荷的30%~90%之间。设定试验机的拉伸速度,使试样的拉伸速率为名义夹持长度的(20%±1%)/min。

如使用绞盘夹具,在试验前应使绞盘中心间距保持最小,并且在试验报告中注明使用了绞盘夹具。

②夹持试样

将试样在夹具中对中夹持,注意纵向和横向的试样长度应与拉伸力的方向平行。合适的方法是将预先画好的横贯试件宽度的两条标记线尽可能地与上下钳口的边缘重合。对湿态试样,从水中取出后3min内进行试验。

③试样预张

对已夹持好的试件进行预张,预张力相当于最大负荷的1%,记录因预张试样产生的夹持长度的增加值 L_0'。

④使用伸长计时

在试样上相距60mm处分别设定标记点(分别距试样中心30mm),并安装伸长计,注意不能对试样有任何损伤,并确保试验中标记点无滑移。

⑤测定拉伸性能

开动试验机连续加荷直至试样断裂,停机并恢复至初始标距位置。记录最大负荷,精确至满量程的0.2%;记录最大负荷下的伸长量 ΔL,精确到小数点后一位。

如试样在距钳口 5mm 范围内断裂,结果应予剔除;纵横向每个方向至少试验 5 块有效试样。如试样在夹具中滑移,或者多于1/4的试样在钳口附近5mm范围内断裂,可采取下列措施:夹具内加衬垫;夹在钳口内的试样加以涂层;改进夹具钳口表面。无论采用了何种措施,都应在试验报告中注明。

⑥测定特定伸长率下的拉伸力

使用合适的记录测量装置测定在任一特定伸长率下的拉伸力,精确至满量程的0.2%。

(4)结果计算

①拉伸强度

使用公式(2-125)计算每个试样的拉伸强度。

$$\alpha_f = F_f C \tag{2-125}$$

式中:α_f——拉伸强度(kN/m);

F_f——最大负荷(kN);

C——计算系数,对于非织造品、高密织物或其他类似材料:

$$C = 1/B \tag{2-126a}$$

B——试样的名义宽度(m);

对于稀松机织土工织物、土工网、土工格栅或其他类似的松散结构材料:

$$C = N_m/N_s \tag{2-126b}$$

N_m——试样 1m 宽度内的拉伸单元数;

N_s——试样内的拉伸单元数。

②最大负荷下的伸长率

使用公式(2-127)计算每个试样的伸长率。

$$\varepsilon = \frac{\Delta L}{L_0 + L_0'} \times 100 \tag{2-127}$$

式中:ε——伸长率(%);

L_0——名义夹持长度(使用夹具时为100mm,使用伸长计时为60mm);

L_0'——预负荷伸长量(mm);

ΔL——最大负荷下的伸长量(mm)。

③特定伸长率下的拉伸力

计算每个试样在特定伸长率下的拉伸力,用公式(2-128)计算,用 kN/m 表示。

例如,伸长率2%时的拉伸力:

$$F_{2\%} = f_{2\%} C \tag{2-128}$$

式中:$F_{2\%}$——对应2%伸长率时每延米拉伸力(kN/m);

$f_{2\%}$——对应2%伸长率时试样的测定负荷(kN)。

④平均值和变异系数

分别对纵向和横向两组试样的拉伸强度、最大负荷下伸长率及特定伸长率下的拉伸力计算平均值和变异系数,拉伸强度和特定伸长率下的拉伸力精确至3位有效数字,最大负荷下伸长率精确至0.1%,变异系数精确至0.1%。

每组有效试样为5块。

2. 接头/接缝宽条拉伸试验

施工中土工合成材料的接头/接缝是不可避免的,而接头和接缝处往往是整个结构中的薄弱点,接头/接缝的强度直接影响工程的质量和寿命。

本方法规定了用宽条样测定土工合成材料接头和接缝拉伸性能的试验方法。方法包括测定调湿和浸湿两种试样拉伸性能的程序。本方法适用于大多数土工合成材料,包括土工织物、土工复合材料,也适用于土工格栅,但试样尺寸要作适当改变。

(1)仪器设备及材料

拉伸试验机、夹具、蒸馏水、非离子润湿剂与"宽条拉伸试验"相同。

(2)试样制备

①试样数量:剪取含接头/接缝试样至少5块,每块试样应含有一个接缝或接头,如需要湿态试验,另增加5块试样。

②制样:如样品无接缝或接头,需要制备接缝或接头时,应根据施工实际中接头/接缝的形式和有关方面的协议制备试样。剪取试样单元至少10个(每两个为一组),每个单元尺寸应满足制备后的试样尺寸符合测定的要求。

注:试样制备时,两个接合或缝合在一起的单元应是同一方向(纵向或横向),而且接头/接缝应垂直于受力方向。为控制滑移,可沿试样的整个宽度与试样长度方向垂直地画两条间隔100mm的标记线。

③试样尺寸

从接合或缝合的样品中剪取试样,每块试样的长度不少于200mm,接头/接缝应在试样的中间部位,并垂直于受力方向,每块试样最终宽度为200mm。

④试样调湿和状态调节

同"宽条拉伸试验"规定。

(3)试验步骤

①拉伸试验机的设定

调整两夹具间的隔距为100mm±3mm再加上接缝或接头宽度,土工格栅、土工网除外。选择试验机的负荷量程,使断裂强力在满量程负荷的30%~90%之间。设定试验机的拉伸速度,使试样的拉伸速率为名义夹持长度的(20%±1%)/min。

②夹持试样

将试样放入夹钳中心位置,长度方向与受力方向平行,保证标记线与钳口吻合,以便观察试验过程中试样是否出现打滑。对湿态试样,从水中取出后3min内进行试验。

③测定接头/接缝拉伸强度

开启拉伸试验机,直至接头/接缝或材料本身断裂,记录最大负荷,精确至满量程的2%,观察和记录断裂原因:试样断裂;缝线断裂;试样与接头/接缝滑脱;接缝开裂;上述两种或多种组合;其他。

如果试样是从非接头/接缝处开始断裂,或试样在夹具中打滑,则应剔除该试验结果并另取一试样进行测试。

(4)结果计算

①接头/接缝强度。

按式(2-129)分别计算纵向或横向的接头/接缝强度,精确至3位有效数字。

$$S_f = F_f C \tag{2-129}$$

式中:S_f——接头/接缝强度(kN/m);

F_f——最大负荷(kN);

C——计算系数;

对于土工织物或类似小孔结构材料,按式(2-126a)计算;

对于土工网、土工格栅或类似材料,按式(2-126b)计算。

②计算5块试样的接头/接缝强度的平均值、接头/接缝强度的变异系数。

③接头/接缝效率。

如果需要计算接头/接缝效率,按"宽条拉伸试验"方法测定5块无接头/接缝试样的平均拉伸强度,其拉伸方向应与接头/接缝试样相同。

按式(2-130)计算接头/接缝效率,计算至小数点后1位。

$$E = (\overline{S_f}/\overline{\alpha_f}) \times 100 \tag{2-130}$$

式中:E——接头/接缝效率(%);

$\overline{S_f}$——平均接头/接缝强度(kN/m);

$\overline{\alpha_f}$——无接头/接缝材料的平均拉伸强度(kN/m)。

3. 条带拉伸试验

本方法规定了单筋、单条试样测定土工合成材料拉伸性能的试验方法。本方法适用于各类土工格栅、土工加筋带。

(1)仪器设备及材料

同"宽条拉伸试验"规定。

(2)试样制备

①试样数量:土工格栅纵向和横向各裁取至少5根单筋试样、土工加筋带裁取至少5条试样。

②试样尺寸

对于土工格栅,单筋试样应有足够的长度,试样的夹持线在节点处,除被夹钳夹持住的节点或交叉组织外,还应包含至少1个节点或交叉组织。

如使用伸长计,标记点应标在筋条试样的中心上,两个标记点之间应至少间隔60mm,并至少含有 1 个节点或 1 个交叉组织,夹持长度应为数个完整节距。

对于土工加筋带,试样应有足够的长度以保证夹具间距 100mm。为控制滑移,可沿试样的整个宽度与试样长度方向垂直地画两条间隔 100mm 的标记线(不包含绞盘夹具)。

(3)试验步骤

与"宽条拉伸试验"基本相同。

(4)结果计算

①拉伸强度。

土工格栅试样拉伸强度按式(2-131)计算。

$$\alpha_f = f n / L \tag{2-131}$$

式中:α_f——拉伸强度(kN/m);

f——试件的最大拉伸力(kN);

n——样品宽度上的筋数;

L——样品宽度(m)。

土工加筋带试样断裂拉力,以试件最大拉伸力表示,单位为 kN。

②试样最大负荷下的伸长率

按式(2-127)计算。

③特定伸长率下的拉伸力

土工格栅试样在特定伸长率下的拉伸力,用公式(2-132)计算。

例如,伸长率 2% 时的拉伸力:

$$F_{2\%} = f_{2\%} n / L \tag{2-132}$$

土工加筋带试样特定伸长率下的拉伸力以试件特定伸长率下的拉力表示,单位为 kN。

4. 粘焊点极限剥离力试验

本方法规定了测定粘焊土工格栅粘焊点极限剥离力的试验方法。本方法适用于测定各类粘焊土工格栅粘焊点的极限剥离力,其他土工合成材料粘焊点极限剥离力的测定可参照执行。

(1)仪器设备及材料

拉伸试验机:应具有等速拉伸功能,拉伸速率可以设定和控制。

剥离试验专用夹具:应有足够宽度,以能够夹持不同宽度试样,并能保持剥离时试样不滑移和损伤。

(2)试样制备

单向格栅横向截取 5 个剥离试样,双向格栅纵横向各截取 5 个剥离试样,每个剥离试样都含一个粘焊点。

(3)试验步骤

①拉伸试验机试验条件的设定

选择量程范围,使剥离最大负荷在满量程负荷的 30%~90% 范围之间,并设定拉伸速率为 50mm/min ± 5mm/min。

②夹持试样

安装剥离拉伸试验专用夹具,将试样横向筋带夹持在夹具中,调整夹持器的间距,使夹具水平夹住试样粘焊点横向筋带的两端(靠近纵向筋带处),夹持长度为横向筋带宽度的两倍并且不小于50mm,使两夹持面和剥离轴线处在同一平面上,以保证剥离时试样不发生扭曲,并使剥开面向着操作者。

③启动试验机

启动拉伸试验机进行试样粘焊点的剥离试验,直到粘焊点完全剥离方可停机,记录剥离时的最大剥离力,以N为单位。

(4)试样结果

单向格栅粘焊点极限剥离力,以横向5个试样最大剥离力的算术平均值表示。

双向格栅粘焊点极限剥离力,分别以横向5个、纵向5个试样的最大剥离力的算术平均值表示。

5. 梯形撕破强力试验

梯形撕破强力是指土工合成材料受荷载作用直至撕裂破坏时的极限破坏应力,反映了土工合成材料抵抗破损裂口扩大能力的重要力学指标。常采用梯形试样进行试验操作。

本方法规定了用梯形试样测定土工织物撕破强力的方法。本方法适用于测定土工织物的梯形撕破强力。

(1)仪器设备及材料

拉伸试验机、夹具:同"宽条拉伸试验"规定。

(2)试样制备

纵向和横向各取10块试样,试件尺寸见图2-61。试样上不得有影响试验结果的可见疵点。在每块试样的梯形短边正中处剪一条垂直于短边的15mm长的切口,并画上夹持线。

(3)试验步骤

①调整拉伸试验机卡具的初始距离为25mm,设定满量程范围,使试样最大撕破负荷在满量程负荷的30%~90%范围之间,并设定拉伸速率为100mm/min±5mm/min。

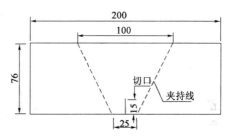

图2-61 梯形试样平面图(尺寸单位:mm)

②将试样放入卡具内,使夹持线与夹钳钳口线相平齐,然后旋紧上、下夹钳螺栓,同时要注意试样在上、下夹钳中间的对称位置,使梯形试样的短边保持垂直状态。

③开动拉伸试验机,直至试样完全撕破断开,记录最大撕破强力值,以N为单位。

④如试样从夹钳中滑出或不在切口延长线处撕破断裂,则应剔除此次试验数值,并在原样品上再裁取试样,补足试验次数。

(4)试样结果

分别计算纵、横向撕破强力的平均值和变异系数。

纵、横向撕破强力以各自10次试验的算术平均值表示,以N为单位。

6. CBR顶破强力试验

CBR顶破强力是指土工合成材料受顶压荷载直至破裂时的最大顶压力,反映了土工合成材料抵抗各种法向静态应力的能力。

本方法规定了测定土工织物顶破强力、顶破位移和变形率的试验方法。本方法适用于土工织物、土工膜及其复合产品。

(1)仪器设备及材料

①试验机:应具有等速加荷功能,加荷速率可以设定,并能测读加荷过程中的应力、应变量,记录应力-应变曲线。

②顶破夹具:夹具夹持环底座高度须大于100mm,环形夹具内径为150mm,其中心必须在顶压杆的轴线上。

③顶压杆:直径为50mm、高度为100mm的圆柱体,顶端边缘倒成2.5mm半径的圆弧。

(2)试样制备

裁取φ300mm的圆形试样5块,试样上不得有影响试验结果的可见疵点,在每块试样离外圈50mm处均等开6条8mm宽的槽。

(3)试验步骤

①试样夹持:将试样放入环形夹具内,使试样在自然状态下拧紧夹具,以避免试样在顶压过程中滑动或破损。

②将夹持好试样的环形夹具对中放于试验机上,设定试验机满量程范围,使试样最大顶破强力在满量程负荷的30%~90%范围内,设定顶压杆的下降速度为60mm/min±5mm/min。

③启动试验机,直到试样完全顶破为止,观察和记录顶破情况,记录顶破强力(N)和顶破位移值(mm)。如土工织物在夹具中有明显滑动,则应剔除此次试验数据,并补做试验至5块。

(4)结果计算

分别计算5块试样的顶破强力(N)、顶破位移(mm)的平均值和变异系数。

变形率按式(2-133)计算。

$$\varepsilon = \frac{L_1 - L_0}{L_0} \times 100 \qquad (2\text{-}133)$$

$$L_1 = \sqrt{h^2 + L_0^2} \qquad (2\text{-}134)$$

式中:ε——变形率(%);

L_0——试验前夹具内侧到顶压杆顶端边缘的距离(mm);

L_1——试验后夹具内侧到顶压杆顶端边缘的距离(mm);

h——顶压杆位移距离(mm)。

7. 刺破强力试验

刺破强力是指土工合成材料受顶刺荷载直至破裂时的最大顶刺压力,反映了土工合成材料抵抗小面积集中荷载破坏的能力。

本方法规定了测定土工织物刺破强力的试验方法。本方法适用于土工织物、土工膜,及其复合产品。

(1)仪器设备及材料

①试验机:应具有等速加荷功能,加荷速率可以设定,能测读加荷过程中的应力、应变量,记录应力-应变曲线,要求行程大于100mm,加载速率能达到300mm/min±10mm/min。

②环形夹具:内径45mm±0.025mm,底座高度大于顶杆长度,有较高的支撑力和稳定性。

③平头顶杆:钢质实心杆,直径8mm±0.01mm,顶端边缘倒角0.5mm×45°。

(2)试样制备

裁取圆形试样10块,直径不小于100mm,试样上不得有影响试验结果的可见疵点,根据夹具的具体结构在对应螺栓的位置处开孔。

(3)试验步骤

①试样夹持:将试样放入环形夹具内,使试样在自然状态下拧紧夹具。

②将装好试样的环形夹具对中放于试验机上,将装好试样的环形夹具对中放于试验机上,夹具中心应在顶杆的轴心线上。

③设定试验机满量程范围,使试样最大刺破强力在满量程负荷的30%～90%范围内,设定加载速率为300mm/min±10mm/min。

④对于湿态试样,从水中取出后3min内进行试验。

⑤开机,记录顶杆顶压试样时的最大压力值即为刺破强力。如土工织物在夹具中有明显滑移则应剔除此次试验数据。

⑥按照上述步骤,测定其余试样,直至得到10个测定值。

(4)结果计算

计算10块试样刺破强力的平均值(N)。

8.直剪摩擦特性试验

土工合成材料与土石料之间的摩擦特性是工程结构稳定性必须考虑的因素。摩擦特性中的直剪试验是使用直剪仪和标准砂土对土工合成材料进行直接剪切试验,以模拟它们之间的作用过程,评价土工合成材料的摩擦特性。

本方法规定了使用直剪仪和标准砂土测定土工合成材料摩擦特性的试验方法。本方法适用于所有土工合成材料,当使用刚性基座试验土工格栅时,摩擦结果应进行校正。

1)仪器设备及材料

(1)直剪仪

有接触面积不变和接触面积递减(标准土样直剪仪)两种直剪仪。

①剪切盒

接触面积不变的剪切盒:剪切盒应具有足够的刚性,在承受负荷时不发生变形,盒内部尺寸不小于300mm×300mm,盒厚至少应为盒长的50%,以便能容纳砂土层和加压系统。试验土工格栅时,剪切盒的最小尺寸还应该增加。

剪切盒下部为刚性滑板,滑板的长度至少为剪切盒长度加上试样尺寸的16.5%,以确保在相对剪切位移达16.5%时试样和砂土之间完全接触。

接触面积递减的剪切盒:上下剪切盒大小相等,尺寸至少为300mm×300mm。

②刚性滑板:剪切盒应装在刚性滑板上,刚性滑板由低摩擦滚排或轴承支撑在机座上,滑板可在剪切方向上自由滑动。

③水平力加载装置:用于推动下剪切盒在水平方向上恒速位移,位移速率为1mm/min ± 0.2mm/min。

④施加法向力的装置:能均匀地对剪切面施加法向力,在下剪切盒恒速位移过程中法向力始终保持垂直,精度为2%。

⑤测定剪切力和相对位移的装置:剪切力测量装置的测量精度为0.5%;相对位移测量装置的测量精度为0.02mm。

(2)试样基座

用于放置试样,可为土质基座、硬木质基座、表面粒度为P80的氧化铝标准摩擦基座或其他刚性基座。

(3)标准砂土

与试样接触的砂土应为标准细颗粒砂土。其粒径级配见表2-41。

标准砂土规格 表2-41

筛网孔径(mm)	筛余量(%)	筛网孔径(mm)	筛余量(%)
2.00	0	0.50	67 ±5
1.60	7 ±5	0.16	87 ±5
1.00	33 ±5	0.08	99 ±5

如果观察到细砂在试验中有流失,砂土级配必须重新校正。

可以对砂土加水以避免砂粒分离,但含水率不得超过2%。应使用标准土样直剪仪测量砂土在不同法向压力下的最大剪应力及内摩擦角。

2)试样制备

试样数量和尺寸:每种样品,每个被测试方向取4块试样。试样的大小应适合于试验仪器的尺寸,宽度略大于剪切面宽度。如果样品两面不同,两面都应试验,每面试验4块试样。

3)试验步骤

(1)将试样平铺在位于剪切盒下边部分内的刚性水平基座上,前端夹持在剪切区的前面。试样与基座之间用胶粘合(如使用P80氧化铝标准摩擦基座可不粘合)。粘合后试样应平整、没有折叠和褶皱。试验中试样和基座之间不允许产生相对滑移。

(2)安装上剪切盒:用预先称准质量的标准砂土填充上剪切盒,装填厚度50mm。砂土厚度应均匀,压密后的干密度为1750kg/m^3。

(3)安装水平力加载仪、位移测量仪(传感器或刻度表),并对试样施加50kPa的法向压力。

(4)施加水平荷载,使上下剪切盒之间作速率为1mm/min ± 2mm/min 的相对位移。连续或间隔测量剪切力 T,同时记录对应的相对位移 ΔL,间隔时间为12s,开始时也可视情况加密,直至达到剪切面长度的16.5%时结束试验。

(5)卸下试样,仔细地除去被测试样上的标准砂土,检查和记录试样是否发生伸长、褶皱或损坏。

(6)重复(1)~(5)步骤,在100kPa,150kPa 和 200kPa 法向应力下再各试验一块试样。

(7)如需要,测试样品的另一方向或另一面。

4)结果计算

(1)按式(2-135)计算每块试样的法向应力。

$$\sigma = P/A \tag{2-135}$$

式中:σ——法向应力(kPa);
　　P——法向力(kN);
　　A——接触面积(m^2)。

(2)按式(2-136)计算每块试样剪应力。

$$\tau = T/A \tag{2-136}$$

式中:τ——剪应力(kPa);
　　T——剪切力(kN);
　　A——试样接触面积(m^2)。

如果使用接触面积递减的仪器,试样接触面积则为变值,每次计算均应使用与最大剪切力出现时相对应的实际接触面积值。

(3)根据剪应力和对应的相对位移作图2-62,求取每块试样的最大剪应力。当剪应力与位移关系曲线出现峰值时,该峰值即为最大剪应力;当关系曲线不出现峰值时,取位移量为剪切面积长度的 10% 时的剪应力作为最大剪应力。

(4)对于所有试样(4个),根据最大剪应力和对应的法向应力作图2-63,通过各点作出最佳拟合直线,直线与法向压力轴之间的夹角即为土工织物和砂土的摩擦角 φ_{cg},最大剪应力轴上的截距为土工织物和砂土的表观黏聚力 c_{cg}。

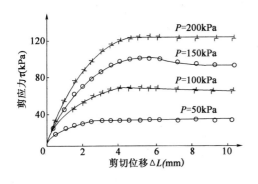

图2-62 剪应力与位移关系曲

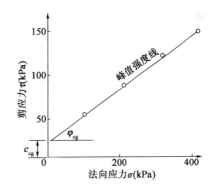

图2-63 最大剪应力与法向应力关系曲线

(5)按式(2-137)计算每块试样的摩擦比 $f_{g(\delta)}$。

$$f_{g(\delta)} = \frac{\tau_{\max(\delta)}}{\tau_{s,\max(\delta)}} \tag{2-137}$$

式中:$f_{g(\delta)}$——摩擦比;
$\tau_{\max(\delta)}$——在不同法向应力下的最大剪应力(kPa);
$\tau_{s,\max(\delta)}$——在不同法向应力下标准砂土的最大剪应力(kPa)。

9. 拉拔摩擦特性试验

为了保证工程结构的稳定性,在工程设计中土工合成材料与周围土石料之间的摩擦剪切强度应大于土石料之间的摩擦剪切强度。通过拉拔摩擦试验可以得到土工合成材料与现场土石料的摩擦剪切强度。

本方法规定了测定土内土工合成材料与周围土体拉拔摩擦阻力的试验方法。本方法适用于所有的土工合成材料。

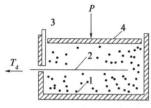

图2-64 拉拔试验示意图
1-土;2-试样;3-插板;4-加压板

1) 仪器设备及材料

(1)试验箱:为一矩形箱体,侧壁有足够的刚度,受力时不变形,箱体尺寸不宜小于25cm×20cm×20cm(长×宽×高)。箱一面侧壁的半高处开一贯穿全宽的窄缝,高约5mm,供试样引出箱体用。紧贴窄缝内壁,安置一可上下抽动的插板,用于调整窄缝的缝隙大小,防止土粒漏出(图2-64)。

(2)加荷系统

法向压力的加压装置应在试验过程中保持恒压,且均匀地作用在土面上。水平加荷装置应能进行应变控制加荷。

(3)测量系统

法向和水平向测力装置可用拉压力传感器或其他测力装置。垂直和水平位移用百分表或位移传感器,测量精度为0.01mm。

2) 试件制备

(1)试样数量和尺寸:试样数量不少于5块,其宽度应小于试验箱宽度,长度视夹具情况而定,至少为200mm,应保证有足够的长度固定试样。

(2)试样端部加固:从试验箱引出的试样应进行端部加固,可采用粘胶加固(如环氧树脂),将试样牢固地粘贴在加固板上。

3) 试验步骤

(1)将土料填入试验箱,按要求的密度分层压实,压实后,土面水平面略高于试验箱一侧窄缝下缘。

(2)将试样平放于土面上,要求平整无皱。在长度方向,试样埋入土中的长度为100~150mm,并居中放置。试样一端从窄缝引出箱外,注意两边对称,并和水平夹具连接。插入可调整窄缝高度的插板,使插板下缘正好在试样表面之上,将插板固定。

(3)继续往箱内填土,分层压实直至达到要求的密度,压实后土面平整,并略低于箱顶放上加压板。

(4)安装垂直和水平位移百分表。将垂直加荷千斤顶对中于试验箱,对加压板施加一微量的垂直荷载,使加压板与土面接触良好,将百分表读数调零。将夹有试样的夹具连接到水平加荷装置上。

(5) 施加要求的垂直荷载,使土料固结。固结时间视土性而定,对粒状土固结时间不少于 15min;对黏性土,要求垂直变形增量每小时不大于 $0.00025h$ (h 为土样高度,mm),作为固结稳定标准,测量并记录相应的压缩量。施加一微量水平荷载,使水平加荷装置的各处受力绷紧,将百分表读数调整为零。

(6) 施加水平荷载,开始拉拔,测读并记录位移量和水平拉力。拉拔速率视土性而定,按应变控制加荷时,一般采用位移速率为 0.2~3.0mm/min;对砂性土,可采用 0.5mm/min。

(7) 试验进行到下列情况时方可结束:
① 如果水平荷载出现峰值,或试验进行至获得稳定值。
② 如果不出现峰值或试样被拉断,表明试样埋在土内的长度超过拔出长度,应缩短在土内的长度,并重新试验。

(8) 改变垂直荷载,重复(1)~(7)步骤,进行不同垂直荷载下相应的拉拔摩擦试验。为求得拉拔摩擦强度,要求在 4 级不同垂直荷载下进行试验,其中最大的一级荷载(压力)应不小于设计荷载。

4) 结果计算

(1) 按式(2-138)和式(2-139)分别计算界面上的法向应力和剪应力。

$$\sigma = \frac{P}{A} \tag{2-138}$$

$$\tau = 0.5 \times \frac{T_d}{LB} \tag{2-139}$$

式中:P、T_d——垂直荷载及水平荷载(kN);
A——试验箱的水平面积(m²);
L、B——织物被埋在土内部分的长度和宽度(m);
σ——法向应力(kPa);
τ——剪应力(kPa)。

(2) 按式(2-140)计算界面上的拉拔摩擦系数 f。

$$f = \frac{\tau}{\sigma} \tag{2-140}$$

(3) 绘制各级垂直应力下剪应力与相应水平位移 τ-ΔL 的关系曲线(图 2-65)。

(4) 绘制 τ-σ 曲线,求得界面的摩擦强度。

剪应力如有峰值时,绘制各级法向应力 σ 和剪应力 τ 峰值的关系曲线(图 2-66)。图中 φ 为摩擦角,c_u 为黏聚力。

五、水力性能试验

1. 垂直渗透性能试验(恒水头法)

土工织物用作反滤材料时,流水的方向垂直于土工织物的平面,此时要求土工织物既能阻止土颗粒随水流失,又要求它具有一定的透水性。

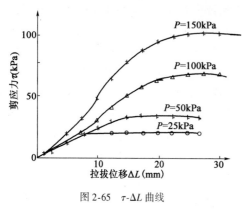

图 2-65 τ-ΔL 曲线

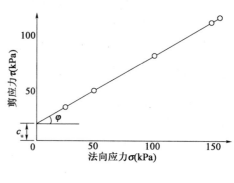

图 2-66 τ-σ 曲线

本方法规定了土工织物及复合土工织物在系列恒定水头下垂直渗透性能的试验方法。本方法适用于土工织物和复合土工织物。

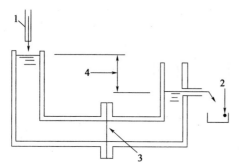

图 2-67 水平式恒水头渗透仪示意图
1-进水系统;2-出水收集;3-试样;4-水头差

1)仪器设备及材料

(1)恒水头渗透仪(图 2-67)。

①渗透仪夹持器的最小直径 50mm,能使试样与夹持器周壁密封良好,没有渗漏。

②仪器能设定的最大水头差应不小于 70mm,有溢流和水位调节装置,能够在试验期间保持试件两侧水头恒定,有达到 250mm 恒定水头的能力。

③测量系统的管路应避免直径的变化,以减少水头损失。

④有测量水头高度的装置,精确到 0.2mm。

(2)供水系统

①试验用水应采用蒸馏水或经过过滤的清水,试验前必须用抽气法或煮沸法脱气,水中的溶解氧含量不得超过 10mg/kg。

②溶解氧含量的测定在水入口处进行。

③水温控制在 18~22℃。

(3)其他用具

①秒表,精确到 0.1s。

②量筒,精确到 10mL。

③温度计,精确到 0.2℃。

2)试样制备

(1)试样数量和尺寸:试样数量不小于 5 块,其尺寸应与试验仪器相适应。

(2)试样要求:试样应清洁,表面无污物,无可见损坏或折痕,不得折叠,并应放置于平处,上面不得施加任何荷载。

3)试验步骤

(1)将试样置于含湿润剂的水中,至少浸泡 12h 直至饱和并赶走气泡。湿润剂采用 1% V/V

的烷基苯磺酸钠。

（2）将饱和试样装入渗透仪的夹持器内，安装过程应防止空气进入试样，有条件时宜在水下装样，并使所有的接触点不漏水。

（3）向渗透仪注水，直到试样两侧达到 50mm 的水头差。关掉供水，如果试样两侧的水头在 5min 内不能平衡，查找是否有未排除干净的空气，重新排气，并在试验报告中注明。

（4）调整水流，使水头差达到 70mm±5mm，记录此值，精确到 1mm。待水头稳定至少 30s 后，在规定的时间周期内，用量杯收集通过仪器的渗透水量，体积精确到 10mL，时间精确到 s。收集渗透水量至少 1000mL，时间至少 30s。如果使用流量计，流量计至少应有能测出水头差 70mm 时的流速的能力，实际流速由最小时间间隔 15s 的 3 个连续读数的平均值得出。

（5）分别对最大水头差 0.8、0.6、0.4 和 0.2 倍的水头差，重复（4）的程序，从最高流速开始，到最低流速结束，并记录下相应的渗透水量和时间。如果使用流量计，适用同样的原则。

注：如土工织物总体渗透性能已确定，为控制产品质量也可只测 50mm 水头差下的流速。

（6）记录水温，精确到 0.2℃。

（7）对剩下的试样重复（2）~（6）的步骤。

4）结果计算

（1）流速指数

①按式（2-141）计算 20℃时的流速 v_{20}（mm/s）。

$$v_{20} = \frac{VR_T}{At} \tag{2-141}$$

式中：V——渗透水的体积（m³）；

R_T——T℃水温时的水温修正系数（表 2-42）；

A——试样过水面积（m²）；

t——达到水体积 V 的时间（s）。

如果使用流速仪，流速 v_T 直接测定，则按公式（2-142）计算 20℃时的流速 v_{20}（mm/s）。

$$v_{20} = v_T R_T \tag{2-142}$$

水温修正系数　　　　表 2-42

温度（℃）	R_T	温度（℃）	R_T
18.0	1.050	20.5	0.988
18.5	1.038	21.0	0.976
19.0	1.025	21.5	0.965
19.5	1.012	22.0	0.953
20.0	1.000		

注：水温修正系数 R_T 即为水的动力黏滞系数比 η_t/η_{20}；η_t 为试验水温 t℃时的动力黏滞系数，η_{20} 为试验水温 20℃时水的动力黏滞系数。

②计算每块试样不同水头差下的流速 v_{20}。

使用计算法或图解法,用水头差 h 对流速 v_{20} 通过原点作曲线。在一张图上绘出 5 个试样的水头差 h 对流速 v_{20} 的曲线 5 条。

③通过计算法或图解法求出 5 个试样 50mm 水头差的流速值,给出平均值和最大、最小值。平均值为该样品的流速指数,精确到 1mm/s。

(2)垂直渗透系数

按公式(2-143)计算实际水温下的垂直渗透系数 k。

$$k = v/i = \frac{v\delta}{\Delta h} \tag{2-143}$$

式中:k——实际水温下的垂直渗透系数(mm/s);

v——垂直土工织物平面水的流动速度(mm/s);

i——土工织物上下两侧的水力梯度;

δ——土工织物试样厚度(mm);

Δh——对土工织物试样施加的水头差(mm)。

按公式(2-144)计算 20℃水温下的垂直渗透系数 k_{20}。

$$k_{20} = k R_T \tag{2-144}$$

式中:k_{20}——水温 20℃时的垂直渗透系数(mm/s);

k——实际水温下的垂直渗透系数(mm/s);

R_T——T℃水温时的水温修正系数(表 2-44)。

(3)透水率

按公式(2-145)计算 20℃水温时的透水率 θ_{20}。

$$\theta_{20} = k_{20}/\delta = v_{20}/\Delta h \tag{2-145}$$

式中:θ_{20}——水温 20℃时的透水率(1/s);

k_{20}——水温 20℃时的渗透系数(mm/s);

δ——土工织物厚度(mm);

v_{20}——温度 20℃时,垂直土工织物平面水的流动速度(mm/s);

Δh——对土工织物试样施加的水头差(mm)。

2. 耐静水压试验

土工合成材料中的土工膜和复合土工膜,防渗性能是其重要的特征指标之一,在工程实际应用中对工程寿命有重要的影响。

本方法规定了土工合成材料防渗性能——耐静水压性能的试验方法。本方法适用于土工膜和复合土工膜。

1)仪器设备及材料

耐静水压的测定装置应包括进水调压装置、试样夹持及加压装置、压力测定装置等(图 2-68)。其主要部件及要求如下:

(1)进水调压装置:包括水源、气源、调压阀等,调压范围至少 0~2.5MPa,应具有压力恒定功能,加压系统误差 ±2%。

(2)试样夹持及加压装置:由集水器、支撑网和多孔板组成。集水器一般为圆筒状,内腔直径为 200mm±5mm;多孔板内均匀分布直径为 3mm±0.05mm 的小透孔,孔的中心间距离 6mm;试样夹持后应保证无漏水。

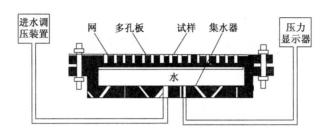

图 2-68 耐静水压装置示意图

(3)压力测定装置:量程范围 0~2.5MPa,分辨率 0.05MPa。

2)试样制备

试样数量和尺寸:从样品上剪取 3 块试样,其大小应适合使用的仪器。试样上不能有损伤和疵点。

3)试验步骤

(1)开启进水加压装置,使水缓慢地进入并充满集水器,直至刚好要溢出。

(2)将试样无褶皱地平放在集水器内的网上,溢出多余水以确保集水器内无气泡;将多孔板盖上,均匀地夹紧试样。

对于由纺织材料与膜材复合的试样,应使膜材一面对水面;对于两面是纺织材料而膜处于中间的复合材料,可将面对水面一侧的纺织材料边缘相应于将被夹持的环形部分小心地剥去,也可在被夹持的环形部分涂上玻璃胶等黏合剂,以确保试样被夹持的部分不漏水。

(3)缓慢调节加压装置,使集水器内的水压上升至 0.1MPa;如能估计出样品耐静水压的大致范围,也可将水压直接加到该范围的下限,开始测试。

(4)保持上述压力至少 1h,观察多孔板的孔内是否有水渗出。

(5)如试样未渗水,以每 0.1MPa 的级差逐级加压,每级均保持至少 1h,直至有水渗出时,表明试样有渗水孔或已出现破裂,记录前一级压力即为该试样的耐静水压值,精确至 0.1MPa。

(6)如只需判断试样是否达到某一规定的耐静水压值,则可直接加压到此压力值并保持至少 1h,如没有水渗出,则判定其符合要求。

(7)按照(1)~(6)步骤测定其余试样。

4)试验结果

以 3 个试样测得耐静水压值中的最低值作为该样品的耐静水压值。

3. 有效孔径试验(干筛法)

孔径反映土工织物的过滤性能,既可评价土工织物阻止土颗粒通过的能力,又反映土工织物的透水性。表征土工织物孔径特征的指标是有效孔径,有效孔径是能有效通过土工织物的近似最大颗粒直径,例如 O_{90} 表示土工织物中 90% 的孔径低于该值。

本方法规定了用干筛法测定土工织物孔径的试验方法。本方法适用于土工织物和复合土工织物。

1)仪器设备及材料

(1)筛子:直径 200mm。

(2)标准筛振筛机

横向振动频率:220 次/min ± 10 次/min;回转半径:12mm ± 1mm。

垂直振动频率:150 次/min ± 10 次/min;振幅:10mm ± 2mm。

(3)标准颗粒材料

标准颗粒材料粒径(单位为 mm)分为以下 10 组:

0.045 ~ 0.063、0.063 ~ 0.071、0.071 ~ 0.090、0.090 ~ 0.125、0.125 ~ 0.180、0.180 ~ 0.250、0.250 ~ 0.280、0.280 ~ 0.355、0.355 ~ 0.500、0.500 ~ 0.710。

(4)天平:称量 200g,感量 0.01g。

2)试样制备

(1)试样数量及尺寸:剪取 $5 \times n$ 块试样,n 为选取粒径的组数;试样直径应大于筛子直径。

(2)试样调湿:当试样在间隔至少 2h 的连续称重中质量变化不超过试样质量的 0.25% 时,可认为试样已经调湿。

3)试验步骤

(1)试验前应将标准颗粒材料与试样同时放在标准大气条件下进行调湿平衡。

(2)将同组 5 块试样平整、无褶皱地放入能支撑试样而不致下凹的支撑筛网上。从较细粒径规格的标准颗粒中称 50g,均匀地撒在土工织物表面上。

(3)将筛框、试样和接收盘夹紧在振筛机上,开动振筛机,摇筛试样 10min。

(4)关机后,称量通过试样进入接收盘的标准颗粒材料质量,精确至 0.01g。

(5)更换新的一组试样,用下一较粗规格粒径的标准颗粒材料重复(2)~(4)步骤,直至取得不少于三组连续分级标准颗粒材料的过筛率,并有一组过筛率达到或低于 5%。

4)结果计算

(1)按式(2-146)计算过筛率。

$$B = \frac{P}{T} \times 100 \tag{2-146}$$

式中:B——某组标准颗粒材料通过试样的过筛率(%);

P——5 块试样同组粒径过筛量的平均值(g);

T——每次试验用的标准颗粒材料量(g)。

(2)以每组标准颗粒材料粒径的下限值作为横坐标(对数坐标),相应的平均过筛率作为纵坐标,描点绘制过筛率与粒径的分布曲线。找出曲线上纵坐标 10% 所对应的横坐标值,即为有效孔径 O_{90};找出曲线上纵坐标 5% 所对应的横坐标值,即为有效孔径 O_{95},读取两位有效数字。

4. 淤堵试验

判断淤堵通常是由通过织物水流量的减小,以及进入织物土颗粒的增多来评估的。进入织物的土颗粒量是用试验后土工织物单位体积的含土量表示。流量的减小用梯度比表示,梯度比指淤堵试验中土工织物试样至其上方 25mm 土样的水力梯度与织物上方从 25 ~ 75mm 之间土样的水力梯度的比值。

本方法规定了采用梯度比方法测定一定水流条件下土与土工织物系统及其交界面上的渗透系数和渗透比,以及测定土工织物含泥量的试验方法。本方法适用于土工织物及复合土工织物,以判断土工织物作为某种土的滤层时是否会产生不允许的淤堵。

1)仪器设备及材料

(1)梯度比渗透仪

①渗透仪筒体为内径100mm的透明圆筒,有夹持单片或多片土工织物试样的装置,周边应密封良好,圆筒应有一定的高度,织物上方的土样高为100mm,土样上方应有一定的空间使水流均匀稳定。

②渗透仪圆筒侧壁的6根测压管,其内径不小于3mm,接头处应设滤层,防止土样堵塞管口。进水口、排水口、排气口及6根管的分布见图2-69。

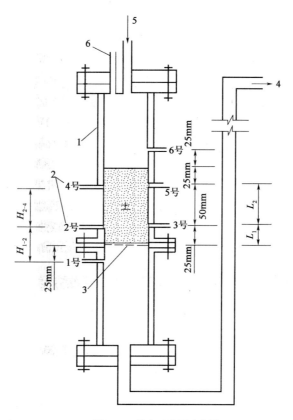

图2-69 梯度比装置示意图

1-内径100mm透明圆筒;2-测压管;3-土工织物;4-排水口;5-连常水头水容器;6-排气口

③土工织物底部应放置具有一定刚度和孔径(6mm)的筛网,以支承土工织物。筛网与织物一起在夹持装置内密封。

(2)供水系统:进水和出水装置均应有溢水口,保证常水头。

(3)测压板:测压管固定在板上,应装有刻度尺,最小分度值为1mm。

(4)其他:真空泵、水加热器、秒表、量筒、温度计、水桶等。

2) 试样制备

(1) 试样数量及尺寸:试样尺寸应与渗透仪尺寸相适应;试样数量根据试验组合和设计滤层中织物的层数而定。

(2) 试验前称量土工织物试样的质量,精确至 0.01g。

(3) 土料:将土料风干后进行筛分,剔除粒径大于 5mm 的颗粒。

(4) 试验用水:试验应用脱气水,水温宜比室温高 3~4℃。

3) 试验步骤

(1) 将织物试样和筛网一起放在夹持装置内,并密封好。

(2) 装入土样,土样高为 100mm。对于松土样,可用漏斗将风干土倒入渗透仪内整平即可;对于密实土样,应分层击实至要求的密度。装样过程中应防止测压管的进口被堵塞。

(3) 饱和土样。由排水口管进水,使水由试样底部缓慢流入,可控制进水水头小于 25mm,直至水位上升到土样顶面一定高度,始可从进水管注水,并使整个容器内充满水(为加速土样饱和,可采用真空泵抽气法或用充 CO_2 的方法)。

(4) 调节水位,使水力梯度 i 达 1.0,观察测压管内的水位变化。

(5) 当全部测压管读数达到稳定后,将上游进水容器保持常水头,打开出水口阀门,水流通过试样进行渗流。

(6) 每小时测读一次测压管水位和渗水量,同时记录渗水时间和水温,连续测读 24h。如读数尚未完全稳定,可适当延长测读时间,直至稳定为止。

(7) 当 $i=1.0$ 时的试验结束后,调整水力梯度 i,分别对该试样进行 $i=2.5$、$i=4.0$ 及 $i=10.0$ 时的试验。当 i 每增加一级后,应等测压管读数稳定,并在该级梯度下渗流达 1.5h 以上。当 i 达 10.0 且测压管读数稳定后,重复(5)~(6)步骤。

(8) 试验结束,取出土工织物试样,轻轻清除表面浮土,烘干后称量土工织物及其内部含土的总质量,精确至 0.01g。

4) 结果计算

(1) 按式(2-147)计算梯度比 GR。

$$GR = \frac{H_{1-2}/L_1 + \delta}{H_{2-4}/L_2} \tag{2-147}$$

式中:GR——梯度比;

　　δ——土工织物厚度(mm);

　　H_{1-2}——测压管 1 号与 2 号间的水位差(mm);

　　H_{2-4}——测压管 2 号与 4 号间的水位差(mm);

　　L_1、L_2——渗径长(mm)。

不计土工织物厚度时,GR 按式(2-148)计算。

$$GR = \frac{2H_{1-2}}{H_{2-4}} \tag{2-148}$$

（2）按式(2-149)计算土工织物单位体积试样中的含土量 μ。

$$\mu = \frac{m_1 - m_0}{A\delta} \tag{2-149}$$

式中：μ——织物单位体积试样中的含土量(g/cm^3)；
m_0——试验前织物试样的质量(g)；
m_1——试验后织物试样的烘干质量(g)；
A——织物试样面积(cm^2)；
δ——织物厚度(cm)。

第三章

集 料

集料是道路工程中最常用的材料之一。集料通常与其他材料掺配,组成多种类型混合料,用于不同道路结构物。同时,从构成混合料所用材料的数量上,集料往往占有最高的比例,其性能表现直接影响到各种混合料应用效果。因此,系统掌握集料性能和相关试验检测工作,是更好地认知其他混合料性能和应用的基础。

第一节 集料基本概念

一、集料分类

集料或称之为矿质混合料(简称矿料),是不同粒径的碎石、砾石、砂等粒状材料的总称。集料在各种混合料中起骨架和填充作用,依据不同方式可将集料划分成不同类型。

根据集料形成过程可分为经自然风化、地质作用形成的卵石、砂砾石和人工机械加工而成的碎石。

根据粒径大小可分为粗集料和细集料。

根据化学成分中氧化硅含量分为酸性集料和碱性集料。

集料具体类型有下列几种:

砾石,指由自然风化、水流搬运和分选,堆积形成的颗粒状材料。

碎石,指通过机械或人工方式,将天然岩石或砾石轧制、筛选得到的粒状材料。

天然砂,指由自然风化、水流冲刷、堆积形成的粒径小于一定尺寸的颗粒状材料。常见的天然砂有河砂、海砂、山砂等。

人工砂,包括机制砂、矿渣砂、煅烧砂等,是指经人操作,如轧制、分选等,并除去其中的土和细粉等成分,加工制得的粒径小于一定尺寸的粒状材料。

石屑,指采石场轧制加工碎石时所产生的,小于一定粒径的片状边角料。

矿粉和填料,采用碱性石灰岩或碱性基性岩加工磨细的粉状材料,常用于沥青混合料。

通常,道路工程中用于各类混合料最常用的集料,是经由机械轧制成、粒径大小不一的碎石和天然砂。

二、集料粒径划分

依据粒径的大小将集料分成粗细两种类型,不同用途粗细集料粒径的划分采用不同的划分尺寸。用于沥青混合料时(除SMA沥青混合料),该界限尺寸为2.36mm,用于水泥混凝土的粗细集料分界尺寸是 4.75mm,用于路面基层粗细粒径的划分同样以 4.75mm 为界限。集料中粒径大于分界尺寸(包括该尺寸)的颗粒是粗集料,其余则是细集料。需要说明的是,SMA 沥青混合料粗细粒径划分随该混合料中粗集料的粒径大小,采用不同粗细划分界限。其中 SMA-10 的划分界限是 2.36mm,而 SMA-13、SMA-16 和 SMA-20 的界限则为 4.75mm。

有关集料粒径内容还涉及一个较为重要但又容易引起混淆的概念——针对集料的最大颗粒概念的定义,这一定义由两个不同称呼来表示,分为集料最大粒径和集料公称最大粒径。

(1)集料最大粒径:指集料颗粒能够 100% 通过的最小标准筛筛孔尺寸。

(2)集料公称最大粒径:指集料可能全部通过或允许有少量筛余(筛余量不超过 10%)的最小标准筛筛孔尺寸。

这两种涉及集料最大颗粒的两个定义有明显区别,通常集料最大粒径比公称最大粒径要大一个粒级。例如,某集料筛分后在 19mm 筛上的通过率是 100%,16mm 时的通过率小于 100%,有不超过 10% 的存留,则该集料的最大粒径是 19mm,公称最大粒径是 16mm,实际工程应用时注意二者概念上的区别。

三、标准筛

集料颗粒大小、粗细粒径的划分以及进行相应筛分试验操作时都要依靠标准筛。标准筛由一组多个不同孔径的筛子组成。根据交通行业现行规范的规定,集料即砂石材料所用标准筛共由 17 个不同孔径筛子组成,相应的筛孔尺寸由大到小依次为 75mm、63mm、53mm、37.5mm、31.5mm、26.5mm、19mm、16mm、13.2mm、9.5mm、4.75mm、2.36mm、1.18mm、0.6mm、0.3mm、0.15mm 和 0.075mm,且筛孔形状全部为方形孔。

四、集料的取样量和试验用量

对颗粒状的集料,无论是在现场取样或进行某项试验取样时,其数量的多少对最终结果的准确性都有直接影响,所以对集料现场取样量以及具体某项试验所需的集料用量都要严格按照规范要加以确定。

集料取样量的多少取决于集料将要进行的试验项目,还取决于集料公称粒径的大小。当试验项目内容越多,集料公称粒径越大时,要求的取样量就越大;试验用量的多少取决于具体试验要求和公称粒径的大小,不同试验项目需要不同的试验数量,同时随公称粒径的增加,相应的试验项目所需的集料用量随之加大。

第二节 集料的技术性质和技术要求

一、粗集料的技术性质

1. 物理性质

(1)物理常数

粗集料的物理常数包括不同密度以及与密度有关的空隙率等内容。

①表观密度(又称视密度):粗集料在规定条件下,单位表观体积(指集料自身实体体积和闭口孔隙体积之和)的质量。该密度的定义可表示为:

$$\rho_a = \frac{m_a}{V_a + V_n} = \frac{M}{V_a + V_n} \tag{3-1}$$

式中:ρ_a——集料的表观密度(g/cm^3);

m_a——集料自身实体质量(g),由于在空气中称重,集料孔隙中的气体质量为0,所以该质量就等于集料的质量M,即$m_a = M$(g);

V_a——集料自身实体体积(cm^3);

V_n——集料闭口孔隙体积(cm^3)。

②毛体积密度:在规定条件下,单位毛体积下的(包括集料自身实体体积、闭口孔隙体积和开口孔隙体积之和)粗集料的质量。其定义可表示为:

$$\rho_b = \frac{m_a}{V_a + V_n + V_i} = \frac{M}{V_b} \tag{3-2}$$

式中:ρ_b——集料的毛体积密度(g/cm^3);

V_i——集料的开口孔隙体积(cm^3);

V_b——集料的毛体积(即$V_b = V_a + V_n + V_i$)(cm^3);

其他同上。

③表干密度:在规定条件下,单位毛体积下的粗集料表干质量。这里表干质量是指粗集料表面干燥而开口孔隙中充满水时的质量。定义可表示为:

$$\rho_s = \frac{m_f}{V_a + V_n + V_i} = \frac{m_f}{V_b} \tag{3-3}$$

式中:ρ_s——粗集料的表干密度(g/cm^3);

m_f——粗集料的表干质量,即饱和面干质量(g);

其他同上。

④堆积密度:粗集料按照一定方式装填于容器中,单位堆积体积(包括集料自身实体体积、闭口和开口孔隙之和的体积,以及颗粒之间的空隙体积)里所具有的质量。其定义如式(3-4)所示:

$$\rho_f = \frac{m_a}{V_a + V_p + V_v} = \frac{M}{V_f} \tag{3-4}$$

式中:ρ_f——粗集料的堆积密度(g/cm^3);

V_p——粗集料的孔隙体积(cm^3),包括闭口和开口孔隙,即$V_p = V_n + V_i$;

V_v——集料颗粒之间的空隙体积(cm^3);

V_f——粗集料的堆积体积(cm^3),包括粗集料自身实体体积(V_a)、孔隙总体积V_p和空隙体积(V_v)三者之和,即$V_f = V_a + V_p + V_v$。

⑤空隙率:根据集料不同的密度,可以得到集料混合料的一个重要概念——空隙率,即粗集料按照一定方式堆积时空隙体积占集料总体积的百分率。计算公式如下:

$$VV = \left(1 - \frac{\rho_f}{\rho_a \text{ 或 } \rho_b}\right) \times 100 \tag{3-5}$$

式中：VV——粗集料按照一定方式堆积后形成的空隙率(%)；

ρ_f——粗集料的堆积密度(g/cm^3)，包括自然堆积密度、振实堆积密度、捣实堆积密度等；

$\rho_a(\rho_b)$——粗集料的表观密度或毛体积密度(g/cm^3)，通常针对水泥混凝土时粗集料的空隙率计算采用表观密度，针对沥青混合料计算时采用毛体积密度。

(2)级配

集料中组成粗细颗粒的分级和搭配状况称为级配，通过采用标准筛的筛析试验确定集料的级配状况。描述级配的相关参数包括分计筛余百分率、累计筛余百分率和通过百分率等。详细内容见细集料的级配。

(3)集料颗粒形状

理想的集料形状应接近球体或立方体，从而能够更好地发挥集料在混合料中的骨架和嵌挤作用。集料中细长、扁平状颗粒称为针状和片状颗粒，当针片状颗粒含量较高时，会使集料堆积在一起时的空隙率增加，不仅影响到集料与其他材料组成的混合料承受荷载的能力，而且还将有损于集料在施工时的和易性。

对于不同应用目的，针片状颗粒判断方法有所不同。用于水泥混凝土时，针片状颗粒是指经由针状或片状规准仪判定得出的集料颗粒；而用于沥青混合料时，针片状颗粒是指用游标卡尺测定的粗集料颗粒的最大长度方向与最小厚度方向的尺寸之比大于或等于3的颗粒。

2. 坚固性

粗集料的坚固性也称为集料的安定性，是用来表征材料耐候性的一项指标，即集料经饱和硫酸钠(或硫酸镁)多次浸泡与烘干循环后，不发生显著破坏或强度降低的性能。由于硫酸钠或硫酸镁从溶解的离子状态经烘干转化为结晶体时，会产生一定的晶胀作用，该作用类似于水在负温结冰时产生的冻胀作用，但这种晶胀作用程度要比冻胀作用更为显著。因此通过一定的试验方法，检验集料经历数次硫酸钠结晶产生的晶胀作用后，其性能的变化程度(如质量损失、力学性能降低的程度等)来评定集料耐候性。

3. 粗集料的力学性质

路用粗集料的力学性质主要指抗压碎能力和磨耗性两大指标，当粗集料用于表层路面时，还涉及磨光值、磨耗值等力学指标。

(1)压碎值

作为衡量石料强度的一项指标，粗集料的压碎值是指在指定荷载施加方式下，集料抵抗被压碎的能力，以此来评价路用粗集料的承载能力和间接抗压强度。试验结果采用被压碎到小于一定粒径质量占整个试验用材料质量的百分率来表示。

(2)磨耗性

磨耗性是评价集料抵抗撞击、摩擦作用的能力，现行规范采用的检测评定方法是洛杉矶磨耗试验法。即通过专用洛杉矶磨耗仪，按规定方式测定集料经受撞击、摩擦考验，检测出集料受综合作用后形成的小于一定粒径的质量占原试样质量的百分率，作为评价粗集料力学性能的一项综合指标。

(3) 磨耗值

集料的磨耗值又称磨耗率,用于评定表层路面中的粗集料抵抗车轮磨耗的能力,试验方法采用道瑞磨耗试验机测定集料的磨耗值(AAV)。磨耗值越小,表示集料抗磨耗性能越好。

(4) 磨光值

表层的路用集料在使用过程中,不仅要表现出较高的承载能力,而且还要有持久的耐磨光性,以满足长期使用时高速行驶车辆对路面抗滑性的要求。该指标采用集料的磨光值(PSV)来表示,磨光值越高,抗滑性越好。几种典型集料的磨光值如表3-1所示。

典型岩石的磨光值　　　　表3-1

岩石类型		石灰岩	角闪岩	斑岩	石英岩	花岗岩	玄武岩	砂岩
磨光值 (PSV)	平均值	43	45	56	58	59	62	72
	范围	30~70	40~50	43~71	45~67	45~70	45~81	60~82

4. 集料的化学性质

集料化学性质主要从集料的成分组成上分析组成与性能之间的相互关系,以更全面了解集料的应用特点。根据集料中常见氧化物二氧化硅含量的高低,将集料分为酸性、碱性和中性等不同类型,从而更好地了解和掌握集料与沥青或水泥组成混合物时所产生的不同性能表现。例如,偏碱性的石灰岩集料与沥青之间有更好的黏附效果,这将有助于沥青混合料的水稳性;而偏酸性的花岗岩集料往往具有更好的力学性能表现。

根据母岩中的二氧化硅含量大小,当集料中二氧化硅含量大于65%时,属于酸性集料;二氧化硅含量低于52%时属于碱性集料;介于二者之间的是中性集料。

二、细集料的技术性质

1. 物理常数

细集料的表观密度、堆积密度和空隙率等物理常数的含义与粗集料相同。但因细集料粒径较小,试验检测时采用的方法有所不同,且试验所需试样的数量也相对较少,精度要求更高一些。

2. 级配

级配是描述集料中各粒径颗粒逐级分布状况的一项指标,通过筛分试验确定集料的级配状况。

筛分过程最具代表性的试验操作是针对砂的筛分试验。该试验是称取一定数量的砂样,在规定的标准套筛上经过筛分后,分别称出砂在各个筛上的存留质量,然后根据下述定义和公式计算出与级配有关的参数。

(1) 分计筛余百分率

分计筛余百分率是指某孔径筛上的筛余质量占试样总质量百分率,各筛孔的分计筛余结果按式(3-6)计算:

$$a_i(\%) = \frac{m_i}{M} \times 100 \tag{3-6}$$

(2)累计筛余百分率

累计筛余百分率是指某孔径筛上的分计筛余百分率和大于该筛孔的各筛上分计筛余百分率之和,可按式(3-7)求得:

$$A_i(\%) = a_1 + a_2 + a_3 + \cdots + a_i \tag{3-7}$$

(3)通过百分率

通过百分率是指通过某一筛孔的试样质量占总质量的百分率,在数值上等于100减去该孔径筛的累计筛余百分率,如式(3-8)所示:

$$p_i(\%) = 100 - A_i \tag{3-8}$$

上述式中:m_i——存留在某一孔径筛上的质量(g);

M——筛分试验时所取试样总质量(g);

a_i——某一孔径筛上的分计筛余百分率(%);

A_i——某一孔径筛上的累计筛余百分率(%);

p_i——某一孔径筛的通过百分率(%)。

3. 粗度

粗度是评价砂粗细程度的一项指标,通常用细度模数表示。该细度模数由规定的数个筛上的累计筛余百分率,通过计算得到。细度模数越大,表示砂的颗粒越粗。以水泥混凝土用砂为例,相应的细度模数计算公式为:

$$\mu_f = \frac{(A_{2.36} + A_{1.18} + A_{0.6} + A_{0.3} + A_{0.15}) - 5A_{4.75}}{100 - A_{4.75}} \tag{3-9}$$

式中: μ_f——砂的细度模数(无量纲);

$A_{4.75}$、$\cdots$、$A_{0.15}$——指定筛上的累计筛余(%)。

根据细度模数大小,将砂分成如下四级:

①粗砂:细度模数在3.7~3.1。
②中砂:细度模数在3.0~2.3。
③细砂:细度模数在2.2~1.6。
④特细砂:细度模数在1.5~0.7。

[例] 根据表3-2所给的某砂样筛分数据,求该砂样筛分结果及细度模数。

已知筛分条件　　　　　　　　　　　　　　　　表3-2

筛孔尺寸(mm)	9.5	4.75	2.36	1.18	0.6	0.3	0.15	0.075
各筛上存留量(g)	0	25	35	90	140	115	70	25

由表3-2数据,计算结果列于表3-3。

筛 分 计 算 结 果　　　　　　　　　　　表 3-3

筛孔尺寸(mm)	9.5	4.75	2.36	1.18	0.6	0.3	0.15	0.075
各筛上存留量(g)	0	25	35	90	140	115	70	25
分计筛余率(%)	0	5	7	18	28	23	14	5
累计筛余率(%)	0	5	12	30	58	81	95	100
通过率(%)	100	95	88	70	42	19	5	0
细度模数	\multicolumn{8}{l}{$\mu_f = \dfrac{(A_{2.36} + A_{1.18} + A_{0.6} + A_{0.3} + A_{0.15}) - 5A_{4.75}}{100 - A_{4.75}}$ $= \dfrac{(12 + 30 + 58 + 81 + 95) - 5 \times 5}{100 - 5} = 2.64$ 细度模数计算结果表明,该砂属中砂}

4. 有害物质

通常集料特别是细集料中多多少少含有一些杂质,对集料的使用造成一定的消极影响。例如水泥混凝土用砂,当其中的有害杂质超出一定数量时,会对水泥的水化硬化带来一定危害。实际应用时,应对这些不利成分含量要加以限制。

有害物质包括泥或泥块、有机质、云母、轻物质、三氧化硫以及氯离子等。

三、集料的技术要求

1. 粗集料的技术要求

不同行业标准,甚至公路交通领域中不同专业,对集料的技术要求都有一些差异和变化。针对粗集料常用技术标准列于表 3-4 ~ 表 3-7 中。因此,在实际参考技术标准、评定试验检测结果时,要根据不同需要,选择相对应的技术标准进行判断。

粗集料技术要求《建设用卵石、碎石》(GB/T 14685—2011)　　　　　表 3-4

技术指标		技术要求		
		Ⅰ类	Ⅱ类	Ⅲ类
碎石压碎指标(%)	≤	10	20	30
卵石压碎指标(%)	≤	12	14	16
针片状颗粒含量(%)	≤	5	10	15
含泥量(%)	≤	0.5	1.0	1.5
泥块含量(%)	≤	0	0.2	0.5
有机物含量(比色法)		合格	合格	合格
硫化物及硫酸盐含量(按 SO_3 计)	≤	0.5	1.0	1.0
坚固性质量损失(%)	≤	5	8	12
连续级配松散堆积空隙率	≤	43	45	47
表观密度(kg/m³)	≥	2600		
碱集料反应		经碱集料反应试验后,试件应无裂缝、酥裂、胶体外溢等现象,在规定的试验龄期的膨胀率应小于0.10%		

粗集料技术指标《公路桥涵施工技术规范》（JTG/T F50—2011） 表3-5

项　目		技　术　要　求		
		Ⅰ类	Ⅱ类	Ⅲ类
碎石压碎指标(%)		<18	<20	<30
卵石压碎指标(%)		<20	<25	<25
坚固性(硫酸钠溶液法经5次循环后的质量损失,%)		<5	<8	<12
吸水率(%)		<1.0	<2.0	<2.5
针片状颗粒含量(按质量计,%)		<5	<15	<25
有害物质含量	含泥量(按质量计,%)	<0.5	<1.0	<1.5
	泥块含量(按质量计,%)	0	<0.5	<0.7
	有机物含量(比色法)	合格	合格	合格
	硫化物及硫酸盐(按SO_3质量计,%)	<0.5	<1.0	<1.0
岩石抗压强度(水饱和状态,MPa)		火成岩>80；变质岩>60；水成岩>30		
表观密度(kg/m^3)		>2500		
松散堆积密度(kg/m^3)		>1350		
空隙率(%)		<47		
碱集料反应		经碱集料反应试验后，试件无裂缝、酥裂、胶体外溢等现象，在规定试验龄期的膨胀率应小于0.10%		

碎石、破碎卵石和卵石质量标准
《公路水泥混凝土路面施工技术细则》（JTG/T F30—2014） 表3-6

项次	项　目		技　术　要　求		
			Ⅰ级	Ⅱ级	Ⅲ级
1	碎石压碎值(%) ≤		18.0	25.0	30.0
2	卵石压碎值(%) ≤		21.0	23.0	26.0
3	坚固性(按质量计)(%) ≤		5.0	8.0	12.0
4	针片状颗粒含量(按质量计)(%) ≤		8.0	15.0	20.0
5	含泥量(按质量计)(%) ≤		0.5	1.0	2.0
6	泥块含量(按质量计)(%) ≤		0.2	0.5	0.7
7	吸水率(按质量计)(%) ≤		1.0	2.0	3.0
8	硫化物及硫酸盐含量(按SO_3质量计)(%) ≤		0.5	1.0	1.0
9	洛杉矶磨耗损失(%) ≤		28.0	32.0	35.0
10	有机物含量(比色法)		合格	合格	合格
11	岩石抗压强度(MPa) ≥	岩浆岩	100		
		变质岩	80		
		沉积岩	60		

续上表

项次	项 目		技术要求		
			Ⅰ级	Ⅱ级	Ⅲ级
12	表观密度(kg/m³)	≥	2500		
13	松散堆积密度(kg/m³)	≥	1350		
14	空隙率(%)	≤	47		
15	磨光值(%)	≥	35.0		
16	碱活性反应		不得有碱活性反应或疑似碱活性反应		

沥青混合料用粗集料质量技术要求
《公路沥青路面施工技术规范》(JTG F40—2004)　　　　表3-7

指　　标		单位	高速公路及一级公路		其他等级公路
			表面层	其他层次	
石料压碎值	≤	%	26	28	30
洛杉矶磨耗损失	≤	%	28	30	35
表观相对密度	≥	—	2.60	2.50	2.45
吸水率	≤	%	2.0	3.0	3.0
坚固性	≤	%	12	12	—
针片状颗粒含量(混合料)	≤	%	15	18	20
其中粒径大于9.5mm	≤	%	12	15	—
其中粒径小于9.5mm	≤	%	18	20	—
水洗法<0.075mm颗粒含量	≤	%	1	1	1
软石含量	≤	%	3	5	5

2. 细集料的技术要求

如表3-8～表3-11所示。

《建设用砂》(GB/T 14684—2011)　　　　表3-8

项　　目			技术要求		
			Ⅰ类	Ⅱ类	Ⅲ类
机制砂		压碎指标(%)	≤20	≤25	≤30
	亚甲蓝试验	MB值	≤0.5	≤1.0	≤1.4或合格
	MB值≤1.4或合格	石粉含量(%)	≤10.0		
		泥块含量(%)	0	≤1.0	≤2.0
	MB值>1.4或不合格	石粉含量(%)	≤1.0	≤3.0	≤5.0
		泥块含量(%)	0	≤1.0	≤2.0
天然砂		含泥量(%)	≤1.0	≤3.0	≤5.0
		泥块含量(%)	0	≤1.0	≤2.0

续上表

项目		技术要求		
		Ⅰ类	Ⅱ类	Ⅲ类
有害杂质含量(%)	云母(%)	≤1.0	≤2.0	
	轻物质(%)	≤1.0		
	有机物	合格		
	硫化物及硫酸盐含量(按SO_3质量计)(%)	≤0.5		
	氯化物(以氯离子质量计)(%)	≤0.01	≤0.02	≤0.06
	贝壳(仅对海砂)(%)	≤3.0	≤5.0	≤8.0
坚固性(%)		≤8		≤10
密度和空隙率		表观密度≥2500kg/m³；松散堆积密度≥1400kg/m³；空隙率≤47%		

细集料技术指标《公路桥涵施工技术规范》(JTG/T F50—2011)　　表3-9

项目		技术要求		
		Ⅰ类	Ⅱ类	Ⅲ类
有害物质含量	云母(按质量计,%)	≤1.0	≤2.0	≤2.0
	轻物质(按质量计,%)	≤1.0	≤1.0	≤1.0
	有机物(比色法)	合格	合格	合格
	硫化物及硫酸盐(按SO_3质量计,%)	≤1.0	≤1.0	≤1.0
	氯化物(以氯离子质量计,%)	<0.01	<0.02	<0.06
	天然砂含泥量(按质量计,%)	≤2.0	≤3.0	≤5.0
	泥块含量(按质量计,%)	≤0.5	≤1.0	≤2.0
人工砂的石粉含量(按质量计,%)	亚甲蓝试验 MB值<1.4或合格	≤5.0	≤7.0	≤10.0
	亚甲蓝试验 MB值≥1.4或不合格	≤2.0	≤3.0	≤5.0
坚固性	天然砂(硫酸钠溶液法经5次循环后的质量损失,%)	≤8	≤8	≤10
	人工砂单级最大压碎指标(%)	<20	<25	<30
	表观密度(kg/m³)	>2500		
	松散堆积密度(kg/m³)	>1350		
	空隙率(%)	<47		

天然砂的质量标准
《公路水泥混凝土路面施工技术细则》(JTG/T F30—2014)　　表3-10

项目		技术要求		
		Ⅰ级	Ⅱ级	Ⅲ级
坚固性(按质量损失计)(%)	≤	6.0	8.0	10.0
含泥量(按质量计)(%)	≤	1.0	2.0	3.0
泥块含量(按质量计)(%)	≤	0	0.5	1.0

续上表

项 目		I级	II级	III级
氯离子含量(按质量计)(%)	≤	0.02	0.03	0.06
云母含量(%)	≤	1.0	1.0	2.0
硫化物及硫酸盐含量(按SO_3质量计)(%)	≤	0.5	0.5	0.5
海砂中贝壳类物质含量(按质量计)(%)	≤	3.0	5.0	8.0
轻物质含量(%)	≤	1.0		
吸水率(%)	≤	2.0		
表观密度(kg/m^3)	≥	2500.0		
松散堆积密度(kg/m^3)	≥	1400.0		
空隙率(%)	≤	45.0		
有机物含量(比色法)	≤	合格		
碱活性反应		不得有碱活性反应		
结晶态二氧化硅含量(%)	≥	25.0		

沥青混合料用细集料质量技术要求
《公路沥青路面施工技术规范》(JTG F40—2004) 表3-11

项 目		单 位	高速公路、一级公路	其他等级公路
表观相对密度	≥	—	2.50	2.45
坚固性(>0.3mm部分)	≤	%	12	—
含泥量(小于0.075mm的含量)	≤	%	3	5
砂当量	≥	%	60	50
亚甲蓝值	≤	g/kg	25	—
棱角性(流动时间)	≥	s	30	—

第三节 粗集料试验检测方法

一、粗集料取样方法

1. 试验操作目的

通过合理的取样操作,使所取粗集料试样具有代表性,以保证试验结果能够真实反映粗集料的实际性能状况。

2. 试验操作过程

(1)取样方法

在同批来料堆上取样时,应首先铲除堆角处无代表性的部分,再在料堆的顶部、中部和底部几个不同部位,且材料分布均匀的地方,分别取大致相同的若干份试样,组成一组试样;若从皮带运输机上取样,则应在皮带运输机尾的出料处用接料器定时取有代表性的试样若干份,组成一组试样;如从火车、汽车、货船上取样,应从各不同部位和深度处,取大致相等的试样若干份,组成一组试样。无论何种形式取样,相应的取样份数都务必能够保证本批来料的代表性。

(2)取样数量

对每一单项试验,每组试验的取样数量不宜少于表 3-12 中所规定的最小取样量。

常见粗集料试验项目所需粗集料的最小取样质量(kg)　　　表 3-12

试验项目	公称最大粒径(mm)									
	4.75	9.5	13.2	16	19	26.5	31.5	37.5	53	63	75
筛分	8	10	12.5	15	20	20	30	40	50	60	80
表观密度	6	8	8	8	8	8	12	16	20	24	24
含水率	2	2	2	2	2	2	3	3	4	4	6
吸水率	2	2	2	2	4	4	4	6	6	6	8
堆积密度	40	40	40	40	40	40	80	80	100	120	120
含泥量	8	8	8	8	24	24	40	40	60	80	80
泥块含量	8	8	8	8	24	24	40	40	60	80	80
针片状颗粒含量	0.6	1.2	2.5	4	8	8	20	40	—	—	—
硫化物、硫酸盐含量	1.0										

将所取试样置于平板上,拌和均匀后摊平,采用四分法,将试样以对角方式大致分成两份。重复该过程,直至缩分成比所需的材料量稍多一些的数量待用。同时也可采用分料器将试样缩分至相应数量待用。

二、粗集料密度试验方法(网篮法)

1. 试验目的

通过测定粗集料的密度,其中包括表观(相对)密度、表干(相对)密度、毛体积(相对)密度等,以便从密度角度掌握粗集料的物理状态,如计算集料空隙率、吸水性等,同时作为混合料配合比设计时的基本参数。

2. 试验仪器设备

(1)带有下挂式功能的电子天平:可悬挂吊篮测定集料在水中质量,能够满足不同粒径粗集料试验时的称量要求,感量不大于 0.1g❶。

(2)吊篮:采用带有小孔的耐锈蚀材料制成,体积大小要适合每次试验材料数量。

(3)带有溢流口的水槽,试验时能保持水面高度一致。

(4)烘箱:能控温在 105℃±5℃。

---

❶ 根据集料以后试验规程的调整趋势,将试验称量精度由称重质量的百分数改为具体的称重质量要求。

(5)其他:包括温度计、瓷盘、标准筛、刷子、毛巾等。

3. 试验方法和步骤

(1)将待测试样用4.75mm的标准筛过筛,除去偏小的颗粒,然后用四分法缩分成所需的质量,具体用量符合表3-13的要求,留两份待用。针对沥青路面用粗集料,应对不同规格的集料分别测定,并要求每份试样应保持原有的级配。

密度测定所需的试样最小质量　　　　　　表3-13

集料公称最大粒径(mm)	4.75	9.5	16	19	26.5	31.5	37.5	63	75
每份试样最小质量(kg)	0.8	1	1	1	1.5	1.5	2	3	3

(2)将待测试样浸泡水中一段时间后,小心漂洗干净,操作时要防止试样颗粒损失。

(3)取所需试样放入盛水器皿中,注入清水,高出试样至少20mm,搅动集料,尽可能排除集料颗粒上附着的气体。在室温下保持浸水24h。

(4)将吊篮浸入溢流水槽中,控制水温在15~25℃的范围。水槽的水面高度由溢流口调节,试验过程始终保持在同一位置。天平调零。

(5)将试样转入吊篮,在水面维持不变的状态下,称取集料在水中质量(m_w)。

(6)提起吊篮稍加滴水后,将试样全部倒入瓷盘或直接倒在拧干的湿毛巾上。用拧干的湿毛巾轻轻擦拭集料颗粒表面的水,直到表面看不到发亮的水迹,使集料处在饱和面干状态。当集料颗粒较大时,也可逐颗擦干。整个过程不得有试样颗粒丢失。

(7)立即在天平上称出集料在饱和面干状态时的质量(m_f),又称为表干质量。

(8)将称重后的试样转入瓷盘中,放入105℃±5℃的烘箱中烘干至恒重。取出在干燥器中冷却至室温,称取试样的烘干质量(m_a)。

(9)每个试样平行试验两次,取平均值作为试验的结果。

4. 试验结果计算

各种不同含义的相对密度分别按下列公式计算:

表观相对密度　　　　　　　　$$\gamma_a = \frac{m_a}{m_a - m_w}$$ 　　　　(3-10)

毛体积相对密度　　　　　　　$$\gamma_b = \frac{m_a}{m_f - m_w}$$ 　　　　(3-11)

表干相对密度　　　　　　　　$$\gamma_s = \frac{m_f}{m_f - m_w}$$ 　　　　(3-12)

式中:γ_a——粗集料表观相对密度,无量纲;

γ_b——粗集料毛体积相对密度,无量纲;

γ_s——粗集料表干相对密度,无量纲;

m_a——集料烘干质量(g);

m_w——集料水中质量(g);

m_f——集料饱和面干质量(g)。

集料的吸水率按式(3-13)计算,精确至0.01%:

$$w_x = \frac{m_f - m_a}{m_a} \times 100 \tag{3-13}$$

式中:w_x——粗集料的吸水率(%)。

粗集料的表观密度、表干密度、毛体积密度按照下列公式计算,结果精确至小数点后 3 位。不同水温条件下测量的粗集料密度需进行水温修正。

$$\rho_a = \gamma_a \times \rho_{wT} \quad 或 \quad \rho_a = (\gamma_a - \alpha_T) \times \rho_w \tag{3-14}$$

$$\rho_b = \gamma_b \times \rho_{wT} \quad 或 \quad \rho_b = (\gamma_b - \alpha_T) \times \rho_w \tag{3-15}$$

$$\rho_s = \gamma_s \times \rho_{wT} \quad 或 \quad \rho_s = (\gamma_s - \alpha_T) \times \rho_w \tag{3-16}$$

式中:ρ_a——粗集料的表观密度(g/cm^3);

ρ_b——粗集料的毛体积密度(g/cm^3);

ρ_s——粗集料的表干密度(g/cm^3);

ρ_{wT}——试验温度即水温为$T(℃)$时水的密度(g/cm^3),按表3-14 选用;

α_T——试验温度$T(℃)$时的水温修正系数(无量纲);

ρ_w——水在4℃的密度(1.00g/cm^3)。

不同水温时水的密度ρ_{wT}及水温修正系数α_T 表3-14

水温(℃)	15	16	17	18	19	20
水的密度(g/cm^3)	0.99913	0.99897	0.99880	0.99862	0.99843	0.99822
水温修正系数(α_T)	0.002	0.003	0.003	0.004	0.004	0.005
水温(℃)	21	22	23	24	25	—
水的密度(g/cm^3)	0.99802	0.99779	0.99756	0.99733	0.99702	—
水温修正系数α_T	0.005	0.006	0.006	0.007	0.007	—

对于各种密度的试验结果的重复性精度,要求两次结果相差不超过 0.02,吸水率不超过 0.2%。

5. 说明与注意问题

(1)通常在实际工作中,经常提到的是密度ρ而非相对密度γ,但密度试验检测结果和配合比设计时,又往往针对的是相对密度。可根据$\rho = \gamma \cdot \rho_{wT}$公式,进行二者之间的换算。

(2)在毛体积密度和表干密度测定过程中,集料的表干状态不易掌握,操作时只能用拧出水分的湿毛巾轻轻擦拭集料表面的水分,既要达到擦干集料颗粒表面,但也不可过度,以免将集料开口孔隙中的毛细水擦除。对粒径偏小(2.36~4.75mm)的集料,用毛巾擦拭时易造成颗粒损失,此时宜采用纯棉汗衫进行操作。

(3)试验时环境温度应在保持在 15~25℃,并且试验过程中温度波动应不超过 2℃。

三、粗集料堆积密度及空隙率试验

1. 试验目的

通过测定粗集料不同堆积状态下的密度,包括松装堆积密度、紧装振实密度和捣实密度,以确定粗集料的空隙率(或间隙率)。

2. 仪器设备

(1) 满足称重量程需要的称重器具:感量不大于1g。

(2) 容量筒:筒的容积选择应随集料公称最大粒径的增加而增加,其规格应符合表3-15的要求。

容量筒的规格要求　　　　　　　　表3-15

粗集料公称最大粒径 (mm)	容量筒容积 (L)	容量筒规格(mm)			筒壁厚度 (mm)
		内径	净高	底厚	
≤4.75	3	155±2	160±2	5.0	2.5
9.5~26.5	10	205±2	305±2	5.0	2.5
31.5~37.5	15	255±5	295±5	5.0	3.0
≥53	30	355±5	305±2	5.0	3.0

(3) 烘箱:能控温在105℃±5℃。

(4) 振动台:频率为3000次/min±200次/min,负荷下的振幅为0.35mm,空载时振幅为0.5mm。

(5) 捣棒:直径16mm、长600mm,一端为圆头的钢棒。

(6) 其他:铁锹,温度计等。

3. 试验方法和步骤

(1) 松装堆积密度试验

取一份待测试样,在平整的水泥混凝土地板上(或铁板上)拌和均匀后,用铁锹铲起试样,以自由落入的方式装入适宜的容量筒中,要求铁锹下沿离容量筒上口的距离在50mm左右。容量筒装满后,除去超出筒口的颗粒,并以合适的颗粒填入凹隙,保证顶面凸出部分和凹陷部分的体积大致相同,称取试样和容量筒的总质量(m_2)。

(2) 紧装振实密度试验

①人工振实操作:将试样分三层装入容量筒,每装完一层,在筒底垫一根直径为25mm的圆钢筋,按住筒左右颠击地面各25下。注意各层颠击时,要将钢筋放置的方向掉转90°。最后一层装填完成后,将多余超出筒口的颗粒用钢筋在筒口边沿以滚动的方式除去,并用合适的颗粒填入凹隙,保证顶面凸出部分和凹陷部分的体积大致相同,称取试样和容量筒的总质量(m_3)。

②机械振实操作:将试样一次装满容量筒,然后将容量筒固定在振动台上,启动电源振动3min钟后将容量筒取下。补加试样超出筒口,再用钢筋沿筒口边沿以滚动的方式刮去高出筒口的颗粒,并用合适的颗粒填入凹隙,保证顶面凸出部分和凹陷部分的体积大致相同,称取试样和容量筒的总质量(m_3)。

(3) 捣实密度试验

将试样分三次装入容积适宜的容量筒,每层高度约占筒高1/3,并在每层用金属捣棒由边至中心均匀插捣25次,插捣深度约达到下层表面。最后一层捣实刮平后与筒口齐平,目测估计表面凸出部分和凹陷部分的体积大致相同,称取试样和容量筒的总质量(m_4)。

(4)容量筒容积标定

称出空容量筒的质量(m_1),将水装满容量筒,擦干筒外壁水分,再称量水与容量筒的总质量(m_w)。测定水温,按照不同水温条件下温度修正系数对容量筒的容积作校正。

4. 试验结果计算

(1)容量筒容积按式(3-17)计算:

$$V = \frac{m_w - m_1}{\rho_{wT}} \tag{3-17}$$

式中:V——容量筒容积(L);

m_w——容量筒与水的总质量(kg);

m_1——容量筒质量(kg);

ρ_{wT}——试验温度 T 时水的密度,按照粗集料密度试验内容中不同水温时水的密度表(表3-14)来选用(g/cm^3)。

(2)堆积密度、振实密度、捣实密度计算公式:

$$\rho_i = \frac{m_i - m_1}{V} \tag{3-18}$$

式中:ρ_i——堆积密度、振实密度、捣实密度(kg/L 或 g/cm^3);

m_i——松堆积状态下、振实状态下(包括人工或机械振实操作)和捣实状态下所装集料和容量筒的总质量 m_2、m_3 和 m_4(kg);

V——容量筒容积(L)。

(3)粗集料的空隙率计算公式:

$$VV = \left(1 - \frac{\rho}{\rho_{a(b)}}\right) \times 100 \tag{3-19}$$

式中:VV——粗集料的空隙率(%);

$\rho_{a(b)}$——粗集料的表观密度或毛体积密度(g/cm^3),当该空隙率针对水泥混凝土时采用表观密度计算,而针对沥青混合料时采用毛体积密度计算;

ρ——振实密度(g/cm^3)。

(4)捣实状态下粗集料骨架(通常指4.75mm粒径以上部分)的间隙率计算公式:

$$VCA_{DRC} = \left(1 - \frac{\rho}{\rho_b}\right) \times 100 \tag{3-20}$$

式中:VCA_{DRC}——捣实状态下粗集料骨架间隙率(%);

ρ_b——粗集料毛体积密度(g/cm^3);

ρ——捣实密度(g/cm^3)。

5. 说明与注意问题

(1)要按照每种密度测定的要求装填试样,以避免不符合标准的振捣,造成试验结果产生明显误差。

(2)通过捣实密度计算出的 VCA_{DRC},用作 SMA 混合料的配合比设计参数。

(3)容量筒应根据集料的公称最大粒径按照表3-15中的规格选择,也可就大不就小,即小一级的粒径可选择大一级的容量筒,但反之则不可。

四、集料压碎值试验

1. 试验目的

测定粗集料抵抗压碎能力,间接评价其相应承载能力和强度,以评定集料在公路工程中的适用性。

2. 仪器设备

(1)压力试验机:500kN,能够在10min内达到400kN。
(2)压碎值试验专用试模:由试筒、压柱和底板三部分组成。
(3)天平:称量2~3kg,感量不大于1g。
(4)方孔筛:筛孔尺寸为13.2mm、9.5mm、2.36mm的方孔筛各一个。
(5)金属量筒:圆柱形,内径112.0mm,高179.4mm,容积共1767cm^3。
(6)金属捣棒。

3. 试验方法和步骤

(1)风干试样用13.2mm和9.5mm标准筛过筛,取9.5~13.2mm的试样三组各3000g待用。
(2)每次试验时,按大致相同的数量将试样分三层装入金属量筒中,整平,每层用金属棒在整个层面均匀捣实25次。最后用金属棒将多出部分刮平,称取量筒中试样质量(m_0)。以此操作得到的两次平均质量作为每次压碎试验所需的试样用量。
(3)试筒安放在试模底板上,将确定好的试样分三层倒入压碎值试模(每层数量大致相同),并同样以每层捣实25次的方法捣实,最后将顶层试样整平。
(4)将承压压柱置于试样上,注意压柱放置勿倾斜,勿挤压筒壁。随后放在压力机上。
(5)控制压力机操作,均匀地施加荷载,在10min左右的时间加载到400kN。达到规定的荷载后,稳压5s,然后卸荷。
(6)将筒内试样到出,全部过2.36mm的筛,需筛到1min内无明显筛出物为止。
(7)称取通过2.36mm筛孔的颗粒质量(m_1)。

4. 试验结果计算

粗集料压碎值计算公式为:

$$Q'_a = \frac{m_1}{m_0} \times 100 \tag{3-21}$$

式中:Q'_a——粗集料压碎值(%);
m_0——加载试验前试样质量(g);
m_1——加载试验后通过2.36mm筛的试样质量(g)。

以3个试样平行试验结果的算术平均值作为压碎值的测定值。

5. 说明与注意问题

(1)围绕粗集料压碎试验操作,现行《公路工程集料试验规程》(JTG E42—2005)有较大改动,将原分别针对水泥混凝土用压碎试验和针对沥青混合料压碎试验合二为一,统一采用针对沥青混合料的压碎试验操作方法。试验结果得到沥青混合料用粗集料压碎值,然后通过公式换算成水泥混凝土用的压碎指标。

这种变动在实际应用时引起一些问题,根据公式换算得到的压碎指标,往往难以满足混凝土的Ⅰ级粗集料标准要求。究其原因,可能在于采用的换算公式样本量偏少、代表性不够所致。目前的做法是将混凝土用粗集料级别加以调整(表3-5和表3-6),降低Ⅰ级甚至Ⅱ级粗集料的指标要求,以避免上述问题。所以,目前采用压碎试验结果用于混凝土时,按照新的集料技术等级要求,无需再进行换算直接使用即可。

(2)针对水泥混凝土用粗集料压碎试验,交通行业标准与现行国标有明显差异。根据《建设用卵石、碎石》(GB/T 14685—2011)标准,国标和行标的主要差别列于表3-16,以供参考。

粗集料压碎试验行标和国标操作方法区别　　　　表3-16

差别要点	行标 JTG E42—2005	国标 GB/T 14685—2011
试验用集料粒径范围	9.5~13.2mm	9.5~19mm
试样前处理	保留全部粒径范围内的颗粒	除去针片状颗粒
取样方法	采用量筒装填方式确定试验的材料数量	每次试验固定试样质量3000g
加载装填方式	分三层装入,每层用捣棒插捣25次	分两层装入,每层左右颠击25次
加载方法	10min左右加载到400kN,稳压5s后卸载	以1kN/s速率加载至200kN,稳压5s后卸载

(3)压碎试验结果直接采用小于2.36mm粒径颗粒质量进行计算,需要注意过筛时小于2.36mm颗粒的飞散损失,以免造成试验误差。

五、洛杉矶磨耗试验

1. 试验目的

用于测定规定条件下粗集料抵抗摩擦、撞击的综合力学能力。洛杉矶磨耗损失是集料使用性能的重要指标,与沥青路面的抗车辙能力、耐磨性和耐久性密切相关。

2. 试验仪器设备

(1)洛杉矶式磨耗试验机。
(2)套筛:符合要求的标准筛一套,另外准备一个筛孔为1.7mm的方孔筛。
(3)台秤:10kg,感量不大于0.1g。
(4)烘箱:能使温度控制在105℃±5℃的范围。
(5)钢球:直径约46.8mm,质量在390~445g间变化,以便组合成符合要求的总质量。

3. 试验方法和步骤

(1)将进行试验检测的集料洗净、烘干备用。
(2)对所使用的集料,根据实际情况按照下表规定的粒级组成配制每次试验用材料。其中水泥混凝土用集料宜采用A级粒度;当用于沥青路面及各种基层、底基层的粗集料时,表中的16mm筛孔也可用13.2mm筛孔代替。对非规格材料应根据材料的实际粒度,从表3-17中选择最接近的粒级类别及试验条件进行试验。

粗集料洛杉矶磨耗试验条件 表 3-17

粒度类别	粒级组成（mm）	试样质量（g）	试样总质量（g）	钢球数量（个）	钢球总质量（g）	转动次数（转）	使用粗集料 规格	使用粗集料 公称粒径（mm）
A	26.5~37.5 19.0~26.5 16.0~19.0 9.5~16.0	1250±25 1250±25 1250±10 1250±10	5000±10	12	5000±25	500	—	—
B	19.0~26.5 16.0~19.0	2500±10 2500±10	5000±10	11	4850±25	500	S6 S7 S8	15~30 10~30 10~25
C	9.5~16.0 4.75~9.5	2500±10 2500±10	5000±10	8	3330±20	500	S9 S10 S11 S12	10~12 10~15 5~15 5~10
D	2.36~4.75	5000±10	5000±10	6	2500±15	500	S12 S14	3~10 3~5
E	63~75 53~63 37.5~53	5000±50 5000±50 5000±50	10000±100	12	5000±25	1000	S1 S2	40~75 40~60
F	37.5~53 26.5~37.5	5000±50 5000±25	10000±75	12	5000±25	1000	S3 S4	30~60 25~50
G	26.5~37.5 19~26.5	5000±25 5000±25	10000±50	12	5000±25	1000	S5	20~40

(3) 分级称量(精确至 5g)，称取总质量(m_1)。将准备好的试样和满足质量要求的钢球放入磨耗机筒中，加盖密封。调整仪器计数器至零位，对水泥混凝土设定转动次数 500 转，对其他混合料用集料，转动次数符合表 3-17 的要求。开动磨耗机，以 30~33r/min 的转速转动规定的次数。

(4) 转动结束后，取出钢球，倒出试样，用 1.7mm 方孔筛过筛，并用水冲洗留在筛上的试样，将小于 1.7mm 粒径的部分彻底分离出去。随后将大于 1.7mm 的颗粒集中起来，烘干恒重，称出其质量 m_2。

4. 试验结果计算

粗集料的磨耗损失计算公式为：

$$Q = \left(\frac{m_1 - m_2}{m_1}\right) \times 100 \quad (3-22)$$

式中：Q——粗集料的洛杉矶磨耗损失(%)；

m_1——试验前装入筒中的试样质量(g)；

m_2——试验后 1.7mm 筛上洗净烘干的试样总质量(g)。

以两次平行试验结果的算术平均值作为测定值,要求两次试验误差不大于2%。

5. 说明与注意问题

(1)转动结束后,将试样先倒在金属盘中,挑出钢球,再小心将样品转入筛上,避免大颗粒集料或钢球对标准筛造成损伤。

(2)过筛所用筛的筛孔尺寸为1.7mm,不属于标准套筛中的筛孔尺寸,要事先备好此筛。

(3)沥青混合料通常采由数种集料配合组成,同一个采石场生产的同一类集料,可以在一起组成进行洛杉矶磨耗试验。当集料规格较多时,也可分别进行试验。不同采石场生产的集料,必须分开进行试验。

六、粗集料的针片状颗粒含量

1. 试验方法一:规准仪法

1)试验目的

测定大于4.75mm的碎石或卵石中,针、片状颗粒的总含量,评价混凝土用粗集料的形状优劣,判断粗集料工程适用性。

2)试验仪器设备

(1)水泥混凝土集料针状和片状规准仪。

(2)天平:称量10kg,感量不大于1g。

(3)标准套筛:孔径分别为4.75mm、9.5mm、16mm、19mm、26.5mm、31.5mm、37.5mm的标准筛。

3)试验方法和步骤

(1)将待测风干试样采用四分法缩分成表3-18规定的检测用量,称重,记作 m_0。

针片状颗粒含量试验规定材料用量 表3-18

公称最大粒径(mm)	9.5	16	19	26.5	31.5	37.5	53	63
试样最小质量(kg)	0.3	1	2	3	5	10	10	10

(2)采用标准套筛将试样分成不同的粒级,具体粒级划分界限及对应的规准仪孔宽和间距如表3-19所示。

粗集料粒级划分界限和规准仪关键尺寸 表3-19

粒级(方孔筛)(mm)	4.75~9.5	9.5~16	16~19	19~26.5	26.5~31.5	31.5~37.5
针状规准仪上相对应的立柱之间的宽距(mm)	17.1 (B_1)	30.6 (B_2)	42.0 (B_3)	54.6 (B_4)	69.6 (B_5)	82.8 (B_6)
片状规准仪上相对应的孔宽(mm)	2.8 (A_1)	5.1 (A_2)	7.0 (A_3)	9.1 (A_4)	11.6 (A_5)	13.8 (A_6)

(3)不同粒级的颗粒首先通过目测,将不可能是针状或片状的颗粒挑出,对怀疑为针状或片状的颗粒,逐一对应于规准仪相应的位置进行鉴定。凡长度大于针状水准仪上相应间距者,判定为针状颗粒;颗粒厚度小于片状规准仪上相应孔的宽度者,判定为片状颗粒。全部鉴定结

束后,称出由各粒级挑出的针状和片状颗粒的总质量,记作 m_1。

4)试验结果计算

水泥混凝土用碎石或卵石中针、片状颗粒含量计算公式为:

$$Q_e = \frac{m_1}{m_0} \times 100 \tag{3-23}$$

式中:Q_e——试样针状、片状颗粒或针片状颗粒总含量(%);

m_1——试样中针、片状颗粒的总质量(g);

m_0——试样总质量(g)。

2. 试验方法二:游标卡尺法

1)试验目的

测定用于沥青混合料和基层材料的 4.75mm 以上的粗集料中针状和片状颗粒含量,用于评价粗集料的形状和推测抗压碎能力,以评定其工程中的适用性。

2)试验仪器设备

(1)游标卡尺:精密度为 0.1mm。

(2)天平:感量不大于 1g。

(3)标准筛:孔径 4.75mm。

3)试验方法和步骤

(1)采用随机取样的方式,准备待测试样。对每一种规格的粗集料,应按照表 3-20 的要求备样。

针片状颗粒含量试验材料取样量 表 3-20

公称最大粒径(mm)	4.75	9.5	13.2	16	19	26.5	31.5	37.5
最小取样量(kg)	0.6	1.2	2.5	4	8	8	20	40

(2)按分料器法或四分法选取 1kg 左右的试样。对每一种规格的粗集料,应按照不同的公称粒径,分别取样检验。

(3)待测集料用 4.75mm 标准筛过筛,取筛上部分供试验用,称取试样的总质量 m_0,精确至 1g。要求不同规格粒径试样数量不少于 800g,并不少于 100 颗。

(4)对选定的试样颗粒,先用目测的方式挑出接近立方体的颗粒,将剩余部分初步看作针、片状颗粒,随后用卡尺做进一步的甄别。

(5)逐一对需要进一步甄别的颗粒进行操作。对某一颗粒,找出一个相对平整且面积较大的面作为基准面(即底面),然后用游标卡尺测出该面的最长尺寸 l,再测量该集料颗粒的厚度(即底面到颗粒的最高点)记为 t。将 $l/t \geq 3$ 的颗粒(即底面最长尺寸与厚度方向尺寸之比大于或等于 3 的颗粒)挑出,判定为针片状颗粒,最后在天平上称出这类形状颗粒的总质量 m_1。

4)试验结果计算

沥青混合料或基层用粗集料中针片状颗粒含量计算公式为:

$$Q_e = \frac{m_1}{m_0} \times 100 \tag{3-24}$$

式中:Q_e——试样针、片状颗粒总含量(%);

m_1——试样中针、片状颗粒的总质量(g);

m_0——试样总质量(g)。

5)说明与注意问题

(1)针对水泥混凝土用粗集料试验结果可分别采用针状或片状颗粒进行计算,并得到针、片状颗粒的总含量,但针对沥青混合料用粗集料试验结果仅以针片状颗粒总含量表示。

(2)由于沥青路面对粗集料针片状颗粒要求的更为严格,两种不同用途集料的针片状颗粒检测应采用不同方法,因此不能用规准仪法替代游标卡尺法判定沥青混合料用粗集料的形状。

(3)采用规准仪进行颗粒形状判断时,首先要通过标准筛将粗集料进行分级,不同粒级的颗粒要对应于规准仪相应的孔宽和间距来判定,不可错位。

(4)采用游标卡尺对集料颗粒进行甄别时,首先要确定好颗粒基准面,然后再测量其长度和厚度等相应尺寸。

(5)2.36~4.75mm粒径属于沥青混合料用粗集料,由于卡尺测量有困难,一般可不作测定。

七、粗集料磨耗试验(道瑞试验)

1.试验目的

用于评定沥青路面表层用粗集料抵抗车轮磨耗的能力,以判断粗集料在高等级公路表层沥青路面上的适用性。

2.试验仪器与材料

(1)道瑞磨耗试验机。

(2)制备磨耗试件的金属模子,内部尺寸91.5mm×53.5mm×16.0mm,其两侧端板可拆卸。

(3)固定试件的金属托盘,内部尺寸92.0mm×54.0mm×8.0mm。

(4)托盘固定装置。

(5)配重块:托盘和配重的总质量2kg±10g。

(6)溜砂装置:能够将指定用砂以700~900g/min的速率连续不断地洒布在试件前面的转盘上。

(7)标准筛:方孔筛13.2mm、9.5mm、1.18mm、0.9mm、0.6mm、0.45mm、0.3mm。

(8)烘箱:要求控温为105℃±5℃。

(9)天平:感量不大于0.1g。

(10)石英砂磨料:粒径0.3~0.9mm其中0.45~0.6mm的含量不少于75%,试验过程中每块试件用砂量大约3kg。

(11)细砂:0.1~0.3mm、0.1~0.45mm。

(12)环氧树脂及相匹配的固化剂。

(13)其他:肥皂水、丙酮、洗耳球、小匙、镊子、油灰刀、小毛刷、20mL量筒、100mL烧杯、电炉、小医用托盘等。

3. 试验内容和步骤

（1）将待测试样过 9.5～13.2mm 筛，清洗烘干后用于制作试件。

（2）安装好试模，并在试模内表面涂抹一层肥皂水，烘干待用。

（3）用镊子夹起集料颗粒，将其单层排列在试模内，较平整的面放在模底。一块试模中排布的集料颗粒不少于 24 颗。

（4）集料颗粒之间的空隙用细砂（0.1～0.3mm）填充，填充高度约为颗粒高度的 3/4，用洗耳球吹实找平，并吹去多余的部分。

（5）在环氧树脂中按比例加入固化剂，再加入 0.1～0.45mm 的细砂拌和均匀，其中要求环氧树脂：固化剂：细砂之间的比例为 1g∶0.25mL∶3.8g。两块试件大约需环氧树脂 30g、固化剂 7.5mL、细砂 114g。然后将拌制好的环氧树脂砂浆填入试模，并用热的油灰刀抹平。注意环氧树脂砂浆尽可能填充密实，且不要碰动排好的集料颗粒。

（6）常温下养生 24h 后拆模，除去多余的砂浆和松散的砂粒。

（7）试验操作之前让磨耗机在溜砂状态空转一圈，事先在转盘上留有一层砂。

（8）称出平行试验的两块试件的各自质量，记作 m_0，精确至 0.1g。将试件分别放入两个托盘内，使其径向相对，集料裸露面的底面朝向转盘，然后将配重放在试件上。

（9）在连续不断的溜砂状态（溜砂速率 700～900g/min）下，以 28～30r/min 的转速转动转盘 100 圈，要求溜砂宽度能够覆盖整个试件宽度。转动结束后，观察试件有无异常现象。如正常，重复上述溜砂方式和转动速率，再磨 400 圈。这一过程即可连续转动 400 圈一次完成，也可分 4 个 100 圈四次完成。

（10）全部磨耗试验完成后，取下试件，清除试样表面残留砂子，称出每个试件的质量，记作 m_1。

4. 试验结果计算

集料磨耗值用下式计算：

$$\mathrm{AAV} = \frac{3(m_0 - m_1)}{\rho_s} \tag{3-25}$$

式中：AAV——集料的磨耗值；

m_0——磨耗前试件的质量（g）；

m_1——磨耗后试件的质量（g）；

ρ_s——集料的表干密度（g/cm³）。

两块试件的试验平均值作为集料磨耗值，如单块试件磨耗值与两块试件平均值之差大于 10%，则需重做试验，并以 4 块的平均值作为集料磨耗值。

八、粗集料的磨光试验

1. 试验目的

集料磨光值是利用加速磨光机磨光集料，并以摆式摩擦系数仪测定集料磨光后的摩擦系数值,以评定沥青路面表层用粗集料抗磨光性,判断粗集料在高等级公路沥青路面表层上的适用性。

2. 试验仪器与材料

(1)加速磨光机:由传动机构的橡胶轮、道路轮(轮上标有编号,轮槽中可安放共12块试样及2块标准样)、溜砂及流水装置等部分组成的专用集料磨光设备。其中橡胶轮有标记为C的磨粗金刚砂轮和标记为X的用于磨细金刚砂的轮。磨光操作时,由供水系统连续不断在磨光操作部位提供水流。

(2)配重:包括杠杆和配重,使橡胶轮对道路轮上试件产生725N±10N的压力。

(3)试模:8副。

(4)摆式摩擦系数测定仪:同路面抗滑性能试验检测一致。

(5)金属量尺:长76mm。

(6)天平:感量不大于0.1g。

(7)烘箱:装有温度控制器。

(8)环氧树脂(6010型)和固化剂(793型)。

(9)丙酮。

(10)金刚砂:30号(棕刚玉),280号(绿碳化硅)。

(11)砂:0.1~0.3mm,洁净、干燥。

(12)橡胶石棉板:厚1mm。

(13)标准试块:由指定生产厂家用规定的集料品种以标准方法制备的试件(可在专业供应商处购得),作为整个试验结果的参照物。每轮2块,只允许使用一次,不得重复使用。

(14)其他:油灰刀、梅花扳手、螺丝刀、镊子、洗耳球、烧杯、量杯、肥皂、钢号码等。

3. 试验内容

(1)试验准备

待测集料过筛,取9.5~13.2mm粒径的颗粒料,用水洗净后置于温度为105℃±5℃的烘箱中烘干。

检查或标定摆式仪;将试模拼装并涂上肥皂水(防止试样与试模粘连)后烘干;另外,将洁净的干砂(0.1~0.3mm)也置于烘箱中烘干。

(2)试件制备

每种集料宜制备6~10块试件,从中选出4块供两次平行试验用。

将备好的待测集料颗粒(9.5~13.2mm)尽可能紧密地排列在试模中(大而平整的面向下)。用小勺将烘干的砂(0.1~0.3mm)填入已排好的粒料间隙中,并用洗耳球先轻轻吹动干砂,使之填充密实。然后再吹去多余的砂,使砂与试模中台阶齐平。注意,吹动干砂时,不得碰动集料,且集料表面应无干砂覆盖。

将固化剂(793)与环氧树脂(6101)按质量比例1:5~1:4拌和均匀,然后将此黏结剂与干砂(0.1~0.3mm)按质量比1:4.5~1:4的比例拌和均匀,即成为填充试模中集料空隙的并起到黏结作用的填料。通常一个试模中填料用量约为环氧树脂9.0g、固化剂2.4g及干砂48g。

取出烘箱中吹好砂的试模,用小油灰刀将拌好的环氧树脂砂浆填料填入试模中,并尽量使其填充密实。填充砂浆时不应碰动粒料。然后,用热油灰刀在试模上刮去多余的填料,并在试模表面上反复抹平,使其与试模口齐平。对同一种集料试样,一次制备试件以6~10个为宜。当试件表面有松动或脱落的集料时,该试件作废。

将已填好填料的试模置温度为40℃的烘箱中烘3h,再自然冷却9h拆模。如在室温下养护,时间应更长,以使试件达到足够强度。

养护后拆模取出试件,将试模清理干净,以便下次再用。油灰刀、配制砂浆容器等用完后也应及时用丙酮清洗。

(3) 试件分组标号

每轮1次可磨14块试件,其中每种集料各为2块试件,包括6种集料和1种标准集料。然后给试件编号;6种集料编号从1到12,且1种集料两个试样赋以相邻两个编号;标准试件标号为13号、14号。并按表3-21所示顺序将已编号的试件安装于道路轮上。标准试件13、14号分别置于道路轮的1号和8号位置上。

试样安装顺序表　　　　　　　　　表3-21

道路轮位置号	1	2	3	4	5	6	7	8	9	10	11	12	13	14
试件编号	13	9	3	7	5	1	11	14	10	4	8	6	2	12

(4) 磨光操作

每两块试件间应置一块橡胶石棉垫片,最后一块试件应紧紧挤入轮槽中,以达到各个试件挤紧之目的;然后旋紧螺钉,必要时可让在道路轮端板上加垫木板,用锤轻轻敲打,以保证装紧试块,不会造成试件在磨光过程中松动或断裂。

将道路轮安装在试验机的轮轴上,使C橡胶轮的轮辐完全压着露出的集料表面。然后盖上机盖,接通水源及打开金刚砂(30号)储料斗中调节闸板,试验过程中将溜砂量控制在27g/min±7g/min,并调节水流的流量计,使流量达到60mL/min。

在控制面板上设定转数57600转,接通电源,开动磨光机开始磨光试验。在试验进行1h和2h时磨光机自动停机(但不要对面板计数器清零),检查磨光机的状况。再次启动设备,直至总转数达到57600转,所需时间3h。

控制操作3h后关掉电源,取下储砂斗,清除斗中、溜砂槽及底座上的积砂后换上280号金刚砂。采用X橡胶轮重新开机,溜砂量调整控制在3g/min±1g/min,流水量也应作相应调整,再磨光试件3h后停止试验。

(5) 磨光值测定

卸下道路轮后取出试件,用水将试件上的金刚砂洗净,再将试件面向下放入18~20℃的水中2h后,采用摆式仪按规定的操作方法测定各试件摩擦系数值(该值无量纲)。

试件的测定方向应与"行车方向"即磨光过程中磨光轮转动方向一致。

一块试件重复测试5次,5次读数的最大值和最小值之差不得大于3,取5次读数的平均值作为该试件的磨光值(PSV_r)。标准试件的磨光值以(PSV_{br})表示。

一种集料需重复试验2次,每次都需对标准集料试件同时进行测试。

(6) 结果计算

计算两次平行试验4块待测试件(每轮2块)磨光值的算术平均值(PSV_{ra}),精确至0.1。

但4块待测试件的磨光值(PSV_r)的最大值和最小值之差不得大于4.7,否则试验作废,应重新试验。

计算两次平行试验4块标准试件(每轮2块)磨光值的算术平均值(PSV_{bra}),精确至0.1。但4块标准试件的磨光值读数的平均值(PSV_{bra})必须在46~52范围内,否则试验作废,应重做试验。

按下式计算待测粗集料试样的磨光值(PSV),结果取整数。

$$PSV = PSV_{ra} + 49 - PSV_{bra} \tag{3-26}$$

式中:PSV——粗集料磨光值(无量纲);

PSV_{ra}——待测试件4块两次平行试验的平均值(无量纲);

PSV_{bra}——标准试件4块两次平行试验的平均值(无量纲)。

4. 说明与注意问题

(1)道瑞磨耗试验和磨光试验只是针对高等级公路沥青路面上面层时粗集料的试验项目,其他用途时无需进行这类试验。

(2)道瑞磨耗试验需要若干筛子用来筛分试验用砂。其中0.9mm、0.45mm筛孔的筛子不属于标准筛系列,需提前准备。

九、坚固性试验

1. 试验目的

采用在饱和硫酸钠溶液中多次浸泡与烘干的循环试验,考察粗集料承受硫酸钠在烘干结晶过程中产生的晶胀压力,集料颗粒不会产生明显破坏或降低强度的性能,用来评价粗集料的坚固性,作为表征粗集料耐候性的一项指标。

2. 试验仪器与材料

(1)烘箱:能使温度控制在105℃±5℃。

(2)天平:称量5kg,感量不大于1g。

(3)标准筛:根据试样粒级,按表3-22选用。

坚固性试验所需各粒级试验质量　　表3-22

公称粒级(mm)	2.36~4.75	4.75~9.5	9.5~19	19~37.5	37.5~63	63~75
试样质量(g)	500	500	1000	1500	3000	5000

(4)容器:金属容器,容积不小于50L。

(5)三角网篮。

(6)硫酸钠试剂:工业用硫酸钠。

3. 试验操作和步骤

(1)硫酸钠溶液的配制:根据所需数量的多少,选取适当容器。加入蒸馏水并加热至30~50℃。按如下比例配制饱和硫酸钠溶液:每1000mL蒸馏水加无水硫酸钠(Na_2SO_4)300~350g或10水硫酸钠($Na_2SO_4 \cdot 10H_2O$)700~1000g,搅拌促进溶解。

(2)按表3-22分级,洗净,在105℃±5℃的烘箱中烘干4h。取出冷却,以该表规定的质量称取各粒级的质量(m_i)。

(3)将不同粒级的试样分别装入三角网篮中,随后浸入饱和硫酸钠溶液中,溶液的体积不小于试样总体积的5倍,保持水温在20~25℃的范围内。在网篮浸入溶液时应上下提降25次,以排除试样中的气泡,然后静置于该容器中。

(4)浸泡20h后,从溶液中提出网篮,稍控水分后放在105℃±5℃的烘箱中烘烤4h,从而完成第一次试验循环。待试样冷却至20~25℃后,开始下次循环试验。从第二次试验开始,在硫酸钠中浸泡的时间及烘烤时间均控制在4h。

(5)完成5次循环后,将试样在清水中冲洗掉硫酸钠,再放入105℃±5℃烘箱中烘干、冷却至室温。根据表3-22中各粒级范围的下限筛子过筛,并称量各粒级过筛后试样的筛余量(m_i')。

4. 试验结果计算

试样中各粒级的分计质量损失百分率按下式计算:

$$Q_i = \left(\frac{m_i - m_i'}{m_i}\right) \times 100 \tag{3-27}$$

式中:Q_i——各粒级的分计筛余质量百分率(%)。

m_i——各粒级试验前的烘干质量(g);

m_i'——经硫酸钠浸泡试验后各粒级筛余颗粒烘干质量(g)。

试样总质量筛余百分率(%)按下式计算:

$$Q = \frac{\sum m_i Q_i}{\sum m_i} \times 100 \tag{3-28}$$

5. 说明与注意问题

(1)对于粒径大于19mm的部分,除了计算该粒级质量损失之外,还需在试验前后分别记录颗粒数量,并作外观检查,描述颗粒的裂缝、剥落、掉边和掉角等情况,以及有瑕疵颗粒所占总颗粒数量,作为分析坚固性时的补充依据。

(2)硫酸钠坚固性试验实质上是一种快速评价集料抵抗低温冻胀破坏能力的一项试验。通过硫酸钠结晶膨胀产生的晶胀作用,来替代低温水结冰产生的冻胀作用。由于晶胀产生的破坏效果要远大于冻胀,所以可快速简便地达到评价集料抵御低温冻融破坏的耐候性效果。

第四节 细集料试验检测

一、筛分试验

1. 试验方法一:水泥混凝土用砂筛分(干筛法)

1)试验目的

通过试验测定水泥混凝土用砂的颗粒级配,并确定砂的粗细程度。

2)试验仪器与材料

(1)标准套筛:孔径为 9.5mm、4.75mm、2.36mm、1.18mm、0.60mm、0.30mm、0.15mm、0.075mm方孔筛及配套底盘。

(2)天平:称量1000g,感量不大于0.1g。

(3)摇筛机。

(4)烘箱:控温要求在 105℃±5℃。

(5)其他:盘子、毛刷等。

3)试验操作和步骤

(1)首先将砂过9.5mm的筛,并记录9.5mm筛的筛余百分率。拌和均匀后采用四分法缩分至每份不少于550g,然后在105℃±5℃的烘箱中烘干恒重,冷却待用。

(2)标准套筛按筛孔由大到小的顺序排列套在底盘上,称取500g砂样(记作m),倒在最上层4.75mm的标准筛上,扣上筛盖,紧固在摇筛机上。接通电源,电动过筛持续约10min。若无摇筛机,也可采用手摇方式过筛10min。

(3)按孔径大小顺序,将过筛后的砂样在筛上逐个手摇进一步过筛。首先在最大筛号上进行,新通过的砂颗粒用一洁净的盘子收集。当每个筛子手摇筛出的量每分钟不超过筛上剩余量的0.1%时,停止过筛。将筛出通过的颗粒并入下一号筛,和下一号筛中的试样一起过筛。下一级筛号按同样方式进行,直至所有孔径的筛号全部完成上述操作为止。

(4)称量各筛上存留质量m_i,精确至0.5g。所有各筛上存留量加上底盘上保留质量之和与筛分试验用量相比,其差不得超过总质量的1%。

(5)根据各筛上存留量,依次计算出砂的分计筛余百分率、累计筛余百分率和通过百分率,并计算砂的细度模数。

4)试验结果计算

筛分结果按照式(3-6)~式(3-9)分别计算砂的分计筛余、累计筛余、通过率和细度模数等内容。

2.试验方法二:沥青混合料用砂的筛分(水筛法)

1)试验目的

通过水洗方式,精确测出小于0.075mm的颗粒含量,并测定砂的颗粒级配,以此确定用于沥青混合料时砂的粒径分布。

2)试验仪器与材料

同水泥混凝土用砂的筛分试验。

3)试验内容和步骤

(1)称取待测烘干砂样500g(记作m_1),精确至0.1g(下同)。然后将砂样浸泡盛有足量清水的容器中,充分搅动,使砂样颗粒表面洗涤干净,使细粉颗粒悬浮在水中。

(2)将悬浮液倒在由1.18mm和0.075mm组成的套筛上,反复数次,直至倒出的水清澈为止。注意整个过程中尽量控制不要将砂粒随细粉颗粒一起倒出。随后继续用水冲洗套筛一定时间,达到所有小于0.075mm颗粒被冲洗掉的效果。

(3)将容器中的砂和套筛上存留的砂粒用水全部冲洗转移到瓷盘中,操作过程中不得有砂粒损失。

(4)小心倒出盘中过量的水,然后将瓷盘和砂样一同放入烘箱中,在105℃±5℃的温度下烘干至恒重,称出总质量(记作m_2),m_1与m_2之差为通过0.075mm的砂质量。

(5)将烘干砂样全部转移到筛分套筛上(此时不再需要0.075mm的筛),随后完全按照干筛的方法进行筛分操作。

3. 试验结果计算

其中分计筛余百分率、累计筛余百分率、通过百分率的计算公式与水泥混凝土用砂的筛分计算相同,而细度模数计算公式为:

$$M_x = \frac{A_{4.75} + A_{2.36} + A_{1.18} + A_{0.6} + A_{0.3} + A_{0.15}}{100} \quad (3\text{-}29)$$

式中的字母含义同式(3-9)。

4. 说明与注意问题

(1)对水泥混凝土用砂可采用干筛法,如果需要也可采用水筛法筛分。

(2)由于0.075mm的通过率对沥青混合料至关重要,要采用水洗的方式准确测定出小于0.075mm粒径含量,所以不能以水泥混凝土用砂的筛分方式代替沥青混合料的筛分。

(3)在筛分过程中,当没有出现砂颗粒损失现象,且各筛上的存留质量之和与试样总质量相比相差不超过1%时,差值部分可当作小于0.075mm的颗粒看待,这样计算时的总质量仍是500g;也可按存留量之和的实际结果进行计算,这样处理两者结果相差很小。

(4)采用式(3-29)与式(3-9)在计算砂的粗细程度上有一定差别。事实上,砂的粗细程度改变,对沥青混合料的影响程度远不如对水泥混凝土影响程度大。因为在沥青混合料矿料组成设计时,只要所用砂与其他规格集料混合后能够满足相关级配要求即可,与所采用的砂是粗砂还是细砂没有太大关系,所以式(3-29)的计算用途不大。

二、细集料的密度试验——细集料表观密度试验(容量瓶法)

1. 试验目的

通过测定单位砂表观体积下物质的干质量,为细集料空隙率和混合料配合比设计提供相关参数。

2. 仪器设备

(1)天平,称量1kg,感量不大于0.1g。

(2)容量瓶:容积500mL。

(3)烘箱:控温要求在105℃±5℃。

(4)烧杯:500mL。

(5)其他:洁净水、干燥器、方形瓷盘、滴管、漏斗、温度计等。

3. 试验内容和步骤

(1)将待测砂样均匀拌和后,用四分法进行缩分,称取砂样约650g左右。在105℃±5℃

的烘箱中烘至恒重,取出在干燥器中冷却备用。

(2)准确称取制备好的砂样300g(m_0),通过漏斗装入盛有半瓶洁净水的容量瓶中。装完后转动容量瓶,使砂样在充分搅动中排除其中的气泡,盖上瓶塞,静至24h。24h过后,用滴管向容量瓶中加水,直至水的弯液面与容量瓶的刻度线相切。用温度计测量水温,确认水温在23℃±1.7℃的范围内,并记录实际温度值。盖上瓶塞,擦干瓶外壁的水分,在天平上称出总质量m_2。

(3)倒出瓶中的水和砂样,内外洗净,向瓶中加入同样温度的洁净水,直至水的弯液面与容量瓶的刻度线相切。测量水温,要求前后两次水温差不超过2℃。盖上瓶塞,擦干瓶外壁的水分,在天平上称出总质量m_1。

4. 试验结果计算

砂的相对表观密度计算公式为:

$$\gamma_a = \frac{m_0}{m_0 + m_1 - m_2} \tag{3-30}$$

式中:γ_a——细集料的相对表观密度(无量纲);

m_0——砂样烘干质量(g);

m_1——水及容量瓶总质量(g);

m_2——试样、水及容量瓶总质量(g)。

砂的表观密度采用式(3-31)计算,计算至小数点后3位:

$$\rho_a = \gamma_a \rho_T \quad 或 \quad \rho_a = (\gamma_a - \alpha_T)\rho_w \tag{3-31}$$

式中:ρ_a——细集料的表观密度(g/cm³);

ρ_w——水在4℃时的密度(1g/cm³);

α_t——不同水温下水的相对密度修正系数(见粗集料密度试验,表3-14)。

5. 说明与注意问题

(1)两次平行试验结果误差应在0.010g/cm³的范围内,若超出应重新取样进行试验。

(2)试验时容量瓶中加入的水应为纯净水,所以需将自来水加热煮沸后放凉再使用。

(3)用滴管滴加水的量以液面弯曲下沿(即弯液面)与刻度线相切为准。

(4)细集料毛体积密度需通过饱和面干状态操作后计算得到。

(5)试验中采用的容量瓶也可替换为广口瓶,用于粒径较大的粗集料表干密度测定。

三、细集料毛体积密度及吸水率试验

1. 试验目的

通过采用坍落筒法测定出细集料饱和面干质量和吸水率,进而得到细集料(包括天然砂、机制砂和石屑)毛体积(相对)密度及其他(相对)密度。

2. 试验仪器与材料

(1)饱和面干试模:由试模、捣棒和玻璃板组成,见图3-1。

(2)干燥器、吹风机。
(3)其余同细集料表观密度试验。

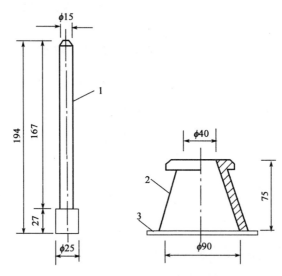

图 3-1　砂饱和面干试模及捣棒(尺寸单位:mm)
1-捣棒;2-试模;3-玻璃板

3.试验内容和步骤

(1)备样:用 2.36mm 的筛子过筛,筛除大于 2.36mm 颗粒,在潮湿状态下用四分法或分料器将砂样分成若干份 1000g 试样,用于试验。将一份试样放入浅盘或其他合适容器中。在浅盘中倒入 23℃±1.7℃ 的洁净水中至高出试样 20mm。用玻璃棒搅拌排除气泡,静置 24h。

(2)制备饱和面干试样:倒出试样上部水分,并用吸管吸出多余水分;随后用吹风机在不断翻动下,将试样表面的水分蒸发,促使砂样达到饱和面干状态;然后将试样松散地一次性装入饱和面干试模中,用捣棒在 10mm 处以自由落下的方法轻捣 25 次。垂直提起试模,根据试样坍落程度和外观形状,判断砂的含水状况。

①如试样呈现锥形,几乎没有坍落,说明砂样含有较多的表面水分,不是饱和面干状态,此时应继续用吹风机进行水分蒸发操作。

②如试模提起后试样坍落明显,呈扁圆形,说明砂样含水率偏少,也不是饱和面干状态。此时应在砂样中洒入 5mL 水,充分搅拌后静止 30min,再重新进行坍落试验,直至出现下述状态。

③如试模提起后,坍落大致达到 1/3 左右,且砂样上部 2/3 处呈现出圆锥形,此时即为饱和面干状态;如试样不是天然砂而是机制砂或石屑时,提起试模第一次出现坍落现象时,对应的状态就是饱和面干状态。

(3)操作步骤

取饱和面干砂样 300g 左右(m_3),精确至 0.1g,迅速放入容量瓶中,加入洁净水。在充分排除气泡后,将水定容至刻度。擦干容量瓶表面,称出总质量(m_2)。

将砂样全部倒出,在 105℃±5℃ 条件下烘干恒重后,称出质量(m_0);再称出洁净水加至刻度的容量瓶质量(m_1)。

根据下列公式分别计算表观、毛体积和表干(相对)密度及砂样在表干状态下的吸水率：

表观相对密度
$$\gamma_a = \frac{m_0}{m_0 + m_1 - m_2} \quad (3\text{-}32)$$

毛体积相对密度
$$\gamma_b = \frac{m_0}{m_3 + m_1 - m_2} \quad (3\text{-}33)$$

表干相对密度
$$\gamma_s = \frac{m_3}{m_3 + m_1 - m_2} \quad (3\text{-}34)$$

细集料饱和面干吸水率
$$w_x = \left(\frac{m_3 - m_0}{m_0}\right) \times 100 \quad (3\text{-}35)$$

式中：γ_a——细集料表观相对密度(无量纲)；

γ_b——细集料毛体积相对密度(无量纲)；

γ_s——细集料表干相对密度(无量纲)；

m_0——细集料烘干质量(g)；

m_1——容量瓶加入洁净水至刻度的质量(g)；

m_2——容量瓶中加入砂样,且洁净水加至刻度时的总质量(g)；

m_3——饱和面干砂样质量(g)；

w_x——粗集料的吸水率(%)。

根据水温修正系数或不同水温时水的密度,将各相对密度转换成对应密度,参考粗集料密度试验中的式(3-14)~式(3-16)。

4.说明与注意问题

(1)本方法仅适用于小于2.36mm以下的细集料,大于2.36mm的颗粒采用粗集料吸水率试验进行方法。

(2)饱和面干状态的确定是整个试验难点,深入体会规程操作说明和多次实践是掌握这难点的关键。

(3)天然砂与机制砂或石屑饱和面干状态的判断标准有所不同,针对不同类型细集料在试验操作时需要注意。

(4)针对密度试验结果的精度,要求两次平行试验计算结果的算数平均值为测定值,如两次结果与平均值之差大于0.01g/cm³,应重新取样进行试验。吸水率两次结果与平均值之差大于0.02%时,也应重新补做试验。

四、细集料堆积密度及紧装密度试验

1.试验目的

测定砂在自然状态下堆积密度和紧装密度并以此计算出砂的空隙率。

2.试验仪器

(1)天平：称量5kg,感量0.1g。

(2)容积为1L容量筒。

(3)漏斗及漏斗架,其漏斗口可开合,且漏斗口高度可调整。

(4)烘箱:控温要求在105℃±5℃。

(5)其他:小勺、直尺、浅盘等。

3. 试验内容

(1)取有代表性的砂样5kg,在105℃±5℃的烘箱中烘至恒重。取出冷却,分成大致两份备用。

(2)容量筒容积校正:将温度为20℃±5℃的洁净水装满容量筒,用一块大小适宜的玻璃板沿筒口滑移,紧贴水面盖在筒上,确保玻璃板与水面之间无气泡,擦干筒外壁水分,称出质量(m_0')。用式(3-36)计算容量筒体积(mL即 cm^3):

$$V = m' - m_0' \tag{3-36}$$

式中:V——容量筒体积(mL 或 cm^3);

m_0'——容量筒和玻璃板的总质量(g);

m'——容量筒、玻璃板和水的总质量(g)。

(3)将砂样装入漏斗中,打开底部活动门使砂流入容量筒中。也可采用小勺向容量筒中直接加样,但两种填砂方式都要求离容量筒口距离为50mm左右。砂样装满之后,用直尺将多余的部分沿筒口中心线向两个相反方向刮平。随后称取筒和砂样的总质量(m_1)。

(4)另取砂样一份,分两层装入容量筒。每装完一层,在筒底垫一根10mm直径的钢筋,左右交替颠击地面各25下(注意两次钢筋摆放呈相互垂直方向)。装填完成并颠实后,适当添加砂样超出筒口,然后用直尺将多余的部分沿筒口中心线向两个相反方向刮平,称出筒和砂样的总质量(m_2)。

(5)每次试验内容平行两次。

4. 试验结果计算

堆积密度通过下式计算:

$$\rho = \frac{m_1 - m_0}{V} \tag{3-37}$$

式中:ρ——砂的堆积密度(g/cm^3);

m_1——容量筒和砂在堆积状态时的总质量(g);

m_0——容量筒的质量(g);

V——容量筒容积(cm^3)。

紧装密度通过下式计算:

$$\rho' = \frac{m_2 - m_0}{V} \tag{3-38}$$

式中:ρ'——砂的紧装密度(g/cm^3);

m_2——容量筒和砂在紧装状态时的总质量(g);

其他同上。

砂的空隙率通过下式计算:

$$VV = \left(1 - \frac{\rho}{\rho_a}\right) \times 100 \tag{3-39}$$

式中：VV——砂的空隙率(%)；

ρ——砂的堆积或紧装密度(g/cm^3)；

ρ_a——砂的表观密度(g/cm^3)，参考式(3-32)。

5. 说明与注意问题

(1)堆积密度试验进行装填时，要控制好填砂高度，并且试验过程中避免碰撞容量筒，以免影响砂的实际装填效果。

(2)容量筒体积校正时要测量水温，并进行水温对密度的修正。

五、细集料含泥量试验(筛洗法)

1. 试验目的

通过筛析的方法测定天然砂中粒径小于 0.075mm 的尘屑、淤泥和黏土的含量。

2. 试验仪器

(1)天平：称量 1kg，感量不大于 0.1g。

(2)标准筛：孔径 0.075mm 及 1.18mm 的方孔筛。

(3)烘箱：能控温在 105℃±5℃。

(4)其他：筒、浅盘等。

3. 试验方法和步骤

(1)将待测砂样品通过四分法缩分至约 1000g，在 105℃±5℃烘箱中烘干至恒重，冷却至室温后，称取约 400g(m_0)的试样两份备用，精确至 0.1g。

(2)取一份砂样置于筒中，注入洁净水，要求水面高出砂样 200mm。充分搅拌，静置 24h。

(3)然后用水淘洗砂样，使尘屑、淤泥、黏土与砂粒分离后，小心地将浑浊液倒入 1.18mm 和 0.075mm 的套筛上，滤去小于 0.075mm 的部分。重复上述过程，直至筒内砂样洗出的水清澈为止。操作过程中要避免砂粒丢失。

(4)用水冲洗留存于筛上的细颗粒，并通过 0.075mm 筛在水中来回摇动，以保证充分彻底洗出小于 0.075mm 的颗粒。

(5)将 1.18mm 和 0.075mm 筛上的存留颗粒和筒中已洗净的试样一同转移到浅盘中，置于 105℃±5℃的烘箱中烘干恒重，冷却至室温称重(m_1)。

4. 试验结果计算

天然砂中含泥量按下式计算：

$$Q_n = \left(\frac{m_0 - m_1}{m_0}\right) \times 100 \tag{3-40}$$

式中：Q_n——砂的含泥量(%)；

m_0——试验前称取砂样的质量(g)；

m_1——试验后的烘干砂样质量(g)。

六、细集料亚甲蓝试验

1. 试验目的

用于测定细集料中所含膨胀性黏土矿物含量,以评定细集料的洁净程度。适用于 0～2.36mm 的细集料以及小于 0.075mm 矿粉等材料的质量检验。当细集料中小于 0.075mm 数量小于 3% 时,可不进行此项试验,并判定该材料质量合格。

2. 试验用试剂、材料与仪器设备

(1)亚甲蓝试剂($C_{16}H_{18}CN_3S \cdot 3H_2O$)纯度不小于 98.5%。

(2)移液管:5mL、2mL 移液管各一个。

(3)叶轮搅拌机。

(4)鼓风烘箱:能控温在 105℃ ±5℃。

(5)天平:称量 1000g,感量 0.1g;称量 100g,感量 0.01g。

(6)标准筛:孔径为 0.075mm、0.15mm、2.36mm 的方孔筛各一个。

(7)容器:深度大于 250mm。

(8)其他:1000mL 的烧杯、玻璃搅棒、温度计、滤纸、搪瓷盘、毛刷等。

3. 试验方法和步骤

(1)标准亚甲蓝溶液(10.0g/L ±0.1g/L)配制

首先检测亚甲蓝试剂的含水率 w。称取 5g 左右的亚甲蓝粉末,记录质量 m_h,精确至 0.01g,在 100℃ ±5℃ 的温度下烘干至恒重,在干燥器中冷却,然后称重,记录质量 m_g,精确至 0.01g,按式(3-41)计算亚甲蓝的含水率 w:

$$w(\%) = \frac{m_h - m_g}{m_g} \times 100 \tag{3-41}$$

式中:m_h——亚甲蓝粉末的质量(g);

m_g——干燥后亚甲蓝的质量(g)。

称取亚甲蓝粉末$(100 + w)(10g \pm 0.01g)/100$(即亚甲蓝试剂中不含水的干粉末质量 10g),精确至 0.01g。将称出的亚甲蓝在搅拌过程加到盛有 600mL 温度不超过 40℃ 的水中,持续搅动,直至亚甲蓝全部溶解。

将溶解亚甲蓝的溶液倒入 1L 的容量瓶中,用洁净的蒸馏水反复冲洗烧杯,以确保将溶解的亚甲蓝全部转移到容量瓶中。最后在室温条件下定容达到 1000mL。摇匀之后在避光条件下保存,可用时间不超过 28d。

(2)制备砂样悬浊液

称取待测砂约 400g,烘干后筛除大于 2.36mm 的颗粒待用,共准备两份。

称取砂样 200g,精确至 0.1g,倒入盛有 500mL ±5mL 水的烧杯中,用转速 600r/min 的搅拌器进行搅拌约 5min。形成悬浊液后,用移液管准确加入 5mL 亚甲蓝溶液,然后保持 400r/min ±40r/min 的转速持续搅拌到试验结束。

(3)亚甲蓝吸附量测定

取一张滤纸,放置在一个敞口的烧杯上,要求滤纸中心部位不得与任何其他物品接触。

在悬浊液中加入亚甲蓝后搅拌 1min 起,开始在滤纸上进行第一次试验。用玻璃棒蘸取一滴悬浊液滴在滤纸上,使液滴在滤纸上形成一个环状,中间是带有集料的沉淀物,要求液滴的数量能够使沉淀物扩散出的直径在 8～12mm。环状外围环绕一圈无色水环。如果沉淀物周围边缘放射出一个宽度约 1mm 的浅蓝色色晕时,试验结果判为阳性,其含义是待测样品中含有的膨胀性黏土矿物数量较低。

如果第一次加入 5mL 亚甲蓝没能使滤纸上的环状沉淀物周围出现浅蓝色色晕,则再向悬浊液中加入 5mL 亚甲蓝溶液,继续搅拌 1min。用玻璃棒沾一滴悬浊液滴于滤纸上,进行第二次色晕试验。若沉淀物周围仍未出现浅蓝色色晕,重复上述步骤,直到沉淀物周围放射出约 1mm 的稳定浅蓝色色晕。

停止滴加亚甲蓝溶液,但继续搅拌悬浊液,每 1min 进行一次色晕试验。若形成的色晕在最初的 4min 内消失,再加入 5mL 亚甲蓝溶液;若色晕在第 5min 消失,再补加 2mL 亚甲蓝溶液,直至色晕可持续 5min 为止。

记录色晕持续 5min 时所加入的亚甲蓝溶液总体积,精确至 1mL。

4. 结果计算

细集料砂的亚甲蓝值 MBV 按下式计算,精确至 0.1:

$$MBV = \frac{V}{m} \times 10 \tag{3-42}$$

式中:MBV——亚甲蓝值(g/kg),表示每千克 0～2.36mm 粒级试样所消耗的亚甲蓝克数;

m——试样质量(g);

V——加入的亚甲蓝溶液总量(mL)。

5. 说明与注意问题

(1)该试验检测依据的原理,是根据膨胀性黏土矿物能够吸附亚甲蓝试剂,从而使滴在滤纸上的悬浊液,在其边缘无法产生亚甲蓝试剂本身的浅蓝色色晕。能够出现蓝色色晕所需的亚甲蓝试剂体积数量越多,计算得到的亚甲蓝值越高,意味着该试样中含有的膨胀性黏土矿物越多,所以可采用甲蓝值来判断膨胀性黏土矿物的含量。

(2)亚甲蓝试验适应较细的集料,集料粒径不适宜于大于 4.75mm。

(3)由于膨胀性黏土吸附亚甲蓝需要一定的时间才能完成,色晕可能在出现后又会消失。为此,需要每隔 1min 进行一次色晕试验,直至出现的色晕可持续 5min 未消失为止。

七、细集料砂当量试验

1. 试验目的

通过测定天然砂、人工砂、石屑等各种细集料中所含黏土或杂质的含量,以评价细集料的洁净程度。

2. 主要试验仪器、用具与材料

(1)透明圆柱形试筒:盛放试验过程中的砂试样。

(2)冲洗管:试验过程用来冲洗砂样,将其中的黏土颗粒与砂颗粒分离开来。

(3)透明玻璃或塑料桶:容积约5L,盛放试验过程所需的冲洗液,有一根虹吸管放置桶中,桶底面高出工作台约1m。

(4)橡胶管(或塑料管):长约1.5m,内径约5mm,同冲洗管连在一起吸液用,配有金属夹,以控制冲洗液流量。

(5)配重活塞:由底座(下面平坦、光滑、垂直杆轴)、套筒和配重组成。

(6)套筒:黄铜或不锈钢制,大小适合试筒并且引导活塞杆,能标记筒中活塞下沉的位置。套筒上有一个螺钉用以固定活塞杆。配重为1kg±5g。

(7)机械振荡器:可以使试筒产生横向的直线运动振荡,振幅203mm±1.0mm,频率180次/min±2次/min。

(8)天平:称量1kg,感量不大于0.1g。

(9)化学试剂:无水氯化钙、丙三醇(甘油)、甲醛,均为分析纯。

(10)其他:烘箱、秒表、4.75mm标准筛、温度计、广口漏斗、钢板直尺、量筒、烧杯、塑料桶、刷子、盘子、刮刀、勺子等。

3. 试验方法和步骤

(1)试样准备

取待测砂样不少于1000g,充分分散,筛除大于4.75mm的颗粒。测定砂样含水率,根据含水率称取干燥砂样为120g时的含水砂样质量,计算公式为:

$$m_1 = \frac{120 \times (100 + w)}{100} \tag{3-43}$$

式中:w——砂样的含水率(%);

m_1——待测砂样质量(g)。

(2)配制冲洗液

每升冲洗液中所需各种试剂的数量为:氯化钙2.79g、甘油12.12g、甲醛0.34g。根据试验次数的多少,配制所需洗液数量,但一次不得少于2L。

配制5升洗液做法为:先称取所需氯化钙14.0g,放入烧杯中,加洁净水30mL,充分溶解,需要时滤去不溶解的杂质。随后加入60.6g甘油,再加入1.7g甲醛,充分搅拌后倒入1L量筒中,并用少量水清洗冲洗配制洗液的容器;最后定容至1L。

将配制好的浓洗液转移至塑料桶中,随后再加入4L洁净水使总体积量达到5L。该溶液可在2周内使用,超过2周则应废弃。

(3)试验步骤

用冲洗管将冲洗液加入试筒中至80~100mm刻度处。把准备好的砂样(相当于120g干砂样)用漏斗仔细倒入试筒中。用拍打方式排除气泡,放置10min。

10min后,用橡胶塞堵住试筒,横向固定在专用振荡机上。开动机械振荡器,在30s±1s的时间内振荡90次。也可采用手动方式,但注意手动时要横向振荡而非大幅度晃动,振荡时间和次数同机械操作。

完成振荡后,然后将试筒取下竖直放回试验台上,取下橡胶塞。用冲洗液冲洗黏附在试筒壁上的砂样颗粒,然后迅速将冲洗管插到试筒底部,不断转动冲洗管,使附着在集料表面的土粒杂质浮游上来。随后缓慢匀速向上拔出冲洗管,当冲洗管抽出液面,且试筒中液面位于380mm刻度线时,切断冲洗管的液流,使液面保持在380mm刻度线处,然后开动秒表在没有扰动的情况下静置20min±15s。

静置20min后,用钢直尺量取从试筒底部到絮状凝结物上液面的高度(h_1);随后将配重活塞缓缓插入试筒中至碰到沉淀物,拧紧套筒上的固定螺钉。将活塞取出,用直尺插入套筒开口中,量取套筒顶面至活塞底面的高度(h_2),精确至1mm,同时记录试筒内的温度,精确至1℃。操作见图3-2。

4. 结果计算

试样的砂当量值按式(3-44)计算:

$$SE = \frac{h_2}{h_1} \times 100 \quad (3-44)$$

式中:SE——试样的砂当量(%);
　　　h_2——试筒中用活塞测定的集料沉淀物的高度(mm);
　　　h_1——试筒中絮凝物和沉淀物的总高度(mm)。

5. 说明与注意问题

(1)砂当量越大,说明砂中小于0.075mm的颗粒中黏性土所占的数量越少,对应砂的洁净度越高,则砂的品质越好。

(2)砂中含泥量(筛洗法)试验、砂当量试验和亚甲蓝试验都是针对砂洁净度的评价方法,不同方法各有特点。其中筛洗法简便易操作,但会将不属于泥的矿物细粉一并被冲洗掉,当作泥来对待。砂当量法也有这样的问题存在,

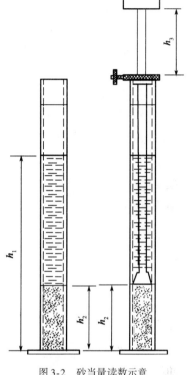

图3-2　砂当量读数示意

因为试验中被搅拌分离出形成悬浊液的颗粒也有可能存在一定的石粉。而亚甲蓝法可以排除石粉对试验结果的影响,所以能够更加准确地评价砂样中黏土存在的状况。

第五节　矿质混合料组成设计

集料即砂石材料,通常大多是与各种结合料(如水泥、沥青等)组成混合料的形式用于土木工程,此时砂石材料往往要采用一定的级配形式,以保证混合料能够更好地满足实际工程需要。例如水泥混凝土采用连续级配,使混凝土具有较高密实程度以及具有良好和易性的特点。而当沥青混合料采用间断级配时,则沥青混合料能够形成更好的骨架嵌挤结构,使沥青混合料具有更好的路用性能。

然而,工程中所用某一规格的集料,其颗粒往往集中在有限的几个粒径范围内,无法直接满足工程实际对砂石材料级配要求。因此,需要将几种不同规格的集料按一定的方法进行掺配即级配设计,使其组成符合级配要求的矿质混合料(简称矿料)。

一、级配类型和级配曲线

1. 级配类型

粒径粗细不同的矿料按照一定的比例组合搭配在一起,根据搭配组成的结果,可得到以下几种不同级配形式:

(1)连续级配:连续级配是指矿料的颗粒由大到小连续分布,每一级都占有适当的比例。这种由大到小逐级粒径都有,并按比例互相搭配组成的矿质混合料,称为连续级配混合料。

(2)间断级配:在矿料颗粒分布的整个区间里,从中间剔除一个或连续几个粒级,形成一种不连续的级配,称为间断级配。

(3)开级配:整个矿料颗粒分布范围较窄,从最大粒径到最小粒径仅在数个粒级上(大多集中于偏粗的粒径,)以连续的形式出现,形成所谓的开级配。

2. 级配曲线

为了直观形象地表示矿料各粒径的颗粒分布状况,常常采用级配曲线的方式来描述矿料级配。做法是以通过率的百分率为纵坐标,筛孔尺寸(同时也表示矿料的粒径)为横坐标,将各筛上的通过率绘制在坐标图中,然后用曲线将各点连接起来,成为所谓的级配曲线。见图3-3。

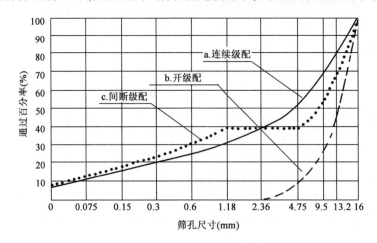

图3-3 不同级配类型的级配曲线

由于标准套筛中众多的筛孔分布是按1/2递减的方式设置的,在描绘横坐标的筛孔位置时,会造成前疏后密的问题,以致到小孔径时无法清楚地将其位置确定,所以在绘制级配曲线的横坐标时采用对数坐标(而相应纵坐标上的通过率仍采用常数坐标),以方便级配曲线图的绘制。

二、矿料级配理论

实践中,针对连续级配各级粒径矿料数量的计算大多采用最大密度曲线理论,该理论认为当矿料的颗粒级配曲线愈接近抛物线,则其密实度愈大。根据该理论,当矿料的级配曲线为抛物线时,具有最大密度的理想曲线可用颗粒粒径与通过率按下式表示:

$$p_i^2 = kd_i \tag{3-45}$$

式中：p_i——各级颗粒粒径的通过率(%)；

d_i——矿料各级颗粒粒径(mm)；

k——常数。

当颗粒粒径 d_i 等于最大粒径 D_{max} 时，则通过率 $p_i = 100(\%)$，即 $d_i = D_{max}$ 时，$p_i = 100$。所以：

$$k = 100^2 \times \frac{1}{D_{max}} \tag{3-46}$$

代入式(3-45)，就可计算在任何一级颗粒粒径 d_i 上所对应的通过率 p_i，计算公式为：

$$p_i = 100\sqrt{\frac{d_i}{D_{max}}} \tag{3-47}$$

或

$$p_i = 100\left(\frac{d_i}{D_{max}}\right)^{0.5} \tag{3-48}$$

式中：d_i——希望计算的某级颗粒粒径(mm)；

D_{max}——矿质混合料的最大粒径(mm)；

p_i——希望计算的某级颗粒的通过率(%)。

上式是最大密度理想曲线的级配组成计算公式，根据此公式可以计算出某矿料达到最大密实度时，各级颗粒粒径的通过率。

但在实际应用过程中，这一公式的指数并不一定固定为 0.5。对于沥青混合料，当指数是 0.45 时的密实度最大；对于水泥混凝土指数，在 0.25~0.45 时工作性更好。因此，矿料的级配计算公式的指数通常在 0.3~0.7，允许矿料的级配曲线在一定的范围内变动，所以上述最大密度曲线公式采用 n 次幂的通式来表达：

$$p_i(\%) = \left(\frac{d_i}{D_{max}}\right)^n \times 100 \tag{3-49}$$

因此，当某一矿料的最大粒径、相应的指数确定时，则该矿料在各级上的颗粒数量(即通过率)就可依据此公式计算得到。

由于矿料在轧制生产过程中的不均匀性以及混合料在配制时的波动误差等原因，使所配制的混合料难以与理论级配完全吻合相一致。因此，必须允许掺配时得到的合成级配可以在一定的范围内波动，从而提出级配范围的概念。即分别根据两个不同的指数 n_1 和 n_2 所确定的级配结果，并以此所绘制各自级配曲线，构成所谓级配范围。实际级配合成操作时，只要得出的合成级配结果位于要求的级配范围之间，则认为该合成级配基本满足设计级配的要求。

三、矿料组成设计方法

实际工程中往往要采用至少两种以上规格的集料按一定比例配合起来使用。矿料级配设计的内容就是通过一定的方法，来确定满足矿料级配要求时不同规格集料的用量比例。

级配设计常用的方法有试算法和图解法两类。随着计算机的普及和相应操作软件的开发，利用计算机进行相关矿料合成级配的计算会得到越来越广泛的应用。现就非计算机应用的试算法和图解法进行级配设计的具体操作过程介绍如下。

1. 试算法操作步骤

试算法适合于采用三种不同规格集料进行级配设计的情形。首先对所使用的各集料进行筛分,并计算出各自的筛分结果。同时,明确设计级配要求的级配范围,并计算出该级配范围对应的中值。

(1) 建立基本计算方程

设有粗、中、细三种规格集料,分别用 A、B、C 来代表。三种集料在某一筛孔 i 上的分计筛余百分率分别为 $a_{A(i)}$、$a_{B(i)}$、$a_{C(i)}$,打算配制矿质混合料 M,混合料 M 在相应筛孔上的分计筛余百分率为 $a_{M(i)}$。又设 A、B、C 三种集料在混合料中的比例分别是 X、Y、Z,则得到下面两式:

$$X + Y + Z = 100 \tag{3-50}$$

$$a_{A(i)}X + a_{B(i)}Y + a_{C(i)}Z = a_{M(i)} \tag{3-51}$$

(2) 基本假设

在矿质混合料中,假定混合料中某一级粒径的颗粒仅由这三种集料中的某一种集料来提供,而其他两种集料中不存在这一粒径的颗粒,此时这两种集料在该粒径的分计筛余百分率为 0。而这种假设往往在三种规格中的偏粗或偏细粒径上出现,因而可以采用所谓"抓两头、带中间"的方式进行操作。

例如,在 i 粒级上粗集料 A 在此粒级上存在,其他两种集料 B 和 C 在此粒径上不存在,即 B 和 C 在此粒径上的分计筛余全部是 0,从而简化式(3-51)。

(3) 计算

根据上述假设,式(3-51)中的 $a_{B(i)}$ 和 $a_{C(i)}$ 都是 0,所以式(3-51)简化为:

$$a_{A(i)}X = a_{M(i)}$$

则 A 集料在混合料中所占的比例 X 为:

$$X(\%) = \frac{a_{M(i)}}{a_{A(i)}} \times 100$$

同理,按此假设可计算细集料 C 在混合料中的比例。设在偏细的 j 粒级上其他两个集料 A 和 B 在该粒径上的分计筛余百分率也是 0,则有:

$$a_{C(j)}Z = a_{M(j)}$$

即 C 集料在混合料中比例 Z 为:

$$Z(\%) = \frac{a_{M(j)}}{a_{C(j)}} \times 100$$

最后得到 B 集料在混合料中的比例 Y 为:

$$Y(\%) = 100 - X(\%) - Z(\%)$$

(4) 校核调整

对以上计算得到的各集料比例即配合比要进行验算,如得到的合成级配正好位于目标级配范围之间,则说明上面计算得到的 A、B、C 三种集料的各自比例 X、Y、Z 恰好满足要求。若不在所要求的级配范围内,则应调整上述比例重新验算,直到满足级配要求为止。如经数次调整仍不能达到要求,可掺加单粒级集料对原有集料粒径进行调整或调换其他集料。

2. 图解法操作步骤

图解法对级配设计时,所适用的原材规格数目不限。

(1) 准备工作

同样,对所使用的各集料进行筛分,计算出各自的通过率百分率,明确设计级配要求的级配范围,并计算出该配要求范围的中值。

(2) 绘制框图确定纵横坐标刻度

按比例(通常纵横边各为100mm和150mm)绘制一矩形框图,从左下向右上引对角线 OO' 作为合成级配的中值。纵坐标表示通过百分率,按常数标尺在纵坐标上标出通过率百分率刻度;横坐标表示筛孔尺寸(即矿料的粒径),各个筛孔具体位置则根据合成级配要求的某筛孔通过百分率中值,在纵坐标上找出该中值的位置。从纵坐标该位置处引水平线与对角线相交,再从交点处向下作垂线,垂线与横坐标的交点处即为该筛孔相应位置。依此类推,找出全部筛孔在横坐标上具体的位置,见图3-4。

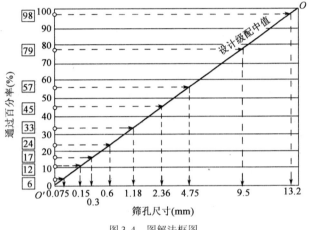

图3-4 图解法框图

(3) 确定各集料用量

将参与级配合成的各集料通过筛分得到的通过百分率,绘制在框图中,用折线的形式连成级配曲线。假设以四种集料进行级配合成,如图3-5所示。

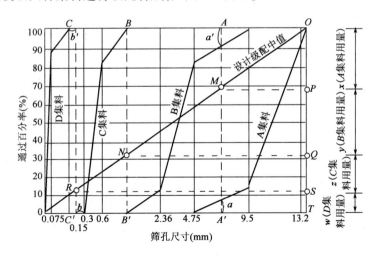

图3-5 图解法用图示例

根据框图中相邻两条级配曲线的关系,确定各规格集料在混合料中的掺配比例。

① 重叠关系:相邻两条曲线相互重叠,图 3-5 中集料 A 的级配曲线下部与集料 B 的级配曲线上部重叠。针对这种相邻关系,在两条级配曲线之间引一条垂线 AA',要求该垂线与 A、B 两个集料的级配曲线到各自框图边的距离相等,即 $a = a'$。此时垂线 AA' 与对角线 OO' 相交于点 M,再通过点 M 引水平线与纵坐标交于 P 点,OP 线段的几何长度(以 mm 计)就是集料 A 的用量比例(%)。

② 相接关系:相邻两条曲线首尾相接,图 3-5 中集料 B 的末端与集料 C 的首端正好相接。针对这种相邻关系,此时只需从 C 集料的首端向 B 集料的末端引垂线 BB',该垂线与对角线 OO' 相交于点 N,从 N 点引水平线与纵坐标交于点 Q,则 PQ 线段的几何长度就是 B 集料的用量(%)。

③ 分离关系:相邻两条曲线分离,图 3-5 中集料 C 的级配曲线与集料 D 的级配曲线在水平方向彼此分离。此时作一条垂线 CC' 平分这段水平距离,要求 $b = b'$。垂线 CC' 与对角线 OO' 交于点 R,通过该点引水平线与纵坐标交于点 S,则 QS 线段的几何长度就代表集料 C 的用量(%)。剩余的 ST 即为集料 D 的用量(%)。

可以说,框图中相邻集料级配曲线的关系只可能是这三种情况,但实际操作过程中以第一种关系即重叠关系最为常见。

(4)合成级配的计算与校核

与试算法相同,根据图解过程求得的各集料用量比例,计算出合成级配的结果。当合成级配超出级配范围时,说明图解法得到的比例不是很合适,需要进行各集料的用量调整,直到满足设计级配要求为止。如经数次调整仍不能达到要求,可掺加单粒级集料或调换其他集料,改变原材料颗粒组成后再继续进行级配设计。

两种矿料级配设计方法各有特点,试算法快速简便,但要熟知级配参数的意义,且更适用于三种矿料的级配合成;图解法易于掌握,矿料数量不限,但操作过程稍显繁杂,可根据自身掌握熟练程度选择应用。

四、矿料级配设计示例

1. 计算方法一:矿质混合料组成配合计算例题(试算法)

1)题目

试计算某大桥桥面铺装用细粒式沥青混凝土的矿质混合料配合比。

2)原始资料

(1)现有碎石(A)、石屑(B)和矿粉(C)三种矿质材料,筛分结果按分计筛余列于表 3-23。

(2)以细粒式沥青混凝土 AC-13 要求的级配范围按通过率也列于表 3-23。

3)计算要求

(1)按试算法确定碎石、石屑和矿粉在混合料中所占的比例。

(2)按题给的要求,校核矿质混合料计算结果,确定其是否符合级配范围。

4)计算步骤

矿质混合料中各种集料用量配合组成可按下述步骤计算:

(1) 计算各筛孔分计筛余:先将表 3-23 中矿质混合料要求的级配范围通过百分率换算为累计筛余百分率,然后再计算成各筛号的分计筛余百分率。计算结果列于表 3-24。

原有集料的分计筛余和混合料要求级配范围(通过率,%)　　　　表 3-23

筛孔尺寸 d_i (mm)	碎石分计筛余 $a_{A(i)}$ (%)	石屑分计筛余 $a_{B(i)}$ (%)	矿粉分计筛余 $a_{C(i)}$ (%)	矿质混合料要求通过率范围 $p(n_1 \sim n_2)$ (%)
16	—	—	—	100
13.2	5.2	—	—	95~100
9.5	41.7	—	—	70~88
4.75	50.5	1.6	—	48~68
2.36	2.6	24.0	—	36~53
1.18	—	22.5	—	24~41
0.6	—	16.0	—	18~30
0.3	—	12.4	—	17~22
0.15	—	11.5	—	8~16
0.075	—	10.8	13.2	4~8
底盘	—	1.2	86.8	—

原材料分级筛余及混合料级配要求　　　　表 3-24

筛孔尺寸 (mm)	碎石分筛余率 a_i (%)	石屑分级筛余率 b_i (%)	矿粉分级筛余率 c_i (%)	设计级配范围中值 通过率中值 P_i (%)	设计级配范围中值 累计筛余中值 A_i (%)	设计级配范围中值 分级筛余中值 a_{Mi} (%)
16	—	—	—	0	0	0
13.2	5.2	—	—	97.5	2.5	2.5
9.5	41.7	—	—	79.0	21.0	18.5
4.75	50.5	1.6	—	58.0	42.0	21.0
2.36	2.6	24.0	—	44.5	55.5	13.5
1.18	—	22.5	—	32.5	67.5	12.0
0.6	—	16.0	—	24.0	76.0	8.5
0.3	—	12.4	—	19.5	80.5	4.5
0.15	—	11.5	—	12.0	88.0	7.5
0.075	—	10.8	13.2	6.0	94.0	6.0
底盘	—	1.2	86.8	0	100.0	6.0
合计	$\Sigma=100$	$\Sigma=100$	$\Sigma=100$	—	—	$\Sigma=100$

(2)计算碎石在矿质混合料中用量。

由表 3-24 可知,在 4.75mm 处,碎石数量占绝对优势,石屑量很少可忽略,矿粉本身就不存在。故计算碎石的在混合料的比例时,假设混合料中 4.75mm 的粒径全部是由碎石所组成,而 $a_{B(4.75)}$ 和 $a_{C(4.75)}$ 均等于零,由式(3-51)可得:

$$a_{A(4.75)} \cdot X = a_{M(4.75)}$$

所以碎石(A)的用量为:

$$X(\%) = \frac{a_{M(4.75)}}{a_{A(4.75)}} \times 100$$

由表 3-24 可知,$a_{M(4.75)}(\%) = 21.0, a_{A(4.75)}(\%) = 50.5$,代入上式得:

$$X(\%) = \frac{21.0}{50.5} \times 100 = 41.6$$

(3)计算矿粉在矿质混合料中用量。

同理,在筛孔尺寸小于 0.075mm 即底盘处,矿粉的数量占绝对优势,而碎石和石屑在此粒径要么很少被忽略,要么不存在,所以认为 $a_{A(<0.075)}$ 和 $a_{B(<0.075)}$ 均为零。则由式(3-51)得:

$$a_{C(<0.075)} \cdot Z = a_{M(<0.075)}$$

则矿粉(Z)的数量:

$$Z(\%) = \frac{a_{M(<0.075)}}{a_{C(<0.075)}} \times 100$$

由表 3-24 可知,$a_{M(<0.075)}(\%) = 6.0, a_{C(<0.075)}(\%) = 86.8$ 代入上式得:

$$Z(\%) = \frac{6.0}{86.8} \times 100 = 6.9$$

(4)计算石屑(B)在混合料中用量。

由式(3-50)得:

$$Y = 100 - (X + Z)$$

已求得

$$X(\%) = 41.6, Z(\%) = 6.9$$

故

$$Y(\%) = 100 - (41.6 + 6.9) = 51.5$$

根据以上计算得到矿质混合料的组成配合比为:

碎石:$X = 41.6\%$;

石屑:$Y = 51.5\%$;

矿粉:$Z = 6.9\%$。

(5)校核。

从表 3-25 的计算结果可以看出,合成矿料得到的通过率,在各筛孔上都进入到要求的级配范围内,满足沥青混合料 AC-13 的级配要求。

矿质混合料组成计算和校核表

表 3-25

筛孔尺寸 d_i (mm)	粗集料(碎石) 原来级配分计筛余 $a_{A(i)}$ (%)	计算所得比例 X (%)	占混合料百分率 $a_{AM(i)}$ (%)	细集料(石屑) 原来级配分计筛余 $a_{B(i)}$ (%)	计算所得比例 Y (%)	占混合料百分率 $a_{BM(i)}$ (%)	填料(矿粉) 原来级配分计筛余 $a_{C(i)}$ (%)	计算所得比例 Z (%)	占混合料百分率 $a_{CM(i)}$ (%)	合成矿质混合料 分计筛余 $a_{M(i)}$ (%)	累计筛余 $A_{M(i)}$ (%)	通过百分率 $p_{M(i)}$ (%)	要求配范围通过率 p_{n1-n2} (%)
①	②	③	④=②×③	⑤	⑥	⑦=⑤×⑥	⑧	⑨	⑩=⑧×⑨	⑪	⑫	⑬	⑭
16.0												**100**	100
13.2	5.2		2.2							2.2	2.2	**97.8**	95~100
9.5	41.7	×41.62 =	17.4							17.4	19.6	**80.4**	70~88
4.75	50.5		21.0	1.6		0.8				21.8	41.4	**58.6**	48~68
2.30	2.6		1.0	24.0		12.4				13.4	54.0	**46.0**	36~53
1.18				22.5		11.6				11.6	66.4	**33.6**	24~41
0.6				16.0	×51.5 =	8.2				8.2	74.6	**24.5**	18~30
0.3				12.4		6.4				6.4	81.0	**19.0**	12~22
0.15				11.5		5.9				5.9	86.9	**13.1**	8~16
0.075				10.8		5.6	13.2	×6.9 =	0.9	6.5	93.4	**6.6**	4~8
<0.075				1.2		0.6	86.7		6.0	6.6	100	**0**	0~8
校核	Σ=100		Σ=41.6	Σ=100		Σ=51.5	Σ=100		Σ=6.9	Σ=100			

注意:如不符合级配范围,应调整配合比再进行试算,经数次调整,逐步渐进,直到达到要求。如经计算仍不能符合级配要求,则应调换或增加集料品种。

2. 计算方法二:矿质混合料配合比组成计算例题(图解法)

1)题目

试用图解法设计某高速公路用细粒式沥青混凝土的矿料配合比。

2)原始资料

(1)现有碎石、石屑、砂和矿粉四种矿料,筛析试验得各粒径通过百分率列于表3-26。

原有矿质集料级配表

表 3-26

材料名称	筛孔尺寸(mm)									
	16.0	13.2	9.5	4.75	2.36	1.18	0.6	0.3	0.15	0.075
	通过百分率(%)									
碎石	100	93	17	0						
石屑	100	100	100	84	14	8	4	0		
砂	100	100	100	100	92	82	42	21	11	4
矿粉	100	100	100	100	100	100	100	100	96	87

(2)设计级配范围按沥青 AC-13 细粒式沥青混凝土混合料,要求级配范围和中值列于表 3-27。

矿质混合料要求级配范围和中值表　　　　　表 3-27

级 配 名 称	筛孔尺寸(mm)								
	16.0	13.2	9.5	4.75	2.36	1.18	0.6	0.3	0.15	0.075
	通过百分率(%)								
级配范围	100	95~100	70~88	48~68	36~53	24~41	18~30	12~22	8~16	4~8
级配中值	100	98	79	58	45	33	24	17	12	6

3)计算要求

(1)根据该级配范围中值(表 3-27),绘出各粒径在横坐标上的位置。

(2)将各原有矿质材料筛析结果(表 3-25)在图上绘出级配曲线,按图解法求出各种材料在混合料中的用量。

(3)按图解法求得的各种材料用量计算合成级配,并校核合成级配是否符合技术规程的要求,如不符合应调整级配重新计算。

4)计算步骤

(1)绘制级配设计框图(图 3-4),在纵坐标上按算术坐标绘出通过百分率。

(2)连对角线 OO',在纵坐标上找出混合料 AC-13 在某筛孔要求的通过百分率中值,画水平线与对角线 OO' 相交,再从各交点作垂线交于横坐标上,相应的位置就是对应的筛孔在横坐标上的位置。

(3)将碎石、石屑、砂和矿粉的级配曲线绘于图 3-6。

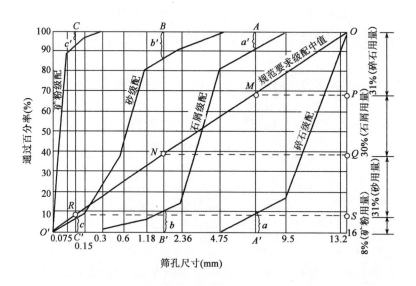

图 3-6　图解法级配设计图

(4)在碎石和石屑级配曲线相重叠部分作一垂线 AA',使垂线截取二级配曲线的纵坐标值相等(即 $a=a'$)。自垂线 AA' 与对角线交点 M 引一水平线,与纵坐标交于 P 点,OP 的长度 $X=31\%$,即为碎石的用量。

同理,求出石屑的用量 $Y=30\%$,砂的用量 $Z=31\%$,则矿粉用量 $W=8\%$。

(5)根据图解法求得的各集料用量百分率,列表进行校核计算,结果如表3-28所示。

矿质混合料要求级配范围和中值表　　　　　　　　表3-28

材料名称		筛孔尺寸(方孔筛)(mm)								
		16.0	13.2	9.5	4.75	2.36	1.18	0.6	0.3	0.15	0.075
		通过百分率(%)								
原材料粒径分布	碎石100%	100	93	17	0						
	石屑100%	100	100	100	84	14	8	4	0		
	砂100%	100	100	100	100	92	82	42	21	11	4
	矿粉100%	100	100	100	100	100	100	100	100	96	87
各原材料在混合料中的级配	碎石31%(31%)	31.0(31.0)	28.8(28.8)	5.3(5.3)	0(0)						
	石屑30%(26%)	30.0(26.0)	30.0(26.0)	30.0(26.0)	25.2(21.8)	4.2(3.6)	2.4(2.1)	1.2(1.1)	0(0)		
	砂31%(37%)	31.0(37.0)	31.0(37.0)	31.0(37.0)	31.0(31.0)	28.5(34.0)	25.4(30.3)	13.0(15.5)	6.5(7.8)	3.4(4.1)	1.2(1.5)
	矿粉8%(6%)	8.0(6.0)	8.0(6.0)	8.0(6.0)	8.0(6.0)	8.0(6.0)	8.0(6.0)	8.0(6.0)	8.0(6.0)	7.9(5.8)	7.0(5.2)
合成级配		100(100)	97.8(97.8)	74.3(74.3)	58.8(64.2)	40.7(43.6)	35.8(38.4)	22.2(22.6)	14.5(13.8)	11.3(9.9)	8.2(6.7)
级配范围要求		100	95~100	70~88	48~68	36~53	24~41	18~30	12~22	8~16	4~8

从表3-28可以看出,按碎石:石屑:砂:矿粉=31%:30%:31%:8%的计算结果,合成级配中筛孔0.075mm的通过率偏高,且合成级配曲线呈锯齿状。需要调整修正,才能达到更好的结果。

通过分析和经验采用减少石屑的用量和矿粉用量、增加砂的用量的方法来调整配合比。经调整后的配合比为:碎石用量 $X=31\%$,石屑用量 $Y=26\%$,砂的用量 $Z=37\%$,则矿粉用量 $W=6\%$。按此配比计算,见表3-28中括号内数值。

(6)将表3-28计算得到的合成级配通过百分率(括号中的数据),绘于规范要求级配曲线中,见图3-7。从图中可以看出,合成级配曲线完全在规范要求的级配范围之内,并且接近中值,基本呈一光滑平顺的曲线。所以确定最终矿料配合比为**碎石:石屑:砂:矿粉=31%:26%:37%:6%**。

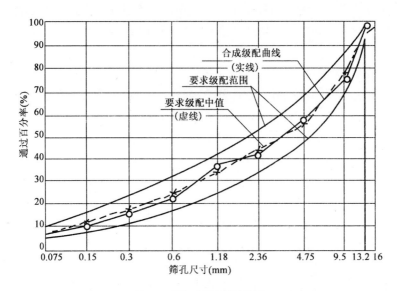

图 3-7 图解法级配设计结果

本章主要介绍了常用集料试验项目,关于集料还有其他一些试验检测内容,由于篇幅限制,不予叙述,详见《公路工程集料试验规程》(JTG E42—2005),在此仅将集料其他检测项目和试验方法列于表 3-29,以供参考。

集料其他试验检测项目　　　　　　　　　　　表 3-29

试验项目	试验目的及意义	检测依据
集料吸水率试验	集料吸水率的大小一方面与集料空隙率大小及孔隙构造特征有关,同时与集料密度有关。通过集料吸水率检测可用来判断集料的抗冻性及抗风化能力	T 0304—2005 T 0305—2005 (JTG E42—2005)
粗集料软弱颗粒试验	通过试验测定碎石、砾石和破碎砾石中的软弱颗粒含量,以此评价粗集料力学性能特点。试验结果越大,表明粗集料力学性能越差	T 0320—2000 (JTG E42—2005)
碱活性检验	集料中碱活性物质的存在,将对混凝土造成消极影响。通过针对集料碱活性物质的检测,评价和判断这类有害物对集料使用造成危害的可能性	T 0324—1994 T 0325—1994 (JTG E42—2005)
细集料棱角性试验	集料棱角性对混合料形成良好的嵌挤结构具有直接影响。通过此类试验,可定量评价细集料的棱角性	T 0344—2000 T 0345—2005 (JTG E42—2005)
细集料压碎指标试验	该试验用于衡量细集料在荷载作用下,抵抗被压碎的能力,以此评价细集料在公路工程中的适用性。注意,与粗集料压碎试验结果含义不同,细集料压碎指标值越高,表示细集料的抗压碎能力越好	T 0350—2005 (JTG E42—2005)
矿粉筛分试验	通过筛分试验,定量评价矿粉颗粒组成状况。而矿粉粒径组成直接影响混合料矿料的级配组成以及影响沥青混合料中结构沥青形成的数量。该方法通过水洗法进行操作	T 0351—2000 (JTG E42—2005)
矿粉密度试验	密度是矿粉的一项基本物理指标。通过测定矿粉密度,用于沥青混合料配合比设计过程。试验采用李氏比重瓶法	T 0352—2000 (JTG E42—2005)

第四章

路面基层与底基层材料

基层是路面结构的重要承重层,承担着由面层传来的竖向力,并将力传递到下面的垫层与土基中。基层的受力情况要求其必须具备足够的强度和刚度、抗疲劳开裂性能、足够的耐久性和水稳定性,由于该结构层使用材料比较多样化,针对不同材料与结构特点还应有各自具体的要求。

第一节 路面基层、底基层材料及其技术要求

一、路面基层、底基层材料类型与适用场合

公路路面基层、底基层按材料力学行为划分为半刚性类、柔性类和刚性类;按材料组成可划分为有结合料稳定类、无黏结粒料类、还应包括再生类材料;按结合料类型分为有机结合料(沥青)稳定类和无机结合料稳定类。

我国常用的路面基层形式多为半刚性基层,是指在粉碎或原状松散的土中掺入适量石灰、水泥等无机结合料,经拌和、摊铺、压实、养护成型的具有一定板体性的基层形式。这种基层形式具有强度高、稳定性好、扩散应力的能力强、抗冻性能优越、造价低廉的特点。柔性基层包括沥青结合料类以及无胶结料的粒料类基层。

基层、底基层的种类在选用时应依据交通荷载等级、材料供应情况和结构层组合要求来选择,常用的基层和底基层材料类型与适用场合见表4-1。

基层、底基层组成材料种类与适用场合 表4-1

类 型	材料类型	适用场合
无机结合料类	水泥稳定碎石、石灰-粉煤灰稳定碎石	各交通荷载等级的基层和底基层
	贫混凝土	特重或极重交通的基层
	水泥稳定开级配碎石	多雨地区、特重或重交通的排水基层
	水泥稳定未筛分碎(砾)石、石灰-粉煤灰稳定未筛分(砾)石、石灰稳定未筛分(砾)石	轻交通的基层、各交通荷载等级的底基层
	水泥土、石灰土、石灰-粉煤灰土	轻交通的基层、中等交通和轻交通的底基层
沥青结合料类	密级配沥青碎石、半开级配沥青碎石	特重和重交通的基层
	开级配沥青碎石	多雨地区、特重或重交通的排水基层
	沥青贯入碎石	中等和轻交通的基层

续上表

类 型	材料类型	适 用 场 合
粒料类	级配碎石	重交通、中等交通和轻交通的基层和底基层
	级配砾石、未筛分碎石、天然砂砾、填隙碎石	轻交通的基层、各交通荷载等级的底基层
再生类材料	厂拌热再生混合料	特重、重交通的基层
	乳化沥青冷再生混合料、泡沫沥青冷再生混合料、无机结合料冷再生混合料	各交通荷载等级的基层和底基层

二、路面基层、底基层的技术性能

路面基层、底基层的技术性能主要包括力学性能和路用性能两个方面,具体体现为以下内容。

1. 力学性能

力学性能是指材料在不同环境下,承受各种外加荷载时所表现出的力学特征。

(1)半刚性基层的力学性能主要用无侧限抗压强度和劈裂强度(抗弯拉强度)来表征,用7d 龄期的无侧限抗压强度来进行配合比的设计与施工质量的控制;路面结构设计时采用 90d 或 180d 龄期的抗压回弹模量与劈裂强度,水泥稳定类采用 90d 龄期、石灰与二灰稳定类采用 180d 龄期的试验结果。半刚性基层的力学性能都是在饱水 24h 后的力学特征,因而也是水稳定性能的反映。

(2)水泥稳定材料的 7d 龄期无侧限抗压强度标准值应符合表 4-2 的规定。

水泥稳定材料的 7d 龄期无侧限抗压强度标准 R_d(MPa)　　　表 4-2

结 构 层	公 路 等 级	极重、特重交通	重 交 通	中、轻交通
基层	高速公路和一级公路	5.0~7.0	4.0~6.0	3.0~5.0
	二级及二级以下公路	4.0~6.0	3.0~5.0	2.0~4.0
底基层	高速公路和一级公路	3.0~5.0	2.5~4.5	2.0~4.0
	二级及二级以下公路	2.5~4.5	2.0~4.0	1.0~3.0

注:1. 公路等级高或交通荷载等级高或结构安全性要求高时,推荐取上限强度标准。
2. 表中强度标准指的是 7d 龄期无侧限抗压强度的代表值,本节以下各表同。

(3)石灰粉煤灰稳定材料的 7d 龄期无侧限抗压强度标准 R_d 应符合表 4-3 的规定,其他工业废渣稳定材料宜参照此标准。

石灰粉煤灰稳定材料的 7d 龄期无侧限抗压强度标准 R_d(MPa)　　　表 4-3

结 构 层	公 路 等 级	极重、特重交通	重 交 通	中、轻交通
基层	高速公路和一级公路	≥1.1	≥1.0	≥0.9
	二级及二级以下公路	≥0.9	≥0.8	≥0.7
底基层	高速公路和一级公路	≥0.8	≥0.7	≥0.6
	二级及二级以下公路	≥0.7	≥0.6	≥0.5

注:石灰粉煤灰稳定材料强度不满足上述要求时,可外加混合料质量 1%~2% 的水泥。

(4)水泥粉煤灰稳定材料的 7d 龄期无侧限抗压强度标准值,应符合表 4-4 的规定。

石灰稳定材料的 7d 龄期无侧限抗压强度标准 R_d(MPa)　　　　表 4-4

结 构 层	高速公路和一级公路	二级及二级以下公路
基层	—	≥0.8
底基层	≥0.8	0.5~0.7

(5)碾压贫混凝土 7d 龄期无侧限抗压强度应不低于 7MPa,且不宜高于 10MPa。

(6)级配碎石的强度用 CBR 来表示。不同公路等级、交通荷载等级和结构层位的级配碎石,CBR 强度标准应满足表 4-5 的要求。

级配碎石材料的 CBR 强度标准　　　　表 4-5

结 构 层	公 路 等 级	极重、特重交通	重 交 通	中、轻交通
基层	高速公路和一级公路	≥200	≥180	≥160
	二级及二级以下公路	≥160	≥140	≥120
底基层	高速公路和一级公路	≥120	≥100	≥80
	二级及二级以下公路	≥100	≥80	≥60

2. 收缩特性

半刚性基层的收缩主要表现为干燥收缩和温度收缩。干燥收缩是由于半刚性基层中水分不断减少所引起的材料体积收缩现象;温度收缩是由于不同矿物颗粒所组成的固相、液相和气相等在温度变化特别是降温过程中相互作用,使得材料产生体积收缩造成的。虽然干缩和温缩发生的原因不同,但都会引起半刚性结构体积的变化,从而诱发裂缝。

半刚性基层的干、温缩特性与结合料的类型、剂量、试件的含水率和龄期等因素有关,干缩特性常用最大干缩应变与平均干缩系数表征,温缩特性多用温缩系数表征。干缩破坏主要发生在基层成型的初期,尚未被沥青面层覆盖的阶段;而温缩破坏主要是由基层在使用初期昼夜交替产生温差引起的。集料中 0.075mm 以下的含量对半刚性基层材料的收缩影响非常大,因此,在施工时应严格控制 0.075mm 以下的材料用量。

收缩裂缝的危害主要表现在两个方面:外界水分通过裂缝渗入会引起面层的冲刷剥落或基层的冲刷唧泥;过小的裂缝间距破坏了路面结构的整体性,改变了受力状态。

无机结合料稳定材料的干缩试验方法和温缩试验方法分别见《公路工程无机结合料稳定材料试验规程》(JTG E51—2009)T 0854—2009、T 0855—2009。

3. 冲刷特性

沥青路面开裂或水泥混凝土路面接缝的填缝料丧失,通过面层进入基层的水若不能及时排出,路表水进入基层顶面,遇水后湿软,原本非结合料联结的颗粒间联结力减弱或丧失,在高速、重载车辆的作用下产生很大的动水压力,将细料冲刷带到路表,造成唧泥和路面面层脱空。基层冲刷破坏的程度与水量和材料中细集料含量有关,水量越大、细集料含量越多,冲刷破坏越严重。

有试验研究表明,通常混合料的抗压强度越高,其抗冲刷性能越好,因此可通过适当提高抗压强度的方法来提高半刚性基层的抗冲刷性能。

无机结合料稳定材料的抗冲刷性试验方法具体见《公路工程无机结合料稳定材料试验规程》(JTG E51—2009)T 0860—2009。

4. 抗冻性

半刚性基层有着比较好的抗冻性。针对这一性能,现行规范以规定龄期(28d 或 180d)的材料经过若干个冻融循环后的饱水无侧限抗压强度与冻前饱水无侧限抗压强度之比来表征。在抗冻性试验过程中,试件的平均质量损失率应不超过 5%。

常用半刚性材料中,二灰稳定类材料的抗冻性能会随龄期的增长而增强,这是由于随着水化过程的深入,材料内水化产物含量增加,在提高材料强度的同时减少内部毛细孔隙,从而提高材料的抗冻性;水泥稳定类材料则不然。虽然水泥稳定类材料的早期强度较高,但其抗冻性能并不会随龄期的延长出现明显的增强,这是由于水泥稳定类材料中水泥用量偏少(5% 左右),材料内部孔隙较大所造成。

为减少半刚性基层的冻胀破坏,应尽量在晚春、夏初季节成型,这样在冬季来临前,材料有充分的水化时间,既能产生较多的水化产物,进行填补材料内部孔隙,又能减少基层内部水分,降低发生冻胀破坏的可行性。

无机结合料稳定材料的抗冻性试验方法具体见《公路工程无机结合料稳定材料试验规程》(JTG E51—2009)T 0858—2009。

三、路面基层、底基层原材料及其技术要求

基层、底基层的材料在应用前必须符合《公路路面基层施工技术细则》(JTG/T F20—2015)的规定。只有当原材料符合要求时,路面基层结构的性能才能得到保障。

1. 水泥

宜采用强度等级为 32.5 或 42.5 的水泥。普通硅酸盐水泥、矿渣硅酸盐水泥和火山灰质硅酸盐水泥都可用于稳定土。所用水泥初凝时间应大于 3h,终凝时间应大于 6h 且小于 10h。

2. 石灰

(1)高速公路和一级公路用石灰应不低于Ⅱ级技术要求,二级公路用石灰应不低于Ⅲ级技术要求,二级以下宜不低于Ⅲ级技术要求。生石灰和消石灰的技术要求分别见表 4-6、表 4-7。

(2)高速公路和一级公路的基层,宜采用磨细生石灰。

生石灰的技术指标　　　　　　表 4-6

指　　标	钙质生石灰			镁质生石灰		
	Ⅰ	Ⅱ	Ⅲ	Ⅰ	Ⅱ	Ⅲ
有效钙加氧化镁含量(%)	≥85	≥80	≥70	≥80	≥75	≥65
未消化残渣含量(5mm 圆孔筛的筛余,%)	≤7	≤11	≤17	≤10	≤14	≤20
钙镁石灰的分类界限,氧化镁含量(%)	≤5			>5		

消石灰的技术指标 表4-7

指标		钙质消石灰			镁质消石灰		
		I	II	III	I	II	III
有效钙加氧化镁含量(%)		≥65	≥60	≥55	≥60	≥55	≥50
含水率(%)		≤4	≤4	≤4	≤4	≤4	≤4
细度	0.6mm 方孔筛的筛余(%)	0	≤1	≤1	0	≤1	≤1
	0.15mm 方孔筛的筛余(%)	≤13	≤20	—	≤13	≤20	—
钙镁石灰的分类界限,氧化镁含量(%)		≤4			>4		

3. 粉煤灰

当粉煤灰中 CaO 含量为 2%～6% 时,称为硅铝粉煤灰;CaO 含量为 10%～40% 时,称作高钙粉煤灰;干排或湿排的硅铝粉煤灰和高钙粉煤灰等均可用作基层或底基层的结合料。粉煤灰技术要求见表 4-8。

粉煤灰技术要求 表4-8

检测项目	技术要求
SiO_2、Al_2O_3、Fe_2O_3 总含量(%)	>70
烧失量(%)	≤20
比表面积(cm^2/g)	>2500
0.3mm 筛孔通过率(%)	≥90
0.075mm 筛孔通过率(%)	≥70
湿粉煤灰含水率(%)	≤35

4. 粗集料

(1) 用作被稳定材料的粗集料宜采用各种硬质岩石或砾石加工成的碎石,也可直接采用天然砾石。粗集料应符合表 4-9 中 I 类规定,用作级配碎石的粗集料应符合表 4-9 中 II 类的规定。

粗集料技术要求 表4-9

指标	层位	高速公路和一级公路				二级及二级以下公路	
		极重、特重交通		重、中、轻交通			
		I 类	II 类	I 类	II 类	I 类	II 类
压碎值(%)	基层	≤22	≤22	≤26	≤26	≤35	≤30
	底基层	≤30	≤26	≤30	≤26	≤40	≤35
针片状颗粒含量(%)	基层	≤18	≤18	≤22	≤18	—	≤20
	底基层	—	≤20	—	≤20	—	≤20
0.075mm 以下粉尘含量(%)	基层	≤1.2	≤1.2	≤2	≤2	—	—
	底基层	—	—	—	—	—	—
软石含量(%)	基层	≤3	≤3	≤5	≤5	—	—
	底基层	—	—	—	—	—	—

(2)基层、底基层的粗集料规格要求宜符合表4-10的规定。

粗集料规格要求 表4-10

规格名称	工程粒径(mm)	通过下列筛孔(mm)的质量百分率(%)								公称粒径(mm)
		53	37.5	31.5	26.5	19.0	13.2	9.5	4.75	2.36	
G1	20~40	100	90~100	—	—	0~10	0~5	—	—	—	19~37.5
G2	20~30	—	100	90~100	—	0~10	0~5	—	—	—	19~31.5
G3	20~25	—	—	100	90~100	0~10	0~5	—	—	—	19~26.5
G4	15~25	—	—	100	90~100	—	0~10	0~5	—	—	13.2~26.5
G5	10~20	—	—	—	100	90~100	0~10	0~5	—	—	13.2~19
G6	10~30	—	100	90~100	—	—	—	0~10	0~5	—	9.5~31.5
G7	10~25	—	—	100	90~100	—	—	0~10	0~5	—	9.5~26.5
G8	10~20	—	—	—	100	90~100	—	0~10	0~5	—	9.5~19
G9	10~15	—	—	—	—	100	90~100	0~10	0~5	—	9.5~13.2
G10	5~15	—	—	—	—	100	90~100	40~70	0~10	0~5	4.75~13.2
G11	5~10	—	—	—	—	—	100	90~100	0~10	0~5	4.75~9.5

(3)高速公路和一级公路极重、特重交通荷载等级基层的4.75mm以上粗集料应采用单一粒径的规格料。

(4)高速公路、一级公路底基层和二级及二级以下公路基层、底基层被稳定材料的天然砾石材料宜满足表4-7的要求,并应级配稳定、塑性指数不大于9。

(5)用作级配碎石或砾石的粗集料应采用具有一定级配的硬质石料,且不应含有黏土块、有机物等。

(6)级配碎石或砾石用作基层时,高速公路和一级公路公称最大粒径应不大于26.5mm,二级及二级以下公路公称最大粒径应不大于31.5mm;用作底基层时,公称最大粒径应不大于37.5mm。

5. 细集料

(1)细集料应洁净、干燥、无风化、无杂质,并有适当的颗粒级配。

(2)高速公路和一级公路用细集料技术要求应符合表4-11的规定。

细集料技术要求 表4-11

项 目	水泥稳定[a]	石灰稳定	石灰粉煤灰综合稳定	水泥粉煤灰综合稳定
颗粒分析	满足要求			
塑性指数[b]	≤17	适宜范围15~20	适宜范围12~20	—
有机质含量(%)	<2	≤10	≤10	<2
硫酸盐含量(%)	≤0.25	≤0.8	—	≤0.25

注:[a] 水泥稳定包含水泥石灰综合稳定。
[b] 应测定0.075mm以下材料的塑性指数。

(3)细集料规格要求应符合表 4-12 的规定。

细集料规格要求 表 4-12

规格名称	工程粒径(mm)	高速公路和一级公路							公称粒径(mm)
		9.5	4.75	2.36	1.18	0.6	0.3	0.15	0.075	
XG1	3~5	100	90~100	0~15	0~5	—	—	—	—	2.36~4.75
XG2	0~3	—	100	90~100	—	—	—	—	0~15	0~2.36
XG3	0~5	100	90~100	—	—	—	—	—	0~20	0~4.75

(4)高速公路和一级公路,细集料中小于 0.075mm 的颗粒含量应不大于 15%;二级及二级以下公路,细集料中小于 0.075mm 的颗粒含量应不大于 20%。

(5)级配碎石或砾石中的细集料可使用细筛余料或专门轧制的细碎石集料。

6. 材料分档与掺配

(1)材料分档应符合表 4-13 的规定。

材料分档要求 表 4-13

层 位	高速公路和一级公路		二级及二级以下公路
	极重、特重交通	中、重、轻交通	
基层	≥5	≥4	≥3 或 4
底基层	≥4	≥3 或 4	≥3

(2)用于二级及二级以上公路基层和底基层的级配碎石或砾石,应由不少于 4 种规格的材料掺配而成。

(3)天然材料用于高速公路和一级公路的基层时,应筛分成表 4-10 中规定的规格,并按表 4-14 中的备料规格进行掺配。天然材料的规格不满足设计级配的要求时,可掺配一定比例的碎石或轧碎砾石。

不同粒径混合料的备料规格 表 4-14

公称最大粒径(mm)	类型	一档	二档	三档	四档	五档	六档
19	三档备料	XG3	G11	G8	—	—	—
	四档备料Ⅰ	XG2	XG1	G11	G8	—	—
	四档备料Ⅱ	XG3	G11	G9	G5	—	—
	四档备料Ⅲ[a]	XG3(1)	XG3(2)	G11	G8	—	—
	五档备料Ⅰ	XG2	XG1	G11	G9	G5	—
	五档备料Ⅱ[a]	XG3(1)	XG3(2)	G11	G9	G5	—
26.5	四档备料	XG3	G11	G8	G3	—	—
	五档备料Ⅰ	XG3	G11	G9	G5	G3	—
	五档备料Ⅱ	XG2	XG1	G11	G8	G3	—
	五档备料Ⅲ[a]	XG3(1)	XG3(2)	G11	G8	G3	—
	六档备料Ⅰ	XG2	XG1	G11	G9	G5	G3
	六档备料Ⅱ[a]	XG3(1)	XG3(2)	G11	G9	G5	G3

续上表

公称最大粒径(mm)	类型	一档	二档	三档	四档	五档	六档
31.5	四档备料	XG3	G11	G8	G2	—	—
	五档备料Ⅰ	XG3	G11	G9	G5	G2	—
	五档备料Ⅱ	XG3	G11	G9	G4	G2	—
	五档备料Ⅲ*	XG3(1)	XG3(2)	G11	G8	G2	—
	六档备料Ⅰ	XG2	XG1	G11	G9	G5	G2
	六档备料Ⅱ*	XG3(1)	XG3(2)	G11	G9	G5	G2

注:ª 表中 XG3(1) 和 XG3(2) 为两种不同级配规律的 0~5mm 的细集料。

(4)级配碎石或砾石类材料中宜掺加石屑、粗砂等材料。

(5)级配碎石或砾石细集料的塑性指数应不大于12,不满足要求时,可加石灰、无塑性的砂或石屑掺配处理。

第二节 路面基层、底基层材料配合比设计

一、无机结合料的剂量与比例

(1)水泥剂量:水泥稳定材料的水泥剂量是指水泥质量占全部被稳定材料干燥质量的百分率。

(2)石灰剂量:石灰稳定材料的石灰剂量是指石灰质量占全部被稳定材料干燥质量的百分率。

(3)石灰工业废渣混合料:石灰工业废渣混合料采用质量配合比计算,以石灰:工业废渣:被稳定材料的质量比表示。

(4)水泥粉煤灰稳定材料应采用质量配合比计算,以水泥:粉煤灰:被稳定材料的质量比表示。水泥粉煤灰稳定材料和水泥煤渣稳定材料比例参照《公路路面基层施工技术细则》(JTG/T F20—2015)的推荐比例来执行。

石灰粉煤灰稳定材料和石灰煤渣稳定材料比例可采用表4-15中的推荐值。

石灰粉煤灰稳定材料和石灰煤渣稳定材料推荐比例　　表 4-15

材料类型	材料名称	使用层位	结合料间比例	结合料与被稳定材料间比例
石灰粉煤灰	硅铝粉煤灰的石灰粉煤灰类	基层或底基层	石灰:粉煤灰 = 1:2 ~ 1:9	—
	石灰粉煤灰土	基层或底基层	石灰:粉煤灰 = 1:2 ~ 1:4	石灰粉煤灰:细粒材料 = 30:70 ~ 10:90
	石灰粉煤灰稳定级配碎石或砾石	基层	石灰:粉煤灰 = 1:2 ~ 1:4	石灰粉煤灰:被稳定材料 = 20:80 ~ 15:85
石灰煤渣	石灰煤渣稳定材料	基层或底基层	石灰:煤渣 = 20:80 ~ 15:85	—
	石灰煤渣土	基层或底基层	石灰:煤渣 = 1:1 ~ 1:4	石灰煤渣:细粒材料 = 1:1 ~ 1:4
	石灰煤渣稳定材料	基层或底基层	石灰:煤渣:被稳定材料 = (7~9):(26~33):(67~58)	

二、无机结合料稳定材料配合比设计与要求

无机结合料稳定材料组成设计包括原材料检验、混合料的目标配合比设计、混合料的生产配合比设计和施工参数确定四方面的内容。

无机结合料稳定材料组组成设计流程见图4-1。

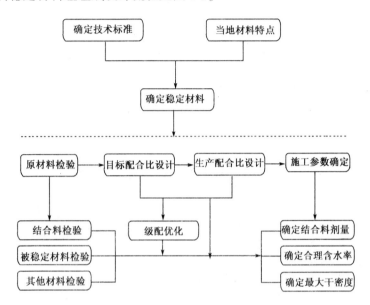

图4-1 无机结合料稳定材料组组成设计流程

1. 原材料检验

原材料检验包括结合料、被稳定材料及其他相关材料的试验,所有检测指标均应满足相关设计或技术文件的要求。

2. 目标配合比设计(以水泥稳定级配碎石或砾石为例)

目标配合比设计是根据强度标准选择适宜的结合料类型和被稳定的材料,确定必需的或最佳的无机结合料组成与剂量,验证混合料相关的设计及施工技术指标。设计内容包括:选择级配范围;确定结合料类型及掺配比例;验证混合料相关的设计及施工技术指标,共三方面工作内容。

目标配合比具体可按以下步骤进行:

(1)根据当地材料的特点,通过原材料性能的试验评定,选择适宜的结合料类型,确定混合料配合设计的技术标准。

(2)集料的目标级配优化设计。

目标级配曲线优化选择过程中,应选择不少于4条级配曲线,试验级配曲线可按《公路路面基层施工技术细则》(JTG/T F20—2015)推荐的级配范围和以往工程经验或《公路路面基层施工技术细则》(JTG/T F20—2015)附录A的方法构造。水泥稳定级配碎石的推荐级配范围见表4-16。在配合比设计试验中,应将各档集料筛分成单一粒径的规格逐档掺配。

水泥稳定级配碎石或砾石的推荐级配范围(%)　　　表 4-16

筛孔尺寸 (mm)	高速公路和一级公路			二级及二级以下公路		
	C-B-1	C-B-2	C-B-3	C-C-1	C-C-2	C-C-3
37.5	—	—	—	100	—	—
31.5	—	—	100	100~90	100	—
26.5	100	—	—	94~81	100~90	100
19	86~82	100	86~68	83~67	87~73	100~90
16	79~73	93~88	—	78~61	82~65	92~79
13.2	72~65	86~76	—	73~54	75~58	83~67
9.5	62~53	72~59	58~38	64~45	66~47	71~52
4.75	45~35	45~35	32~22	50~30	50~30	50~30
2.36	31~22	31~22	28~16	36~19	36~19	36~19
1.18	22~13	22~13	—	26~12	26~12	26~12
0.6	15~8	15~8	15~8	19~8	19~8	19~8
0.3	10~5	10~5	—	14~5	14~5	14~5
0.15	7~3	7~3	—	10~3	10~3	10~3
0.075	5~2	5~2	3~0	7~2	7~2	7~2

注:1. 高速公路和一级公路时,级配宜符合 C-B-1、C-B-2 的规定。混合料密实时也可采用 C-B-3 级配,C-B-1 级配宜用于基层和底基层,C-B-2 级配宜用于基层。
2. 用于二级及二级以下公路时,级配宜符合 C-C-1、C-C-2、C-C-3 的规定。C-C-1 级配宜用于基层和底基层,C-C-2 和 C-C-3 级配宜用于基层,C-B-3 级配宜用于极重、特重交通荷载等级下的基层。
3. 被稳定材料的液限宜不大于28%。
4. 用于高速公路和一级公路时,被稳定材料的塑性指数宜不大于5;用于二级及二级以下公路时,宜不大于7。

(3)选择不少于5个结合料剂量,分别确定各剂量条件下混合料的最佳含水率和最大干密度。确定无机结合料稳定材料最大干密度指标时宜采用重型击实方法,也可采用振动压实方法。水泥稳定材料配合比试验参考水泥试验剂量可采用表4-17中的推荐值。

水泥稳定材料配合比试验推荐水泥试验剂量表　　　表 4-17

被稳定材料	条	件	推荐试验剂量(%)
有级配的碎石或砾石	基层	$R_d \geq 5.0$MPa	5、6、7、8、9
		$R_d < 5.0$MPa	3、4、5、6、7
土、砂、石屑等		塑性指数<12	5、7、9、11、13
		塑性指数≥12	8、10、12、14、16
有级配的碎石或砾石	底基层	—	3、4、5、6、7
土、砂、石屑等		塑性指数<12	4、5、6、7、8
		塑性指数≥12	6、8、10、12、14
碾压贫混凝土	基层	—	7、8.5、10、11.5、13

(4)根据试验确定的最佳含水率、最大干密度及压实度要求,用静压法成型标准试件。基层、底基层压实标准分别见表4-18、表4-19。进行强度试验时,作为平行试验的最少试件数量

应不少于表 4-20 的规定。

基层压实标准(%)　　　　　　　　　　　　　　　　表 4-18

公路 等级		水泥稳定材料	石灰粉煤灰稳定材料	水泥粉煤灰稳定材料	石灰稳定材料
高速和一级公路		≥98	≥98	≥98	—
二级及二级以下公路	稳定中粗粒材料	≥97	≥97	≥97	≥97
	稳定细粒材料	≥95	≥95	≥95	≥95

底基层压实标准(%)　　　　　　　　　　　　　　　表 4-19

公路 等级		水泥稳定材料	石灰粉煤灰稳定材料	水泥粉煤灰稳定材料	石灰稳定材料
高速和一级公路	稳定中粗粒材料	≥97	≥97	≥97	≥97
	稳定细粒材料	≥95	≥95	≥95	≥95
二级及二级以下公路	稳定中粗粒材料	≥95	≥95	≥95	≥95
	稳定细粒材料	≥93	≥93	≥93	≥93

平行试验的最少试件数量　　　　　　　　　　　　　表 4-20

材料类型	变异系数要求		
	<10%	10%~15%	15%~20%
细粒材料[a]	6	9	—
中粒材料[b]	6	9	13
粗粒材料[c]	—	9	13

注:[a] 公称最大粒径小于 16mm 的材料。
　　[b] 公称最大粒径不小于 16mm 且小于 26.5mm 的材料。
　　[c] 公称最大粒径不小于 26.5mm 的材料。

(5)试件在标准养生条件下养护 6d,浸水 24h 后,进行无侧限抗压强度试验,按式(4-1)计算强度代表值 R_d^0:

$$R_d^0 = \bar{R} \cdot (1 - Z_\alpha C_V) \tag{4-1}$$

式中:Z_α——标准正态分布表中随保证率或置信度 α 而变的系数,高速公路和一级公路应取保证率 95%,即 $Z_\alpha = 1.645$;二级及二级以下公路应取保证率 90%,即 $Z_\alpha = 1.282$;

$\bar{R}$——一组试验的强度平均值(MPa);

C_V——一组试验的强度变异系数。

(6)强度代表值应不小于强度标准值(强度标准值见表 4-2),同时应验证不同结合料剂量条件下混合料的技术性能,确定必需的或最佳的结合料剂量。

验证混合料技术性能时,主要是验证 7d 龄期无侧限抗压强度与 90d 或 180d 龄期弯拉强度的关系。

$$R_d^0 \geq R_d \tag{4-2}$$

(7)合成级配曲线与波动范围的确定。

选定目标级配曲线后,应对各档材料进行筛分,确定其平均筛分曲线及相应的变异系数,并按 2 倍标准差计算出各档材料筛分级配的波动范围。

(8)合成级配曲线与上、下波动范围级配的混合料技术性能验证。

①按确定的目标级配,根据各档材料的平均筛分曲线,确定其使用比例,得到混合料的合成级配。

②对合成级配进行混合料重型击实试验和7d龄期无侧限抗压强度试验,验证混合料性能。

③根据已确定的各档材料使用比例和各档材料级配的波动范围,计算实际生产中混合料的级配波动范围,并针对这个波动范围的上、下限验证性能。

(9)用于基层的无机结合料稳定材料,强度满足要求时,尚宜检验其抗冲刷和抗裂性能。

3. 生产配合比设计与技术要求(以水泥稳定类为例)

生产配合比设计应包括下列技术内容:确定料仓供料比例;确定水泥稳定材料的容许延迟时间;确定结合料剂量的标定曲线;确定混合料的最佳含水率和最大干密度。

具体按照以下步骤进行:

(1)根据目标配合比确定的各档材料比例,对拌和设备进行调试和标定,确定合理的生产参数。

(2)拌和设备的调试和标定应包括料斗称量精度的标定,结合料剂量的标定和拌和设备加水量的控制等内容,并应符合下列规定:

①绘制不少于5个点的结合料剂量标定曲线。

②按各档材料的比例关系,设定相应的称量装置,调整拌和设备各个料仓的进料速度。

③按设定好的施工参数进行第一阶段试生产,验证生产级配。不满足要求时,应进一步调整施工参数。

(3)对水泥稳定、水泥粉煤灰稳定材料,分别进行不同成型时间条件下的混合料强度试验、绘制相应的延迟时间曲线,并根据设计要求确定容许延迟时间。

(4)应在第一阶段试生产试验的基础上进行第二阶段试验。分别按不同结合料剂量和含水率进行混合料试拌,并取样、试验。试验应符合下列试验规定:

①通过混合料中实际含水率的测定,确定施工过程中水流量计的设定范围。

②通过混合料中实际结合料剂量的测定,确定施工过程中结合料掺加的相关技术参数。

③通过击实试验,确定结合料剂量变化、含水率变化对混合料最大干密度的影响。

④通过抗压强度试验,确定材料的实际强度水平和拌和工艺的变异水平。

(5)混合料生产参数的确定应包括结合料剂量、含水率和最大干密度等指标,并应符合下列规定:

①对水泥稳定材料,工地实际采用的水泥剂量宜比室内试验确定的剂量多0.5%~1.0%。采用集中厂拌法施工时宜增加0.5%;采用路拌法施工时宜增加1%。

②以配合比设计的结果为依据,综合考虑施工过程的气候条件,对水泥稳定材料,含水率可增加0.5%~1.5%;对其他稳定材料,可增加1%~2%。

③最大干密度应以最终合成级配击实试验的结果为标准。

4. 确定施工参数包括的技术内容

(1)确定施工中结合料的剂量。

(2)确定施工合理含水率及最大干密度。

(3)验证混合料强度技术指标。

5. 强度标准

(1)采用7d龄期无侧限抗压强度作为无机结合料稳定材料配合比设计和施工质量控制的主要指标。半刚性基层底基层的强度标准见本章第一节表4-2~表4-4的规定。

(2)高速公路和一级公路应验证所用材料的7d龄期无侧限抗压强度与90d或180d龄期弯拉强度的关系。

三、级配碎石配合比设计与技术要求

级配碎石配合比设计以合成集料的CBR值作为强度控制指标。配合比设计时,应按照下列步骤来进行:

1. 目标配合比设计

(1)级配优化设计。以实际工程使用的材料为对象,根据《公路路面基层施工技术细则》(JTG/T F20—2015)推荐的级配范围(表4-21)和以往工程经验或按《公路路面基层施工技术细则》(JTG/T F20—2015)附录A的方法,构造3~4条试验级配曲线,通过配合比试验,优化级配。

级配碎石或砾石的推荐级配范围　　　　　　表4-21

筛孔尺寸(mm)	G-A-1	G-A-2	G-A-3	G-A-4	G-A-5
37.5	100	—	—	—	—
31.5	100~90	100	100	—	—
26.5	93~80	100~90	95~90	100	—
19	81~64	86~70	84~72	88~79	100~95
16	75~57	79~62	79~65	82~70	89~82
13.2	69~50	72~54	72~57	76~61	79~70
9.5	60~40	62~42	62~47	64~49	63~53
4.75	45~25	45~25	40~30	40~30	40~30
2.36	31~16	31~16	28~19	28~19	28~19
1.18	22~11	22~11	20~12	20~12	20~12
0.6	15~7	15~7	14~8	14~8	14~8
0.3	—	—	10~5	10~5	10~5
0.15	—	—	7~3	7~3	7~3
0.075	5~2	5~2	5~2	5~2	5~2

注:1. 用于高速公路和一级公路基层时,宜符合G-A-4或G-A-5的规定。
　　2. 用于高速公路和一级公路底基层时,宜符合G-A-3或G-A-4的规定。
　　3. 用于二级及二级以下公路的基层、底基层时,宜符合G-A-1或G-A-2的规定。
　　4. 对于无塑性的混合料,小于0.0075mm的颗粒含量宜接近高限。

(2)采用重型击实或振动成型试验方法确定混合料的最佳含水率和最大干密度。

(3)按试验确定的级配和最佳含水率,以及现场施工的压实标准成型标准试件,进行CBR

强度试验和模量试验。

(4) 选择 CBR 强度最高的级配作为工程使用的目标级配,并确定相应的最佳含水率。

不同公路等级、交通荷载等级和结构层位的级配碎石,CBR 强度标准见本章第一节表4-5的规定。

(5) 确定目标级配曲线后,应针对各档材料进行筛分,确定各档材料的平均筛分曲线以及相应的变异系数,并按2倍标准差技术各档材料筛分级配的波动范围。

(6) 按下列步骤合成目标级配曲线并验证性能:
①按确定的目标级配,根据各档材料的平均筛分曲线,确定其使用比例,得到混合料的合成级配。
②根据合成级配进行混合料的 CBR 或模量试验,验证混合料性能。

(7) 应根据已确定的各档材料使用比例和各档材料级配的波动范围,计算实际生产中混合料的级配波动范围;并应针对波动范围的上、下限验证性能。

2. 施工参数的确定

目标配合比以及波动上下限范围确定并通过性能验证后,进行施工参数的确定。根据目标配合比确定的各档材料比例,调试和标定拌和设备,确保生产出的混合料满足目标级配的要求。

(1) 拌和设备的调试和标定应包括料斗称量精度的标定、设备加水量的控制等内容,并应符合下列规定:
①按各档材料的比例关系,设定相应的称量装置,调整拌和设备各个料仓的进料速度。
②按设定好的施工参数进行第一阶段试生产,验证生产级配。不满足要求时,应进一步调整施工参数。

(2) 应在第一阶段试生产试验的基础上进行第二阶段试验。按不同含水率试拌混合料,并取样、试验。试验应符合下列规定:
①通过混合料中实际含水率的测定,确定施工过程中水流量计的设定范围。
②通过击实试验,确定含水率变化对混合料最大干密度的影响。
③通过 CBR 试验,确定材料的实际强度水平和拌和工艺的变异水平。

第三节　路面基层、底基层施工质量标准与控制检验内容

基层、底基层施工全过程质量控制检验包括原材料检验、混合料(施工参数)检验、施工过程检验、质量检查验收四个方面。因此,施工前对原材料应进行全面检测;施工中应按照《公路路面基层施工技术细则》(JTG/T F20—2015)规定的检验频率,对原材料和混合料进行抽检试验,对工程质量的外形尺寸以及内在质量进行检验,施工完成后对路面结构层质量进行评定。由于刚性基层以及以沥青为胶结料的柔性基层材料的原材料、混合料以及工程质量控制内容与标准在相应章节中介绍,因此,本章主要就半刚性基层以及粒料类柔性基层的四个环节的检验内容、质量标准以及检验频率等进行介绍。

一、原材料检验内容与要求

在施工前以及在施工过程中,原材料或混合料发生变化时,应对所采用的原材料进行检验。基层与底基层的材料主要包括土、粗集料、细集料、水泥、石灰、粉煤灰等,基层与底基层用主要原材料的检验内容与要求见表4-22。

由于施工前与施工过程中对材料的检验频度要求不同,因此,应注意区分表4-22中的检验频度。

基层与底基层用原材料检验内容与要求　　　　　表4-22

材料种类	试验项目	目的	频度	试验方法
土	含水率	确定原始含水率	每天使用前测2个样品	T 0801/T 0803
	液限、塑限	求塑性指数,审定是否符合规定	每种土使用前测2个样品,使用过程中每2000m³测2个样品	T 0118/T 0119
	颗粒分析	确定级配是否符合要求,确定材料配合比	每种土使用前测2个样品,使用过程中每2000m³测2个样品	T 0115
	有机质和硫酸盐含量	确定土是否适宜于用石灰或水泥稳定	对土有怀疑时做此试验	T 0151/T 0153
碎石、砾石等粗集料	含水率	确定原始含水率	每天使用前测2个样品	T 0801/T 0803
	级配	确定级配是否符合要求,确定材料配合比	每档碎石使用前测2个样品,使用过程中每2000m³测2个样品	T 0303
	液限、塑限[a]	求塑性指数,审定是否符合规定	每种碎石使用前测2个样品,使用过程中每2000m³测2个样品	T 0118/T 0119
	毛体积相对密度、吸水率	评定粒料质量,计算固体体积率	使用前测2个样品,砾石使用过程中每2000m³测2个样品,碎石种类变化重做2个样品	T 0304/T 0308
	压碎值	评定石料的抗压碎能力是否符合要求		T 0304/T 0308
	粉尘含量	评定石料质量		T 0316
	针片状颗粒含量	评定石料质量		T 0312
	软石含量	评定石料质量		T 0320
细集料	含水率	确定原始含水率	每天使用前测2个样品	T 0801/T 0803
	级配	确定级配是否符合要求,确定材料配合比	每档碎石使用前测2个样品,使用过程中每2000m³测2个样品	T 0327
	液限、塑限	求塑性指数,审定是否符合规定	每种细集料使用前测2个样品,使用过程中每2000m³测2个样品	T 0118/T 0119
	毛体积相对密度、吸水率	评定粒料质量,计算固体体积率	使用前测2个样品,使用过程中每2000m³测2个样品	T 0328/T 0352
	有机质和硫酸盐含量	确定土是否适宜于用石灰或水泥稳定	对土有怀疑时做此试验	T 0336/T 0341

续上表

材料种类	试验项目	目的	频度	试验方法
水泥	水泥强度等级和初、终凝时间	确定水泥的质量是否适宜应用	做材料组成设计时测1个样品，料源或强度等级变化时重测	T 0505/T 0506
粉煤灰	含水率	确定原始含水率	每天使用前测2个样品	T 0801/T 0803
	烧失量	确定粉煤灰是否适用	做材料组成设计前测2个样品	T 0817
	细度	确定粉煤灰质量		T 0818
	二氧化硅等氧化物含量	确定粉煤灰质量	每天使用前测2个样品	T 0816
石灰	含水率	确定原始含水率	每天使用前测2个样品	T 0801/T 0803
	有效钙、镁含量	确定石灰质量	做材料组成设计和生产使用时分别测2个样品，以后每月测2个样品	T 0811/T 0812/T 0813
	残渣含量	确定石灰质量		T 0815

注：a 级配砾石或级配碎石中0.6mm以下的细土进行此项试验。

高速公路的基层施工时，对于粗集料的稳定性有比较严格的要求，要求各档粗集料的超粒径含量应不大于15%，其中主粒径通过率的变异系数应不大于10%。应根据至少连续7d在料堆不同位置取料的筛分结果确定其变异系数，样本量宜不少于10个。

以4.75~9.5mm档料为例，主粒径通过率的变异系数不大于10%是指4.75mm和9.5mm的通过率的变异系数不大于10%；同样地，对9.5~19mm档料，9.5mm、13.2mm和19mm的通过率的变异系数不大于10%，其他规格的料以此类推。

二、混合料试验内容与要求

对于混合料的施工参数以及强度参数，在配合比设计阶段都已通过相应的试验进行了确定。然而，当使用的基层和底基层混合料，包括非整体性材料发生变化时，应按表4-23所列试验项目和要求对其检测评定。

基层和底基层混合料试验项目与要求　　　　表4-23

项次	试验项目	目的	频度	试验方法
1	重型击实试验	最佳含水率和最大干密度	材料发生变化时	T 0804
2	承载比(CBR)	确定非整体性材料是否适宜做基层或底基层	材料发生变化时	T 0134
3	抗压强度	整体性材料配合比试验及施工期间质量评定	每次配合比试验	T 0805
4	延迟时间	确定延迟时间对混合料密度和抗压强度的影响，确定施工允许的延迟时间	水泥品种变化时	T 0805
5	绘制EDTA标准曲线	对施工过程中水泥、石灰剂量有效控制	水泥、石灰品种变化时	T 0809

三、施工过程检测

施工质量控制包括外形尺寸检验及内在质量检验两部分,而内在质量控制包括原材料质量控制、拌和质量控制、摊铺及碾压质量。对集中厂拌、摊铺机摊铺的施工工艺,按前场和后场来控制。

1. 外形尺寸

外形尺寸检查项目、频度和质量标准应符合表4-24的规定。

外形尺寸检查项目、频度和质量标准　　　　　　　表4-24

工程类别	项目		频度	质量标准	
				高速公路和一级公路	二级及二级以下公路
基层	纵断高程（mm）		二级及二级以下公路每20m1点；高速公路和一级公路每20m1个断面,每个断面3~5点	+5~-10	+5~-15
	厚度（mm）	均值	每1500~2000m²6点	≥-8	≥-10
		单个值		≥-10	≥-20
	宽度（mm）		每40m1处	>0	>0
	横坡度（%）		每100m3处	±0.3	±0.5
	平整度（mm）		每200m2处,每处连续10尺(3m直尺)	≤8	≤12
			连续式平整度仪的标准差(mm)	≤3.0	—
底基层	纵断高程（mm）		二级及二级以下公路每20m1点；高速公路和一级公路每20m1个断面,每个断面3~5点	+5~-15	+5~-20
	厚度（mm）	均值	每1500~2000m²6点	≥-10	≥-12
		单个值		≥-25	≥-30
	宽度（mm）		每40m1处	>0	>0
	横坡度（%）		每100m3处	±0.3	±0.5
	平整度（mm）		每200m2处,每处连续10尺(3m直尺)	≤12	≤15

2. 后场质量控制检验内容与要求

施工过程中后场质量控制检验是指对拌和站的原材料以及混合料的抽检,关键内容与频度应符合表4-25的规定,实际检测频率应不低于表中的要求,检测结果应满足《公路路面基层施工技术细则》(JTG/T F20—2015)或具体工程的技术要求。

施工过程中后场质量控制的关键内容　　　　　　　表4-25

项次	项目	内容	频度
1	原材料抽检	结合料质量	每批次
		粗、细集料品质	异常时,随时试验
		级配、规格	异常时,随时试验

续上表

项次	项目	内容	频度
2	混合料抽检	混合料级配	每2000m² 1次
		结合料剂量	每2000m² 1次
		混合料最大干密度	每个工日
		含水率	每2000m² 1次

3. 前场质量控制检验内容与要求

(1)施工过程中前场质量控制检验是指对施工现场摊铺与碾压质量的检验。具体内容应符合表4-26的规定,实际检测频率应不低于该表的要求,检测结果应满足《公路路面基层施工技术细则》(JTG/T F20—2015)或具体工程的要求。

施工过程中前场质量控制的关键内容　　　　　表4-26

项次	项目	内容	频度
1	摊铺目测	是否离析	随时
		粗估含水率状态	随时
2	碾压项目	压实机械是否满足要求	随时
		碾压组合、次数是否合理	随时
3	压实度检测	含水率	每一作业段检查6次以上
		压实度	每一作业段检查6次以上
4	强度检测	在前场取样成型试件	每一作业段不少于9个
5	钻芯检测	—	每一作业段不少于9个
6	弯沉检测	—	每一评定段(不超过1km)每车道40~50个测点
7	承载比	—	每2000m² 1次,异常时,随时增加试验

(2)压实度检测,应以每天现场取样的击实结果确定的最大干密度为标准。每天取样的击实试验应符合下列规定:

①击实试验应不少于3次平行试验,且相互之间的最大干密度差值应不大于$0.02g/cm^3$;否则,应重新进行试验,并取平均值作为当天压实度检测标准。

②该数值与设计阶段确定的最大干密度差值大于$0.02g/cm^3$时,应分析原因,及时处理。

(3)无机结合料稳定材料应钻取芯样检验其整体性,并应符合下列规定:

①无机结合料稳定细粒材料的芯样直径宜为100mm,无机结合料稳定中、粗粒材料的芯样直径应为150mm。

②采用随机取样方式,不得在现场人为挑选位置;否则,评价结果无效。

③芯样顶面、四周应均匀、致密。

④芯样的高度应不小于实际摊铺厚度的90%。

⑤取不出完整芯样时,应找出实际路段相应的范围,返工处理。

(4)无机结合料稳定材料应在下列规定的龄期内取芯：
①用于基层的水泥稳定中、粗粒材料,龄期7d。
②用于基层的水泥粉煤灰稳定的中、粗粒材料,龄期10～14d。
③用于底基层的水泥稳定材料、水泥粉煤灰稳定材料,龄期10～14d。
④用于基层的石灰粉煤灰稳定材料,龄期14～20d。
⑤用于底基层的石灰粉煤灰稳定材料,龄期20～28d。

(5)对高速公路和一级公路的基层、底基层,应在养生7～10d内检测弯沉;不满足要求时,应返工处理。高速公路和一级公路,7～10d龄期的水泥稳定碎石基层的代表弯沉值是根据实际工程经验总结得到的。对极重、特重交通荷载等级,应不大于0.15mm;对重交通荷载等级,应不大于0.20mm;对中等交通荷载等级,应不大于0.25mm。

四、质量检查

基层、底基层质量检查宜以1km长的路段为单位评定路面结构层质量;采用大流水作业法施工时,以每天完成的段落为评定单位。应检查施工原始记录,对检查内容初步评定。基层、底基层质量检查内容应包括工程完工后的外形和质量两方面。

外形检查的要求应符合表4-24的规定。各项技术指标质量应符合表4-27的规定。

质量合格标准　　　　　　　　　　　　　　　　表4-27

工程类别	检查项目	检查数量[b]	标准值	极限低值
无结合料底基层	压实度	6～10处	96%	92%
	弯沉值[a]	每车道40～50个测点	按细则附录C所得的弯沉标准值	—
级配碎石(或砾石)	压实度	6～10处	基层98%	94%
			底基层96%	92%
	颗粒组成	2～3	规定级配范围	
	弯沉值[a]	每车道40～50个测点	按细则附录C所得的弯沉标准值	—
填隙碎石	压实度(固体积率)	6～10处	基层98%	82%
			底基层96%	80%
	弯沉值[a]	每车道40～50个测点	按细则附录C所得的弯沉标准值	—
水泥土、石灰土、石灰粉煤灰、石灰粉煤灰土	压实度	6～10处	93%(95%)	89%(91%)
	水泥或石灰剂量(%)	3～6处	设计值	水泥1.0% 石灰2.0%
水泥稳定材料、石灰稳定材料、石灰粉煤灰稳定材料、水泥粉煤灰稳定材料	压实度	6～10处	基层98%(97%)	94%(93%)
			底基层96%(95%)	92%(91%)
	颗粒组成	2～3	规定级配范围	
	水泥或石灰剂量(%)	3～6处	设计值	设计值-1.0%

注:[a]按《公路路面基层施工技术细则》(JTG/T F20—2015)附录A计算得到的弯沉值即是极限高值。
　　[b]以每天完成段落为评定单位时,检查数量可取低值;以1km为评定单位时,检查数量应取高值。

第四节　原材料试验方法

沥青稳定类、无结合料粒料类、刚性基层类所用原材料的检验方法在相应章节中介绍,本章主要介绍无机结合料稳定类基层与底基层所用原材料的检验方法。

一、石灰有效氧化钙和氧化镁简易测定方法

1. 适用范围

本方法适用于氧化镁含量在5%以下的低镁石灰。

2. 试剂

(1)1mol/L 盐酸标准溶液:取83mL(相对密度1.19)浓盐酸以蒸馏水稀释至1000mL,按下述方法标定其摩尔浓度后备用。

称取已在180℃烘箱内烘2h的碳酸钠(优级纯或基准级纯)1.5~2.0g(精确至0.0001g),记录为m_0,置于250mL三角瓶中,加100mL水使其完全溶解;然后加入2~3滴0.1%甲基橙指示剂,记录滴定管中待标定的盐酸标准溶液初始体积刻度V_1,用待标定的盐酸标准溶液滴定,至碳酸钠溶液由黄色变为橙红色;将溶液加热至微沸,并保持微沸3min,然后放在冷水中冷却至室温,如此时橙红色变为黄色,再用盐酸标准溶液滴定,至溶液出现稳定橙红色时为止,记录滴定管中盐酸标准溶液体积刻度V_2。V_1、V_2的差值即为盐酸标准溶液的消耗量V。

盐酸标准溶液的摩尔浓度按式(4-3)计算:

$$N = \frac{m_0}{V \times 0.053} \tag{4-3}$$

式中:N——盐酸标准溶液的摩尔浓度(mol/L);

m_0——称取碳酸钠的质量(g);

V——滴定时消耗盐酸标准溶液的体积(mL);

0.053——无水碳酸钠毫克当量值。

(2)1%酚酞指示剂。

3. 准备试样

(1)生石灰试样:将生石灰样品打碎,使颗粒不大于1.18mm。拌和均匀后用四分法缩减至200g左右,放入瓷研钵中研细。再经四分法缩减至20g左右。研磨所得石灰样品,应通过0.15mm(方孔筛)的筛。从此细样中均匀挑取10余克,置于称量瓶中,在105℃的烘箱中烘至恒量,储于干燥器中,供试验用。

(2)消灰试样:将消石灰样品用四分法缩减至10余克。如有大颗粒存在,须在瓷研钵中磨细至无不均匀颗粒存在为止。置于称量瓶中在105℃烘箱烘至恒量,储于干燥器中,供试验用。

4. 试验步骤

(1)迅速称取石灰试样0.8~1.0g(精确至0.0001g)放入300mL三角瓶中,记录试样质

量;加入150mL新煮沸并已冷却的蒸馏水和10颗玻璃珠;瓶口上插一短颈漏斗,使用带电阻的电炉加热5min(调到最高档),但勿使液体沸腾,放入冷水中迅速冷却。

(2)向三角瓶中滴入酚酞指示剂2滴,记录滴定管中盐酸标准溶液体积V_3,在不断摇动下以盐酸标准溶液滴定,控制速度为2~3滴/s,至粉红色完全消失。稍停,当溶液又出现红色,继续滴入盐酸,如此重复几次,直至5min内不出现红色为止,记录滴定管中盐酸标准溶液体积V_4。V_3、V_4的差值即为盐酸标准溶液的消耗量V_5。如滴定过程持续半小时以上,则结果只作参考。

5. 计算

有效氧化钙和氧化镁含量按式(4-4)计算:

$$(CaO + MgO)\% = \frac{V_5 \times N \times 0.028}{m} \times 100 \quad (4\text{-}4)$$

式中:V_5——滴定消耗盐酸标准溶液的体积(mL);

N——盐酸标准溶液的摩尔浓度(mol/L);

m——样品质量(g);

0.028——氧化钙的毫克当量,因氧化镁含量甚少,并且两者之毫克当量相差不大,故有效(CaO + MgO)的毫克当量都以CaO的毫克当量来计算。

6. 试验说明及注意事项

MgO分解的作用缓慢,如果MgO含量高,到达滴定终点的时间长,从而增加了空气中二氧化碳的作用时间,影响测定结果。因此,本方法适用于氧化镁含量在5%以下的低镁钙质石灰。

二、粉煤灰烧失量测定方法

1. 适用范围

本方法用于测定粉煤灰中的含碳量。

2. 主要仪器设备

(1)马弗炉:隔焰加热炉,在炉膛外围进行电阻加热。应使用温度控制器,准确控制炉温,并定期进行校验。

(2)瓷坩埚:带盖,容量15~30mL。

(3)分析天平:量程不小于50g,感量0.0001g。

3. 试验步骤

(1)将粉煤灰样品用四分法缩减至10余克,如有大颗粒存在,须在研钵中磨细至无不均匀颗粒存在为止,置于小烧杯中在105~110℃的烘箱中烘干至恒量,储于干燥器中,供试验用。

(2)将瓷坩埚灼烧至恒重,称重精确至0.0001g,记作m_1,供试验用。

(3)称取约1g试样(m_0),精确至0.0001g,置于已灼烧至恒重的瓷坩埚中,放在马弗炉内从低温开始逐渐升高温度,在950~1000℃下灼烧15~20min,取出坩埚置于干燥器中冷却至室温,称量;反复灼烧,直至连续两次称量之差小于0.0005g时,即达到恒重。记录每次称量的质量。

4. 计算

烧失量按式(4-5)计算:

$$X = \frac{m_0 - (m_2 - m_1)}{m_0} \times 100 \qquad (4-5)$$

式中:X——粉煤灰烧失量(%);
m_0——粉煤灰试样质量(g);
m_1——坩埚质量(g);
m_2——灼烧后试料与坩埚总质量(g)。

5. 结果整理

(1)试验结果精确至0.01%。
(2)平行试验两次,允许重复性误差为0.15%。

第五节　无机结合料稳定材料的取样、成型与试验方法

本节介绍与无机结合料稳定材料相关的主要试验与检测方法,包括从混合料取样、混合料剂量的检验、最大干密度的确定、试件的成型、养生与试件强度的测定方法。

一、无机结合料稳定材料取样方法

1. 适用范围

本方法适用于无机结合料稳定材料室内试验、配合比设计以及施工过程中的质量抽检等。本方法规范了无机结合料稳定材料的现场取样操作。

2. 分料

可用下列方法之一将整个样品缩小到每个试验所需材料的合适质量。
(1)四分法
①需要时应加清水使主样品变湿。充分拌和主样品:在一块清洁、平整、坚硬的表面上将试料堆成一个圆锥体,用铲翻动此锥体并形成一个新锥体,这样重复进行3次。在形成每一个锥体堆时,铲中的料要放在锥顶,使滑到边部的那部分料尽可能分布均匀,使锥体的中心不移动。
②将平头铲反复交错垂直插入最后一个锥体的顶部,使锥体顶变平,每次插入后提起铲时不要带有试料。沿两个垂直的直径,将已变成平顶的锥体料堆分成四部分,尽可能使这四部分

料的质量相同。

③将对角的一对料(如一、三象限为一对,二、四象限为另一对)铲到一边,将剩余的一对料铲到一块。重复上述拌和以及缩小的过程,直到达到要求的试样质量。

(2)分料器法

如果集料中含有粒径2.36mm以下的细料,材料应该是表面干燥的。将材料充分拌和后,通过分料器保留一部分,将另一部分再次通过分料器。这样重复进行,直到将原样品缩小到需要的质量。

3. 料堆取料

在料堆的上部、中部和下部各取一份试样,混合后按四分法分料取样。

4. 试验室分料

(1)目标配合比阶段各种集料应逐级筛分,然后按设定级配进行配料。

(2)生产配合比阶段可采用四分法分料,且取料总质量应大于分料取样后每份质量的4~8倍。

5. 施工过程中混合料取样

(1)在进行混合料验证时,宜在摊铺机后取料,且取料应分别来源于3~4台不同的料车,然后混合到一起进行四分法取样,进行无侧限抗压强度成型及试验。

(2)在评价施工离散性时,宜在施工现场取料。应在施工现场的不同位置按随机取样原则分别取样品,对于结合料剂量还需要在同一位置的上层和下层分别取样,试样应单独成型。

6. 试验说明与注意事项

取样分两种情况:一种情况是样品能代表一个大的总体的平均情况。此时,所取原材料应与施工现场所用的材料相同,而且材料的特性和颗粒组成等也要能代表施工现场所用的材料。例如,施工前取样做混合料的组成设计、混合料的强度试验和回弹模量试验以及测定石灰的有效钙和氧化镁含量等。为此,需从料场或料堆的许多不同位置分别取部分样品,然后将这些小样品混合成一个样品。另一种情况是样品只代表材料总体的很小部分,通过一系列小样品来研究材料性质的变异性。例如,施工过程中取样做混合料的强度试验,测定混合料中水泥或石灰的剂量等。为此,对于后一目的,一般在施工现场摊铺机摊铺宽度范围内左、中、右三处取料,用做强度和回弹模量试验的混合料样品应在现场压实结束后整平时取。取回的样品应及时成型,在制作试件时应保持取回样品的原有状态,不再进行任何加工。

二、水泥或石灰稳定材料中水泥或石灰剂量测定方法(EDTA滴定法)

1. 适用范围

(1)本方法适用于在工地快速测定水泥和石灰稳定材料中水泥和石灰的剂量,并可用于检查现场拌和与摊铺的均匀性。

(2)本办法适用于在水泥终凝之前的水泥剂量测定,石灰剂量的测试应在路拌后尽快测试。

(3)本方法可以用来测定水泥和石灰综合稳定材料中结合料的剂量。

2. 主要仪器设备

(1)滴定管(酸式):50mL,1 支。

(2)大肚移液管:10mL,50mL,10 支。

(3)锥形瓶(即三角瓶):200mL,20 个。

(4)烧杯:2000mL(或1000mL),1 只;300mL,10 只。

(5)容量瓶:1000mL,1 个。

(6)搪瓷杯:容量大于 1200mL,10 只。

(7)棕色广口瓶:60mL,1 只(装钙红指示剂)。

(8)电子天平:量程不小于 1500g,感量 0.01g。

(9)精密试纸:pH 为 12~14。

(10)聚乙烯桶:20L(装蒸馏水、氯化铵及 EDTA 二钠标准溶液)3 个;5L(装氢氧化钠)1 个;5L(大口桶)10 个。

3. 试剂

(1)0.1mol/m³ 乙二胺四乙酸二钠(EDTA 二钠)标准溶液(简称 EDTA 二钠标准溶液):准确称取 EDTA 二钠(分析纯)37.23g,用 40~50℃ 的蒸馏水溶解,待全部溶解并冷却至室温后,定容至 1000mL。

(2)10% 氯化铵(NH_4Cl)溶液:将 500g 氯化铵(分析纯或化学纯)放在 5L 的聚乙烯桶内,加蒸馏水 4500mL,充分振荡,使氯化铵完全溶解;也可以分批在 1000mL 的烧杯内配制,然后倒入塑料桶内摇匀。

(3)1.8% 氢氧化钠(内含三乙醇胺)溶液:用电子天平称 18g 氢氧化钠(NaOH)(分析纯),放入洁净干燥的 1000mL 烧杯中,加 1000mL 蒸馏水使其全部溶解,待溶液冷却至室温后,加入 2mL 三乙醇胺(分析纯),搅拌均匀后储于塑料桶中。

(4)钙红指示剂:将 0.2g 钙试剂羧酸钠(分子量 460.39)与 20g 预先在 105℃ 烘箱中烘 1h 的硫酸钾混合,一起放入研钵中,研成极细粉末,储于棕色广口瓶中,以防吸潮。

4. 制备标准曲线

(1)取样:取工地用无机结合料和土,用烘干法测其含水率(如针对水泥,认为含水率为 0)。

(2)混合料组成的计算:计算出配制不同结合料剂量时需要的干土质量、结合料剂量以及加水量。

(3)以水泥稳定材料为例,准备 5 种不同水泥剂量混合料试样,每种各 2 个试样,如为水泥稳定中、粗粒土,每个样品称取 1000g 左右(如为细粒土,则可称取 300g 左右)准备试验。为了减少中、粗粒土的离散,宜按设计级配单份掺配的方式备料。

准备标准曲线的水泥剂量可为 0、2%、4%、6%、8%,应保证工地实际所用水泥或石灰的剂量位于标准曲线所用剂量的中间。每种剂量取两个(为湿质量)试样,共 10 个试样,并分别放在 10 个大口聚乙烯桶(如为稳定细粒土,可用搪瓷杯或 1000mL 具塞三角瓶;如为粗粒土,可用5L的大口聚乙烯桶)内。土的含水率应等于工地预期达到的最佳含水率,土中所加的水应与工地所用的水相同。

(4)取一个盛有试样的盛样器,在盛样器内加入两倍试样质量(湿料质量)体积的10%氯化铵溶液(如湿料质量为300g,则氯化铵溶液为600mL;如湿料质量为1000g,则氯化铵溶液为2000mL)。当混合料料为300g时,则搅拌3min(每分钟搅110~120次);如为1000g时,则搅拌5min。放置沉淀10min,然后将上部清液转移到300mL烧杯内,搅匀,加盖表面皿待用。如10min后得到的是混浊悬浮液,则应增加放置沉淀时间,直到出现无明显悬浮颗粒的悬浮液为止,并记录所需的时间。以后所有该种水泥(或石灰)稳定材料的试验,均应以同一时间为准。

(5)用移液管吸取上层(液面上1~2cm)悬浮液10.0mL放入200mL的三角瓶内,用量筒量取1.8%氢氧化钠溶液50mL倒入三角瓶中,此时溶液pH值为12.5~13.0,然后加入钙红指示剂(质量约为0.2g),摇匀,溶液呈玫瑰红色。记录滴定管中EDTA二钠标准溶液的体积V_1,然后用EDTA二钠标准溶液滴定,边滴定边摇匀,并仔细观察溶液的颜色;在溶液颜色变为紫色时,放慢滴定速度,并摇匀;直到纯蓝色为终点,记录滴定管中EDTA二钠标准溶液体积V_2(以mL计,读至0.1mL)。计算$V_1 - V_2$,即为EDTA二钠标准溶液的消耗量。

(6)对其他几个盛样器中的试样,用同样的方法进行试验,并记录各自的EDTA二钠标准溶液的消耗量。

(7)以同一水泥或石灰剂量稳定材料EDTA二钠标准溶液消耗量(mL)的平均值为纵坐标,以水泥或石灰剂量(%)为横坐标绘图,得到水泥或石灰量与EDTA消耗量的工作曲线,如图4-2所示。

(8)如制作标准曲线所用素土、水泥或石灰发生改变,则必须重做标准曲线。

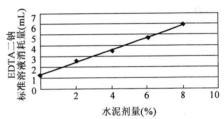

图4-2　EDTA标准曲线

5.待测试样试验步骤

(1)选取有代表性的无机结合料稳定材料,对稳定中、粗粒土取试样约3000g,对稳定细粒土取试样约1000g。

(2)对水泥或石灰稳定细粒土,称300g放在搪瓷杯中,用搅拌棒将结块搅散,加10%氯化铵溶液600mL;对水泥或石灰稳定中、粗粒土,可直接称取1000g左右,加入10%氯化铵溶液2000mL,然后如前述步骤进行试验。

(3)利用所绘制的标准曲线,根据EDTA二钠标准溶液消耗量,确定混合料中的水泥或石灰剂量。

6.结果整理

本试验应进行两次平行测定,取算术平均值,精确至0.1mL。允许重复性误差不得大于均值的5%,否则,重新进行试验。

7.试验说明与注意事项

(1)现场样品应在摊铺后尽快取样。对于水泥稳定材料超过终凝时间所测定的水泥剂量,需做相应的龄期修正。

(2)由于氯化铵的瓶装一瓶为500g,在使用过程中氯化铵必须用电子秤称量,不可用一瓶当500g。瓶装蒸馏水也是一桶4500ml,在使用过程中必须重新过量筒。

(3)控制好滴定的各环节。EDTA滴定过程中,溶液的颜色有明显的变化过程,从玫瑰红色变为紫色,并最终变为蓝色。因此,要把握好滴定的临界点,切不可直接将溶液滴定到纯蓝色,因为在滴定过量时,溶液的颜色始终为纯蓝色,因此,没有经过临界点的,可能已经过量很多。

(4)在试验过程中,每个样品搅拌的时间、速度、和方式应力求相同,以减小试验误差。

三、无机结合料稳定材料最大干密度与最佳含水率的确定

1. 试验方法一:无机结合料稳定材料击实试验方法

1)适用范围

(1)本方法适用于在规定的试筒内,对水泥稳定材料(在水泥水化前)、石灰稳定材料及石灰(或水泥)粉煤灰稳定材料进行击实试验,以绘制稳定材料的含水率-干密度关系曲线,从而确定其最佳含水率和最大干密度。

(2)试验集料的公称最大粒径宜控制在37.5 mm以内(方孔筛)。

(3)试验方法类别。本试验方法分三类,各类击实方法的主要参数列于表4-28。

试验方法类别表　　　　　表4-28

类别	锤的质量(kg)	锤击面直径(cm)	落高(cm)	试筒尺寸			锤击层数	每层锤击次数	平均单位击实功(J)	容许最大公称粒径(mm)
				内径(cm)	高(cm)	容积(cm³)				
甲	4.5	5.0	45	10.0	12.7	997	5	27	2.687	19.0
乙	4.5	5.0	45	15.2	12.0	2177	5	59	2.687	19.0
丙	4.5	5.0	45	15.2	12.0	2177	3	98	2.677	37.5

2)主要仪器设备

(1)击实筒:小型,内径100mm、高127mm的金属圆筒,套环高50mm,底座;或者大型,内径152mm、高170mm的金属圆筒,套环高50mm,直径151mm和高50mm的筒内垫块,底座。

(2)多功能自控电动击实仪:击锤的底面直径50mm,总质量4.5kg。击锤在导管内的总行程为450mm。可设置击实次数,并保证击锤自由垂直落下,落高应为450mm,锤迹均匀分布于试样面。

(3)脱模器。

3)试验准备

(1)将具有代表性的风干试料(必要时,也可以在50℃烘箱内烘干)用木锤捣碎或用木碾碾碎。土团均应破碎到能通过4.75mm的筛孔,但应注意不使粒料的单个颗粒破碎或不使其破碎程度超过施工中拌和机械的破碎率。

(2)如试料是细粒土,将已破碎的具有代表性的土过4.75mm筛备用(用甲法或乙法做试验)。

(3)如试料中含有粒径大于 4.75mm 的颗粒,则先将试料过 19mm 筛;如存留在 19mm 筛上的颗粒的含量不超过 10%,则过 26.5mm 筛,留作备用(用甲法或乙法做试验)。

(4)如试料中粒径大于 19mm 的颗粒含量超过 10%,则将试料过 37.5mm 筛;如果存留在 37.5mm 筛上的颗粒的含量不超过 10%,则过 53mm 的筛备用(用丙法试验)。

(5)每次筛分后,均应记录超尺寸颗粒的百分率 P。

(6)在预定做击实试验的前一天,取有代表性的试料测定其风干含水率。对于细粒土,试样应不少于 100g;对于中粒土,试样应不少于 1000g;对于粗粒土的各种集料,试样应不少于 2000g。

4)试验步骤

在试验前应将试验所需要的各种仪器设备准备齐全,测量设备应满足精度要求;调试击实仪器,检查其运转是否正常。

(1)甲法(5 层 ×27 次)。

①将已筛分的试样用四分法逐次缩分,至最后取出 10~15 kg 试料。再用四分法将已取出的试料分成 5~6 份,每份试料的干质量为 2.0kg(对于细粒土)或 2.5kg(对于各种中粒土)。

②预定 5~6 个不同含水率,依次相差 0.5%~1.5%,且其中至少有两个大于和两个小于最佳含水率。

③按预定含水率制备试样。将 1 份试料平铺于金属盘内,将事先计算的该份试料中应加的水量均匀地喷洒在试料上,用小铲将试料充分拌和到均匀状态(如为石灰稳定材料、石灰粉煤灰综合稳定材料、水泥粉煤灰综合稳定材料和水泥、石灰综合稳定材料,可将石灰、粉煤灰和试料一起拌匀),然后装入密闭容器或塑料口袋内浸润备用。

浸润时间要求:黏质土 12~24h,粉质土 6~8h,砂类土、砂砾土、红土砂砾、级配砂砾等可以缩短到 4h 左右,含土很少的未筛分碎石、砂砾和砂可缩短到 2h。浸润时间一般不超过 24h。

应加水量可按下式计算:

$$m_w = \left(\frac{m_n}{1+0.01w_n} + \frac{m_c}{1+0.01w_c}\right) \times 0.01w - \frac{m_n}{1+0.01w_n} \times 0.01w_n - \frac{m_c}{1+0.01w_c} \times 0.01w_c \tag{4-6}$$

式中:m_w——混合料中应加的水量(g);

m_n——混合料中素土(或集料)的质量(g),其原始含水率为 w_n,即风干含水率(%);

m_c——混合料中水泥或石灰的质量(g),其原始含水率为 w_c(%);

w——要求达到的混合料的含水率(%)。

④将所需要的稳定剂水泥加到浸润后的试样中,并用小铲、泥刀或其他工具充分拌和到均匀状态。水泥应在土样击实前逐个加入。加有水泥的试样拌和后,应在 1h 内完成下述击实试验。拌和后超过 1h 的试样,应予作废(石灰稳定材料和石灰粉煤灰稳定材料除外)。

⑤试筒套环与击实底板应紧密联结。将击实筒放在坚实地面上,用四分法取制备好的试样 400~500g(其量应使击实后的试样等于或略高于筒高的 1/5)倒入筒内,整平其表面并稍加

压紧,然后将其安装到多功能自控电动击实仪上,设定所需锤击次数,进行第1层试样的击实。第1层击实完后,检查该层高度是否合适,以便调整以后几层的试样用量。用刮土刀或螺丝刀将已击实层的表面"拉毛",然后重复上述做法,进行其余4层试样的击实。最后一层试样击实后,试样超出筒顶的高度不得大于6mm,超出高度过大的试件应该作废。

⑥用刮土刀沿套环内壁削挖(使试样与套环脱离)后,扭动并取下套环。齐筒顶细心刮平试样,并拆除底板。如试样底面略突出筒外或有孔洞,则应细心刮平或修补。最后用工字形刮平尺齐筒顶和筒底将试样刮平。擦净试筒的外壁,称其质量 m_1。

⑦用脱模器推出筒内试样。从试样内部从上至下取两个有代表性的样品(可将脱出试件用锤打碎后,用四分法采取),测定其含水率,计算至0.1%。两个试样的含水率的差值不得大于1%。所取样品的数量见表4-29。如只取一个样品测定含水率,则样品的质量应不少于表列数值的2倍。擦净试筒,称其质量 m_2。

测稳定材料含水率的样品质量　　　　　　　　表4-29

公称最大粒径(mm)	样品质量(g)
2.36	约50
19	约300
37.5	约1000

烘箱的温度应事先调整到110℃左右,以使放入的试样能立即在105~110℃的温度下烘干。

⑧按本方法③~⑦的步骤进行其余含水率下稳定材料的击实和测定工作。凡已用过的试样材料,一律不再重复使用。

(2)乙法(5层×59次)。

在缺乏内径10cm的试筒以及在需要与承载比等试验结合起来进行时,采用乙法进行击实试验。本法更适宜于公称最大粒径达19mm的集料。与甲法的不同有以下两点:

①将已过筛的试料用四分法逐次分小,至最后取出约30kg试料。再用四分法将所取的试料分成5~6份,每份试料的干质量约为4.4kg(细粒土)或5.5kg(中粒土)。

②应该先将垫块放入筒内底板上,然后加料并击实。所不同的是,每层需取制备好的试样约900g(对于水泥或石灰稳定细粒土)或1100g(对于稳定中粒土),每层的锤击次数为59次。

(3)丙法(3层×98次)。

与甲法或乙法的不同有以下几点:

①将已过筛的试料用四分法逐次分小,至最后取约33kg试料。再用四分法将所取的试料分成6份(至少要5份),每份质量约5.5kg(风干质量)。

②击实时,取制备好的试样1.8kg左右,其量应使击实后的试样略高于(高出1~2mm)筒高的1/3倒入筒内,整平其表面,并稍加压紧。

③测含水率时,所取样品的数量应不少于700g,如只取一个样品测定含水率,则样品的数量应不少于1400g。烘箱的温度应事先调整到110℃左右,以使放入的试样能立即在105~110℃的温度下烘干。

5)计算

(1)稳定材料湿密度计算。

按下式计算每次击实后稳定材料的湿密度:

$$\rho_w = \frac{m_1 - m_2}{V} \tag{4-7}$$

式中:ρ_w——稳定材料的湿密度(g/cm^3);

m_1——试筒与湿试样的总质量(g);

m_2——试筒的质量(g);

V——试筒的容积(cm^3)。

(2)稳定材料干密度计算。

按下式计算每次击实后稳定材料的干密度:

$$\rho_d = \frac{\rho_w}{1 + 0.01w} \tag{4-8}$$

式中:ρ_d——试样的干密度(g/cm^3);

w——试样的含水率(%)。

(3)制图。

①以干密度为纵坐标、含水率为横坐标,绘制含水率-干密度曲线。曲线必须为凸形的,如试验点不足以连成完整的凸形曲线,则应该进行补充试验。

②将试验各点采用二次曲线方法拟合曲线,曲线的峰值点对应的含水率及干密度即为最佳含水率和最大干密度。

(4)超尺寸颗粒的校正。

当试样中大于规定最大粒径的超尺寸颗粒的含量为5%~30%时,按下列各式对试验所得最大干密度和最佳含水率进行校正。

①最大干密度按下式校正:

$$\rho'_{dm} = \rho_{dm}(1 - 0.01P) + 0.9 \times 0.01PG'_a \tag{4-9}$$

式中:ρ'_{dm}——校正后的最大干密度(g/cm^3);

ρ_{dm}——试验所得的最大干密度(g/cm^3);

P——试样中超尺寸颗粒的百分率(%);

G'_a——超尺寸颗粒的毛体积相对密度。

②最佳含水率按下式校正:

$$w'_0 = w_0(1 - 0.1P) + 0.01Pw_a \tag{4-10}$$

式中:w'_0——校正后的最佳含水率(%);

w_0——试验所得的最佳含水率(%);

P——试样中超尺寸颗粒的百分率(%);

w_a——超尺寸颗粒的吸水量(%)。

6)结果整理

(1)应做两次平行试验,取两次试验的平均值作为最大干密度和最佳含水率。两次重复性试验最大干密度的差不应超过 $0.05g/cm^3$(稳定细粒土)和 $0.08\ g/cm^3$(稳定中粒土和粗粒土),最佳含水率的差不应超过 0.5%(最佳含水率小于 10%)和 1.0%(最佳含水率大于10%)。超过上述规定值,应重做试验,直到满足精度要求。

(2)混合料密度计算应保留小数点后 3 位有效数字,含水率应保留小数点后 1 位有效数字。

2.试验方法二:无机结合料稳定材料振动压实试验方法

1)适用范围

本方法适用于在室内对水泥、石灰、石灰粉煤灰稳定粒料基层材料进行振动压实试验,以确定材料在振动压实条件下的含水率-干密度曲线,确定其最佳含水率和最大干密度。

2)主要仪器设备

(1)钢模:内径152mm、高170mm、壁厚10mm;钢模套环:内径152mm、高 50mm、壁厚10mm;筒内垫块:直径151mm、厚20mm;钢模底板:直径300mm、厚10mm。以上各部件如图 4-3 所示,可用螺栓固定成一体。

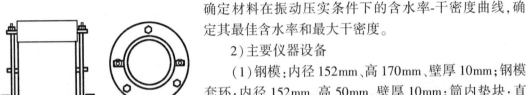

图4-3 钢模、钢模套环及钢模底座示意图

(2)振动压实机:如图 4-4 所示,配有 φ 示、配有 φ 的压头,静压力、激振力和频率可调。

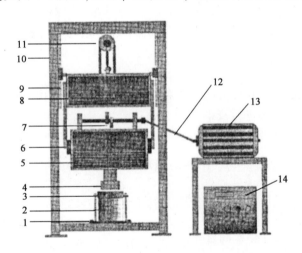

图 4-4 振动压实机示意图

1-钢模底盘;2-钢模;3-钢模套环;4-压头;5-下车系统;6-减振块;7-偏心块;8-上车系统;9-导向柱;10-机架;11-手动葫芦;12-传动轴;13-电动机;14-变频器

3)试验准备

(1)对集料进行筛分,按预定级配配好集料。如果集料的最大公称粒径不大于 37.5mm,则直接备料;如果大于 37.5mm 的粒径含量超过 10%,则过 37.5mm 筛备用,筛分后记录超尺寸颗粒的百分率。

(2)在预定做击实试验的前一天,取有代表性的试料测定其风干含水率,同时测定石灰和水泥的含水率。

4) 试验步骤

(1) 调节振动压实机上下车的配重块数、偏心块夹角和变频器的频率。对无机结合料稳定粒料一般选用面压力约为 0.1MPa，激振力约 6800N，振动频率为 28~30Hz 的振实条件。

(2) 将准备好的各种粗、细集料按照预定的混合料级配配制 5~6 份，每份试料的干质量为 5.5~6.5kg。

(3) 预定 5~6 个不同含水率，依次相差 1%~2%，且其中至少有两个大于和两个小于最佳含水率。

(4) 按预定含水率制备试样。

(5) 将所需要的结合料，如水泥加到浸润后的试料中，并用小铲、泥刀或其他工具充分拌和到均匀状态。加有水泥的试料拌和后，应在 1h 内完成振实试验。拌和后超过 1h 的试样，应予作废。

(6) 将钢模套环、钢模及钢模底板紧密联结，然后将其放在坚实地面上。将拌和好的混合料按四分法分成 4 份，将对角的两份依次倒入筒内，一边倒一边用直径 2cm 左右的木棒插捣。混合料应分两次装完，整平其表面并稍加压紧，然后将钢模连同混合料放在振动压实机的钢模底板上，用螺栓将钢模底板与振动压实机底板固定在一起。

(7) 将振动压头对准钢模后，拉动手动葫芦放下振动器，使振动压头与钢模内的混合料紧密接触，然后取下手动葫芦吊钩，放好手动葫芦拉链。检查振动压实机上的螺栓及相关联结处，确定没有任何物品放在振动压实机上。

(8) 启动振动压实机开关，开始振动压实。仔细观察振实压实情况，在振动压头回弹跳起时关闭机器，记下振动压实时间。

(9) 用手动葫芦拉起振动压头。用刮土刀或螺丝刀将已振实层的表面拉毛，然后将剩下的混合料加入试模中，一边倒一边用直径 2cm 左右的木棒插捣，整平其表面并稍加压紧，重复上述振动试验。

(10) 振动完毕后，用手动葫芦拉起振动压头。取出试件。经过振实的混合料不能低于钢模的边缘，同时振实后的混合料也不能高出钢模边缘 10mm，否则作废。

(11) 齐钢模顶用刮土刀仔细刮平混合料，如混合料顶面略突出筒外或有孔洞，则应仔细刮平或修补。拆除底板，擦净钢模外壁，称取钢模与混合料的质量 m_1。

(12) 用脱模器推出钢模内混合料。从其中心部分取 2000~2500g 的混合料，放入 110℃ 的烘箱中烘干 12h，测定其含水率，并计算相应的干密度。擦净试筒，称试筒质量 m_2。

5) 计算出稳定材料湿密度和干密度

参照式(4-7)、式(4-8)的计算方法计算出稳定材料的湿密度与干密度。

6) 制图和结果整理

要求同"击实法"。

7) 试验说明与注意事项

(1) 本方法适用于粗集料含量较大的稳定材料。一般来说，振动压实试验确定的最佳含水率小于击实试验确定的最佳含水率，最大干密度大于击实试验确定的最大干密度。由于还未建立起振动压实试验测试的干密度与击实试验和工程现场振动压实效果的相关关系，因此该试验方法主要用于室内研究。

（2）对于水泥稳定类材料，从加水拌和到进行压实试验间隔的时间愈长，水泥的水化作用和结硬程度就愈大，因此要求以水泥为结合料的试验拌和后要在1h内完成试验。

（3）由于振动容易对仪器造成损伤，在振动压实前需仔细检查仪器螺栓的紧固程度，操作时一定要遵守操作规程，不可疏忽大意。振动压实过程较短，应认真观察振动压实机压头是否达到跳起的状态不要使振动压实机长时间在回弹跳起状态运行。

（4）由于振动压实中水分的影响作用显著，高含水率下压头回弹跳起现象很难出现，振动时间太长会使试料大量挤出。因此，确定不同含水率下的压实效果，中等或较低含水率下以压头回弹跳起为控制条件；高含水率下以试料挤出为停止振动的控制条件。

（5）含有砾石或碎石颗粒的中粒料特别是粗粒料难于刮平。在整平过程中可允许某些大颗粒露出表面，但同时要取出某些颗粒使表面有些空洞，尽可能使突出的体积与空洞的体积大致相等。

四、无机结合料稳定材料试件制作方法（圆柱形）

1. 适用范围

本方法适用于无机结合料稳定材料的无侧限抗压强度、间接抗拉强度、室内抗压回弹模量、动态模量、劈裂模量等试验的圆柱形试件的制作。

2. 主要仪器设备

（1）试模：稳定细粒材料（公称最大粒径小于16mm的材料），试模的直径×高 = ϕ100mm × 100mm 试模的直径；稳定中粗粒材料（中粒材料是指公称最大粒径不小于16mm，且小于26.5mm的材料；粗粒材料是指公称最大粒径不小于26.5 mm 的材料），试模的直径×高 = ϕ150mm × 150mm。

（2）电动脱模器。

（3）反力架：反力为400kN以上。

（4）液压千斤顶：200～1000kN。

（5）压力试验机：可替代千斤顶和反力架，量程不小于2000kN，行程、速度可调。

3. 试验准备

（1）试件的径高比一般为1∶1，根据需要也可成型1∶1.5或1∶2的试件。试件的成型根据需要的压实度水平，按照体积标准，采用静力压实法制备。

（2）将具有代表性的风干试料（必要时，可以在50℃烘箱内烘干），用木锤捣碎或用木碾碾碎，但应避免破坏粒料的原粒径。按照公称最大粒径的大一级筛，将土过筛并进行分类。

（3）在预定做试验的前一天，取有代表性的试料测定其风干含水率；对于稳定细粒材料，试样应不少于1000g；对于中、粗粒材料，试样应不少于2000g。

（4）按照击实法或振动成型法确定无机结合料稳定材料的最佳含水率和最大干密度。

（5）根据最大干密度的大小，称取一定质量的风干土，其质量随试件大小而变。对于ϕ100mm 干密度的大小的试件，1个试件需干土1700～1900g；对于ϕ150mm×150mm的试件，

1个试件需干土5700~6000g。

对于稳定细粒材料,一次可称取6个试件所需的土;对于稳定中粒材料,一次宜称取一个试件所需的土;对于粗粒材料,一次只称取一个试件的土。

(6)将准备好的试料分别装入塑料袋中备用。

4. 试验步骤

(1)调试成型所需要的各种设备,检查是否运行正常;将成型用的模具擦拭干净,并涂抹机油。

(2)对于无机结合料稳定细粒材料,至少应该制备6个试件;对于无机结合料稳定中粒材料或粗粒材料,至少应该分别制备9个或13个试件。

(3)根据最大干密度、最佳含水率以及无机结合料的配合比、压实度来计算每份料的加水量、无机结合料的质量。

(4)将称好的土放在长方盘内。向土中加水拌料、闷料。在石灰稳定材料、水泥和石灰综合稳定材料、石灰粉煤灰综合稳定材料、水泥粉煤灰综合稳定材料等的拌和过程中,可将石灰或粉煤灰与土一起拌和,而水泥则不参与拌和以及随后的闷料过程。将拌和均匀后的试料放在密闭容器或塑料袋(封口)内浸润备用。

对于稳定细粒材料(特别是黏性土),浸润时的含水率应比最佳含水率小3%;对于稳定中粒和粗粒材料,可按最佳含水率加水;对于水泥稳定类材料,加水量应比最佳含水率小1%~2%。

浸润时间要求与"击实试验"相同。

(5)在试件成型前1h内,加入所需数量的水泥并拌和均匀。在拌和过程中,应将预留的水(对于细粒土为3%,对于水泥稳定类为1%~2%)一并加入土中,使混合料达到最佳含水率。加有水泥的混合料应在拌和后1h内按下述方法制成试件,超过1h的混合料应该作废。其他结合料稳定材料,混合料虽不受此限,但也应尽快制成试件。

(6)用反力架和液压千斤顶,或采用压力试验机制件。

将试模配套的下垫块放入试模的下部,外露2cm左右。将称量的规定数量的稳定材料混合料分2~3次灌入试模中,每次灌入后用夯棒轻轻均匀插实。单个试件质量的计算方法以及配料中结合料、集料、加水量等的计算方法见式(4-11)~式(4-18)。

单个试件的标准质量:

$$m_0 = V \times \rho_{\max} \times (1 + w_{\mathrm{opt}}) \times \gamma \tag{4-11}$$

考虑到试件成型过程中的质量损耗,实际操作过程中每个试件的质量可增加0~2%,即:

$$m'_0 = m_0 \times (1 + \delta) \tag{4-12}$$

每个试件的干料(包括干土和无机结合料)总质量:

$$m_1 = \frac{m'_0}{1 + w_{\mathrm{opt}}} \tag{4-13}$$

每个试件中的无机结合料质量:

外掺法:

$$m_2 = m_1 \times \frac{\alpha}{1+\alpha} \tag{4-14}$$

内掺法：

$$m_2 = m_1 \times \alpha \tag{4-15}$$

每个试件中的干土质量：

$$m_3 = m_1 - m_2 \tag{4-16}$$

每个试件中的加水量：

$$m_w = (m_2 + m_3) \times w_{opt} \tag{4-17}$$

验算：

$$m'_0 = m_2 + m_3 + m_w \tag{4-18}$$

式中：V——试件体积(cm^3)；

w_{opt}——混合料最佳含水率(%)；

ρ_{max}——混合料最大干密度(g/cm^3)；

γ——混合料压实度标准(%)；

m_0——混合料质量(g)；

m_1——干混合料质量(g)；

m_2——无机结合料质量(g)；

m_3——干土质量(g)；

δ——计算混合料质量的冗余量(%)；

α——无机结合料的掺量(%)；

m_w——加水质量(g)。

(7)将整个试模(连同上、下垫块)放到反力架内的千斤顶上(千斤顶下应放一扁球座)或压力机上，以1mm/min的加载速率加压，直到上下压柱都压入试模为止。维持压力2min。

(8)解除压力后，取下试模，并放到脱模器上将试件顶出。用水泥稳定有黏结性的材料(如黏质土)时，制件后可以立即脱模；用水泥稳定无黏结性细粒土时，最好过2~4h再脱模；对于中、粗粒土的无机结合料稳定材料，也最好过2~6h脱模。

(9)在脱模器上取试件时，应用双手抱住试件侧面的中下部，然后沿水平方向轻轻旋转，待感觉到试件移动后，再将试件轻轻捧起，放置到试验台上。切勿直接将试件向上捧起。

(10)称试件的质量m_2，小试件精确至0.01g，大试件精确至0.1g，然后用游标卡尺测量试件高度h，精确至0.1mm。检查试件的高度和质量，不满足成型标准的试件作为废件。

(11)试件称量后应立即放在塑料袋中封闭，并用潮湿的毛巾覆盖塑料袋，移放至养生室。

5. 结果整理与注意事项

(1)小试件的高度误差范围应为-0.1~0.15cm，大试件的高度误差范围应为-0.1~0.2cm。

(2)质量损失：稳定细粒材料应不超过标准质量5g，稳定中粒材料试件应不超过25g，稳定粗粒材料试件应不超过50g。

6. 试验说明和注意事项

梁式试件成型步骤与圆柱形试件类似，大致分为三步：成型前一天备料、闷料；然后第二天上午可压实成型;下午或第三天(中梁、大梁)再进行脱模。由于梁式试件的体积比较大(1个中梁试件一般相当于大型圆柱形试件质量的1.5倍),脱模操作比较繁琐,所以操作人员一般为3~4人,同圆柱形试件一样,梁式试件成型后需要检测试件的密度或压实度,以保证试件的质量。

五、无机结合料稳定材料标准养生试验方法

1. 适用范围

(1)本方法适用水泥稳定材料类和石灰、二灰稳定材料类的养生。

(2)标准养生方法是指无机结合料稳定类材料在规定的标准温度和湿度环境下强度增长的过程。

(3)本方法规定了无机结合料稳定材料的标准养生的试验方法和步骤。在采用快速养生时,应建立快速养生条件下与标准养生条件下,混合料的强度发展的关系曲线,并确定标准养生的长龄期强度对应的快速养生短龄期。

2. 仪器设备

标准养护室:标准养护室温度20℃±2℃,相对湿度在95%以上。

3. 标准养生方法试验步骤

(1)试件从试模内脱出并量高称质量后,稳定中粒和粗粒材料的大试件应装入塑料袋内。试件装入塑料袋后,将袋内的空气排除干净,扎紧袋口,将包好的试件放入养护室。

(2)标准养生的温度为20℃±2℃,相对湿度≥95%。试件宜放在铁架或木架上,间距至少10~20mm。试件表面应保持一层水膜,并避免用水直接冲淋。

(3)对无侧限抗压强度试验,标准养生龄期是7d,其中最后一天浸于水中。对弯拉强度、间接抗拉强度,水泥稳定材料类试件的标准养生龄期是90d,石灰稳定材料类试件的标准养生龄期是180d。

(4)在养生期的最后一天,将试件取出,观察试件的边角有无磨损和缺块,并量高称质量,然后将试件浸泡于20℃±2℃的水中,应使水面在试件顶上约2.5cm。

4. 结果整理

(1)如养生期间有明显的边角缺损,试件应该作废。

(2)对养生7d的试件,在养生期间,试件质量损失应符合下列规定:稳定细粒材料试件不超过1g;稳定中粒材料试件不超过4g;稳定粗粒材料试件不超过10g。质量损失超过此规定的试件,应予作废。

(3)对养生90d和180d的试件,在养生期间,试件质量的损失应符合下列规定:稳定细粒材料试件不超过1g;稳定中粒材料试件不超过10g;稳定粗粒材料试件不超过20g。质量损失超过此规定的试件,应予作废。

5. 试验说明和注意事项

(1)试件的质量损失指含水率的减少,不包括由于各种不同原因从试件上掉下的混合料。

(2)在快速养生过程中,确定标准养生的长龄期对应的快速养生的短龄期时,也可以采用测试抗压回弹模量和劈裂强度值来建立两者的关系。在实际试验中,根据具体实验目的选用。

六、无机结合料稳定材料无侧限抗压强度试验方法

1. 适用范围

本方法适用于测定无机结合料稳定材料(包括稳定细粒土、中粒土和粗粒土)试件的无侧限抗压强度。

2. 主要仪器设备

(1)标准养护室。

(2)压力机或万能试验机(也可用路面强度试验仪和测力计):压力机应符合现行《液压式万能试验机》(GB/T 3159—2008)及《试验机通用技术要求》(GB/T 2611—2007)中的要求,其测量精度为±1%,同时应具有加载速率指示装置或加载速率控制装置。上下压板平整并有足够刚度,可以均匀地连续加载卸载,可以保持固定荷载。开机停机均灵活自如,能够满足试件吨位要求,且压力机加载速率可以有效控制在1mm/min。

3. 试件制备和养护

(1)采用静压法或振动成型法成型径高比为1:1的圆柱形试件。

(2)按照标准养生方法进行7d的标准养生。

(3)将试件两顶面用刮刀刮平,必要时可用快凝水泥砂浆抹平试件顶面。

4. 试验步骤

(1)根据试验材料的类型和一般的工程经验,选择合适量程的测力计和压力机,试件破坏荷载应大于测力量程的20%且小于测力量程的80%。球形支座和上下顶板涂上机油,使球形支座能够灵活转动。

(2)将已浸水一昼夜的试件从水中取出,用软布吸去试件表面的水分,并称试件的质量m_4。

(3)用游标卡尺测量试件的高度h,精确至0.1mm。

(4)将试件放在路面材料强度试验仪或压力机上,并在升降台上先放一扁球座,进行抗压试验。试验过程中,应保持加载速率为1mm/min,并记录试件破坏时的最大压力$P(N)$。

(5)从试件内部取有代表性的样品(经过打破),测定其含水率。

5. 计算

试件的无侧限抗压强度按下式计算:

$$R_c = \frac{P}{A} \tag{4-19}$$

式中:R_c——试件的无侧限抗压强度(MPa);

P——试件破坏时的最大压力(N);

A——试件的截面积(mm^2)。

6. 结果整理

(1)抗压强度保留 1 位小数。

(2)同一组试件试验中,采用 3 倍均方差方法剔除异常值,对中试件可以允许 1~2 个异常值,大试件允许 2~3 个异常值。异常值数量超过上述规定的试验重做。

(3)同一组试验的变异系数 C_v(%)符合下列规定,方为有效试验:稳定细粒材料试件 $C_v \leq 6\%$;稳定中粒材料试件 $C_v \leq 10\%$;稳定粗粒材料试件 $C_v \leq 15\%$。如不能保证试验结果的变异系数小于规定的值,则应按允许误差 10% 和 90% 概率重新计算所需的试件数量,增加试件数量并另做新试验。将前后两次试验结果一并重新进行统计评定,直到变异系数满足上述规定。

7. 试验说明与注意事项

(1)在进行强度试验时,试件需放置在竖向荷载的中心位置,如采用测力计,测力计中心、球形支座、上压板、试件、下压板应处在同一条直线上,避免偏载对试验结果的影响。

(2)试验前试件表面应用刮刀刮平,避免试件表面不均匀的突起物在试验过程中造成应力集中,导致试验数据失真。必要时,可用快凝的水泥砂浆抹面处理。如需要抹面,应在试件饱水前完成,然后进行饱水。

(3)除特殊目的外,试件的干密度应与规定的施工过程中要求的干密度相一致。

第五章

水泥与水泥混凝土

水泥是土木工程中应用最广的无机胶凝材料。自发明以来的100多年的时间里,水泥技术得到全面的提高。采用水泥与砂石材料拌和成的混凝土,由于通过组成上有针对性地调整和改变,能够表现出不同的性能和特点,适应和满足各种工程的实际需要,成为土木工程领域中最为重要的工程材料。在学习水泥及其混凝土基本概念和性能的基础上,有针对性地掌握水泥和混凝土试验检测内容,并熟悉普通混凝土配合比的设计思路及其方法。

第一节 水泥的技术性质和技术要求

一、水泥概述

水泥是一种人造水硬性胶凝材料。水泥与水混合后,经过一系列的物理化学作用,形成坚硬的结构体。这一过程既可在空气中进行,也可在水中更好地实现,并能持续不断地发展形成所需的结构强度,以满足各种工程的需要。可以说水泥是土木工程中最重要的建筑材料之一。

1. 常用水泥品种

水泥技术经过多年的发展,已形成众多品种。从组成上看有硅酸盐类水泥、铝酸盐类水泥及无熟料(少熟料)水泥等;从用途和性能上又可分为通用水泥和专用水泥等。

尽管水泥类型众多,但路桥工程中涉及的水泥品种主要是通用型硅酸盐类水泥。这类通用水泥根据水泥熟料在磨细过程中掺入的混合材料类型和数量,成为下述六个品种。

(1)硅酸盐水泥:硅酸盐水泥是在水泥熟料中掺入0~5%的石灰石或粒化高炉矿渣等混合材料,以及适量石膏混合磨细制成的水泥。其中完全不掺混合材料的称为Ⅰ型硅酸盐水泥(代号P·Ⅰ),掺入量不超过5%称为Ⅱ型硅酸盐水泥(代号P·Ⅱ)。

(2)普通硅酸盐水泥:在硅酸盐水泥熟料中掺入大于5%不超过20%的混合材料及适量石膏加工磨细后制成的硅酸盐水泥(代号P·O)。

(3)矿渣硅酸盐水泥:在硅酸盐水泥熟料中掺入20%~70%的粒化高炉矿渣和适量石膏加工磨细制成的水泥。当矿渣掺入量大于20%且小于或等于50%,为A型矿渣硅酸盐水泥(代号P·S·A);当矿渣掺入量大于50%且小于或等于70%,为B型矿渣硅酸盐水泥(代号P·S·B)。

(4)火山灰硅酸盐水泥:在硅酸盐水泥熟料中掺入20%~50%的火山灰质材料和适量石膏加工磨细制成的硅酸盐水泥(代号P·P)。

(5)粉煤灰硅酸盐水泥:在硅酸盐水泥熟料中掺入20%~40%的粉煤灰和适量石膏加工

磨细制成的硅酸盐水泥(代号P·F)。

(6)复合硅酸盐水泥:在硅酸盐水泥熟料中掺入两种以上活性或非活性混合材料(掺入量占20%~50%)与适量石膏加工制得的硅酸盐水泥(代号P·C)。

由于硅酸盐水泥和普通硅酸盐水泥在实际工程中应用较为普遍,性能相近,且这两类水泥性能特点具有代表性,所以本章针对这两类水泥进行讨论。

2. 水泥的生产工艺

生产水泥的原材料主要是石灰质原料(如石灰石、白云石等)和黏土质原料(如黏性土、黄土等),前者为水泥提供所需的氧化钙(CaO),而后者为水泥提供所需的二氧化硅(SiO_2)、氧化铝(Al_2O_3)以及氧化铁(Fe_2O_3)等成分,必要时添加一些诸如铁矿石之类的校准材料。

将原料按一定的比例掺配,混合磨细成为水泥生料。该生料在水泥烧制窑中经1450℃的高温煅烧,形成以硅酸钙为主要成分的水泥熟料。随后在熟料中添加3%左右的石膏以及不同类型和不同数量的外掺料,二次加工磨细,就得到所谓通用型硅酸盐水泥。

在水泥熟料中加入石膏是用来调节水泥的凝结速度,使水泥水化反应速度的快慢适应实际应用的需要。因此,石膏是水泥组成中必不可少的缓凝剂。但石膏的用量必须严格控制,否则过量石膏会在水泥水化过程中产生不良影响,造成体积不安定现象。

3. 水泥中掺入的混合材料

水泥熟料中或多或少要掺入一些混合材料,这些外加混合材料所起的作用是在增加水泥产量、降低生产成本的同时,改善水泥的品质。如掺入一定量混合材料的水泥不仅可以促进水泥后期强度的提高,而且还能有效降低水泥的水化热,非常适合大体积混凝土施工和结构形成的需求,同时还可改善水泥对环境的适应性,提高水泥及其构造物的耐久性。

掺入的混合材料,大致分为活性和非活性两类。活性是指某些材料具有水化胶凝能力的性质,具有活性的混合材料在一定条件下可与水发生反应,产生水化凝结并硬化的产物。这类混合材料有粒化高炉矿渣、火山灰质材料、粉煤灰等。而非活性混合材料不具备与水反应生成凝胶物的能力,所起的作用主要是提高产量、降低水化热。这类混合料主要有石英砂、石灰石、黏土等。

4. 硅酸盐水泥矿物成分

水泥中的主要矿物成分是硅酸三钙、硅酸二钙、铝酸三钙和铁铝酸四钙,这些矿物成分的性能和数量,直接决定了水泥的特点。表5-1归纳出四种矿物成分的特点。

水泥矿物成分性能特点 表5-1

性　能	矿物成分及含量(%)			
	硅酸三钙 ($3CaO \cdot SiO_2$)	硅酸二钙 ($2CaO \cdot SiO_2$)	铝酸三钙 ($3CaO \cdot Al_2O_3$)	铁铝酸四钙 ($4CaO \cdot Al_2O_3 \cdot Fe_2O_3$)
	63~67	21~24	4~7	2~4
水化反应速度	快	慢	快	中
水化热	高	低	高	中
干缩性	中	小	大	小

续上表

性能		矿物成分及含量(%)			
		硅酸三钙 (3CaO·SiO$_2$)	硅酸二钙 (2CaO·SiO$_2$)	铝酸三钙 (3CaO·Al$_2$O$_3$)	铁铝酸四钙 (4CaO·Al$_2$O$_3$·Fe$_2$O$_3$)
		63~67	21~24	4~7	2~4
抗化学侵蚀性		中	良	差	优
水化物强度	早期	高	低	中	中
	后期	高	高	低	中

二、水泥技术性质

1. 物理性质

(1) 细度

细度的大小反映了水泥颗粒粗细程度或水泥的分散程度,它对水泥的水化速度、水泥的需水量、和易性、放热速率和强度的形成都有一定的影响。水泥的水化硬化过程开始于水泥颗粒的表面,水泥颗粒愈细,水泥与水发生反应时的表面积愈大,水化速度就愈快。所以水泥的细度愈大,水化反应和凝结速度就愈快,早期强度就愈高,因此水泥颗粒达到较高的细度是确保水泥品质的基本要求。但如果过度提高水泥细度,不仅带来水泥需水量的增加,使硬化水泥的收缩变形明显加大,而且还会对水泥构造物的耐久性带来不利影响。同时过细水泥不易长期存放,增加水泥粉磨成本,因此水泥细度应控制在合理范围内。

水泥细度测定的方法之一是筛析法,它以 80μm 或 45μm 标准筛上存留量的多少表示水泥细度,该方法现多采用负压筛法。另一种细度测定方法是比表面积法,它以单位质量水泥材料表面积的大小来表示,常用方法为勃氏比表面积法。

(2) 标准稠度

水泥标准稠度是指标准试杆在沉入水泥净浆时,经受水泥浆阻力达到规定贯入深度所具有的水和水泥用量百分率。水泥和水之间的反应速度、作用结果,不仅与水泥自身的矿物组成、颗粒细度等内因有关,还与水化硬化过程中水量的多少密切相关。在进行有关性能检测(如凝结时间和安定性)时,不同品种的水泥需要不同的水量。因此,标准试验条件下达到规定试验状态时所对应的水泥浆稀稠程度就是所谓的标准稠度,且该标准稠度是水泥凝结时间、安定性试验结果具有可比性的基础。也就是说进行水泥凝结时间、安定性试验测定时,所用的水和水泥拌和物必须在标准稠度水泥净浆的条件下进行。

我国现行标准中规定:水泥标准稠度测定方法有标准维卡仪法(试杆法)和代用维卡仪法(试锥法)两种方式。标准法是让标准试杆沉入水泥净浆,当试杆沉入的距离正好离底板 6mm±1mm,此时水泥浆的稠度就是水泥浆标准稠度,该状态下的拌和用水量为该品种水泥标准稠度用水量;代用法是当稠度仪的试锥贯入水泥浆深度正好为 30mm±1mm 时,对应的水泥浆稠度为标准稠度,此时的拌和水量即为该水泥的标准稠度用水量。

(3) 凝结时间

水和水泥混合组成的水泥浆,从最初的可塑状态到逐渐失去可塑性,要经历一定的时间,水泥的凝结时间就是这种过程时间长短的一种定量表示方法。它以标准试针沉入标准稠度水泥净浆达到规定深度所需的时间来表示,并分为初凝时间和终凝时间两个时间段。初凝时间是指从水泥全部加入水中的时刻计时,到水泥浆开始失去塑性状态所需的时间周期;而终凝时间是指从水泥全部加入水中开始计时,到完全失去塑性所需的时间周期。

水泥凝结时间的长短,对水泥混凝土的施工有重要意义。初凝时间太短,不利于整个混凝土施工工序的正常进行;但终凝时间过长,又不利于混凝土结构的形成、模具的周转,以及影响到养护周期时间的长短等。因此,水泥凝结时间要求初凝不宜过短,而终凝时间又不宜过长。

(4)安定性

安定性是一项表示水泥浆体硬化后是否发生不均匀性体积变化的指标。水泥在凝结硬化过程中,总会伴随一定体积上的变化,这种变化如果轻微且均匀,或发生在水泥完全失去塑性之前,将不会影响水泥及其水泥混凝土的性能表现。但如果水泥在水泥硬化过程中产生不均匀变形或变形过大,则水泥构件会因这种变形产生的膨胀导致开裂,从而对混凝土的性能造成极为不良的影响。这种现象称之为水泥的体积不安定现象,相应的水泥称为体积安定性不良的水泥。

水泥安定性不良是由水泥中存在某些有害成分造成的,如掺加石膏时带入的三氧化硫(SO_3)、水泥煅烧时残存的游离氧化镁(MgO)或游离氧化钙(CaO)等。这些成分在水泥浆体硬化后,缓慢地与水及周围的介质发生反应,并伴随生成产物体积的不断增加,由此引起水泥石内部不均匀的体积变化。当这种变化形成的应力超出水泥结构所能承受的极限时,将会给整个结构带来不利影响,严重时将造成结构上的破坏。

体积安定性的检测方法采用雷氏夹法(标准法)和试饼法(代用法)。两种方法的基本原理都是在沸煮条件下,加速有害成分产生消极作用的程度,通过观察和检测,判断这些有害物是否会引起安定性不良。当两种方法检测结果不一致时,以雷氏夹法为准。

需要说明的是,采用水中沸煮的方式,判断水泥是否存在安定性不良的做法,只针对由游离 CaO 是否会造成安定性不良的问题。因为沸煮过程可以对水泥中存在的游离 CaO 的熟化起到加速的作用,从而"刺激"游离 CaO 造成的不安定现象得以暴露;但对游离 MgO 却达不到这种效果,因为 MgO 要在加压蒸煮条件下才会使其加速熟化,才能反映出是否有安定性问题;同时石膏中 SO_3 的危害则需经历更长时间的高温沸煮考验才能表现出来。所以目前采用的安定性检测方法只是针对游离 CaO 的影响,并未涉及游离 MgO 和石膏中 SO_3 造成的安定性问题。因此现行规范要求生产过程中对游离 MgO 和 SO_3 的含量加以严格限制,以防二者引起安定性不良的问题。

2. 力学性质

(1)强度

水泥的力学性质,主要指水泥的强度指标。强度是认定水泥强度等级的重要依据,同时也是水泥混凝土配合比设计的重要参数。

水泥强度,包括抗折和抗压两个方面。强度的高低除了与水泥自身熟料矿物组成和细度有关外,还与水和水泥混合比例的多少、试件制作方法、养护条件以及龄期等因素密切相关。根据现行《水泥胶砂强度检验方法》(GB/T 17671—1999)中规定,水泥强度检验是将水泥和标准砂以1:3的比例混合,水和水泥混合比例在0.5的条件下,拌和后制成40mm×40mm×160mm标准试件,在标准条件下养护到规定的龄期,采用规定的方法测出抗折和抗压强度。

(2)强度等级

通过采用标准方法,测出指定龄期水泥的抗压强度和抗折强度后,以此进行强度等级的划分。不同品种水泥有不同的强度等级,同一等级的水泥还可依据早期强度的高低,分为早强型(R型)和普通型水泥强度等级。

硅酸盐强度等级有 42.5、42.5R、52.5、52.5R、62.5、62.5R 六个等级。

普通硅酸盐水泥强度等级有 42.5、42.5R、52.5、52.5R 四个等级。

矿渣硅酸盐水泥、火山灰硅酸盐水泥、粉煤灰硅酸盐水泥等级各划分为3.25、32.5R、42.5、42.5R、52.5、52.5R 六个等级。复合硅酸盐水泥则不包括32.5 等级,其余与此类水泥相同。

水泥强度等级的高低,对配制不同力学强度的混凝土具有极为密切的关系。

3. 化学性质

水泥中除了四大矿物成分之外,还存在一些将对水泥物理、力学性能造成不利影响的化学成分,需要对这些成分含量加以限制。这些成分在水泥中的影响程度可用水泥的化学性质来反映。

(1)有害成分

水泥中有害成分包括游离氧化镁、三氧化硫和碱含量。当这些成分含量过高时,会对水泥造成诸如体积安定性不良、碱集料反应等不利影响。

(2)不溶物

所谓不溶物是指熟料中不能被浓酸溶解的物质。这些不溶物主要来自原料中的黏土和氧化硅,由于水泥生产时煅烧不良、化学反应不充分,而未能转化成熟料矿物。所以不溶物含量越高,水泥中的有效成分含量就越低。

(3)烧失量

烧失量是指水泥在950℃高温下产生的质量损失。水泥煅烧不佳或受潮都会使水泥在规定温度下加热时,增加其损失的质量,表明水泥的品质受到了不良因素的影响。

(4)氯离子

水泥中氯离子主要来自原材料或为保证生产工艺要求加入的外加剂。氯离子的存在,会对混凝土中的钢筋造成严重的锈蚀。

(5)碱含量

水泥属于偏碱性材料,碱性成分是保证硅酸盐水泥水化、凝结和硬化的重要条件。但碱性成分含量偏高,有可能与集料中的活性氧化硅或活性碳酸盐在水的参与下,发生碱集料反应,对混凝土造成结构性破坏。所以水泥中碱的总量要加以控制。

上述对水泥带来不良影响的有害物质,主要通过化学方法进行测定。当测得的结果低于规定含量时,认为这些物质造成的不利影响在可控范围内。

三、通用硅酸盐水泥技术要求

根据《通用硅酸盐水泥》(GB 175—2007),对通用型水泥从物理性质(如细度、凝结时间、安定性等)、化学性质(对水泥可能带来不利影响的成分,如氧化镁、三氧化硫、氯离子等)、强度(包括抗折、抗压)10 个方面提出相关技术要求。

1. 物理指标

(1) 凝结时间

硅酸盐水泥初凝时间不小于 45min，终凝时间不大于 390min。其他类型水泥初凝时间不小于 45min，终凝时间不大于 600min。

(2) 安定性

沸煮法试验合格。

(3) 细度

硅酸盐水泥和普通硅酸盐水泥的细度采用比表面积表示，要求不小于 300m^2/kg；其他类型水泥采用筛余量表示，要求 80μm 方孔筛筛余量不大于 10% 或 45μm 方孔筛不大于 30%。

2. 化学指标

通用硅酸盐水泥的化学指标，应满足表 5-2 中的规定。

通用硅酸盐水泥、普通硅酸盐水泥化学指标　　　　表 5-2

水泥品种	代号	不溶物(%，质量分数)	烧失量(%，质量分数)	三氧化硫(%，质量分数)	氧化镁(%，质量分数)	氯离子(%，质量分数)
硅酸盐水泥	P·I	≤0.75	≤3.0	≤3.5	≤5.0	≤0.06
	P·II	≤1.50	≤3.5			
普通硅酸盐水泥	P·O	—	≤5.0			
矿渣硅酸盐水泥	P·S·A	—	—	≤4.0	≤6.0	
	P·S·B	—	—		—	
火山灰质硅酸盐水泥	P·P	—	—	≤3.5	≤6.0	
粉煤灰硅酸盐水泥	P·F	—	—			
复合硅酸盐水泥	P·C	—	—			

除上表所列内容之外，技术标准对水泥中碱的含量也做了限定，以避免混凝土发生碱集料反应。当碱含量以 $Na_2O + 0.658K_2O$ 计时，不得超过 0.6%。

3. 力学指标

不同品种、不同强度等级水泥，对应的强度应符合表 5-3 中的规定。

通用硅酸盐水泥不同龄期强度　　　　表 5-3

水泥品种	强度等级	抗压强度(MPa)		抗折强度(MPa)	
		3d	28d	3d	28d
硅酸盐水泥(不低于)	42.5	17.0	42.5	3.5	6.5
	42.5R	22.0		4.0	
	52.5	23.0	52.5	4.0	7.0
	52.5R	27.0		5.0	
	62.5	28.0	62.5	5.0	8.0
	62.5R	32.0		5.5	

续上表

水泥品种	强度等级	抗压强度(MPa)		抗折强度(MPa)	
		3d	28d	3d	28d
普通硅酸盐水泥 (不低于)	42.5	17.0	42.5	3.5	6.5
	42.5R	22.0		4.0	
	52.5	23.0	52.5	4.0	7.0
	52.5R	27.0		4.0	
矿渣硅酸盐水泥 火山灰质硅酸盐水泥 粉煤灰硅酸盐水泥 复合硅酸盐水泥[a] (不低于)	32.5	10.0	32.5	2.5	5.5
	32.5R	15.0		3.5	
	42.5	15.0	42.5	3.5	6.5
	42.5R	19.0		4.0	
	52.5	21.0	52.5	4.0	7.0
	52.5R	23.0		4.5	

注:[a] 复合硅酸盐水泥不包括32.5等级。

根据《通用硅酸盐水泥》(GB 175—2007)中规定,当不满足表5-2中的化学指标以及凝结时间、安定性和表5-3中强度等指标中任一项时,该水泥判定为不合格品。

第二节 水泥试验检测

一、水泥细度试验

通过水泥颗粒粗细程度的测定,作为评定水泥品质的物理指标之一。

1. 试验方法一:负压筛法

1)试验仪器

(1)负压筛析仪:能够产生4000~6000Pa的负压。

(2)试验用负压标准筛:孔径为0.080mm(80μm)或0.045mm(45μm)的方孔筛,并配有透明筛盖。

(3)天平:感量不大于0.05g。

2)试验方法和步骤

(1)正式筛析试验前,先通过接通电源打开仪器,检查负压筛析仪是否能够达到4000~6000Pa负压压力。如低于4000Pa时,应先清理吸尘器中的水泥积存物,以保证达到负压要求。

(2)称取25g水泥试样,记作m_0,倒在负压筛上,扣上筛盖并放到筛座上。开动负压筛析仪,持续过筛2min。如筛析过程中看到有水泥附着在筛盖上,可通过敲击使试样落下。

(3)筛析结束后,用天平称取筛中的筛余物,记作m_1。用筛余物的多少表示水泥的细度。

3)试验结果计算

筛析法测定水泥细度计算公式为:

$$F = \frac{m_1}{m_0} \times 100 \tag{5-1}$$

式中:F——水泥样品的筛余百分率(%);

m_1——标准筛上的筛余量(g);

m_0——试验用水泥试样质量(g)。

2. 试验方法二:水筛法

1)仪器设备

(1)专用水筛:孔径为 0.080mm 的方孔筛;

(2)水筛架:用于安放标准筛,试验时在喷头水的冲刷下以 50r/min 方式转动;

(3)喷头:直径 55mm,分布孔径为 0.5~0.7mm 的 90 个孔,喷头出水高度离标准筛的筛孔距离要求以 50mm 为宜。

(4)天平:感量小于 0.05g;

(5)烘箱:能控温在 105℃±5℃。

2)试验步骤

(1)称取水泥试样 25g,记作 m_0,倒入标准筛中。先手持水泥筛用水冲洗,将大部分水泥颗粒冲洗过筛,然后再将筛子安放在水筛架上,用喷头连续冲洗 3min。

(2)冲洗结束后,取下标准筛,用少量水把筛上的筛余物集中到蒸发器皿中,在水泥颗粒全部沉淀后,倾倒出上部的清水,放入烘箱烘干,称出筛上的筛余物,记作 m_1。

3)试验结果计算

水筛法测定水泥细度结果计算公式同式(5-1)。

3. 试验方法三:比表面积法(勃氏法)

1)仪器设备

(1)透气仪:由透气圆筒、U 形玻璃管压力计、抽气装置组成。

(2)透气圆筒:试验操作时,在底部放置穿孔板,用于装填水泥样品。

(3)捣器:用来捣实装入的水泥样品。

(4)U 形压力计:由玻璃制得的 U 形管,右侧一端靠上的不同高度有两道刻度线。在 U 形管中灌注一些带颜色的蒸馏水,高度约为 U 形管的三分之二,但要低于第二道刻度线。右侧支管一端通过阀门连接于抽气装置,顶端锥形磨口用来安放装有待测样品的透气圆筒。

(5)抽气装置。

(6)基准样品:由权威机构制得的标准试样。

(7)天平:感量 0.001g。

(8)其他:带塞 100ml 试样瓶、滤纸、秒表、烘箱、干燥箱和毛刷等。

2)试验步骤

(1)透气仪漏气检查:将锥形磨口用橡皮塞塞紧,接到压力计上。抽出稍许气体,让 U 形管中两侧的液面产生一定高差。随后关闭支管上的阀门,当观察液面差保持不变时,说明透气装置的密封状态符合要求。否则,若出现 U 形管中的液面差不断缩小,说明未达到密封效果,需用活塞油脂在各接口处进行密封处置。

(2)试样前处理:将标样水泥在110℃±5℃下烘干并在干燥器中冷却至室温,倒入100mL试样瓶中,用力摇动数分钟,使标样水泥充分分散。静置,稍许搅拌后,待用。将待测水泥样品过0.9mm方孔筛,在110℃±5℃下烘干,放入干燥器中冷却至室温,待用。

(3)确定试样量:根据下式计算出所需水泥样品的试验量。

$$W = \rho V(1 - \varepsilon) \tag{5-2}$$

式中:W——标样水泥或待测水泥样品质量(kg),精确至0.001g;

ρ——水泥试样密度(kg/m³);

V——采用规定试验方法测得的在透气圆筒中可填入的水泥试样体积(m³);

ε——试样中的空隙率,通常水泥样品取0.500。

(4)试验操作:先将穿孔板置于透气圆筒的突缘上,并将一片专用滤纸紧贴在穿孔板上。

随后将确定的水泥样品倒入圆筒中。轻敲整平后,在样品上面再放一片专用滤纸。用捣器均匀捣实试样,并使捣器的支持环紧贴透气圆筒的上沿。

样品准备就绪,将透气圆筒安放在U形管右侧的磨口上,打开抽气装置,缓慢打开支管阀门,使U形管与抽气管连通,并从中抽出适量气体。当U形管右侧液面上升超过高位刻度时,关闭支管阀门。

关闭阀门后,U形管液面开始下降。当液面下降到高位刻度线时开始计时,而当液面下降到低位刻度线时停止计时,记录该时间段所花费时间(s),同时记录试验过程中温度(℃)。

3)试验结果计算

根据试验过程中待测水泥样品与标样水泥样品在密度、试样装填后空隙率以及待测样品与标准样品分别进行该试验时的温度差异等不同情况,选择不同的计算方法计算结果。

如待测试样与标样两种样品的密度、空隙率相同,且各自试验时的温度差不大于±3℃,此时的计算公式由下式表示。

$$S_c = \frac{S_s \sqrt{T}}{\sqrt{T_s}} \tag{5-3}$$

式中:S_c——待测水泥样品的比表面积(m²/kg);

S_s——标准样品的比表面积(m²/kg),在标样标签上可查得;

T——待测水泥样品试验时测得的时间(s);

T_s——标准水泥样品试验时测得的时间(s)。

当密度、空隙率相同,但试验的温度差值大于±3℃时,此时的计算公式为:

$$S_c = \frac{S_s \sqrt{T}}{\sqrt{T_s}} \frac{\sqrt{\eta_s}}{\sqrt{\eta}} \tag{5-4}$$

式中:η、η_s——待测水泥样品与标样试验时的空气黏度(Pa·s),由不同温度下的空气黏度表中查得。

当诸如密度、空隙率等有一定差别时,可按不同公式进行结果计算(略)。

4)说明与注意问题

(1)水泥细度试验检测过程中,硅酸盐和普通硅酸盐水泥必须采用比表面积法,而矿渣、火山灰和粉煤灰硅酸盐水泥既可采用筛析法(大多是负压筛法),也可采用比表面积法。

(2)标准样品以及专用滤纸可在一些权威机构购得,如中国水泥质量监督检验中心。

(3)待测水泥样品的密度,应提前采用李氏比重瓶法测得。

(4)不同温度下空气黏度可在比表面积仪说明书中查得。

二、水泥标准稠度用水量的测定

1. 试验目的

水泥浆对标准试杆或试锥的沉入具有一定的阻力,通过针对不同用水量水泥净浆的穿透性试验,以确定水泥净浆达到标准稠度所需的水量,以此作为水泥凝结时间和安定性两项物理指标测定时所需的水泥浆材料。

2. 试验用仪器设备

(1)维卡仪:带有一个可自由滑动并调节高度的金属棒,金属棒上带有指针,通过标尺指出在0～70mm范围内可下降距离。注意,当用标准法进行标准稠度试验时,维卡仪上的标尺刻度自下而上从0～70;而当采用代用法的试锥操作时,标尺刻度宜自上而下从0～70。同时,可滑动金属棒底端装上不同的附件时,可分别用于水泥标准稠度和凝结时间的测定。

(2)标准试杆:$\phi 10mm \times 50mm$。

(3)标准试锥:用于标准稠度测定时(代用法)所用的金属空心试锥,是水泥净浆标准稠度仪的金属棒上更换的附件之一。另有与试锥配套的锥模。

(4)盛装水泥净浆的圆台形试模:试模深度$40mm \pm 0.2mm$,顶内径$\phi 65mm \pm 0.5mm$,底内径$\phi 75mm \pm 0.5mm$,每个试模配一个大于试模的平板玻璃。

(5)水泥浆搅拌机:水泥专用净浆搅拌设备,具有设定搅拌方式的功能。

(6)天平:量程1000g,感量1g。

(7)量水器:最小刻度为0.5 mL。

3. 试验方法和步骤

1)试验方法一:标准法——标准维卡仪(试杆)法

(1)水泥净浆的制备:将搅拌锅和搅拌叶片用湿布湿润,倒入根据经验估计的首次拌和用水量。称取500g待测水泥,在规定的5～10s将水泥加到拌和锅内,小心防止有水或水泥溅出。将拌和锅安置在搅拌设备上,启动搅拌机,按照规定设置的搅拌方式搅拌(搅拌方式是低速搅拌120s,停15s,再高速搅拌120s)。

(2)完成搅拌后,随即将拌制好的水泥净浆装填入放在玻璃板上的圆台形试模中,用直边小刀轻轻拍打超出试模的水泥浆体5次,保证水泥浆装填密实。在试模上表面1/3处用小刀锯掉多余水泥,随后从试模边沿轻抹一次,使净浆表面光滑。

(3)立刻将试模移到维卡仪上(注意:维卡仪应事先调整试杆在接触玻璃板时指针对准刻度板零刻度),调整试杆正好与水泥净浆表面接触,拧紧螺钉。稍停片刻,突然打开紧固螺钉,使试杆垂直自由沉入水泥净浆中,在试杆停止沉入或释放试杆30s时记录试杆至底板之间的距离。如试杆沉入净浆距底板 6mm±1mm 时,该水泥净浆为标准稠度净浆,此时拌和用水量为该水泥的标准稠度用水量,以水和水泥质量比的百分率计。如未能实现上述试验结果,则应调整加水量重新试验,直至达到规定的试验结果。每次测试后升起试杆,要立即擦净试杆上的水泥浆。

2) 试验方法二:代用法——代用维卡仪(试锥)法

(1) 水泥净浆拌制方法与标准方法相同,但该代用法用水量多少可通过调整用水量法或固定用水量法两种方式来确定。

(2) 在采用调整用水量法时,水泥仍称取 500g,可根据经验先确定一个初步的拌制水泥净浆所需的水量。按标准方法拌好之后,立即将水泥浆装入锥模中,用小刀插捣 5 次,再轻震 5 次,保证水泥浆装填密实,刮去多余的水泥浆,抹平。随即将试锥模固定在稠度仪相应位置上,调整试锥的锥尖正好与净浆表面接触,此时指针对应的刻度为 0。拧紧固定螺钉,稍过片刻,突然放松紧固螺钉,让试锥垂直自由沉入水泥净浆中。当试锥停止下沉或释放试锥 30s 时,记录试锥下沉深度(mm),整个操作应在搅拌结束后 1.5min 内完成。

以试锥下沉深度为 30mm±1mm 时的净浆为标准稠度净浆,此时其拌和水量为该水泥的标准稠度用水量,以水和水泥质量的百分率计。如下沉深度不在要求范围之内,则需另称水泥试样,改变用水量,重新试验,直至试锥下沉深度在 30mm±1mm(交通行标为 28mm±2mm)范围为止。

(3) 采用固定用水量方法时,水泥用量不变,仍是 500g。而拌和用水量固定采用 142.5mL。按上述调整用水量法操作步骤测定之后,根据试锥下沉深度 S(mm)按下式计算得到标准稠度用水量 P。

$$P = 33.4 - 0.185S \tag{5-5}$$

式中:P——水泥净浆标注稠度用水量(%);

S——试验时试锥下沉贯入深度(mm)。

4. 说明与注意问题

(1) 现行国标及行标针对水泥标准稠度用水量、凝结时间、安定性等试验操作时,都存在标准方法和代用法共存现象,实际操纵时应首选标准法。

(2) 目前交通行业标准采用代用法进行标准稠度用水量测定时,其判断条件与现行国标有所不同。这里讨论水泥净浆标准稠度用水量测定时,采用国标标准,即将行标的 28mm±2mm 判断条件改为国标的 30mm±1mm。

(3) 采用代用法时,如果固定用水量法的结果和调整用水量法的结果有冲突时,以调整用水量法的结果为准。

(4) 采用固定用水量法不适宜试锥下沉深度小于 13mm 时的水泥。

(5) 试模放置在玻璃板上的时候,事先在玻璃上抹上一层黄油等类似材料,防止水泥粘在玻璃上不好清除。

(6) 当水泥全部加入搅拌锅时,应记录下这一时刻所对应的时间,以备随后的凝结时间测定时用。

三、水泥凝结时间测定

1. 试验目的

通过测定水泥从加水时刻起,到水泥开始失去塑性和完全失去塑性产生凝固所需要的时间,来指导水泥拌制混凝土施工时的适宜施工周期。

2. 试验用仪器设备

(1)湿气养护箱:可控温在20℃±1℃,相对湿度大于90%。

(2)试针:初凝用试针长度50mm±1mm,直径$\phi 1.33mm \pm 0.05mm$;终凝用试针长度30mm±1mm,直径相同,但终凝试针下端带有一个环形附件。两种试针可滑动部分的总质量均为300g±1g。

(3)其他仪器设备同水泥净浆标准稠度试验。

3. 试验方法与步骤

(1)采用标准稠度水泥净浆作为测定凝结时间的材料。将该净浆装满圆台形的试模,插捣、振实、刮平,立即放入湿气养护箱中。记录净浆搅拌时水泥全部加到水中的时刻,作为测定凝结时间的起始时间。

(2)首先进行初凝时间的测定。待测试样在养护箱中养护30min时,进行第一次测定。将试样从养护箱中取出,放在已更换了初凝用试针的标准维卡仪下,调整试针与水泥净浆的表面刚好接触。拧紧螺钉,稍停片刻,突然打开,使试针垂直自由地沉入水泥净浆中。观察试针停止下沉或释放试针30s时试针的读数,当试针下沉至距底板4mm±1mm时,表征水泥达到初凝状态。由起始时间到初凝状态出现所经历的时间定义为初凝时间,用"min"表示。如未达到规定下沉状态,则继续养护,再次测定,直至测试结果呈现规定的状态。

(3)接着继续进行终凝时间的测定。将完成初凝时间测定的圆台形试模从玻璃板上取下,翻转,直径大端朝上,小端朝下放在玻璃板上,然后将试样放入养护箱中继续养护。将带有环形附件的测针安装在维卡仪滑动杆上,在接近终凝时间时,每隔15min测定一次,直到终凝试针沉入水泥试件表面0.5mm时为止。即当只有试针在水泥表面留下痕迹,而不出现环形附件的圆环痕迹时,表征水泥达到终凝状态,由起始时间到出现规定状态所经历的时间定义为终凝时间,用"min"表示。

4. 说明与注意问题

(1)掌握好两种凝结时间可能出现的时刻,在接近初凝或终凝时,要缩短两次测定的间隔,以免错过"真实"时刻。

(2)达到凝结时间时,要立即重复测定一次,只有当两次测定结果都表示达到初凝或终凝状态时,才可认定。

(3)在最初进行初凝时间测定时,为防止试针撞弯,要轻轻扶持金属杆,使试针缓缓下降,但最后结果要以自由下落为准。

(4)每次测定要避免试针落在同一针孔位置,并避开试模内壁至少10mm。测定间隔期间要保持试样在养护箱中等待。

四、水泥安定性试验

1. 试验目的

通过安定性试验,检测一些有害成分在水泥水化凝固过程中是否造成过量体积上的变化,以此对这些有害成分的不良影响程度进行判断。现行水泥安定性试验可检测出游离氧化钙引起的水泥体积变化,以判断水泥安定性是否合格。

2. 试验仪器设备

(1)沸煮箱:由耐锈蚀的金属制成的箱体,其有效容积为410mm×240mm×310mm,箱中试件架与加热器之间的距离大于50mm。

(2)雷氏夹:由铜质材料制成,开口试模外侧带有两根长指针。当一根指针在根部悬挂在一根金属丝或尼龙丝上,另一根指针的根部挂上300g质量的砝码时,两根指针的针尖距离增加值应为17.5mm±2.5mm。而当去掉砝码后,针尖的距离应恢复到悬挂砝码之前的状态。

(3)雷氏夹膨胀仪:用于测定雷氏夹指针尖端距离。

(4)玻璃板、小抹刀(宽10mm)、直尺、黄油等。

(5)其他仪器设备同标准稠度用水量试验。

3. 试验方法和步骤

1)试验方法一:雷氏夹法(标准法)

(1)按标准稠度用水量确定的方法和结果,拌和水泥净浆。

(2)将事先校准的雷氏夹放在涂有一薄层黄油的玻璃板上,把制备好的标准稠度水泥净浆装填在雷氏夹的试模里,并用小抹刀插捣3次,确保密实,然后抹平。每个水泥样品至少制备两个试样,再盖上一块涂油的玻璃板,放入养护箱中养护24h±2h。

(3)沸煮试验前,首先调整好箱内水位,要求在整个沸煮过程中箱里的水始终能够没过试件,不可中途补水,同时要保证水在30min±5min内开始沸腾。

(4)从养护箱中取出雷氏夹,去掉玻璃板,测量雷氏夹指针尖端的距离(记作A),精确到0.5mm(下同)。随后将试件放入沸煮箱水中的试件架上,要求指针朝上,然后开始加热,使箱中的水在30min内沸腾,并恒沸180min±5min。

(5)沸煮结束后,立即放掉箱中的热水,打开箱盖,待冷却至室温,取出试件。再次测量雷氏夹指针尖端的距离(记作C)。当两个雷氏夹试件沸煮后指针尖端增加的距离($C-A$)的平均值不大于5.0mm时,则认为该水泥安定性合格。当结果超出上述要求时,则应再做一次试验,以复检结果为准。

2)试验方法二:试饼法(代用法)

(1)将制备好的水泥标准稠度净浆取出一部分,分成相同的两份,先团成球形,放在事先涂有一层黄油的玻璃板上,在桌面上轻轻振动,并通过小刀由外向里的抹动,使水泥浆形成一个直径70~80mm、中心厚约10mm而边缘渐薄且表面光滑的圆形试饼。按上述同样的方式养护24h±2h。

(2)从玻璃板上取下试饼,先观察试饼外观有无缺陷,当无开裂、翘曲等缺陷时,放在沸煮箱的试样架上,按与上述雷氏夹试验同样的方法进行沸煮。

(3)沸煮结束后,打开箱盖,待冷却至室温,取出试饼进行观察判断。当目测试饼未发现裂缝,且用钢尺测量没有弯曲透光时,则认为相应水泥安定性合格。

4. 说明与注意问题

(1)当雷氏夹法和试饼法试验结果相矛盾时,以雷氏夹法的结果为准。

(2)在雷氏夹沸煮过程中,要避免雷氏夹指针相互交叉,以免对试验结果造成不必要的影响。

(3)现行行标与国标在操作细节和结果判断上有些区别,这里以国标内容为主。

五、水泥胶砂强度试验

1. 试验目的

通过采用 ISO 法,测定水泥的实际强度,并以此确定水泥强度等级。

2. 试验仪器设备和材料

(1)胶砂搅拌机:由胶砂搅拌锅和搅拌叶片以及电动设备组成,搅拌锅可自由挪动,但也可很方便地固定在搅拌机底座上。搅拌时,叶片按顺时针进行自转的同时,也沿锅边逆时针公转。

(2)胶砂振实台:由装有两个对称偏心轮的电动机产生振动。

(3)试模:可同时成型三根尺寸为 40mm×40mm×160mm 的棱柱体试件。

(4)(加砂)下料漏斗:由漏斗和模套组成。

(5)压力试验机:包括抗折试验机和抗压试验机。

(6)抗压试验夹具:受压面积 40mm×40mm。

(7)刮平尺和播料器。

(8)其他:试验筛、天平、量筒等。

(9)ISO 标准砂:可按每次用量时的单位小包装形式直接使用,也可按不同粒径分别包装供货,试验时按标准砂级配组成自行配制。标准砂颗粒组成如表5-4所示。

ISO 标准砂颗粒分布 表5-4

筛孔边长(方孔)(mm)	累计筛余(%)	筛孔边长(方孔)(mm)	累计筛余(%)
2.0	0	0.5	67±5
1.6	7±5	0.16	87±5
1.0	33±5	0.08	99±1

3. 试验方法和步骤

(1)胶砂组成:每锅胶砂材料组成为水泥:标准砂:水 = 450g:1350g:225mL。

(2)胶砂制备:事先将搅拌锅和搅拌叶片用湿抹布擦拭,再将所需水倒入搅拌锅内,随后加入水泥,将搅拌锅固定在机座上,上升至固定位置。立即开动机器,先低速搅拌30s,在第二个30s开始的同时均匀地将砂子通过加砂漏斗加到锅中,再高速搅拌30s,停拌90s后,再高速搅拌60s。注意在最后一分钟搅拌时,要将锅壁上粘的胶砂刮入锅内。

(3)胶砂试件成型:先把试模和模套固定在振动台上,用小勺从搅拌锅中将胶砂分两层装入试模。装第一层时用大播料器垂直架在模套顶部,将料层播平,随后振实60次。再装入第二层胶砂,用小播料器播平,再振实60次。随后去掉套模,从振实台上卸下试模,用一金属直尺以近似垂直的角度在试模模顶的一端,沿试模长度方向以割锯动作慢慢向另一端移动,一次将试模上多余的胶砂刮去,并用直尺将试件表面抹平。

(4)试样养护:对试模作标记,带模放置在养护室或养护箱中养护,直到规定的脱模时间(大多为24h)。脱模时先在试件上进行编号,注意进行两个龄期以上的试验时,要将一个试模中的三根试件分别编在二个以上的龄期内。随后将试件水平(也可竖直)放在20℃±1℃的水中养护,彼此间保持一定间隔。养护期间保证水面超过试件5mm,需要时要及时补充水量,但不允许养护期间全部换水。

(5)强度试验

养护至规定龄期时,从养护环境中取出待测试件,进行强度测定。

首先进行抗折试验。将抗折试验机调平衡。试件的侧面朝上放在试验机的调整夹具内,旋紧夹具时调整杠杆的仰起高度,使杠杆在试件折断时尽可能地接近水平位置。接通开关,抗折机以50N/s±10N/s的速率均匀施加荷载,直至试件折断,记录破坏时的荷载。

随后进行抗压试验。将折断的半截试件放在抗压夹具里,注意直接受压面为侧面,然后放到压力机上。压力机以2400N/s±200N/s速率加荷,直至试件破坏,记录破坏荷载。

4. 试验结果计算

(1)抗折强度通过下式计算:

$$R_f = \frac{1.5 F_f L}{b^3} \tag{5-6}$$

式中:R_f——水泥胶砂抗折强度(MPa),精确至0.1MPa(下同);

F_f——水泥胶砂试件折断时施加的荷载(N);

L——试件支撑间距(mm),标准状况为100mm;

b——水泥胶砂试件正方形截面边长,40mm。

试验结果处理:以一组三个试件抗折结果的平均值作为试验结果。当三个试验结果中有一个超出平均值±10%时,应舍去,取其余两个测定值的平均值,作为抗折强度试验结果。

(2)抗压强度通过下式计算:

$$R_c = \frac{F_c}{A} \tag{5-7}$$

式中:R_c——水泥胶砂抗压强度(MPa);

F_c——破坏时的最大荷载(N);

A——受压面积(mm^2),标准面积为40mm×40mm。

试验结果处理:以一组三个试件得到的六个抗压强度算术平均值为试验结果。如六个测定值中还有一个超出六个平均值±10%,舍去该结果,而以剩下五个的平均值为结果。如五个测定值中还有一个超过五个结果的平均值±10%,则该次试验结果作废。

5. 说明与注意问题

(1)强度试验时试件的龄期确定:试件龄期是从水泥和水搅拌开始混合时算起,不同龄期强度试验按照不同的时间限定范围来确定。

——24h±15min

——48h±30min

——72h±45min

——7d±2h

——≥28d±8h

(2)进行抗压试验时,要选择适宜的加载量程,使试件破坏时达到的最大加载值在所选量程的20%~80%为宜。

第三节　水泥混凝土技术性质

水泥混凝土是由水泥、粗细集料和水按适当比例混合,在需要时掺加适宜的外加剂、掺合料等配制而成。其中水泥起胶凝和填充作用,集料起骨架和密实作用。水泥与水发生化学反应生成具有胶凝作用的水化物,将集料颗粒紧密黏结在一起,经过一定凝结硬化时间后形成人造石材即混凝土。

自混凝土材料产生的一百多年的时间里,伴随实际应用领域的不断扩展和对混凝土性能要求的不断提高,混凝土技术有了很大变化。但无论如何改变,其核心和基本内容都是建立在普通混凝土技术的基础之上。所谓普通水泥混凝土,是指混凝土采用常用原材料,无特殊需要的通用型混凝土。在掌握了普通混凝土技术的基础上,其他类型混凝土均可在这一技术的基础上,有针对性地加以调整,即可满足其各自要求。所以学习普通水泥混凝土(简称混凝土)的主要内容,是掌握整个混凝土技术的基础和出发点。

水泥混凝土的主要技术性质概括地讲,有新拌和时的工作性和硬化后的力学性质两个方面。

一、新拌水泥混凝土的工作性

1. 混凝土工作性的定义

新拌混凝土的工作性又称和易性,是综合评价混凝土流动性、可塑性、稳定性和易密性状况的一项综合性质和指标。

(1)流动性:是指混凝土拌和物在自重或机械振捣作用下,能产生流动,并均匀密实地填满模板的性能;

(2)可塑性:指拌和物在外力作用下产生塑性流动,不发生脆性断裂的性质;

(3)稳定性:指拌和物在外力作用下,集料在水泥浆体中保持均匀分布,不会产生离析或

出现泌水现象的性能;

(4)易密性:指拌和物在捣实或振动过程中克服摩阻力达到密实程度的能力。

由于混凝土拌和物的工作性在很大程度上影响到施工过程和硬化后混凝土的技术性能,因此较深入地了解混凝土工作性概念、有效把握影响工作性的相关技术,对保证水泥混凝土的质量和品质有重要的意义。

2. 工作性检测方法

常用混凝土拌和物工作性的测定方法有坍落度试验和维勃稠度试验两种。坍落度试验适用于塑性混凝土,维勃稠度试验适用于干硬性混凝土,但无论哪种试验方法都还不是一个能够全面反映混凝土拌和物工作性的测定方法。目前只是在测出混凝土拌和物流动性的同时,通过经验和观察,结合一定的辅助手段综合地评定混凝土的工作性。

(1)坍落度法

坍落度试验是将待测混凝土拌和物以规定的方式分三层装入标准坍落度圆锥筒中,每层按要求插捣 25 次,多余拌和物用镘刀刮平。随后提起圆锥筒,在重力作用下混凝土会自动坍落,测出筒高与坍落后混凝土试体最高点之间的高差(以 mm 为单位),作为试验结果之一,并称之为坍落度,见图 5-1。接着通过侧向敲击,进一步观察混凝土坍落体的下沉情况。如混凝土拌和物在敲击下渐渐下沉,并能较好的团聚在一起,表示混凝土具有良好的黏聚性。如拌和物在敲击时突然折断倒坍,或有石子离析出来,则表示黏聚性较差。另一方面,察看拌和物均匀程度和水泥浆含水状况,判断混凝土的保水

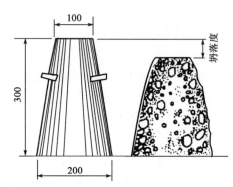

图 5-1 混凝土坍落度试验(尺寸单位:mm)

性。如整个试验过程中没有或仅有少量水泥浆从底部析出或者从拌和物表面泌出,则表示混凝土拌和物具有良好的保水性。但如果有较多水泥浆从底部流出,并引起拌和物中集料外露,则说明混凝土的保水性不好。通过上述方法,定性地评价混凝土的工作性。

坍落度试验适用于集料公称最大粒径不大于 31.5mm,坍落度值不小于 10mm 的混凝土拌和物。

(2)维勃稠度试验

坍落度试验适合于新拌混凝土具有一定坍落度,并有一定塑性时的情况。当混凝土较为干硬,且坍落度很小时,这种方法就不合适了,这时需要采用维勃稠度试验来评定混凝土的工作性。

该试验采用专用维勃稠度仪来进行。维勃稠度仪由振动台、台上固定的标准圆筒和筒上的透明圆盘组成,见图 5-2。进行维勃稠度试验,首先按与坍落度试验相同的操作方式将混凝土拌和物装填到放在维勃稠度仪上的圆锥筒中,提起圆

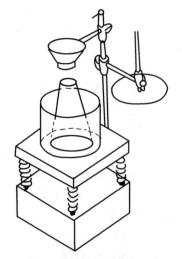

图 5-2 混凝土维勃稠度试验仪

锥筒后,将一透明圆盘放置在混凝土拌和物上。开启振动台,同时开始计时,当透明圆盘底面被水泥浆布满的瞬间停止计时,并关闭振动台。以这一过程所需的时间作为维勃试验的结果,以秒为单位。显然,维勃时间愈长,混凝土拌和物的坍落度就愈小。

3. 影响混凝土工作性的因素

能够影响到混凝土拌和物工作性的因素可概括地分成内因和外因两大类。外因主要是指施工环境条件,包括外界环境的气温、湿度、风力大小以及时间等。但应值得重视和了解的因素是在构成混凝土组成材料的特点及其配合比例的内因上,其中包括原材料特性、单位用水量、水灰比和砂率等方面。

(1) 原材料特性

水泥品种和细度将会影响混凝土拌和物的工作性。如普通硅酸盐水泥拌和物的工作性相对较好;矿渣水泥的流动性较大,但黏聚性较差;火山灰水泥拌和物流动性小,但黏聚性较好等。另一方面,适当提高水泥细度可改善混凝土拌和物的黏聚性和保水性,减少泌水和离析的程度。

粗集料的颗粒形状和表面特征也直接影响到混凝土的工作性。如采用卵石配制混凝土的流动性比碎石混凝土要大;集料中针片状颗粒含量较少,接近立方体的颗粒较多,且级配较好时,在同样的水泥浆数量下,混凝土拌和物可获得较大的流动性,同时黏聚性和保水性也较好。

当混凝土中使用外加剂时,会显著改善混凝土的工作性,所以目前实际工作中普遍使用外加剂。

(2) 单位用水量

单位用水量的多少决定了混凝土拌和物中水泥浆的数量。显然,在组成材料一定的情况下,拌和物的流动性随单位用水量的增加而加大。当固定水和水泥用量的比例,即水灰比一定时,单位用水量过小,则水泥浆数量就会偏少,此时混凝土中集料颗粒间缺少足够的黏结材料,拌和物的黏聚性较差,易发生离析和崩坍现象,而且也不易密实;但如果单位用水量过大时,虽然混凝土的流动随之增加,但黏聚性和保水性却随之变差,会产生流浆、泌水、离析现象。同时单位用水量过大还会使混凝土易产生收缩裂缝,影响到混凝土耐久性和造成水泥浪费等问题。

(3) 水灰比

水灰比是指混凝土中所用的水和水泥质量之比。随着混凝土技术的不断发展,混凝土中充当胶凝作用的原材料已不仅仅是单一的水泥,还有诸如硅粉、高炉矿渣粉和粉煤灰等都能起到类似的胶凝效果,所以水灰比(W/C)已由水胶比(W/B)替代。水胶比即混凝土中水的质量与起到胶凝效果的材料总质量之比。但二者无论是在概念还是实际应用上,并没有本质上的差异,论述中采用水灰比还是水胶比,不会造成概念上的错误。所以,在不涉及除水泥之外的其他胶凝材料时,仍采用较为习惯的水灰比进行讨论。

单位用水量的多少决定了水泥浆数量的多少,而水灰比的大小则决定了水泥浆的稀稠程度。水灰比小,则水泥浆稠度大,混凝土拌和物流动性小。当水灰比过小时,在一定施工方式下有可能难以保证混凝土密实成型。相反,若水灰比过大,水泥浆稠度较小,虽然混凝土拌和物的流动性相比有一定增加,但可能引起混凝土拌和物黏聚性和保水性不良。而且当水灰比超过一定限度时,混凝土拌和物将产生严重的泌水、离析现象。同时过大的水灰比在水泥混凝土硬化过程中随着多余水分的蒸发,形成大量毛细孔洞,会导致混凝土强度和耐久性降低。因此,当混凝土拌和物的流动性不足或过大时,不能仅仅采用增加或减少单位用水量的方法来改变混凝土的流动性,而是在保持原有水灰比不变的基础上,同时增加或减少水和水泥的用量,以控制水灰比处于适宜的状态。由此可见,混凝土的水灰比对混凝土起着极为关键的作用,是保证混凝土各项性能的核心指标。

(4)砂率

砂率是指混凝土中砂的质量占砂、石总质量的百分率。由水、水泥和砂组成的水泥砂浆在混凝土中起着润滑作用,通过这种润滑作用来降低粗集料之间的摩阻力,以产生所需的流动性。所以,当砂率不足时,过小砂率组成的水泥砂浆数量不足以包裹所有的粗集料,无法发挥出所需的润滑作用,使混凝土拌和物的流动性受到影响。因此,在一定范围内,混凝土拌和物的流动性会随着砂率提高所产生的润滑作用的增强而加大。但在水泥浆数量固定的情况下,随着砂率的增大,集料的总表面积也随之增大,使水泥浆的数量相对减少,当砂率超过一定的限度后,就会削弱由水泥浆所产生的润滑作用,反而又会导致混凝土拌和物流动性的降低。这种变化规律如图5-3所示。

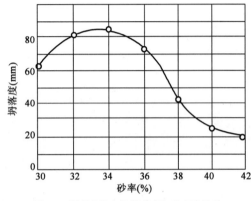

图5-3　混凝土拌和物坍落度与砂率的关系

因此,水泥混凝土存在一个合理砂率,即当水泥浆数量一定的情况下,能使混凝土拌和物获得最大流动性而且保持良好黏聚性和保水性的砂率,这样的砂率可称为混凝土的最佳砂率。如图5-3中,抛物线型曲线中最高值对应的砂率(大约33%)就是最佳砂率。

二、硬化后混凝土的力学性质

1. 强度

强度是混凝土最主要的力学性质之一,工程实践中主要关注的有抗压强度和抗折强度。

(1)立方体抗压强度(f_{cu})

以标准方法制成边长100mm、150mm或200mm的立方体试件,其中边长为150mm的立方体为标准尺寸,在标准条件下(20℃±2℃,相对湿度95%以上)养护至28d龄期,用标准方法测定其受压极限破坏荷载,以此求得混凝土的抗压强度(MPa)。该强度指标是混凝土力学指标的基础性强度指标,常用于实际工程的强度和质量控制。

用于评价混凝土抗压强度的方式除采用立方体试件之外,还可采用圆柱体试件。圆柱体试件的尺寸有三种规格,分别是$\phi 100mm \times 200mm$、$\phi 150mm \times 300mm$和$\phi 200mm \times 400mm$,其中标准尺寸是$\phi 150mm \times 300mm$。在专用试模中通过机械振动振实或人工捣棒捣实的方式分层装填成型,拆模前进行端面找平。与立方体试件同样的养护条件养护到指定龄期,按照类似的加载试验方法进行抗压试验,求得混凝土的抗压强度。

(2)抗弯拉强度(抗折强度)(f_{cp})

将混凝土制成150mm×150mm×550mm(或600mm)的直角棱柱小梁试件,按照规定的养护方法养护到28d龄期。通过采用三分点加荷方式进行试验,测得抗弯拉强度(MPa)。该强度在道路和机场跑道中有着重要意义,因为此时的路面混凝土结构物对承受弯拉荷载作用有很高的要求,所以在进行面层和机场跑道混凝土结构设计或质量控制时,要采用抗弯拉强度作为设计控制指标,抗压强度作为参考强度指标。表5-5列出不同道路交通等级对抗弯拉强度的要求,表5-6列出道路混凝土抗弯拉强度与抗压强度之间的关系。

混凝土路面设计强度标准值　　　　表5-5

交通荷载等级	极重、特重、重	中等	轻
混凝土设计弯拉强度标准值(MPa)	≥5.0	4.5	4.0

道路水泥混凝土抗弯拉强度与抗压强度的关系　　　　表5-6

抗折强度(MPa)	4.0	4.5	5.0	5.5
抗压强度(MPa)	25.0	30.0	35.5	40.0

2. 强度等级

结构设计时,混凝土各种力学强度的标准值均可由抗压强度等级经过换算得出,强度等级是各种力学强度标准值的基础。

(1)立方体抗压强度标准值($f_{cu,k}$)

立方体抗压强度标准值是指按标准方法制作和养护的边长为150mm的立方体试件,到28d龄期时,采用标准试验方式测得的抗压强度总体分布中的一个值,要求混凝土抗压强度低于标准值的百分率不超过5%(即具有95%保证率的抗压强度),以MPa(N/mm²)计。可见,混凝土抗压强度f_{cu}与抗压强度标准值($f_{cu,k}$)的区别在于标准值并不是一个简单的平均结果,而是引入了保证率概念,涉及数理统计分析过程,从而能够更加准确地反映混凝土强度结果的整体状况。

(2)混凝土强度等级

根据立方体抗压强度标准值来确定强度等级。表示方法是用符号"C"和"立方体抗压强度标准值"两项内容表示。如C30表示混凝土的立方体抗压强度标准值($f_{cu,k}$)不低于30MPa。我国现行规范将混凝土立方体抗压强度等级设定为14个:C15、C20、C25、C30、C35、C40、C45、C50、C55、C60、C65、C70、C75和C80。

3. 影响混凝土强度的因素

影响混凝土强度的因素很多,主要有组成原材料的影响,包括原材料的特征和各材料之间的组成比例等内因,以及养护条件和试验测试条件等外因。

(1)水泥强度和水灰(胶)比

水泥强度的高低是影响混凝土强度的最直接因素。试验表明,水泥的强度愈高,则水化反应后形成的水泥石强度就愈高,从而配制的混凝土强度也就愈高。当水泥的强度确定时,混凝土的强度主要取决于水灰(胶)比的大小,在一定范围内强度随水灰(胶)比的减少而有规律的提高。根据大量试验资料统计结果,得出水灰(胶)比、水泥实际强度与混凝土28d立方体强度之间的关系,可由下式表示。

$$f_{cu,28} = a_a f_{ce}\left(\frac{C}{W} - a_b\right) \tag{5-8}$$

式中:$f_{cu,28}$——28d 龄期混凝土立方体抗压强度(MPa);

f_{ce}——水泥实际强度(MPa);

$\frac{C}{W}$——灰水比;

a_a、a_b——与集料品种有关的统计回归系数,通过试验求得。

(2)集料特性

采用碎石拌制的混凝土,其形成的强度要比采用卵石拌制的混凝土强度高,但在相同的用水量情况下,流动性相对较小。这是因为集料粗糙的表面和较多的棱角,使碎石在提高与水泥及其水化产物的黏附性和胶结程度的同时,也加大了拌和物内部摩擦阻力的缘故。由于针片状颗粒给施工带来不利影响,并引起混凝土空隙率的提高,所以混凝土中用的粗集料要限制针片状颗粒数量。粗集料的最大粒径对混凝土抗压强度和抗折强度均有影响,一方面随着粗集料粒径增大,单位用水量相应减少,在固定的用水量和水灰比条件下,加大最大粒径,可获得较好的工作性,或因减小水灰比而提高混凝土的强度和耐久性;另一方面随着粗集料最大粒径的增加,将会减少集料与水泥浆接触的总面积,使界面强度降低,同时还会因振捣密实程度的降低影响到混凝土强度的形成。所以粗集料最大粒径的增加,对混凝土强度带来双重影响,但这种不利的影响程度对混凝土抗折强度要比抗压强度更大一些。

(3)浆集比

混凝土中水泥浆的体积和集料体积之比称为浆集比,该比值对混凝土的强度也有一定的影响。在水灰(胶)比相同的条件下,达到最佳浆集比后,混凝土的强度随着混凝土浆集比的增加而降低。

(4)养护条件

养护过程中温度、湿度和龄期是影响混凝土强度形成的主要因素。混凝土在潮湿环境下养护,形成的强度要远高于在干燥环境下形成的强度。因此,为了使混凝土正常硬化,促进强度的形成和提高,应创造和维持一定的潮湿环境。特别是在夏季高温季节,由于气温较高,水分蒸发迅速,更要特别注意经常补水养护。

确保一定的养护温度是混凝土强度形成的又一必要条件。如果混凝土养护温度过低甚至降至冰点以下,由于水泥的水化反应的停止,使混凝土的强度不再发展,甚至会因冰冻作用造成混凝土强度的损失。所以在相同湿度条件下,适宜的提高养护温度,有利于混凝土强度的提高。

在标准养护条件下,混凝土强度与龄期之间有较好的相关性,在对数坐标上呈直线关系。所以可利用这种相关性,根据早期结果来推算混凝土后期强度。

(5)试验条件

试验时的试件尺寸、试件的湿度和温度、支承状况和加载方式等都会影响同一混凝土最终强度结果。例如,同样的压力试验,尺寸愈小的试件测得的结果就会愈高,原因在于加载时上下压头对偏小试件上下面产生的保护作用更加明显,所以同样的抗压试验对受压面积偏小的试件测得的结果就会比受压面积偏大的要高,因此不同尺寸抗压试件测得的结果要采用不同系数加以修正。又例如,加载速率快慢也会对强度结果带来直接影响,加载速率越高,测得的强度就会越高,原因在于较快的加载速率下,试件没有充足响应时间反映出这种变化,因而造成一种被测试件能够有更高的承受荷载能力的假象。

第四节　水泥混凝土试验检测

一、水泥混凝土拌和物工作性试验

1. 试验方法一:坍落度试验

1)试验目的

通过坍落度试验,综合评价新拌混凝土的工作性。坍落度试验适用于坍落度值大于10mm,集料公称最大粒径不大于31.5mm 的混凝土。

2)试验仪器

(1)混凝土搅拌设备。

(2)坍落筒:金属铁皮制成,规格尺寸列于表5-7。

坍落度筒规格　　　　　　　表5-7

集料最大粒径 (mm)	坍落筒类型	筒的内部尺寸(mm)		
		底面直径	顶面直径	高度
≤31.5	标准坍落筒	200±2	100±2	300±2
50~80	加大坍落筒	300±2	150±2	450±2

(3)捣棒:直径16mm,长约650mm,用于插捣的一端为半圆形。

(4)其他:小铁锹、装料漏斗、馒刀、钢尺等。

3)试验方法和步骤

(1)拌和,如采用搅拌机拌和,首先用与实际混凝土相同的砂浆在拌和机内部进行涮膛,以避免正式拌和混凝土时水泥砂浆黏附在搅拌机上,改变原有混凝土的材料组成。将称好的粗集料、细集料和水泥分别加入到拌和机中,先搅拌均匀后,徐徐加入所需的水。继续搅拌2min,将拌和物倒在铁板上,人工再翻拌1~2min。

如采用人工拌和,先称取水泥和砂倒在拌和板上搅拌均匀,再称出石子一起拌和。将料堆的中心扒开,倒入所需水的一半,仔细拌和均匀后,再倒入剩余的水,继续拌和至均匀。大约拌和时间为4~5min。

无论是机械拌和还是人工拌和,所需时间不宜超过5min。

(2)用湿布抹湿坍落筒和铁锹、拌和板等用具。将漏斗放在坍落筒上,脚踩踏板,拌和物分三层装入筒内,每层装填的高度稍大于筒高的三分之一。每层用捣棒沿螺旋线由边缘至中心插捣25次,要求最底层插捣至底部,其他两层插捣至下层约20~30mm。

(3)装填插捣结束后,用馒刀刮去多余的拌和物,抹平筒口,清除筒底周围的混凝土。随即立即提起坍落筒,操作过程在5~10s内完成,要注意提筒时防止对装填的混凝土产生横向扭力作用。

(4)将坍落筒放在已坍落的拌和物一旁,筒顶平放一个朝向拌和物的直尺,用钢尺量出直尺底面到试样顶点的垂直距离,该距离定义为混凝土拌和物的坍落度,以 mm 为单位,结果精确至1mm。

(5)对坍落的拌和物做进一步的观察,用捣棒轻轻敲击拌和物。如在敲击过程中坍落的混凝土体渐渐下沉,表示黏聚性较好;如敲击时混凝土体突然折断,或崩解、石子散落,则说明混凝土黏聚性差。

(6)观察整个试验过程中是否有水从拌和物中析出,如混凝土体的底部少有水分析出,混凝土拌和物表面也无泌水现象,则说明混凝土的保水性较好;否则如果底部明显有水分流出,或混凝土表面出现泌水现象,则表示混凝土的保水性不好。

(7)当混凝土拌和物的坍落度大于220mm时,用钢尺测出混凝土坍落结束扩展后的最大直径和最小直径,在这两个直径之差小于 50mm 的条件下,用其算术平均值作为坍落扩展度。但两者的差值超出 50mm 时,此次试验无效。

除上述操作之外,还可针对所谓的棍度以上、中、下进行描述,对含砂情况采用多、中、少进行评价。由此可见,混凝土拌和物工作性的描述是一种带有经验性的综合评述过程。

2. 试验方法二:维勃稠度试验

1)试验目的

用于测定和评价较为干硬的混凝土工作性状态。

2)试验仪器设备

(1)VB 稠度仪:主要由振动台、盛样容器、坍落筒和透明有机玻璃圆盘组成,见图 5-2。

(2)其他:秒表、捣棒、镘刀等。

3)试验步骤

(1)先将盛样容器用螺母固定在振动台上,放入坍落筒,扣上漏斗。

(2)按照与坍落度试验相同的方法,分三层将混凝土拌和物装填到筒中。完成后,移去漏斗,抹平混凝土表面后提起坍落筒,将透明圆盘放在混凝土上。

(3)一切就绪后,启动振动台,同时按下秒表开始计时,仔细观察在振动过程中透明盘和混凝土之间的接触变化情况。当透明圆盘底面刚好布满水泥浆时,立即停止计时并关闭振动台。以秒表所示时间作为混凝土拌和物稠度的试验结果,精确至1s。

4)说明与注意问题

(1)坍落度试验中除了坍落度值能够比较准确的测出之外,有关黏聚性和保水性等内容难以定量描述,需要一定的工作经验辅助判断。其中的保水性可根据实际情况将该内容分成多量、少量和无三个等级,多量表示有较多的水从筒底析出;少量表示有数量不多的水分从底部析出;而无则表示没有水析出。

(2)坍落筒中的装填插捣操作,是将捣棒垂直压下,而不能采用冲击的方式进行。

二、水泥混凝土拌和物表观密度测定

1. 试验目的

通过新拌混凝土表观密度的测定,用于修正和确定混凝土的材料配合比组成。

2. 试验仪器设备

(1) 试样筒:刚性金属圆筒,要求内径不小于集料公称最大粒径的 4 倍。当最大粒径不大于 31.5mm 时,量筒的容积要达到 5L,即尺寸为 $\phi186mm \times 186mm$,精确至 2mm。

(2) 圆头捣棒。

(3) 磅秤:称量 100kg,感量 50g。

(4) 其他:振动台、直尺、馒刀、玻璃板等。

3. 试验方法与步骤

1) 试验方法一:已知容量筒体积

(1) 试验前用湿布擦拭容量筒内外,称取质量 m_1,精确至 50g。

(2) 当坍落度大于 70mm 时,采用人工插捣密实。对于 5L 试样筒,将混凝土分两层装入,每层插捣 25 次。对于大于 5L 的量筒,每层混凝土高度不应大于 100mm,每层插捣次数按每 10000mm² 截面不小于 12 次计算。捣棒从边缘开始,沿螺旋线至中心均匀插捣。捣棒应垂直压下,不得冲击。捣底层时应至筒底,捣上两层时须插入其下一层约 20~30mm。每捣毕一层,应在量筒外壁拍打 5~10 次,直至拌和物表面不出现气泡为止。

当坍落度小于 70mm 时,宜采用振动台振实。一次性装满容器筒,固定在振动台上进行振动。当振动过程中发现混凝土低于筒口,补加混凝土,振动至混凝土表面出现水泥浆为止。

(3) 用金属直尺齐筒口刮去多余的混凝土,用馒刀抹平表面,并用玻璃板检验,而后擦干量筒外部,称其质量记作 m_2。

2) 试验方法二:未知容量筒体积

(1) 首先称取干净的试样筒,质量记作 m_1(kg),精确到 50g(下同)。然后将干净的水注满试样筒,盖上一块已知质量的玻璃板,如玻璃板下有气泡,应补水排除,擦干容量筒表面,称出总质量 m(kg)。则筒的容积等于总质量减去筒和玻璃板的质量和,记作 V(L)。

(2) 当坍落度小于 70mm 时,容量筒中混凝土拌和物的捣实分为人工和机械两种途径。操作同上。

(3) 密实操作结束后,用金属直尺从筒口刮去多余部分,仔细用馒刀抹平表面,擦净筒壁,在磅秤上称取质量,记作 m_2。

4. 试验结果计算

混凝土拌和物的表观密度通过下式计算:

$$\rho_h = \frac{m_2 - m_1}{V} \tag{5-9}$$

式中:ρ_h——混凝土拌和物的毛体积密度(kg/L);

m_1——容量筒质量(kg);

m_2——捣实或振实后混凝土和容量筒的质量之和(kg);

V——容量筒体积(L),即试样筒、水和玻璃板的总质量与筒和玻璃板质量之和的差值。

5. 说明与注意问题

(1) 试样筒可直接选用标有体积的标准容积筒,只要筒的内径与待测混凝土中集料的公称最大粒径相匹配即可。

(2)技术标准上称测得的密度为混凝土的表观密度,但实质上该密度属于混凝土的毛体积密度。

(3)在对未知容量筒体积进行标定时,认为当筒中装入水的质量以千克(kg)计时,其数值就等于该试样筒以升(L)为单位的体积数,其理由是此时水的密度等于1kg/L。

三、水泥混凝土拌和物凝结时间测定

1. 试验目的

通过采用贯入阻力的测定方法,明确混凝土拌和物在不同环境条件下的凝结时间变化规律,以此正确地控制现场施工进程。同时在使用外加剂的条件下,准确把握混凝土的凝结固化速度。

2. 试验仪器设备

(1)贯入阻力仪:最大测量值不小于1000N,刻度盘精度10N。贯入阻力仪示意图见图5-4。

(2)测针:长度约100mm,根据针头截面积的大小划分成100mm^2、50mm^2、20mm^2三种型号,在距离贯入端25mm处刻有标记,来指示操作时地贯入深度。

(3)圆形试模:上口径为160mm,下口径为150mm,净高150mm的刚性容器,并配有盖子。

(4)捣棒。

(5)标准筛:4.75mm方孔筛。

(6)其他:铁制拌和板、吸液管、玻璃片等。

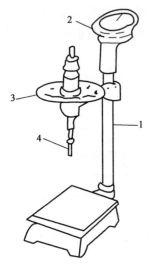

图5-4 贯入阻力仪示意图
1-仪器主体;2-刻度盘;3-手轮;4-测针

3. 试验方法与步骤

(1)取有代表性的混凝土拌和物,用4.75mm的标准筛尽快过筛,筛去4.75mm以上的粗集料。经人工翻拌后,装入试模。每批混凝土拌和物取一个试样,共取三个试样,分装到三个试模中。

(2)对于坍落度不大于70mm的混凝土宜采用振动台振实砂浆,振动应持续到表面出浆为止,但要避免振动过度;对于坍落度大于70mm的宜用捣棒人工捣实,沿螺旋线方向由外向中心均匀插捣25次,然后用橡皮锤轻击试模侧面,以排除在捣实过程中留下的孔洞。进一步整平砂浆表面,且表面要低于试模上沿约10mm。

(3)盖上玻璃板,将试件静置于温度20℃±2℃(或与现场相同)环境中,并在以后的试验中,环境温度始终保持在20℃±2℃。除操作过程外,试筒应始终加盖。

(4)约1h后,通过倾斜试模,将表面泌出的水集中起来,用吸液管吸出。在以后的操作过程中要多次进行类似的吸水工作,以免影响贯入阻力仪的使用。

(5)根据测试时间的长短,依次从粗到细选择合适的测针进行贯入阻力的测定。当观察

到测针压入砂浆表面时,测孔周围出现微小裂缝,则应改换截面积较小的测针。也可参考表 5-8 选择测针。

测针选择参考表　　　　　　表 5-8

单位面积贯入阻力(MPa)	0.2~3.5	3.5~20.0	20.0~28.0
选用的测针针头截面积(mm²)	100	50	20

(6)先将待测试件放在贯入阻力仪上,当测针刚刚接触砂浆表面时,转动手轮让测针在 10s±2s 内垂直均匀地插入试样内至刻度处,深度为 25mm±2mm,记下刻度盘显示的增量,精确至 10N。并记下从开始加水拌和所经过的时间和当时的环境温度。

(7)每个试样作贯入阻力试验次数应不少于 6 次,要求第一次测得的单位面积贯入阻力不大于 3.5MPa,最后一次的单位面积贯入阻力应不小于 28MPa。从加水拌和时刻算起,常温下普通混凝土 3h 后开始测定,以后每隔 0.5h 测一次;快硬混凝土或气温较高时,则应在 2h 后开始测定,以后每隔 0.5h 测一次;缓凝混凝土或低温环境下,可 5h 后开始测定,以后每隔 2h 测一次。临近初凝或终凝时可增加测定次数。

4. 试验结果计算

(1)单位面积贯入阻力按下式计算:

$$f_{PR} = \frac{P}{A} \tag{5-10}$$

式中:f_{PR}——单位面积贯入阻力(MPa);

P——测针贯入深度 25mm 时地贯入压力,即测针垂直插入试样 25mm 时刻度盘增量(N);

A——贯入用测针截面面积(mm)。

(2)以单位面积贯入阻力为纵坐标,测试时间为横坐标,绘制单位面积贯入阻力与测试时间的关系曲线。经 3.5MPa 及 28MPa 画两条与横坐标平行的直线,则该直线与关系曲线交点对应的横坐标分别为混凝土的初凝时间和终凝时间,见图 5-5。

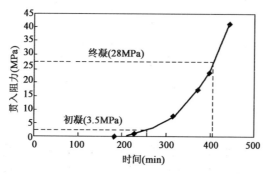

图 5-5　混凝土贯入阻力-时间曲线

(3)凝结时间取三个试样的平均值。三个测值中的最大值或最小值,如果有一个与中间值之差超过中间值的 10%,则以中间值为试验结果;如最大值和最小值与中间值之差都超过中间值的 10%,则此次试验无效。

5. 说明与问题分析

(1) 每次测定时,测针应距试模边缘至少 25mm,而每次测针检测点之间的净距离也至少为所用测针直径的 2 倍。

(2) 如果对混凝土进行湿筛不好操作时,可以按混凝土中水泥砂浆的配合比,直接称料拌和成砂浆进行试验。但注意应按粗集料的吸水率状况,对加入的水量进行修正。

(3) 试验时的环境温度即可按要求控制在 20℃±2℃ 条件下,也可控制在与施工现场相同的环境条件下,且这样测得的结果与实际更为接近,更便于指导施工现场的进程控制。

四、水泥混凝土强度试验

1. 试验内容一:水泥混凝土试件的制作与养护

1) 试验目的

标准的混凝土成型方法和养护方式,是进行混凝土最重要的技术性质——力学强度测定的基本要求,通过试验掌握正确的混凝土试件制作方法和养护条件。

2) 试验仪器

(1) 振动(台)机:振动频率(3000±200)次/min,负荷时的振幅为 0.35mm。

(2) 试模:由铸铁或钢制成,相应的几何尺寸如表 5-9 所示。

常用水泥混凝土试模尺寸及换算系数　　　　表 5-9

试验内容		试模内部尺寸（mm）	集料公称最大粒径（mm）[a]	尺寸换算系数（k）
立方体抗压强度	标准试件	150×150×150	31.5	1.00
	非标准试件	200×200×200	53	1.05
		100×100×100	26.5	0.95
抗折强度	标准试件	150×150×550(600)	31.5	1.00
	非标准试件	100×100×400	31.5	0.85
立方体劈裂抗拉强度	标准试件	150×150×150	31.5	1.00
	非标准试件	100×100×100	26.5	0.85

注:[a] 将原采用圆孔筛确定的粒径换算为对应方孔筛确定的粒径。

(3) 其他:镘刀、捣棒、金属直尺、湿布等。

3) 试验方法与步骤

(1) 试件成型

① 装配好试模,避免组装变形或使用变形试模,并在试模内部涂抹薄薄一层脱模剂。

② 将符合工作性要求的拌和物在 15min 之内装填入试模中。根据混凝土拌和物坍落度高低,选择合适的密实方法:

a. 当坍落度小于 25mm 时,可采用 $\phi 25mm$ 插入式振捣棒成型。将拌和物一次装入试模并适当高出,过程中还可用抹刀沿各试模壁插捣。用振捣棒距板底 10~20mm 插入振捣,直至表面出浆为止。应避免过振,防止混凝土离析,振捣时间为 20s。缓慢拔出振捣棒,避免留下孔洞。用抹刀刮去多余混凝土,在临近初凝时,用抹刀抹平。

b. 当坍落度大于25mm且小于70mm时,用标准振动台成型。将已装满且稍有富余拌和物的试模固定在振动台上,接通电源振动至表面出现水泥浆为止,时间一般控制在90s。振动结束后,用金属直尺沿试模边缘刮去多余混凝土,用抹刀抹平表面。待试件收浆后,再次用抹刀将试件表面仔细抹平。

c. 当坍落度大于70mm时,用人工成型。将拌和物分两层装填在试模中,用捣棒以螺旋形从边缘向中心均匀插捣。插捣底层混凝土时,捣棒应达到模底;插捣上层时,捣棒应深入到下层20~30mm处,注意插捣时要以用力下压而不是冲击的方式。每插捣完一层,用橡皮锤敲击试模外壁10~15次。100cm² 截面积内每层插捣次数不得少于12次。

③每种方式成型的试件表面与试模表面边缘高低差不得超过0.5mm。

(2)养护方法

①成型好的试模上覆盖湿布,防止水分蒸发。在室温(20±5)℃、相对湿度大于50%的条件下静置1~2d。时间到达后拆模,进行外观检查、编号,并对局部缺陷进行加工修补。

②将试件移至标准养护室的架子上,彼此间应有30~50mm的间距。养护条件温度(20±2)℃、相对湿度95%以上,直至到规定龄期。

2. 试验内容二:水泥混凝土抗压强度试验

1)试验目的

通过混凝土抗压强度试验,以确定混凝土强度等级,作为评定混凝土品质的重要指标。

2)试验仪器

(1)压力机或万能试验机:能够满足混凝土加载吨位的要求。设备的球座材质坚硬,转动灵活。

(2)金属直尺。

3)试验方法与步骤

(1)将养护到指定龄期的混凝土试件取出,擦除表面水分。检查测量试件外观尺寸,看是否有几何形状变形。试件如有蜂窝缺陷,可以在试验前三天用水泥浆填补修整,但需在报告中加以说明。

(2)以成型时的侧面作为受压面,将混凝土置于压力机中心并位置对中。施加荷载时,对于强度等级小于C30的混凝土,加载速度为0.3~0.5MPa/s;对于强度等级大于C30小于C60的混凝土,取0.5~0.8MPa/s的加载速度;对于强度等级大于C60的混凝土,取0.8~1.0 MPa/s的加载速度。当试件接近破坏而开始迅速变形时,应停止调整试验机的油门,直到试件破坏,记录破坏时的极限荷载。

4)试验结果计算

水泥混凝土抗压强度通过下式计算:

$$f_{cu} = k \cdot \frac{F_{max}}{A_0} \tag{5-11}$$

式中:f_{cu}——水泥混凝土抗压强度(MPa);

F_{max}——极限荷载(N);

A_0——试件受压面积(mm);

k——尺寸换算系数(见表5-9的相关数据)。

3. 试验内容三:水泥混凝土抗弯拉强度试验

1)试验目的

水泥混凝土抗弯拉强度,又称抗折强度,是混凝土主要力学指标之一,通过试验取得的检测结果作为路面混凝土组成设计的重要参数。

2)试验仪器设备

(1)万能试验机或具有50~300kN的抗折机。

(2)抗折加载试验装置:由双点加载压头和活动支座组成。

3)试验方法与步骤

(1)将达到规定龄期的抗折试件取出,擦干表面,检查试件,如发现试件中部1/3长度内有蜂窝等缺陷,则该试件废弃。

(2)从试件一端量起,分别在距端部的50mm、200mm、350mm和500mm处画出标记,分别作为支点(50mm和500mm处)以及加载点(200mm和350mm处)的具体位置。

(3)调整万能机上两个可移动支座,使其准确对准试验机下压头中心点距离两侧各225mm,随后紧固支座。将抗折试件放在支座上,且侧面朝上。

施加荷载时应保持均匀、连续。当混凝土的强度等级小于C30时,加荷速度为0.02~0.05MPa/s;当混凝土的强度等级大于或等于C30且小于C60时,加荷速度为0.05~0.08MPa/s;当混凝土的强度等级大于或等于C60时,加荷速度为0.08~0.10MPa/s;试件接近破坏而开始迅速变形时,不再增加油门,直至试件破坏。

4)试验结果计算

水泥混凝土抗折强度通过下式计算:

$$f_{\mathrm{cf}} = \frac{FL}{bh^2} \tag{5-12}$$

式中:f_{cf}——抗折强度(MPa);

F——极限荷载(N);

L——支座间距(450mm);

b、h——试件的宽和高(标准尺寸均为150mm)。

5)说明与注意问题

(1)试验结果的数据处理:无论是抗压强度还是抗折强度,试验结果均以3个试件的算术平均值作为测定值。如任一个测定值与中值的差超过中值的15%,取中值为测定结果;如两个测定值与中值的差都超过15%时,则该组试验结果作废。

(2)压力机通常有若干加载量程,试验时应选择合适的压力机加载量程,一般要求达到的最大破坏荷载是所选量程的20%~80%,否则可能引起较大的误差。选择的思路是根据混凝土设计强度(或判断可能达到的强度),通过强度计算公式反算出在此强度状况下达到的最大荷载,而能够使该荷载进入某量程的20%以上、80%以下的,则是合适的加载量程。

(3)试验要求的加载速率单位是以MPa/s表示,并不是压力机施加的力的单位。应根据加载速率要求和实际试验时试件的受压面积将其换算成压力机可读的力的单位,即kN/s。

如常见的强度等级 C30 以上的 150mm×150mm×150mm 抗压试件,根据要求的加载速率 0.5~0.8MPa/s,则换算成压力机上可读的加载速率为 11.25~18.00kN/s。

(4)试件从养护环境取出后要尽快进行试验,以免试件内部的湿度发生显著改变而影响测定结果。

(5)对于抗弯拉试验,三个试件中如有一个断面位于加荷点外侧,则混凝土抗折强度按另外两个试件的试验结果计算。如果这两个测值的差值不大于这两个测值中较小值的 15%,则这两个测值的平均值为测试结果,否则结果无效。如果有两根试件均出现断裂面位于加荷点外侧,则该组结果也判为无效。

第五节 普通水泥混凝土组成设计

普通水泥混凝土组成设计,是针对设计任务、根据技术要求(主要有强度、工作性及耐久性等)和经济性要求、考虑施工条件等因素,选择适宜的组成材料,确定各组成材料用量,使配制的混凝土在满足经济性要求的原则下,达到期望的技术性能。

一、普通水泥混凝土组成材料的技术要求

1. 水泥

水泥在混凝土中起胶结作用,对混凝土的性能起着关键性作用,应从水泥品种和强度等级两个方面进行选择。

1)水泥品种

五种常见水泥品种都可以配制普通水泥混凝土,但应根据工程性质和气候环境及施工条件进行合理选择。表 5-10 提供了选择水泥品种的归纳性参考。

水泥品种及其适用性　　　　　表 5-10

	水泥品种	硅酸盐水泥	普通硅酸盐水泥	矿渣硅酸盐水泥	火山灰硅酸盐水泥	粉煤灰硅酸盐水泥
环境条件	普通气候环境	可以使用	优先选用	可以使用	可以使用	可以使用
	干燥环境	可以使用	优先选用	—	不得使用	不得使用
	高湿度环境或水下环境	可以使用	可以使用	优先选用	可以使用	可以使用
	严寒地区露天条件或严寒地区处在水位升降范围内的混凝土	优先选用	优先选用	不得使用	不得使用	不得使用
工程特点	厚大体积混凝土	不宜使用	—	优先选用	优先选用	优先选用
	机场、道路混凝土路面	可以使用	优先选用	不宜使用	不宜使用	不宜使用
	要求快硬的混凝土	优先选用	可以使用	不得使用	不得使用	不得使用
	C40 以上的混凝土	优先选用	可以使用	可以使用	可以使用	可以使用
	有抗渗要求的混凝土	可以选用	可以使用	优先选用	优先选用	可以使用
	有耐磨要求的混凝土(强度等级≥42.5MPa)	优先选用	优先选用	可以使用	可以使用	不得使用

2)水泥强度等级

应合理选择水泥强度等级,使水泥的强度等级与配制的混凝土强度等级相匹配。要避免高强度等级的混凝土采用过低强度等级的水泥,这样会由于水泥用量过多,不仅不经济,还会引起诸如收缩性加大、耐磨性降低的不良后果;同样也要避免过低强度等级的混凝土选用过高强度等级的水泥,以免因水泥用量偏少,造成混凝土耐久性不良的问题,并影响到混凝土的工作性和密实度。根据经验,普通混凝土强度等级和水泥强度等级之间大致有 1.0～1.5 倍的匹配关系。

2. 粗集料

混凝土用粗集料包括碎石和卵石,是混凝土中用量最多的组成材料,对混凝土的强度形成起着重要作用。总体上讲,为保证混凝土的质量,对粗集料技术性能要求主要体现在具有良好的物理力学性能,以及稳定的化学性能,使集料与水泥不发生有害反应。

1)力学性质

粗集料在混凝土中起骨架作用,必须具备足够的承载能力,即具有良好的强度和坚固性,这类性质通常采用岩石的立方体抗压强度或集料压碎指标来表示。显然不同抗压强度或压碎指标的原材料可适应不同的混凝土强度要求。根据《公路桥涵施工技术规范》(JTG/T F50—2011)技术标准,将卵石和碎石等粗集料按技术要求分为Ⅰ、Ⅱ、Ⅲ类(见第三章中第二节相关技术要求),而不同强度等级混凝土应选择不同等级的粗集料,见表5-11。

混凝土强度等级与碎石、卵石技术等级 表5-11

混凝土强度等级	≥C60	C30～C60	<C30
碎石、卵石技术等级	Ⅰ类	Ⅱ类	Ⅲ类

2)粒径、颗粒形状及级配

在讨论影响混凝土强度因素的内容里已知,粗集料的最大粒径将对混凝土的强度产生一定的影响。考虑最大粒径增加带来的影响,需对粗集料的最大粒径给出一定的限定。即混凝土用粗集料的最大粒径应不大于结构截面最小尺寸的 1/4,并且不超过钢筋最小净距的 3/4;对于实心混凝土板,集料的最大粒径不宜超过板厚的 1/3,且不得超过 31.5mm。

因粗集料中针、片状颗粒对混凝土的强度带来消极影响,应针对不同强度等级的混凝土,限制粗集料中针、片状颗粒含量。

采用不同的级配类型配制混凝土,将带来不同的影响。连续级配矿料配制的混凝土较为密实,并具有优良的工作性,不易产生离析,是经常采用的级配形式。但连续级配与间断级配相比,配制相同强度的混凝土,所需的水泥消耗量较高;而采用间断级配矿料配制混凝土,水泥消耗量较低,并且可以得到密实高强的混凝土。但同时,间断级配混凝土拌和物容易产生离析现象。所以,混凝土中碎石或卵石颗粒组成应符合表5-12的规定。

单粒级集料主要用于合成配制所需的连续级配,也可以与连续粒级集料掺配使用,以改善连续粒级的级配状况。一般不宜采用单粒级集料直接配制混凝土,但如果必须单独使用,应通过相应试验和分析,在证明不会因产生离析等问题而对混凝土造成不利影响后,方可使用。

碎石或卵石的颗粒级配规定　　　　　　　　　　表5-12

级配	公称粒径(mm)	下列筛孔(mm)上的累计筛余(%)										
		2.36	4.75	9.5	16.0	19.0	26.5	31.5	37.5	53.0	63.0	75.0	90
连续粒级	4.75~9.5	95~100	80~100	0~15	0	—	—	—	—	—	—	—	—
	4.75~16	95~100	85~100	30~60	0~10	0	—	—	—	—	—	—	—
	4.75~19	95~100	90~100	40~80	—	0~10	0	—	—	—	—	—	—
	4.75~26	95~100	90~100	—	30~70	—	0~5	0	—	—	—	—	—
	4.75~31.5	95~100	90~100	70~90	—	15~45	—	0~5	0	—	—	—	—
	4.75~37.5	—	95~100	70~90	—	30~65	—	—	0~5	0	—	—	—
单粒级	9.5~19	—	95~100	85~100	—	0~15	—	—	—	—	—	—	—
	16~31.5	—	95~100	—	85~100	—	—	0~10	—	—	—	—	—
	19.5~37.5	—	—	—	95~100	80~100	—	—	0~10	—	—	—	—
	31.5~63	—	—	—	—	95~100	—	75~100	45~75	—	0~10	0	—
	37.5~75	—	—	—	—	—	95~100	—	70~100	—	30~60	0~10	0

3) 有害物质

粗集料中的有害杂质主要以黏土、泥块、硫化物及硫酸盐、有机质等形式存在,这些杂质会影响到水泥与集料之间的黏结性,对水泥的水化效果产生消极作用。另外,粗集料中的一些活性成分,如活性氧化硅、活性碳酸盐等,在水存在的条件下可以与水泥中的碱性成分发生反应,引起混凝土膨胀、开裂,甚至造成严重的破坏,这种现象称为碱集料反应。所以对这些有害物质要加以限制,防止这些成分对水泥水化效果产生消极作用。

3. 细集料

混凝土用细集料应采用级配良好、质地坚硬、颗粒洁净的河砂或海砂。各类砂的技术指标必须合格才能使用。相应指标要求见第三章第二节相关技术要求。

(1) 混凝土所用细集料也应具备一定的强度和坚固性等力学要求,不同强度等级的混凝土应选用不同技术等级的细集料,二者之间的关系见表5-13。

混凝土强度等级与细集料技术等级的关系　　　　　　　　表5-13

混凝土强度等级	≥C60	C30~C60	<C30
细集料技术等级	Ⅰ级	Ⅱ级	Ⅲ级

(2) 级配与细度模数。

细集料根据细度模数将砂分成粗、中、细三种类型,再根据级配的不同分成Ⅰ、Ⅱ、Ⅲ个区,见表5-14。其中Ⅱ区的砂由中砂和部分偏粗的细砂组成,采用Ⅱ区砂配制的混凝土有较好的保水性和捣实性,且混凝土的收缩小,耐磨性高,是配制混凝土优先选用的级配类型;Ⅰ区的砂属粗砂范畴,当采用Ⅰ区的砂配制混凝土时,应比Ⅱ区的砂有较高的砂率,否则混凝土拌和物的内摩擦力较大、保水性差、不易捣实成型;Ⅲ区的砂是由细砂和部分偏细的中砂组成,当采用Ⅲ区的砂配制混凝土时,应较Ⅱ区砂适当降低砂率,此时的拌和物较黏聚,易于振捣成型,但由于比表面积较大,要求适当提高水泥用量,且对工作性影响较为敏感。

细集料级配范围 表 5-14

级配分区		下列筛孔(mm)上的累计筛余(%)						
砂类型(细度模数)	级配区	0.15	0.30	0.60	1.18	2.36	4.75	9.5
粗砂(3.7~3.1)	Ⅰ	90~100	80~95	71~85	35~65	5~35	0~10	0
中砂(3.0~2.3)	Ⅱ	90~100	70~92	41~70	10~50	0~25	0~10	0
细砂(2.2~1.6)	Ⅲ	90~100	55~85	16~40	0~25	0~15	0~10	0

注:1.砂的实际颗粒级配与表中所列数字相比,除 4.75mm 和 0.60mm 筛档外,可以略有超出,但超出总量应小于5%。
　　2.Ⅰ区人工砂 0.15mm 筛孔的累计筛余可以放宽到 100%~85.2%,Ⅱ区人工砂中 0.15mm 筛孔的累计筛余可以放宽到 100%~80%,Ⅲ区的人工砂中 0.15mm 筛孔的累计筛余可以放宽到 100%~75%。

(3)有害杂质。

细集料中有害杂质对混凝土的危害作用同粗集料中的有害杂质,其含量应限制在规定的范围中,见第一章集料中的相关内容。

针对不同领域组成混凝土用集料所需性能要求,可见第三章表 3-4~表 3-11 相关内容。

4. 拌和用水

混凝土拌和所用的水中,不应含有影响水泥水化反应和混凝土质量的有害物质。这些有害物质主要包括油、酸、碱、盐类、有机物等。海水可用于拌制素混凝土,但不得拌制钢筋混凝土或预应力混凝土。用水的选择可简单地概括为凡能生活用水都可拌制混凝土,非生活用水符合表 5-15 的指标时,也可使用。

混凝土拌和用水质量要求 表 5-15

项　目		素混凝土	钢筋混凝土	预应力混凝土
pH 值	≥	4.5	4.5	5.0
不溶物(mg/L)	≤	5000	2000	2000
可溶物(mg/L)	≤	10000	5000	2000
氯化物(以 Cl^- 计)(mg/L)	≤	3500	1000	500
硫酸盐(以 SO_4^{2-} 计)(mg/L)	≤	2700	2000	600
碱含量(mg/L)	≤	1500	1500	1500

二、混凝土配合比设计概述

1. 水泥混凝土配合比表示方法

混凝土配合比常用两种方法来表示。

(1)单位用量表示法——以每立方米混凝土中各材料的用量(kg)表示,如 1 立方米混凝土中水泥:水:细集料(简称砂):粗集料(简称石)= 340kg:170kg:765kg:1292kg。

(2)相对用量表示法——以水泥的质量为 1,其他材料针对水泥的相对用量,并按"水泥、砂、石和水灰(胶)比"的顺序排列表示,如以上面单位用量表示法中所列内容为依据,采用相对用量来表示则可转化为 $1:2.25:3.80; W/C = 0.50$。

2. 配合比设计要求

(1)满足结构物设计强度要求:设计强度是混凝土设计过程中必须要达到的指标,为满足这一重要指标,根据施工单位管理水平和强度保证率要求,在配合比设计的实际操作过程中,采用一个比设计强度高一些的"配制强度",以确保最终的结果满足设计强度的要求。

(2)满足施工工作性要求:针对工程实际,构造物的特点,包括断面尺寸、配筋状况以及施工条件等来确定合适的工作性指标,以保证实际施工的需求。

(3)满足耐久性要求:配合比设计中通过考虑允许的"最大水灰(胶)比"和"最小水泥用量",来保证处于不利环境(如严寒地区、受水影响等)条件下混凝土的耐久性要求。

(4)满足经济性要求:在满足设计强度、工作性和耐久性要求的前提下,设计中通过合理减少价高材料(如水泥)的用量,多采用当地材料以及利用一些替代物(如工业废渣)等措施,降低混凝土费用,提高经济效益。

3. 混凝土配合比设计步骤

(1)计算初步配合比:针对设计文件要求,根据原始资料和原材料特点性质,按照我国目前广泛采用的设计步骤,首先计算出一个初步配合比,得到组成混凝土材料初步的用量比例(kg/m^3,下同),即水泥:水:砂:石 $= m_{co}:m_{wo}:m_{so}:m_{go}$。

(2)提出基准配合比:采用施工实际使用的材料,通过实拌实测的方法,对初步配合比进行工作性检验,测出初步配合比的坍落度或维勃稠度,根据试验结果作必要的调整,提出一个能够满足工作性要求的基准配合比,即水泥:水:砂:石 $= m_{ca}:m_{wa}:m_{sa}:m_{ga}$。

(3)确定试验室配合比:在基准配合比的基础上,以初步配合比确定的水灰比为中间值,在保持水灰比间距相同的条件下,再提出一组稍高和一组稍低水灰比的另外两组混凝土,通过实际拌和、成型、养护和检测三组混凝土立方体抗压强度,建立水灰比变化和强度变化的工作曲线,以此确定出能够确保混凝土强度满足要求的水灰(胶)比,由此得到满足强度要求的试验室配合比,即水泥:水:砂:石 $= m_{cb}:m_{wb}:m_{sb}:m_{gb}$。进一步对所得试验室配合比进行密度修正,最终完成试验室配合比,水泥:水:砂:石 $= m'_{cb}:m'_{wb}:m'_{sb}:m'_{gb}$。

(4)换算工地配合比:根据即时测得的工地现场材料的含水率,将试验室配合比换算成工地实际使用的配合比,即水泥:水:砂:石 $= m_c:m_w:m_s:m_g$。

三、普通混凝土配合比设计方法(抗压强度为设计指标)

1. 配合比设计指标

混凝土配合比设计指标主要包括硬化后的结构强度、拌和物的工作性以及使用时的耐久性等。

(1)混凝土拌和物的工作性

工作性的选择取决于混凝土施工方法以及构件自身的特点,包括构件截面尺寸的大小、钢筋疏密程度及施工方式等。通常,当构件截面尺寸较小,或钢筋较密,采用人工插捣时,坍落度可选择的大一些。反之,当构件截面尺寸较大,或钢筋较疏,或采用机械振捣,则坍落度可选择小一些,参见表5-16。

混凝土浇筑时坍落度要求 表 5-16

构 件 种 类	坍落度(mm)
基础或地面等的垫层、无配筋的大体积结构(挡土墙、基础等)或配筋稀的结构	10~30
板、梁和大型及中型截面的柱子	30~50
配筋密的结构(薄壁、斗仓、筒仓、细柱等)	50~70
配筋特密的结构	70~90

(2)混凝土的配制强度($f_{cu,o}$)

混凝土设计强度等级应根据实际工程构造物的结构特点、功能要求、所处环境等众多因素综合考虑决定。

为了使所配制的混凝土在工程使用时具备必要的强度保证率,配合比设计时的配制强度应大于设计要求的强度等级,当混凝土设计强度小于 C60 时和不小于 C60 时,配制强度分别按式(5-13)和式(5-14)计算:

$$f_{cu,o} \geq f_{cu,k} + 1.645\sigma \tag{5-13}$$

$$f_{cu,o} \geq 1.15 f_{cu,k} \tag{5-14}$$

式中:$f_{cu,o}$——混凝土配制强度(MPa);

$f_{cu,k}$——混凝土设计强度(MPa);

1.645——混凝土强度达到 95% 保证率时的保证率系数;

σ——混凝土强度标准差(MPa);可根据施工单位在 1~3 个月期间,同类混凝土统计资料确定,计算时的试件组数不应少于 30 组。标准差计算公式见式(5-15)。

$$\sigma = \sqrt{\frac{\sum_{i=1}^{n} f_{cu,i}^2 - n\overline{f}_{cu}^2}{n-1}} \tag{5-15}$$

式中:σ——混凝土立方体抗压强度标准差(MPa);

$f_{cu,i}$——第 i 组混凝土强度(MPa);

$\overline{f}_{cu}$——n 组试件强度平均值(MPa);

n——同批混凝土试件组数。

当混凝土强度等级不大于 C30,强度标准差计算值不小于 3.0MPa 时,则标准差按式(5-15)计算结果取值;当强度标准差计算值低于 3.0MPa 时,则标准差取 3.0MPa;当强度等级不低于 C30 且小于 C60 时,如强度标准差计算值不小于 4.0MPa,按式(5-15)计算结果取值;小于 4.0MPa 时,则标准差取 4.0MPa;如施工单位无历史资料可供参考,标准差可按表 5-17 取值。

强度标准差取值表 表 5-17

混凝土强度等级	≤C20	C25~C45	C50~C55
强度标准差取值(MPa)	4.0	5.0	6.0

(3)混凝土的耐久性

混凝土的耐久性主要取决于混凝土的密实程度,而密实度的高低又在于混凝土的水灰(胶)比的大小和水泥用量的多少。当水灰(胶)比偏大或水泥用量偏少时,都有可能在硬化后的混凝土构件内部产生过多的毛细孔隙,为日后引起混凝土耐久性不良现象留下隐患。所以为了保证混凝土的耐久性,要对混凝土中的最大水灰(胶)比和最小水泥用量做出限制规定。

当满足耐久性要求时,混凝土中最小胶凝材料用量应符合表 5-18 的要求。

满足耐久性要求混凝土最小胶凝材料(水泥)用量　　　　　　表 5-18

最大水灰(胶)比	最小胶凝材料用量(kg/m³)		
	素混凝土	钢筋混凝土	预应力混凝土
0.60	250	280	300
0.55	280	300	300
0.50	320		
≤0.45	330		

当混凝土中掺加矿物掺合料时,其最大掺量按表 5-19 考虑。

钢筋混凝土中矿物掺合料最大掺量　　　　　　表 5-19

矿物掺合料种类	水 胶 比	最大掺量(%)	
		采用硅酸盐水泥	采用普通硅酸盐水泥
粉煤灰	≤0.40	45	35
	>0.40	40	30
粒化高炉矿渣	≤0.40	65	55
	>0.40	55	45
钢渣粉	—	30	20
磷渣粉	—	30	20
硅灰	—	10	10
复合掺合料	≤0.40	65	55
	>0.40	55	45

同时,满足耐久性要求时还应达到表 5-20 中所列指标的要求。

满足耐久性要求混凝土最大水灰(胶)比　　　　　　表 5-20

主要类型	环境特点	最大水灰(胶)比	最低强度等级	最大氯离子含量
一类	室内干燥环境;永久的无侵蚀性静水浸没环境	0.60	C20	不限制
二类 a	室内潮湿环境;非严寒和非寒冷地区的露天环境;非严寒和非寒冷地区与无侵蚀性的水或土壤直接接触的环境;寒冷和严寒地区的冰冻线以下与无侵蚀性的水或土直接接触的环境	0.55	C25	3.0
二类 b	干湿交替环境;水位频繁变动环境;严寒和寒冷地区的露天环境;严寒和寒冷地区的冰冻线以上与无侵蚀性的水或土直接接触的环境	0.55(0.55)	C30(C25)	
三类 a	严寒和寒冷地区冬季水位冰冻区环境;受除冰盐影响环境;海风环境	0.45(0.50)	C35(C30)	
三类 b	盐渍土环境;受除冰盐作用环境;海岸环境	0.40	C40	

注:二类 b、三类 a 环境中的混凝土在使用引气剂时,可采用括号中的参数。

2. 混凝土初步配合比设计步骤

(1) 计算混凝土配制强度 $f_{cu,o}$

根据设计要求的强度等级,普通混凝土的配制强度按式(5-13)或式(5-14)计算确定。

(2) 确定水胶比 W/B

普通混凝土的水胶比(W/B)依据下式求得。

$$W/B = \frac{a_a \times f_b}{f_{cu,o} + a_a \times a_b \times f_b} \tag{5-16}$$

式中:$f_{cu,o}$——水泥混凝土的配制强度(MPa);

a_a,a_b——回归系数,应根据工程所使用的水泥和集料,通过实际试验来确定。当不具备统计回归条件时,可按表5-21的内容选用;

混凝土回归系数(a_a、a_b)取值表　　　　表5-21

回归系数	碎石	卵石
a_a	0.53	0.49
a_b	0.20	0.13

f_b——胶凝材料28d抗压强度实测值(MPa);当无实测值时,f_b值可按下式确定:

$$f_b = \gamma_f \times \gamma_s \times f_{ce,g} \tag{5-17}$$

式中:γ_f、γ_s——粉煤灰和粒化高炉矿渣粉影响系数,按表5-22选用;

粉煤灰影响系数(γ_f)和粒化高炉矿渣粉(γ_s)影响系数　　　表5-22

胶凝材料掺量 (%)	粉煤灰 (影响系数γ_f)	高炉矿渣粉 (影响系数γ_s)
0	1.00	1.00
10	0.85~0.95	1.00
20	0.75~0.85	0.95~1.00
30	0.65~0.75	0.90~1.00
40	0.55~0.65	0.80~0.90
50	—	0.70~0.85

注:1. 粉煤灰采用Ⅰ级、Ⅱ级时取上限;
　　2. 高炉矿渣粉为S75级时取下限,S95级取上限,S105级时在上限上加0.05。

f_{ce}——水泥28d实测强度(MPa)。如无实测值可按下式计算。

$$f_{ce} = \gamma_c \times f_{ce,g} \tag{5-18}$$

式中:$f_{ce,g}$——水泥强度等级(MPa);

γ_c——水泥强度等级富裕系数,按表5-23取值。

水泥强度等级值的富裕系数(γ_c)　　　　表5-23

水泥强度等级	32.5	42.5	52.5
富裕系数	1.12	1.16	1.10

当计算求出 W/B 后,还应根据混凝土所处环境条件对耐久性要求的允许水灰(胶)比(见表5-20)进行校核,必须满足规定的最大水灰(胶)比限定。

(3)单位用水量(m_{wo})的确定

当水灰比确定后,单位用水量的大小就决定了混凝土中水泥浆数量的多少,也就决定了水泥浆和集料质量的比例关系。该用水量主要取决于混凝土拌和物施工工作性的要求,采用查表的方式进行。

①当水灰(胶)比在 0.40~0.80 范围时,对于塑性混凝土用水量(m_{wo})应符合表 5-24 规定。

塑性混凝土用水量(m_{wo})取值表(kg/m³) 表 5-24

混凝土坍落度 (mm)	碎石公称最大粒径(mm)[a]				卵石公称最大粒径(mm)			
	13.2	16	26.5	31.5	9.5	16	26.5	31.5
10~30	200	185	175	165	190	170	160	150
35~50	210	195	185	175	200	180	170	160
55~70	220	205	195	185	210	190	180	170
75~90	230	215	205	195	215	195	185	175

注:[a] 将相关规范中的圆孔筛对应的粒径改为现行交通行业标准方孔筛对应的粒径。(下同)

②同样,当水灰(胶)比在 0.40~0.80 范围时,对于干硬性混凝土用水量(m_{wo})应符合表 5-25 规定。

干硬性混凝土用水量 m_{wo} 取值表(kg/m³) 表 5-25

维勃稠度 (s)	碎石公称最大粒径(mm)			卵石公称最大粒径(mm)		
	13.2	16	31.5	9.5	16	26.5
16~20	180	170	155	175	160	145
11~15	185	175	160	180	165	150
5~10	190	180	165	185	170	155

表中的用水量是针对中砂时的取值。当分别采用细砂或粗砂时,用水量应分别增加或减少 5~10kg。

对于掺外加剂的混凝土,用水量可根据外加剂的减水率,通过计算确定。

$$m_{w,ad} = m_{wo}(1 - \beta_{ad}) \tag{5-19}$$

式中:$m_{w,ad}$——掺外加剂时混凝土的单位用水量(kg/m³);

m_{wo}——未掺外掺剂混凝土的单位用水量(kg/m³);

β_{ad}——外加剂的减水率(%),由产品说明书指明或试验确定。

此时,每立方米混凝土中外加剂用量(m_{ao})按下式计算。

$$m_{ao} = m_{bo}\beta_a \tag{5-20}$$

式中:m_{ao}——计算配合比每立方米混凝土中外加剂用量(kg/m³);

m_{bo}——计算配合比每立方米混凝土中胶凝材料用量(kg/m³);

β_a——外加剂掺量(%),经由产品说明书或试验确定。

(4)胶凝材料(m_{bo})、矿物掺合料及水泥(m_{co})用量

每立方米混凝土的胶凝材料用量(m_{bo})按下式计算:

$$m_{bo} = \frac{m_{wo}}{\dfrac{W}{B}} \quad (5\text{-}21)$$

式中:m_{bo}——每立方米混凝土中胶凝材料用量(kg/m^3);

m_{wo}——每立方米混凝土中的用水量(kg/m^3);

$\dfrac{W}{B}$——混凝土水胶比。

每立方米混凝土矿物掺合料用量(m_{fo})按下式计算:

$$m_{fo} = m_{bo}\beta_f \quad (5\text{-}22)$$

式中:m_{fo}——每立方米混凝土中矿物掺合料用量(kg/m^3);

β_f——矿物掺合量(%),参考表5-19确定。

每立方米混凝土的水泥用量(m_{co})按下式计算。

$$m_{co} = m_{bo} - m_{fo} \quad (5\text{-}23)$$

(5)砂率β_s的确定

在坍落度处于常规范围10~90mm时,砂率依据粗集料的品种、最大粒径以及水灰(胶)比,通过表5-26确定。如实际水灰比在表中无对应位置,可通过内插的方式推算确定。

混凝土砂率选用表(%) 表5-26

水胶比 (W/B)	碎石最大粒径(mm)			卵石最大粒径(mm)		
	13.2	16	31.5	9.5	16	31.5
0.40	30~35	29~34	27~32	26~32	25~31	24~30
0.50	33~38	32~37	30~35	30~35	29~34	28~33
0.60	36~41	35~40	33~38	33~38	32~37	31~36
0.70	39~44	38~43	36~41	36~41	35~40	34~39

表中数据是针对中砂选用的砂率,对细砂或粗砂可相应地减少或增加砂率。

对于坍落度≥60mm的混凝土,应在表5-26的基础上,按坍落度每增加20mm,砂率增大1%的幅度调整。而坍落度<10mm的混凝土或使用外加剂的混凝土,应通过试验确定砂率。

(6)粗集料m_{go}和细集料m_{so}的确定

粗细集料的用量可以通过质量法或体积法两种方法计算获得。

①质量法——该方法又称为假定表观密度法,即首先假定一个合适的混凝土表观密度ρ_{cp},它在数值上等于混凝土各组成材料的单位用量之和。在砂率已知的条件下,得下列关系式,并以此求得混凝土各组成材料用量。

$$\begin{cases} m_{co} + m_{wo} + m_{so} + m_{go} = \rho_{cp} \\ \beta_s = \dfrac{m_{so}}{m_{so} + m_{go}} \times 100 \end{cases} \quad (5\text{-}24)$$

式中:m_{co}——混凝土中单位水泥用量(kg/m^3);

m_{wo}——混凝土中单位水用量(kg/m^3);

m_{go}——混凝土中单位粗集料用量(kg/m^3);

m_{so}——混凝土中单位细集料用量(kg/m^3);

β_s——砂率(%);

ρ_{cp}——混凝土拌和物假定表观密度(kg/m^3),其值可在 2350~2450kg/m^3 选择。

②体积法——该方法认为混凝土拌和物的总体积等于水泥、细集料、粗集料和水四种材料的绝对体积之和。同样,在砂率已知条件下得到下列关系式:

$$\begin{cases} \dfrac{m_{co}}{\rho_c} + \dfrac{m_{wo}}{\rho_w} + \dfrac{m_{so}}{\rho'_s} + \dfrac{m_{go}}{\rho'_g} + 0.01a = 1 \\ \beta_s = \dfrac{m_{so}}{m_{so} + m_{go}} \times 100 \end{cases} \quad (5-25)$$

式中:m_{co}、m_{wo}、m_{so}、m_{go}、β_s——符号意义同前;

ρ_c、ρ_w——水泥和水的密度(kg/m^3);

ρ'_s、ρ'_g——细集料和粗集料的表观密度(kg/m^3);

a——混凝土的含气量(%),在不使用引气型外加剂时,a 取 1。

这样得到初步配合比为水泥:水:细集料:粗集料 = $m_{co}:m_{wo}:m_{so}:m_{go}$。

在上述两种粗、细集料的计算方法中,质量法试验工作量较少,不需提前对各种原材料进行密度测定,如操作者已积累了有关混凝土表观密度资料,通过该方法亦可得到准确的结果;体积法需要事先对所用材料进行密度测定,需要投入一定的工作量,但由于是根据组成材料实测密度进行计算,所以得到的砂、石材料用量相对较为精确。

3. 试拌调整提出混凝土基准配合比

初步配合比设计得到的结果,仅仅依靠的是一种经验方式,其结果必须通过实际检验来查看工作性是否满足施工和易性的要求。必要时进行适当调整,提出符合工作性要求的基准配合比。

(1)试拌和测定

室内试拌时,选取与实际工程使用相同的原材料,根据粗集料的最大粒径,采用基准配合比,确定一次试拌时的材料用量,见表 5-27。

混凝土试拌的最小搅拌量 表 5-27

集料公称最大粒径(mm)	拌和物数量(L)	集料公称最大粒径(mm)	拌和物数量(L)
≤26.5	20	31.5	25

砂、石材料以不计含水率的干燥状态为准,采用尽可能与实际施工相同的方式拌和,随后以标准操作方式进行拌和物的工作性检测。

(2)工作性调整

通过具体的坍落度(或维勃稠度)试验,混凝土的工作性检测结果会有以下几种可能:

①坍落度值(或维勃稠度)达到设计要求,且混凝土的黏聚性和保水性亦良好,则原有初步配合比无须调整,得到的基准配合比与初步配合比一致;

②混凝土的坍落度或维勃稠度不能满足设计要求,但黏聚性和保水性却较好时,此时应在保持原有水灰(胶)比不变的条件下,调整水和水泥用量,直至通过试验证实工作性满足要求。这样得到的基准配合比中砂、石用量仍未发生变化,但水泥、水的用量改变;

③当试拌并实测之后,发现流动性能够达到设计要求,但黏聚性和保水性却不好,此时保持原有水泥和水的用量,在维持砂石总量不变的条件下,适当调整砂率改善混凝土的黏聚性和

保水性,直至坍落度、黏聚性和保水性均满足要求。经过调整,得到基准配合比,同初步配合比对照,其中水泥和水的用量可能未变(也有可能在改变砂率的同时,要相应调整水泥浆的用量,使水泥和水的用量也发生变化),但砂和石各自的用量肯定发生改变;

④试拌并实测后,如发现拌和物的坍落度(或维勃稠度)不能满足要求,且黏聚性和保水性也不好,则应在水灰(胶)比和砂石总量维持不变的条件下,改变用水量和砂率,直到符合设计要求为止。此时提出的基准配合比与初步配合比完全不同。

无论出现以上何种情形,基准配合比记作水泥:水:细集料:粗集料 $= m_{ca}:m_{wa}:m_{sa}:m_{ga}$。

4. 检验强度、确定试验室配合比

(1) 制备立方体抗压强度试件

为验证混凝土强度,按照基准配合比成型,进行标准的混凝土立方体抗压强度检测。该强度试验至少要采用三种不同的水灰(胶)比,其中一个是基准配合比所确定的水灰(胶)比,另外两个水灰(胶)比分别较基准配合比减少或增加 0.05(或 0.03),即维持单位用水量不变,增加或减少水泥用量,此时的水灰(胶)比的变化基本不会影响混凝土的流动性。当不同水灰(胶)比混凝土的黏聚性和保水性仍然较好时,砂率也可保持不变。

对三组不同水灰比的混凝土分别进行拌和,检验各自工作性。当不同水灰比的混凝土拌和物坍落度与要求值相差超过允许范围时,可以适当增、减用水量进行调整,砂率也可酌情分别增加或减少 1%,以确保混凝土拌和物的工作性满足要求,同时测定混凝土拌和物的表观密度 ρ_t。

(2) 强度测定和试验室配合比的确定

按照标准方法,分别成型、养护和测定具有不同水灰(胶)比的三组混凝土立方体抗压强度。根据强度试验结果,建立水灰(胶)比和强度之间的关系。通过绘制强度对灰(胶)水比关系图,选定能够达到混凝土配制强度($f_{cu,o}$)的灰(胶)水比,再转换成所需的水灰比。随后根据下列方法确定混凝土的试验室配合比:

①单位用水量 m_{wb}:通常应与基准配合比中的单位用水量 m_{wa} 一致,但在成型立方体试件的同时检验工作性有变动时,以调整后的用水量为准。

②单位水泥用量 m_{cb}:通过单位用水量 m_{wb} 除以强度试验时选定的水灰(胶)比计算得到。

③单位砂 m_{sb} 和石 m_{gb} 用量:按基准配合比确定的砂率(或在强度检验有变动时,以变动后的结果为准),以及上述由①、②获得的单位水泥用量和单位水用量通过式(5-24)或式(5-25)计算出砂、石的用量。

(3) 混凝土配合比的密度调整

根据式(5-26)得到混凝土的计算表观密度,并通过式(5-27)得出混凝土配合比密度修正系数。

$$\rho_c = m_{cb} + m_{wb} + m_{sb} + m_{gb} \tag{5-26}$$

式中:　　　ρ_c——混凝土的计算表观密度(kg/m³);

m_{cb}、m_{wb}、m_{sb}、m_{gb}——混凝土试验室配合比组成材料单位用量(kg/m³)。

$$\delta = \frac{\rho_t}{\rho_c} \tag{5-27}$$

式中:δ——混凝土配合比密度修正系数;

ρ_t、ρ_c——混凝土的实测表观密度和计算表观密度(kg/m³)。

当混凝土表观密度的实测值 ρ_t 与计算值 ρ_c 之差的绝对值不超过计算值的2%时,试验室配合比就是混凝土的最终设计配合比——水泥:水:细集料:粗集料 $= m_{cb}:m_{wb}:m_{sb}:m_{gb}$;当二者之差超过2%时,需将试验室配合比各材料用量乘以密度修正系数 δ,即为混凝土最终设计配合:水泥:水:细集料:粗集料 $= m'_{cb}:m'_{wb}:m'_{sb}:m'_{gb}$。

5. 换算施工配合比

试验室配合比是在室内粗、细集料干燥条件下进行试验和计算得到的结果,而工地所使用的粗、细集料都含有一定的水分,且所含水分随时间和环境气候的变化,随时不断变动,所以与设计配合比有明显差异。

工地现场进行混凝土拌和时,要按即时测得的工地粗、细集料含水率进行配合比材料用量的修正,其中含水率的定义是粗、细集料中所含水质量占烘干后粗、细集料质量的百分率。因此,工地每立方米混凝土配合比各材料用量由下列公式计算:

水泥
$$m_c = m'_{cb} \quad (5\text{-}28)$$

细集料
$$m_s = m'_{sb} \times (1 + w_s) \quad (5\text{-}29)$$

粗集料
$$m_g = m'_{gb} \times (1 + w_g) \quad (5\text{-}30)$$

水
$$m_w = m'_{wb} - (m'_{sb} \times w_s + m'_{gb} \times w_g) \quad (5\text{-}31)$$

式中:w_s、w_g——工地细、粗集料含水率(%)。

最终得到混凝土的施工现场配合比:水泥:水:细集料:粗集料 $= m_c:m_w:m_s:m_g$。

四、普通混凝土配合比设计例题

1. 组成材料

普通硅酸盐水泥42.5级,实测28d抗压强度为47.3MPa,密度 $\rho_c = 3100\text{kg/m}^3$,且不掺其他胶凝材料;中砂:表观密度 $\rho_s = 2650\text{kg/m}^3$,施工现场砂含水率为3%;碎石:4.75~31.5mm,表观密度 $\rho_g = 2700\text{kg/m}^3$,施工现场碎石含水率为1%;水:采用自来水。

2. 设计要求

某桥梁工程桥台用钢筋混凝土(受冰雪影响),混凝土设计强度等级C40,要求强度保证率为95%,强度标准差为5.0MPa。混凝土由机械拌和和振捣,施工要求坍落度为55~70mm。试确定该混凝土的设计配合比及施工配合比。

3. 设计计算

1)步骤1:初步配合比的计算

(1)计算配制强度($f_{cu,o}$)

根据设计要求混凝土强度等级 $f_{cu,k} = 40\text{MPa}$,强度标准差 $\sigma = 5.0\text{MPa}$,代入式(5-13)计算

该混凝土的配制强度 $f_{cu,o}$:

$$f_{cu,o} = f_{cu,k} + 1.645 \times \sigma = 40 + 1.645 \times 5 = 48.2(\text{MPa})$$

(2) 计算水灰比(W/C)

由所给资料,水泥实测抗压强度 $f_{ce} = 47.3\text{MPa}$,混凝土配制强度 $f_{cu,o} = 48.2\text{MPa}$,粗集料为碎石,查表5-21得:$a_a = 0.53$,$a_b = 0.20$,代入式(5-16),计算混凝土水灰比为:

$$W/C = \frac{0.53 \times 47.3}{48.2 + 0.53 \times 0.20 \times 47.3} = 0.47$$

混凝土所处环境为受冰雪影响地区,查本节表5-20中的二类b,得知最大水灰比为0.55,按照强度计算的水灰比结果符合耐久性要求,故取计算水灰比 $W/C = 0.47$。

(3) 确定单位用水量(m_{wo})

根据题意要求混凝土拌和物坍落度为55~70mm,碎石最大粒径为31.5mm,且属塑性混凝土。查表5-24,选取混凝土的单位用水量为:$m_{wo} = 185\text{kg/m}^3$。

(4) 计算单位水泥用量(m_{co})

根据单位用水量及计算水灰比 W/C,代入式(5-21),计算无其他胶凝材料时的单位水泥用量:

$$m_{co} = \frac{m_{wo}}{W/C} = \frac{185}{0.47} = 393(\text{kg/m}^3)$$

查表5-18,符合耐久性最小水泥用量为320kg/m³的要求。

(5) 确定砂率(β_s)

由碎石的最大粒径31.5mm,水灰比0.47,参考表5-26,采用内插方法选取混凝土砂率 $\beta_s = 33\%$。

(6) 计算细集料、粗集料用量(m_{so} 及 m_{go})

按照体积法,将已知的水单位用量 m_{wo}、水泥单位用量 m_{co}、砂率 β_s 以及各原材料密度代入式(5-25),且属非引气混凝土,取 $a = 1$。

$$\begin{cases} \dfrac{m_{so}}{2650} + \dfrac{m_{go}}{2700} = 1 - \dfrac{393}{3100} - \dfrac{185}{1000} - 0.01 \times 1 \\ \dfrac{m_{so}}{m_{so} + m_{go}} \times 100 = 33 \end{cases}$$

求解得:细集料用量 $m_{so} = 601\text{kg/m}^3$,粗集料用量 $m_{go} = 1220\text{kg/m}^3$。

按体积法计算拌和1立方米混凝土初步配合比为(kg/m³):

$$m_{co} : m_{wo} : m_{so} : m_{go} = 393 : 185 : 601 : 1220$$

按质量法,假定混凝土的表观密度为 $\rho_{cp} = 2410\text{kg/m}^3$,将 m_{wo}、m_{co} 和 β_s 代入方程组(5-24)得:

$$\begin{cases} m_{so} + m_{go} = 2410 - 393 - 185 \\ \dfrac{m_{so}}{m_{so} + m_{go}} \times 100 = 33 \end{cases}$$

联立求解得:细集料用量 $m_{so} = 604\text{kg/m}^3$,粗集料用量 $m_{go} = 1228\text{kg/m}^3$。

按密度法确定的混凝土初步配合比为(kg/m³):

$$m_{co} : m_{wo} : m_{so} : m_{go} = 393 : 185 : 604 : 1228$$

看出本例题中两种方法计算结果很接近,表明无论是体积法还是质量法都能很好地计算得到粗、细集料的用量。

2)步骤2:基准配合比设计

按初步配合比试拌 $0.02m^3$ 混凝土拌和物用于坍落度试验,采用体积法结果,各种材料用量为:

水泥 $= 393 \times 0.02 = 7.86(kg)$ 　　　水 $= 185 \times 0.02 = 3.70(kg)$

细集料 $= 601 \times 0.02 = 12.02(kg)$ 　　粗集料 $= 1220 \times 0.02 = 24.40(kg)$

将混凝土拌和物搅拌均匀后,进行坍落度试验,测得坍落度为95mm,高于设计坍落度55~70mm的要求。同时,试拌混凝土的黏聚性和保水性表现良好。为此仅针对水泥浆用量加以调整,也就是适当减少水泥浆用量5%,此例采用水泥浆减少5%进行计算。

水泥用量减至 $7.86kg \times (1-5\%) = 7.467kg$;

水用量减至 $3.70kg \times (1-5\%) = 3.515kg$;

再经拌和后重新测得坍落度为60mm,满足坍落度要求,且黏聚性、保水性良好,所以无须改变原有砂率,也就是说初步配合比的粗、细集料用量保持不变。完成混凝土工作性检验。

此时,对应的基准配合比为(kg/m^3):

$$m_{ca} : m_{wa} : m_{sa} : m_{ga} = 373 : 176 : 601 : 1220$$

3)步骤3:设计配合比的确定

(1)强度检验

以计算水灰比0.47为基础,采用水灰比分别为0.42、0.47和0.52,基准用水量 $176kg/m^3$ 不变,细集料、粗集料用量亦不变,仅改变水泥掺量,拌制三组混凝土拌和物,分别进行坍落度试验,发现各组混凝土工作性均满足要求。

三组配合比分别成型,在标准条件下养护28d,按规定方法测定其立方体抗压强度,结果见表5-28。

不同水灰比测得混凝土强度　　　　　　　　　　　　　表5-28

组　别	水灰比(W/C)	灰水比(C/W)	28d立方体抗压强度(MPa)
1	0.42	2.38	56.6
2	0.47	2.13	49.8
3	0.52	1.92	44.5

根据表中数据,绘出28d抗压强度与灰水比关系图(图5-6)。

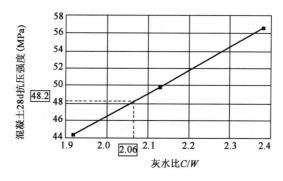

图5-6　混凝土28d抗压强度与灰水比(C/W)的关系

由图 5-6 可知,达到混凝土配制强度 48.2MPa 要求时对应的灰水比是 2.064,转换为水灰比是 0.48。这就是说,当混凝土水灰比是 0.48 时,配制强度能够满足设计要求。

(2)设计配合比的确定

按强度试验结果修正混凝土配合比,各种材料用量为:

单位用水量仍为基准配合比用水量 $m_{wb} = 176 \text{kg/m}^3$,由 0.48 的水灰比得到单位水泥用量为 $m_{cb} = 176 \div 0.48 = 367 \text{kg/m}^3$;粗、细集料按体积法计算:

$$\begin{cases} \dfrac{m_{sb}}{2650} + \dfrac{m_{gb}}{2700} = 1 - \dfrac{367}{3100} - \dfrac{176}{1000} - 0.01 \times 1 \\ \dfrac{m_{sb}}{m_{sb} + m_{gb}} \times 100 = 33 \end{cases}$$

计算结果为,细集料用量为 $m_{sb} = 617 \text{kg/m}^3$;粗集料用量为 $m_{gb} = 1253 \text{kg/m}^3$。计算得设计配合比为:

$$m_{cb} : m_{wb} : m_{sb} : m_{gb} = 367 : 176 : 617 : 1253$$

(3)设计配合比密度修正

混凝土拌和物表观密度计算值为:$\rho_c = 367 + 176 + 617 + 1253 = 2413 (\text{kg/m}^3)$;

实测表观密度:$\rho_t = 2400 (\text{kg/m}^3)$。

计算密度修正系数:$\delta = \rho_t / \rho_c = 2400/2413 = 0.99$。由于密度实测值与计算值之差的绝对值未超过计算值的 2%,故设计混凝土配合比的材料用量无须进行密度修正。

最后确定试验室混凝土的设计配合比为(kg/m^3):

$$m'_{cb} : m'_{wb} : m'_{sb} : m'_{gb} = 367 : 176 : 617 : 1253$$

或

$$m'_{cb} : m'_{sb} : m'_{gb} = 1 : 1.68 : 3.41 ; W/C = 0.48。$$

4)步骤 4:施工配合比的计算

根据施工现场实测结果,砂含水率 w_s 为 3%,碎石含水率 w_g 为 1%,各种材料现场实际用量:

水泥:$m_c = m'_{cb} = 367 (\text{kg/m}^3)$;

细集料:$m_s = m'_{sb} \times (1 + w_s) = 617 \times (1 + 3\%) = 636 (\text{kg/m}^3)$;

粗集料:$m_g = m'_{gb} \times (1 + w_g) = 1253 \times (1 + 1\%) = 1266 (\text{kg/m}^3)$;

水:$m_w = m'_{wb} - (m'_{sb} \cdot w_s + m'_{gb} \cdot w_g) = 176 - (617 \times 3\% + 1253 \times 1\%) = 145 (\text{kg/m}^3)$。

所以,现场施工配合比如下:

$$m_c : m_w : m_s : m_g = 367 : 145 : 636 : 1266 (\text{kg/m}^3)$$

整个配合比设计内容最终完成。

第六节 面层水泥混凝土组成设计

面层水泥混凝土是指满足混凝土路面摊铺工作性(和易性)、弯拉强度、耐久性与经济性要求的水泥混凝土。根据材料组成,面层水泥混凝土分为普通面层混凝土(也称素混凝土)、钢筋混凝土、预应力混凝土、钢纤维混凝土和碾压混凝土等。本节着重介绍面层普通混凝土组成材料的选择和配合比设计方法。

一、面层混凝土技术要求

1. 力学性能要求

由于面层混凝土直接承受车辆荷载的作用,其组成材料选择、配合比设计均应根据交通等级确定。在《公路水泥混凝土路面设计规范》(JTG D40—2011)中,按设计基准期内设计车道所承受的标准轴载累计作用数,将道路所承受的交通轴载作用分为 5 级,分级范围见表 5-29。

交通荷载分级 表 5-29

交通等级	极重	特重	重	中等	轻
设计基准期内设计车道承受设计轴载(100kN)累计作用次数 N_e (10^4)	$>1\times10^6$	$1\times10^6\sim2000$	$2000\sim100$	$100\sim3$	<3

针对不同道路等级,面层水泥混凝土弯拉强度应不低于表 5-30 的规定。

水泥混凝土弯拉强度标准值 表 5-30

交通荷载等级	极重、特重、重	中等	轻
水泥混凝土弯拉强度标准值(MPa)	≥5.0	4.5	4.0

2. 工作性要求

面层混凝土施工可采用不同方式,因而工作性要求也有所区别。

(1)滑模摊铺:碎石混凝土的坍落度宜为 10~30mm,卵石混凝土滑模摊铺时的坍落度宜为 5~20mm。

(2)三辊轴机组摊铺:拌和物现场摊铺时坍落度宜为 20~40mm。

(3)小型机具摊铺:拌和物现场坍落度宜为 5~20mm。

(4)采用拌和楼拌和时,应根据不同工艺摊铺时的坍落度值加上运输过程中坍落度损失值予以确定。

3. 耐久性要求

最大水灰(胶)比和最小水泥用量要求,为保证道路混凝土耐久性,各级面层水泥混凝土必须满足表 5-31 所规定的最大水灰(胶)比和最小水泥用量。同时,限定面层混凝土最大单位水泥用量不宜大于 420kg/m³,使用掺合料时,最大胶凝材料不宜大于 450kg/m³。

各级公路面层水泥混凝土最大水灰(胶)比和最小水泥用量 表 5-31

公路等级	高速、一级	二级	三、四级
最大水灰(胶)比	0.44	0.46	0.48
有抗冻要求时最大水灰(胶)比	0.42	0.44	0.46
有抗盐冻要求时最大水灰(胶)比	0.40	0.42	0.44

续上表

公路等级		高速、一级	二级	三、四级
最小单位水泥用量（kg/m³）	52.5	300	300	290
	42.5	310	310	300
	32.5	—	—	315
有抗冻、抗盐冻要求时最小单位水泥用量（kg/m³）	52.5	310	310	300
	42.5	320	310	315
	32.5	—	—	325
掺粉煤灰时最小单位水泥用量（kg/m³）	52.5	250	250	245
	42.5	260	260	255
	32.5	—	—	265
有抗冻、抗盐冻要求时掺粉煤灰混凝土最小单位水泥用量（kg/m³）	52.5	265	260	255
	42.5	280	270	265

二、面层普通混凝土组成材料技术要求

1. 水泥

这种水泥在矿物组成和使用性能上体现出两大特点。首先在组成上，用于道路修筑的水泥含有较多的铁铝酸四钙成分，通常不低于16%，而普通硅酸盐水泥该矿物成分不会超过15%。正是这种高含量的铁铝酸四钙使水泥具有更高的抗弯拉能力，满足了混凝土路面在车辆行驶中对路面有更高抗拉要求的受力特点。同时，水泥中的铝酸三钙成分含量较低，要求不得超过9%，而普通硅酸盐水泥铝酸三钙含量最高可达15%，从而有效降低了因该矿物成分产生的混凝土干缩、抗侵蚀能力较低的问题。一方面，道路水泥表现出优良的路用性能，如一方面表现出较高的强度，特别是较高的抗弯拉强度，另一方面具有耐磨性好、干缩小，以及抗冲击、抗冰冻和抗硫酸盐侵蚀性等特点。

根据《公路水泥混凝土路面施工技术细则》（JTG/T F30—2014）要求，用于面层水泥混凝土所用道路硅酸盐水泥在组成、性能上应满足表5-32、表5-33 和表5-34 的内容。

面层水泥混凝土用水泥各龄期实测强度值   表5-32

混凝土设计弯拉强度标准值（MPa）	5.5		5.0		4.5		4.0	
龄期(d)	3	28	3	28	3	28	3	28
水泥实测抗折强度(MPa)≥	5.0	8.0	4.5	7.5	4.0	7.0	3.0	6.5
水泥实测抗压强度(MPa)≥	23.0	52.5	17.0	42.5	17.0	42.5	10.0	32.5

各交通等级公路面层水泥混凝土用水泥物理指标要求 表5-33

物理性质		极重、特重、重交通荷载等级	中、轻交通荷载等级
出磨时安定性		雷氏夹和蒸煮法检验安定性合格	蒸煮法检验合格
凝结时间(h)	初凝时间 ≥	1.5	0.75
	终凝时间 ≤	10	10
标准稠度需水量(%) ≤		28.0	30.0
比表面积(m^2/kg)		300~450	300~450
细度(80μm 筛余)(%)		10.0	10.0
28d 干缩率(%) ≤		0.09	0.10
耐磨性(kg/m^2) ≤		2.5	3.0

各交通等级公路面层水泥混凝土用水泥的成分要求 表5-34

水泥成分	极重、特重、重交通荷载等级	中、轻交通荷载等级
熟料游离氧化钙含量(%) ≤	1.0	1.8
氧化镁含量(%) ≤	5.0	6.0
铁铝酸四钙含量(%)	15.0~20.0	12.0~20.0
铝酸三钙含量(%) ≤	7.0	9.0
三氧化硫含量(%) ≤	3.5	4.0
碱含量 $Na_2O + 0.658K_2O$(%) ≤	0.6	怀疑有活性碱集料时,0.6 无活性碱集料时,1.0
氯离子含量(%) ≤	0.03	0.06
混合材料种类	不得掺窑灰、煤矸石、火山灰、烧黏土、煤渣,有抗盐冻要求时不得掺石灰岩粉	

2. 粗、细集料

粗集料应使用质地坚硬、耐久、干净的碎石,破碎卵石或卵石。极重、特重、重交通荷载等级公路面层混凝土用粗集料质量应不低于Ⅱ级要求,中、轻交通荷载等级公路可使用Ⅲ级粗集料。详细指标见第三章表3-6。

细集料应使用质地坚硬、耐久、洁净的天然砂或机制砂,不宜使用再生细集料。不同交通荷载等级公路对细集料的选用要求同粗集料。详细指标见第三章表3-9、表3-10。

为了提高路面混凝土弯拉强度,防止混凝土拌和物离析,减少对摊铺机的机械磨损,提高混凝土的抗冻性及耐磨性,集料的最大粒径不宜过大。各种面层水泥混凝土配合比中不同种类粗集料公称最大粒径,见表5-35。

各种面层水泥混凝土配合比中不同种类粗集料公称最大粒径(mm) 表5-35

交通荷载等级		极重、特重、重		中、轻	
面层类型		水泥混凝土	纤维、配筋混凝土	水泥混凝土	碾压混凝土
粗集料	碎石	26.5	16	31.5	19
	破碎卵石	19	16	26.5	19
	卵石	16	9.5	19	16
	再生集料	—	—	26.5	19

为了防止集料离析,保证施工质量,路面用水泥混凝土中不得使用没有级配的统货粗集料。应按照最大公称粒径的不同,采用2~4个粗级的集料进行掺配,合成级配应符合表5-36的要求,且碎卵石或碎石集料中粒径小于0.075mm的石粉含量不得大于1%。

粗集料级配范围(JTG/T F30—2014) 表5-36

方孔筛尺寸(mm)		2.36	4.75	9.50	16.0	19.0	26.5	31.5	37.5
级配类型		累计筛余(以质量计,%)							
合成级配	4.75~16	95~100	85~100	40~60	0~10	—	—	—	—
	4.75~19	95~100	85~95	60~75	30~45	0~5	0	—	—
	4.75~26.5	95~100	90~100	70~90	50~70	25~40	0~5	0	—
	4.75~31.5	95~100	90~100	75~90	60~75	40~60	20~35	0~5	0
单粒级级配	4.75~9.5	95~100	80~100	0~15	0	—	—	—	—
	9.5~16	—	95~100	80~100	0~15	0	—	—	—
	9.5~19	—	95~100	85~100	40~60	0~15	0	—	—
	16~26.5	—	—	95~100	55~70	25~40	0~10	0	—
	16~31.5	—	—	95~100	85~100	55~70	25~40	0~10	0

良好的粗集料级配对面层混凝土能够发挥重要的作用。粗集料级配对混凝土的弯拉强度影响很大,主要表现在振实后,粗集料能够逐级密实填充,形成高弯拉强度所要求的嵌挤力。同时,粗集料级配对混凝土的干缩性较为敏感,逐级密实填充的良好级配有利于减小混凝土的干缩程度。

3. 水

符合现行《生活饮用水卫生标准》(GB 5749—2006)的饮用水可直接作为混凝土拌和与养生用水。非饮用水应符合表5-37的质量标准。

非饮用水质量标准 表5-37

项 目		素混凝土	钢筋混凝土及钢纤维混凝土
pH	≥	4.5	5.0
Cl^- 含量(mg/L)	≤	3500	1000
SO_4^{2-} 含量(mg/L)	≤	2700	2000
碱含量(mg/L)	≤	1500	1500
可溶物含量(mg/L)	≤	10000	5000
不可溶物含量(mg/L)	≤	5000	2000
其他杂质		不应有漂浮的油脂和泡沫;不应有明显颜色和异味	

三、面层普通水泥混凝土配合比设计步骤

面层普通混凝土配合比设计适用于滑模摊铺机、三辊轴机组及小型机具等几种常用施工方式。内容涉及掺用外加剂、真空脱水、掺用粉煤灰的混凝土路面、全部缩缝插传力杆的混凝土路面、配筋混凝土路面、桥面和桥头搭板等混凝土的配合比设计内容。各级公路面层水泥混

凝土配合比设计宜采用正交试验法,二级及二级以下公路可采用经验公式法。本节主要讨论采用常用经验方法进行配合比设计的内容。

配合比设计包括目标配合比设计和施工配合比设计两个阶段。目标配合比设计主要是在室内进行针对混凝土的水泥用量、集料用量、水灰(胶)比、外加剂掺量等的设计工作。施工配合比设计则应通过拌和楼试拌来确定相关拌和参数。

1. 配制弯拉强度 f_c

面层混凝土强度变异性一部分来自试验室的试验误差,另一部分来自混凝土组成的变异和施工质量控制与管理的变异。在进行配合比设计时,应考虑这两部分因素对混凝土强度的影响,因此面层普通混凝土的配制弯拉强度均值 f_c 按下式计算。

$$f_c = \frac{f_\gamma}{1 - 1.04 C_v} + t \cdot s \tag{5-32}$$

式中:f_c——面层水泥混凝土配制 28d 弯拉强度均值(MPa);

f_γ——设计弯拉强度标准值(MPa),由设计确定,且不低于表 5-30 的规定;

s——混凝土弯拉强度试验样本的标准差(MPa),有试验数据应使用试验样本的标准差;无试验数据,可参考表 5-38 取值;

各级公路水泥混凝土面层弯拉强度试样样本的标准差　　　　表 5-38

公路等级	高速	一级	二级	三级	四级
目标可靠度(%)	95	90	85	80	70
目标可靠指标	1.64	1.28	1.04	0.84	0.52
样本标准差 s(MPa)	$0.25 \leq s \leq 0.50$		$0.45 \leq s \leq 0.67$	$0.40 \leq s \leq 0.80$	

t——保证率系数,按样本数 n 和判别概率 p 参照表 5-39 确定;

路面混凝土保证率系数　　　　表 5-39

公路等级	判别概率 P	样本数 n(组)			
		6~8	9~14	15~19	≥20
高速	0.05	0.79	0.61	0.45	0.39
一级	0.10	0.59	0.46	0.35	0.30
二级	0.15	0.46	0.37	0.28	0.24
三级和四级	0.20	0.37	0.29	0.22	0.19

C_v——混凝土弯拉强度变异系数,应按照统计数据取值。统计数据小于 0.05 时取 0.05;无统计数据可参考表 5-40 取值;其中高速公路、一级路变异水平应为低,二级公路变异水平应不低于中。

变　异　系　数　范　围　　　　表 5-40

弯拉强度变异水平等级	低	中	高
弯拉强度变异系数 C_v 范围	$0.05 \leq C_v \leq 0.10$	$0.10 \leq C_v \leq 0.15$	$0.15 \leq C_v \leq 0.20$

2. 计算水灰比 W/C

无掺合料时,根据粗集料类型,水灰比可按下列统计公式计算。

碎石(或破碎卵石混凝土):

$$W/C = \frac{1.5684}{f_c + 1.0097 - 0.3595 f_s} \quad (5-33)$$

卵石混凝土:

$$W/C = \frac{1.2618}{f_c + 1.5492 - 0.4709 f_s} \quad (5-34)$$

式中:f_c——混凝土配制弯拉强度(MPa);

f_s——水泥28d实测抗折强度(MPa)。

按照路面混凝土的使用环境、道路等级,计算出的结果要满足表5-31最大水灰(胶)比的限制要求。

3. 选取砂率 S_p

根据砂的细度模数和粗集料品种,查表5-41选取砂率 S_p。

面层水泥混凝土砂率　　　　　表5-41

砂细度模数		2.2~2.5	2.5~2.8	2.8~3.1	3.1~3.4	3.4~3.7
砂率 S_p(%)	碎石混凝土	30~34	32~36	34~38	36~40	38~42
	卵石混凝土	28~32	30~34	32~36	34~38	36~40

4. 单位用水量 m_{w0}

(1)不掺外加剂和掺合料时,单位用水量的计算

单位用水量根据选定坍落度、粗集料品种、砂率及水灰比,按照经验公式(5-35)或公式(5-36)计算,其中砂石材料质量以自然风干状态计。

碎石:

$$m_{w0} = 104.97 + 0.309 S_L + 11.27(C/W) + 0.61 S_p \quad (5-35)$$

卵石:

$$m_{w0} = 86.89 + 0.370 S_L + 11.24(C/W) + 1.00 S_p \quad (5-36)$$

式中:S_L——坍落度(mm);

S_p——砂率(%);

C/W——灰水比。

(2)掺外加剂的混凝土单位用水量

掺外加剂混凝土的单位用水量按下式计算。

$$m_{w,ad} = m_{w0}(1 - \beta_{ad}) \quad (5-37)$$

式中:$m_{w,ad}$——掺外加剂混凝土的单位用水量(kg/m³);

m_{w0}——未掺外加剂时混凝土的单位用水量(kg/m³);

β_{ad}——外加剂实测减水率(%),以小数计。

计算得到的单位用水量超过表5-42规定的最大用水量时,应通过技术措施如采用减水率更高的减水剂来降低单位用水量。

面层水泥混凝土最大单位用水量(kg/m^3)　　　　表5-42

施 工 工 艺	碎石混凝土	卵石混凝土
滑模摊铺机摊铺	160	155
三辊轴机组摊铺	153	148
小型机具摊铺	150	145

5. 单位水泥用量 m_{co} 的确定

单位水泥用量 m_{co} 按照式(5-38)计算,然后根据道路等级和环境条件,查表5-31得到满足耐久性要求的最小水泥用量,取两者中的大值。

$$m_{co} = m_{wo} \times (C/W) \tag{5-38}$$

式中：m_{co}——单位水泥用量(kg/m^3)；

m_{wo}——单位用水量(kg/m^3)；

C/W——混凝土的灰水比。

6. 砂石材料用量 m_{so} 和 m_{go}

面层混凝土中砂石材料用量的计算方法同普通混凝土,可采用体积法或质量法,将上述计算确定的单位水泥用量 m_{co}、单位用水量 m_{wo} 和砂率 β_s 代入相关方程组,联立求解即可确定砂石材料用量 m_{so} 和 m_{go}。

采用密度法计算时,涉及面层混凝土单位质量即混凝土密度,可在 2400~2450kg/m^3 范围内取值。

设计结果要求粗集料填充体积率不宜小于70%,即设计得到的粗集料质量除以该粗集料振实密度,所得结果要大于70%,以更好地保证混凝土内部骨架密实结构的形成,从而有利于面层混凝土路用性能。

四、面层混凝土配合比计算例题

1. 设计要求

某高速公路路面用混凝土(无抗冰冻性要求),要求混凝土设计弯拉强度标准值 f_r 为 5.0MPa,施工单位提供的混凝土弯拉强度样本的标准差 s 为 0.4MPa($n=9$)。混凝土由机械搅拌并振捣,采用滑模摊铺机摊铺,施工要求坍落度为 10~30mm。试确定该路面混凝土配合比。

2. 组成材料

硅酸盐水泥 P·Ⅱ 52.5 级,实测水泥 28d 抗折强度为 8.2MPa,水泥密度 $\rho_c = 3100kg/m^3$；中砂：表观密度 $\rho_s = 2630kg/m^3$,细度模数 2.6；碎石：5~40mm,表观密度 $\rho_g = 2700kg/m^3$,振实密度 $\rho_{gh} = 1701kg/m^3$；水：自来水。

3. 设计计算

(1) 计算配制弯拉强度($f_{cu,o}$)

由表5-39可知,当高速公路路面混凝土样本数为9时,保证率系数 t 为0.61。

按照表5-40,高速公路路面混凝土变异水平等级为"低",混凝土弯拉强度变异系数 C_v = 0.05~0.10,取中值0.075。

根据设计要求,f_γ = 5.0MPa,将以上参数代入式(5-32),混凝土配制弯拉强度为:

$$f_c = \frac{f_\gamma}{1 - 1.04 C_v} + t \cdot s = \frac{5.0}{1 - 1.04 \times 0.075} + 0.61 \times 0.4 = 5.67(\text{MPa})$$

(2)确定水灰比 W/C

按弯拉强度计算水灰比。由所给资料:水泥实测抗折强度 f_s = 8.2MPa。计算得到的混凝土配制弯拉强度 f_c = 5.67MPa,粗集料为碎石,代入式(5-33)计算混凝土的水灰比 W/C:

$$W/C = \frac{1.5684}{f_c + 1.0097 - 0.3595 \times f_s} = \frac{1.5684}{5.67 + 1.0097 - 0.359 \times 8.2} = 0.42$$

耐久性校核。混凝土用于高速公路路面,无抗冰冻性要求,查表5-31得最大水灰比为0.44,故按照强度计算的水灰比结果符合耐久性要求,取水灰比 W/C = 0.42,灰水比 C/W = 2.38。

(3)确定砂率(β_s)

由砂的细度模数2.6,碎石,查表5-41,取表中砂率中间值 β_s = 34%。

(4)确定单位用水量(m_{wo})

坍落度要求为10~30mm,取20mm,灰水比 W/C = 2.38,砂率34%代入式(5-35),计算单位用水量:

$$m_{wo} = 104.97 + 0.309 \times 20 + 11.27 \times 2.38 + 0.61 \times 34 = 159(\text{kg/m}^3)$$

查表5-42,得最大单位用水量为160kg/m³,故159kg/m³ 计算结果满足要求。

(5)确定单位水泥用量(m_{co})

将单位用水量159kg/m³,灰水比 C/W = 2.38 代入式(5-38),计算单位水泥用量:

$$m_{co} = (C/W) \times m_{w0} = 2.38 \times 159 = 378(\text{kg/m}^3)$$

查表5-31 得满足耐久性要求的最小水泥用量为300kg/m³,且计算结果满足面层混凝土最大单位水泥用量不大于420kg/m³ 的要求。

(6)计算粗集料用量(m_{go})、细集料用量(m_{so})

将上面的计算结果代入方程组(5-25):

$$\begin{cases} \dfrac{m_{so}}{2630} + \dfrac{m_{go}}{2700} = 1 - \dfrac{378}{3100} - \dfrac{159}{1000} - 0.01 \times 1 \\ \dfrac{m_{so}}{m_{so} + m_{go}} \times 100 = 34 \end{cases}$$

求解得:砂用量 m_{so} = 646kg/m³,碎石用量 m_{go} = 1253kg/m³。

验算:采用粗集料的振实密度 ρ_{gh} 计算路面混凝土中碎石的填充体积,以确保混凝土能够形成较高的嵌挤力,得 $m_{go}/\rho_{gh} \times 100\%$ = 1253/1701×100% = 73.7%,超过70%,符合要求。

由此确定路面混凝土"初步配合比"为:

$$m_{co} : m_{wo} : m_{so} : m_{go} = 378 : 159 : : 646 : 1253 (\text{kg/m}^3)$$

路面混凝土的基准配合比、设计配合比与施工配合比设计内容和操作与普通混凝土相同。(过程略)

本章主要介绍了水泥和水泥混凝土有关基本概念、主要试验检测内容和配合比设计方法，除此之外，水泥与水泥混凝土还涉及其他一些试验检测内容，由于篇幅限制，不予叙述。在此仅将水泥与水泥混凝土其他检测项目和试验方法列于表5-43，以供参考。

水泥和水泥混凝土其他试验检测项目 表5-43

试验项目	试验目的及意义	检测依据
水泥密度	水泥密度是水泥的一项基本物理指标，在一些水泥试验检测和混凝土配合比设计中用到该指标	T 0503—2005（JTG E30—2005）
水泥胶砂流动度	该试验适用于火山灰硅酸盐水泥、复合硅酸盐水泥和掺有火山灰的普通硅酸盐水泥、矿渣硅酸盐水泥等的水泥胶砂流动度试验检测。在相同条件下测得的流动度越大，表明该水泥在拌制混凝土达到同样工作性时的用水量相应就偏低，从而有利于混凝土的性能表现。所以水泥胶砂流动度一定程度上与混凝土的性能有着密切关系	T 0507—2005 T 0507—2005（JTG E30—2005）
烧失量	当水泥烧制时的工艺不完善或在使用存放期间受潮，水泥的烧失量将会增加。通过烧失量试验结果来评价水泥的品质状况	GB/T 176—2008
氧化镁含量	因水泥烧制过程的偶然因素或工艺上的缺陷，水泥熟料中存在一定的游离氧化镁物质。当氧化镁含量超过一定数量时，将对水泥安定性造成直接影响。通过试验检测，判断氧化镁对水泥造成不安定影响的可能性	GB/T 176—2008
三氧化硫含量	水泥熟料在加工磨细制成水泥成品时，必须添加一定数量的石膏。伴随石膏的添加，在水泥中带入了一定数量的三氧化硫。过量的三氧化硫也将造成水泥安定性不良影响。通过该试验检测，评价因三氧化硫对水泥造成安定性不良的可能性	GB/T 176—2008
不溶物含量	水泥烧制生产出的水泥熟料能够完全溶解于浓酸中，而熟料中的杂质则难以被浓酸所溶解。通过对水泥熟料中难溶物质含量的测定，定量评价水泥中所含杂质的数量，以把握水泥成分的品质	GB/T 176—2008
水泥碱含量	水泥属于偏碱性的无机胶凝材料，碱性特点是保证水泥发挥其胶凝效果的基本条件。但当水泥中碱含量较高时，一定条件下能够引起所谓的碱集料反应，造成水泥混凝土结构破坏。通过水泥中碱含量的检测，定量评价水泥中碱含量是否超过规定的限值	GB/T 176—2008
水泥氯离子含量测定	氯离子的存在，将直接造成混凝土中钢筋的锈蚀，对钢筋混凝土的结构和耐久性造成消极影响。混凝土中氯离子来自于不同方面，通过对水泥中氯离子的含量测定，掌握水泥对钢筋造成锈蚀的可能性	GB/T 176—2008
混凝土含气量试验	通过引气剂引气方式，在混凝土中形成均匀分布的细微小气泡，能够有效阻断混凝土中存在的毛细管道，从而提升混凝土的耐久性，特别是混凝土的抗冻性。混凝土含气量试验是针对混凝土中通过引气技术引入气体含量多少的测定，从而判断混凝土是否具有一定抗冻性的特点	T 0526—2005（JTG E30—2005）
混凝土抗压弹性模量试验方法	测定水泥混凝土在静力作用下的受压弹性模量，从应力应变的角度，掌握混凝土受力下的变形特点	T 0556—2005 T 0557—2005（JTG E30—2005）

续上表

试 验 项 目	试验目的及意义	检 测 依 据
混凝土抗渗性试验方法	通过测定硬化后混凝土对水的抗渗入能力,掌握混凝土的防水性,建立混凝土的抗渗等级,从抗渗角度了解混凝土的耐久性	T 0568—2005 (JTG E30—2005)
混凝土外加剂 pH 值测定方法	pH 值是混凝土外加剂的基本指标。通过酸度计法,掌握外加剂的酸碱性	GB/T 8077—2012
混凝土外加剂氯离子含量试验方法	外加剂中同样可能存在一定数量的氯离子成分,从而造成混凝土中钢筋的锈蚀。针对外加剂中氯离子含量的测定,掌握外加剂引起钢筋锈蚀的可能性	GB 8076—2008 GB/T 8077—2012
减水剂减水率试验方法	减水率是混凝土外加剂特别是不同类型减水剂的一项核心指标,通过减水率的检测,评价所用减水剂的性能状况和掌握减水效果,同时指导减水剂在工程上的实际应用	GB 8076—2008
泌水率试验	对混凝土来说,泌水现象的出现是一种新拌和混凝土工作性不良现象,特别是掺入外加剂之后的泌水现象更要给以关注,以防止外加剂的应用对混凝土性能造成不利影响。通过测定混凝土泌水率比值,评价掺入外加剂混凝土的泌水程度	JT/T 523—2004 GB 8076—2008

第六章

沥青与沥青混合料

沥青是一种典型的有机胶凝材料,采用沥青作为胶结材料的沥青路面是我国最主要的路面形式之一。沥青又是一种对温度变化极为敏感的感温性材料,其性能表现与环境状况密切相关。采用沥青修筑的沥青路面呈现出显著的综合性能,良好的耐久性和抗滑性,优越的减震吸声性能、行车舒适等众多优点,同样沥青路面性能受环境和交通影响显著。全面了解和掌握沥青与沥青混合料的技术性能和试验检测基本概念及操作,是试验检测领域中的一项重要工作。

第一节 沥青的技术性质和技术要求

一、沥青概述

1. 沥青分类

沥青是一种结构和组成都十分复杂的有机混合物,相应类型的划分目前还没有一个统一的标准。根据不同的依据,沥青类型划分有多种不同的结果。

(1)按产源不同划分为经地质开采加工后得到的地沥青和通过工业加工获得的焦油沥青。其中地沥青又分为直接开采的天然沥青和开采石油加工后的石油沥青,而焦油沥青又根据工业加工原材料的不同,分为煤沥青、木沥青和页岩沥青等。

由于石油沥青的产量大,可加工改性的程度高,并能够较好地满足现代道路交通运输特点,是目前道路工程中应用最多的沥青品种,所以本章讨论的沥青与沥青混合料均指石油沥青。

(2)按原油成分中所含石蜡数量的多少划分成石蜡基沥青(含蜡量>5%),沥青基沥青(含蜡量<2%),混合基沥青(含蜡量2%~5%)等。

(3)按加工方法分类,经过不同的加工工艺,得到性能有明显差别的不同类型的石油沥青。

①直馏沥青:原油通过常压或减压蒸馏方法得到的沥青产品,当该产品符合沥青标准的就是直馏沥青,不符合沥青标准的是渣油沥青。实践表明,通常这种直馏沥青的温度稳定性和大气稳定性相对较差。

②溶剂脱沥青:通过不同溶剂对减压渣油中不同成分有选择性的溶解,实现不同组分的分

离,从而加工生产出所谓溶剂脱沥青。这类沥青在常温下是半固体或固体。

③氧化沥青:以减压渣油(或加入其他组分)为原料,在高温下(230~280℃)吹入空气,经氧化处理得到氧化沥青。这种沥青在常温下呈固体状态,与直馏沥青相比有较高的热稳定性和较高的高温抗变形能力,但低温变形性较差,易造成低温开裂现象。所以通过采用不同氧化程度生产半氧化沥青,以改善氧化沥青的温度敏感性。

④裂化沥青:对蒸馏后的重油在高温下进行裂化,得到裂化残渣成为裂化沥青。裂化沥青具有更大的硬度和延度,软化点也较高。但与直馏沥青和氧化沥青相比,其黏度、气候稳定性等相对较差。

⑤调和沥青:针对采用不同加工方式生产的不同类型沥青进行调和,并通过调整沥青组分之间的比例,加工生产出所谓调和沥青。由于调和沥青可通过不同沥青之间比例或组分上有针对性的变动和调整,能够加工生产出性能不同的调和沥青。

(4)按常温下的稠度划分成固体沥青、黏稠沥青和液体沥青。

(5)按用途的不同分成道路石油沥青和建筑沥青。

通常,道路工程所用沥青属常温态下呈黏稠或固体的石油沥青,并经过氧化、溶剂脱、调和等工艺,使该沥青在蜡含量、黏稠程度、温度敏感性等一系列关键指标上能够更好地满足道路工程的需要。

2. 沥青的化学组分

通过一定的分离方法,将沥青分离成化学性质相近,并且和路用性质有一定联系的几个组,这些组就成为"组分"。沥青中各组分的多少与沥青的技术性质有直接关系。

(1)沥青质:沥青质是不溶于正庚烷而溶于苯的黑褐色无定形固体物,约占沥青质量的5%~25%。沥青质和沥青的热稳定性、流变性和黏滞性有很大关系。其含量越高,沥青软化点越高,黏度越大,沥青表现的就越硬、越脆。

(2)胶质:能够溶于正庚烷,是深棕色固体或半固体,有很强的极性,影响沥青中沥青质的分散效果,突出的特征是具有很强的黏附力。胶质和沥青质之间的比例决定了沥青的胶体结构类型。

(3)芳香分:是由沥青中分子量最低的环烷芳香化合物组成黏稠状液体,约占沥青总量的20%~50%,呈深棕色,对其他高分子烃类物质有较强的溶解能力。

(4)饱和分:是由直链和支链饱和烃、烷基烃和一些烷基芳香烃组成,含量约占沥青的5%~20%,是非极性稠状油类,色较浅。随饱和分含量增加,沥青的稠度降低,温度感应性加大。

除了上述四种组分之外,在芳香分和饱和分中还存在另一个需要引起重视的成分——蜡。一方面是因为蜡在低温下结晶析出后分散在沥青中,减少沥青分子之间的紧密程度,使沥青的低温延展能力明显降低;另一方面蜡随着温度升高极易融化,使沥青的黏度降低,加大沥青的温度敏感性。蜡还能使沥青与石料表面的黏附性降低,在水的存在下易引起沥青膜从石料表面的脱落,造成沥青路面的水损害。同时沥青中蜡的存在易引起沥青路面抗滑性能的衰减,所以沥青中的蜡成分是对沥青路用性能极为不利的物质,目前对于路用沥青中蜡的含量有严格限制。

3. 沥青的胶体结构

根据沥青组分分布特点，认为沥青属于胶体材料。其中沥青质作为胶核，在其表面吸附胶质，形成胶体体系的胶团，成为分散相。在芳香分和饱和分构成的分散介质作用下，胶团弥漫分散于其中，形成所谓的沥青胶体。根据胶团粒子的大小、数量以及分散程度，沥青的胶体结构分为三种类型。三种胶体类型各自特点见表6-1。

沥青胶体类型　　　　表6-1

胶体类型	沥青质含量	胶体特点	流体特点	感温性
溶胶型	<10%	由沥青质为核心的胶团充分分散于芳香分和饱和分组成的分散介质中	具有黏度与应力成正比的牛顿流特性	对温度变化敏感，较高的感温性。高温时黏度很小，低温时呈脆硬状态
溶凝胶型	15%~25%	胶团数量适中，既可相互靠近，但也未形成充分的连续状态	常温时，在变形初期具有黏弹性，变形达到一定阶段呈现牛顿液体状态	对温度变化具有适中的敏感性，升温时有一定的抗变形能力，而低温时又表现出一定的变形能力
凝胶型	25%~30%	因胶团数量偏高，在沥青中形成连续体，此时作为分散介质的芳香分和饱和分与被分散的胶团地位互换	低温和常温时具有明显黏弹性，只有在高温时具有牛顿流特性	对温度变化不敏感，具有低的感温性。升温时有一定抗变形能力，但低温时的变形能力相对较低

由于不同胶体类型沥青对温度变化的适应性有较大的差别，因而影响到沥青的路用效果。实际工程中往往选择能够兼顾高温时变形量较小，但低温时又有一定变形能力的溶凝胶型沥青。

二、石油沥青主要技术性质

1. 黏滞性

黏滞性是指沥青材料在外力作用下，沥青粒子产生相互位移时抵抗剪切变形的能力。黏滞性的高低随沥青的组分和温度而定，沥青质含量高的沥青其黏滞性大，环境温度升高时沥青的黏滞性降低。沥青的黏滞性与沥青路面的力学行为密切相关，例如高温时沥青路面产生车辙程度的高低，与沥青的黏滞性有着直接关系。

表征沥青黏滞性大小的指标为黏度。黏度的表达和测定有多种方式方法，如采用毛细管法测得沥青的动力黏度来表征沥青的绝对黏度，采用旋转黏度计测得沥青的表观黏度，该黏度可用来确定沥青施工应用时的拌和和碾压温度，或采用相对简单的针入度方法测得沥青的条件黏度来表示沥青的稠度，同时作为等黏温度的软化点，也可作为表征沥青黏滞性的一项技术指标。

(1) 沥青动力黏度

当沥青黏度的大小等于剪应力与剪变率之比时，该黏度就是沥青的动力黏度，也称为沥青的绝对黏度，以帕·秒(Pa·s)作为计量单位。动力黏度很好地反映了沥青在一定温度条件下的黏滞性，所以一些国家利用60℃时测得的动力黏度作为沥青分级划分依据，该方法通常采用真空毛细管法。

（2）沥青表观黏度

表观黏度是表征沥青绝对黏度的另一种方式，该黏度采用布氏旋转黏度计进行测定。通过对道路沥青在45℃以上温度条件下的布氏黏度(Pa·s)的测定，用于确定沥青混合料在施工过程中适宜的拌和和碾压温度。

（3）针入度

针入度是表征沥青条件黏度的一项指标，同时也是我国作为沥青标号划分的依据。针入度是在一定的温度条件下，以规定质量的标准针经历规定的贯入时间后，标准针沉入到沥青试样中的深度值，以 0.1mm 计。通常我国将测定针入度的标准条件设定为：温度25℃、针总质量100g、贯入时间5s，所以计作 $P_{25℃,100g,5s}$（0.1mm）。此外，针入度还可在其他条件下测得，例如常用的非标准试验温度有5℃、15℃、30℃等。

通过针入度试验测得的针入度值愈大，表示沥青愈软。实质上，针入度测得的是沥青的稠度而非黏度，但二者关系密切，也就是说稠度愈高的沥青，其黏度也就愈高。

（4）软化点

沥青是一种非晶质有机高分子材料，它由液态凝结为固态，或由固态熔化为液态，没有明确的固化点或液化点，通常采用规定试验条件下的硬化点或滴落点来表示其状态的转变。沥青材料在硬化点到滴落点之间的温度区间里，呈现出一种黏滞流动状态，在工程中为保证沥青不致因温度升高而产生流动的状态，取滴落点和硬化点之间温度间隔的87.21%当作软化点。

目前软化点的测定大多采用环球法。该方法的主要内容是将沥青浇注在规定的金属环中，上置规定质量的钢球，在规定的加热升温速度（通常5℃/min）条件下进行加热。随着温度的不断升高，沥青试样逐渐软化，直至在钢球荷重作用下，沥青产生规定的下垂距离，此时对应的温度就是软化点（℃）。由于软化点的高低反映了沥青在一定温度条件下所呈现的物理状态，所以软化点高的沥青，说明该沥青在温度较高的条件下，软化变形的程度低；而对于软化点低的沥青，表明这种沥青在温度升高时，易发生软化变形，所以可将软化点当作沥青热稳定性的指标。

另一方面，试验研究认为，沥青在软化点时的针入度值往往为800(0.1mm)单位，所以认为软化点是沥青呈现相同黏度时所要达到的温度——等黏温度，这样一来将表示沥青热稳定性的软化点指标就与沥青的黏度指标产生了联系。因此，软化点既是反映沥青材料热稳定性的指标，也是表示沥青条件黏度的指标。

2. 沥青延性

沥青的延性是指当其受到外力的拉伸作用时，所能承受的塑性变形的总能力，是表示沥青内部凝聚力——内聚力的一种量度。通常采用延度作为沥青的条件延性指标，并通过延度试验测得相应的延度值。

延度试验是将沥青试样制成8字形标准试件，在规定的拉伸速度和温度条件下被拉断的操作过程。将该过程拉伸距离定义为延度，试验结果以 cm 计。目前试验温度常定为15℃或10℃，拉伸速度一般为5cm/min。

研究发现，温度相对较低时测得的延度值大小，与沥青在低温时的抗裂性有一定关系。如果低温延度值较大,则在低温环境下沥青的开裂性相对较小。

上述的针入度、软化点和延度等,传统上称之为沥青的"三大指标",是目前我国针对沥青性能评价的核心指标。

3. 沥青感温性

在不同温度条件下,沥青黏度随温度的改变而改变,其他性能也呈现出明显的随温度变化而变化的规律,这种随温度的改变沥青黏度随之改变的特点称为沥青的感温性。对于路用沥青,温度和黏度的关系是沥青的一项极其重要的性能。表示沥青这种感温性常用的指标是针入度指数(PI)。

针入度指数表示软化点之下的沥青感温性,近似结果可通过下式计算获得:

$$PI = \frac{30}{1+50A} - 10 \quad (6\text{-}1)$$

式中:PI——针入度指数;

A——针入度温度感应系数,确定该系数的方法之一,可由沥青的针入度和软化点计算获得,见式(6-2)。

$$A = \frac{\lg 800 - \lg P_{25℃,100g,5s}}{T_{R\&B} - 25} \quad (6\text{-}2)$$

其中:$P_{25℃,100g,5s}$——25℃,100g,5s 条件下测得的针入度(0.1mm);

$T_{R\&B}$——环球法测定的软化点(℃)。

针入度指数愈大,表明沥青对温度变化的敏感性愈低,也就是说针入度指数大的沥青在环境温度改变时,沥青性状改变的程度较小。这种低感温性的沥青在夏季高温季节不易变软,具有一定的抗车辙变形的能力。同时低感温性的沥青在冬季低温环境下,不会因降温变得过硬,从而有利于其低温抗裂的需要。根据现行规范的要求,通常路用沥青的针入度指数宜在 -1.5 ~ +1.0为宜。

需要说明的是,通过式(6-2)进行针入度温度感应系数计算的依据,是基于软化点时的针入度值为800(0.1mm)的假设。实际上很多沥青在软化点时的针入度值并非800(0.1mm),特别是当沥青中含有一定数量蜡的状况下,往往在软化点时的针入度明显低于800(0.1mm),所以根据此式得到的针入度指数不是很准确。为得到更加精确的沥青针入度指数,可通过测定至少三个不同温度下沥青的针入度,采用数学回归的方法求得。内容详见下一节针入度试验中的有关计算。

4. 黏附性

沥青克服外界不利影响因素(如环境对沥青的老化、水对沥青膜的剥离等)在集料表面的附着能力称为沥青的黏附性。该黏附性直接影响沥青路面的使用质量和耐久性,是评价沥青技术性能的一项重要指标。

沥青黏附性的好坏首先与沥青自身特点密切相关,随着沥青稠度的增加或沥青中一些类似沥青酸的活性物质的增加,其黏附性加大。同时,集料的亲水性程度也直接决定着沥青和集料之间黏附性的优劣,使用憎水的碱性集料其黏附性优于亲水的酸性集料,所以采用碱性石灰岩集料拌制的沥青混合料,其黏附性明显好于酸性的花岗岩沥青混合料。

目前沥青与集料之间黏附性好坏的常规评价方法是水煮法或水浸法,通过一定条件下考察集料表面沥青膜抵御水剥离的能力,来界定沥青黏附性的好坏。

5. 沥青耐久性

路用沥青在储运、加热、拌和、摊铺、碾压、交通荷载和自然因素的作用下,会产生一系列的物理化学变化,从而使沥青逐渐改变其原有组成成分,引起路用性能的劣化,这种现象称为沥青的老化。当今修筑的高等级公路沥青路面,其设计寿命要长达十年以上,因此要求沥青材料具有较好的抗老化性即良好的耐久性。

引起沥青老化的直接因素有①热的影响:升温加热将加速沥青内部轻组分的挥发,加速沥青内部化学反应,最终导致沥青性能的劣化。所以无论是沥青在室内的加热试验,还是施工过程的加热拌和,都将引起沥青的热老化;②氧的影响:空气中的氧被沥青吸收后产生氧化反应,改变沥青的组成比例引起老化;③光的影响:日光特别是紫外光照射沥青后,使沥青产生光化学反应,促使沥青的氧化过程加速而引起沥青的老化;④水的影响:水在与光、热和氧共同作用下,会起到加速沥青老化的催化作用;⑤渗流硬化:沥青中轻组分渗入到矿料的孔隙中,导致沥青的硬化而造成老化。

从以上因素可以看出,沥青的老化过程是诸多因素综合作用的结果,这一结果最终导致沥青发硬变脆,引起沥青路面开裂,由此造成多种道路病害。

目前,沥青老化试验大多是模拟沥青在施工拌和时的加热过程,来评价沥青抗老化能力,现行规范的检测方法是薄膜烘箱加热试验和旋转薄膜烘箱加热试验。

三、道路石油沥青技术要求

现行国家标准《重交通道路石油沥青》(GB/T 15180—2010)的技术要求,列于表6-2。

重交通道路石油沥青质量要求(GB/T 15180—2010) 表6-2

项目		质量指标					
		AH-130	AH-110	AH-90	AH-70	AH-50	AH-30
针入度(25℃,100g,5s)/(1/10mm)		120~140	100~120	80~100	60~80	40~60	20~40
延度(15℃)/cm	不小于	100	100	100	100	80	报告
软化点/℃		38~51	40~53	42~55	44~57	45~58	50~65
溶解度/%	不小于	99.0					
闪点/℃	不小于	230				260	
密度(25℃)/(kg/cm³)		报告					
蜡含量/%	不大于	3.0					
薄膜烘箱试验(163℃,5h)							
质量变化/%	不大于	1.3	1.2	1.0	0.8	0.6	0.5
针入度比/%	不小于	45	48	50	55	58	60
延度(15℃)/cm	不小于	100	50	40	30	报告	报告

交通领域对路用沥青有着更加全面和严格的质量要求,现行交通行业道路沥青技术要求见表6-3。

道路石油沥青技术要求

表 6-3

指　标	等级	160号③	130号③	110号	90号	70号②	50号	30号③
针入度(25℃,100g,5s)(0.1mm)		140~200	120~140	100~120	80~100	60~80	40~60	20~40
适用的气候分区⑤		注③	注③	2-1 2-2 3-2	1-1 1-2 1-3 2-2 2-3	1-1 1-2 1-3 1-4 2-2 2-3 2-4	1-3 1-4 2-2 2-3 2-4	注③
针入度指数 PI①	A				−1.5~+1.0			
	B				−1.8~+1.0			
软化点(R&B)(℃) ≥	A	38	40	43	45	45	49	55
	B	36	39	42	43	43	46	53
	C	35	37	41	42	42	45	50
60℃动力黏度①(Pa·s) ≥	A	—	60	120	160	160	200	260
10℃延度①(cm) ≥	A	50	50	40	30	20	15	10
	B	30	30	30	20	15	10	8
15℃延度①(cm) ≥	A				100			
	B							
	C	80	80	60	50	40	30	20
含蜡量(蒸馏法)(%) ≤	A				2.2			
	B				3.0			
	C				4.5			

续上表

指标	等级	160③号	130③号	110号	90号	70号②	50号	30③号
闪点(COC)(℃) ≥		230	230	230	245	260	260	260
溶解度(%) ≥		99.5	99.5	99.5	99.5	99.5	99.5	99.5
15℃密度(g/cm³)		实测记录						
薄膜烘箱加热试验(或旋转薄膜烘箱加热试验)后④								
质量变化(%) ≤		±0.8	±0.8	±0.8	±0.8	±0.8	±0.8	±0.8
残留针入度比(%) ≥	A	48	54	55	57	61	63	65
	B	45	50	52	54	58	60	62
	C	40	45	48	50	54	58	60
残留10℃延度(cm) ≥	A	12	12	10	8	6	4	—
	B	10	10	8	6	4	2	—
残留15℃延度(cm) ≥	C	40	35	30	20	15	10	—

注:①经建设单位同意,表中 PI 值,60℃动力黏度,10℃延度可作为选择性指标,也可不作为施工质量指标。
②70号沥青可根据需要,要求供应商提供针入度范围 60~70 或 70~80 的沥青,130 号或 160 号沥青除寒冷地区可直接在中低级公路上直接应用外,通常用作乳化沥青、改性沥青、稀释沥青、改性乳化沥青的基质沥青。
③30号沥青仅适用于沥青稳定基层。
④老化试验以薄膜烘箱加热试验(TFOT)为准,也可以旋转薄膜烘箱加热试验(RTFOT)代替。
⑤沥青路面气候分区详见本章第五节内容及表6-23。

依据表6-3中各项技术指标的变化,交通行业技术标准中将沥青划分成三个质量等级。不同等级的沥青具有不同的适用范围,见表6-4。

不同等级的道路石油沥青适用范围　　　表6-4

沥青等级	适　用　范　围
A级沥青	各个等级的公路,适用于任何场合和层次
B级沥青	①高速公路、一级公路沥青下面层及以下的层次,二级及二级以下公路的各个层次; ②用作改性沥青、乳化沥青、改性乳化沥青、稀释沥青的基质沥青
C级沥青	三级及三级以下公路的各个层次

第二节　沥青试验检测方法

一、沥青试样准备方法

1. 试验目的

通过规范的试样制备方法,为沥青的各项试验做准备,以确保试验结果的代表性和准确性。该试验适用于黏稠道路石油沥青、煤沥青等需要加热后才能进行试验的沥青样品,按此法准备的沥青供试验室进行的各项试验使用。

2. 试验仪器与材料

(1)烘箱:200℃,有温度调节装置。

(2)加热炉具:电炉或其他燃气炉(丙烷石油气、天然气)。

(3)石棉垫:不小于炉具加热面积。

(4)滤筛:筛孔孔径0.6mm。

(5)烧杯:1000mL。

(6)温度计:0~100℃及200℃,分度为0.1℃。

(7)天平:称量2000g,感量不大于1g;称量100g,感量不大于0.1g。

(8)沥青盛样器皿。

(9)其他:玻璃棒、溶剂、洗油、棉纱等。

3. 试验方法与步骤

(1)利用烘箱对沥青加热,使沥青熔化。将装有试样的盛样器带盖放入恒温烘箱中,当石油沥青试样中含有水分时,将烘箱温度调在80℃左右,加热至沥青全部熔化后供脱水用。当石油沥青中无水分时,烘箱温度宜为软化点温度以上90℃,通常为135℃左右。对取来的沥青试样不得直接采用电炉或煤气炉明火加热。

(2)随即对沥青试样进行脱水处理。将盛样器皿放在可控温的砂浴、油浴、电热套上加热脱水,不得已采用电炉、煤气炉直接加热、脱水时必须加放石棉垫,时间不超过30min,并用玻璃棒轻轻搅拌,防止局部过热。在沥青温度不超过100℃的条件下,仔细脱水至无泡沫为止,最后的加热温度对石油沥青不得超过软化点以上100℃,对煤沥青不得超过软化点以上50℃。

(3)将盛样器中的沥青通过0.6mm的滤筛过滤,不等冷却立即灌入各项试验的模具中。根据需要也可将试样分装入擦拭干净并干燥的一个或数个沥青盛样器皿中,数量应满足一批试验项目所需的沥青样品并有富余。

(4)在沥青灌模过程中如温度下降可放入烘箱中适当加热,试样冷却后反复加热的次数不得超过2次,以防沥青老化影响试验结果。注意在沥青灌模时不得反复搅动沥青,应避免混进气泡。

(5)灌模剩余的沥青应立即清洗干净,不得重复使用。

4. 说明与注意问题

(1)沥青在装卸、运输和贮存过程中混入水和异物,会影响以后试验检测的结果。操作原理是通过加热和过筛方式,将水分和异物分别除去。操作时注意温度控制,避免因温度过高造成沥青老化。

(2)为避免因多次加热造成沥青老化,每次制样前需清楚将要做的试验项目,一次性将沥青样品制备出来,并按要求灌模成型。

二、沥青密度与相对密度试验

1. 试验目的

利用密度瓶测定各种沥青材料的密度与相对密度,为沥青原材料质量与体积之间的换算,以及沥青混合料配合比设计提供必要的参数。非经注明,测定沥青密度的标准温度为15℃,而沥青的相对密度是指25℃时与相同温度下水的密度之比。

2. 试验仪器与材料

(1)密度瓶:玻璃制,瓶塞下部与瓶口须经仔细研磨。瓶塞中间有一个垂直孔,其下部为凹形,以便由孔中排除空气。密度瓶的容积为20~30mL,质量不超过40g,形状和尺寸如图6-1所示。

(2)恒温水槽:控温的准确度为0.1℃,温度高低控制根据需要确定。

(3)烘箱,200℃,装有温度自动调节器。

(4)天平:感量不大于0.001g。

(5)滤筛:0.6mm、2.36mm各一个。

(6)温度计:0~50℃,分度值0.1℃。

(7)烧杯:600~800mL。

(8)真空干燥器。

(9)洗液:玻璃仪器清洗液、三氯乙烯(分析纯)等。

(10)蒸馏水(或去离子水)。

(11)表面活性剂:洗洁精或洗衣粉。

(12)其他:软布、滤纸等。

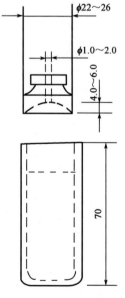

图6-1 密度瓶(尺寸单位:mm)

3. 方法与步骤

(1)用洗液、水、蒸馏水先后仔细洗涤密度瓶,然后烘干称其质量(m_1),准确至0.001g。

(2)将盛有新煮沸并冷却的蒸馏水的烧杯浸入恒温水槽中一同保温,烧杯底浸没水中的深度应不少于100mm,烧杯口露出水面,并用夹具将其牢固。在烧杯中插入温度计,然后将密度瓶及瓶塞放入烧杯中,且烧杯中水的深度必须超过密度瓶顶部40mm以上。调控温度,使恒温水槽及烧杯中的蒸馏水达到规定的试验温度±0.1℃。

(3)待烧杯中水温达到规定温度并保温30min后,将瓶塞塞入瓶口,使多余的水由瓶塞上的毛细孔中挤出。注意,密度瓶内不得有气泡。将烧杯从水槽中取出,再从烧杯中取出密度瓶,立即用干净软布将瓶塞顶部擦拭一次,再迅速擦干密度瓶外面的水分,称其质量(m_2),准确至0.001g。注意瓶塞顶部只能擦拭一次,即使由于膨胀瓶塞上有小水滴也不能再擦拭。以$m_2 - m_1$作为试验温度时密度瓶的水值。

(4)液体沥青试样的试验步骤:将试样过筛(0.6mm)后注入干燥密度瓶中至满,注意不要混入气泡。将盛有试样的密度瓶及瓶塞移入恒温水槽(测定温度±0.1)内盛有水的烧杯中,水面应在瓶口下约40mm。注意勿使水浸入瓶内。从烧杯内的水温达到要求的温度后起算保温30min后,将瓶塞塞上,使多余的试样由瓶塞的毛细孔中挤出。仔细用蘸有三氯乙烯的棉花擦净孔口挤出的试样,并注意保持孔中充满试样。从水中取出密度瓶,立即用干净软布仔细地擦去瓶外的水分或黏附的试样(注意不得再擦孔口)后,称其质量(m_3),准确至0.001g。

(5)黏稠沥青试样的试验步骤:将加热熔化的沥青(注意加热温度,对黏稠沥青不超过软化点以上100℃)仔细注入密度瓶中,约至2/3高度。注意勿使试样黏附瓶口或上方瓶壁,并防止混入气泡。将盛有试样的密度瓶移入干燥器中,在室温下冷却不少于1h,连同瓶塞称其质量(m_4),准确至0.001g。

将称量后的盛有沥青样品的密度瓶放入在恒温水槽中的烧杯里,从烧杯中的水温达到规定温度时起算保温30min后,使密度瓶中气泡上升到水面被排除。待确认密度瓶已经恒温且无气泡后,将瓶塞塞紧,使多余的水从塞孔中溢出,不得留有气泡。取出密度瓶,按前述方法迅速擦干瓶外水分后称其质量(m_5),准确至0.001g。

(6)固体沥青试样的试验步骤:试验前,如试样表面潮湿,可用干燥、清洁的空气吹干,或置50℃烘箱中烘干。将50~100g试样打碎,过0.6mm及2.36mm筛。取0.6~2.36mm的粉碎试样不少于5g放入清洁、干燥的密度瓶中,塞紧瓶塞后称其质量(m_6),准确至0.001g。

取下瓶塞,将恒温水槽内烧杯中的蒸馏水注入密度瓶,水面高于试样约10mm,同时加入几滴表面活性剂溶液(如1%洗衣粉、洗涤灵),并摇动密度瓶使大部分试样沉入水底,必须使试样颗粒表面上附气泡逸出。注意,摇动时勿使试样摇出瓶外。取下瓶塞,将盛有试样和蒸馏水的密度瓶置真空干燥箱(器)中抽真空,逐渐达到真空度98kPa(735mmHg)不少于15min。如密度瓶试样表面仍有气泡,可再加几滴表面活性剂溶液,摇动后再抽真空。必要时,可反复操作几次,直至无气泡为止。

将保温烧杯中的蒸馏水再注入密度瓶中至满,轻轻地塞好瓶塞,再将带塞的密度瓶放入盛有蒸馏水的烧杯中,并塞紧瓶塞。将有密度瓶的盛水烧杯再置恒温水槽(试验温度±0.1℃)中保持至少30min后,取出密度瓶,迅速擦干瓶外水分后称其质量(m_7),准确至0.001g。

4. 试验结果计算

(1) 试验温度下液体沥青试样的相对密度和密度按式(6-3)及式(6-4)计算。

$$\gamma_b = \frac{m_3 - m_1}{m_2 - m_1} \tag{6-3}$$

$$\rho_b = \frac{m_3 - m_1}{m_2 - m_1} \times \rho_w \tag{6-4}$$

式中：γ_b——试样在试验温度下的相对密度；

ρ_b——试样在试验温度下的密度(g/cm^3)；

m_1——密度瓶质量(g)；

m_2——密度瓶与盛满水时的合计质量(g)；

m_3——密度瓶与盛满液体沥青试样时的合计质量(g)；

ρ_w——试验温度下水的密度，15℃水的密度为 0.99910g/cm^3，25℃水的密度为 0.99703g/cm^3。

(2) 试验温度下黏稠沥青试样的相对密度或密度按式(6-5)及式(6-6)计算。

$$\gamma_b = \frac{m_4 - m_1}{(m_2 - m_1) - (m_5 - m_4)} \tag{6-5}$$

$$\rho_b = \frac{m_4 - m_1}{(m_2 - m_1) - (m_5 - m_4)} \times \rho_w \tag{6-6}$$

式中：m_4——密度瓶与黏稠沥青试样合计质量(g)；

m_5——密度瓶、黏稠沥青试样与水合计质量(g)；

其他变量意义同上。

(3) 试验温度下固体沥青试样的相对密度或密度按式(6-7)及式(6-8)计算。

$$\gamma_b = \frac{m_6 - m_1}{(m_2 - m_1) - (m_7 - m_6)} \tag{6-7}$$

$$\rho_b = \frac{m_6 - m_1}{(m_2 - m_1) - (m_7 - m_6)} \times \rho_w \tag{6-8}$$

式中：m_6——密度瓶与固体沥青试样合计质量(g)；

m_7——密度瓶、固体沥青试样与水合计质量(g)；

其他同上。

5. 说明与注意问题

(1) 凡涉及密度瓶在盛满物体时的称重，都要对密度瓶进行恒温操作，以达到更加精确的测定结果。

(2) 同一试样应平行试验两次，当两次试验结果的差值符合重复性试验的精密度要求时，以平均值作为沥青的密度试验结果，并准确至3位小数，试验报告应注明试验温度。对黏稠及液体沥青，重复性试验的允许差为0.003g/cm^3，复现性试验的允许差为0.007g/cm^3；对固体沥青，重复性试验的允许差为0.01g/cm^3，复现性试验的允许差为0.02g/cm^3。

(3)密度瓶的水值应经常校正,一般每年至少进行一次。

(4)抽真空不宜过快,防止样品被带出密度瓶。

三、沥青黏度试验方法

1. 试验方法一:真空减压毛细管法

1)试验目的

动力黏度是表征沥青黏滞性的核心指标,60℃下的动力黏度与夏季路面高温条件下沥青混合料的强度、抗车辙能力有良好相关性。通过测定黏稠石油沥青的动力黏度,更好地掌握沥青路用性能。

2)试验仪器与材料

(1)真空减压毛细管黏度计:目前国内常用型号为 AI 式,形状见图 6-2。

(2)温度计:量程 50~100℃,分度值 0.1℃。

(3)恒温水槽:其内部控温液面高度超过黏度计最高刻度至少 20mm,恒温精度 ±0.1℃。

(4)真空减压系统:真空度可达 40kPa±66.5Pa(300mmHg±0.5mmHg)。

(5)其他:秒表、烘箱、三氯乙烯、洗液、蒸馏水等。

3)试验方法与步骤

(1)真空毛细管黏度计有若干不同型号。依据沥青样品流经规定体积时间是否在 60s 以上,来选择适宜的型号。型号见表 6-5。

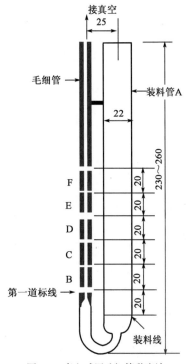

图 6-2 真空减压毛细管黏度计

真空减压毛细管黏度计尺寸和动力黏度范围　　　　表 6-5

型 号	毛细管半径(mm)	大致标定系数,40kPa 真空(Pa·s/s)			黏度范围(Pa·s)
		管 B	管 C	管 D	
25	0.125	0.2	0.1	0.07	4.2~80
50	0.25	0.8	0.4	0.3	18~320
100	0.50	3.2	1.6	1	60~1280
200	1.0	12.8	6.4	4	240~5200
400	2.0	50	25	16	960~2000
400R	2.0	50	25	16	960~140000
800R	4.0	200	100	64	3800~580000

(2)将待测沥青和洗净干燥的真空毛细管黏度计放置在 135℃±5℃烘箱中加热 30min。恒温水槽控温在 60℃待用。

(3)将备好的沥青小心从装料管 A 注入毛细管黏度计中,并使沥青试样液面在装料 E 标线处±2mm之内。重新将黏度计放回烘箱保温，促使毛细管中气泡逸出。

（4）从烘箱中取出3支备好沥青样品的毛细管黏度计，在室温下冷却2min后，安装在60℃恒温水槽中，调整黏度计高低位置，使图6-2中的F标线在水槽液面以下20mm。注意安装时间控制在5min之内。

（5）在未打开阀门状态下将黏度计连接到真空系统。打开真空泵，使真空度达到40kPa±66.5Pa（300mmHg±0.5mmHg），并等到黏度计在恒温水槽的60℃水中恒温30min后，打开阀门，让黏度计接通真空泵。

（6）当沥青试样被吸到毛细管的最低的第一标线时（图中的B刻度），同时打开两个秒表，用于沥青在毛细管中经过不同标线间隔的计时。准确记录下第一个超过60s的标线位置以及间隔时间，准确至0.1s。按相同过程对另外两个黏度计进行试验操作。

4）结果计算

沥青试样的动力黏度按下式计算。

$$\eta = K \times t \tag{6-9}$$

式中：η——沥青试样在测定温度下的动力黏度（Pa·s）；

K——选择第一对超过60s标线间隔的黏度计常数（Pa·s/s），由毛细管计说明书中查得；

t——通过第一对超过60s标线的时间间隔。

5）说明与注意问题

（1）尽管表6-5中提供了不同毛细管部位标定系数，但每个毛细管玻璃器皿在使用前，都应对不同部位的系数即式（6-9）中的K值都要仔细标定。该工作在购置毛细管黏度计时可由设备供应商落实。

（2）一次试验的3支黏度计平行试验的误差应不大于平均值的7%，否则需重新试验。精度符合要求时取3支试验结果的平均值作为动力黏度测定值。

（3）不同试验测得的不同黏度之间不具有互换性，不能把用其他方式测得的沥青黏度当作60℃动力黏度。

（4）注意每次试验完成之后对黏度计的清洗工作，具体方法见相关试验规程。

2. 试验方法二：布氏黏度计法

1）试验目的

采用布氏黏度计测定沥青45℃以上温度范围的表观黏度（以Pa·s计），并根据不同温度下的黏温曲线，确定沥青混合料的拌和温度和压实温度。

2）试验仪器与材料

（1）布洛克菲尔德黏度计：数显黏度计、温度控制器、恒温容器和试样筒等。

（2）转子：具有不同型号，根据沥青黏度大小选用。

（3）烘箱：控温准确度±1℃。

（4）温度计：分度值0.1℃。

3）试验方法与步骤

（1）将制备好的待测沥青，装入盛样的试样容器中，放入高于软化点温度之上100℃左右的烘箱中,恒温备用。

(2)安装并调平布氏黏度计,开启黏度计温度控制器电源,在试验所需温度下控温待用。

(3)将备好的沥青倒入试样筒中,注意沥青数量即液面高度应符合不同型号转子的规定要求,且试样体积与仪器系统在标定时的标准体积保持一致。将转子和盛样筒一起置于已控温至试验温度的烘箱中保温,时间不少于1.5h。

(4)从烘箱中取出转子与盛样筒,安装在黏度计上。降低黏度计,使转子插进盛样筒,注意转子插入的位置符合沥青液面规定的高度。继续在试验温度下让沥青试样在恒温容器中恒温,时间不少于15min。

(5)根据待测沥青样品估计的黏度,选择合适的转子型号和转速,按下黏度计开启键开始试验。观察黏度计数显变化,当读数稳定后,在每个试验温度下,每隔60s读数一次,连续三次,以三次读数的平均值作为测定值。

(6)待测样品在要求的试验温度下重复以上过程进行试验,并在不同温度下完成操作。注意不同温度下的操作要从低到高进行,每个温度下的操作待测样品都要提前在烘箱中恒温时间不小于1.5h,并在仪器的恒温控制器中控温不小于15min。

(7)黏度测定时,如果在该试验温度下数显读数不在该条件下测定范围的10%~98%(最佳范围20%~80%)时,则应更换转子或降低转子转速后重新试验。

4)说明与注意问题

(1)试验的关键点之一要严格控制试验温度,否则将引起较大试验误差。所以仪器恒温控制系统应按仪器说明书,在使用前进行严格标定。

(2)操作的另一关键之处在于正确的选择转子型号和转子的转速,使测定时的读数在仪器对应范围的10%~98%。通常某一布氏黏度计都配有不同型号的转子若干种,并标出型号规格。同时,不同转子也对应有不同的转速选择及对应的读数范围。试验时根据某一温度下沥青大致黏度,设置好转子和转速的组合。表6-6是某黏度计的黏度量程与转子型号、转速等因素的相互关系表,参考该表体会转子和转速选择、组合方法。

布氏黏度计黏度量程表　　　　　　　　　　　　　　　　表6-6

转子型号	转速(r/min)				待测沥青黏度
	50	20	10	5	
21号转子	1000	2500	5000	10000	(估计)黏度 (mPa·s)
27号转子	5000	12500	25000	50000	
28号转子	10000	25000	50000	100000	
29号转子	20000	50000	100000	200000	

(3)工程实践证明,当沥青的黏度在0.17Pa·s±0.02Pa·s时,对应的温度适宜进行沥青混合料的拌和;而沥青的黏度在0.28Pa·s±0.03Pa·s时,对应的温度适宜进行沥青混合料的碾压成型。所以实际工程中,可根据不同温度下测得的布氏黏度,绘制黏温曲线,确定该工程所用沥青适宜的拌和和碾压温度。图6-3为某沥青通过黏温曲线得到的合适的拌和与碾压温度。

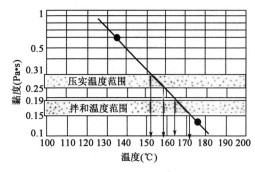

图6-3 沥青黏温曲线确定施工温度

四、沥青针入度试验

1. 试验目的

通过针入度的测定不仅能够掌握不同沥青的黏稠性以及进行沥青标号的划分,而且可以用来建立描述沥青的温度敏感性的指标——针入度指数、当量软化点和当量脆点等。

针入度指数通过15℃、25℃、30℃等不同温度条件下测得的针入度,采用数学回归的方法计算得到。若30℃时的针入度值过大,可采用5℃代替。当量软化点 T_{800} 是相当于沥青针入度为800时的温度,用以评价沥青的高温稳定性,即当量软化点 T_{800} 愈高,表明沥青的高温稳定性愈好。当量脆点 $T_{1.2}$ 是相当于沥青针入度为1.2时的温度,用以评价沥青的低温抗裂性能,即沥青的当量脆点 $T_{1.2}$ 愈低,说明沥青的低温抗裂性能愈好。

2. 试验仪器与材料

(1)针入度仪:为提高测试精度,针入度仪宜采用能够自动计时的针入度仪,如图6-4所示。

针和针连杆组合件总质量为50g±0.05g,另附50g±0.05g砝码一只,试验时总质量为100g±0.05g。仪器设有放置平底玻璃保温皿的平台,并有调节水平的装置,针连杆应与平台相垂直。仪器设有针连杆制动按钮,使针连杆可自由下落。针连杆易于装拆,以便检查其质量。仪器还设有可自由转动与调节距离的悬臂,其端部有一面小镜或聚光灯泡,借以观察针尖与沥青试样表面接触情况。

(2)标准针由硬化回火的不锈钢制成,洛氏硬度HRC为54~60,表面粗糙度 Ra 为0.2~0.3μm,针自身总质量为2.5g±0.05g,针杆上打印有号码标志,配有固定用装置盒(筒),以保护针尖避免碰撞。每根针必须附有计量部门的检验单,并定期进行检验。

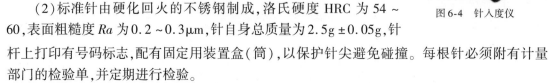

图6-4 针入度仪

(3)盛样皿:金属制,平底圆柱形。小盛样皿的内径55mm,深35mm(适用于针入度小于200个单位的试样);大盛样皿内径70mm,深45mm(适用于针入度200~350个单位的试样);对针入度大于350的试样需使用特殊盛样皿,其深度不小于60mm,试样体积不少于是125mL。

(4)恒温水槽:容量不少于10L,控温的准确度为0.1℃。水槽中应设有一带孔的搁架,位于水面下不得少于100mm,距水槽底不得少于50mm处。

(5)平底玻璃皿:容量不少于1L,深度不少于80mm。内设有一不锈钢三脚支架,能稳定放置试样皿。

(6)温度计或温度传感器:精度为0.1℃。

(7)秒表:分度0.1s。

(8)位移计或位移传感器:精度为0.1mm。

(9)盛样皿盖:平板玻璃,直径不小于盛样皿开口尺寸。

(10)溶剂:三氯乙烯等。

(11)其他:电炉或砂浴、石棉网、金属锅或瓷柄坩埚等。

3. 试验方法与步骤

(1)将试样注入盛样皿中,试样高度应超过预计针入度值10mm。盖上盛样皿盖,以防落入灰尘。盛有试样的盛样皿在15～30℃室温中冷却不少于1.5h(小盛样皿)、2h(大盛样皿)或3h(特殊盛样皿)后,移入规定试验温度±0.1℃的恒温水槽中,并保温不少于1.5h(小盛样皿)、2h(大试样皿)或2.5h(特殊盛样皿)。

调整针入度仪使之水平。检查针连杆和导轨,以确认无水和其他外来物,无明显摩擦。用三氯乙烯或其他溶剂清洗标准针,并擦干。将标准针插入已配重的针连杆上,用螺丝固紧。

(2)将盛有试样的平底玻璃皿置于针入度仪的平台上,慢慢放下针连杆,借助反光镜或灯光反射观察,使针尖恰好与试样表面接触,调节刻度盘或深度指示器的指针指示为零。

(3)开始试验,按下释放键,此时仪器自动开自动计时,至5s时自动停止。读取位移计(或手动针入度仪的刻度盘)的度数,精确至0.1mm。

(4)同一试样平行试验至少3次,各测试点之间及与盛样皿边缘的距离不应少于10mm。每次试验后应将盛有盛样皿的平底玻璃皿放入恒温水槽,使平底玻璃皿中的水温保持试验温度。每次试验应换一根干净标准针或将标准针取下用蘸有三氯乙烯溶剂的棉花或布揩净,再用干棉花或布擦干。

(5)测定针入度大于200的沥青,至少用3支标准针,每次试验后将针留在试样中,直至3次平行试验完成后,才能将标准针取出。

(6)为获得针入度指数PI、当量软化点和当量脆点等感温性指标,按同样的方法在三个温度条件下(如15℃、25℃、30℃或5℃),分别测定沥青的针入度。

4. 试验结果确定和计算

(1)同一试样3次平行试验结果的最大值和最小值之差在下列允许偏差范围内时,计算3次试验结果的平均值,并取至整数作为针入度试验结果,单位0.1mm。

针入度(0.1mm)	允许差值(0.1mm)
0～49	2
50～149	4
150～249	12
250～500	20

(2)沥青针入度指数(PI)、当量软化点(T_{800})和当量脆点($T_{1.2}$)的计算:

①试验和研究证明,沥青针入度对数值与温度存在下列关系。

$$\lg P = A \times T + K \tag{6-10}$$

式中:A——上述关系式中的斜率,即针入度-温度感应系数,可通过三个以上不同温度下测得的针入度采用数学回归方法求得;

K——上述关系式中的截距,采用同样的数学回归方式求得;

$\lg P$——不同温度条件下测得的针入度的对数值;

T——试验温度(℃)。

由回归求得的 A 计算针入度指数 PI,即本章第一节中的式(6-1)。

$$PI = \frac{30}{1 + 50A} - 10$$

②沥青的当量软化点 T_{800} 计算。

$$T_{800} = \frac{\lg 800 - K}{A_{\lg Pen}} = \frac{2.9031 - K}{A_{\lg Pen}} \tag{6-11}$$

③沥青的当量脆点 $T_{1.2}$ 计算。

$$T_{1.2} = \frac{\lg 1.2 - K}{A_{\lg Pen}} = \frac{0.0792 - K}{A_{\lg Pen}} \tag{6-12}$$

式中:T_{800}——当量软化点(℃),相当于针入度达到 800(0.1mm)时对应的温度;

$T_{1.2}$——当量脆点(℃),相当于针入度达到 1.2(0.1mm)时对应的温度。其他同式(6-10)。

5. 说明与注意问题

(1)针入度试验的三项关键性条件分别是温度、测试时间和针的质量,如这三项试验条件控制不准,将严重影响试验结果的准确性。三项条件常用状态,也就是标准状态为:温度 25℃、测试时间 5s、针的质量 100g。

(2)当试验结果小于 50(0.1mm)时,重复性试验的允许差为 2(0.1mm),复现性试验的允许差为 4(0.1mm);当试验结果大于或等于 50(0.1mm)时,重复性试验的允许差为平均值的 4%,复现性试验的允许差为平均值的 8%。

(3)随仪器设备制造水平的不断提高,自动针入度仪的普及程度随之不断提高。在使用这类自动仪器时,要注意操作时各控制条件是否符合要求,避免因仪器设备造成的试验误差。

(4)采用数学回归计算温度感应系数时,回归公式的相关系数不得小于 0.997(置信度 95%)。否则试验结果无效,不能用于针入度指数等指标的计算。

五、沥青软化点试验(环球法)

1. 试验目的

软化点是沥青达到规定条件黏度时所对应的温度。也就是通过规定的试验方法和试验条件,测得沥青伴随温度升高,其状态由固态变为可流动的液态时所对应的温度,以此作为评价沥青高温稳定性的指标。同时还可作为"等黏温度"指标,看作沥青黏稠性的一种度量。

2. 试验仪器与材料

(1)软化点试验仪:由若干附件组成,包括钢球、试样环、定位环和金属支架。

①钢球——直径 9.53mm,质量 3.5g±0.05g。

②试样环——黄铜或不锈钢等制成,内径 ϕ19.8mm±0.1mm。

③钢球定位环——黄铜或不锈钢制成。

④金属支架:由两个主杆和三层平行的金属板组成。上层为一圆盘,直径略大于烧杯直径,中间有一圆孔,用以插放温度计。中层板两侧对称有两个孔,放置试样金属环,中间有一小孔可支持温度计的测温端部。一侧立杆距环上面 51mm 处刻有水高标记。中层板距下层底板为 25.4mm,而底板距烧杯底不少于 12.7mm,也不得大于 19mm。三层金属板和两个主杆由两螺母固定在一起,全部装置见图 6-5。

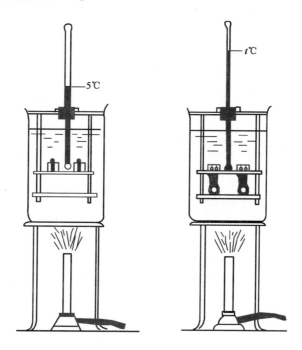

图 6-5　软化点试验装置及原理示意图

(2)耐热玻璃烧杯:容量 800~1000mL,直径不小于 86mm,高不小于 120mm。

(3)温度计:0~100℃,分度为 0.5℃。

(4)环夹:由薄钢条制成,用以夹持金属环,以便在制样时刮平环中沥青试样表面。

(5)装有温度调节器的电炉或其他加热炉具(液化石油气、天然气等)。最好采用带有振荡搅拌器的加热电炉,振荡子置于烧杯底部。

(6)试样底板:金属板(表面粗糙度 Ra 应达 $0.8\mu m$)或玻璃板。

(7)恒温水槽:控温的准确度为 0.5℃。

(8)平直刮刀。

(9)甘油滑石粉隔离剂(甘油与滑石粉的质量比 2:1)。

(10)其他:石棉网、新煮沸的蒸馏水。

3. 试验方法与步骤

(1)试样环置于涂有甘油滑石粉隔离剂的试样底板上。将准备好的沥青试样徐徐注入试样环内至略高出环面为宜。试样在室温冷却 30min 后,用环夹夹着试样环,用热刮刀刮除环面上超出的部分,务使沥青试样与环面齐平。

(2)实际试验操作时,根据沥青实际软化点的高低采用两种不同方式进行。

①试验方法一:软化点在80℃以下的沥青。

a. 将制备好样的试样环连同试样底板,一起置于5℃±0.5℃的恒温水槽中至少15min;同时将金属支架、钢球、钢球定位环亦置于相同水槽中。

b. 烧杯内注入新煮沸并冷却至5℃的蒸馏水,水面略低于立杆上的深度标记。

c. 从恒温水槽中取出盛有试样的试样环放置在支架中层板的圆孔中,套上定位环;然后将整个环架放入烧杯中,调整水面至深度标记,并保持水温为5℃±0.5℃。环架上任何部分不得附有气泡。将0~100℃的温度计由上层板中心孔垂直插入,使端部测温头与试样环下面齐平。

d. 将钢球放在沥青试样上的定位环中,随后将盛有水和环架的烧杯移至放有石棉网的加热炉具上,立即开动振荡搅拌器,使水微微振荡,并开始加热,使杯中水温在3min内调节至维持每分钟上升5℃±0.5℃的试验条件。在加热过程中,应记录每分钟上升的温度值。如温度上升速度超出此范围时,则试验应重做。

e. 试样受热软化逐渐开始下坠,至与下层底板表面接触时,立即读取温度,准确至0.5℃。

②试验方法二:软化点在80℃以上的沥青。

a. 将装有试样的试样环连同试样底板置于装有32℃±1℃甘油的恒温容器中至少15min,同时将金属支架、钢球、钢球定位环等亦置于处于该温度下的甘油中。

b. 在烧杯内注入预先加热至32℃的甘油,其液面略低于立杆上的深度标记,并将盛有甘油和环架的烧杯移至放有石棉网的加热炉具上,然后将钢球放在定位环中间的试样中央开始试验。

c. 按上述相同的升温方法进行加热测定,最终测出试样坠落接触底板时的温度,准确至1℃。

4. 试验结果

同一试样平行试验两次,当两次测定值的差值符合重复性试验精密度要求时,取其平均值作为软化点试验结果,准确至0.5℃。

5. 说明与注意问题

(1) 当试样软化点小于80℃时,重复性试验的允许差为1℃,复现性试验的允许差为4℃。当试样软化点大于或等于80℃时,重复性试验的允许差为2℃,复现性试验的允许差为8℃。

(2) 如估计试样软化点高于120℃,则试样环和试样底板(不得用玻璃板)均应预热至80~100℃。

(3) 与针入度仪类似,目前软化点仪也有多种不同类型的自动软化点测定仪,该仪器可自动控制升温速度和显示或记录试验结果。应用时应注意仪器的准确性,并对仪器经常进行校验。

六、沥青延度试验

1. 试验目的

通过延度试验测定沥青能够承受的塑性变形总能力,并用于评价沥青在低温状态下的抗裂性。

2. 试验仪器与材料

(1) 延度仪:试验专用水槽型设备,能将试件浸没于水中,保持规定的试验温度及按照规定拉伸速度进行拉伸试验,见图6-6。

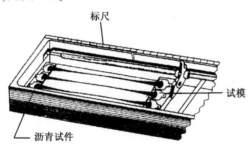

图6-6　沥青延度仪

(2)试模:黄铜制,由两个端模和两个侧模组成,其中两个侧模在试验时可以卸掉。

(3)试模底板:玻璃板或磨光的铜板、不锈钢板。

(4)恒温水槽:容量不少于10L,控制温度的准确度为0.1℃,水槽中应设有带孔搁架,搁架距水槽底不得少于50mm。试件浸入水中深度不小于100mm。

(5)温度计:0~50℃,分度为0.1℃。

(6)砂浴或其他加热炉具。

(7)甘油滑石粉隔离剂(甘油与滑石粉的质量比2:1)。

(8)其他:平刮刀、石棉网、酒精、食盐等。

3. 试验方法与步骤

(1)将隔离剂拌和均匀,涂于清洁干燥的试模底板和两个侧模的内侧表面,并将试模在试模底板上装妥。

(2)将准备好的沥青试样仔细地自试模一端向另一端往返数次缓缓注入模中,最后略高出试模,灌模时应注意勿使气泡混入。试件在室温中冷却不少于1.5h,然后置于规定试验温度±0.1℃的恒温水槽中,保持30min后取出,用热刮刀刮除高出试模的沥青,使沥青面与试模面齐平。沥青的刮法应自试模的中间刮向两端,且表面应刮平滑。将试模连同底板再浸入规定试验温度的水槽中保温1.5h。

(3)将盛有试样的试模自玻璃板或不锈钢板上取下,将试模两端的孔分别套在滑板及槽端固定板的金属柱上,并取下侧模。水面距试件表面应不小于25mm。

(4)开动延度仪,并注意观察试样的延伸情况。此时应注意,在试验过程中,水温应始终保持在试验温度规定范围内,且仪器不得有振动,水面不得有晃动,当水槽采用循环水时,应暂时中断循环,停止水流。在试验中,如发现沥青细丝浮于水面或沉入槽底时,则应在水中加入酒精或食盐,调整水的密度与沥青试样的密度相近后,重新试验。

(5)试件拉断时,读取指针所指标尺上的读数,以cm表示,在正常情况下,试件延伸时应成锥尖状,拉断时实际断面接近于零。如不能得到这种结果,则应在报告中注明。

4. 试验结果

同一试样,每次平行试验不少于3个试件,如3个测定结果均大于100cm,试验结果记作">100cm",特殊需要也可分别记录实测值。

如3个测定结果中,有一个以上的测定值小于100cm时,若最大值或最小值与平均值之差满足重复性试验精密度要求,则取 3 个测定结果的平均值的整数作为延度试验结果。

若平均值大于 100cm,记作">100cm";若最大值或最小值与平均值之差不符合重复性试验精密度要求时,试验应重新进行。

5. 说明与注意问题

(1)当试验结果小于 100cm 时,重复性试验的允许差为平均值的 20%;复现性试验的允许差为平均值的 30%。

(2)沥青延度的试验温度与拉伸速率可根据要求采用,根据《公路沥青路面施工技术规范》(JTG F40—2004),道路石油沥青延度试验时的温度为 15℃ 或 10℃,拉伸速度通常为 5cm/min ± 0.25cm/min。当延度试验采用其他试验条件时,应在报告中注明。

(3)隔离剂的使用是为了防止沥青粘在底板或侧模上,隔离剂原有的调配比例偏稀,易从侧模上流淌下去,起不到防粘连作用。可不必拘泥原有比例,调配的原则是既能起到有效的防粘连作用,又不会因偏稠而减薄沥青试件的有效尺寸。

七、沥青加热老化试验

1. 试验方法一:薄膜加热试验

1)试验目的

通过加热状态下测定道路石油沥青薄膜加热后的质量损失以及其他指标的变化,以评价沥青的耐老化性能。

2)试验仪器与设备

(1)薄膜加热烘箱:工作温度可达 200℃,控温的准确度为 1℃,装有温度调节器和可转动的圆盘架。在 360~370mm 直径的圆盘上有浅槽 4 个,供放置盛样皿。转盘中心由一垂直轴悬挂于烘箱的中央,由传动机构使转盘水平转动,速度为 5.5r/min ± 1r/min。门为双层,两层之间应留有间隙,内层门为玻璃制,只要打开外门,即可通过玻璃读取烘箱中温度计的读数。烘箱应能自动通风,为此在烘箱上下部设有气孔,以供热空气和蒸气的逸出及新鲜空气的进入。

(2)盛样皿:铝或不锈钢制成的浅盘,尺寸内径 140mm ± 1mm,深 9.5~10mm。每个试验过程需不少于 4 个。

(3)温度计:0~200℃,分度为 0.5℃(允许由普通温度计代替)。

(4)天平:感量不大于 0.001g;

(5)其他:干燥器、计时器等。

3)试验方法与步骤

(1)将洁净、烘干、冷却后的盛样皿编号,称其质量(m_0),准确至 0.001g。然后分别在 4 个已称质量的盛样皿中各自注入沥青试样 50g ± 0.5g,并使沥青形成厚度均匀的薄膜,放入干燥器中冷却至室温后称取质量(m_1),准确至 0.001g。同时按规定方法,测定沥青试样薄膜加热试验前的针入度、延度、软化点及黏度等性质。当试验项目需要,预计沥青数量不够时,可增加盛样皿数目,但不允许将不同品种或不同标号的沥青,同时放在一个烘箱中试验。

(2)将温度计垂直悬挂于转盘轴上,位于转盘中心,水银球应在转盘顶面上的 6mm 处,并将烘箱加热并保持至163℃±1℃。把烘箱调整水平,使转盘在水平面上以5.5r/min±1r/min的速度旋转,转盘与水平面倾斜角不大于3°,温度计位置距转盘中心和边缘距离相等。

(3)在烘箱达到恒温163℃后,将盛样皿迅速放入烘箱内的转盘上,并关闭烘箱门和开动转盘架,使烘箱内温度回升到162℃时开始计时,连续5h并保持温度163℃±1℃。但从放置盛样皿开始至试验结束的总时间,不得超过5.25h。

(4)加热结束后取出盛样皿,放入干燥器中冷却至室温后,随机取其中两个盛样皿分别称其质量(m_2),准确至0.001g。注意,即使不进行质量损失测定的,亦应放入干燥器中冷却,但可不称其质量。

(5)将盛样皿置于石棉网上,并连同石棉网放回163℃±1℃的烘箱中转动15min。然后,取出石棉网和盛样皿,立即将沥青残留物样品刮入一适当的容器内,置于加热炉上加热并适当搅拌使其充分融化达流动状态。将热试样倾入针入度盛样皿或延度、软化点等试模内,并按规定方法进行针入度等各项薄膜加热试验后残留物的相应试验。如在当日不能进行试验的,试样应在容器内冷却后放置过夜,但全部试验必须在加热后72h内完成。

4)试验结果计算

(1)沥青薄膜试验后质量损失按下式计算,精确至小数点后3位(质量产生损失为负值,质量增加为正值)。

$$L_T = \frac{m_2 - m_1}{m_1 - m_0} \times 100 \tag{6-13}$$

式中:L_T——试样薄膜加热质量损失(%);

m_0——试样皿质量(g);

m_1——薄膜烘箱加热前盛样皿与试样合计质量(g);

m_2——薄膜烘箱加热后盛样皿与试样合计质量(g)。

(2)沥青薄膜烘箱试验后,残留物针入度比以残留物针入度占原试样针入度的比值按下式计算。

$$K_P = \frac{P_2}{P_1} \times 100 \tag{6-14}$$

式中:K_P——试样薄膜加热后残留物针入度比(%);

P_1——薄膜加热试验前原试样的针入度(0.1mm);

P_2——薄膜加热试验后残留物的针入度(0.1mm)。

(3)沥青薄膜加热试验的残留物软化点增值按下式计算。

$$\Delta T = T_2 - T_1 \tag{6-15}$$

式中:ΔT——薄膜加热试验后软化点增值(℃);

T_1——薄膜加热试验前软化点(℃);

T_2——薄膜加热试验后软化点(℃)。

(4)沥青薄膜加热试验黏度比按下式计算。

$$K_\eta = \frac{\eta_2}{\eta_1} \tag{6-16}$$

式中:K_η——薄膜加热试验前后60℃动力黏度比;

η_1——薄膜加热前60℃动力黏度(Pa·s);

η_2——薄膜加热后60℃动力黏度(Pa·s)。

(5)沥青的老化指数 C 按下式计算。

$$C = \lg\lg(\eta_2 \times 10^3) - \lg\lg(\eta_1 \times 10^3) \tag{6-17}$$

5)说明与注意问题

(1)蒸发"损失"试验的计算结果可正可负,正值表明加热时沥青试样不仅没有损失,而且还有一定增加,原因在于加热过程中沥青与空气中某些成分发生了反应。

(2)对于质量损失,当两个试样皿的质量损失符合重复性试验精密度要求时,取其平均值作为试验结果,准确至小数点后3位。

(3)根据需要报告残留物的针入度及针入度比、软化点及软化点增值、黏度及黏度比、老化指数、延度等各项性质的变化。

(4)当薄膜加热后质量损失小于或等于0.4%时,重复性试验的允许差为0.04%,复现性试验的允许差为0.16%;当薄膜加热后质量损失大于0.4%时,重复性试验的允许差为平均值的8%,复现性试验的允许差为平均值的40%;残留物针入度、软化点、延度、黏度等性质试验的精密度应符合相应的试验方法的规定。

2. 试验方法二:旋转薄膜加热试验

1)试验目的

与前述薄膜加热试验具有同样目的,通过类似试验过程和评价指标,对沥青的抗老化能力加以评价。

2)试验设备

(1)旋转薄膜烘箱:加热温度可控温在163℃±0.5℃。烘箱内部有一垂直环形架,架上有8个可水平放置玻璃盛样瓶的固定装置,该架在试验过程中可以15r/min±0.2r/min的速度旋转。同时,烘箱内部有一个空气喷嘴,向旋转到喷嘴口处的玻璃瓶吹进热空气。

(2)(专用)盛样瓶:由耐热玻璃制成。

(3)温度计:0~200℃,分度为0.5℃(允许由普通温度计代替)。

(4)天平:感量不大于0.001g。

(5)其他:汽油、三氯乙烯、干燥器、计时器等。

3)方法与步骤

(1)将盛样瓶(数量不少于8个)用汽油或三氯乙烯洗净并烘干,编号,分别称其质量(m_0)。

(2)旋转烘箱升温至163℃±0.5℃并恒温不少于16h。调节空气流量为4000mL/min±200mL/min。

(3)分别在各盛样瓶中注入准备好的沥青样品,质量为35g±0.5g,放入干燥器中冷却后,称出各自质量(m_1),准确值0.001g。

(4)将每个装有沥青样品的盛样瓶放入提前预热的烘箱中的环形架上,闭门后在163℃±0.5℃温度下加热,同时控制环形架旋转速度和热空气吹入的状况满足指定的要求。加热时间为75min,总时间为85min,若10min内达不到163℃试验温度,则试验应重做。

(5)加热完成后,随后操作和评价指标的内容、结果的计算与薄膜加热试验相同。

八、沥青蜡含量试验

1. 试验目的

蜡的存在对石油沥青的路用性质造成极为不利的影响,确切掌握沥青中蜡的含量对了解沥青的品质非常重要。沥青中蜡含量的检测方法相对比较复杂,目前我国要求的试验方法是以蒸馏法分离出油分后,将规定的溶剂在规定的低温条件下结晶析出的固体物质当作蜡。本试验通过裂解蒸馏法在规定条件下,测定道路石油沥青中的蜡含量,并以质量百分比表示,作为评定沥青路用品质的一项重要指标。

2. 试验仪器与材料

(1)冷凝管蒸馏瓶:耐热玻璃制成。
(2)冷却过滤装置:玻璃制品,由吸滤瓶、砂芯过滤漏斗、试样冷却筒、塞子及冷浴等组成。
(3)加热用立式高温电炉、电热套或燃气炉。
(4)天平:感量不大于1mg及不大于0.1g各一个。
(5)温度计:-30~+60℃,分度0.5℃。
(6)锥形烧瓶:150mL或250mL数个。
(7)水流泵或真空泵。
(8)化学试剂:乙醚、乙醇以及二者按1:1比例混合的液体(除去芳烃)、石油醚,试剂均属化学纯。
(9)工业酒精及干冰(固体CO_2)。
(10)冰块。
(11)其他:烘箱、恒温水浴、量筒、烧杯、铁架、U形水银柱压力计(或真空表)、洗液、蒸馏水、温度计、电炉等。

3. 方法与步骤

(1)准备工作
①将蒸馏瓶洗净、干燥后,称其质量,准确至0.1g,然后置烘箱中备用。
②将150mL或250mL锥形瓶洗净、烘干、编号后,称其质量,准确至1mg,然后置于干燥器中备用。
③将冷却装置各部洗净、干燥,其中砂芯过滤漏斗用洗液浸泡后再用蒸馏水洗至中性,然后干燥备用。
④准备沥青试样。
⑤用高温炉蒸馏时,应预先加热并控制炉内恒温在550℃±10℃。
⑥在烧杯内备好冰水,以备馏出物接收瓶冷却用。

(2)试验步骤
①在蒸馏瓶中称取沥青试样质量(m_b)50g±1g,准确至0.1g,塞好瓶塞,用锥形瓶作接受器,装在盛有冰水的烧杯中。
②当用高温电炉时,将盛有试样的蒸馏瓶置已恒温550℃±10℃的电炉中,并迅速将瓶颈

固定在铁架的弹簧支架上,蒸馏瓶通过支管与置于冰水中的锥形瓶连接。

如用燃气炉时,调节火焰高度将蒸馏瓶周围包住。

③调节加热强度(即调节蒸馏瓶至高温炉间距离或燃气炉火焰大小),使从加热开始起 5~8min 开始初馏(支管端口流出第一滴馏分)。其后以每秒两滴(4~5mL/min)的流出速度继续蒸馏至无馏出油为止,然后在 1min 内将蒸馏瓶底烧红(即瓶内蒸馏残留物焦化)。

全部蒸馏过程必须在 25min 内完成。蒸馏后支管中残留的馏出油应流入接受器中。

④将盛有馏出油的锥形瓶从冰水中取出,擦干瓶外水分,在室温下冷却称其质量,得到馏出油总质量(m_1),准确至 0.05g。

⑤将锥形瓶中的馏出油加热熔化,并晃动使其均匀。注意加热时温度不能太高,避免因温度过高蒸发造成损失。然后将熔化后的一部分馏出油注入另一已知质量的锥形瓶(250mL)中用于脱蜡,要求经冷冻过滤后能得到 0.05~0.1g 蜡,但取样总量不得超过 10g。

称取用于脱蜡的馏出油质量(m_2),即已知质量锥形瓶和脱蜡用油分的质量之和减去锥形瓶的质量,准确至 0.001g。

⑥将冷却过滤装置装妥,并将吸滤瓶支管用橡胶管与水流泵(或真空泵)及 U 形水银柱压力计连接起来。向冷浴中注入适量的冷液(工业酒精),其液面比试样冷却筒内液面(乙醚-乙醇)高约 100mm 以上,以便向冷浴内加干冰不致溅入试样冷却筒内。用适当工具搅拌冷液,使之保持温度在 −20℃ ±0.5℃;也可取低温水槽作冷浴,此时冷却液可采用 1∶1 甲醇水溶液,低温水槽应能自动控温到在 −20℃ ±0.5℃。

⑦将盛有馏出油的锥形瓶中注入 10mL 乙醚,使其充分溶解,然后倒入试样冷却筒中,再用 15mL 乙醚分两次清洗盛油的锥形瓶,并将清洗液倒入试样冷却筒中。将 25mL 乙醇注入试样冷却筒内与乙醚充分混合均匀。从加入乙醚的时间开始,冷却 1h,使蜡充分结晶析出。

⑧预先在另一锥形瓶或试管(50mL)中量取 50mL 乙醚-乙醇(1∶1)混合液,使其冷却至 −20℃,至少恒冷 15min 后再使用。

⑨当试样冷却筒中溶液冷却结晶后,拔起其中的塞子(即实心玻璃棒),过滤结晶析出的蜡,并将塞子用适当方法吊在试样冷却筒中,保持自然过滤 30min。

⑩当砂芯过滤漏斗内看不到液体时,启动水流泵(或真空泵),调节 U 形水银柱压力计真空度,使滤液的过滤速度为每秒一滴左右,抽滤至无液体滴落,然后小心地关闭水流泵(或真空泵),使压力计恢复常压。再将已冷却的乙醚-乙醇混合液一次加入 30mL,洗涤蜡层,并清洗玻璃棒塞子及试样冷却筒内壁。继续过滤,当溶剂在蜡层上看不见时,继续抽滤 5min,将蜡中的溶剂抽干,以除去蜡中的溶液。

⑪从冷浴中取出试样冷却过滤装置,取下吸滤瓶,将其中溶液倾入一回收瓶中。吸滤瓶也用乙醚-乙醇混合液冲洗 3 次,每次将 10~15mL 洗液倒入回收瓶中。

⑫将试样冷却筒、塞子及吸滤瓶重新装妥,再将 30mL 已预热至 30~40℃ 的石油醚在溶解结晶析出的蜡的同时,清洗试样冷却筒及塞子,拔起塞子使溶液流至过滤漏斗。待漏斗中无溶液后,再用热石油醚溶解漏斗中的蜡两次,每次用量 35mL,然后立即用水流泵(或真空泵)吸滤,至无液滴滴落。

⑬将吸滤瓶中被石油醚溶解的蜡溶液倾入已知质量的锥形瓶中,并用常温石油醚分三次清洗吸滤瓶,每次用量 5~10mL,并将洗液全部倒入锥形瓶的蜡溶液中。

⑭将盛有蜡溶液的锥形瓶放在适宜的热源上,回收石油醚溶剂或使溶剂蒸发掉。然后将锥形瓶置温度为105℃±5℃烘箱中进一步除去残留的石油醚,然后放入真空干燥箱(105℃±5℃,残压21~35kPa)中1h,再置于干燥器中冷却1h后称其质量,得到析出蜡的质量m_w,准确至0.1mg。

⑮同一沥青试样蒸馏后,从馏出油中取至少2个以上试样进行平行试验。

4. 试验结果处理

(1)平行试验各次试验结果中沥青蜡含量按下式计算:

$$P_p = \frac{\frac{m_1}{m_2} \times m_w}{m_b} \times 100 \qquad (6\text{-}18)$$

式中:P_p——蜡含量(取小数点后一位)(%);
$\quad m_b$——沥青试样质量(g);
$\quad m_1$——馏出油总质量(g);
$\quad m_2$——用于测定蜡的馏出油质量(g);
$\quad m_w$——析出蜡的质量(g)。

(2)当平行试验结果的最大值与最小值之差满足重复性精度试验要求时,取平行试验的平均值作为蜡含量测定结果。

(3)当不满足重复性试验要求时,按以下方法处理:以每次试验析出的蜡的质量(g)为横轴、相应按式(6-18)计算得到的蜡的质量百分率为纵轴,画图。在图中确定各平行试验的结果,采用回归拟合的方法得到关系直线图(方向系数应为正值)。然后在横轴上找出蜡的质量为0.075g时对应的蜡的质量百分率,作为蜡含量测定结果。

(4)蜡含量测定时重复性或再现性试验精度的允许差应符合下列要求:

蜡含量(%)	重复性(%)	再现性(%)
0.0~1.0	0.1	0.3
1.0~3.0	0.3	0.5
>3.0	0.5	1.0

第三节 沥青混合料技术性质和技术要求

一、沥青混合料概述

沥青混合料是矿料(包括碎石、石屑、砂和填料)与沥青结合料经混合拌制而成的混合料的总称,其中粗细集料起骨架作用,沥青与填料起胶结填充作用。

1. 沥青混合料的分类

从不同的角度看,沥青混合料有数种不同的分类方法。

(1)按沥青类型分类
①石油沥青混合料:以石油沥青为结合料的沥青混合料;
②焦油沥青混合料:以焦油(大多为煤焦油)为结合料的沥青混合料。

(2)按施工温度分类

①热拌热铺沥青混合料:沥青与矿料经加热后拌和,并在一定的温度下完成摊铺和碾压施工过程的混合料。

②常温沥青混合料:乳化沥青或液态沥青在常温下与矿料拌和,并在常温下完成摊铺碾压过程的混合料。

③温拌沥青混合料:拌和、碾压时的温度比普通热拌热铺型沥青混合料降低30℃上下的沥青混合料。

(3)按空隙率大小分类

①密实型沥青混合料:空隙率在3%~6%之间,这类混合料主要有沥青混凝土(AC)、沥青稳定碎石(ATB)和沥青玛蹄脂碎石(SMA)。

②多孔透水沥青混合料:空隙率往往在18%以上,常见的种类有排水式沥青磨耗层(OG-FC)和排水式沥青碎石基层(ATPB)。

③沥青碎石混合料:空隙率介于6%~12%之间,因这样的空隙率难以适应沥青混合料路用性能需要,目前已很少应用。以往的沥青碎石是这类混合料的代表(AM)。

(4)按矿质集料级配类型分类

①连续级配沥青混合料:沥青混合料中的矿料是按级配原则,从大到小各级粒径都有,按比例互相搭配组成的连续级配混合料,典型代表是粒径偏细一些的密级配沥青混凝土(AC)和粒径偏粗的沥青稳定碎石(ATB)等。

②间断级配混合料:矿料级配中缺少若干粒级所形成的沥青混合料,典型代表是沥青玛蹄脂碎石混合料(SMA)。

③开级配沥青混合料:级配主要由粗集料组成,细集料及填料很少。典型代表是排水式沥青磨耗层混合料(OGFC)。

(5)按矿料的最大粒径分类

①特粗式沥青混合料:矿料公称最大粒径为37.5mm;

②粗粒式沥青混合料:矿料公称最大粒径为26.5mm和31.5mm;

③中粒式沥青混合料:矿料公称最大粒径为16mm和19mm;

④细粒式沥青混合料:矿料公称最大粒径为9.5mm和13.2mm;

⑤砂粒式沥青混合料:矿料公称最大粒径为4.75mm。

目前,我国在沥青路面中采用最多的类型是以石油沥青作为结合料,采用连续级配、空隙率在3%~6%的密实式热拌热铺型沥青混凝土。沥青混合料类型汇总于表6-7。

热拌沥青混合料种类 表6-7

混合料类型	密级配			开级配		半开级配	公称最大粒径(mm)	最大粒径(mm)
	连续级配		间断级配					
	沥青混凝土	沥青稳定碎石	沥青玛蹄脂碎石	排水式沥青磨耗层	排水式沥青碎石基层	沥青碎石		
特粗式	—	ATB-40	—	—	ATPB-40	—	37.5	53.0
粗粒式		ATB-30	—		ATPB-30		31.5	37.5
	AC-25	ATB-25	—		ATPB-25		26.5	31.5

续上表

混合料类型	密级配			开级配		半开级配	公称最大粒径(mm)	最大粒径(mm)
	连续级配	间断级配						
	沥青混凝土	沥青稳定碎石	沥青玛蹄脂碎石	排水式沥青磨耗层	排水沥青碎石基层	沥青碎石		
中粒式	AC-20		SMA-20	—		AM-20	19.0	26.5
	AC-16		SMA-16	OGFC-16		AM-16	16.0	19.5
细粒式	AC-13		SMA-13	OGFC-13		AM-13	13.2	16.0
	AC-10		SMA-10	OGFC-10		AM-10	9.5	13.2
砂粒式	AC-5		—	—		AM-5	4.75	9.5
设计空隙率(%)	3~5	3~6	3~4	>18	>18	6~12	—	—

2. 沥青混合料结构类型

在以沥青作为胶结材料的沥青混合料中,由粗集料、细集料、矿粉(填料)组成一定类型的级配,其中粗集料分布在由细集料、填料和沥青组成的沥青砂浆中,而细集料又分布在沥青与填料构成的沥青胶浆中,形成具有一定内摩阻力和黏聚力的多级空间网络结构。由于各组成材料用量比例的不同,压实后沥青混合料内部的矿料颗粒分布状态、剩余空隙率也会呈现出不同的特点,形成不同的组成结构,而具有不同组成结构特点的沥青混合料在使用时则会表现出不同的性质。

(1)悬浮密实结构

当采用连续密级配矿料组成的沥青混合料时,形成悬浮密实结构。

在这种结构中一方面矿料的颗粒由大到小连续分布,并通过沥青胶结作用形成空隙率较低的密实体;另一方面较大一级的颗粒只有留出充足的空间才能容纳下一级较小的颗粒,因此粒径较大的颗粒往往被较小一级的颗粒挤开,造成粗颗粒之间不能直接接触,彼此分离悬浮于较小颗粒和沥青胶浆中间。这样就形成了所谓悬浮密实结构的沥青混合料,工程中常用的AC型密级配沥青混凝土就是这种结构的典型代表。

(2)骨架空隙结构

当采用连续开级配矿料与沥青组成的沥青混合料时,形成骨架空隙结构。

由于矿料几乎大多集中在较粗的粒径上,所以粗粒径的颗粒可以相互接触,彼此相互支撑,形成嵌挤的骨架;但因细颗粒数量很少,粗颗粒形成的骨架空隙无法得到填充,从而压实后在混合料中留下较多的空隙,形成所谓骨架空隙结构。工程实践中使用的透水沥青混合料(OGFC)是典型的骨架空隙型结构。

(3)骨架密实结构

当采用间断级配矿料与沥青组成的沥青混合料时,形成骨架密实结构。

由于矿料颗粒集中在级配范围的两端,缺少中间若干粒级的颗粒,所以一端的粗颗粒相互支撑嵌挤形成骨架,另一端较细的颗粒填充于骨架留下的空隙中间,使整个矿料结构呈现密实状态,形成所谓骨架密实结构。沥青玛蹄脂碎石混合料(SMA)是一种典型的骨架密实型结构。

三种不同结构特点的沥青混合料,在路用性能上也呈现不同的特点。悬浮密实结构的沥青混合料密实程度高,空隙率低,从而能够有效地阻止沥青混合料使用期间水的侵入,降低不利环境因素的直接影响,因此悬浮密实结构的沥青混合料具有水稳性好、低温抗裂性和耐久性好的特点。但由于该结构中粗集料颗粒处于悬浮状态,使混合料缺少粗集料颗粒的骨架支撑作用。所以在高温使用条件下,悬浮密实结构的沥青混合料因沥青结合料黏度的降低,易造成沥青混合料产生过多的变形或形成车辙,导致沥青路面高温稳定性病害的产生。

骨架空隙结构的特点与悬浮密实结构的特点正好相反。在骨架密实结构中,粗集料之间形成的骨架结构对沥青混合料的强度和稳定性(特别是高温稳定性)起着重要作用。依靠粗集料的骨架结构,能够有效地防止高温季节沥青混合料的变形,减缓沥青路面车辙的形成,因而具有较好的高温稳定性。但由于整个混合料缺少细颗粒部分,压实后留有较多的空隙,在使用过程中,水易于进入混合料中使沥青和矿料黏附性变差,不利的环境因素也会直接作用于混合料,造成沥青混合料低温开裂或引起沥青老化问题的发生,因而骨架空隙型沥青混合料会极大地影响到沥青混合料路面的耐久性。

当采用间断密级配矿料形成的骨架密实结构时,在沥青混合料中既有足够数量的粗集料形成骨架,对夏季高温防止沥青混合料变形,减缓车辙的形成起到积极的作用;同时又因具有数量合适的细集料以及沥青胶浆填充骨架空隙,形成高密实度的内部结构,不仅很好地提高了沥青混合料的抗老化性,而且在一定程度上还能减缓沥青混合料在冬季低温时的开裂现象,因而骨架密实结构兼具了上述两种结构优点,是一种优良的路用结构类型,对保证沥青路面各项路用性能起到积极的作用。

二、沥青混合料路用性能

沥青混合料作为路面材料,在使用过程中要承受行驶车辆荷载的反复作用,以及环境因素的长期影响,所以沥青混合料在具备一定的承载能力的同时,还必须具有良好的抵御自然气候不良影响的耐久性,也就是要表现出足够的高温环境下的稳定性、低温状况下的抗裂性、良好的水稳性、持久的抗老化性和利于安全的抗滑性等诸多技术特点,以保证沥青路面良好的服务功能。

1. 沥青混合料高温稳定性

沥青混合料是一种典型的黏-弹-塑性材料,它的承载能力或模量随着温度的变化而改变。温度升高,承载力下降,特别是在高温条件下或长时间承受荷载作用时会产生明显的变形,变形中的一些不可恢复的部分累积成为车辙,或以波浪和拥包的形式表现在路面上。所以沥青混合料的高温稳定性是指在高温条件下,沥青混合料能够抵抗车辆反复作用,不会产生显著永久变形,保证沥青路面平整的特性。

沥青混合料的高温稳定性,目前主要通过车辙试验法进行测定,以动稳定度作为评价指标。马歇尔试验和马歇尔稳定度也曾作为高温稳定性评价方法及其评价指标。

(1)车辙试验:采用规定试验方法,模拟车轮在路面上行驶时产生的碾压深度,对沥青混合料高温稳定性进行评价的试验方法。沥青混合料加工成型为板型试件,在规定的试验温度和轮碾条件下,沿试件表面同一轨迹反复碾压,测定试件表面在试验过程中形成的车辙深度。

以每产生1mm车辙变形所需要的碾压次数(称之为动稳定度)作为评价沥青混合料抗车辙能力大小的指标。动稳定度值愈大,相应沥青混合料高温稳定性愈好。

(2)马歇尔稳定度试验:该试验通过测定沥青混合料试件在一定条件下,承受破坏荷载能力的大小和承载时变形量的多少,评价沥青混合料的性能。将沥青混合料制备成规定尺寸的圆饼型试件,试验时将试件横向置于两个半圆形的压模中,使试件受到一定的侧限。在规定的温度和加载速度下,对试件施加压力,记录试件可承受的最大承载压力和与之相对应的竖向变形,以此得出表征沥青混合料高温稳定性的马歇尔稳定度(kN)和流值(mm)两项指标。

这两种评价沥青混合料高温稳定性的方法各有特点,马歇尔试验设备简单,易于操作,是公路工程领域长期以来最主要的试验方法。然而,马歇尔试验指标评价沥青混合料的高温性能存在明显的局限性,它并不能真正反映沥青混合料永久变形产生的机理,与沥青路面的抗车辙能力相关性不好。实践证明,即使马歇尔稳定度和流值都满足技术要求,仍有相当一部分沥青路面会出现车辙。车辙试验效果在很大程度上克服了马歇尔方法的不足,其试验结果直观,重要的是试验结果与沥青路面车辙深度之间有良好的相关性,较真实地反映了沥青混合料抗车辙形成能力的大小。

影响沥青混合料的因素众多,从组成材料的内因上看,主要取决于矿料颗粒的嵌挤作用和沥青的黏滞性。首先,矿料的特点至关重要。当所用的集料具有棱角丰富、表面粗糙、形状接近立方体等特点,同时集料颗粒分布形成骨架密实结构时,将有助于集料颗粒形成有效的嵌挤结构,能够极大的促进沥青混合料的高温稳定性。另一方面,沥青高温时的黏度大,与集料的黏附性好,且具有较低的感温性,都将对沥青混合料高温稳定性带来积极的影响。同时,适当降低沥青混合料中的沥青数量,也将有利于沥青混合料的高温稳定性。

2. 沥青混合料低温抗裂性

冬季低温时沥青混合料将产生体积收缩,但在周围材料的约束下,沥青混合料不能自由收缩变形,从而在结构层内部产生温度应力。由于沥青材料具有一定的应力松弛能力,当降温速率较为缓慢时,所产生的温度应力会随时间逐渐松弛减小,不会对沥青路面产生明显的消极影响。但气温骤降时,这时产生的温度应力就来不及松弛,当沥青混合料内部的温度应力超过允许应力时,沥青混合料易被拉裂,导致沥青路面的开裂,进而造成路面的破坏。因此要求沥青混合料应具备一定的低温抗裂性能,就是要求沥青混合料具有较高的低温强度和较大的低温变形能力。

目前用于研究和评价沥青混合料低温性能的方法可以分为三类:预估沥青混合料的开裂温度、评价沥青混合料抗断裂能和评价沥青混合料低温变形能力或应力松弛能力。现行规范采用沥青混合料低温弯曲试验,通过梁型试件在 $-10℃$ 时跨中加载方式,采用破坏强度、破坏应变和破坏劲度模量等指标,评价沥青混合料的低温性能。

从内因上看,沥青混合料低温性能主要取决于沥青的性能特点。针入度较大、温度敏感性较低的沥青将有助于沥青混合料低温变形能力。同时,适当增加沥青混合料中的沥青用量,也会对沥青混合料低温性能起到积极作用。

3. 沥青混合料的耐久性

耐久性是指沥青混合料在长时间使用过程中,抵抗环境不利因素以及承受行车荷载反复作用的能力,主要包括沥青混合料的抗老化性、水稳性、抗疲劳性等几个方面。

沥青混合料的老化主要是指沥青受到空气中氧、水、紫外线等因素的作用,产生多种复杂的物理化学变化后,逐渐使沥青混合料变硬、发脆,最终导致沥青混合料老化,产生裂纹或裂缝的病害现象。水稳定性问题是因为水的影响,引起因沥青从集料表面剥离而降低沥青混合料的黏结强度,造成混合料松散,形成大小不一的坑槽等的水损害现象。而沥青混合料的疲劳破坏则是指沥青混合料路面在受到行车荷载的反复作用,或受到环境温度长时间交替变化产生的温度应力作用后,引起的微小且缓慢的性能劣化现象。

影响沥青混合料耐久性的因素很多,一个很重要的因素是沥青混合料的空隙率。空隙率的大小取决于矿料的级配、沥青材料的用量以及压实程度等多个方面。沥青混合料中的空隙率小,环境中易造成老化的因素介入的机会就少,所以从耐久性考虑,希望沥青混合料空隙率尽可能的小一些。但沥青混合料中还必须留有一定的空隙,以备夏季沥青材料的膨胀变形之用。另一方面,沥青含量的多少也是影响沥青混合料耐久性的一个重要因素。当沥青用量较正常用量减少时,沥青膜变薄,则混合料的延伸能力降低,脆性增加。同时因沥青用量偏少,混合料空隙率增大,沥青暴露于不利环境因素的可能性加大,加速老化,同时还增加了水侵入的机会,造成水损害。综上所述,我国现行规范通过空隙率、饱和度和残留稳定度等指标的控制,来保证沥青混合料的耐久性。

4. 沥青混合料的抗滑性

抗滑性是保障公路交通安全的一个很重要因素,特别是行驶速度很高的高速公路,确保沥青路面的抗滑性要求显得尤为重要。

影响沥青路面抗滑性的因素主要取决于矿料自身特点,即矿料颗粒形状与尺寸、抗磨光性、级配形成的表面构造深度等。因此,用于沥青路面表层的粗集料应选用表面粗糙、棱角丰富且坚硬、耐磨、抗磨光值大的碎石或破碎的碎砾石。同时,沥青用量对抗滑性也有非常大的影响,沥青用量超过最佳用量的 0.5%,就会使沥青路面的抗滑性指标有明显的降低,所以对沥青路面表层的沥青用量要严格控制。

5. 施工和易性

沥青混合料应具备良好的施工和易性,要求在整个施工的各个工序中,尽可能使沥青混合料的集料颗粒以设计级配要求的状态分布,集料表面被沥青膜完整覆盖,并能被压实到规定的密实程度。所以具备一定施工和易性是保证沥青混合料实现良好路用性能的必要条件。

影响沥青混合料施工和易性的因素首先是材料组成。例如,当组成材料确定后,矿料级配和沥青用量都会对和易性产生一定影响。如采用间断级配的矿料,由于粗细集料颗粒尺寸相差过大,中间缺乏尺寸过渡颗粒,沥青混合料极易离析。又比如当沥青用量过少,则混合料疏松且不易压实;但当沥青用量过多时,则容易使混合料黏结成团,不易摊铺。另一影响和易性的因素是施工条件的控制。例如施工时的温度控制,如温度不够,沥青混合料就难以拌和充分,而且不易达到所需的压实度;但温度偏高,则会引起沥青老化,严重时将会明显影响沥青混合料的路用性能。

目前还没有成熟的能够直接用于评价沥青混合料施工和易性的方法和指标,通常的做法是严格控制材料的组成和配比,采用经验的方法根据现场实际状况进行调控。

三、热拌沥青混合料的技术要求和体积参数

1. 热拌沥青混合料的技术标准

现行交通部行业标准《公路沥青路面施工技术规范》(JTG F40—2004)针对各种沥青混合料提出了不同的技术标准,表6-8是常用密级配沥青混凝土混合料采用马歇尔方法时的技术标准。该标准根据道路等级、交通荷载和气候状况等因素提出不同的指标,其中包括稳定度、流值、空隙率、矿料间隙率和沥青饱和度等。

密级配沥青混凝土混合料马歇尔试验技术标准　　表6-8

试验指标		高速公路、一级公路				其他等级公路	行人道路
		夏炎热区 (1-1、1-2、1-3、1-4区)		夏热区及夏凉区 (2-1、2-2、2-3、2-4、3-2区)			
		中轻交通	重载交通	中轻交通	重载交通		
击实次数(双面)		75				50	50
试件尺寸(mm)		101.6×63.5					
空隙率VV (%)	深90mm以内	3~5	4~6	2~4	3~5	3~6	2~4
	深90mm以下	3~6		2~4	3~6	3~6	—
稳定度MS(kN),不小于		8				5	3
流值FL(mm)		2~4	1.5~4	2~4.5	2~4	2~4.5	2~5
矿料间隙率 VMA(%), 不小于	设计空隙率 (%)	相应于以下公称最大粒径(mm)的最小VMA和VFA技术要求(%)					
		26.5	19	16	13.2	9.5	4.75
	2	10	11	11.5	12	13	15
	3	11	12	12.5	13	14	16
	4	12	13	13.5	14	15	17
	5	13	14	14.5	15	16	18
	6	14	15	15.5	16	17	19
沥青饱和度VFA(%)		55~70		65~75		70~85	

除上述指标以外,沥青混合料还应从高温时代表抗车辙能力的动稳定度、抵御水影响的水稳性和低温时代表低温性能的低温弯曲破坏应变等几方面进行评价,见表6-9~表6-12。

沥青混合料车辙试验动稳定度技术要求　　表6-9

气候条件与技术指标		相应于下列气候分区所要求的动稳定度(次/mm)							
七月平均最高气温(℃) 及气候分区		>30				20~30			<20
		夏炎热区(1)				夏热区(2)			夏凉区(3)
		1-1	1-2	1-3	1-4	2-1	2-2	2-3	2-4	3-2
普通沥青混合料,不小于		800		1000		600		800	600
改性沥青混合料,不小于		2400		2800		2000		2400	1800
SMA 混合料	非改性,不小于	1500							
	改性,不小于	3000							

沥青混合料水稳定性技术指标　　　　表6-10

气候条件与技术指标		相应于下列气候分区的技术要求(%)			
年降雨量(mm)及气候分区		>1000	500~1000	250~500	<250
		潮湿区(1)	湿润区(2)	半干区(3)	干旱区(4)
浸水马歇尔试验残留稳定度(%),不小于					
普通沥青混合料		80		75	
改性沥青混合料		85		80	
SMA混合料	普通沥青	75			
	改性沥青	80			
冻融劈裂试验残留强度比(%),不小于					
普通沥青混合料		75		70	
改性沥青混合料		80		75	
SMA混合料	普通沥青	75			
	改性沥青	80			

沥青混合料低温弯曲试验破坏应变指标　　　　表6-11

气候条件与技术指标	相应于下列气候要求的破坏应变($\mu\varepsilon$)			
年极端最低气温(℃)及气候分区	<-37.0	-21.5~-37.0	-9.0~-21.5	>-9.0
	冬严寒区(1)	冬寒区(2)	冬冷区(3)	冬温区(4)
	1-1　　2-1	1-2　　2-2　　3-2	1-3　　2-3	1-4　　2-4
普通沥青混合料,不小于	2600	2300	2000	
改性沥青混合料,不小于	3000	2800	2500	

沥青混合料试件渗水系数技术要求　　　　表6-12

沥青混合料	密级配沥青混合料	SMA混合料
渗水系数(mL/min),不大于	120	80

2. 沥青混合料的体积参数

从表6-8中可以看出,现行技术要求里除了马歇尔试验涉及的稳定度、流值(包括残留稳定度)等指标之外,还列出了诸如空隙率、饱和度及矿料间隙率等指标。这类反映压实后沥青混合料组成材料质量与体积之间关系的指标,以及有关密度等内容统称为沥青混合料的体积参数。这些参数大小、高低,取决于沥青混合料中沥青与矿料的性质、组成材料的比例、混合料成型条件等因素。体积参数与沥青混合料的路用性能有着密切关系,同时也是沥青混合料配合比设计的重要参数。

(1)沥青混合料密度:沥青混合料的密度是指(压实)沥青混合料单位体积里的质量。针对密度指标中涉及的质量和体积内容的不同,又有不同的密度形式。

①沥青混合料理论最大(相对)密度——该密度是假设沥青混合料被压实至完全密实,没有任何空隙的理想状态下的最大密度,即压实沥青混合料试件全部被矿料(包括矿料内部孔隙)和沥青所占有,且空隙率为零的(相对)密度。该参数对于普通沥青混合料可以采用真空

法试验或通过计算获得,而改性沥青混合料只可采用公式计算获得。计算公式如下式:

$$\gamma_t = \frac{100 + P_a}{\frac{100}{\gamma_{se}} + \frac{P_a}{\gamma}} \tag{6-19a}$$

$$\gamma_t = \frac{100}{\frac{100 - P_b}{\gamma_{se}} + \frac{P_b}{\gamma}} \tag{6-19b}$$

式中:γ_t——沥青混合料最大理论相对密度,无量纲;

P_a——沥青混合料油石比(%);

P_b——沥青含量(%);

γ——沥青相对密度,无量纲;

γ_{se}——矿料合成相对密度,可分别采用合成毛体积相对密度或合成表观相对密度来计算,无量纲。计算公式如下:

$$\gamma_{se} = \frac{100}{\frac{P_1}{\gamma_1} + \frac{P_2}{\gamma_2} + \cdots + \frac{P_n}{\gamma_n}} \tag{6-20}$$

式中:P_1、P_2、P_n——不同规格集料所占比例($\sum_1^n P_i = 100$)(%);

γ_1、γ_2、γ_n——对应各规格集料的相对密度,可采用毛体积相对密度或表观相对密度,无量纲。

②沥青混合料试件的毛体积(相对)密度——是指沥青混合料单位毛体积(包括沥青混合料实体矿物成分体积,不吸水的闭口孔隙、能吸收水分的开口孔隙所占体积之和)的干质量。

采用表干法测定毛体积(相对)密度,该方法适用于较密实且吸水很少的沥青混合料试件,计算公式为:

$$\gamma_b = \frac{m_a}{m_f - m_w} \tag{6-21a}$$

$$\rho_b = \frac{m_a}{m_f - m_w} \times \rho_w \tag{6-21b}$$

式中:γ_b、ρ_b——沥青混合料试件的毛体积相对密度(无量纲)和密度(g/cm³);

m_a——沥青混合料干试件在空气中的质量(g);

m_f——沥青混合料饱和面干试件在空气中的质量(g);

m_w——沥青混合料试件在水中的质量(g);

ρ_w——25℃时水的密度,取0.9971g/cm³。

③沥青混合料试件的表观(相对)密度——该密度是指在规定条件下,沥青混合料试件的单位表观体积(沥青混合料实体体积与不吸水的内部闭口孔隙体积之和)的干质量。

采用水中重法测定表干密度,适用于几乎不吸水的密级配沥青混合料,计算公式为:

$$\gamma_a = \frac{m_a}{m_a - m_w} \tag{6-22a}$$

$$\rho_a = \frac{m_a}{m_a - m_w} \times \rho_w \tag{6-22b}$$

式中:γ_a、ρ_a——沥青混合料试件的表观相对密度(无量纲)和表观密度(g/cm^3);

m_a、m_w、ρ_w——含义同上。

(2)沥青混合料试件的空隙率:指压实状态下沥青混合料内矿料与沥青体积之外的空隙(不包括矿料本身或表面已被沥青封闭的孔隙)的体积占试件总体积的百分率,相应计算公式为:

$$VV = \left(1 - \frac{\gamma_b}{\gamma_t}\right) \times 100 \tag{6-23}$$

式中:VV——沥青混合料试件空隙率(%);

γ_b——沥青混合料试件的毛体积相对密度,无量纲;

γ_t——沥青混合料试件理论最大相对密度,无量纲。

(3)沥青混合料试件的矿料间隙率

矿料间隙率是指压实沥青混合料试件中矿料实体以外的空间体积占试件总体积的百分率,由式(6-24)计算。

$$VMA = \left(1 - \frac{\gamma_b}{\gamma_{sb}} \times P_s\right) \times 100 \tag{6-24}$$

式中:VMA——沥青混合料试件的矿料间隙率(%);

γ_b——沥青混合料试件的毛体积相对密度,无量纲;

P_s——各种矿料占沥青混合料总质量的百分率之和,即沥青混合料总量减去沥青含量(%);

γ_{sb}——矿料混合料的合成毛体积相对密度,无量纲,由式(6-20)计算。

(4)沥青混合料试件的沥青饱和度

沥青饱和度是指压实沥青混合料试件中沥青实体体积占矿料骨架实体以外的空间体积的百分率,又称为沥青填隙率,按照式(6-25)计算。

$$VFA = \frac{VMA - VV}{VMA} \times 100 \tag{6-25}$$

式中:VFA——沥青混合料试件的沥青饱和度(%);

VMA,VV——意义同上。

3. 沥青混合料的体积参数计算例题

已知某沥青混合料理论最大相对密度是2.500,沥青含量5.0%。矿料由粗集料、细集料和矿粉组成,三种规格的材料分别占40%、50%和10%,各自对应的毛体积相对密度分别为2.720、2.690和2.710。如成型一个马歇尔试件所用沥青混合料的总质量为1210g,且该马歇尔试件击实后对应的水中质量是713g,表干质量是1217g。根据上述条件求该马歇尔试件的空隙率(VV)、矿料间隙率(VMA)和沥青饱和度(VFA)分别是多少?

(1)计算马歇尔试件毛体积相对密度

$$\gamma_{混合料毛体积} = \frac{m_{干}}{m_{表干} - m_{水中}} = \frac{1210}{1217 - 713} = 2.401$$

(2)计算合成矿料毛体积密度

$$\gamma_{合成矿料} = \frac{100}{\dfrac{P_{粗}}{\gamma_{粗}} + \dfrac{P_{细}}{\gamma_{细}} + \dfrac{P_{粉}}{\gamma_{粉}}} = \frac{100}{\dfrac{40}{2.720} + \dfrac{50}{2.260} + \dfrac{10}{2.710}} = 2.704$$

(3)计算空隙率

$$VV(\%) = \left(1 - \frac{\gamma_{混合料毛体积密度}}{\gamma_{混合料理论最大密度}}\right) \times 100 = \left(1 - \frac{2.401}{2.500}\right) \times 100 = 4.0$$

(4)计算矿料间隙率

$$VMA(\%) = \left(1 - \frac{\gamma_{混合料毛体积}}{\gamma_{合成矿料}} \times P_{矿料总量百分数}\right) \times 100 = \left(1 - \frac{2.401}{2.704} \times 95\%\right) \times 100 = 15.6$$

(5)计算饱和度

$$VMA(\%) = \frac{VMA - VV}{VMA} \times 100 = \frac{15.6 - 4.0}{15.6} \times 100 = 74.4$$

第四节 沥青混合料试验检测方法

一、沥青混合料取样

1. 试验目的

用于拌和厂及道路施工现场采集热拌沥青混合料或常温沥青混合料试样,供施工过程中的质量检验或指导施工配合比的调整,以及室内进行沥青混合料的各项物理力学指标的检测。

2. 试验仪器与材料

(1)铁锹。

(2)手铲。

(3)搪瓷盘或其他金属盛样容器、塑料编织袋。

(4)温度计:分度为1℃。有条件时最好采用有金属插杆的热电偶沥青温度计,金属插杆的长度应不小于300mm。量程0~300℃,数字显示或度盘指针的分度0.1℃,且有留置读数功能。

(5)其他:标签、溶剂(汽油)、棉纱等。

3. 试验方法与步骤

(1)确定取样数量

取样数量应符合下列要求:

①试样数量根据试验目的决定,宜不少于试验用量的2倍。取样数量参考表6-13。平行试验应加倍取样。在现场取样直接装入试模或盛样盒成型时,也可等量取样。

常用沥青混合料试验项目的样品数量 表6-13

试验项目	目的	最少试样量(kg)	取样量(kg)
马歇尔试验、抽提筛分	施工质量检验	12	20
车辙试验	高温稳定性检验	40	60
浸水马歇尔试验	水稳定性检验	12	20
冻融劈裂试验	水稳定性检验	12	20
弯曲试验	低温性能检验	15	25

②根据沥青混合料集料公称最大粒径,取样应不少于下列数量:

细粒式沥青混合料,不少于4kg;

中粒式沥青混合料,不少于8kg;

粗粒式沥青混合料,不少于12kg;

特粗式沥青混合料,不少于16kg。

③所取试样用于仲裁试验时,取样数量除应满足本取样方法规定外,还应保留一份有代表性试样,直到仲裁结束。

(2)取样方法

沥青混合料取样应是随机的,并具有充分的代表性。以检查拌和质量(如油石比、矿料级配)为目的时,应从拌和机一次放料的下方或提升斗中取样,不得多次取样混合后使用。以评定混合料质量为目的时,必须分几次取样,拌和均匀后作为代表性试样。对热拌沥青混合料每次取样时,都必须用温度计测量温度,准确至1℃。

①在沥青混合料拌和厂取样

在拌和厂取样时,宜用专用的容器(一次可装5~8kg)装在拌和机卸料斗下方,每放一次料取一次样,顺次装入试样容器中,每次倒在清扫干净的平板上,连续几次取样,混合均匀,按四分法取样至足够数量。

②在沥青混合料运料车上取样

在运料汽车上取沥青混合料样品时,宜在汽车装料一半后开出去,在汽车车厢内分别用铁锹从不同方向的3个不同高度处取样,然后混在一起用手铲适当拌和均匀,取出规定数量。在车到达施工现场后取样时,应在卸掉一半后将车开出去从不同方向的3个不同高度处取样。宜从3辆不同的车上取样混合使用。

③在道路施工现场取样

在道路施工现场取样时,应在摊铺后未碾压前于摊铺宽度的两侧1/2~1/3位置处取样。用铁锹将摊铺层的全厚铲出,但不得将摊铺层下的其他层料铲入。每摊铺一车料取一次样,连续3车取样后,混合均匀按四分法取样至足够数量。对现场制件的细粒式沥青混合料,也可在摊铺机经螺旋拨料杆拌匀的一端,边前进边取样。

(3)常温条件下取样

①乳化沥青常温混合料试样的取样方法与热拌沥青混合料相同,但宜在乳化沥青破乳水分蒸发后装袋,对袋装常温沥青混合料亦可直接从储存的混合料中随机取样。取样袋数不少于3袋,使用时将3袋混合料倒出作适当拌和,按四分法取出规定数量试样。

②液体沥青常温沥青混合料的取样方法同上,当用汽油稀释时,必须在溶剂挥发后方可封袋保存。当用煤油或柴油稀释时,可在取样后即装袋保存,保存时应特别注意防火。其余与热拌沥青混合料同。

③从碾压成型的路面上取样时,应随机选取3个以上不同地点,钻孔、切割或刨取混合料至全厚度,仔细清除杂物及不属于这一层的混合料,需重新制作试件时,应加热拌匀按四分法取样至足够数量。

(4) 试样的保存与处理

①热拌热铺的沥青混合料试样需送至中心试验室或质量检测机构作质量评定且二次加热会影响试验结果(如车辙试验)时,必须在取样后趁高温立即装入保温桶内,送试验室立即成型试件,试件成型温度不得低于规定要求。

②热混合料需要存放时,可在温度下降至60℃后装入塑料编织袋内,扎紧袋口,并宜低温保存,应防止潮湿、淋雨等,且时间不应太长。

③在进行沥青混合料质量检验或进行物理力学性质试验时,由于采集的热拌混合料试样温度下降或稀释沥青溶剂挥发结成硬块已不符合试验要求时,宜用微波炉或烘箱适当加热重塑,且只允许加热一次,不得重复加热。用微波炉加热沥青混合料时不得使用金属容器和带有金属的物件。沥青混合料的加热温度以达到符合压实温度要求为度,控制最短的加热时间,通常用烘箱加热时不宜超过4h,用工业微波炉加热5~10min。

(5) 样品的标记

取样后当场试验时,可将必要的项目一并记录在试验记录报告上。此时,试验报告必须包括取样时间、地点、混合料温度、取样数量、取样人等栏目。

取样后转送试验室试验或存放后用于其他项目试验时应附着样品标签,样品标签应记载下列事项:

①工程名称、拌和厂名称及拌和机型号。

②样品概况:沥青混合料种类及摊铺层次、沥青品种、标号、矿料种类、取样时混合料温度及取样位置或用以摊铺的路段桩号等。

③试样数量。

④取样人,提交试样单位及责任者姓名。

⑤取样目的或用途(送达单位)。

⑥样品标签填写人,取样日期。

⑦备注:其他应予注明的事项。

二、沥青混合料试件制作方法

1. 试验方法一:击实法

1) 试验目的与适用范围

采用标准击实法或大型击实法制作沥青混合料试件,用于进行室内马歇尔稳定度、水稳性和劈裂强度试验。

2)试验仪器与材料

(1)试验时用沥青混合料拌和机:要求能保证拌和温度并充分拌和均匀,可控制拌和时间,容量不少于10L。

(2)击实仪:击实仪由击实锤、击实头和导向棒组成,分为标准击实仪和重型击实仪两类:

①标准击实仪:标准击实仪由击实锤、直径98.5mm±0.5mm的平圆形压实头及带手柄的导向棒组成。用人工或机械将压实锤举起,从457.2mm±1.5mm的高度沿导向棒自由落下击实,标准击实锤的质量为4536g±9g。

②大型击实仪:大型击实仪由击实锤、直径149.4mm±0.1mm的平圆形压实头及带手柄的直径15.9mm的导向棒组成。用人工或机械将压实锤举起,从457.2mm±2.5mm的高度沿导向棒自由落下击实,标准击实锤的质量为10210g±10g。

将击实锤和击实台安装成一体,采用电力驱动击实锤连续击实试件,能够自动记录击实次数,击实速度为60次/min±5次/min。

(3)试模:由高碳钢或工具钢制成,每组包括内径101.6mm±0.2mm,高87mm的圆柱形金属筒若干,底座(直径约120.6mm)和套筒(内径104.8mm、高70mm)各1个;大型圆柱体试件的试模与套筒尺寸分别为:套筒外径165.1mm,内径155.6mm±0.3mm,总高83mm。试模内径152.4mm±0.2mm,总高115mm,底座板厚12.7mm,直径172mm。

(4)脱模器:电动或手动,可无破损地推出圆柱体试件,备有标准圆柱体试件及大型圆柱体试件尺寸的推出环。

(5)烘箱:大、中型各一台,装有温度调节器。

(6)天平或电子秤:用于称量矿料的,感量不大于0.5g;用于称量沥青时,感量不大于0.1g。

(7)温度计:分度为1℃。宜采用有金属插杆的热电偶沥青温度计,金属插杆的长度不小于150mm。量程0~300℃,数字显示或度盘指针的分度0.1℃,且有留置读数功能。

(8)布洛克菲尔德黏度计。

(9)其他:电炉或煤气炉、沥青熔化锅、拌和铲、标准筛、滤纸(或普通纸)、胶布、卡尺、秒表、粉笔、棉纱等。

3)试验方法与步骤

(1)基本要求

①试验室制作沥青混合料试件时的矿料规格及试件数量应符合如下规定:

试件尺寸应符合试件直径不小于集料公称最大粒径的4倍,厚度不小于集料公称最大粒径的1~1.5倍的规定。集料公称最大粒径小于或等于26.5mm时,采用直径φ101.6mm试模成型试件,一组试件数量不少于4个。当集料粒径大于26.5mm时,宜采用大型马歇尔试模成型试件,该方法一组试件不少于6个。

②确定制作沥青混合料试件的拌和与压实温度。

根据沥青的黏度,绘制黏温曲线。按表6-14的要求确定适宜于沥青混合料拌和及压实的等黏温度。

适宜于沥青混合料拌和及压实的沥青等黏温度(Pa·s)　　　　表6-14

黏度与测定方法	适宜于拌和的沥青结合料黏度	适宜于压实的沥青结合料黏度
表观黏度	0.17±0.02	0.28±0.03

注:液体沥青混合料的压实成型温度按石油沥青要求执行。

当缺乏沥青黏度测定条件时,试件的拌和与压实温度可参照表6-15选用,并根据沥青品种和标号作适当调整。对改性沥青,应根据改性剂的品种和用量,适当提高混合料的拌和和压实温度,对大部分聚合物改性沥青,需要在基质沥青的基础上提高10~20℃。

沥青混合料拌和及压实温度参数　　　　表6-15

施工工序	沥青标号				
	50号	70号	90号	110号	130号
沥青加热温度(℃)	160~170	155~165	150~160	145~155	140~150
矿料加热温度(℃)	集料加热温度比沥青温度高10~30(填料不加热)				
沥青混合料拌和温度(℃)	150~170	145~165	140~160	135~155	130~150
试件击实温度(℃)	140~160	135~155	130~150	125~145	120~140

(2)成型准备工作

①将各种规格的矿料置于(105±5)℃的烘箱中烘干至恒重(一般不少于4~6h)。根据需要,粗集料可先用水冲洗干净后烘干。也可将粗细集料过筛后用水冲洗再烘干备用。

②按规定试验方法分别测定不同规格粗、细集料及填料(矿粉)的各种相对密度,以及测定沥青的相对密度。

③将烘干分级的粗细集料,按每个试件设计级配要求称其质量,在一金属盘中混合均匀(矿粉单独放入容器备用)后,置于烘箱中预热至沥青拌和温度以上约15℃(采用石油沥青时通常为163℃;采用改性沥青时通常需180℃)备用。一般按一组试件(每组4~6个)准备。常温沥青混合料的矿料不加热。

④将沥青试样用恒温烘箱或油浴、电热套熔化加热至规定的沥青混合料拌和温度备用,但不得超过175℃。当不得已采用燃气炉或电炉直接加热进行脱水时,必须使用石棉垫隔开。

⑤用沾有少许机油的棉纱擦净试模、套筒及击实座等,置于100℃左右烘箱中加热1h备用。常温沥青混合料用试模不加热。

(3)拌制沥青混合料(黏稠石油沥青为例)

①将沥青混合料拌和机预热至拌和温度以上10℃左右备用。对试验室试验研究、配合比设计及采用机械拌和施工的工程,严禁用人工炒拌法热拌沥青混合料。

②将每个试件预热的粗细集料置于拌和机中,用小铲子适当混合,然后再加入需要数量的已加热至拌和温度的沥青。或稍取一些偏细的矿料,放入适宜的容器,随后放在电子秤上,质量清零。小心倒入加热融化的沥青(避免倒在容器上),至所需的质量,倒入拌和锅。如沥青已称量在一专用容器内时,可在倒掉沥青后用一部分热矿粉将沾在容器壁上的沥青擦拭干净一起倒入拌和锅中。开动拌和机搅拌,时间1~1.5min。然后暂停搅拌,加入备好的矿粉,继续拌和至均匀为止,并使沥青混合料保持在要求的拌和温度范围内。总的拌和时间

为3min。

(4)击实成型操作

①根据经验,称取拌好的沥青混合料一个试件所需的用量(标准马歇尔试件约1200g,大型马歇尔试件约4050g)。也可根据沥青混合料的密度,由试件的标准尺寸计算并乘以1.03得到要求的混合料数量。当一次拌和几个试件时,宜将其倒入经预热的金属盘中,用小铲适当拌和均匀分成几份,分别取用。为防止混合料温度下降,在试件制作过程中,应将盛放混合料的盘子放在烘箱中保温。

②从烘箱中取出预热的试模及套筒,用沾有少许黄油的棉纱擦拭套筒、底座及击实锤底面,将试模装在底座上,垫一张圆形纸片,按四分法从四个方向用小铲将混合料铲入试模中,用插刀或大螺丝刀沿周边插捣15次,中间10次。插捣后将沥青混合料表面整平成凸圆弧面。对大型马歇尔试件,混合料分两次加入,每次插捣次数同上。

③插入温度计,至混合料中心附近,检查混合料温度。待混合料温度符合要求的击实温度后,将试模连同底座一起放在击实台上固定,在装好的混合料上面再垫一张圆形纸片,将装有击实锤及导向棒的压实头插入试模中,然后开启电动机或人工将击实锤从457mm的高度自由落下击实规定的次数(75或50次)。对大型马歇尔试件,击实次数为75次(相应于标准击实50次的情况)或112次(相应于标准击实75次的情况)。

④完成一面的击实操作后,取下套筒,将试模颠倒,装上套筒,然后以同样的方法和次数击实另一面。

⑤试件击实结束后,立即用镊子取掉上下面的纸片,用卡尺量取试件离试模上口的高度,并由此计算试件高度,如高度不符合要求时,试件应作废,并按下式调整试件的混合料质量,以保证高度符合63.5mm±1.3mm(标准试件)或95.3mm±2.5mm(大型试件)的要求。

$$m_2 = \frac{h_s \times m_1}{h_1} \tag{6-26}$$

式中:m_2——击实得到所需高度时试件的质量(g);

m_1——第一次击实时所称得的沥青混合料质量(g);

h_1——第一次击实完成后所得到的试件高度(mm);

h_s——马歇尔试件标准高度或所需高度(mm)。

⑥卸去套和底座,将装有试件的试模侧向放置冷却至室温后(不少于12h),置脱模机上脱出试件,逐一编号,将试件仔细置于干燥洁净的平面上,供试验用。在施工质量检验过程中如急需试验,允许采用电风扇吹冷1h或浸水冷却3min以上的方法脱模,但浸水脱模法不能用于测量密度、空隙率等各项物理指标。

2. 试验方法二:轮碾法

1)试验目的与适用范围

采用轮碾方式成型沥青混合料试件,常见尺寸为300mm×300mm×50mm试件,用于室内沥青混合料车辙试验、力学以及其他试验。

2)试验仪器与材料

(1)轮碾成型机:轮宽300mm,压实线荷载300N/cm。

(2)试验时用沥青混合料拌和机:能保证拌和温度并充分拌和均匀,可控制拌和时间。容量大于30L,也可采用容量大于10L的小型拌和机。

(3)试模:内部平面尺寸为长 300mm × 宽 300mm × 厚 50~100mm,由高碳钢或工具钢制成。

(4)切割机:用于板型试件切割,带有淋水装置。

(5)小型击实锤、小铲。

(6)烘箱、台秤、温度计以及其他辅助用品(与击实成型时所用物品相同)。

3)试验方法与步骤

(1)备料、拌和

以击实法中所述方法准备一块沥青混合料板型试件所需原料。其中,混合料总数量、各档矿料数量由试件的体积、级配等,按马歇尔标准密度乘以 1.03 的系数求得。并按表 6-14 确定的沥青混合料拌和温度,对各原料进行加热。随后,按成型马歇尔试件同样的方法进行拌和。

(2)成型

将预热试模从烘箱中取出,在试模中铺一张纸,将试模全部遮盖,防止混合料与试模的粘连。

将拌好的混合料小心倒入试模中,用小铲整理成中间高、四周低的凸型状态后,用小型击实锤夯实一遍,连同试模放置在轮碾机平台上。

在试模中的混合料上铺一张隔离纸,启动轮碾机,先在一个方向碾压 2 个往返(碾压 4 次);卸荷,抬起碾压轮,将试模调转方向,然后继续碾压 12 个往返(24 次),使试件达到马歇尔标准密度 100% ±1%。

压实后揭去表面纸,用粉笔标出碾压方向。

(3)试件脱模

连同试模将成型好的试件放置 12h,然后脱模。

针对不同试验,成型好的板可直接用于车辙试验、透水试验等,或用切割机将板型试件切割成所需尺寸,用于不同试验。

三、压实沥青混合料密度试验

1. 试验方法一:表干法——沥青混合料毛体积密度测定

1)试验目的与适用范围

采用马歇尔试件,测定吸水率不大于 2% 的沥青混合料试件的毛体积相对密度及毛体积密度,并用于计算沥青混合料试件的空隙率、饱和度和矿料间隙率等各项体积指标。

2)试验仪器与材料

(1)浸水天平或电子秤:当最大称量在 3kg 以下时,感量不大于 0.1g;最大称量 3kg 以上时,感量不大于 0.5g;最大称量 10kg 以上时,感量 5g。电子秤应带有测量水中质量的挂钩。

(2)称重装置:包括网篮、溢流水箱、试件悬吊装置等。

(3)其他:秒表、毛巾、电风扇或烘箱等。

3)试验方法与步骤

(1)除去马歇尔试件表面的浮粒,在适宜的天平或电子秤上(最大称量应不小于试件质量的1.25倍,且不大于试件质量的5倍)称取干燥试件的空气中质量(m_a),根据选择天平的感量,准确至0.1g、0.5g。

(2)挂上网篮,浸入溢流水箱中,调节水位,将天平调平、复零,把试件置于网篮中(注意尽量不要晃动水)浸水中3~5min,称取水中质量(m_w)。若天平读数持续变化,不能很快达到稳定,说明试件吸水较严重,不适用于此法测定,应改用蜡封法测定。

(3)从水中取出试件,用洁净柔软的拧干湿毛巾轻轻擦去试件的表面水(不得吸走空隙内的水),称取试件的表干质量(m_f)。

4)试验结果计算

(1)计算试件的吸水率,取1位小数。

试件的吸水率即试件吸水体积占沥青混合料毛体积的百分率,按式(6-27)计算。

$$S_a = \frac{m_f - m_a}{m_f - m_w} \times 100 \tag{6-27}$$

式中:S_a——试件的吸水率(%);

m_a——干燥试件的空气中质量(g);

m_w——试件的水中质量(g);

m_f——试件的表干质量(g)。

(2)计算试件的毛体积相对密度和毛体积密度,取3位小数。

当试件的吸水率符合$S_a<2\%$要求时,试件的毛体积相对密度和毛体积密度按式(6-21)计算。

2. 试验方法二:水中重法——沥青混合料表观密度的测定

1)试验目的与适用范围

用于测定几乎不吸水的密级配沥青混合料试件的表观相对密度及表观密度。

2)试验仪器与材料

同试验方法一。

3)试验方法与步骤

(1)除去试件表面的浮粒,在适宜的天平或电子秤上(最大称量应不小于试件质量的1.25倍,且不大于试件质量的5倍)称取干燥试件的空中质量(m_a),根据选择的天平的感量读数,准确至0.1g、0.5g。

(2)挂上网篮,浸入溢流水箱中,调节水位,将天平调平或复零。把试件置于网篮中(注意不要晃动水),待天平稳定后立即读数,称取水中质量(m_w)。若天平读数持续变化,不能很快达到稳定,说明试件吸水较明显,不适用于此法测定,应改用蜡封法。

(3)对从路上钻取的非干燥试件,可先称取水中质量(m_w),然后用电风扇将试件吹干至恒重(一般不少于12h,当不需进行其他试验时,也可用60℃±5℃烘箱烘干至恒重),再称取空气中质量(m_a)。

4)试验结果计算

按式(6-22)计算表观相对密度和表观密度。

3. 试验方法三:蜡封法——沥青混合料毛体积密度的测定

1)试验目的与适用范围

用于测定吸水率大于2%的沥青混合料试件的毛体积相对密度及毛体积密度。

2)试验仪器与材料

(1)熔点已知的石蜡。

(2)冰箱:可保持温度为4~5℃。

(3)重物:形状规则的铅或铁块等。

(4)滑石粉、秒表、电风扇、电炉或燃气炉。

(5)其他同试验方法一。

3)试验方法与步骤

(1)除去试件表面的浮粒,在适宜的天平或电子秤上(最大称量应不小于试件质量的1.25倍,且不大于试件质量的5倍)称取干燥试件的空中质量(m_a),根据选择的天平的感量读数,准确至0.1g、0.5g。当为钻芯法取得的非干燥试件时,应用电风扇吹干12h以上至恒重作为空中质量,但不得用烘干法。

(2)将试件置于冰箱中,在4~5℃条件下冷却不少于30min。将石蜡熔化至其熔点以上5.5℃±0.5℃。从冰箱中取出试件立即浸入石蜡液中,至全部表面被石蜡封住后迅速取出试件,在常温下放置30min,称取蜡封试件的空中质量(m_p)。

(3)挂上网篮,浸入溢流水箱中,调节水位,将天平调平或复零。将蜡封试件放入网篮浸水约1min,读取水中质量(m_c)。

(4)用蜡封法测定时,石蜡对水的相对密度按下列步骤实测确定:

①取一块铅或铁块之类的重物,称取质量(m_g);

②分别测定重物的水中质量(m'_g)和蜡封后在水中质量(m'_d);

③擦干或烘干重物后,按上述试件蜡封的步骤将重物蜡封后测定其质量(m_d)。

按式(6-28)计算石蜡对水的相对密度。

$$\gamma_p = \frac{m_d - m_g}{(m_d - m_g) - (m'_d - m'_g)} \tag{6-28}$$

式中:γ_p——在常温条件下石蜡对水的相对密度,无量纲;

m_g——重物的质量(g);

m'_g——重物的水中质量(g);

m_d——蜡封后重物的质量(g);

m'_d——蜡封后重物的水中质量(g)。

(5)如果试件在测定密度后还需要做其他试验时,为便于除去石蜡,可事先在干燥试件表面涂上薄层滑石粉,称取涂滑石粉后的试件质量(m_s),然后再蜡封测定。

4)试验结果计算

(1)计算试件的毛体积密度,取3位小数,蜡封法测定的试件毛体积密度按式(6-29)计算。

$$\rho_f = \frac{m_a}{m_p - m_c - \dfrac{m_p - m_a}{\gamma_p}} \cdot \rho_w \tag{6-29}$$

式中：ρ_f——由蜡封法测定的试件毛体积密度（g/cm³）；

m_a——试件的空中质量（g）；

m_p——蜡封试件的空中质量（g）；

m_c——蜡封试件的水中质量（g）；

γ_p——在常温条件下石蜡对水的相对密度，无量纲；

ρ_w——常温下水的密度，按表3-4查得，或精度不高时可取1g/cm³。

(2)涂滑石粉后用蜡封法测定的试件毛体积密度按式(6-30)计算。

$$\rho_f = \frac{m_a}{m_p - m_c - \left(\dfrac{m_p - m_a}{\gamma_p} + \dfrac{m_s - m_a}{\gamma_s}\right)} \cdot \rho_w \tag{6-30}$$

式中：ρ_f——由蜡封法测定的试件毛体积密度（g/cm³）；

m_s——试件涂滑石粉后的空中质量（g）；

γ_s——滑石粉的相对密度；

其他符号意义同前。

4. 试验方法四：体积法

1）试验目的与适用范围

用于测定空隙率很高（往往在18%以上），不适宜采用上述方法的沥青混合料的毛体积相对密度及毛体积密度，用于沥青混合料体积参数的计算。

2）试验仪器与材料

(1)电子天平：最大称量在3kg以下时，感量不大于0.1g；最大称量在3kg以上时，感量不大于0.5kg。

(2)卡尺。

3）试验方法与步骤

选择适宜的天平，称取待测圆柱体沥青混合料试件质量，记作 m_a。

用卡尺测定试件圆柱体试件直径、高度等几何尺寸，准确至0.01cm。注意高度以十字对称方式测定，取平均值。其他形状尺寸测定时，保证测得的结果能准确代表该形状试件的实际尺寸。

4）试验结果计算

圆柱体沥青混合料毛体积密度按下式计算。

$$\rho_s = \frac{m_a}{V} \tag{6-31}$$

其中：

$$V = \frac{\pi \times d^2}{4} \times h \tag{6-32}$$

式中:ρ_s——沥青混合料毛体积密度(g/cm^3);
  m_a——沥青混合料试件在空气中的质量(g);
  d、h——圆柱体沥青混合料直径、高度尺寸(cm)。

由下式根据毛体积密度(ρ_s)计算25℃时沥青混合料毛体积相对密度(γ_s),其他温度类似。

$$\gamma_s = \frac{\rho_s}{0.9971} \quad (6\text{-}33)$$

5)说明与注意问题

(1)注意上述针对沥青混合料密度试验的几种方法的适用性,不可混淆。

(2)沥青混合料特别是室内进行配合比设计时的混合料试件,其吸水率往往处于0.5%~2.0%之间,且空隙率在3%~6%之间,所以采用表干法较为常见,应更多关注该方法的操作要领。

(3)注意沥青马歇尔试件的吸水率含义与通常材料吸水率是不相同的。通常意义上的吸水率是指材料中所吸水的质量占材料(干)质量的百分率,而马歇尔试件的吸水率实际上是指材料所吸水的质量占单位毛体积的百分率。

(4)滑石粉的相对密度可参考水泥、矿粉密度测试方法。

四、沥青混合料理论最大相对密度测定(真空法)

1. 试验目的与适用范围

采用真空法测定沥青混合料理论最大相对密度,用于配合比设计过程中沥青混合料空隙率的计算、路矿况调查中的压实度计算等目的。适用于集料的吸水率不大于3%的非改性沥青混合料。

2. 试验仪器与材料

(1)负压容器:适用于试验的真空容器类型共有三种,根据条件可任选一种进行试验。负压容器的类型如表6-16所示。

负 压 容 器 类 型　　　　　　　　　　表6-16

类　型	容　器	附 属 设 备
A	耐压玻璃、塑料或金属罐,容积大于2000mL	有密封盖,接真空胶管,与真空泵连接
B	容积大于2000mL的真空容量瓶器	带胶皮塞,接真空胶管,与真空泵连接
C	4000mL耐压真空干燥器	带胶皮塞,放气阀,接真空胶管与真空泵连接

(2)真空负压装置:由真空泵及水银压力计(或真空表)组成,该装置可形成约4kPa(30mmHg)的负压。

(3)天平:称量5kg以上,感量不大于0.1g;称量2kg以下,感量不大于0.05g。

(4)恒温水槽:水温控制25℃±0.5℃。

(5)温度计:分度0.5℃。

(6)其他:玻璃板、平底盘、铲子等。

3. 试验方法与步骤

(1)准备工作:根据本节试验一的方法选取有代表性的沥青混合料试样,试验数量满足如下表6-17的要求。

沥青混合料试样数量   表6-17

公称最大粒径(mm)	试样最小质量(g)	公称最大粒径(mm)	试样最小质量(g)
4.75	500	26.5	2500
9.5	1000	31.5	3000
13.2或16	1500	37.5	3500
19	2000	—	—

将沥青混合料试样仔细分散,做到粗集料不破碎,细集料分散到小于6.4mm,不得用锤击的方式分散,可采用在不超过60℃的烘箱中加热的方式进行分散。

(2)负压容器的标定:

①采用A类容器时,将容器全部浸入25℃±0.5℃的恒温水槽中,称取容器的水中质量(m_1)。

②采用B、C类容器时,在容器中装满25℃±0.5℃的水,上面用玻璃板盖住并要求完全充满水,称取负压容器与水的总质量(m_b)。

(3)操作步骤如下:

①将沥青混合料试验装入干燥的负压容器中,分别称量容器质量及容器和沥青混合料总质量,得到试样的净质量(m_a)。在负压容器中注入约25℃的水,要将混合料全部浸没。将负压容器与真空设备连接起来,开动真空泵,使真空度达到3.7kPa±0.3kPa(730mmHg),并持续15min±2min。然后强烈振动负压容器,促使混合料中的空气尽快排出,直至不见气泡出现为止。

②当采用A类负压容器时,将该负压器完全浸入恒温至25℃±0.5℃的恒温水槽中,持续10min后称取负压容器与沥青混合料的水中质量(m_2);当采用B、C类负压容器时,将装有混合料试样的容器浸入恒温至25℃±0.5℃的恒温水槽中约10min,然后取出加上该盖子(容器中不得有气泡存在),擦干表面,称取容器、水和沥青混合料试样的总质量(m_c)。

4. 试验结果计算

(1)采用A类容器时,沥青混合料的理论最大相对密度和密度按下式计算。

$$\gamma_t = \frac{m_a}{m_a - (m_2 - m_1)} \tag{6-34}$$

$$\rho_t = \frac{m_a}{m_a - (m_2 - m_1)} \times \rho_w \tag{6-35}$$

式中:γ_t、ρ_t——分别代表沥青混合料的理论最大相对密度(无量纲)和密度(g/cm^3);

m_a——干燥沥青混合料试样的空气中质量(g);

m_1——负压容器在25℃水中的质量(g);

m_2——负压容器与沥青混合料一起在25℃水中的质量(g);

ρ_w——25℃时水的密度,取0.9971g/cm³。

(2)采用B、C类容器时,沥青混合料的理论最大相对密度和密度按下式计算。

$$\gamma_t = \frac{m_a}{m_a + m_b - m_c} \tag{6-36}$$

$$\rho_t = \frac{m_a}{m_a + m_b - m_c} \times \rho_w \tag{6-37}$$

式中:m_b——装满25℃水的负压容器质量(g);

m_c——25℃时试样、水与负压容器的总质量(g);

其他符号意义同上。

5. 说明与注意问题

(1)真空法进行的密度测定操作,主要适用于非改性沥青混合料。由于采用改性沥青拌和的混合料黏度明显提高,难以做到充分分散,无法保证抽真空效果,导致试验结果存在明显误差。所以改性沥青混合料理论最大密度采用计算法获得。

(2)为有助于抽真空的效果,可在真空容器的水中添加少量无泡类表面活性剂。

五、沥青混合料马歇尔稳定度试验

1. 目的与适用范围

用于马歇尔稳定度试验和浸水马歇尔稳定度试验,以进行沥青混合料的配合比设计或沥青路面施工质量检验。浸水马歇尔稳定度试验(根据需要,也可进行真空饱水马歇尔试验)供检验沥青混合料抵御水损害时的能力,并以此检验配合比设计的可行性。

2. 试验仪器与材料

(1)沥青混合料马歇尔试验仪:对用于高速公路和一级公路的沥青混合料宜采用自动马歇尔试验仪,用计算机或X-Y记录仪记录荷载-位移曲线,并具有自动测定荷载与试件垂直变形的传感器、位移计,能自动显示或打印试验结果。对ϕ63.5mm的标准马歇尔试件,试验仪最大荷载不小于25kN,读数准确度100N,加载速率应能保持50mm/min±5mm/min。钢球直径16mm,上下压头曲率半径为50.8mm。当采用ϕ152.4mm大型马歇尔试件时,试验仪器最大荷载不得小于50kN,读数准确度为100N。上下压头的曲率内径为152.4mm±0.2mm,上下压头间距19.05mm±0.1mm。

(2)恒温水箱:控温准确度为1℃,深度不小于150mm。

(3)真空饱水容器:包括真空泵及真空干燥器。

(4)烘箱。

(5)天平:感量不大于0.1g。

(6)温度计:分度为1℃。

(7)卡尺。

(8)其他:棉纱、黄油等。

3. 试验方法与步骤

（1）准备工作

①制备符合要求的马歇尔试件，一组试件的数量最少不得少于4个。

②量测试件的直径及高度：用卡尺测量试件中部的直径，用马歇尔试件高度测定器或用卡尺在十字对称的4个方向量测离试件边缘10mm处的高度，准确至0.1mm，并以其平均值作为试件的高度。如试件高度不符合63.5mm±1.3mm或95.3mm±2.5mm要求或两侧高度差大于2mm时，此试件应作废。

③将恒温水槽调节至要求的试验温度，对黏稠石油沥青或烘箱养生过的乳化沥青混合料为60℃±1℃。

④将马歇尔试验仪的上下压头放入水槽或烘箱中达到同样温度。将上下压头从水槽或烘箱中取出擦拭干净内面。为使上下压头滑动自如，可在下压头的导棒上涂少量黄油。再将试件取出置于下压头上，盖上上压头，然后装在加载设备上。在上压头的球座上放妥钢球，并对准荷载测定装置的压头。

（2）试验步骤

①将试件置于已达规定温度的恒温水槽中保温，保温时间对标准马歇尔试件需30～40min，对大型马歇尔试件需45～60min。试件之间应有间隔，底下应垫起，离容器底部不小于5cm。

②当采用自动马歇尔试验仪时，将自动马歇尔试验仪的压力传感器、位移传感器与计算机或X-Y记录仪正确连接，调整好适宜的放大比例。压力和位移传感器调零。

③启动加载设备，使试件承受荷载，加载速度为（50±5）mm/min。计算机或X-Y记录仪自动记录传感器压力和试件变形曲线，并将数据自动存入计算机。

④当试验荷载达到最大值的瞬间，取下流值计，同时读取压力环中百分表读数及流值计的流值读数。从恒温水箱取出试件至测出最大荷载，试验不得超过30s。

（3）浸水马歇尔试验方法

浸水马歇尔试验方法与标准马歇尔试验方法的不同之处在于，试件在已达规定温度恒温水槽中的保温时间为48h，其余均与标准马歇尔试验方法相同。

4. 试验结果计算

（1）试件的稳定度及流值：

①当采用自动马歇尔试验仪时，将计算机采集的数据绘制成压力和试件变形曲线，或由X-Y记录仪自动记录的荷载-变形曲线，按图6-7所示的方法在切线方向延长曲线与横坐标相交于O_1，将O_1作为修正原点，从O_1起量取相应于荷载最大值时的变形作为流值（FL），以mm计，准确至0.1mm。最大荷载即为稳定度（MS），以kN计，准确至0.01kN。

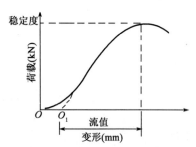

图6-7 马歇尔试验荷载-变形曲线及结果修正方法

②采用压力环和流值计测定时，根据压力环标定曲线，将压力环中百分表的读数换算为荷载值，或者由荷载测定装置读取的最大值即为试件的稳定度（MS），以kN计，准确至0.01kN。由流值计及位移传感器测定装置读取的试件垂直

变形,即为试件的流值(FL),以 mm 计。准确至 0.1mm。

(2)试件的马歇尔模数按式(6-38)计算。

$$T = \frac{\text{MS}}{\text{FL}} \tag{6-38}$$

式中:T——试件的马歇尔模数(kN/mm);

MS——试件的稳定度(kN);

FL——试件的流值(mm)。

(3)试件的浸水残留稳定度按式(6-39)计算。

$$\text{MS}_0 = \frac{\text{MS}_1}{\text{MS}} \times 100 \tag{6-39}$$

式中:MS_0——试件的浸水残留稳定度(%);

MS_1——试件浸水 48h 后的稳定度(kN)。

5. 说明与注意问题

(1)当马歇尔试件放入已恒温 60℃的水箱中时,水温会下降。严格讲应从水温达到 60℃时开始计时。为避免水温下降,可根据室温以及经验总结,将水箱中的水温适当提高若干度,使得放入马歇尔试件时的水温能够尽快达到 60℃要求。

(2)从恒温水槽中取出试件至测出最大荷载值的时间,不得超过 30s。

(3)当一组测定值中某个测定值与平均值之差大于标准差的 k 倍时,该测定值应予舍弃,并以其余测定值的平均值作为试验结果。当试件数目 n 为 3、4、5、6 个时,k 值分别为 1.15、1.46、1.67、1.82。

(4)由于全自动马歇尔自身的完善和普及,全数显马歇尔仪得到越来越广泛的应用,而这类型号仪器通常不带有荷载-形变记录功能,但如无专门的要求,则不影响试验的操作和结果。

六、沥青路面芯样马歇尔试验

1. 试验目的与适用范围

用于从沥青路面钻取的芯样进行马歇尔试验,供评定沥青路面施工质量是否符合设计要求或进行路况调查。标准芯样钻孔试件的直径为 100mm,适用的试件高度为 30 ~ 80mm;大型钻孔试件的直径为 150mm,适用的试件高度为 80 ~ 100mm。

2. 试验仪器与材料

本方法所用的仪器与沥青混合料马歇尔稳定度试验相同。

3. 试验方法与步骤

(1)按《公路路基路面现场测试规程》(JTG 3450—2019)的方法用钻孔机钻取压实沥青混合料路面芯样试件。

(2)适当整理混合料芯样表面,如果底面沾有基层泥土则应洗净,若底面凹凸不平严重,则应用锯石机将其锯平。

(3)用卡尺测定试件的直径,取两个方向的平均值。

(4)测定试件的高度,取 4 个对称位置的平均值,准确至 0.1mm。

(5)按标准方法进行马歇尔试验,由试验实测稳定度乘以表 6-18 或表 6-19 的试件高度修正系数 K 得到芯样试件的稳定度。其余内容与标准马歇尔试验方法相同。

现场钻取芯样试件高度修正系数(适用于 ϕ100mm 试件)　　　　表 6-18

试件高度(cm)	修正系数 K	试件高度(cm)	修正系数 K
2.47~2.61	5.56	5.16~5.31	1.39
2.62~2.77	5.00	5.32~5.46	1.32
2.78~2.93	4.55	5.47~5.62	1.25
2.94~3.09	4.17	5.63~5.80	1.19
3.10~3.25	3.85	5.81~5.94	1.14
3.26~3.40	3.57	5.95~6.10	1.09
3.41~3.56	3.33	6.11~6.26	1.04
3.57~3.72	3.03	6.27~6.44	1.00
3.73~3.88	2.78	6.45~6.60	0.96
3.89~4.04	2.50	6.61~6.73	0.93
4.05~4.20	2.27	6.74~6.89	0.89
4.21~4.36	2.08	6.90~6.06	0.86
4.37~4.51	1.92	6.07~6.21	0.83
4.52~4.67	1.79	6.22~6.37	0.81
4.68~4.87	1.67	6.38~6.54	0.78
4.88~4.99	1.5	6.55~6.69	0.76
5.00~5.15	1.47		

现场钻取芯样试件高度修正系数(适用于 ϕ150mm 试件)　　　　表 6-19

试件高度(cm)	试件体积(cm³)	修正系数 K	试件高度(cm)	试件体积(cm³)	修正系数 K
8.81~8.97	1608~1626	1.12	9.61~9.76	1753~1781	0.97
8.98~9.13	1637~1665	1.09	9.77~9.92	1782~1810	0.95
9.14~9.29	1666~1694	1.06	9.93~10.08	1811~1839	0.92
9.30~9.45	1695~1723	1.03	10.09~10.24	1840~1868	0.90
9.46~9.60	1724~1752	1.00			

七、沥青混合料车辙试验

1. 试验目的与适用范围

用于测定沥青混合料的高温抗车辙能力,供沥青混合料配合比设计的高温稳定性检验使用。试验基本要求是在规定温度条件下(通常为60℃),用一块碾压成型的板块试件(通常尺寸为300mm×300mm×50mm),以轮压0.7MPa的实心橡胶轮胎在其上往复碾压行走,测定试件在变形稳定期时,每增加1mm变形需要碾压行走的次数,以此作为沥青混合料车辙试验结果,称为动稳定度,以次/mm表示。

2.试验仪器与材料

(1)车辙试验机:示意图如图6-8所示,主要由下列部分组成。

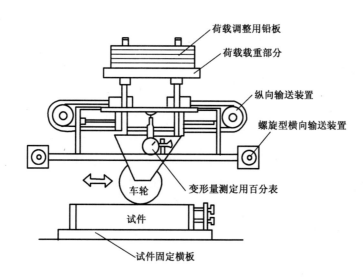

图6-8 车辙试验机示意图

①试件台:可牢固地安装两种规定宽度(300mm及150mm)的尺寸试件试模。

②试验轮:橡胶制的实心轮胎,外径 φ200mm,轮宽50mm,橡胶层厚15mm。橡胶硬度(国际标准硬度)20℃时为84±4,60℃时为78±2。试验轮行走距离为230mm±10mm,往返碾压速度为42次/min±1次/min(21次往返/min)。允许采用曲柄连杆驱动试验台运动(试验轮不移动)或链驱动试验轮运动(试验台不动)的任一种方式。

③加载装置:使试验轮与试件的接触压强在60℃时为0.7MPa±0.05MPa,施加的总荷重为78kg左右,根据需要可以调整。

④试模:钢板制成,由底板及侧板组成,试模内侧尺寸长为300mm,宽为300mm,厚为50mm(试验室制作),亦可固定150mm宽的现场切制试件。

⑤变形测量装置:自动检测车辙变形并记录曲线的装置,通常用LVDT、电测百分表或非接触位移计。

⑥温度检测装置:能自动检测并记录试件表面温度及恒温室温度的温度传感器、温度计等,精密度0.5℃。

(2)恒温室:车辙试验机必须整机安放在恒温室内,装有加热器、气流循环装置及装有自动温度控制设备,能保持恒温室温度60℃±1℃(试件内部温度60℃±0.5℃),根据需要亦可为其他需要的温度。用于保温试件并进行试验。温度应能自动连续记录。

(3)台秤:称量15kg,感量不大于5g。

3. 试验方法与步骤

(1) 准备工作

① 在 60℃下,试验轮的接地压强为 0.7MPa±0.05MPa。

② 试件成型后,连同试模一起在常温条件下放置的时间不得少于 12h。对于聚合物改性沥青混合料试件,放置时间以 24h 为宜,使聚合物改性沥青充分固化后再进行车辙试验,但在室温中放置时间不得长于一周。

(2) 试验过程

① 将试件连同试模一起,置于已达到试验温度(60℃±1℃)的恒温室中,保温不少于 5h,也不得多于 24h。在试件的试验轮不行走的部位上,粘贴一个热电偶温度计,以检测试件温度。

② 将试件连同试模移置于轮辙试验机的试验台上,试验轮在试件的中央部位,其行走方向须与试件碾压或行车方向一致。开动车辙变形自动记录仪,然后启动试验机,使试验轮往返行走,时间约 1h,或最大变形达到 25mm 时为止。试验时,记录仪自动记录变形曲线(图 6-9)及试件温度。

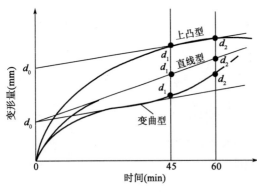

图 6-9 车辙试验自动记录的变形曲线

4. 试验结果计算

(1) 从图 6-9 上读取 $45\min(t_1)$ 及 $60\min(t_2)$ 时的车辙变形 d_1 及 d_2,准确至 0.01mm。

如果变形过大,在未到 60min 变形已达 25mm 时,则以达到 25mm(d_2)时的时间为 t_2,将其前 15min 为 t_1,此时的变形量为 d_1。

(2) 沥青混合料试件的动稳定度按式(6-40)计算。

$$DS = \frac{(t_2 - t_1) \times N}{d_2 - d_1} \times C_1 \times C_2 \tag{6-40}$$

式中:DS——沥青混合料的动稳定度(次/mm);

d_1——对应于时间 t_1 的变形量(mm);

d_2——对应于时间 t_2 的变形量(mm);

C_1——试验机类型修正系数,曲柄连杆驱动试件的变速行走方式为 1.0,链驱动试验轮的等速方式为 1.5;

C_2——试件系数,试验室制备的宽 300mm 的试件为 1.0,从路面切割的宽 150mm 的试件为 0.8;

N——试验轮每分钟往返碾压速度,通常为 42 次/min。

5. 说明与注意问题

(1) 由于车辙试验仪自动化程度的提高,不同时间的变形量已无须从时间与变形图上查得,直接在车辙仪配置的计算机上可读取任何时刻的变形量。

(2)同一沥青混合料或同一路段的路面,至少平行试验3个试件,当3个试件动稳定度变异系数小于20%时,取其平均值作为试验结果。变异系数大于20%时应分析原因,并追加试验。如计算动稳定度值大于6000次/mm时,记作:>6000次/mm。

(3)试验报告应注明试验温度、试验轮接地压强、试件密度、空隙率及试件制作方法等。

八、沥青与矿料黏附性试验

1. 试验目的与适用范围

用于测定沥青与矿料黏附性,掌握集料的抗水剥离能力,以间接评价沥青混合料水稳定性。根据沥青混合料中矿料的最大粒径,对于大于13.2mm及小于(或等于13.2mm)13.2mm的集料分别选用水煮法和水浸法进行试验。对同一种原料既有大于又有小于13.2mm不同粒径的集料时,取大于13.2mm的水煮法试验结果为准,对细粒式沥青混合料以水浸法试验结果为准。

2. 试验仪器与材料

(1)天平:称量500g,感量不大于0.01g。

(2)恒温水槽:控温在80℃±1℃。

(3)拌和用小型容器:5L。

(4)烧杯:100mL。

(5)标准筛:9.5mm、13.2mm、19mm各一个。

(6)烘箱:能够自动调温控温。

(7)电炉。

(8)试验架:用于悬挂试样。

(9)其他:细线、玻璃板、搪瓷盘、拌和铲、石棉网、纱布、手套等。

3. 试验方法与步骤

1)试验方法一:水煮法(适用于大于13.2mm粒径的粗集料)

(1)将集料过13.2mm、19mm的筛,取存留在13.2mm筛上的颗粒5个,要求试样表面规整、接近立方体。用水洗净,在105℃的烘箱中烘干。用细线将试样集料颗粒逐个系牢,继续放入105℃的烘箱中加热待用。

(2)石油沥青加热至130~150℃,将待用的集料试样浸入沥青45s,使沥青能够全部裹覆在集料表面,取出并悬挂在试验架上,在室温下冷却15min。

(3)将盛水的大烧杯放置在有石棉网的电炉上加热煮沸,在水微沸的状态下(避免有沸腾的气泡出现)将裹覆沥青的集料试样通过细绳悬挂于水中。保持微沸状态浸煮3min。

(4)浸煮结束后,将集料从水中取出,观察集料颗粒表面沥青膜的剥落程度,并按表6-20的提示的内容评定黏附等级。

(5)同样试样平行试验5个颗粒,并由两名以上经验丰富的试验人员分别评定后,取平均等级作为试验结果。

沥青与集料黏附性的等级评定　　　　　　　表 6-20

试验后石料表面上沥青膜剥落情况	黏 附 等 级
沥青膜完全保存,剥离面积百分率接近于 0	5
沥青膜少部分被水所移动,厚度不均匀,剥离面积百分率少于 10%	4
沥青膜局部明显地被水所移动,基本保留在石料表面,剥离面积百分率少于 30%	3
沥青膜大部分被水所移动,局部保留在石料表面,剥离面积百分率大于 30%	2
沥青膜完全被水所移动,石料基本裸露,沥青全部浮在水面	1

2）试验方法二：水浸法（适用于小于 13.2mm 粒径的集料）

（1）集料过 13.2mm、9.5mm 的筛,取粒径 9.5～13.2mm 形状规则的集料 200g,洗净并在 105℃ 的烘箱中烘干备用。

（2）以标准方法取沥青试样放入烧杯中,加热至要求的拌和温度。

（3）按四分法称取备用试样颗粒 100g 置搪瓷盘上,连同搪瓷盘一起放入已升温至沥青拌和温度以上 5℃ 的烘箱中持续加热 1h。

（4）按每 100g 矿料加入沥青 5.5g±0.2g 的比例称取沥青,准确至 0.1g,放入小型拌和容器中,放入同一烘箱中加热 15min。

（5）从烘箱中取出拌和容器,将搪瓷盘中的集料倒入拌和容器的沥青中,立即用金属铲均匀拌和 1～1.5min,使集料完全被沥青膜裹覆。拌和完成后立即将裹有沥青的集料取 20 个,用小铲移至玻璃板上摊开,并在室温下冷却 1h。

（6）将放有集料试样的玻璃板浸入水温 80℃±1℃ 的恒温水槽中,保持 30min,并将剥离及浮于水面的沥青,用纸片捞出。

（7）由水中小心取出玻璃板,浸入水槽的冷水中,仔细观察裹覆集料的沥青薄膜的剥落情况。由两名以上的经验丰富的试验人员分别目测,评定剥离面积的百分率,评定后取平均值表示。并以表 6-20 同样的方式评价沥青与集料的黏附等级。

4. 说明与注意问题

（1）该试验是一项针对沥青在集料表面形成的沥青膜,是否能够承受水的影响不发生剥落的评价方法。沥青膜抗剥落的能力取决于沥青和集料两方面,所以该试验既可当作沥青性能指标测定,也可作为集料甚至是沥青混合料性能看待。这里将该试验归入沥青混合料内容加以讨论。

（2）试验操作的难点在于黏附等级的正确判断。由于剥落面积的不规则特点,以及剥落后裸露的集料表面色泽发生改变等原因,往往难以清楚地看出沥青膜的剥落程度,影响结果的准确性。所以,一方面按要求由两个人试验技术人员共同参与评定,同时更要在实践中积累经验,提高该试验结果的把握能力。

（3）黏附等级的高低与沥青混合料水稳性有密切关系。通常,公路工程中要求沥青与集料的黏附等级在 4 级以上。但不能仅以黏附等级作为判定沥青混合料水稳性好坏的唯一依据,不能以黏附等级代替沥青混合料水稳性试验操作。

九、沥青混合料冻融劈裂试验

1. 试验目的与适用范围

通过冻融循环,测定沥青混合料在受到水损害前后劈裂破坏的强度比,以评价沥青混合料水稳定性。试验用试件为圆柱形马歇尔试件,击实次数为双面各 50 次,集料最大粒径不超过 26.5mm。

2. 试验仪器与材料

(1)马歇尔试验机:同马歇尔稳定度试验。
(2)恒温冰箱:控温 -18℃。
(3)恒温水箱:温度范围满足试验要求,控制温度准确至 ±0.5℃。
(4)劈裂试验夹具:类似于马歇尔试验弧形压头,弧顶和弧底各嵌入一个压条。
(5)其他:塑料袋、卡尺、天平等。

3. 试验方法与步骤

按马歇尔试件成型方法成型试件,尺寸为直径 101.6mm、高 63.5mm ± 1.3mm。成型两组,每组不少于 4 个。

将成型好的试件随机分组,将第一组试件置于平台上,在室温下保存待用。

第二组按如下程序进行操作:

(1)将马歇尔试件浸入水中,进行真空饱水操作 15min,要求真空度 97.3 ~ 98.7kPa(730 ~ 740mmHg);随后恢复常压,并在水中浸泡 0.5h。

(2)取出试件,放入塑料袋中,在袋中加入 10mL 的水,扎紧袋口,放入恒温冰箱,冷冻温度为 -18℃ ±2℃,保持 16h ±1h。

(3)从袋中取出试件,立即放入已保温为 60℃ ±0.5℃ 的恒温水箱中,撤去塑料袋,时间不少于 24h。

将两组试件全部浸入 25℃ ±0.5℃ 的恒温水箱中浸泡 2h,各试件之间留出 10mm 以上的间距。

随后以 50mm/min 速率用劈裂试验夹具,分别对两组试件进行劈裂试验操作,得到各组试件最大劈裂荷载。

4. 试验结果计算

按下式计算各组每个试件的劈裂抗拉强度。

$$R_{Ti} = 0.006287 \frac{P_{Ti}}{h_i} \tag{6-41}$$

式中:R_{Ti}——分别为未冻融和冻融单个试件劈裂强度(MPa);
P_{Ti}——分别为未冻融和冻融单个试件的试验荷载(N);
h_i——每个试件各自的高度(mm)。

按规定方法,计算出每一组劈裂抗拉强度,并按下式计算冻融劈裂抗拉强度比。

$$TSR = \frac{R_{T2}}{R_{T1}} \times 100 \tag{6-42}$$

式中：TSR——冻融强度比(%)；
R_{T2}——第二组经历冻融劈裂抗拉强度平均值(MPa)；
R_{T1}——第一组经历冻融劈裂抗拉强度平均值(MPa)。

5. 说明与注意问题

(1)每组劈裂试验结果需进行数据处理，处理方法同马歇尔稳定度试验。

(2)试验结果是一种更加苛刻地评价沥青混合料水稳性的指标，尽管操作过程引入低温冰冻环节，但试验结果并不能用于针对低温性能优劣的评价。

十、沥青混合料沥青含量试验

1. 试验方法一：离心分离法

1)试验目的与适用范围

沥青混合料中沥青含量的测定是公路工程施工过程中一项常规试验项目，它对沥青路面施工质量控制有着重要意义。该试验既可用于热拌热铺沥青混合料路面施工时的沥青用量检测，以评定拌和厂产品质量，也适用于旧路调查时检测沥青混合料的沥青用量，用此法抽提的沥青溶液可用于回收沥青，以评定沥青的老化程度。相应的检测内容有若干种不同的方法，实际工作中可根据试验条件，选择适用的方法操作。

2)试验仪器与材料

(1)离心抽提仪：由试样容器及转速不小于3000r/min的离心分离器组成，分离器备有滤液出口。容器盖与容器之间用耐油的圆环形滤纸密封。滤液通过滤纸排出后从出口流出收入回收瓶中，仪器必须安放稳固并有排风装置。

(2)圆环形滤纸。

(3)回收瓶：容量1700mL以上。

(4)压力过滤装置。

(5)天平：感量不大于0.01g、1mg的天平各一台。

(6)量筒：最小分度1mL。

(7)电烘箱：装有温度自动调节器。

(8)三氯乙烯：工业用。

(9)碳酸铵饱和溶液：供燃烧法测定滤纸中的矿粉含量用。

(10)其他：小铲，金属盘，大烧杯等。

3)试验方法与步骤

(1)准备工作

①以规定的方法在拌和厂从运料卡车采取沥青混合料试样，放在金属盘中适当拌和，待温度稍下降后至100℃以下时，用大烧杯取混合料试样质量1000~1500g(粗粒式沥青混合料用高限，细粒式用低限，中粒式用中限)，准确至0.1g。

②如果试样是路上用钻机法或切割法取得的，应用电风扇吹风使其完全干燥，置微波炉或

烘箱中适当加热后成松散状态取样,但不得用锤击以防集料破碎。

(2)操作步骤

①向装有试样的烧杯中注入三氯乙烯溶剂,将其浸没,浸泡 30min,用玻璃棒适当搅动混合料,使沥青充分溶解。这一过程也可直接在离心分离器中进行。

②将混合料及溶液倒入离心分离器,用少量溶剂将烧杯及玻璃棒上的黏附物全部洗入分离容器中。

③称取洁净的圆环形滤纸质量,准确至 0.01g。注意:滤纸不宜多次反复使用,有破损的不能使用,有石粉黏附时应用毛刷清除干净。

④将滤纸垫在分离器边缘上,加盖紧固,在分离器出口处放上回收瓶,上口应注意密封,防止流出液成雾状散失。

⑤开动离心机,转速逐渐增至 3000r/min,沥青溶液通过排出口注入回收瓶中,待流出停止后停机。

⑥从上盖的孔中加入新溶剂,数量大体相同,稍停 3~5min 后,重复上述操作,如此数次直至流出的抽提液成清澈的淡黄色为止。

⑦卸下上盖,取下圆环形滤纸,在通风橱或室内空气中蒸发干燥,然后放入 105℃±5℃ 的烘箱中干燥,称取质量,其增重部分(m_2)为矿粉的一部分。

⑧将容器中的集料仔细取出,在通风橱或室内空气中蒸发后放入 105℃±5℃ 烘箱中烘干(一般需 4h),然后放入大干燥器中冷却至室温,称取集料质量(m_1)。

⑨用压力过滤器过滤回收瓶中的沥青溶液,由滤纸的增重 m_3 得出泄漏入滤液中矿粉,如无压力过滤器时,也可用燃烧法测定。

⑩用燃烧法测定抽提液中矿粉质量的步骤如下:

a. 将回收瓶中的抽提液倒入量筒中,准确定量至 mL(V_a)。

b. 充分搅匀抽提液,取出 10mL(V_b)放入坩埚中,在热浴上适当加热使溶液试样变成暗黑色后,置高温炉(500~600℃)中烧成残渣,取出坩埚冷却。

c. 向坩埚中按每1g残渣5mL的用量比例,注入碳酸铵饱和溶液,静置1h,放入 105℃±5℃烘箱中干燥。

d. 取出放在干燥器中冷却,称取残渣质量(m_4),准确至 1mg。

4)试验结果计算及要求

(1)沥青混合料中矿料的总质量按式(6-43)计算。

$$m_a = m_1 + m_2 + m_3 \tag{6-43}$$

式中:m_a——沥青混合料中矿料部分的总质量(g);

m_1——容器中留下的集料干燥质量(g);

m_2——圆环形滤纸在试验前后的增重(g);

m_3——泄漏入抽提液中的矿粉质量(g),用燃烧法时可按式(6-44)计算。

$$m_3 = m_4 \times \frac{V_a}{V_b} \tag{6-44}$$

式中:V_a——抽提液的总量(mL);

V_b——取出的燃烧干燥的抽提液数量(mL);

m_4——坩埚中燃烧干燥的残渣质量(g)。

(2)沥青混合料中的沥青含量按式(6-45)计算,油石比按式(6-46)计算。

$$P_b = \frac{m - m_a}{m} \qquad (6-45)$$

$$P_a = \frac{m - m_a}{m_a} \qquad (6-46)$$

式中:m——沥青混合料的总质量(g);

P_b——沥青混合料的沥青含量(%);

P_a——沥青混合料的油石比(%)。

(3)同一沥青混合料试样至少平行试验2次,取平均值作为试验结果。两次试验结果的差值应小于0.3%,当大于0.3%但小于0.5%时,应补充平行试验一次,以3次试验的平均值作为试验结果,3次试验的最大值与最小值之差不得大于0.5%。

2.试验方法二:燃烧炉法

1)试验目的与适用范围

燃烧法测定的原理是在一定条件下利用高温将沥青混合料中的沥青燃烧分解为气体,再通过相应矿料的质量修正,测出混合料中的沥青含量。同时也可对燃烧后的沥青混合料矿料组成进行筛分试验,以把握沥青混合料级配状态。适用于针对热拌沥青混合料施工过程的质量控制,或针对路面现场钻芯、切割得到的沥青混合料试样的质量评定。

2)试验仪器与材料

(1)燃烧炉:有燃烧室、称量装置、自动数据采集系统、控制装置、空气循环装置、试样篮及其附件组成。其中,燃烧室的尺寸能够容纳3500g沥青混合料,并有警示装置。当试验在燃烧过程中的质量变化在连续3min内不超过试样质量的0.01%时,可发出燃烧结束的提示声音。

(2)称量装置:称量装置为内置天平,感量0.1g,能够称量至少3500g的试样。

(3)试样篮:可以使试样均匀地摊铺放置在篮里。能够使空气在试样内部及周围流通。2个及2个以上的试样篮可套放在一起。试样篮由网孔板做成,一般采用打孔的不锈钢或其他合适的材料做成,通常情况下网孔的尺寸最大为2.36mm,最小为0.6mm。

(4)烘箱:温度应控制在设定值±5℃。

(5)天平:满足称量试样篮以及试样的质量,感量不大于0.1g。

(6)托盘:放置于试样篮下方,以接受从试样篮中滴落的沥青或集料。

(7)其他:平底盘(比试样篮稍大)、刮刀、盆、钢丝刷等。

3)试验方法与步骤

(1)准备试样

①无论是从拌和场取得试样,还是从路面钻孔或切割取得的试样,都不得用锤击的方法进行分散,以防止造成集料颗粒的破碎。

②过热的试样可待温度下降至100℃以下时,称取混合料试样,准确至0.1g。而路面取得的试样或已结团的试样,可在烘箱中加热至125℃±5℃,加热成松散状态,适当拌和后称取试样质量,准确至0.1g。试样最小质量根据沥青混合料的集料公称最大粒径按表6-21选用。

沥青混合料试样最小质量要求　　　　　　　　　　　　　　　　表 6-21

公称最大粒径(mm)	试样最小质量(g)	公称最大粒径(mm)	试样最小质量(g)
4.75	1200	19	2000
9.5	1200	26.5	3000
13.2	1500	31.5	3500
16	1800	37.5	4000

(2)标定

①对每一种沥青混合料都必须进行标定,以确定沥青含量的修正系数和筛分级配的修正系数。

②按照沥青混合料配合比设计的步骤,取具代表性的各档集料,将各档集料放入105℃±5℃烘箱加热至恒重,冷却后按配合比配出5份集料混合料(含矿粉)。

③将其中2份集料混合料进行水洗筛分。取筛分结果平均值为燃烧前的各档筛孔通过百分率 P_{bi},其级配需满足被检测沥青混合料的目标级配范围要求。

④分别称量3份集料混合料质量 m_{b1},准确至0.1g。按照配合比设计时成型试件的相同温度条件拌制沥青混合料,如沥青的加热温度、集料的加热温度和拌和温度等。

⑤在拌制2份标定试样前,先将1份沥青混合料进行洗锅,其沥青用量宜比目标沥青用量 P_b 多0.3%~0.5%,目的是使拌和锅的内侧先附着一些沥青和粉料,这样可以防止在拌制标定用的试样过程中拌和锅粘料导致试验误差。

⑥正式分别拌制2份标定试样,其沥青用量为目标沥青用量 P_b。将集料混合料和沥青加热后,先将集料混合料全部放入拌和机,然后称量沥青质量 m_{B2},准确至0.1g。将沥青放入拌和锅开始拌和,拌和后的试样质量应满足表6-21要求。拌和好的沥青混合料应直接放进试样篮中。

⑦预热燃烧炉。将燃烧温度设定538℃±5℃。设定修正系数为0。称量试样篮和托盘质量 m_{B3},准确至0.1g。试样篮放入托盘中,将加热的试样均匀地在试样篮中摊平,尽量避免试样太靠近试样篮边缘。称量试样、试样篮和托盘总质量 m_{B4},准确至0.1g。计算初始试样总质量 m_{B5}(即 $m_{B4} - m_{B3}$),并将 m_{B5} 输入燃烧炉控制程序中。

⑧将试样篮、托盘和试样放入燃烧炉,关闭燃烧室门,检查燃烧炉控制程序中显示的 m_{B4} 质量是否准确,即试样、试样篮和托盘总质量(m_2)与显示质量(m_{B4})的差值不得大于5g,否则需要调整托盘的位置。

⑨锁定燃烧室的门,启动开始按钮进行燃烧。燃烧至连续3min试样质量每分钟损失率小于0.01%时,燃烧炉会自动发出警示声音或者指示灯亮起警报,并停止燃烧。燃烧炉控制程序自动计算试样燃烧损失量 m_{B6},准确至0.1g。按下停止按钮,燃烧室的门会解锁,并打印试验结果,从燃烧室中取出试样盘。燃烧结束后,罩上保护罩适当冷却。

⑩将冷却后的残留物倒入大盘子中,用钢丝刷清理试样篮,确保所有残留物都刷到盘子中代用。重复以上步骤进行第二份混合料燃烧操作。

⑪按照下式计算混合料质量损失系数 C_{fi}。

$$C_{fi} = \left(\frac{m_{B6}}{m_{B5}} - \frac{m_{B2}}{m_{B1} + m_{B2}} \right) \times 100 \tag{6-47}$$

式中：C_{fi}——经历燃烧过程后沥青混合料质量损失系数(%)；

m_{B1}——每份集料混合料质量(g)；

m_{B2}——沥青质量(g)；

m_{B5}——初始试样总质量(g)；

m_{B6}——试样燃烧损失质量(g)。

注意：当2个试样的质量损失系数差值不大于0.15%时，则取平均值作为沥青用量的修正系数C_f。当2个试样的质量损失系数差值大于0.15%时，则重新准备2个试样按以上步骤进行燃烧试验，得到4个质量损失系数，除去1个最大值和1个最小值，将剩下的2个修正系数取平均值作为沥青用量的修正系数C_f。

⑫当沥青用量修正系数C_f小于0.5%时，则沥青用量修正系数标定完成。

当沥青用量的修正系数C_f大于0.5%时，说明前述采用538℃燃烧的温度偏高，可能有更多的不属于沥青的物质被烧掉，所以要降低温度进行操作。

设定482℃±5℃燃烧温度按照前述方法重新标定，得到482℃的沥青用量的修正系数C_f。如果482℃与538℃得到的沥青用量的修正系数差值在0.1%以内，则仍以538℃的沥青用量作为最终的修正系数C_f；如果修正系数差值大于0.1%，则以482℃的沥青用量作为最终修正系数C_f。

⑬最终沥青用量修正系数C_f所对应的2份试样的残留物，进行筛分，取筛分平均值为燃烧后沥青混合料各筛孔的通过率P'_{Bi}。燃烧前、后各筛孔通过率差值均符合表6-22的范围时，则取各筛孔的通过百分率修正系数$C_{Pi}=0$，否则应按式(6-48)进行燃烧后混合料级配修正。

$$C_{Pi} = P'_{Bi} - P_{Bi} \tag{6-48}$$

式中：C_{Pi}——级配修正系数(%)；

P'_{Bi}——燃烧后沥青混合料各筛孔的通过率(%)；

P_{Bi}——燃烧前的各档筛孔通过百分率(%)。

燃烧前后混合料级配允许差值　　表6-22

筛孔(mm)	≥2.36	0.15~1.18	0.075
允许差值	±5%	±3%	±0.5%

（3）试样测定

①将燃烧炉预热到设定温度（设定温度与标定温度相同）。将沥青用量的修正系数C_f输入到控制程序中，将打印机连接好。

②将试样放在105℃±5℃的烘箱中烘至恒重。

③称量试验篮和托盘质量m_1，准确至0.1g。

④试样篮放入托盘中，将加热的试样均匀地摊平在试样篮中。称量试样、试验篮和托盘总质量m_2，准确至0.1g。计算初始试样总质量m_3（即$m_2 - m_1$），将m_3作为初始的试样质量输入燃烧炉控制程序中。

⑤将试样篮、托盘和试样放入燃烧炉，关闭燃烧室门。查看燃烧炉控制程序显示质量，即

试样、试样篮和托盘总质量(m_2)与显示质量 m_{B4} 的差值不得大于5g,否则需调整托盘的位置。

⑥锁定燃烧室的门,启动开始按钮进行燃烧。

⑦按照标定步骤的方法进行燃烧,连续3min试样质量每分钟损失率小于0.01%时结束,燃烧炉控制程序自动计算试样损失质量 m_4,准确至0.1g。

⑧按照式(6-49)计算修正后的沥青用量 P,准确至0.01%。此值也可由燃烧炉控制程序自动计算。

$$P(\%) = \frac{m_4}{m_3} \times 100 - C_f \quad (6-49)$$

⑨燃烧结束后,取出试样篮罩上保护罩,待试样适当冷却后,将试样篮中残留物倒入大盘子中,用钢丝刷将试样篮所有残留物都清理到盘子中,然后进行筛分,得到燃烧后沥青混合料各筛孔的通过率,修正得到混合料级配 P_i(即 $P' - C_{Pi}$)。

(4)结果精度

沥青用量的重复性试验允许误差为0.11%,再现性试验的允许误差为0.17%。

同一沥青混合料试样至少平行测定两次,取平均值作为试验结果。报告内容应包括燃烧炉类型、试验温度、沥青用量的修正系数、试验前后试样质量和测定的沥青用量试验结果,并将标定和测定时的试验结果打印并附到报告中。当需要进行筛分试验时,还应包括混合料的筛分结果。

十一、沥青混合料的矿料级配检验方法

1. 试验目的与适用范围

用于测定沥青路面施工过程中沥青混合料的矿料级配,供评定沥青路面的施工质量时使用。

2. 试验仪器与材料

(1)标准筛:在尺寸为53.0mm、37.5mm、31.5mm、26.5mm、19.0mm、16.0mm、13.2mm、9.5mm、4.75mm、2.36mm、1.18mm、0.6mm、0.3mm、0.15mm、0.075mm 的标准筛系列中,根据沥青混合料级配选用相应的筛号,必须有密封圈、盖和底。

(2)天平:感量不大于0.1g。

(3)摇筛机。

(4)烘箱:装有温度自动控制器。

(5)其他:样品盘、毛刷等。

3. 试验方法与步骤

(1)试验准备工作

①按要求方法从拌和厂选取代表性样品。将分离沥青后的全部矿质混合料放入样品盘中置温度105℃±5℃烘干,并冷却至室温。

②按沥青混合料矿料级配设计要求,选用全部或部分需要筛孔的标准筛,进行施工质量检验时,至少应包括0.075mm、2.36mm、4.75mm及集料公称最大粒径等5个筛孔,按大小顺序

排列成套筛。

(2)操作步骤

①将抽提后的全部矿料试样称量,准确至 0.1g。

②将标准筛带筛底置于摇筛机上,并将矿质混合料置于筛内,盖好筛盖后,扣紧摇筛机,开动摇筛机筛分 10min。取下套筛后,按筛孔大小顺序,在一清洁的浅盘上,再逐个进行手筛,手筛时可用手轻轻拍击筛框并经常地转动筛子,直至每分钟筛出量不超过筛上试样质量的0.1%时为止,但不允许用手将颗粒塞过筛孔,筛下的颗粒并入下一号筛,并和下一号筛中试样一起过筛。矿料的筛分方法,尤其是对最下面的 0.075mm 筛,采用水筛法,或者对同一种混合料,适当进行几次干筛与湿筛的对比试验后,对 0.075mm 通过率进行适当的换算或修正。

③称量各筛上筛余颗粒的质量,准确至 0.1g。并将沾在滤纸、棉花上的矿粉及抽提液中的矿粉计入矿料中通过 0.075mm 的矿粉含量中。所有各筛的分计筛余量和底盘中剩余质量的总和与筛分前试样总质量相比,相差不得超过总质量的 1%。

4. 试验结果计算及要求

(1)筛分结果按照第三章的式(3-6)~式(3-8)分别计算矿料的分计筛余百分率、累计筛余百分率和通过百分率等内容。

(2)以筛孔尺寸为横坐标,各个筛孔的通过百分率为纵坐标,绘制矿料组成级配曲线,评定该试样的颗粒组成。

(3)同一混合料至少取两个试样平行筛分试验两次,取平均值作为每号筛上的筛余量的试验结果,报告矿料级配通过百分率及级配曲线。

第五节 热拌沥青混合料配合比组成设计

热拌(石油)沥青混合料是目前我国修筑沥青路面最常用的混合料类型,该材料的组成配合比设计是公路施工中的一个工作重点。因此对于一名工程技术人员,必须了解和掌握沥青混合料的配合比设计。

一、沥青路面使用性能的气候分区

沥青混合料的物理力学性质与使用环境,如气候温度和降雨量关系密切。因此,在选择沥青胶结材料、进行沥青混合料配合比设计、检验沥青混合料的使用性能时,应考虑沥青路面工程所处的环境因素,尤其是温度和雨量因素。所以,不同气候特点对沥青混合料影响有显著不同。在《公路沥青路面施工技术规范》(JTG F40—2004)中,提出沥青路面使用性能气候分区的概念。

1. 气候分区指标

(1)气候分区的高温指标:采用工程所在地最近 30 年内,每年最热月份平均日最高气温的平均值,作为反映沥青路面在高温和重载条件下出现车辙等流动变形的气候因子,并作为气候分区的一级指标。按照设计高温指标,一级区划分为 3 个区。

(2)气候分区的低温指标:采用工程所在地最近30年内的极端最低气温,作为反映沥青路面由于温度收缩产生裂缝的气候因子,并作为气候分区的二级指标。按照设计低温指标,二级区划分为4个区。

(3)气候分区的雨量指标:采用工程所在地最近30年内的年降雨量的平均值,作为反映沥青路面受水影响的气候因子,并作为气候分区的三级指标。按照设计雨量指标,三级区划分为4个区。

2. 气候分区的确定

沥青路面使用性能气候分区由一、二、三级区划组合而成,以综合反映该地区的气候特征。每个气候分区用3个数字表示:第一个数字代表高温分区,第二个数字代表低温分区,第三个数字代表雨量分区,每个数字越小,表示气候因素对沥青路面的影响越严重。例如,如果某个地区气候区划为1-2-3,则表示该地区表现出夏季炎热、冬季寒冷的半干旱气候特点,因此该地区对沥青混合料的高温稳定性和低温抗裂性都有很高的要求,而对水稳性的要求则不是很高。又如某个地区气候分区是1-4-1,则说明该地区呈现冬季温暖,但夏季十分炎热且多雨的气候特征,要求此时的沥青混合料应具有较高的高温稳定性和良好的水稳性。具体气候分区划分方法见表6-23。

沥青路面使用性能气候分区(JTG F40—2004) 表6-23

气候分区指标		气候分区			
按照高温指标	高温气候区	1	2	3	
	气候区名称	夏炎热区	夏热区	夏凉区	
	七月平均最高温度(℃)	>30	20~30	<20	
按照低温指标	低温气候区	1	2	3	4
	气候区名称	冬严寒区	冬寒区	冬冷区	冬温区
	极端最低气温(℃)	<-37.5	-37.5~-21.5	-21.5~-9.0	>-9.0
按照雨量指标	雨量气候区	1	2	3	4
	气候区名称	潮湿区	湿润区	半干区	干旱区
	年降雨量(mm)	>1000	1000~500	500~250	<250

二、沥青混合料组成材料技术要求

沥青混合料的性能表现取决于组成材料的性质、合适的组成配合比例以及合理的拌和施工工艺,其中组成材料自身质量是沥青混合料技术性质保证的基础。

1. 沥青

沥青是沥青混合料中最重要的组成材料,其性能直接影响沥青混合料的各种技术性质。沥青路面所用沥青标号应根据气候条件和沥青混合料类型、道路等级、交通性质、路面类型、施工方法以及当地使用经验等因素,经技术论证后确定。

针对气候环境特点和交通状况,选择黏稠性合适的沥青,是沥青混合料配合比设计过程中的重要一步。通常在气温较高的地区,繁重的交通情况下,使用细粒式或砂粒式的混合料时,应选用稠度较高即标号较低的沥青。同样,对于渠化交通的道路,或位于路面顶层的沥青混合料也应选择标号较低的沥青。原因在于采用标号低、黏稠度高的沥青所配制的混合料,能够在高温和重载交通条件下较好地减缓沥青路面出现车辙、推挤、拥包等问题。但另一方面如黏度过高,则沥青混合料的低温变形能力相对较差,沥青路面容易产生裂缝。反之,采用黏度较低的沥青所配制的混合料在低温时具有较好的变形能力,有益于减缓路面裂缝的形成,但夏季高温时往往会由于热稳定性不足,使沥青路面产生较大的变形。为此,在选择沥青等级时,必须综合考虑环境温度以及交通特点对沥青混合料的影响。

2. 粗集料

(1) 粗集料的物理力学性质要求

沥青混合料用粗集料,可以采用碎石、破碎砾石、筛选砾石、矿渣等。高速公路、一级公路、城市快速道路、主干路沥青路面表层所用粗集料应该选用坚硬、耐磨、抗冲击性好的碎石或破碎砾石,不得使用筛选砾石、矿渣及软质集料,该类粗集料应符合表6-24对磨光值和黏附性的要求。当坚硬石料来源缺乏时,允许掺加一定比例较小粒径的普通粗集料,掺加比例根据试验确定。在以骨架原则设计的沥青混合料中不得掺加其他粗集料。

粗集料磨光值及其与沥青黏附性的技术要求   表6-24

技术指标		雨量气候分区			
		1(潮湿区)	2(湿润区)	3(半干区)	4(干旱区)
粗集料磨光值(PSV),不小于		42	40	38	36
粗集料与沥青的黏附性(级)	表层,不小于	5	4	4	3
	其他层次,不小于	4	4	3	3

沥青混合料用粗集料应该洁净、干燥、表面粗糙、形状接近立方体,且无风化、不含杂质,并具有足够的强度、耐磨耗性。

破碎砾石采用粒径大于50mm的颗粒轧制,破碎前必须清洗,含泥量不得大于1%。

钢渣作为粗集料时,仅限于三级及三级以下公路和次干路以下的城市道路,并应经过试验论证取得许可后使用。钢渣破碎后应有6个月以上的存放期,除吸水率允许适当放宽外。粗集料的质量应符合表6-25的要求。

沥青混合料用粗集料质量要求   表6-25

技术指标	高速公路、一级公路、城市快速路、主干路		其他等级的公路与城市道路
	表面层	其他层次	
集料压碎值(%),不大于	26	28	30
洛杉矶磨耗损失(%),不大于	28	30	35
表观密度[①](t/m³),不低于	2.60	2.50	2.45
吸水率[①](%),不大于	2.0	3.0	3.0
坚固性[②](%),不大于	12	12	—
软石含量(%),不大于	3	5	5
<0.075mm颗粒含量(水洗法)(%),不大于	1	1	1

续上表

技 术 指 标		高速公路、一级公路、城市快速路、主干路		其他等级的公路与城市道路
		表面层	其他层次	
针片状颗粒含量(%)，不大于	混合料中总量	15	18	20
	粒径>9.5mm	12	15	—
	粒径<9.5mm	18	20	—
破碎砾石的破碎面积（%）	1个破碎面	100	90	80(70)③
	2个破碎面	90	80	60(50)③

注：①当粗集料用于高速公路、一级公路和城市快速路、主干路时，多孔玄武岩的视密度可放宽至2.45t/m³，吸水率可放宽到3%，但须得到主管部门的批准。
②坚固性试验根据需要进行。
③括号外数据为对表层用集料的要求；括号中数据为对其他层次的要求。

(2) 沥青的黏附性要求

在高速公路、一级公路、城市快速路和主干路沥青路面中，需要使用坚硬的粗集料，当使用花岗岩、石英岩等酸性岩石轧制的粗集料时，若达不到表6-24对粗集料与沥青黏附性等级的要求，必须采取抗剥落措施。工程中常用的抗剥落方法包括使用高黏度沥青；在沥青中掺加抗剥落剂；用干燥的生石灰、消石灰粉或水泥作为填料的一部分；或将粗集料用石灰浆裹覆处理后使用等。

(3) 粗集料的粒径规格

粗集料的粒径规格应按照表6-26进行生产和选用。如某一档粗集料不符合表6-26的规定，但确认与其他集料掺配后的合成级配符合设计级配的要求时，也可以使用。

沥青面层粗集料规格 表6-26

规格	公称粒径(mm)	通过下列筛孔(方孔筛，mm)的质量百分率(%)								
		53	37.5	31.5	26.5	19	13.2	9.5	4.75	2.36	0.6
S5	20~40	100	90~100	—		0~15	—	0~5			
S6	15~30	—	100	90~100	—	0~15	—	0~5			
S7	10~30	—	100	90~100	—	—	0~15	—	0~5		
S8	15~25	—	—	100	95~100	0~15	—	0~5			
S9	10~20	—	—	—	100	90~100	—	0~15	0~5		
S10	10~15	—	—	—	—	100	90~100	0~15	0~5		
S11	5~15	—	—	—	—	100	90~100	40~70	0~15	0~5	
S12	5~10	—	—	—	—	—	100	90~100	0~10	0~5	
S13	3~10	—	—	—	—	—	100	90~100	40~70	0~20	0~5
S14	3~5	—	—	—	—	—	—	100	90~100	0~15	0~3

3. 细集料

(1) 细集料的物理力学性能要求

用于拌制沥青混合料的细集料，可以采用天然砂、机制砂或石屑。细集料应洁净、干燥、无风化、不含杂质,并有适当的级配范围。细集料的物理力学指标要求见表6-27。细集料应与沥青有良好的黏结能力,在高速公路、一级公路、城市快速路、主干路沥青面层使用与沥青黏附性较差的天然砂或用花岗岩、石英岩等酸性岩石破碎的人工砂及石屑时,应采取前述粗集料的抗剥落措施对细集料进行处理。

在高速公路、一级公路、城市快速路、主干路沥青路面面层及抗滑磨耗层中,所用石屑总量不宜超过天然砂或机制砂的用量。

沥青混合料用细集料主要质量要求　　　　　　　　　　　　　　表6-27

指　标	高速公路、一级公路 城市快速路、主干路	其他公路与城市道路
视密度(t/m^3),不小于	2.50	2.45
坚固性①(>0.3mm部分)(%),不大于	12	—
砂当量(%),不小于	60	50
含泥量(%),不大于	3	5
亚甲蓝值(g/kg),不大于	25	—

注:①坚固性试验根据需要进行。

(2)细集料的粒径规格

①天然砂

天然砂宜采用河砂或海砂,当使用山砂时应经过清洗。天然砂的规格应符合表6-28的规定,经筛洗法测定的砂中小于0.075mm颗粒含量对于高速公路、一级公路、城市快速路、主干路不得大于3%,其他等级道路不大于5%。

沥青面层用天然砂规格　　　　　　　　　　　　　　表6-28

分类	通过各筛孔(mm)的质量百分率(%)								细度模数
	9.5	4.75	2.36	1.18	0.6	0.3	0.15	0.075	
粗砂	100	90~100	65~95	35~65	15~30	5~20	0~10	0~5	3.7~3.1
中砂	100	90~100	75~90	50~90	30~60	8~30	0~10	0~5	3.0~2.3
细砂	100	90~100	85~100	75~100	60~84	15~45	0~10	0~5	2.2~1.6

②石屑

石屑是采石场破碎石料时通过4.75mm或2.36mm的筛下部分,它与机制砂有着本质的不同,是石料加工破碎过程中表面剥落或撞下的边角,强度一般较低,且针片状含量较高,在沥青混合料的使用过程中还会进一步细化,所以性能相对较差。生产石屑的过程中应特别注意,避免山体覆盖层或夹层的泥土混入石屑。

石屑规格应符合表6-29的要求。不得使用泥土、细粉、细薄碎片颗粒含量高的石屑,砂当量应符合表6-27的要求。对于高速公路、一级公路、城市快速路、主干路,应将石屑加工成S14(3~5mm)和S16(0~3mm)两档使用,在细集料中石屑含量不宜超过总量的50%。

沥青面层用机制砂或石屑规格 表6-29

分类	公称粒径（mm）	通过各筛孔(mm)的质量百分率(%)							
		9.5	4.75	2.36	1.18	0.6	0.3	0.15	0.075
S15	0~5	100	90~100	60~90	40~75	20~55	7~40	2~20	0~10
S16	0~3		100	80~100	50~80	25~50	8~45	0~25	0~15

细集料的级配在沥青混合料中的适用性，应将其与粗集料及填料配制成矿质混合料后，判定其是否符合矿料设计级配的要求再做决定。当一种细集料不能满足级配要求时，可采用两种或两种以上的细集料掺和使用。

4. 填料

常用填料大多是采用石灰岩或憎水的强基性岩浆岩，加工磨细制得。填料在沥青混合料中发挥着重要的作用，通过沥青和填料之间相互作用形成的结构沥青和组成的沥青胶浆，是沥青混合料中重要的组成部分，对混合料的高温稳定性和水稳性有直接影响。填料的另一关键性能要求是必须达到一定的细度，从而保证填料与沥青之间有更高的接触程度，形成更多的结构沥青。填料相应的质量列于表6-30。

沥青混合料用填料的质量要求 表6-30

指　　标		高速公路、一级公路城市快速路、主干路	其他公路与城市道路
表观密度(g/cm^3)，不小于		2.50	2.45
含水率(%)，不大于		1.0	1.0
粒度范围(%)	<0.6mm	100	100
	<0.15mm	90~100	90~100
	<0.075mm	75~100	70~100
外观		无团粒结块	
亲水系数		<1.0	

为改善沥青混合料水稳性，可以采用干燥的消石灰粉或水泥部分替代填料，其掺量控制在矿料总量的1%~2%。

三、热拌沥青混合料配合比设计

1. 沥青混合料配合比设计内容

沥青混合料必须在同类公路配合比设计和使用情况调查的基础上，充分借鉴成功的经验，选用符合要求的材料前提下进行配合比设计。

沥青混合料的配合比设计结果与沥青路面的使用性能、材料用量及工程造价关系密切。全过程的沥青混合料配合比设计包括三个阶段：目标配合比设计阶段、生产配合比设计阶段和生产配合比验证——即试验路试铺阶段。只有通过三个阶段的配合比设计，才能真正提出工程上实际使用的沥青混合料组成配合比。由于后两个设计阶段是在目标配合比的基础上进行的，需借助于施工单位的拌和、摊铺和碾压设备来完成。本节主要针对沥青混合料的目标配合比设计过程,说明室内进行目标配合比设计的主要内容。

实际上无论是哪一个设计阶段,其工作的中心就是进行矿料的级配组成设计和最佳沥青用量确定两部分,也就是要设计出一个具有足够密实度,并具有较高内摩阻力的矿料组成,在此前提下确定相应的最佳沥青用量,从而获得一个能够满足特定交通要求、适应环境特点的沥青混合料。

2. 矿料级配组成设计

沥青路面工程混合料的类型及矿料级配由工程设计文件或招标文件根据所建工程要求、道路等级、路面类型、所处结构层层位等因素来决定。并要求沥青面层中集料的公称最大粒径应与该层压实后的结构成厚度相匹配,即要求压实厚度不宜小于集料公称最大粒径的2.5~3倍,对SMA或OGFC等嵌挤型混合料不宜小于公称最大粒径的2~2.5倍,从而有利于避免施工时的混合料离析现象,便于更好压实。

设计的矿料级配范围要与规范要求相一致,如密级配沥青混合料的级配范围根据《公路沥青路面施工技术规范》(JTG F40—2004),应符合表6-31所列范围。其他类型混合料的级配也应按照相应规范要求来确定。

密级配沥青混凝土混合料矿料级配范围　　表6-31

级配类型		通过各筛孔(mm)的质量百分率(%)											
		31.5	26.5	19	16	13.2	9.5	4.75	2.36	1.18	0.6	0.3	0.15	0.075
粗粒式	AC-25	100	90~100	75~90	65~83	57~76	45~65	24~42	16~42	12~33	8~24	5~17	4~13	3~7
中粒式	AC-20		100	90~100	78~92	62~80	50~72	26~56	16~44	12~33	8~24	5~17	4~13	3~17
	AC-16			100	90~100	76~92	60~80	34~62	20~48	13~36	9~26	7~18	5~14	4~8
细粒式	AC-13				100	90~100	68~85	38~68	24~50	15~38	10~28	7~20	5~15	4~8
	AC-10					100	90~100	45~75	30~58	20~44	13~32	9~23	6~16	4~8
砂粒式	AC-5						100	90~100	55~75	35~55	20~40	12~28	7~18	5~10

实践证明,同一种矿料级配针对不同的道路等级、气候和交通特点时,适宜的级配有粗型(C型)和细型(F型)之分。通常对夏季气温高且高温持续时间长、重载交通多的路段,宜选用粗型密级配,并取较高的设计空隙率;对冬季温度低、持续时间长的地区,或重载交通少的路段,宜选用细型密级配,并取较低的设计空隙率。粗型和细型级配的划分和粒径要求如表6-32所示。

粗型和细型密级配沥青混凝土的关键筛孔通过率　　表6-32

分类	公称粒径(mm)	用以分类的关键性筛孔(mm)	粗型密级配(C型)		细型密级配(F型)	
			名称	关键筛孔通过率(%)	名称	关键筛孔通过率(%)
AC-25	26.5	4.75	AC-25C	<40	AC-25F	>40
AC-20	19	4.75	AC-20C	<45	AC-20F	>45
AC-16	16	2.36	AC-16C	<38	AC-16F	>38
AC-13	13.2	2.36	AC-13C	<40	AC-13F	>40
AC-10	9.5	2.36	AC-10C	<45	AC-10F	>45

同时,为确保高温抗车辙能力,兼顾低温抗裂性能的需要,配合比设计时宜适当减少公称最大粒径附近的粗集料用量,减少0.6mm以下部分细粉的用量,使中等粒径集料较多,形成S型级配曲线,并取中等或偏高水平的设计空隙率。

在级配类型确定之后,选取符合规范要求的不同规格的砂石材料进行级配设计。在有条件下,针对高速公路和一级公路沥青路面矿料配合比设计时,宜借助计算机采用试配法进行设计。

对高速公路和一级公路,宜在工程选定的设计级配范围内计算1～3组粗细不同的配合比,绘制设计级配曲线,要求这些合成级配曲线分别在设计级配范围的上方、中值和下方。设计合成级配不得有太多的锯齿形交错,且在0.3～0.6mm范围内不出现"驼峰"。如反复调整不能达到要求时,要更换材料重新设计,直至满足要求。

在此基础上,根据当地工程实践经验选择适宜的沥青用量,分别制作几组不同级配的马歇尔试件,测定沥青混合料矿料间隙率(VMA),根据结果选取其中满足或接近设计要求的级配作为设计级配。

3. 最佳沥青用量的确定(沥青混合料马歇尔试验)

现行规范采用马歇尔方法确定沥青混合料的最佳沥青用量(以OAC表示)。虽然沥青用量可以通过各种理论公式计算得到,但由于实际材料性质的差异,计算得到的最佳沥青用量,仍然要通过试验进行修正。所以采用马歇尔试验方法,是整个沥青混合料配合比设计内容的基础。

(1)沥青用量表示方法

沥青用量可以采用沥青含量或油石比两种方式来表达,前者是指沥青占沥青混合料的百分数,后者指沥青与矿料质量比的百分数,在配合比设计过程中采用油石比更为方便一些。

(2)制备试样

①马歇尔试件制备,要针对选定混合料类型,根据经验确定沥青大致预估用量。该预估用量可以采用下式来确定。

$$P_a = \frac{P_{a1} \times \gamma_{sb1}}{\gamma_{sb}} \times 100 \tag{6-50}$$

$$P_b = \frac{P_a}{100 + \gamma_{sb}} \times 100 \tag{6-51}$$

式中:P_a——预估的最佳油石比(%);

P_b——预估的最佳沥青含量(%);

P_{a1}——已建类似工程沥青混合料所采用的油石比(%);

γ_{sb}——集料的合成毛体积相对密度,无量纲,计算方法见式(6-20);

γ_{sb1}——已建类似工程集料的合成毛体积相对密度,无量纲。

以预估沥青用量为中值,按一定间隔(对密级配沥青混合料通常为0.5%,对SMA混合料可适当缩小间隔为0.3%～0.4%),取5个或5个以上不同的油石比分别成型马歇尔试件。每一组试件的试样数按现行规程的要求确定(通常不少于4个),对粒径较大的沥青混合料宜增加试件数量。当缺少可参考的预估沥青用量时,可以考虑以5.0%的沥青用量为基准,从两侧等间距地扩展沥青用量,直至在所选的沥青用量范围中能够确定出最佳沥青用量。

②按已确定的矿质混合料级配类型,计算某个沥青用量条件下一个马歇尔试件或一组试件中各种规格集料的用量,实践中一个标准马歇尔试件矿料总量,大多按1200g左右来计算。

③计算出一个或一组马歇尔试件的沥青用量(通常采用油石比),按要求拌和沥青混合料,以规定的击实次数和操作方法成型马歇尔试件。

(3)测定试件的物理力学指标

通过测定沥青混合料马歇尔试件的毛体积相对密度,再通过试验或公式计算出沥青混合料的理论最大相对密度,并计算试件的空隙率、沥青饱和度、矿料间隙率等参数。

在测定沥青混合料相对密度时,应根据沥青混合料类型、吸水率的大小及密实程度选择合适的密度测试方法。在工程中,吸水率小于0.5%的密实型沥青混合料试件应采用水中重法测定;吸水率小于2%较密实的沥青混合料试件应采用表干法测定;吸水率大于2%的沥青混合料、沥青碎石混合料等不能用表干法测定的试件应采用蜡封法测定;空隙率较大的沥青碎石混合料、开级配沥青混合料试件采用体积法测定。除了水中重法测得的是混合料试件的表观密度之外,其他几种方法测得的是混合料的毛体积密度。

随后,在马歇尔试验仪上,按照标准方法测定沥青混合料试件的马歇尔稳定度和流值。

(4)最佳沥青用量的确定

以沥青用量(通常采用油石比表示)为横坐标,以沥青混合料试件的密度、空隙率、沥青饱和度、马歇尔稳定度和流值等指标为纵坐标,将试验结果绘制成关系曲线,如图6-10所示。

①确定最佳沥青用量的初始值 OAC_1

根据图6-10,取马歇尔稳定度和密度最大值相对应的沥青用量 a_1 和 a_2,空隙率范围中值或目标空隙率对应的沥青用量 a_3,以及饱和度范围的中值 a_4(见图6-10中的 a、b、c、e),由式(6-52)计算的平均值作为最佳沥青用量的初始值 OAC_1。

$$OAC_1 = \frac{a_1 + a_2 + a_3 + a_4}{4} \tag{6-52}$$

如果在所选择的沥青用量范围中,沥青饱和度未能满足要求,则可不考虑饱和度,按式(6-53)计算其余几项的平均值作为 OAC_1。

$$OAC_1 = \frac{a_1 + a_2 + a_3}{3} \tag{6-53}$$

②确定沥青最佳用量的中值 OAC_2

以各项指标均符合技术标准(不包括VMA)的沥青用量范围 $OAC_{min} \sim OAC_{max}$ 的中值作为 OAC_2,见图6-10中的 f。

$$OAC_2 = \frac{OAC_{min} + OAC_{max}}{2} \tag{6-54}$$

在图6-10中,首先检查当沥青用量为初始值 OAC_1 时,沥青混合料的各项指标是否满足设计要求,同时检验 VMA 是否符合要求。当全部满足要求时,由 OAC_1 及 OAC_2 综合决定最佳沥青用量 OAC。若各指标未能满足要求,应调整级配,重新进行马歇尔试验配合比设计,直至各项指标均能符合要求为止。

③根据 OAC_1 和 OAC_2 综合确定最佳沥青用量 OAC

最佳沥青用量 OAC 的选择应通过对沥青路面的类型、工程实践经验、道路等级、交通特性、气候条件等诸多因素综合考虑分析后,加以确定。

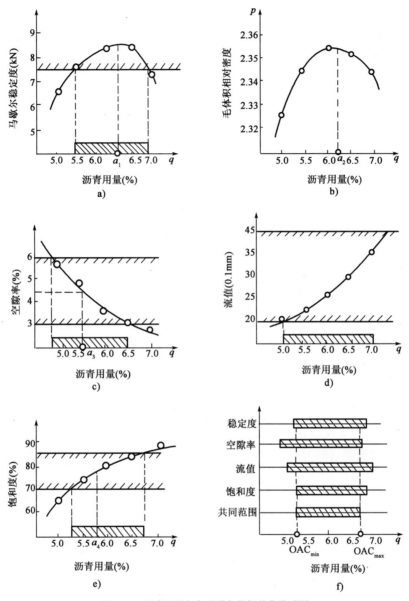

图 6-10　沥青用量与各马歇尔指标关曲线系图

一般情况下,当 OAC_1 及 OAC_2 的结果接近时(差值不超过 0.3% 个单位),可取两者的平均值作为最佳沥青用量 OAC。

当 OAC_1 和 OAC_2 结果有一定差距,则不宜采用平均的方法确定最终的 OAC,而是分别通过随后的水稳性试验和高温稳定性试验,综合考察后决定。

对炎热地区公路以及高速公路、一级公路的重载交通路段,山区公路的长大坡度路段,预计有可能出现较大车辙时,宜在空隙率符合要求的范围内,将计算得到的最佳沥青用量减少 0.1%~0.5%,作为设计沥青用量。

对寒区公路、旅游公路、交通量极少的公路,最佳沥青用量可以在 OAC 的基础上增加 0.1%~0.3%,并适当减少设计空隙率,但注意不得降低压实度要求。

4. 沥青混合料的性能检验

通过马歇尔试验和结果分析,针对得到的最佳沥青用量 OAC(必要时应包括 OAC_1 和 OAC_2)做进一步的试验检验,以验证沥青混合料的关键性能是否满足路用技术要求。

(1)沥青混合料的水稳定性检验

以 OAC 的沥青用量制作马歇尔试件,进行浸水马歇尔试验或冻融劈裂试验,检验试件的残留稳定度或冻融劈裂强度比是否满足水稳性要求(见本章第三节表6-10)。

(2)沥青混合料的高温稳定性检验

制作车辙试验试件,采用规定的方法进行车辙试验,检验设计沥青混合料的高温抗车辙能力,是否达到规定的动稳定度指标(见本章第三节表6-9)。当其动稳定度不符合要求时,应对矿料级配或沥青用量进行调整,重新进行配合比设计。

(3)其他性能检验

对沥青混合料进行低温弯曲应变试验,以检验所设计的沥青混合料低温性能是否满足要求(见本章第三节表6-11)。同时,采用车辙板进行室内渗水试验,进一步检验沥青混合料空隙率的状况,以保证得出的配合比满足各项路用技术性能要求。

四、热拌沥青混合料配合比设计例题

以某高速公路为例,说明中面层 AC-25 沥青混合料配合比设计主要内容。

1. 材料选择和原材料试验

对任何一个工程,在配合比设计之前,材料选择和原材料试验都是不可缺少的步骤,只有全部指标都符合规范要求的材料才允许使用。

(1)沥青

根据气候分区,本工程地处于半干区的 2-2 区,说明该地区对沥青混合料高温抗车辙和低温抗裂都有一定要求。

沥青标号可选 90 号。进口沥青到货后按试验规程要求取样,并委托质检部门进行质量检测试验,质量应符合我国道路石油沥青技术要求,其主要技术指标如表6-33所示。表中工程招标合同对规范规定的要求作了一些调整,只要不降低规范要求,是完全可行的。

(A级)沥青质量检测结果 表6-33

项目		单位	技术要求(90号)		试验结果	试验方法
			规范规定	招标合同要求		
针入度(25℃,100g,5s)		0.1mm	80~100	80~100	83	T 0604
延度(5cm/min)	15℃	cm	≥100	>150	>150	T 0605
	10℃	cm	≥30	>30	>150	T 0605
软化点 $T_{R\&B}$		℃	≥44	44~52	44.7	T 0606

续上表

项　目			单位	技术要求(90 号)		试验结果	试验方法
				规范规定	招标合同要求		
溶解度(三氯乙烯)			%	≥99.5	>99.0	99.6	T 0607
闪点(COC)			℃	≥245	>260	342	T 0611
密度(15℃)			g/cm³	实测	实测	1.033	T 0603
蜡含量			%	≤2.2	<2	0.64	T 0615
黏度	60℃		Pa·s	140	实测	150	T 0602
	135℃		mm²/s	实测	实测	323.3	T 0619
TFOT 后	质量损失		%	≤±0.8	<0.5	+0.11	T 0609
	针入度比		%	≥57	>70	79.5	T 0604
	延度	25℃	cm	>75	>100	>150	T 0605
		15℃	cm	≥20	>80	>150	T 0605
		10℃	cm	≥8	>10	22	T 0605

结果显示,工程选用沥青各项指标均符合相关技术要求,满足招标合同的需要,可用于工程项目。

(2)矿料

①粗集料

采用某采石场的石灰石,各种材料筛分结果如表 6-34 所示。在采石场采集的样品,名义为 S7 号碎石(方孔筛 10～30mm)规格的样品实际上是 S6 号碎石,其中大于 26.5mm 部分占到 21.9%,明显偏高,不适于配制 AC－25 沥青混凝土。试验时需将部分大于 26.5mm 筛除后使用,以符合生产时的实际情况(大于 26.5mm 料作为超粒径料排出)。另外 10～20mm 碎石和规范 S9 规格相比,5～10mm 与 S12 规格相比,在个别粒径上都有一些出入,但不妨碍使用,而 3～5mm 石屑符合 S14 规格要求。

各种粗集料的筛分结果　　　　表 6-34

材　料	通过下列筛孔(mm)百分率(%)								
	31.5	26.5	19	16	13.2	9.5	4.75	2.36	0.6
10～30mm	100	78.1	30.7	9.4	0				
(S7 碎石规范要求)	90～100					0～15	0～5		
(S6 碎石规范要求)	90～100	—		0～15	—		0～5		
10～20mm			100	96.5	75.8	26.4	0		
(S9 碎石规范要求)		100	95～100	—	—	0～15	0～5		
5～10mm					100	99.2	99.2	4.9	
(S12 碎石规范要求)					100	95～100	0～10	0～5	
3～5mm						100	74.8	8.3	0
(S14 碎石规范要求)						100	90～100	0～15	0～5

按规范对碎石质量的检测结果列于表 6-35 中,各项指标均符合规范要求,可以使用。

各种粗集料的质量规格　　　　　　　　　　　　　　　　　　　表 6-35

指　　标	单　位	规范要求 (高速公路)	碎石规格(mm)		
			10～30	10～20	5～10
压碎值	%	≤28	15.0		
洛杉矶磨耗值	%	≤30	19.2		
磨光值	%	中面层不需要	—		
视密度	g/cm³	≥2.50	2.8181	2.8364	2.8275
表干密度	g/cm³		2.8018	2.7970	2.7873
吸水率	%	≤3.0	0.85		
针片状含量	%	<15	9.1	5.7	—
含泥量	%	≤1	接近 0		
软石含量	%	≤5	未发现		
坚固性	%	≤12	石质良好,经判断可以不做		

②细集料

采用某地河砂,细度模数 3.02,属中砂偏粗,缺少 0.3mm 以下部分,但不妨碍使用。砂的质量及筛分结果如表 6-36 和表 6-37 所列。符合规范要求,可以使用。

砂 的 质 量 指 标　　　　　　　　　　　　　　　　　　　表 6-36

指　　标	规 范 要 求	试 验 结 果
细度模数	粗砂:3.7～3.1 中砂:3.0～2.3	3.02
表观密度(g/cm³)	≥2.50	2.6227
砂当量	≥60	64
外观	—	洁净、坚硬、无杂质
<0.075mm 含量(%)	≤3	0.15
坚固性(%)	≤12	砂质良好,经判断可以不做

砂 的 筛 分 结 果　　　　　　　　　　　　　　　　　　　表 6-37

材　　料	通过下列筛孔(mm)的百分率(%)							
	9.5	4.75	2.36	1.18	0.6	0.3	0.15	0.075
某地河砂	100	92.8	86.1	63.9	38.9	10.4	1.1	0.15
规范要求(中砂)	100	90～100	75～90	50～90	30～60	8～30	0～10	0～5

③填料

石灰石矿料的质量及规格如表 6-38 所列,符合规范要求,可以使用。

矿粉质量指标及检测结果　　　　　　　　　　　　　　　　　　表 6-38

指　标	规范要求	石灰石矿粉实测结果	指标(细度)		实测通过百分率(%)
			筛孔	规范要求通过率(%)	
表观密度(g/cm³)	>2.50	2.714	0.6mm	100	100
亲水系数	<1	<1.0	0.15mm	90~100	93.3
含水率(%)	<1	0.15	0.075mm	75~100	82.5

2. 目标配合比设计

根据设计,该工程沥青面层采用 AC-25 型密级配沥青混凝土,规范规定应采用工程实际使用的材料(而不是采石场的材料样品)进行目标配合比设计。

(1) 矿料级配计算

级配设计可采用集料试验检测技术一章中的试算法或图解法进行操作,同时也可利用计算机以人机对话的方式进行,非常方便。计算时应充分考虑便于现有材料得到有效的使用,筛孔上应特别重视 4.75mm、2.36mm、0.075mm,并尽量接近要求范围的中值。对上述材料反复进行矿料级配计算得到的各种材料的配合比如下:

10~30mm 碎石:10~20mm 碎石:3~5mm 石屑:砂:矿粉 = 24:33:13:23:7。

合成级配如表 6-39 所示,均符合规范要求。

矿料级配配合比设计结果　　　　　　　　　　　　　　　　　　表 6-39

筛孔(mm)	规范要求级配范围(%)	中值(%)	合成级配(%)	筛孔(mm)	规范要求级配范围(%)	中值(%)	合成级配(%)
26.5	90~100	95.0	94.7	2.36	16~42	29.0	27.9
19.0	75~90	82.5	83.4	1.18	12~33	22.5	21.7
16.0	65~83	74.0	77.1	0.6	8~24	16.0	15.9
13.2	56~76	66.0	68.0	0.3	5~17	11.0	9.3
9.5	46~65	55.5	51.7	0.15	4~13	8.5	9.3
4.75	24~52	38.0	38.1	0.075	3~7	5.0	5.8

(2) 马歇尔试验

按此配比根据经验选定油石比在 3.5%~5.5% 范围内,以 0.5% 间隔,成型制作不同油石比的马歇尔试件,并分别进行马歇尔试验。试验结果如表 6-40、表 6-41 所示。

中层目标配合比马歇尔试验结果　　　　　　　　　　　　　　　　　　表 6-40

油石比(%)	理论密度(g/cm³)	表干密度(g/cm³)	密隙率(%)	饱和度(%)	矿料间隙率(%)	稳定度(kN)	流值(mm)	马歇尔模数(kN/mm)
3.5	2.604	2.442	6.2	57.2	14.5	9.24	2.18	4.46
4.0	2.585	2.467	4.5	68.0	14.1	11.26	2.14	5.37
4.5	2.556	2.483	3.2	77.1	14.1	13.90	2.35	5.99

续上表

油石比（%）	理论密度（g/cm³）	表干密度（g/cm³）	密隙率（%）	饱和度（%）	矿料间隙率（%）	稳定度（kN）	流值（mm）	马歇尔模数（kN/mm）
5.0	2.548	2.495	2.1	35.4	14.2	12.00	2.42	4.92
5.5	2.530	2.491	1.5	89.6	14.8	8.99	2.55	3.59

不同测定方法计算出的马歇尔指标　　　　表6-41

油石比（%）	水中重法		表干法①		体积法	
	空隙率（%）	饱和度（%）	空隙率（%）	饱和度（%）	空隙率（%）	饱和度（%）
3.5	5.6	60.0	6.2	57.2	5.8	59.6
4.0	3.9	71.2	4.5	68.0	5.1	65.4
4.5	3.0	78.3	3.2	77.1	2.5	81.3
5.0	1.9	86.4	2.1	85.4	1.8	87.2
5.5	1.3	91.4	1.5	89.6	1.5	90.0

注：①以表干法测得密度结果作为计算空隙率和饱和度分析数据。

根据沥青油石比对沥青混合料不同指标进行绘图（图略）。计算最佳油石比如下：

按最大密度、最大稳定度、空隙率中值确定的最佳油石比 $OAC_1 = 4.54\%$；

按各项指标全部合格范围的中值确定的最佳油石比 $OAC_2 = 4.31\%$；

由此确定的最佳油石比 $OAC = 4.4\%$；相应的最佳沥青含量 $OAC = 4.2\%$。

实际工作中如果当马歇尔试验指标达不到时，表6-42提供的途径可供调整时参考。表中"+"号表示指标随影响因素的增加而增加；"-"表示指标随影响因素的增加而减小。"/"则表示指标与影响因素无关。

马歇尔指标与影响因素的关系　　　　表6-42

因素	集料最大粒径	富棱角集料用量	细砂量	石粉用量	沥青针入度	矿料间隙率
空隙率	/	+	+	-	/	+
矿料间隙率					/	
沥青饱和度	/	-	-	+	/	
稳定度	+	+	/	+	-	-
流值	-	-		+	+	+
施工性能	-	-	/		+	+

（3）高温稳定性检验

按规范规定，对于高速公路沥青路面上面层及中面层的沥青混凝土混合料进行配合比设计时，应通过车辙试验对抗车辙能力进行检验。因此，由马歇尔试验设计的配合比并不能马上就作为目标配合比。对上述设计级配及油石比的沥青混合料在温度60℃、轮压0.7MPa条件下进行车辙试验。试验结果表明，该配合比的动稳定度为3150次/mm。符合规范2-2区应不小于800次/mm的规定要求。

(4) 水稳定性检验

按照最佳油石比 4.4% 重新制作试件,进行马歇尔试验及 48h 浸水马歇尔试验。对沥青混合料的水稳定性进行验证,结果如表 6-43 所列。

目标配合比浸水马歇尔试验结果　　　　表 6-43

油石比(%)	理论密度(g/cm³)	表干密度(g/cm³)	密隙率(%)	饱和度(%)	矿料间隙率(%)	稳定度(kN)	流值(mm)	马歇尔模数(kN/mm)	浸水时间(h)
4.4	2.566	2.456	4.5	70.8	15.2	14.18	2.84	5.00	0.5
4.4	2.566	2.482	3.3	76.8	14.1	14.29	2.81	5.24	48.0

残留稳定度为 100.1%,符合规范规定半干区不得小于 75% 的要求。需要说明的是,这种残留稳定度超过 100% 的现象对稳定度甚高的密级配沥青混凝土来说是不奇怪的,说明水稳定性良好。稳定度超出 100% 是试验值波动所引起。

同时,进行低温弯曲破坏试验和室内渗水试验,结果均满足技术指标要求。

由上述结果得出目标配合比的矿料级配及最佳油石比为 4.4%,完成目标配合比设计内容。

本章主要介绍了沥青及沥青混合料的基本概念、主要试验检测内容和配合比设计方法,除此之外,沥青及沥青混合料还包括其他一些试验检测内容,由于篇幅限制,不予叙述。在此仅将沥青及沥青混合料其他检测项目基本概念以及检测依据列于表 6-44,以供参考。

沥青及沥青混合料其他试验检测项目　　　　表 6-44

试验项目	试验目的及意义	检测依据
沥青闪点	闪点是一项针对沥青安全性指标,当沥青的闪点高于一定温度时,沥青施工时的安全性才得以保证。采用规定方法测得沥青闪点,评价沥青的施工加热拌和时的安全性	T 0611—2011(JTG E20—2011)
沥青溶解度	沥青易溶解于一些有机溶剂,如三氯乙烯、苯和甲苯等。通过在这些有机溶液的溶解程度,判定沥青的纯净程度	T 0607—2011(JTG E20—2011)
改性沥青弹性恢复试验	通过这对改性沥青弹性恢复能力的测定,掌握改性沥青的受力变形后的恢复自愈能力	T 0602—2011(JTG E20—2011)
改性沥青离析试验	改性沥青的改性效果与改性剂在沥青中分布的均匀程度密切相关,采用不同部位沥青性能指标的测定,评价改性沥青的离析程度,掌握改性沥青的均匀性	T 0661—2011(JTG E20—2011)
木质素纤维吸油率试验	吸油率的高低是木质素纤维发挥作用的一项主要功能,纤维对 SMA 中高用量的沥青吸附,使 SMA 沥青混合料的"三多一少"特点得到相应的保证。该试验定量评价木质素纤维对沥青的吸附程度	JT/T 533—2004
木质素纤维灰分试验	通过高温加热后木质素纤维剩余灰分多少,判断纤维组成的合理性和对高温耐受能力	JT/T 533—2004
沥青混合料飞散试验	通过肯塔堡飞散试验,评价沥青混合料特别是 SMA 混合料中沥青用量以及沥青黏结效果	T 0733—2011(JTG E20—2011)
沥青混合料析漏试验	通过谢伦堡析漏试验,评价沥青混合料特别是 SMA 混合料在高温时从沥青混合料中析出的数量,作为评价 SMA 中沥青用量是否偏高的一种辅助试验方法	T 0733—2011(JTG E20—2011)

第七章

路基路面现场测试

在公路路基路面工程的设计、施工和养护质量评定中,路基路面现场测试是其中的重要工作内容。为适应我国公路建设和管理的需要,保证公路路基路面工程的施工和养护质量,规范各类现场检测仪具与设备、试验方法和操作要求,交通运输部制定了《公路路基路面现场测试规程》(JTG 3450—2019),作为公路路基路面的现场调查、工程质量检测以及技术状况检测等工作的依据。

路基路面现场测试内容主要包括现场抽样、几何尺寸、压实度、平整度、承载能力、抗滑性能、路基路面损坏等方面。现场抽样的相关内容详见第一章第二节,本章主要就几何尺寸、压实度、平整度、承载能力、抗滑性能、路基路面损坏等内容作介绍。

第一节 几何尺寸

为了检查道路修筑的位置、几何形状和结构尺寸,需要进行有关几何尺寸检测。《公路工程质量检验评定标准 第一册 土建工程》(JTG F80/1—2017)要求检测的路基路面几何尺寸主要包括纵断高程、中线偏位、宽度、横坡、边坡、厚度相邻板高差、纵横缝顺直度等项目。纵断高程和横坡一般用水准仪检测;中线偏位用经纬仪检测;宽度和边坡可用尺量。

路面厚度可采用挖坑法或钻芯取样法进行检测,也可以采用短脉冲雷达进行无损检测。路面结构层厚度的检测一般与压实度同时进行,当用灌砂法进行压实度检测时,可通过量取试坑的深度,从而得到结构层的厚度;当用钻芯取样法检测压实度时,可直接量取芯样的高度。

一、路面钻芯取样方法

对水泥混凝土面层、沥青混合料面层或水泥、石灰、粉煤灰等无机结合料稳定基层用路面取芯钻机在现场钻取路面的代表性试样,以测定其厚度、密度或其他物理力学性质。钻孔采取芯样的直径不宜小于最大集料粒径的3倍。

1. 准备工作

(1)确定路段。可以是一个作业段、一天完成的路段,或按相关规范的规定选取一定长度的检查路段。

(2)按选点方法确定取样的位置。

(3)将取样位置清扫干净。

2. 采样步骤

(1)用钻机在取样地点垂直对准路面放下钻头,牢固安放钻机,使其在运转过程中不得移动。

(2)开放冷却水,启动电动机,徐徐压下钻杆,钻取芯样,但不得使劲下压钻头。待钻透全厚后,上抬钻杆,拔出钻头,停止转动,不使芯样损坏,取出芯样。沥青混合料芯样及水泥混凝土芯样可用清水漂洗干净备用。

注:由于试验需要不能用水冷却时,应采用干钻孔,此时为保护钻头,可先用干冰约3kg放在取样位置上,冷却路面约1h,钻孔时通以低温CO_2等冷却气体以代替冷却水。

(3)采取的路面混合料试样应整层取样,试样不得破碎。

(4)将钻取的芯样,妥善盛放于盛样器中,必要时用塑料袋封装。

(5)填写样品标签,一式两份,一份粘贴在试样上,另一份作为记录备查。

(6)对取样的钻孔的路面坑洞,应采用同类型材料填补压实,但取样时留下的水分应用棉纱等吸走,待干燥后再补坑。

二、路基路面几何尺寸测试方法

对路基路面各部分的宽度、纵断面高程、横坡及中线偏位等几何尺寸进行检测,供道路施工过程、交竣工验收及旧路调查使用。

1. 准备工作

(1)在路基或路面上准确恢复桩号。

(2)按随机选点的方法,在一个检测路段内选取测定的断面位置及里程桩号。通常将路基路面宽度、横坡、高程及中线平面偏位选取在同一断面位置,且宜在整数桩号上测定。

(3)根据道路设计的要求,确定路基路面各部分的设计宽度的边界位置;确定设计高程的纵断面位置;在与中线垂直的横断面上确定成型后路面的实际中心线位置。

(4)根据道路设计的路拱形状,确定曲线与直线部分的交界位置及路面与路肩(或硬路肩)的交界处,作为横坡检验的基准;当有路缘石或中央分隔带时,以两侧路缘石边缘为横坡测定的基准点。

2. 路基路面宽度测试步骤

用钢尺沿中心线垂直方向水平量取路基路面各部分的宽度,准确至0.001m。测量时钢尺应保持水平,不得将尺紧贴路面量取,也不得使用皮尺。

路基宽度为行车道与路肩宽度之和,当设有中间带、变速车道、爬坡车道、紧急停车带时,尚应包括这些部分的宽度。路面宽度包括行车道、路缘带、变速车道、爬坡车道、硬路肩和紧急停车带的宽度。

3. 纵断面高程测试步骤

将精密水准仪架设在路基路面平顺处调平,将塔尺竖立在中线的测定位置上,以路线附近的水准点高程作为基准。测记测定点的高程读数,准确至0.001m。连续测定全部测点,并与水准点闭合,闭合差应达到三等水准测量要求。

4. 中线偏位测试方法

(1)有中线坐标的道路:根据待测点 P 的施工桩号,在道路上标记 P 点,从设计资料中查出该点的设计坐标,用经纬仪(全站仪)对该设计坐标进行放样,并在放样点 P' 作好标记,量取 PP' 的长度,即为中线偏位 Δ_{CL},以 mm 计,准确至 1mm。

(2)无中线坐标的道路:根据待测点 P 的施工桩号,在道路上标记 P 点,由设计资料计算出该点的坐标,用经纬仪(全站仪)对该坐标进行放样,并在放样点 P' 作好标记,量取 PP' 的长度,即为中线偏位 Δ_{CL},以 mm 计,准确至 1mm。

5. 路基路面横坡测试方法

路基横坡为路槽中心线与路槽边缘两点高程差与水平距离的比值,以百分率表示。路面横坡对无中央分隔带的道路是指路拱表面直线部分的坡度,对有中央分隔带的道路是指路面与中央分隔带交界处及路面边缘与路肩交界处两点的高程差与水平距离的比值,以百分率表示。

(1)水准仪测定路面横坡试验方法

公路施工质量检验评定时通常采用水准仪测定路基路面的横坡。

将精密水准仪架设在路面平顺处调平,在设有中央分隔带的路面上将塔尺分别竖立在路面与中央分隔带分界的路缘带边缘 d_1 处及路面与路肩交界位置(或外侧路缘石边缘)d_2 处;对无中央分隔带的路面:将水准仪(全站仪)架设在路基路面平顺处调平,将水准尺分别竖立在道路中心 d_1(或路基顶面相应位置)及路面与路肩交界位置或外侧路缘石边缘(或路基顶面相应位置)d_2 处,d_1 与 d_2 两测点应在同一横断面上,测量 d_1 与 d_2 处的高程,记录高程读数,以 m 计,准确至 0.001m。

用钢尺测量两测点的水平距离,以 m 计,准确至 0.005m。

(2)几何数据测试系统测定路面横坡试验方法

几何数据测试系统由承载车、数据采集处理系统和距离测量系统等组成,可在正常行车条件下连续采集路面的横坡数据,适用于新建、改建路面工程质量验收和无严重坑槽、车辙等病害的通车运行路面的横坡评价。测试过程中路面应整洁,宜选择风力较小时测试。

正式测试之前,应检查承载车的轮胎气压,进行距离标定,预热、确认测试系统处于正常工作状态。测试车速宜为 30～80km/h,测试过程中承载车应沿车道线匀速行驶,不能超车,变线。测试人员在测试过程中必须及时准确地将测试路段的起终点和其他需要特殊标记的点的位置输入测试数据记录中。

6. 路基边坡坡度测试方法

路基边坡坡度的测量可以采用全站仪法和坡度测量仪法。全站仪法是将全站仪架设在路基路面平顺处调平,在同一横断面上选择坡顶、坡脚两测点,分别测量其相对高程并记录读数 H_a、H_b,同时测量并记录两点间的水平距离 L,测量结果以 m 计,准确至 0.001m。坡度测量仪法则将坡度测量仪的测试面垂直于路中线放在待测边坡上,旋转刻度盘,将水平气泡调到水平位置,读取并记录刻度盘上的刻度值即为路基边坡坡度,保留两位小数。

7. 相邻板高差测试方法

将水平尺垂直跨越接缝并水平放置于高出的一侧,用塞尺量测接缝处水平尺下基准面与位置较低板块的高差,以高差最大值为该接缝处的相邻板高差 H,以 mm 计,准确至 0.5mm。

8. 纵、横缝顺直度测试方法

在待测试路段的直线段上用尼龙线对齐 20m 长的纵缝两端并拉直;然后,用钢直尺量测纵缝与尼龙线的最大间距,以 mm 计,准确至 1mm,即为该处纵缝顺直度。

用尼龙线沿板宽对齐面板横缝两端并拉直,用钢直尺量测横缝与尼龙线的最大间距,以 mm 计,准确至 1mm,即为该板的横缝顺直度。

三、挖坑及钻芯法测定路面厚度试验方法

路面各结构层的厚度是影响路面结构强度和使用性能的重要因素,另外,严格控制各结构层的厚度,还能对路面高程起到一定的控制作用。因此,厚度是路面施工质量控制及施工验收的关键项目。

路面各层施工过程中的厚度检验及工程交工验收检查通常采用挖验或钻取芯样方法量测,尽管这种方法会给路面造成一定的损伤,由于测试数据比较直观准确,《公路工程质量检验评定标准 第一册 土建工程》(JTG F80/1—2017)仍将其规定为路面结构层厚度检测的标准试验方法。

基层或砂石路面的厚度可用挖坑法测定,沥青面层及水泥混凝土路面板的厚度应用钻孔法测定。

在沥青路面施工过程中,当沥青混合料尚未冷却时,可根据需要随机选择测点,用大螺丝刀插入至沥青层底面深度后用尺读数,量取沥青层的厚度。

1. 挖坑法厚度测试步骤

(1)按随机选点方法,决定挖坑检查的位置,如为旧路,该点有坑洞等显著缺陷或接缝时,可在其旁边检测。

(2)在选择试验地点时,选一块约 400mm×400mm 的平坦表面,用毛刷将其清扫干净。

(3)根据材料坚硬程度,选择镐、铲、凿子等适当的工具,开挖这一层材料,直至层位底面。在便于开挖的前提下,开挖面积应尽量缩小,坑洞大体呈圆形,边开挖边将材料铲出,置搪瓷盘中。

(4)用毛刷将坑底清扫,确认为下一层的顶面。

(5)将钢板尺平放横跨于坑的两边,用另一把钢尺或卡尺等量具在坑的中部位置垂直伸至坑底,测量坑底至钢板尺的距离,即为检查层的厚度,准确至 1mm。

2. 钻孔取芯样法厚度测试步骤

(1)按随机选点方法,决定钻孔检查的位置,如为旧路,该点有坑洞等显著缺陷或接缝时,可在其旁边检测。

(2)用路面取芯钻机钻孔,钻头的标准直径为 ϕ100mm,如芯样仅供测量厚度,不作其他试验时,对沥青面层与水泥混凝土板也可用直径 ϕ50mm 的钻头,对基层材料有可能损坏试件时,也可用直径 ϕ150mm 的钻头,钻孔深度必须达到层厚。

(3)仔细取出芯样,清除底面灰土,找出与下层的分界面。

(4)用钢板尺或卡尺沿圆周对称的十字方向四处量取表面至上下层界面的高度,取其平均值,即为该层的厚度,准确至1mm。

四、短脉冲雷达测定路面厚度试验方法

雷达测试路面结构层厚度的基本工作原理是:利用雷达波(电磁波)在不同物质界面上的反射信号,识别分界面,通过电磁波的走时和在介质中的波速推算相应介质的厚度。短脉冲雷达是目前公路行业路面厚度无损检测应用最广泛的雷达,它具有测值精度高、工作稳定等特点。

雷达测试系统由承载车、天线、雷达发射接收器和控制系统组成。雷达发射的电磁波在道路面层传播过程中会逐渐衰减。雷达最大探测深度是由雷达系统的参数以及路面材料的电磁属性决定的。为了满足测试准确度和垂直分辨率的要求,用于检测路面厚度的雷达天线频率一般为1.0GHz以上。最小分辨层厚不超过40mm。

芯样标定对于数据解析起着重要作用,因为检测过程中仪器仅仅记录了雷达波在结构层上下表面之间的走势,而不是厚度。为了获得路面厚度,需要知道路面材料的介电常数。通常采用在路面上钻芯取样方法以获取路面材料的介电常数,或者计算出雷达波在同样材料中的传播速度,推算出层间厚度。路面材料的介电常数会随集料类型、沥青产地、密度、湿度等而不同。测试过程中应根据实际情况增加芯样钻取数量,以保证测试厚度的准确性。

本方法适用于新、改建路面工程质量验收和旧路加铺路面设计的厚度调查。对于材料过度潮湿或饱水以及有高含铁量的矿渣集料的路面不适合用本方法测试。

1. 准备工作

准备工作包括距离标定、安装雷达天线、开机预热、参数设置等。

2. 测试步骤

(1)将承载车停在起点,开启安全警示灯,启动软件测试程序,令驾驶员缓慢加速车辆到正常检测速度。

(2)检测过程中,操作人员应记录测试线路所遇到的桥梁、涵洞、隧道等构造物的起终点。

(3)当测试车辆到达测试终点后,操作人员停止采集程序。

(4)芯样标定:首先令雷达天线在需要标定芯样点的上方采样,然后钻芯,最后将芯样的真实厚度数据输入到计算程序中,反算出路面材料的介电常数或者雷达波在材料中的传播速度;由于材料的产地不同、配比不同、压实度不同等,都会影响到雷达波在沥青面层中的传播速度,现场检测时,每一个标段都应该至少做一次芯样标定,同时再次标定后雷达检测的采样间距不宜超过5km。

(5)操作人员检查数据文件,文件应完整,内容应正常,否则应重新测试。

(6)关闭测试系统电源,结束测试。

第二节 压 实 度

碾压是路基路面施工的重要环节,压实质量与路基路面的强度、刚度、稳定性和平整度密切相关,压实度是路基路面施工质量检验的关键项目。

对于路基土、粒料类基层或底基层、无机结合料稳定类基层或底基层,压实度是筑路材料压实后的干密度与标准最大干密度之比,以百分率表示。标准最大干密度需要在施工前通过室内重型击实试验或振动压实试验得到;压实后的干密度通常采用挖坑灌砂法或环刀法或核子密度仪法现场检测,其中核子密度仪法是无损检测方法。

对沥青混合料面层,压实度指现场实际达到的密度与标准密度的比值。标准密度可采用沥青混合料的马歇尔击实法获得的试验室标准密度,也可以采用最大理论密度或试验段密度,不同的标准密度对应不同的压实度要求;现场实际达到的密度可采用在现场钻芯并测定芯样密度的方式获得,也可以通过现场无核密度仪无损、快速地测定。马歇尔击实试件和钻取芯样的密度可采用表干法、蜡封法和水中重法测定。

室内重型击实试验、振动压实试验、表干法、蜡封法和水中重法等试验方法已在前面有关章节阐述,本节不再赘述。本节重点介绍现场密度检测方法。

一、挖坑灌砂法测定压实度试验方法

挖坑灌砂法测定压实度的基本原理是:在压实层挖坑取出材料,烘干,获得干质量;利用密度确定的砂灌到坑里,以置换坑的体积,从而得到压实材料的干密度,进而计算得到压实度。

本方法适用于在现场测定基层(或底基层)、砂石路面及路基土的各种材料压实层的密度和压实度检测。但不适用于填石路堤等有大孔洞或大孔隙材料的压实度检测。

1. 仪具与材料技术要求

灌砂仪包括灌砂筒、金属标定罐和基板,一般都采用金属材质,主要尺寸应符合表7-1的规定。灌砂筒上部为储砂筒,下部为圆锥体漏斗,筒底与漏斗顶端铁板之间设有开关。在测试前,应根据填料粒径及测试层厚度选择不同尺寸的灌砂筒,并符合表7-2的规定。

灌砂设备的主要尺寸要求 表7-1

设备类型			小型灌砂设备	中型灌砂设备	大型灌砂设备
灌砂筒	储砂筒	直径(mm)	100	150	200
		容积(cm^3)	2121	4771	8482
	流砂孔	直径(mm)	10	15	20
标定罐	金属标定罐	内径(mm)	100	150	200
		外径(mm)	150	200	250
基板	金属方盘基板	边长(mm)	350	400	450
		深(mm)	40	50	60
	中孔	直径(mm)	100	150	200
	板厚	厚(mm)	≥1.0(铁)	≥1.0(铁)	≥1.0(铁)
			≥1.2(铝合金)	≥1.2(铝合金)	≥1.2(铝合金)

注:储砂筒的容积可按照检测层厚度不同而适当调整,其他指标不变,以保证灌砂过程连续。

灌砂筒类型(mm) 表 7-2

灌砂筒类型	填料最大粒径	适宜的测试层厚度
φ100	<13.2	≤150
φ150	<31.5	≤200
φ200	<63	≤300
φ250 及以上	≤100	≤400

注:路基填料最大粒径超过100mm 的,应采用其他方法测试压实度;当挖坑过程中存在超过规范规定粒径10% 的填料时,应另在附近选点重做。试验过程中若发现储砂筒内砂不足以填满试坑时,说明灌砂筒尺寸过小,应选择较大尺寸的灌砂筒重新试验,而不应在试验过程中添加量砂。

(2)玻璃板:边长 500~600mm 的方形板。

(3)试样盘:小筒挖出的试样可用饭盒存放,大筒挖出的试样可用 300mm×500mm×40mm 的搪瓷盘存放。

(4)天平或台秤:称量 10~15kg,感量不大于 1g。用于含水率测定的天平精度,对细粒土、中粒土、粗粒土宜分别为 0.01g、0.1g、1.0g。

(5)含水率测定器具:如铝盒、烘箱等。

(6)量砂:粒径 0.30~0.60mm 清洁干燥的砂,取 20~40kg。使用前须洗净、烘干,并放置足够的时间,使其与空气的湿度达到平衡。

(7)盛砂的容器:塑料桶等。

(8)其他:凿子、螺丝刀、铁锤、长把勺、长把小簸箕、毛刷等。

2. 方法与步骤

(1)对检测对象试样用同种材料进行击实试验,得到最大干密度 ρ_c 及最佳含水率。

(2)选用适宜的灌砂筒。

(3)按下列步骤标定灌砂筒下部圆锥体内砂的质量:

①在灌砂筒筒口高度上,向灌砂筒内装砂至距筒顶的距离 15mm 左右为止。称取装入筒内砂的质量 m_1,准确至 1g。以后每次标定及试验都应该维持装砂高度与质量不变。

②将开关打开,使灌砂筒筒底的流砂孔、圆锥形漏斗上端开口圆孔及开关铁板中心的圆孔上下对准重叠在一起,让砂自由流出,并使流出砂的体积与工地所挖坑内的体积相当(或等于标定罐的容积),然后关上开关。

③不晃动储砂筒的砂,轻轻地将罐砂筒移至玻璃板上,将开关打开,让砂流出,直到筒内砂不再下流时,将开关关上,并细心地取走灌砂筒。

④收集并称量留在玻璃板上的砂或称量筒内的砂,准确至 1g。玻璃板上的砂就是填满筒下部圆锥体的砂(m_2)。

⑤重复上述测量 3 次,取其平均值。

(4)按下列步骤标定量砂的松方密度 ρ_s(g/cm³):

①用水确定标定罐的容积 V,准确至 1mL。

②在储砂筒中装入质量为 m_1 的砂,并将灌砂筒放在标定罐上,将开关打开,让砂流出。在整个流砂过程中,不要碰动灌砂筒,直到储砂筒内的砂不再下流时,将开关关闭。取下灌砂

筒,称取筒内剩余砂的质量 m_3,准确至 1g。

③按式(7-1)计算填满标定罐所需砂的质量 $m_a(g)$:

$$m_a = m_1 - m_2 - m_3 \tag{7-1}$$

式中:m_a——标定罐中砂的质量(g);

m_1——装入灌砂筒内砂的总质量(g);

m_2——灌砂筒下部圆锥体内砂的质量(g);

m_3——灌砂入标定罐后,筒内剩余砂的质量(g)。

④重复上述测量 3 次,取其平均值。

⑤按式(7-2)计算量砂的松方密度 ρ_s:

$$\rho_s = \frac{m_a}{V} \tag{7-2}$$

式中:ρ_s——量砂的松方密度(g/cm³);

V——标定罐的体积(cm³)。

(5)试验步骤

①在试验地点,选一块平坦表面,并将其清扫干净,其面积不得小于基板面积。

②将基板放在平坦表面上。当表面的粗糙度较大时,则将盛有量砂(m_5)的灌砂筒放在基板中间的圆孔上。将灌砂筒的开关打开,让砂流入基板的中孔内,直到储砂筒内的砂不再下流时关闭开关。取下灌砂筒,并称量筒内砂的质量 m_6,准确至 1g。

③取走基板,并将留在试验地点的量砂收回,重新将表面清扫干净。

④将基板放回清扫干净的表面上(尽量放在原处),沿基板中孔凿洞(洞的直径与灌砂筒一致)。在凿洞过程中,应注意不使凿出的材料丢失,并随时将凿松的材料取出装入塑料袋中,不使水分蒸发,也可放在大试样盒内。试洞的深度应等于测试层厚度,但不得有下层材料混入,最后将洞内的全部凿松材料取出。对土基或基层,为防止试样盘内材料的水分蒸发,可分几次称取材料的质量,全部取出材料的总质量为 m_w,准确至 1g。

注:当需要检测厚度时,应先测量厚度后再进行这一步骤。

⑤从挖出的全部材料中取有代表性的样品,放在铝盒或洁净的搪瓷盘中,测定其含水率(w,以%计)。样品的数量如下:用小型灌砂筒测定时,对于细粒土,不少于100g;对于各种中粒土,不少于500g。用大型灌砂筒测定时,对于细粒土,不少于200g;对于各种中粒土,不少于1000g;对于粗粒土或水泥、石灰、粉煤灰等无机结合料稳定材料,宜将取出的全部材料烘干,且不少于2000g,称其质量 m_d。

⑥将基板安放在试坑上,将灌砂筒安放在基板中间(储砂筒内放满砂到要求质量 m_1),使灌砂筒的下口对准基板的中孔及试洞,打开灌砂筒的开关,让砂流入试坑内,在此期间,应注意勿碰动灌砂筒。直到储砂筒内的砂不再下流时,关闭开关。仔细取走灌砂筒,并称量筒内剩余砂的质量 m_4,准确至 1g。

⑦如清扫干净的平坦表面的粗糙度不大,也可省去②和③的操作。在试洞挖好后,将灌砂筒直接对准放在试坑上,中间不需要放基板。打开筒的开关,让砂流入试坑内。在此期间,应注意勿碰动灌砂筒。直到储砂筒内的砂不再下流时,关闭开关。仔细取走灌砂筒,并称量剩余砂的质量 m'_4,准确至 1g。

⑧仔细取出试筒内的量砂,以备下次试验时再用。若量砂的湿度已发生变化或量砂中混有杂质,则应该重新烘干、过筛,并放置一段时间,使其与空气的湿度达到平衡后再用。

3. 计算

(1)按式(7-3)或式(7-4)计算填满试坑所用的砂的质量 $m_b(g)$：

灌砂时,试坑上放有基板：

$$m_b = m_1 - m_4 - (m_5 - m_6) \tag{7-3}$$

灌砂时,试坑上不放基板：

$$m_b = m_1 - m_4' - m_2 \tag{7-4}$$

式中： m_b——填满试坑的砂的质量(g)；

m_1——灌砂前灌砂筒内砂的质量(g)；

m_2——灌砂筒下部圆锥体内砂的质量(g)；

m_4、m_4'——灌砂后,灌砂筒内剩余砂的质量(g)；

$(m_5 - m_6)$——灌砂筒下部圆锥体内及基板和粗糙表面间砂的合计质量(g)。

(2)按式(7-5)计算试坑材料的湿密度 $\rho_w(g/cm^3)$：

$$\rho_w = \frac{m_w}{m_b} \times \rho_s \tag{7-5}$$

式中：m_w——试坑中取出的全部材料的质量(g)；

ρ_s——量砂的松方密度(g/cm^3)。

(3)按式(7-6)计算试坑材料的干密度 $\rho_d(g/cm^3)$：

$$\rho_d = \frac{\rho_w}{1 + 0.01w} \tag{7-6}$$

式中：w——试坑材料的含水率(%)。

(4)当为水泥、石灰、粉煤灰等无机结合料稳定土的场合,可按式(7-7)计算干密度 ρ_d (g/cm^3)。

$$\rho_d = \frac{m_d}{m_b} \times \rho_s \tag{7-7}$$

式中：m_d——试坑中取出的稳定土的烘干质量(g)。

(5)按式(7-8)计算施工压实度。

$$K = \frac{\rho_d}{\rho_c} \times 100 \tag{7-8}$$

式中：K——测试地点的施工压实度(%)；

ρ_d——试样的干密度(g/cm^3)；

ρ_c——由击实试验得到的试样的最大干密度(g/cm^3)。

各种材料的干密度均应准确至 $0.01g/cm^3$。

4. 注意事项

(1)必须保证标准最大干密度的试验材料与现场压实层填料是同种材料,计算得到的压实度才有意义。对于不同的填筑材料,要分别进行击实试验得到相应的最大干密度,作为压实度计算的标准。如果发现试坑材料组成与击实试验的材料有较大差异时,可以试坑材料做标准击实,求取实际的最大干密度。

(2)量砂要规则。量砂如果重复使用时,一定要注意晾干,处理一致,否则影响量砂的松方密度。

(3)每换一次量砂,都必须测定松方密度,量砂筒下部圆锥体内砂的数量也应该每次重新标定。因此量砂宜事先准备较多数量。切勿到试验时临时找砂,又不进行标定,仅使用以前的数据。

(4)地表面处理要平整。只要表面凸出一点(即使1mm),使整个表面高出一薄层,其体积便算到试坑中去了,将影响试验结果。因此本方法一般宜采用先放上基板测定一次粗糙表面消耗的量砂。

(5)在挖坑时试坑周壁应竖直,避免出现上大下小或上小下大的情形,这样就会使检测密度偏大或偏小。

(6)压实度应反映某测试层整体厚度范围内的压实质量,因此,挖坑深度应等于测试层厚度,即应达到该测试层的层底。

二、核子密度湿度仪测定压实度试验方法

核子密度湿度检测仪是利用同位素(伽马源和中子源)的放射原理,在施工现场快速地检测路基土和路面材料的密度和含水率的电子仪器。

本方法适用于现场用核子密度湿度仪以散射法或直接透射法测定路基或路面材料的密度和含水率,并计算施工压实度。仪器按规定方法标定后,其检测结果可作为工程质量评定与验收的依据。

本方法用于测定沥青混合料面层的压实密度或硬化混凝土等难以打孔材料的密度时,宜使用散射法;用于测定土基、基层材料或非硬化水泥混凝土等可以打孔材料的密度及含水率时,应使用直接透射法。

在表面用散射法测定时,所测定沥青面层的层厚应根据仪器的性能决定最大厚度。用于测定土基或基层材料的压实密度及含水率时,打洞后用直接透射法所测定层的厚度不宜大于30cm。

本方法属非破坏性检测,允许对同一个测试位置进行重复测试,并监测密度和压实度的变化,以确定合适的碾压方法,达到所要求的压实度。

1. 仪器的标定

由于核子密度湿度仪是一种间接检测路基路面材料密度和含水率的方法,必须事先建立射线计数率与密度和湿度的关系,才能在检测时,根据仪器收到的射线计数率,推算实际的密度值和湿度值。标定过程就是将仪器在一系列密度和湿度已知的标准材料块(标定块)上进行检测,在每一标定块上,在每一个检测深度上确立标准密度值和湿度值与射线计数率之间的对应关系。

一般情况下,每12个月以内要对核子密度湿度仪进行一次标定。标定可以由仪器生产厂家或独立的有资质的服务机构进行。标定后的仪器在测量标准材料块上的密度时,其检测结果与标准密度值的误差不应超过$\pm 16 kg/m^3$。

2. 方法与步骤

(1)准备工作

①每天使用前或者对测试结果有怀疑时，用标准计数块测定仪器的标准值。

②在进行沥青混合料压实层密度测定前，应用核子密度湿度仪与钻孔取样的试件进行标定；测定其他材料密度时，宜与挖坑灌砂法的结果进行标定。求取两种不同方法测定的密度的相关关系，其相关系数 R 应不小于 0.95。

③按照规定的时间，预热仪器。

(2)测试步骤

①如用散射法测定沥青混合料压实层密度时，应将核子仪平稳地置于测试位置上。可用细砂填平测试位置路表结构凸凹不平的空隙，使路表面平整，能与仪器紧密接触。

②如用直接透射法测定时，应将放射源棒放下插入已预先打好的垂直的测试孔内。前后或左右移动仪器，使之安放稳固。孔深必须大于探测杆达到的测试深度。

③打开仪器，测试员退至距仪器 2m 以外，按照选定的测定时间进行测量，到达测定时间后，读取显示的各项数值，并迅速关机。

3. 计算

可按式(7-6)和式(7-8)计算施工干密度及压实度。

核子密度湿度仪是间接测定密度和含水率的方法，为了保证其精确性，实际密度的检测结果应为一组不少于 13 点密度测值的平均值。

4. 注意事项

(1)放射性物质对人体有害，应注意安全防护。

(2)有些因素会影响核子密度湿度仪的测试结果，应注意避免干扰。

三、环刀法测定压实度试验方法

环刀法测定干密度的原理为：在测试层内通过带刃环刀取出固定体积的土样，烘干，获得干质量，从而得到压实材料的干密度，进而计算得到压实度。环刀容积通常为 200cm³，环刀高度约 5cm。

本方法适用于测定细粒土及无机结合料稳定细粒土的密度。但对无机结合料稳定细粒土，其龄期不宜超过 2d，且宜用于施工过程中的压实度检验。

本方法需要的主要仪具有人工取土器或电动取土器、天平等。

1. 方法与步骤

(1)对检测对象用同种材料进行击实试验，得到最大干密度及最佳含水率。

(2)用人工取土器测定黏性土及无机结合料稳定细粒土密度的步骤：

①擦净环刀，称取环刀质量 m_2，准确至 0.1g。

②在试验地点，将面积约 30cm×30cm 的地面清扫干净，并将压实层铲去表面浮动及不平整的部分，达一定深度，使环刀打下后，能达到要求的取土深度，但不得将下层扰动。

③将定向筒齿钉固定于铲平的地面上。顺次将环刀、环盖放入定向筒内与地面垂直。

④将导杆保持垂直状态,用取土器落锤将环刀打入压实层中,至环盖顶面与定向筒上口齐平为此。

⑤去掉击实锤和定向筒,用镐将环刀及试样挖出。

⑥轻轻取下环盖,用修土刀自边至中削去环刀两端余土,用直尺检测直至修平为止。

⑦擦净环刀外壁,用天平称取出环刀及试样合计质量 m_1,准确至0.1g。

⑧自环刀中取出试样,取具有代表性的试样,测定其含水量 w。

(3)用人工取土器测定砂性土或砂层密度的步骤:

①如为湿润的砂土,试验时不需使用击实锤和定向筒,在铲平的地面上,细心挖出一个直径较环刀外径略大的砂土柱,将环刀刃口向下,平置于砂土柱上,用两手平稳地将环刀垂直压下,直至砂土柱突出环刀上端约2cm时为止。

②削掉环刀口上的多余砂土,并用直尺刮平。

③在环刀上口盖一块平滑的木板,一手按住木板,另一手用小铁锹将试样从环刀底部切断,然后将装满试样的环刀反转过来,削去环刀口上部的多余砂土,并用直尺刮平。

④擦净环刀外壁,称环刀与试样合计质量 m_1,准确至0.1g。

⑤自环刀中取具有代表性的试样测定其含水率 w。

⑥干燥的砂土不能挖成砂土柱时,可直接将环刀压入或打入土中。

(4)用电动取土器测定无机结合料细粒土和硬塑土密度的步骤:

①装上所需规格的取芯头。在施工现场取芯前,选择一块平整的路段,将四只行走轮打起,四根定位销钉采用人工加压的方法,压入路基土层中。松开锁紧手柄,旋动升降手轮,使取芯头刚好与土层接触,锁紧手柄。

②将电瓶与调速器接通,调速器的输出端接入取芯机电源插口。指示灯亮,显示电路已通;启动开关,电动机工作,带动取芯机构转动。根据土层含水率调节转速,操作升降手柄,上提取芯机构,停机,移开机器。由于取芯头圆筒外表有几条螺旋状突起,切下的土屑排在筒外顺螺纹上旋抛出地表,因此,将取芯套筒套在切削好的土芯立柱上摇动即可取出样品。

③取出样品,立即按取芯套筒长度用修土刀或钢丝锯修平两端,制成所需规格土芯,如拟进行其他试验项目,装入铝盒,送试验室备用。

④用天平称量土芯带套筒质量 m_1,从土芯中心部分取试样测定含水量 w。

(5)本试验须进行两次平行测定,其平行差值不得大于0.03g/cm³。求其算术平均值。

2.计算

按式(7-9)、式(7-10)计算试样的湿密度及干密度,按式(7-8)计算施工压实度。

$$\rho = \frac{4 \times (m_1 - m_2)}{\pi d^2 h} \quad (7-9)$$

$$\rho_d = \frac{\rho}{1 + 0.01w} \quad (7-10)$$

式中:ρ——试样的湿密度(g/cm³);

ρ_d——试样的干密度(g/cm³);

m_1——环刀或取芯套筒与试样合计质量(g);

m_2——环刀或取芯套筒质量(g);

d——环刀或取芯套筒直径(cm);

h——环刀或取芯套筒高度(cm);

w——试样的含水率(%)。

四、钻芯法测定沥青面层压实度试验方法

沥青混合料面层的压实度是按施工规范规定的方法测定的混合料试样的毛体积密度与标准密度之比值,以百分率表示。

本方法适用于检验从压实的沥青路面上钻取的沥青混合料芯样试件的密度,以评定沥青面层的施工压实度。

1. 方法与步骤

(1)钻取芯样

钻取芯样的方法参见本章第一节。当一次钻孔取得的芯样包含有不同层位的沥青混合料时,应根据结构组合情况用切割机将芯样沿各层结合面锯开分层进行测定。

钻孔取样应在路面完全冷却后进行,对普通沥青路面通常在第二天取样,对改性沥青及SMA路面宜在第三天以后取样。

(2)测定试件密度

①将钻取的试件在水中用毛刷轻轻刷净黏附的粉尘。如试件边角有浮松颗粒,应仔细清除。

②将试件晾干或用电风扇吹干不少于24h,直至恒重。

③测定试件密度ρ_s。通常情况下采用表干法测定试件的毛体积相对密度;对吸水率大于2%的试件,宜采用蜡封法测定试件的毛体积相对密度;对吸水率小于0.5%特别致密的沥青混合料,在施工质量检验时,允许采用水中重法测定表观相对密度。

(3)确定计算压实度的标准密度

2. 计算

(1)当计算压实度的标准密度采用每天试验室实测的马歇尔击实试件密度或试验路段钻孔取样密度时,沥青面层的压实度按式(7-11)计算。

$$K = \frac{\rho_s}{\rho_0} \times 100 \tag{7-11}$$

式中:K——沥青面层某一测定部位的压实度(%);

ρ_s——沥青混合料芯样试件的实际密度(g/cm³);

ρ_0——沥青混合料的标准密度(g/cm³)。

(2)计算压实度的标准密度采用最大理论密度时,沥青面层的压实度按式(7-12)计算。

$$K = \frac{\rho_s}{\rho_t} \times 100 \tag{7-12}$$

式中:ρ_s——沥青混合料芯样试件的实际密度(g/cm^3);
ρ_t——沥青混合料的标准密度(g/cm^3)。

五、无核密度仪测定压实度试验方法

无核密度仪利用发射的电磁波在材料中的能量吸收和损耗检测材料的密度。材料对电磁波吸收能量和损耗取决于材料的介电常数。在无核密度仪的设置菜单中输入所测试路面材料的标准密度(即最大理论密度或室内马歇尔密度),即可获得相应的压实度值。由此可见,无核密度仪测定压实度的方法是间接的、无损的。

本方法适用于现场无核密度仪快速测定沥青路面各层沥青混合料的密度,并计算施工压实度,但测定结果不宜用于评定验收或仲裁。无核密度仪可用于检测铺筑完工的沥青路面、现场沥青混合料铺筑层密度及快速检查混合料的离析。

应用无核密度仪时,必须严格标定,通过对比试验检验,确认其可靠性。每12个月要将无核密度仪送到授权服务中心进行标定和检查。

1. 主要仪具

本试验使用的主要仪具是无核密度仪和标准密度块。
(1)探头:无核,无电容,用于野外测量。
(2)探测深度:≥4.0cm。
(3)测量时间:1s。
(4)精度:$0.003/cm^3$。
(5)操作环境温度:0~70℃。
(6)测试材料表面最高温度:150℃。
(7)湿度:98%且不结露。

2. 方法与步骤

(1)准备工作
①所测定沥青面层的层厚应不大于该仪器性能探测的最大深度。在进行沥青混合料压实层密度测定前,应用无核密度仪与钻孔取样的试件进行标定。
②第一次使用前需要对软件进行设置。仪器存储了软件的设置后,操作者无须每次开机后都进行软件的设置。
③按照仪器使用说明书的要求综合标定仪器的测量精度。
④按照不同的需要选择想要的测量模式。
⑤按照仪器使用说明规定,进行修正值设置。

(2)测试步骤
①为了保证测量精度,在正式测量前应正确选择测量场地。
②把仪器放置平稳,保证仪器不晃动。
③为了确保精确测量,仪器应与测量面紧密接触。
④在开始测量前应检查仪器的工作状态。如电池电压、内部温度、选择的测量单位、运行

参考读数的日期和时间等。

⑤根据需要选择测量模式进行测试。

3. 计算

由无核密度仪测定的压实沥青混合料的实际密度的检测结果应为一组不少于13点密度测值的平均值。

六、土石路堤或填石路堤压实度沉降差测试方法

土石路堤或填石路堤压实质量的评价一直是个难题,原因在于现场压实密度难以测量,采用压实度指标评价的操作性不强。工程技术人员通过多年研究和实践认为用监测沉降变形的稳定来表征压实程度是可行的方法。

1. 仪具与材料技术要求

(1)振动压路机:自重20t以上。
(2)水准仪:DS3。
(3)钢卷尺:量程50m,分度值不大于1mm。
(4)其他仪具:铁锤、铁铲等。

2. 方法和步骤

(1)准备工作

①在路基碾压施工前,选取试验路段。

②沿道路纵向每隔20m作为一个观测断面,每个观测断面沿横断面方向每隔5~10m均匀布设沉降观测点,每个沉降观测点位上埋放一固定物(一般为钢球),确保施工和测试过程中水平方向位置不变。

③按照既定的碾压机械组合和工艺参数进行施工,碾压遍数以往返一次计为一遍,至测试路段无明显碾压轮迹。

(2)测试步骤

①路基碾压施工完成后,将振动压路机停放在测试路段前20m处,启动振动压路机,并调至强振挡位。

②振动压路机以不大于4km/h的速度对测试路段进行碾压,往返一次为一遍。

③碾压结束后,用水准仪逐点测量固定物顶面高程 h_{i1}、h_{i2}、$\cdots$、h_{ij},精确到0.1mm。

④重复步骤②~③,测得固定物顶面高程 $h_{(i+1)1}$、$h_{(i+1)2}$、$\cdots$、$h_{(i+1)j}$、$\cdots$、$h_{(i+n)1}$、$h_{(i+n)2}$、$\cdots$、$h_{(i+n)j}$,准确至0.1mm。

⑤随机选取有代表性的区域,按照《公路土工试验规程》(JTG E40—2007)灌水法测试材料干密度,按照《公路工程集料试验规程》(JTG E42—2005)测试表干密度(视密度)。回收固定物,记录新的工艺参数,用与测试段相同材料回填并进行终压。

3. 计算

根据试验结果计算沉降差及沉降差的平均值、标准差和代表值。

第三节 平 整 度

平整度是指道路表面相对于理想平面的竖向偏差。路表的不平整会增大行车阻力,使车辆产生附加振动,造成行车颠簸,影响乘客舒适性。同时,振动作用还会对路面施加额外冲击力,从而加剧路面和汽车机件损坏和轮胎磨损,增大油耗。而且,不平整的路表会积滞雨水,不仅加速路面损坏,也给行车带来安全隐患。因此,平整度是评价路基路面施工质量和路面使用性能的重要指标。

路表的平整度与其下各结构层的平整状况有一定的联系,即各结构层的平整效果将累积反映到路表上来。为了保证路面表面的平整度,路基路面各结构层都必须达到一定的平整度要求。

常见的平整度测试设备有 3m 直尺、连续式平整度仪、颠簸累积仪、激光平整度仪四种,可分为断面类和反应类两大类。断面类是通过测量路表凸凹情况来反映平整度,如 3m 直尺、连续式平整度仪以及激光平整度仪;反应类是通过测定路面凸凹引起车辆的颠簸振动来反映平整度状况,如颠簸累积仪。

3m 直尺的测试指标是最大间隙 $h(mm)$,连续式平整度仪的测试指标是标准差 $\sigma(mm)$,颠簸累积仪的测试指标是单向累计值 VBI(cm/km)、激光平整度仪的测试指标是国际平整度指数 IRI(m/km)。国际上广泛采用国际平整度指数 IRI 作为路面平整度的评价指标。国际平整度指数 IRI 是以四分之一车在速度为 80km/h 时的累积竖向位移值。

一、3m 直尺测定平整度试验方法

3m 直尺测定平整度的原理为:用 3m 直尺基准面距离路表面的最大间隙(以 mm 计)反映路基路面表面的凹凸情况。最大间隙值越大,说明路表面越不平整。

本方法适用于测定压实成型的路面各层表面的平整度,以评定路面的施工质量,也可用于路基表面成型后的施工平整度检测。

1. 仪具与材料技术要求

(1)3m 直尺:测量基准面长度为 3m 长,基准面应平直,用硬木或铝合金钢等材料制成。
(2)最大间隙测量器具:
①楔形塞尺:硬木或金属制的三角形塞尺,有手柄。塞尺的长度与高度之比不小于10,宽度不大于 15mm,边部有高度标记,刻度读数分辨率小于或等于 0.2mm。
②深度尺:金属制的深度测量尺,有手柄。深度尺测量杆端头直径不小于 10mm,刻度读数分辨率小于或等于 0.2mm。

2. 方法与步骤

(1)准备工作
①按有关规范规定选择测试路段。
②测试路段的测试地点选择:当为沥青路面施工过程中的质量检测时,测试地点应选在接

缝处,以单杆测定评定;除高速公路以外,可用于其他等级公路路基路面工程质量检查验收或进行路况评定,每200m测2处,每处连续测量10尺。除特殊需要者外,应以行车道一侧车轮轮迹(距车道线0.8~1.0m)作为连续测定的标准位置。对旧路已形成车辙的路面,应取车辙中间位置为测定位置,用粉笔在路面上做好标记。

③清扫路面测定位置处的污物。

(2)测试步骤

①施工过程中检测时,按根据需要确定的方向,将3m直尺摆在测试地点的路面上。

②目测3m直尺底面与路面之间的间隙情况,确定最大间隙的位置。

③用有高度标线的塞尺塞进间隙处,量测其最大间隙的高度(mm);或者用深度尺在最大间隙位置量测直尺上顶面距地面的深度,该深度减去尺高即为测试点的最大间隙的高度,准确至0.2mm。

3. 计算

单杆检测路面的平整度计算,以3m直尺与路面的最大间隙为测定结果。连续测定10尺时,判断每个测定值是否合格,根据要求,计算合格百分率,并计算10个最大间隙的平均值。

二、连续式平整度仪测定平整度试验方法

连续式平整度仪测定平整度的原理是:按一定采样间距量测路表面与八轮仪机架的基准点之间距离的单向偏差(凸起或凹下),以一定长度区间的标准差 σ(以mm计),反映路面的平整度。标准差 σ 越大,路表面越不平整。

本方法适用于测定路表面的平整度,评定路面的施工质量和使用质量,但不适用于在已有较多坑槽、破损严重的路面上测定。

用连续式平整度仪测定平整度时,通常由小面包车或其他小型汽车牵引连续式平整度仪工作。

1. 连续式平整度仪

(1)整体结构:连续式平整度仪构造如图7-1所示。除特殊情况外,连续式平整度仪的标准长度为3m,其质量应符合仪器标准的要求;中间为一个3m长的机架,机架可缩短或折叠,前后各4个行走轮,前后两组轮的轴间距离为3m。

(2)标准差测量传感器:标准差测量传感器安装在机架中间,可以是能起落的测定轮,或非接触式位移传感器,如激光或超声位移测量传感器。

(3)其他辅助机构:蓄电池电源,距离传感器,与数据采集、处理、存储、输出部分配套的采集控制箱及计算机、打印机等。

(4)测定间距为10cm,每一计算区间的长度为100m并输出一次结果。

(5)可记录测试长度(m)、曲线振幅大于某一定值(如3mm、5mm、8mm、10mm等)的次数、曲线振幅的单向(凸起或凹下)累计值及以3m机架为基准的中点路面偏差曲线图,并计算打印。

(6)机架装有一牵引钩及手拉柄,可用人力或汽车牵引。

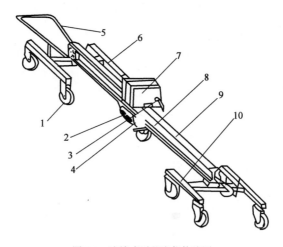

图 7-1 连续式平整度仪构造图
1-脚轮;2-拉簧;3-离合器;4-测架;5-牵引架;6-前架;7-纵断面绘图仪;8-测定轮;9-纵梁;10-后架

2. 方法与步骤

(1)准备工作

①选择测试路段。

②当为施工过程中质量检测需要时,测试地点根据需要决定;当为路面工程质量检查验收或进行路况评定需要时,通常以行车道一侧车轮轮迹带作为连续测定的标准位置。对旧路已形成车辙的路面,取一侧车辙中间位置为测定位置。在测试路段路面上确定测试位置,当以内侧轮迹带(IWP)或外侧轮迹带(OWP)作为测定位置时,测定位置距车道标线 80~100cm。

③清扫路面测定位置处的脏物。

④检查仪器,检测箱各部分应完好、灵敏,并将各连接线接妥,安装记录设备。

(2)测试步骤

①将连续式平整度仪置于测试路段路面起点上。

②牵引汽车的后部,将连续式平整度仪与牵引汽车连接好,按照仪器使用手册依次完成各项操作。

③起动牵引汽车,沿道路纵向行驶,横向位置保持稳定。

④确认连续式平整度仪工作正常。牵引连续式平整度仪的速度应保持匀速,速度宜为5km/h,最大不得超过 12km/h。

在测试路段较短时,亦可用人力拖拉平整度仪测定路面的平整度,但拖拉时应保持匀速前进。

3. 计算

连续式平整度仪测定后,可按每 10cm 间距采集的位移值自动计算得每 100m 计算区间的平整度标准差(mm),还可记录测试长度(m)。

计算一个评定路段内各区间平整度标准差 σ 的平均值、标准差、变异系数、合格区间数及合格率。

需要指出的是,连续式平整度仪的测定位置通常位于牵引车的左右侧车轮中间,为了保证测定位置在行车道轮迹带或旧路车辙中间,牵引车必须居中骑行该条轮迹带或车辙。在路上实测时,受各种因素影响,可能做不到这一点。因此,保持测定位置的准确性,是连续式平整度仪检测路面平整度的一个难点。

三、车载式颠簸累积仪测定平整度试验方法

车载式颠簸累积仪测定平整度的原理是:测试车以一定的速度在路面上行驶,由于路面凹凸不平,引起汽车的激振,通过测量车后轴与车厢之间的单向位移累积值 VBI(以 cm/km 计)来表征路面的平整度状况。累积值 VBI 越大,说明路面平整度越差,行车舒适性越不好。

本方法适用于各类颠簸累积仪在新建、改建路面工程质量验收和无严重坑槽、车辙等病害的正常行车条件下连续采集路段平整度数据。

本方法的数据采集、传输、记录和处理均由专用软件自动控制进行,可根据相关关系方程式自动换算并输出国际平整度指数 IRI。

1. 测试系统

测试系统由承载车辆、距离测量装置、颠簸累积值测量装置和主控制系统四部分组成。测试系统基本技术要求如下:

(1)承载车:应根据设备供应商的要求选择测试系统承载车辆。

(2)测试速度:30~80km/h。

(3)最大测试幅值:±20cm。

(4)垂直位移分辨率:1mm。

(5)距离标定误差:<0.5%。

(6)系统工作环境温度:0~60℃。

2. 方法与步骤

(1)准备工作

①当测试车辆在正常状态下行驶超过 20000km,或者标定的时间间隔超过 1 年,或者减振器、轮胎等发生更换、维修时,都应进行仪器测值与国际平整度指数 IRI 的相关性标定,相关系数 R 应不低于 0.99。

②检查测试车轮胎气压,应达到车辆轮胎规定的标准气压;车胎应清洁,不得黏附杂物;车上载重、人数以及分布应与仪器相关性标定试验时一致。

③距离测量系统需要现场安装的,根据设备操作手册说明进行安装,确保紧固装置安装牢固。

④检查测试系统,各部分应符合测试要求,不应有明显的可视性破损。

⑤打开系统电源,启动控制程序,检查系统各部分的工作状态。

(2)测试步骤

①测试开始之前应让测试车以测试速度行驶 5~10km,按照设备操作手册规定的预热时间对测试系统预热。

②测试车停在测试起点前 300~500m 处,启动平整度测试系统程序,按照设备操作手册的规定和测试路段的现场技术要求设置完毕所需的测试状态。

③驾驶员在进入测试路段前应保持车速在规定的测试速度范围内,沿正常行车轨迹驶入测试路段。

④进入测试路段后,测试人员启动系统的采集和记录程序,在测试过程中必须及时准确将测试路段的起终点和其他需要特殊标记点的位置输入测试数据记录中。

⑤当测试车辆驶出测试路段后,仪器操作人员停止数据采集和记录,并恢复仪器各部分至初始状态。

⑥操作人员检查数据文件,文件应完整,内容应正常,否则需要重新测试。

⑦关闭测试系统电源,结束测试。

3. 计算

颠簸累积仪直接测试输出的颠簸累积值 VBI,要按照相关性标定试验得到相关关系式,并以 100m 为计算区间换算成国际平整度指数 IRI(以 m/km 计)。

4. 颠簸累积仪测值与国际平整度指数 IRI 相关关系对比试验

(1)基本要求

由于颠簸累积仪测值受测试速度等因素影响,因此测试系统的每一种实际采用的测试速度都应单独进行标定,建立相关关系公式。标定过程及分析结果应详细记录并存档。

(2)试验条件

①按照每段 IRI 值变化幅度不小于 1.0 的范围选择不少于 4 段不同平整度水平,且有足够加速或减速长度的路段。根据实际测试道路 IRI 的分布情况,可以增加某些范围内的标定路段。

②每路段长度不小于 300m。

③每一段内的平整度应均匀,包括路段前 50m 的引道。

④选择坡度变化较小的直线路段,路段交通量小,便于疏导。

⑤标定宜选择在车道的正常行驶轮迹上进行,明确标出标定路段的轮迹、起终点。

(3)试验步骤

①距离标定。

依据设备供应商建议的长度,选择坡度变化较小的平坦直线路段,标出起终点和行驶轨迹。

标定开始之前应让测试车以测试速度行驶 5~10km,按照设备操作手册规定的预热时间对测试系统进行预热。

将测试车的前轮对准起点线,启动距离校准程序,然后令车辆沿着路段轨迹直线行驶,避免突然加速或减速,接近终点时,看指挥人员手势减速停车,确保测试车的前轮对准终点线,结束距离校准程序。重复此过程,确保距离传感器脉冲当量的准确性,应在允许误差范围之内。

②令颠簸累积仪按选定的测试速度测试每个标定路段的反应值,重复测试至少 5 次,取其平均值作为该路段的反应值。

③IRI 值的确定。

以精密水准仪作为标准仪具,分别测量标定路段两个轮迹的纵断高程,要求采样间隔为 250mm,高程测试精度为 0.5mm;然后用 IRI 标准计算程序对每个轮迹的纵断面测量值进行模型计算,得到该轮迹的 IRI 值,两个轮迹 IRI 值的平均值即为该路段的 IRI 值。

其他符合世界银行一类平整度测试标准的纵断面测试仪具也可以作为确定标定路段标准 IRI 值的仪具。

(4)试验数据处理

用数理统计的方法将各标定路段的 IRI 值和相应的颠簸累积仪测值进行回归分析,建立相关关系方程式,相关系数 R 不得小于 0.99。

5. 报告

(1)平整度测试报告应包括颠簸累积值 VBI、国际平整度 IRI 平均值和现场测试速度。

(2)提供颠簸累积值 VBI 与标准国际平整度指数 IRI 在选定测试条件下的相关关系式及相关系数。

四、车载式激光平整度仪测定平整度试验方法

激光平整度仪为应用激光测距及加速度惯性修正技术测量路面纵断面高程计算路面国际平整度指数 IRI 的设备。由于承载车辆的动态性能会影响其测试结果,使激光平整度仪的国际平整度指数 IRI 测值与实际路面国际平整度指数 IRI 有一定的差别,因此,必须通过对比试验,建立相关关系式,将激光平整度仪得到的测值换算为国际平整度指数 IRI,才能用于路面平整度评定。

本方法适用于各类车载式激光平整度仪在新建、改建路面工程质量验收和无严重坑槽、车辙等病害及无积水、积雪、泥浆的正常通车条件下连续采集路段平整度数据。

本方法的数据采集、传输、记录和处理分别由专用软件自动控制进行。

1. 测试系统

测试系统由承载车辆、距离传感器、纵断面高程传感器和主控制系统组成。

(1)承载车:应根据设备供应商的要求选择测试系统承载车辆。

(2)测试速度:30~100km/h。

(3)采样间隔:≤500mm。

(4)传感器测试精度:0.5mm。

(5)距离标定误差:<0.1%。

(6)系统工作环境温度:0~60℃。

2. 方法与步骤

(1)准备工作

①设备安装到承载车上以后应按规定进行相关性试验。

②根据设备操作手册的要求对测试系统各传感器进行校准。

③检查测试车轮胎气压,应达到车辆轮胎规定的标准气压,车胎应清洁,不得黏附杂物。

④距离测量装置需要现场安装的,根据设备操作手册说明进行安装,确保机械紧固装置安

装牢固。

⑤检查测试系统各部分应符合测试要求,不应有明显的可视性破损。

⑥打开系统电源,启动控制程序,检查各部分的工作状态。

(2)测试步骤

①测试开始之前应让测试车以测试速度行驶 5～10km,按照设备使用说明规定的预热时间对测试系统进行预热。

②测试车停在测试起点前 50～100m 处,启动平整度测试系统程序,按照设备操作手册的规定和测试路段的现场技术要求设置完毕所需的测试状态。

③驾驶员应按照设备操作手册要求的测试速度范围驾驶测试车,宜在 50～80km/h,避免急加速和急减速,急弯路段应放慢车速,沿正常行车轨迹驶入测试路段。

④进入测试路段后,测试人员启动系统的采集和记录程序,在测试过程中必须及时准确地将测试路段的起终点和其他需要特殊标记的位置输入测试数据记录中。

⑤当测试车辆驶出测试路段后,测试人员停止数据采集和记录,并恢复仪器各部分至初始状态。

⑥检查测试数据文件,文件应完整,内容应正常,否则需要重新测试。

⑦关闭测试系统电源,结束测试。

3. 计算

激光平整度仪采集的数据是路面相对高程值,应以 100m 为计算区间长度用 IRI 的标准计算程序计算 IRI 值,以 m/km 计。

4. 激光平整度仪测值与国际平整度指数 IRI 相关关系对比试验

(1)试验条件

①按照每段 IRI 值变化幅度不小于 1.0 的范围选择不少于 4 段不同平整度水平的路段,且有足够加速或减速长度的路段。根据实际测试道路 IRI 的分布情况,可以适当增加某些范围内的标定路段。

②每路段长度不小于 300m。

③每一段内的平整度应均匀,包括路段前 50m 的引道。

④选择坡度变化较小的直线路段,路段交通量小,便于疏导。

⑤有多个激光测头的系统需要分别标定。

⑥标定宜选择在车道的正常行驶轮迹上进行,明确画出轮迹带测线和起终点位置。

(2)试验步骤

①距离标定。

依据设备供应商建议的长度,选择坡度变化较小的平坦直线路段,标出起终点和行驶轨迹。

标定开始之前应让测试车以测试速度行驶 5～10km,按照设备操作手册规定的预热时间对测试系统进行预热。

将测试车的前轮对准起点线,启动距离校准程序,然后令车辆沿着路段轨迹直线行驶,避免突然加速或减速,接近终点时,看指挥人员手势减速停车,确保测试车的前轮对准终点线,结束距离校准程序。重复此过程,确保距离传感器测试结果的准确性,应在允许误差范围之内。

②令所标定的纵断面高程传感器对准测线重复测试 5 次,取其 IRI 计算值的平均值作为该路段的测试值。

③IRI 值的确定。

以精密水准仪作为标准仪具,测量标定路段上测线的纵断高程,要求采样间隔为 250mm,高程测试精度为 0.5mm;然后用 IRI 标准计算程序对纵断面测量值进行模型计算,得到标定线路的 IRI 值。

其他符合世界银行一类平整度测试标准的纵断面测试仪具也可以作为确定标定路段 IRI 值的仪具。

(3)试验数据处理

用数理统计的方法将各标定路段的 IRI 值和相应的平整度仪测值进行回归分析,建立相关关系方程式,相关系数 R 不得小于 0.99。

应当注意,该类设备的激光传感器一般都安装在车轮的位置,要使测试位置保持在车道轮迹带,检测车必须严格按正常行车轨迹行驶。

第四节 承载能力

为了检验路基路面的材料参数是否达到要求,需要现场进行强度和刚度测定。本节内容涉及路基路面材料强度的现场测试指标有加州承载比 CBR 值、抗弯拉强度及抗压强度,刚度的现场测试指标为回弹模量。

目前,按我国有关规定,CBR 值仅作为路基填料选择、粒料类基层和底基层材料设计指标,而不作为施工质量检验指标,因此,一般情况下,没有必要进行现场测试。水泥混凝土路面的 28d 抗弯拉强度及抗压强度通常按《公路工程质量检验评定标准 第一册 土建工程》(JTG F80/1—2017)有关规定要求进行试验检测。路基路面各结构层的回弹模量是路面结构设计的重要参数,因其现场测试方法复杂,不要求直接检验,可通过现场检测弯沉的方法间接检验。

本节简要介绍路基路面现场检测 CBR 值、回弹模量和快速测定水泥混凝土强度的方法。

一、土基现场 CBR 值测试方法

土基的现场 CBR 值测试原理是:在公路路基施工现场,用载重汽车作为反力架,通过千斤顶连续加载,使贯入杆匀速压入土基。为了模拟路面结构对土基的附加压力,在贯入杆位置安放荷载板。路基强度越高,贯入量达到规定值所施加的荷载越大,即 CBR 值越大。

土基的现场 CBR 值是指在公路土基现场条件下按规定方法进行贯入试验,得到荷载压强—贯入量曲线,读取规定贯入量的荷载压强与标准压强的比值,以百分数表示。

本方法适用于在现场测定各种土基材料的现场 CBR 值,同时也适合于基层、底基层砂类土、天然砂砾、级配碎石等材料 CBR 值的试验。

本试验采用的主要仪具包括荷载装置、现场测试装置、贯入杆、承载板和贯入量测定装置。

荷载装置通常是装载有铁块或集料等重物的载重汽车,在汽车大梁的后轴之后设有一加劲横梁作反力架用。现场测试装置由千斤顶、测力计及球座组成。贯入量测定装置一般采用百分表。

试验时,先将千斤顶顶在加劲横梁上且调节至高度适中,贯入杆应与土基表面紧密接触,将百分表安装好,在贯入杆位置安放4块分开成半圆的承载板。

试验贯入前,先在贯入杆上施加45N荷载后,将测力计及贯入量百分表调零,记录初始读数。然后起动千斤顶,使贯入杆以1mm/min的速度压入土基,分别读取不同贯入量相应的测力计读数。一般在贯入量达到12.5mm时结束试验。

用贯入试验得到的等级荷重数除以贯入断面积,得到各级压强(MPa),绘制荷载压强—贯入量曲线,从压强—贯入量曲线上读取贯入量为2.5mm及5.0mm时的荷载压强p_1,按式(7-13)计算现场CBR值。

$$现场 CBR(\%) = \frac{p_1}{p_0} \times 100 \tag{7-13}$$

式中:p_1——荷载压强(MPa);

p_0——标准压强,当贯入量为2.5mm时为7MPa,当贯入量为5.0mm时为10.5MPa。

CBR值一般以贯入量2.5mm时的测定值为准,当贯入量5.0mm时的CBR大于2.5mm时的CBR时,应重新试验;如重新试验仍然如此时,则以贯入量5.0mm时的CBR为准。

值得注意的是,土基的现场CBR值与土工试验的室内CBR值有所不同,前者是在公路现场条件下测定的,土基含水率、压实度与后者不同,也未经泡水。因此,应通过试验寻找两者之间的关系,将土基的现场CBR值换算为室内试验CBR值后,再用于路基施工强度的检验或评定。

二、动力锥贯入仪测定路基路面CBR试验方法

动力锥贯入仪(简称DCP)是一种轻型轻便的地基土原位测试的触探仪。动力锥贯入仪测定路基路面CBR值的原理通常是:用一定质量的锤从一定高度落下,打击立在路基路面上的锥杆,测定锤击数与锥杆的贯入量;通过贯入度(即平均每次锤击的贯入量)与CBR值的相关关系式,推算路基路面的CBR值。

本方法适用于动力锥贯入仪现场快速测定或评估无结合料材料路基、路面的强度。实际使用中,对细粒土的检测效果较好,对于粗粒土、土石混填、压实后的粒料基层,检测过程有一定难度。

常见动力锥贯入仪的标准落锤质量为8kg,落距为575mm,锥头锥尖角度一般为60°,最大直径20mm。

试验前应利用当地材料进行对比试验,建立现场CBR值与用DCP测定的贯入度之间的相关关系。测点数宜不少于15个,相关系数R应不小于0.95。

试验时将DCP放至测点位置,一人手扶仪器手柄,使探杆保持竖直。一人提起落锤至导向杆顶端,然后松开,使之呈自由落体下落。每贯入约10mm读一次数,记录锤击数和贯入量(mm)。连续锤击、测量,直到需要的结构层深度。当材料层坚硬,贯入量低到连续锤击10次而无变化时,可以停止试验。

通常先计算出贯入度,即平均每次锤击的贯入量,以 mm/锤击次数计。再按事先得到的相关关系式计算 CBR 值。

利用动力锥贯入仪现场测得的贯入度,不仅可以推算 CBR 值,还可以通过建立不同指标的相关关系式,推算路基路面的回弹模量、压实度或无侧限抗压强度。

三、承载板测定土基回弹模量试验方法

承载板法测定土基回弹模量的原理是:在现场土基表面,通过采用刚性承载板,对土基逐级加载、卸载的方式,测出每级荷载下相应的土基回弹变形,再根据弹性半空间体理论计算求得土基的回弹模量。

1. 试验仪具

本试验需要的主要仪具包括加载设施、现场测试装置、刚性承载板、路面弯沉仪、液压千斤顶、秒表、水平尺。加载设施为载有铁块或集料等重物、后轴重不小于 60kN 的载重汽车,在汽车大梁的后轴之后附设加劲横梁一根作反力架。现场测试装置由千斤顶、测力计(测力环或压力表)及球座组成。刚性承载板直径为 30cm,直径两端设有立柱和可以调整高度的支座,供安放弯沉仪测头用。路面弯沉仪两台,由贝克曼梁、百分表及其支架组成。液压千斤顶一台,80~100kN,装有经过标定的压力表或测力环。

2. 方法与步骤

(1)准备工作

测点应选择在水平的土基表面,经平整后,安置承载板,并用水平尺进行校正,使承载板处于水平状态。将试验车置于测点上,在承载板上安放千斤顶,上面衬垫钢圆筒、钢板,并将球座置于顶部与加劲横梁接触,如用测力环时,应将测力环置于千斤顶与横梁中间,千斤顶及衬垫物必须保持垂直,以免加压时千斤顶倾倒发生事故并影响测试数据的准确性。安放弯沉仪,将两台弯沉仪的测头分别置于承载板立柱的支座上,百分表对零或其他合适的初始位置上。

(2)主要测试步骤

①预压。用千斤顶开始加载,预压 0.05MPa,稳压 1min,使承载板与土基紧密接触,同时检查百分表的工作情况应正常,然后放松千斤顶油门卸载,稳压 1min 后,将指针对零,或记录初始读数。

②逐级加载卸载测变形。用千斤顶加载,采用逐级加载卸载法,用压力表或测力环控制加载量,荷载小于 0.1MPa 时,每级增加 0.02MPa,以后每级增加 0.04MPa 左右。为了使加载和计算方便,加载数值可适当调整为整数。每次加载至预定荷载 P 后,稳定 1min,立即读记两台弯沉仪百分表数值,然后轻轻放开千斤顶油门卸载至 0,待卸载稳定 1min 后,再次读数,每次卸载后百分表不再对零。当两台弯沉仪百分表读数之差不超过平均值的 30% 时,取平均值。如超过 30%,则应重测。当回弹变形值超过 1mm 时,即可停止加载。

各级荷载的回弹变形 =(加载后读数平均值 - 卸载后读数平均值)×2

③测定总影响量 a。总影响量是指汽车自重对土基变形的影响大小。最后一次加载卸载循环结束后,取走千斤顶,重新读取百分表初读数,然后将汽车开出 10m 以外,读取终读数,两

只百分表的初、终读数差之平均值即为总影响量 a。

3. 计算

按照测试车悬架系统的几何结构,基于弹性力学理论的假设,根据总影响量 a 可以计算出各级压力下的影响量。各级压力的回弹变形值加上该级的影响量后,则为计算回弹变形值 L。

将各级计算回弹变形值点绘于标准计算纸上,并绘出顺滑的 p-L 曲线,如曲线起始部分出现反弯,应进行原点修正。

根据弹性半无限体理论,按线性回归方法,土基回弹模量 E_0 值可按式(7-14)计算:

$$E_0 = \frac{\pi D}{4} \cdot \frac{\sum p_i}{\sum L_i}(1 - \mu_0^2) \tag{7-14}$$

式中: E_0——土基回弹模量(MPa);
  D——刚性承载板直径,$D = 30\text{cm}$;
  p_i——对应于 L_i 的各级压力值;
  L_i——结束试验前的各级实测回弹变形值;
  μ_0——土的泊松比,根据设计规范规定选用,一般取 0.35。

四、贝克曼梁测定路基路面回弹模量试验方法

贝克曼梁测定路基路面回弹模量的原理是:在土基或者厚度不小于 1m 的粒料整层表面,用弯沉仪测试数个测点的回弹弯沉值,根据圆形均布荷载作用下的弹性半无限体理论,计算求得该材料的回弹模量值。本方法也适用于在旧路表面测定路基路面的综合回弹模量。

本方法需要的仪具与贝克曼梁测定路基路面回弹弯沉基本相同,主要有标准车和路面弯沉仪,路面弯沉仪由贝克曼梁、百分表及表架组成。

1. 方法与步骤

在洁净的路基路面表面选择 N 个测点,在测点处做好标记并编号。

无结合料粒料基层的整层试验段(试槽)面积不小于 $3m \times 2m$,厚度不宜小于 1m。试槽表面的测点布置在中间 $2m \times 1m$ 的范围内,可测定 23 点。

按贝克曼梁测定路基路面回弹弯沉试验方法实测各测点处的回弹弯沉值 L_i。

2. 计算

计算全部测定值的平均值、标准差。剔除异常值后,重新计算平均值、标准差,然后计算代表弯沉值 L_1。

按式(7-15)计算土基、整层材料的回弹模量 E_1 或旧路的综合回弹模量。

$$E_1 = \frac{2p\delta}{L_1}(1 - \mu^2) \times 0.712 \tag{7-15}$$

式中: E_1——计算的土基、整层材料的回弹模量或旧路的综合回弹模量(MPa);
  p——测定车轮的平均垂直荷载(MPa),对于标准车,$p = 0.7\text{MPa}$;

δ——测定用标准车双圆荷载单轮传压面当量圆的半径(cm),$\delta=10.65\text{cm}$;

μ——测定层材料的泊松比,我国通常对路基采用 0.35,基层与底基层材料、沥青材料采用 0.25。

五、贝克曼梁测定路基路面回弹弯沉试验方法

本方法适用于测定静止加载时或非常慢的速度加载时各类路基路面的回弹弯沉值,并能良好地反映出路基路面的总体强度。

沥青路面的弯沉检测以沥青面层平均温度 20℃时为准,当路面平均温度在 20℃±2℃以内可不修正,在其他温度测试时,对沥青层厚度大于 5cm 的沥青路面,弯沉值应予温度修正。

1. 仪具与材料技术要求

(1)标准车:双轴,后轴双侧 4 轮的载重车。其标准轴荷载、轮胎尺寸、轮胎间隙及轮胎气压等主要参数应符合表 7-3 的要求。测试车应采用后轴 10t 标准轴载 BZZ-100 的汽车。

弯沉测定用的标准车参数　　表 7-3

标准轴载等级	BZZ-100
后轴标准轴载 P(kN)	100±1
一侧双轮荷载(kN)	50±0.5
轮胎充气压力(MPa)	0.70±0.05
单轮传压面当量圆直径(cm)	21.3±0.5
轮隙宽度	应满足能自由插入弯沉仪测头的测试要求

(2)路面弯沉仪:由贝克曼梁、百分表及表架组成。贝克曼梁的前臂(接触路面)与后臂(装百分表)长度比为 2∶1。弯沉仪长度有两种:3.6m 和 5.4m。当在半刚性基层沥青路面或水泥混凝土路面上测定时,应采用长度为 5.4m 的贝克曼梁弯沉仪;对柔性基层或混合式结构沥青路面可采用长度为 3.6m 的贝克曼梁弯沉仪测定。弯沉一般采用百分表量得。

(3)接触式路表温度计:端部为平头,分度不大于 1℃。

2. 方法与步骤

(1)准备工作

①检查并保持测定用标准车的车况及制动性能良好,轮胎胎压符合规定充气压力。

②向汽车车槽中装载(铁块或集料),并用地中衡称量后轴总质量及单侧轮荷载,均应符合要求的轴重规定,汽车行驶及测定过程中,轴重不得变化。

③测定轮胎接地面积:平整光滑的硬质路面上用千斤顶将汽车后轴顶起,在轮胎下方铺一张新的复写纸和一张方格纸,轻轻落下千斤顶,即在方格纸上印上轮胎印痕,用求积仪或数方格的方法测算轮胎接地面积,准确至 0.1cm^2。

④检查弯沉仪百分表量测灵敏情况。

⑤当在沥青路面上测定时,用路表温度计测定试验时气温及路表温度(一天中气温不断变化,应随时测定),并通过气象台了解前 5d 的平均气温(日最高气温与最低气温的平均值)。

⑥记录沥青路面修建或改建材料、结构、厚度、施工及养护等情况。

(2)测试步骤

①在测试路段布置测点,其距离随测试需要而定。测点应在路面行车车道的轮迹带上,并用白油漆或粉笔画上标记。

②将试验车后轮轮隙对准测点后3~5cm处的位置上。

③将弯沉仪插入汽车后轮之间的缝隙处,与汽车方向一致,梁臂不得碰到轮胎,弯沉仪测头置于测点上(轮隙中心前方3~5cm处),并安装百分表于弯沉仪的测定杆上,百分表调零,用手指轻轻叩打弯沉仪,检查百分表应稳定回零。

弯沉仪可以是单侧测定,也可以是双侧同时测定。

④测定者吹哨发令指挥汽车缓缓前进,百分表随路面变形的增加而持续向前转动。当表针转动到最大值时,迅速读取初读数 L_1。汽车仍在继续前进,表针反向回转,待汽车驶出弯沉影响半径(约3m以上)后,吹口哨或挥动指挥红旗,汽车停止。待表针回转稳定后,再次读取终读数 L_2。汽车前进的速度宜为5km/h左右。

(3)弯沉仪的支点变形修正

①当采用长度为3.6m的弯沉仪进行弯沉测定时,有可能引起弯沉仪支座处变形,在测定时应检验支点有无变形。如果有变形,此时应用另一台检测用的弯沉仪安装在测定用弯沉仪的后方,其测点架于测定用弯沉仪的支点旁。当汽车开出时,同时测定两台弯沉仪的弯沉读数,如检测弯沉仪百分表有读数,即应该记录并进行支点变形修正。当在同一结构上测定时,可在不同位置测定5次,求取平均值,以后每次测定时以此作为修正值。

②当采用长度为5.4m的弯沉仪测定时,可不进行支点变形修正。

3. 计算

(1)路面测点的回弹弯沉值按式(7-16)计算。

$$l_t = (L_1 - L_2) \times 2 \quad (7-16)$$

式中:l_t——在路面温度 t 时的回弹弯沉值(0.01mm);

L_1——车轮中心临近弯沉仪测头时百分表的最大读数(0.01mm);

L_2——汽车驶出弯沉影响半径后百分表的终读数(0.01mm)。

(2)当需进行弯沉仪支点变形修正时,路面测点回弹弯沉值按式(7-17)计算。

$$l_t = (L_1 - L_2) \times 2 + (L_3 - L_4) \times 6 \quad (7-17)$$

式中:L_1——车轮中心临近弯沉仪测头时测定用弯沉仪的最大读数(0.01mm);

L_2——汽车驶出弯沉影响半径后测定用弯沉仪的终读数(0.01mm);

L_3——车轮中心临近弯沉仪测头时检验用弯沉仪的最大读数(0.01mm);

L_4——汽车驶出弯沉影响半径后检验用弯沉仪的终读数(0.01mm)。

注:此式适用于测定弯沉仪支座处有变形,但百分表架处路面已无变形的情况。

(3)沥青面层厚度大于5cm的沥青路面,回弹弯沉值应进行温度修正。应按《公路路基路面现场测试规程》(JTG 3450—2019)规定方法,根据弯沉测定时的路表温度与测定前5d日平均气温的平均值之和、沥青层平均温度、沥青层厚度和基层类型确定沥青路面弯沉值的温度修正系数 K。

沥青路面回弹弯沉按式(7-18)计算。

$$l_{20} = l_t \times K \tag{7-18}$$

式中：K——温度修正系数；

l_{20}——换算为 20℃ 的沥青路面回弹弯沉值(0.01mm)；

l_t——测定时沥青面层的平均温度为 t 时的回弹弯沉值(0.01mm)。

六、自动弯沉仪测定路面弯沉试验方法

自动弯沉仪的测试原理与贝克曼梁的工作方式基本类似,不同的是采用位移传感器替代了百分表,能够自动进行数据采集、传输、记录和处理;自动弯沉仪测定的是路面结构总弯沉,与贝克曼梁测定的回弹弯沉的性质有所不同,可通过对比试验,建立两者相关关系式,将自动弯沉仪测定的总弯沉换算为回弹弯沉后,用于我国路面承载能力评定或路面结构设计。

本方法适用于各类 Lacroix 型自动弯沉仪在新建、改建路面工程的质量验收中,在无严重坑槽、车辙等病害的正常通车条件下连续采集沥青路面弯沉数据。

1. 仪具与材料技术要求

(1)Lacroix 型自动弯沉仪由承载车、测量机架及控制系统、位移、温度和距离传感器、数据采集与处理系统等基本部分组成。

(2)设备承载车技术要求和参数：

自动弯沉仪的承载车辆应为单后轴、单侧双轮组的载重车,其标准条件参考贝克曼梁测定路基路面回弹弯沉试验方法中 BZZ-100 车型的标准参数。

(3)测试系统基本技术要求和参数：

①位移传感器分辨率:0.01mm。

②位移传感器有效量程:≥3mm。

③设备工作环境温度:0~60℃。

④距离标定误差:≤1%。

2. 方法与步骤

(1)准备工作

①位移传感器标定。每次测试之前必须按照设备使用手册规定的方法进行位移传感器的标定,记录下标定数据并存档。

②检查承载车轮胎气压。每次测试之前都必须检查后轴轮胎气压,应满足 0.70MPa±0.05MPa 的要求。

③检查承载车轮载。一般每年检查一次,如果承载车因改装等原因改变了后轴载,也必须进行此项工作,后轴载应满足 100kN±1kN 的要求。

④检查测量架的易损部件情况,及时更换损坏部件。

⑤打开设备电源进行检查,控制面板功能键、指示灯、显示器等应正常。

⑥开动承载车试测 2~3 个步距,测试机构应正常,否则需要调整。

(2)测试步骤

①测试系统在开始测试前需要通电预热,时间不少于设备操作手册要求,并开启工程警灯

和导向标等警告标志。

②在测试路段前20m处将测量架放落在路面上,并检查各机构的部件情况。

③操作人员按照设备使用手册的规定和测试路段的现场技术要求设置完毕所需的测试状态。

④驾驶员缓慢加速使承载车达到正常测试速度,沿正常行车轨迹驶入测试路段。

⑤操作人员将测试路段起终点、桥涵等特殊位置的桩号输入到记录数据中。

⑥当测试车辆驶出测试路段后,操作人员停止数据采集和记录,并恢复仪器各部分至初始状态,驾驶员缓慢停止承载车,提起测量架。

⑦操作人员检查数据文件,文件应完整,内容应正常,否则需要重新测试。

⑧关闭测试系统电源,结束测试。

3. 计算

必要时,对原始弯沉测试数据进行温度、坡度、相关性等修正。

(1)沥青路面弯沉值的温度修正

可参照贝克曼梁测定沥青路面回弹弯沉的温度修正方法。

(2)弯沉值的横坡修正

当路面横坡不超过4%时,不进行超高影响修正,当横坡超过4%时,超高影响的修正参照表7-4的规定进行。

弯沉值横坡修正   表7-4

横坡范围	高位修正系数	低位修正系数
>4%	$\dfrac{1}{1-i}$	$\dfrac{1}{1+i}$

(3)换算为回弹弯沉

①对比试验。

按弯沉值不同水平范围选择不少于4段路面结构相似的路段。路段长度可为300~500m,标记好起终点位置。

按照自动弯沉仪测试步骤,令自动弯沉仪按照正常测试车速测试选定路段。然后,在每一个标记位置用贝克曼梁按贝克曼梁测定路基路面回弹弯沉试验方法测定各点回弹弯沉值。

②相关关系方程。

从自动弯沉仪的记录数据中按照路面标记点的相应桩号提出各试验点测值,并与贝克曼梁测值一一对应,用数理统计的回归分析方法得到贝克曼梁测值和自动弯沉仪测值之间的相关关系方程,相关系数R不得小于0.95。

注:由于路面结构和材料、路基状况、温度水文条件、路面使用状况不同,对比关系也有所不同,为了提高数据的准确性,应分各种情况做此项对比试验。

③自动弯沉仪测值不能直接用于承载能力评价或路面结构设计,需要按照相关关系方程换算成回弹弯沉。

七、落锤式弯沉仪测定路面弯沉试验方法

落锤式弯沉仪(简称FWD)的工作原理是:标准质量的重锤从一定高度落下发生的冲击荷

载,施加到路基或路面表面,自动量测荷载中心及其一定范围内若干个点所产生的瞬时变形,即测定在动态荷载作用下产生的动态总弯沉及弯沉盆数据。落锤式弯沉仪所测弯沉盆数据常被用于反算路基路面各层材料的动态弹性模量,作为设计参数使用;所测动态总弯沉经转换至回弹弯沉值后可用于评定路基路面承载能力,也可用于调查水泥混凝土路面接缝的传力效果,探查路面板下的空洞等。

1. 落锤式弯沉仪

落锤式弯沉仪由荷载发生装置、弯沉检测装置、运算控制系统与车辆牵引系统等组成。

(1)荷载发生装置

重锤的质量及落高根据使用目的与道路等级选择,荷载由传感器测定。如无特殊需要,重锤的质量为200kg±10kg,可采用产生50kN±2.5kN的冲击荷载。承载板为十字对称分开成四部分且底部固定有橡胶片的承载板。承载板的直径一般为300mm。

(2)弯沉检测装置

由一组高精度位移传感器组成。传感器可为差动变压器式位移计(LVDT)或地震检波器。自承载板中心开始,沿道路纵向隔开一定距离布设一组传感器,传感器总数不少于7个,建议布置在0~250cm范围内,必须包括0、30、60、90四点,其他根据需要及设备性能决定。

(3)运算及控制装置

能在冲击荷载作用的瞬间内,记录冲击荷载及各个传感器所在位置测点的动态变形。

(4)牵引装置

牵引FWD并安装运算及控制装置的车辆。

2. 方法与步骤

(1)准备工作

在测试路段的路基或路面各层表面布置测点。当在路面表面测定时,测点宜布置在行车道的轮迹带上。

检查FWD的车况及使用性能,用手动操作检查,各项指标符合仪器规定要求。将FWD牵引至测定地点,将仪器打开,进入工作状态。牵引FWD行驶的速度不宜超过50km/h。

(2)测定步骤

承载板中心位置对准测点,承载板自动落下,放下弯沉装置的各个传感器。

启动落锤装置,落锤瞬即自由落下,冲击力作用于承载板上,又立即自动提升至原来位置固定。同时,各个传感器检测结构层表面变形,记录系统将位移信号输入计算机,并得到峰值,即路面弯沉,同时得到弯沉盆。每一测点重复测定应不少于3次,除去第一个测定值,取以后几次测定值的平均值作为计算依据。

提起传感器及承载板,牵引车向前移动至下一个测点,重复上述步骤,进行测定。

3. 落锤式弯沉仪与贝克曼梁弯沉仪对比试验步骤

(1)路段选择

选择结构类型完全相同的路段,针对不同地区选择某种路面结构的代表性路段,进行两种测定方法的对比试验,以便将落锤式弯沉仪测定的动弯沉换算成贝克曼梁测定的回弹弯沉值,选择的对比路段长度 300~500m,弯沉值应有一定的变化幅度。

(2)对比试验步骤

用油漆标记对比路段起点位置,布置测点位置。

用贝克曼梁定点测定回弹弯沉。将落锤式弯沉仪的承载板对准测点进行测定,位置偏差不超过 30mm。

(3)建立相关关系

通过对比试验得出回归方程式 $L_B = a + bL_{FWD}$;式中,L_{FWD}、L_B 分别为落锤式弯沉仪、贝克曼梁测定的弯沉值。回归方程式的相关系数 R 应不小于 0.95。

注:由于路面结构和材料、路基状况、温度水文条件、路面使用状况不同,对比关系也有所不同,为了提高数据的准确性,应分各种情况做此项对比试验。

4. 水泥混凝土路面板调查的方法

当调查水泥混凝土路面接缝的传力效果时,测点布置在接缝的一侧,位移传感器分开在接缝两边布置,进行弯沉测定。利用分开在接缝两边布置的位移传感器的测定值的差异及弯沉盆的形状,进行判断。

当为探查路面板下的空洞时,测点布置位置随测试需要而定,应在不同位置测定。利用在不同位置测定的测定值的差异及弯沉盆的形状,进行判断。

八、激光式高速路面弯沉测定仪测试路面弯沉方法

激光式高速路面弯沉测定仪是利用激光多普勒(Laser-Doppler)技术测试地面在荷载作用下的垂直下沉速度,再通过分析程序计算出最大弯沉及弯沉盆数据的路面弯沉快速测试设备,由承载车、检测控制系统、多普勒激光传感器、距离测量系统、温度控制系统等部分组成,工作速度为 30~90km/h。

1. 方法与步骤

(1)准备工作

①检查承载车后轴标准轴载、单侧双轮荷载、轮胎气压等参数,应符合本方法的相关要求。

②检查承载车和传感器的性能。

③开启并检查设备的全部系统,计算机、软件采集与计算、警示灯均应正常。

④开动激光式高速路面弯沉测定仪,进行试测,确保系统正常运行。

⑤当在沥青路面上测试时,通过气象台了解前 5d 的平均气温(日最高气温与最低气温的平均值)。

⑥记录沥青路面结构层类型、设计厚度等情况。

(2)测试步骤

①通电预热,保证设备舱内达到要求的温度,并开启警示灯及导向灯等警告标志。

②放下距离测试轮,按照测试路段的现场技术要求设置所需的测试状态。

③加速承载车到正常车速,沿正常行车轨迹驶入测试路段,保持正常行驶。

④在承载车到达测试路段起点前开始测量,确保至少有 200m 的有效路段,并在承载车到

达测试路段起点时进行标记。在测试路段中如遇桥面、路面条件差或偏离当前测试路段等特殊位置,应做相应的标记来记录桩号等信息。

⑤当承载车到达测试路段终点时,应做终点标记,在车辆驶离终点至少 200m 后停止数据采集,并将系统各部分恢复至准备状态。

⑥检查测试数据,文件应完整,数据结果应正常,否则需要重新测试。

2. 数据处理

通过专用的数据处理软件和计算模型对采集到的数据进行处理。并对数据进行温度、坡度修正,根据实际需要,得到要求段长的路面弯沉值。

第五节　水泥混凝土强度

一、回弹仪测试水泥混凝土强度方法

本方法适用于在现场对水泥混凝土路面及其他构筑物的普通混凝土抗压强度的快速评定,所试验的水泥混凝土厚度不得小于 100mm,温度应不低于 10℃。

回弹法试验可作为试块强度的参考,不得用于代替混凝土的强度评定,不适于作为仲裁试验或工程验收的最终依据。

回弹仪测定水泥混凝土强度时,先选择测区并布置测点。对水泥混凝土路面板,将一块混凝土板作为一个试样,随机选择。每个试样均匀布置 10 个测区,测区表面应清洁、干燥、平整。一个测区的面积宜不小于 200mm×200mm,每一测区宜测定 16 个测点,相邻两测点的间距宜不小于 3mm,测点距路面边缘或接缝的距离应不小于 5cm。

在测定过程中,回弹仪的轴线应始终垂直于混凝土表面,按操作规定,测定每个该点的回弹值。对龄期超过 3 个月的混凝土,回弹值测量完毕后,还需要测量测区的混凝土的碳化深度值。

对一个测区的 16 个测点的回弹值,去掉 3 个最大值及 3 个最小值,将其余 10 个回弹值计算测区平均回弹值。

当回弹仪非水平方向测试混凝土浇筑侧面时,应根据回弹仪轴线与水平方向的角度将测得的数据进行修正,计算非水平方向测定的回弹修正值,当测定水泥混凝土路面为向下垂直方向时,测试角度为 -90°。

可根据相关关系式,将测区平均回弹值换算为混凝土强度,并考虑碳化深度的影响,予以修正。所测回弹值相同的情况下,碳化深度越大,推算出的混凝土强度越低。

二、超声回弹法测试水泥混凝土路面抗弯强度方法

水泥混凝土路面的混凝土抗弯强度是指标准条件下的梁式试件龄期 28d 时的抗弯强度。本方法适用于回弹仪、超声波检测仪在现场对水泥混凝土路面按综合法快速检测,并利用测强曲线方程推算混凝土的抗弯强度。

本方法适用于视密度为 1.9~2.5t/m³,板厚大于 100mm,龄期大于 14d,强度已达到设计抗压强度 80% 以上的水泥混凝土。

现场用超声回弹法测定不能代替试验室标准条件下的抗弯强度测定,本试验不适用于作为仲裁试验或工程验收的最终依据。

超声回弹法测定水泥混凝土强度时,先选择测区并布置测点。按随机选点方法选择测定的水泥混凝土板,将每一块水泥混凝土路面板作为一个试样,均匀布置 10 个测区,每个测区不宜小于 150mm×550mm。测试面应清洁、干燥、平整。每个测区的测点宜在测区范围内均匀分布,但不得布置在气孔或外露石子上,相邻两测点的距离不宜小于 30mm。

用回弹仪对每个测区的 16 个测点进行回弹值测定。用超声波仪测量测区内布置的三条测轴线的超声声时值。对龄期超过 3 个月的水泥混凝土路面,进行测区混凝土表面碳化深度的测定。

根据测量的超声声时值计算测区的超声波声速。对回弹仪所测回弹值进行非水平方向修正和碳化深度修正。

通过对比试验,建立误差满足要求的测强曲线方程。将每个测点的超声声速和修正后的回弹值换算为混凝土抗弯强度,再按规定方法得到每一段(或子段)中每一幅为一个单位的混凝土抗弯强度评定值。

第六节 抗 滑 性 能

路面表面应具备足够的抗滑性能,以保证行车安全。若路面抗滑性能不足时,汽车起动,会发生空转打滑现象;汽车在弯道上行驶,会产生横向滑移;高速行车时紧急制动,所需的制动距离就会增长。路面滑溜极易引发交通事故。因此,抗滑性能是路面施工质量检验和使用性能评价的指标。

影响路面抗滑性能的因素有:路面表面特性、干湿状态、温度、行车车速、轮胎特性等。路面表面特性包括路表面微观构造和宏观构造,路面面层所用粗集料满足石料磨光值 PSV 要求,表面粗涩,就可获得较好的微观构造;而宏观构造取决于沥青用量和集料级配等,适当降低沥青用量,采用有棱角、形状接近立方体的集料,开级配集料,路面表面抗滑性能相对较好。干湿状态对路面抗滑性能影响较大。干燥状态下的路面一般是能保证汽车安全行驶的,但当路表处于潮湿、积水状态,特别是路表与轮胎之间形成水膜时,或者冬季结冰与积雪,抗滑性能则减小很多。这就是雨雪天发生的事故所占比率很高的原因。一般随着路面温度的升高,抗滑性能会减小。随着车速的提高,抗滑性能将会降低。轮胎特性包括轮胎的磨耗量、表面形状及构造。轮胎的磨耗量增加,抗滑性能降低;轮胎表面形状、轮胎的橡胶性质、轮胎的接触压力、轮重都对抗滑性能有影响。

路面抗滑性能一般用轮胎与路面间的摩擦系数和表面宏观构造深度来表征,摩擦系数或构造深度越大,说明抗滑性能越高。摩擦系数测试方法有摆式仪法、单轮式横向力系数测试法、双轮式横向力系数测试法和动态旋转式摩擦系数测定仪法。构造深度测试法有手工铺砂法、电动铺砂法和激光构造深度仪法。实际工作中,电动铺砂法很少采用,而动态旋转式摩擦系数测定仪不适合现场路面抗滑性能检测与评定,因此,这里不再介绍这两种方法。

一、手工铺砂法测定路面构造深度试验方法

构造深度是指路表面开口空隙的平均深度,即宏观构造深度 TD,以 mm 计。

手工铺砂法测定路面构造深度的原理是:将已知体积的细砂摊铺在所要测试的路表的测点上,量取摊平覆盖砂的圆形直径。计算嵌入凹凸不平的表面空隙中的砂的体积与所覆盖面积的比值,从而求得构造深度。

本方法适用于测定沥青路面及水泥混凝土路面表面构造深度,用以评定路面表面的宏观构造。

1. 仪具与材料技术要求

(1)人工铺砂仪:由圆筒、推平板组成。

①量砂筒:一端是封闭的,容积为 $25mL \pm 0.15mL$,可通过称量砂筒中水的质量以确定其容积 V,并调整其高度,使其容积符合规定。带一专门的刮尺,可将筒口量砂刮平。

②推平板:推平板应为木制或铝制,直径 50mm,底面粘一层厚 1.5mm 的橡胶片,上面有一圆柱把手。

③刮平尺:可用 30cm 钢板尺代替。

(2)量砂:足够数量的干燥洁净的匀质砂,粒径 $0.15 \sim 0.3mm$。

(3)量尺:钢板尺、钢卷尺,或采用将直径换算成构造深度作为刻度单位的专用的构造深度尺。

(4)其他:装砂容器(小铲)、扫帚或毛刷、挡风板等。

2. 方法与步骤

(1)准备工作

①量砂准备:取洁净的细砂,晾干过筛,取 $0.15 \sim 0.3mm$ 的砂置于适当的容器中备用。量砂只能在路面上使用一次,不宜重复使用。

②对测试路段按随机取样选点的方法,决定测点所在横断面位置。测点应选在车道的轮迹带上,距路面边缘不应小于 1m。

(2)测试步骤

①用扫帚或毛刷子将测点附近的路面清扫干净,面积不小于 $30cm \times 30cm$。

②用小铲装砂,沿筒壁向圆筒中注满砂,手提圆筒上方,在硬质路表面上轻轻地叩打 3 次,使砂密实;补足砂面用钢尺一次刮平。

注:不可直接用量砂筒装砂,以免影响量砂密度的均匀性。

③将砂倒在路面上,用底面粘有橡胶片的推平板,由里向外重复作旋转摊铺运动,稍稍用力将砂细心地尽可能地向外摊开,使砂填入凹凸不平的路表面的空隙中,尽可能将砂摊成圆形,并不得在表面上留有浮动余砂。注意,摊铺时不可用力过大或向外推挤。

④用钢板尺测量所构成圆的两个垂直方向的直径,取其平均值,准确至 5mm。

⑤按以上方法,同一处平行测定不小于 3 次,3 个测点均位于轮迹带上,测点间距 $3 \sim 5m$。对同一处,应该由同一个试验员进行测定。该处的测定位置以中间测点的位置表示。

3. 计算

(1)路面表面构造深度测定结果按式(7-19)计算。

$$TD = \frac{1000V}{\frac{\pi D^2}{4}} = \frac{31831}{D^2} \tag{7-19}$$

式中：TD——路面表面构造深度(mm)；

　　　V——砂的体积(25cm³)；

　　　D——摊平砂的平均直径(mm)。

(2)每一处均取3次路面构造深度的测定结果的平均值作为试验结果，准确至0.01mm。当平均值小于0.2mm时，试验结果以<0.2mm表示。

二、车载式激光构造深度仪测定路面构造深度试验方法

激光构造深度仪是利用激光测距的原理测量地面材料颗粒表面以及材料颗粒之间的深度变化的情况，其输出的测试结果是沿测线断面一定间距长度内的平均深度数据。由于测试方法和原理不同，激光构造深度仪与铺砂法的测试结果存在一定的差异。应通过对比试验，建立相关关系式，将激光构造深度仪的测值转换为铺砂法构造深度值后，才能进行测试结果的评定。

本方法适用于各类车载式激光构造深度仪在新建、改建路面工程质量验收和无严重破损病害及无积水、积雪、泥浆等正常行车条件下测定，连续采集路面构造深度，但不适用于带有沟槽构造的水泥路面构造深度的测定。

本方法的数据采集、传输、记录和处理分别由专用软件自动控制进行。

1. 测试系统

激光构造深度仪与激光平整度仪类似，测试系统由承载车辆、距离传感器、激光传感器和主控系统组成，但对测试速度、采样间距和传感器测试精度要求有所不同。基本技术要求和参数如下：

承载车要求：根据设备供应商的要求选择测试系统承载车辆。

最大测试速度：≥50km/h。

采样间隔：≤10mm。

传感器测试精度：0.1mm。

距离标定误差：<0.1%。

系统工作环境温度：0~60℃。

2. 方法与步骤

利用车载式激光构造深度仪测定路面构造深度的方法、步骤与车载式激光平整度仪测定平整度的准备工作和测试步骤完全相同，可参见本章第三节相关内容，这里不再重复。

3. 激光构造深度仪测值与铺砂法构造深度值相关关系对比试验

选择构造深度分别在0~0.3mm、0.3~0.55mm、0.55~0.8mm、0.8~1.2mm范围的4个

各长 100m 的试验路段。试验前将路面清扫干净,并在起终点做上标记。

在每个试验路段上沿一侧行车轮迹用铺砂法测试至少 10 点的构造深度值,并计算平均值。

驾驶测试车以 30~50km/h 的速度驶过试验路段,并且保证激光构造深度仪的激光传感器探头沿铺砂法所测构造深度的行车轮迹运行,计算试验路段的构造深度平均值。

建立两种方法的相关关系式,要求相关系数 R 不小于 0.97。

应当注意,该类设备的激光传感器一般都安装在车轮的位置,而通车时间较长的车道上轮迹带位置和其他位置的构造深度值差异很大,因此,检测车必须严格按正常行车轨迹行驶。

三、摆式仪测定路面摩擦系数试验方法

摆式仪测定路面摩擦系数的原理是:为了模拟汽车以一定速度行驶时,汽车轮胎与路面表面之间的摩擦作用,使具有一定质量和一定长度的摆锤,从一定高度自由下摆时,让摆锤底面橡胶片与路面表面接触并滑动一定长度,由于克服摩擦力而损耗部分能量,摆锤回摆不到起始高度。摆的位能损失等于安装于摆臂末端橡胶片滑过路面时,克服路面摩擦力所做的功。所以,回摆高度越小,与起始高度的差值越大,说明摩擦系数越大。摆值(BPN)是摆式仪的刻度值,为摩擦系数的 100 倍。

本方法适用于以摆式摩擦系数测定仪(摆式仪)测定沥青路面、标线或其他材料试件的抗滑值,用以评定路面或路面材料试件在潮湿状态下的抗滑能力。

1. 主要仪具与材料技术要求

(1)摆式仪:形状及结构如图 7-2 所示。摆及摆的连接部分总质量为 1500g±30g,摆动中心至摆的重心距离为 410mm±5mm,测定时摆在路面上滑动长度为 126mm±1mm,摆上橡胶片端部距摆动中心距离为 510mm,橡胶片对路面的正向静压力为 22.2N±0.5N。

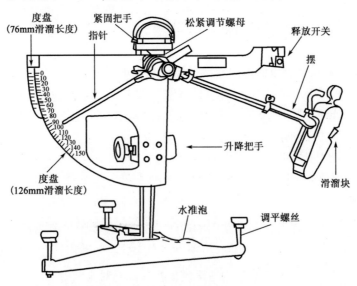

图 7-2 摆式仪结构示意图

(2)橡胶片:当用于测定路面抗滑值时,其尺寸为 6.35mm×25.4mm×76.2mm。橡胶质量应符合表 7-5 的要求。当橡胶片使用后,端部在长度方向上磨耗超过 1.6mm 或边缘在宽度方向上磨耗超过 3.2mm 或有油类污染时,即应更换新橡胶片,新橡胶片应先在干燥路面上测试 10 次后再用于测试。橡胶片的有效使用期从出厂日期起算为 12 个月。

橡胶物理性质技术要求　　　　表 7-5

性质指标	温度(℃)				
	0	10	20	30	40
弹性(%)	43~49	58~65	66~73	71~77	74~79
硬度(IR)	55±5				

2. 方法与步骤

(1)准备工作

检查摆式仪的调零灵敏情况,并定期进行仪器的标定。

进行测试路段的随机选点。在横断面上测点应选在行车道轮迹处,且距路面边缘应不小于 1m。

(2)测试步骤

①清洁路面:用扫帚或其他工具将测点处的路面打扫干净。

②仪器调平。

将仪器置于路面测点上,并使摆的摆动方向与行车方向一致。转动底座上的调平螺栓,使水准泡居中。

③调零。

放松紧固把手,转动升降把手,使摆升高并能自由摆动,然后旋紧紧固把手。将摆固定在右侧悬臂上,使摆处于水平释放位置,并把指针拨至右端与摆杆平行处。按下释放开关,使摆向左带动指针摆动,当摆达到最高位置后下落时,用手将摆杆接住,此时指针应指零。若不指零,可稍旋紧或旋松摆的调节螺母。重复上述步骤,直至指针指零。调零允许误差为 ±1。

④校准滑动长度。

让摆处于自然下垂状态,松开固定把手,转动升降把手,使摆下降。与此同时,提起举升柄使摆向左侧移动,然后放下举升柄使橡胶片下缘轻轻触地,紧靠橡胶片摆放滑动长度量尺,使量尺左端对准橡胶片下缘;再提起举升柄使摆向右侧移动,然后放下举升柄使橡胶片下缘轻轻触地,检查橡胶片下缘应与滑动长度量尺的右端齐平。

若齐平,则说明橡胶片两次触地的距离(滑动长度)符合 126mm 的规定。校核滑动长度时,应以橡胶片长边刚刚接触路面为准,不可借摆的力量向前滑动,以免标定的滑动长度与实际不符。

若不齐平,升高或降低摆或仪器底座的高度。微调时用旋转仪器底座上的调平螺钉调整仪器底座的高度的方法比较方便,但需注意保持水准泡居中。重复上述动作,直至滑动长度符合 126mm 的规定。

⑤将摆固定在右侧悬臂上,使摆处于水平释放位置,并把指针拨至右端与摆杆平行处。

⑥用喷水壶浇洒测点,使路面处于湿润状态。

⑦按下右侧悬臂上的释放开关,使摆在路面滑过。当摆杆回落时,用手接住,读数但不记录。然后使摆杆和指针重新置于水平释放位置。

⑧重复⑥和⑦的操作5次,并读记每次测定的摆值。

单点测定的5个值中最大值与最小值的差值不得大于3。如差值大于3时,应检查产生的原因,并再次重复上述各项操作,至符合规定为止。

取5次测定的平均值作为单点的路面抗滑值(即摆值 BPN_t),取整数。

⑨在测点位置用温度计测记潮湿路表温度,准确至1℃。

⑩每个测点由3个单点组成,即需按以上方法在同一测点处平行测定3次,以3次测定结果的平均值作为该测点的代表值(精确到1)。

3个单点均应位于轮迹带上,单点间距离为3~5m。该测点的位置以中间单点的位置表示。

3. 抗滑值的温度修正

当路面温度为 t(℃)时,测得的摆值为 BPN_t 必须按式(7-20)换算成标准温度20℃的摆值 BPN_{20}。

$$BPN_{20} = BPN_t + \Delta BPN \tag{7-20}$$

式中:BPN_{20}——换算成标准温度20℃时的摆值;

BPN_t——路面温度 t 时测得的摆值;

ΔBPN——温度修正值按表7-6采用。

温 度 修 正 值　　　　表7-6

温度(℃)	0	5	10	15	20	25	30	35	40
温度修正值 ΔBPN	-6	-4	-3	-1	0	+2	+3	+5	+7

四、单轮式横向力系数测试系统测定路面摩擦系数试验方法

我国标准体系中引入的横向力系数测试系统是英国的SCRIM系统,其工作原理为:与行车方向成20°偏角的并承受一定垂直荷载的测定轮,以一定速度行驶在潮湿路面上,测试轮胎所受到的侧向摩擦阻力与垂直荷载的比值,称为横向力系数,简称SFC。

由于其他类型的横向力系数测试系统在测试轮的偏角、荷载、轮胎等方面的差别,所测得的横向力系数不同于SCRIM测试车。因此,当应用非SCRIM系统的横向力系数测试系统测试路面摩擦系数时,应通过对比试验,建立相关关系式,将该横向力系数测试系统的测值转换为SCRIM系统的SFC值后,才能进行路面抗滑性能的评定。

本方法适用于工作原理和结构与SCRIM测试车相同的横向力系数测试系统在新建、改建路面工程质量验收和无严重坑槽、车辙等病害的正常行车条件下连续采集路面的横向力系数。

本方法的数据采集、传输、记录和处理分别由专用软件自动控制进行。

1. 测试系统

测试系统由承载车辆、距离测试装置、横向力测试装置、供水装置和主控制系统组成,如

图 7-3 所示。

横向力系数测试系统的承载车辆应为能够固定和安装测试、储供水、控制和记录等系统的载货车底盘,具有在水罐满载状态下最高车速大于 100km/h 的性能。

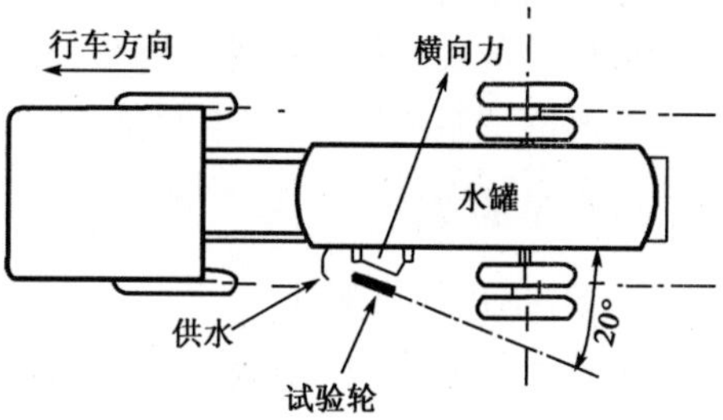

测试系统技术要求和参数:

测试轮胎类型:光面天然橡胶充气轮胎。

测试轮胎规格:3.00/20。

测试轮胎标准气压:350kPa ± 20kPa。

测试轮偏置角:19.5°~21°。

测试轮静态垂直标准荷载:2000N ± 20N。

拉力传感器非线性误差:<0.05%。

拉力传感器有效量程:0~2000N。

距离标定误差:<2%。

图 7-3 单轮式横向力系数测试系统构造示意图

2. 方法与步骤

(1)准备工作

①每个测试项目开始前或连续测试超过 1000km 后,必须按照设备使用手册规定的方法进行测试系统的标定,记录标定数据并存档。

②检查测试车轮胎气压,应达到车辆轮胎规定的标准气压。

③检查测试轮胎磨损情况,当其直径比新轮胎减小达 6mm(即胎面磨损 3mm)以上或有明显磨损裂口时,必须立即更换新轮胎。更换的新轮胎在正式测试前应试测 2km。

④检测测试轮气压,应达到 0.35MPa ± 0.02MPa 的要求。

⑤检查测试轮固定螺栓应拧紧。将测试轮放到正常测试时的位置,检查其应能够沿两侧滑柱上下自由升降。

⑥根据测试里程的需要向水罐加注清洁测试用水。

⑦检查洒水口出水情况和洒水位置应正常;洒水位置在测试轮触地面中点沿行驶方向前方 400mm ± 50mm 处,洒水宽度应为中心线两侧各不小于 75mm。

⑧将控制面板电源打开,检查各项控制功能键、指示灯和技术参数选择状态是否正常。

(2)测试步骤

①正式开始测试前,首先应按设备操作手册规定的时间要求对系统进行通电预热。

②进入测试路段前应将测试轮胎降至路面上预跑约 500m。

③按照设备操作手册的规定和测试路段的现场技术要求设置完毕所需的测试状态。

④驾驶员在进入测试路段前应保持车速在规定的测试速度范围内,沿正常行车轨迹驶入测试路段。

⑤进入测试路段后,测试人员启动系统的采集和记录程序,在测试过程中必须及时准确地将测试路段的起终点和其他需要特殊标记点的位置输入测试数据记录中。

⑥当测试车辆驶出测试路段后,仪器操作人员停止数据采集和记录,提升测量轮并恢复仪

器各部分至初始状态。

⑦操作人员检查数据文件应完整,内容应正常,否则需要重新测试。

⑧关闭测试系统电源,结束测试。

3. SFC 值的修正

(1) SFC 值的速度修正

测试系统的标准测试速度范围规定为 50km/h±4km/h,其他速度条件下测试的 SFC 值必须通过式(7-21)转换至标准速度下的等效 SFC 值。

$$SFC_{标} = SFC_{测} - 0.22(v_{标} - v_{测}) \qquad (7-21)$$

式中:$SFC_{标}$——标准测试速度下的等效 SFC 值;

$SFC_{测}$——现场实际测试速度条件下的 SFC 测试值;

$v_{标}$——标准测试速度,取值 50km/h;

$v_{测}$——现场实际测试速度。

(2) SFC 值的温度修正

测试系统的标准现场测试地面温度范围为 20℃±5℃,其他地面温度条件下测试的 SFC 值必须通过表 7-7 转换至标准温度下的等效 SFC 值。系统测试要求地面温度控制在 8~60℃范围内。

SFC 值的温度修正(℃)　　　　　表 7-7

温度	10	15	20	25	30	35	40	45	50	55	60
修正	-3	-1	0	+1	+3	+4	+6	+7	+8	+9	+10

4. 不同类型摩擦系数测试设备间相关关系对比试验

(1) 基本要求

不同类型摩擦系数测试设备的测值应换算成 SFC 值后使用,所以制动式摩擦系数测试设备和其他类型横向力式测试设备在使用时必须和 SCRIM 系统进行对比试验,建立测试结果与 SCRIM 系统测值 SFC 值的相关关系。

(2) 试验条件

①按 SFC 值 0~30、30~50、50~70、70~100 的范围选择 4 段不同摩擦系数的路段,路段长度可为 100~300m。

②对比试验路段地面应清洁干燥,地面温度应在 10~30℃范围内,天气条件宜为晴天无风。

(3) 试验步骤

①测试系统和需要进行对比试验的其他类型设备分别按规定的方法及其操作手册规定的程序准备就绪。

②两套设备分别以 40km/h、50km/h、60km/h、70km/h、80km/h 的速度在所选择的 4 种试验路段上各测试 3 次,3 次测试的平均值的绝对差值不得大于 5,否则应重测。

③两种试验设备设置的采样频率差值不应超过 1 倍,每个试验路段的采样数据量不应少于 10 个。

(4)试验数据处理

①分别计算出每种速度下各路段 3 次测试结果的总平均值和标准差,超过 3 倍标准差的值应予以舍弃。

②用数理统计的回归分析方法建立试验设备测值与速度的相关关系式,相关系数 R 不得小于 0.95。

③建立不同速度下试验设备测值 SFC 的相关关系式,相关系数 R 不得小于 0.95。

五、双轮式横向力系数测试系统测定路面摩擦系数试验方法

双轮式横向力系数测试系统以英国制造的 Mu-Meter 摩擦系数测试系统为代表,其工作原理为:互成 15°夹角(与行车方向各成 7.5°偏角),并承受一定垂直荷载的两个测定轮,以一定速度行驶在潮湿路面上,测试轮胎所受到的侧向摩擦阻力与垂直荷载的比值即为横向力系数。

由于 Mu-Meter 摩擦系数测试系统的测试机构、测试轮的偏角、荷载、轮胎等方面与 SCRIM 测试车不同,所测得的横向力系数亦不同于 SCRIM 测试车。因此,应通过对比试验,建立相关关系式,将 Mu-Meter 摩擦系数测试系统的测值转换为 SCRIM 系统的 SFC 值后,才能进行路面抗滑性能的评定。

本方法适用于工作原理和结构与 Mu-Meter 相同的摩擦系数测试系统在新建、改建路面工程的质量验收和无严重坑槽、车辙等病害的正常行车条件下测定沥青路面或水泥混凝土路面的摩擦系数。

本方法的数据采集、传输、记录和处理分别由专用软件自动控制进行。

1. 测定系统

双轮式横向力系数测试装置为拖挂结构,测定系统主要由牵引车、供水系统、测量机构(包括荷载传感器)、电子控制和数据处理系统、标定装置等组成,如图 7-4 所示。

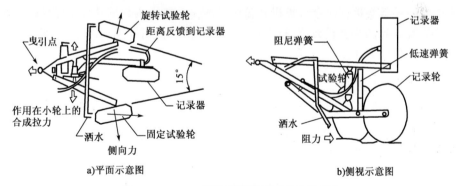

图 7-4 Mu-Meter 摩擦系数测试系统结构示意图

牵引车最高行驶车速应大于 80km/h,车辆后部可安装专用拖挂的装置,车辆应配备警灯及相关警示标志。

测试系统技术要求和参数:

测试仪总重:256kg。

单轮静态标准荷载:1.27kN。

测试轮夹角:15°。
测试轮标准气压:70kPa±3.5kPa。
测试轮规格:4.00/4.80-8 光面轮胎。
洒水量:路面水膜厚度0.5~1.0mm。
测试速度范围:40~60km/h。
距离测试轮气压:210kPa±13.7kPa。

2. 方法与步骤

(1)准备工作

按照仪器设备技术手册或使用说明书对测试系统进行标定。标定通过后才能用于路面测试。

测试前,设备预热10min左右,并检查汽油机是否能正常工作,机油是否需要更换。

降下测试轮,打开水阀进行检查,水流情况应正常,水流应符合要求,检查仪表各项指数应正常,然后升起测试轮。

将牵引车及洒水车、测试仪及控制线路连接线依次连好后,拔出测试车插销,打开电脑进入测试状态,同时发动汽油机,打开水阀,准备测试。

(2)测试步骤

①在测试路段起点前约500m处停住,开机预热时间不少于10min。

②将车辆驶向测试路段,提前100~200m处打开水阀,降下测试轮。测试时的车速为40~60km/h,测试过程中应保持匀速。

③测试过程中如遇数值异常或其他特征点,应及时通过控制程序做好标记,以备后查。

④当测试完成时,停止测试过程,存储数据文件。

3. 测试数据处理

测定的摩擦系数数据存储在计算机磁盘中。测试系统提供数据处理程序软件可计算和打印出每一个计算区间的摩擦系数值、行程距离、行驶速度、统计个数、平均值及标准差,同时还可打印出摩擦系数的变化图。

4. 数据类型相关性转换

本试验方法得到的直接数据结果应参照单轮式横向力系数测试系统测定路面摩擦系数试验方法中的不同类型摩擦系数测试设备间相关关系对比试验方法,将其转换为$SFC_{标}$值后才可进行相关的质量检验和评价。

第七节 渗水和路基路面损坏测试方法

一、沥青路面渗水系数测试方法

一般沥青路面应该是密实、不透水的。如果整个沥青路面渗水过大,路面表面的水就会向下渗透进入基层或路基,使路面承载力降低,导致路面结构破坏。为了使沥青路面结构具有良好的水稳定性,应该限制沥青路面面层的渗水性。因此,按我国有关规定,沥青混合料配合比设计需要对试件进行渗水试验,其渗水系数应满足要求;在沥青路面成型后应立即测定路面表层渗水系数,以检验沥青混合料面层的施工质量。渗水系数是指在规定的初始水头压力下,单位时间内渗入路面规定面积的水的体积,以 mL/min 计。

本方法适用于在路面现场测定沥青路面或室内测定沥青混合料试件的渗水系数。

1. 主要仪具与材料

(1)路面渗水仪:形状尺寸如图 7-5 所示。上部盛水量筒由透明有机玻璃制成,容积 600mL,上有刻度,在 100mL 及 500mL 处有粗标线,下方通过 ϕ10mm 的细管与底座相接,中间有一开关。量筒通过支架联结,底座下方开口内径 ϕ150mm,外径 ϕ220mm,仪器附不锈钢圈压重两个,每个质量约 5kg,内径 ϕ160mm。

(2)水筒及大漏斗。

(3)秒表。

(4)密封材料:防水泥子、油灰或橡皮泥。

(5)套环:金属圆环,宽度 5mm,内径 145mm,主要防止密封材料进入测试面而导致渗水面积不一致。

2. 方法与步骤

(1)准备工作

在测试路段的行车道路面上,按随机取样方法选择测试位置,随机选择 3 个测点,并用粉笔画上测试标记。

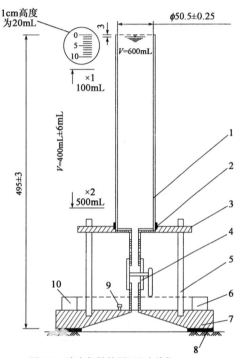

图 7-5 渗水仪结构图(尺寸单位:mm)
1-盛水量筒;2-螺纹连接;3-顶板;4-阀;5-立柱支架;6-压重钢圈;7-底座;8-密封材料;9-排气孔;10-套环

试验前,首先用扫帚清扫表面,并用刷子将路面表面的杂物刷去。杂物的存在一方面会影响水的渗入;另一方面也会影响渗水仪和路面或者试件的密封效果。新建沥青路面的渗水试验宜在沥青路面碾压成型后 12h 内完成。

(2)测试步骤

①将塑料圈置于试件中央或者路面表面的测点上,用粉笔分别沿塑料圈的内侧和外侧画上圈,在外环和内环之间的部分就是需要用密封材料进行密封的区域。

②用密封材料对环状密封区域进行密封处理,注意不要使密封材料进入内圈,如果密封材料不小心进入内圈,必须用刮刀将其刮走。然后再将搓成拇指粗细的条状密封材料擦在环状密封区域的中央,并且擦成一圈。

③将套环放在路面表面的测点上,注意使套环的中心尽量和圆环中心重合,然后略微使劲将套环压在条状密封材料表面;采用同样的方法将渗水仪放在套环上、对中,施加压力将渗水仪压在套环上,再将配重加上,以防压力水从底座与路面间流出。

④将开关及排气孔关闭,向量筒中注水超过 100mL 刻度,然后打开开关和排气孔,使量筒

中的水下流排出渗水仪底部内的空气,当量筒中水面下降速度变慢时,用双手轻压渗水仪使渗水仪底部的气泡全部排出,当水自排气孔顺畅排出时,关闭开关和排气孔,并再次向量筒中注水至100mL刻度。

⑤将开关打开,待水面下降至100mL刻度时,立即开动秒表开始计时,计时3min后立即记录水量,结束试验;当计时不到3min水面已下降至500mL时,立即记录水面下降至500mL时的时间,结束试验。当开关打开后3min时间内水面无法下降至500mL刻度时,则开动秒表计时测试3min内渗水量即可结束试验。

⑥测试过程中,如水从底座与密封材料间渗出,则底座与路面间密封不好,此试验结果为无效。关闭开关,采用密封材料补充密封,重新按④~⑤测试。如果仍然有水渗出,应在同一纵向位置沿宽度方向就近选择位置,重新按照①~⑤测试。

⑦测试过程中,如水从外环圈以外路面中渗出,可以人工将密封材料在外环圈之外5cm宽度范围内再次进行密封处理,重新按④~⑤测试,只要密封范围内无水渗出,则认为试验结果为有效。

⑧重复①~⑦的步骤,测试3个测点的渗水系数。

3. 计算

路面渗水系数按式(7-22)计算,以3个测点渗水系数的平均值作为该测试位置的结果,准确至1mL/min。

$$C_W = \frac{V_2 - V_1}{t_2 - t_1} \times 60 \tag{7-22}$$

式中:C_W——路面渗水系数(mL/min);

V_1——第一次计时时的水量(mL);

V_2——第二次计时时的水量(mL);

t_1——第一次计时的时间(s);

t_2——第二次计时的时间(s)。

二、路面错台测试方法

路面错台通常指不同构造物或相邻水泥混凝土板块接缝间出现的高程突变,以mm计。路面错台过大,会使路面局部不平整,严重影响行车舒适性。因此,它不仅是路面病害调查项目,也是水泥混凝土路面施工质量检验指标。

本方法适用于测定路面在人工构造物端部接头、水泥混凝土路面或桥梁的伸缩缝以及沥青路面裂缝两侧由于沉降所造成的错台(台阶)高度,以评价路面行车舒适性能(跳车情况),并作为计算维修工作量的依据。

1. 仪具

本方法需要的仪具有3m直尺或2m直尺、深度尺、钢直尺、钢卷尺、塞尺、水准仪、全站仪等。

2. 方法与步骤

(1)准备工作

测试前,应对测试位置进行清理,保证无浮砂、污泥等影响测试结果的污染物。

(2)测试步骤

选择需要测试的断面,记录位置、桩号,描述错台的情况。路面错台的测试位置应选在接缝高差最大处,根据需要也可选择其他有代表性的位置。根据实际情况选择以下测试方法:

①基准尺法。

将基准尺垂直跨越接缝并平放于高出的一侧,用塞尺或钢直尺量测接缝处基准尺下基准面与位置较低板块的高差,即为该处的错台高度 D,准确至 1mm。

②深度尺法。

将深度尺垂直置于高出的一侧,将测头顶出至与沉降面接触为止,稳定后并读数,即为该处的错台高度 D,准确至 1mm。测点的选择应避开水泥混凝土板块崩边的位置。

③水准仪(全站仪)法。

将水准仪(全站仪)架设于路面平顺处调平,沿接缝在选定测点的两侧分别量测相对高程,准确至 1mm。塔尺(棱镜)应放置在平整处,避开路面凸起和凹陷的位置。

3. 资料整理

基准尺法和深度尺法的测试结果直接作为错台高度 D,准确至 1mm。水准仪(全站仪)法需计算接缝间的相对高程、差值的绝对值作为错台高度 D,准确至 1mm。

三、沥青路面车辙测试方法

沥青路面车辙是指路面经汽车反复行驶产生流动变形、磨损、沉陷后,在车行道行车轨迹上产生的纵向带状辙槽,车辙深度以 mm 计。达到一定深度的车辙,会增加车辆变道的操控难度,影响行车安全性;会降低路面横向平整度以及行车舒适性;还可能会积水,加速路面的破坏。因此,车辙是沥青路面使用性能评价指标,也是沥青路面养护决策的依据。

本方法适用于测定沥青路面的车辙,供评定路面使用状况及计算维修工作量时使用。

1. 仪具

常用的沥青路面车辙测试方法有横断面尺法、基准尺法、激光或超声波车辙仪法,涉及的主要仪具有:

(1)横断面尺:横断面尺为硬木或金属制直尺,刻度间距 5cm,长度不小于一个车道宽度。顶面平直,最大弯曲不超过 1mm,两端有把手及高度为 10~20cm 的支脚,两支脚的高度相同。

(2)基准尺:金属制,长度不小于一个车道宽度,最大弯曲不超过 1mm,表面平直。

(3)激光或超声波车辙仪:包括多点激光或超声波车辙仪、线激光车辙仪和线扫描激光车辙仪等类型,通过激光测距技术或激光成像和数字图像分析技术得到车道横断面相对高程数据,并按规定模式计算车辙深度。要求激光或超声波车辙仪有效测试宽度不小于 3.5m,测点不少于 13 点,测试精度 1mm,横向采样间距 ≤300mm。

(4)量尺:钢板尺、钢卷尺、塞尺。

2. 方法与步骤

(1) 车辙测定的基准测量宽度应符合下列规定：

对高速公路及一级公路，以发生车辙的一个车道两侧标线宽度中点到中点的距离为基准测量宽度。

对二级及二级以下公路，有车道区画线时，以发生车辙的一个车道两侧标线宽度中点到中点的距离为基准测量宽度；无车道区画线时，以形成车辙部位的一个设计车道宽作为基准测量宽度。

(2) 采用激光或超声波车辙仪的测试步骤如下：

①将测试车辆就位于测试区间起点前一定距离，以保证到达测试区域时能够达到测试要求的稳定车速，启动测试设备并将其调整至工作状态。

②设定测试系统参数，输入路线名称、路段桩号、测试车道和测试方向等信息。

③测试时应分车道测试，保持测试车中心线与车道中心线重合，测试系统自动记录被测试车道的路面车辙数据测试系统自动记录出每个横断面和距离数据。

④到达测定区间终点后，结束测定。

⑤系统处理软件按照图7-6规定的模式通过各横断面相对高程数据计算车辙深度。

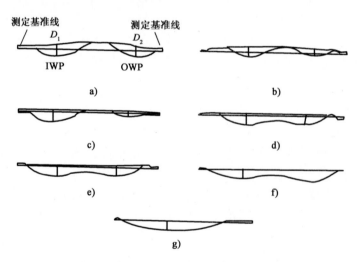

图7-6 不同形状、不同程度的路面车辙示意图
注：IWP、OWP分别表示内侧轮迹带及外侧轮迹带。

(3) 采用基准尺测试方法的测试步骤如下：

①选择需测试车辙的断面，将基准尺置于该测试断面上，方向与道路中心线垂直。

②若车辙形状为图7-9中a)、b)、c)型式，则需分别量测左、右轮迹带的车辙深度，将基准尺分别置于左、右轮迹带辙槽两端最高位置，目测确定左、右轮迹带最大车辙位置，用量尺量取基准尺底面与路面之间的高差，准确至1mm，记录车辙深度 R_{U1} 和 R_{U2}。

③若车辙形状为其他型式，则直接将基准尺置于断面辙槽两端最高位置，目测确定断面最大车辙位置，用量尺量取基准尺底面与路面之间的高差，准确至1mm，记录车辙深度 R_U。

(4) 采用横断面尺的测试步骤如下：

①将横断面尺就位于测定断面上,两端支脚置于测定车道两侧。
②沿横断面尺每隔20cm一点,用量尺垂直立于路面上,用目平视测记横断面尺顶面与路面之间的距离,准确至1mm。如断面的最高处或最低处明显不在测定点上应加测该点距离。
③记录测定读数,绘出断面图,最后连接成圆滑的横断面曲线。

3. 计算

(1)根据断面线按图7-9的方法画出横断面图及顶面基准线,通常为其中的一种形式。
(2)在图上确定车辙深度D_1及D_2,读至1mm。以其中最大值作为断面的最大车辙深度。
(3)求取各测定断面最大车辙深度的平均值作为该评定路段的平均车辙深度。

四、路面损坏测试方法

路面损坏是道路工程质量验收与路面养护质量评估的重要参数。常用的方法有人工检测方法和图像视频检测方法,损坏类型的分类参考《公路技术状况评定标准》(JTG 5210—2018)。

1. 仪具

(1)人工法
①钢卷尺:5m量程和50m量程,分度值为1mm。
②钢直尺:500mm,分度值为1mm。
(2)图像视频法
车载式路面图像视频损坏检测系统基本参数如下:
①距离传感器标定误差:<0.1%。
②有效测试宽度:不小于一个车道宽度的70%。
③最小裂缝分辨宽度:1mm。
④裂缝识别的准确率:≥90%。

2. 方法与步骤

(1)人工调查方法测试步骤
①两个测试人员组成一个测试组,沿路肩徒步调查。
②量测或收集测试路段的路面长度及宽度。沿路面仔细观察、量测并在损坏记录表格上填写路面损坏的桩号、位置、类型及尺寸等信息。根据周围交通状况可目测或采用量尺量测各类损坏。
③必要时在损坏位置用粉笔或油漆做标记、拍摄照片或录像,并记录相应的桩号和照片编号。
(2)图像视频测试方法
①启动设备,调整摄像系统及光源的相应参数,使拍摄的路况图像清晰。
②确定测试路段,要求无积水、无冰雪、无污染。
③将测试车辆就位于测试区间起点前一定距离,以保证到达测试区域时能够达到测试要求的稳定车速,启动测试设备并将其调整至工作状态。

④设定测试系统参数,输入线路名称、起点桩号、测试车道等信息。
⑤测试时应分车道测试,保持测试车中心线与车道中心线重合,测试系统自动记录被测试车道的路面损坏状况。
⑥测试结束,保存数据。
⑦采用自动化或者人机交互的方式识别路面损坏图像,并读取裂缝长度、损坏面积等。

3. 计算

测试沥青路面损坏时,计算测试路段的裂缝总长度、其他路面损坏的总面积,根据需要可计算破损率、裂缝率等指标。

测试水泥混凝土路面损坏时,计算测试路段损坏长度或面积,根据需要可计算破损率、断板率等指标。

五、弯沉法测试水泥混凝土路面脱空方法

水泥路面板底脱空的存在将严重影响路面板的使用性能和疲劳寿命,也是沥青层加铺前旧水泥路面最难处治的一类病害。为做好路面的脱空处治,需完成路面水泥板脱空的测试和判别。

1. 仪具

①落锤式弯沉仪:符合相应技术要求。
②贝克曼梁和加载车:采用5.4m贝克曼梁。
③其他:钢卷尺等。

2. 方法与步骤

(1)落锤式弯沉仪法
①收集水泥路面材料、结构、厚度等路面资料信息。
②确定测试桩号,并标识测点位置。当测试板角或板边位置时,承载板边缘应距纵、横缝不大于200mm。当测试板中位置时,承载板中心与板中距离偏差应不大于200mm。
③清扫水泥路面,使测试点位置无明显砂粒、积泥。
④脱空测试应避开晴天正午前后温度较高及显著负温度梯度(夜晚或清晨)时段,宜选择在早晚板块上下表面温差较小时段,或者凉爽多云、阴天温差变化不大的天气进行测试。
⑤检测测试位置的弯沉,采用截距值判定板底脱空时,应测试板角弯沉,并对同一测点施加3级荷载进行测试。采用弯沉比值判定板底脱空时,应采用同一恒定荷载对板角、板中和板边进行弯沉测试。

(2)贝克曼梁弯沉仪法
①指挥测试车使其后轮摆放于要求测点处。当测试板角或板边位置时,后轴轮胎外侧边缘应距纵缝100~200mm。
②当只测试受荷板的板角弯沉时,可将贝克曼梁测头放置于距接缝50~100mm处,贝克曼梁的支座与测点不应在同一块板上。
③安放百分表于弯沉仪的测定杆上,用手指轻轻叩打弯沉仪,检查百分表能否稳定回位。

百分表回位稳定后,记录初始读数 L_1,精确到 0.01mm。

④测试者发令指挥汽车以 5km/h 左右的速度缓缓前进驶离测试混凝土板块,待表针回转稳定后,读取终读数 L_2,精确到 0.01mm。

⑤承载车向前移动至下一个测点,重复上述步骤①~④进行测试。

3. 计算

当采用落锤式弯沉仪进行脱空测试时,可采用截距值法和弯沉比值两种测试方法之一进行脱空判定。采用截距法时,测点的线性回归截距值大于 50μm 时可判定为脱空。采用弯沉比值法时,用 FWD 分别测试同一板块板中、板边中点和板角位置的弯沉,当 $\lambda_1 > 3.0$ 且 $\lambda_2 > 2.0$ 时可判定为脱空。

第八节　施 工 控 制

一、热拌沥青混合料施工温度测试方法

沥青混合料的施工温度直接关系到沥青路面的施工质量,是施工质量管理的重点项目之一。热拌热铺沥青混合料的施工温度包括拌和温度、摊铺温度、碾压温度等。

本方法适用于检测热拌热铺沥青混合料的施工温度,包括拌和厂沥青混合料的出厂温度、施工现场的摊铺温度、碾压开始时混合料的内部温度及碾压终了的内部温度等,供施工质量检验和控制使用。

测试所用温度计要求:常温至 300℃,最小读数 1℃,宜采用有数字显示或度盘指针显示的金属杆插入式热电偶温度计,测杆的长度不小于 300mm。

1. 在运料货车上测试

(1)混合料出厂温度或运输至现场温度应在运料货车上测试,每车检测一次。当运料卡车的侧面中部有专用的温度检测孔(距底板高约 300mm)时,用插入式温度计直接插入测试孔内的混合料中测试;当运料卡车无专用的温度检测孔时,可在运料车的混合料堆上部侧面测试。在拌和厂检测的为混合料出厂温度,在运输至现场后检测的为现场温度。

(2)测试时,温度计插入深度不小于 150mm,注视温度变化直至不再继续上升为止,读记温度,准确至 1℃。

2. 在摊铺现场检测

(1)混合料摊铺温度宜在摊铺机的一侧拨料器前方的混合料堆上测试。在测试位置将温度计插入混合料堆内 150mm 以上,并跟着向前走,如料堆向前滚,拔出后重新插入,注视温度变化直至不再继续上升为止,读记温度,准确至 1℃。

(2)摊铺温度应每车检测一次,要求符合《公路沥青路面施工技术规范》(JTG F40—2004)的相关规定。

3. 在沥青混合料碾压过程中测定压实温度

(1)根据需要,随时选择初压开始、复压或终压成型等各个阶段的测点,供测试碾压温度

及碾压终了温度用。

（2）将温度计仔细插入路面混合料压实层一半深度，轻轻压紧温度计旁被松动的混合料。当温度上升停止后，立即拔出并再次插入旁边的混合料层中测量。当测杆插入路面较困难时，可用螺丝刀先插一孔后再插入温度计。注视温度变化至不再继续上升为止，读记温度，准确至1℃。

（3）压实温度一次检测不得少于3个测点，取平均值作为测试温度。

4. 报告

（1）每车沥青混合料的出厂温度、到达现场温度、摊铺温度。

（2）压实温度，取3次以上测定值的平均值。

（3）气候状况、测定时间、层位、测定位置等。

二、沥青喷洒法施工沥青用量测试方法

对于层铺法施工的沥青表面处治、沥青贯入式路面，沥青洒布量是最重要的质量指标之一，也是施工质量管理及检查验收的主要项目。

本方法适用于检测沥青表面处治、沥青贯入式、透层、黏层等采用喷洒法施工的沥青材料喷洒数量，供施工质量检验和控制使用。

1. 仪具

（1）天平或磅秤：感量不大于10g。

（2）受样盘：浅搪瓷盘或自制铁皮盘，面积不小于1000cm²，也可用硬质牛皮纸代替。

（3）钢卷尺或皮尺。

（4）地磅。

2. 方法与步骤

（1）用钢卷尺测量受样盘开口面积或牛皮纸的面积，计算准确至0.1cm²，并称取受样盘或牛皮纸的质量 m_1，准确至1g。

（2）根据沥青洒布车的沥青用量预计洒布的路段长度，在距两端1/3长度附近的洒布宽度的任意位置上，放置2个搪瓷盘或硬质牛皮纸，但应躲开车轮轨迹。

（3）沥青洒布车按正常施工速度和洒布方法喷洒沥青。

（4）将已接收有沥青的搪瓷盘或牛皮纸仔细取走，称取总质量 m_2，准确至1g。当采用牛皮纸时，应待沥青稍凝固并将四角稍稍抬起，以防沥青流失。

（5）搪瓷盘或牛皮纸取走后的空白处，应采用适当方式补洒沥青。

（6）沥青洒布车喷洒的沥青用量亦可用洒布车喷洒沥青的总质量及洒布总面积相除求得。此时，洒布车喷洒前后的质量应由地磅称重正确测定，洒布总面积由皮尺测量求得。

3. 计算

（1）洒布的沥青用量按式(7-23)计算。

$$Q = \frac{m_2 - m_1}{F} \tag{7-23}$$

式中：Q——沥青洒布车洒布的沥青用量（kg/m²）；
m_1——搪瓷盘或牛皮纸质量（kg）；
m_2——搪瓷盘或牛皮纸与沥青的合计质量（kg）；
F——搪瓷盘或牛皮纸面积（m²）。

（2）计算所放置的各搪瓷盘或牛皮纸测定值的平均值,当两个测定值的误差不超过平均值的10%时,取两个数据的平均值作为洒布沥青用量的报告值。

4. 报告

（1）记录试验时洒布车的车速、挡数等数据。

（2）记录施工路段（桩号），洒布沥青用量的逐次测定值及平均值。

三、沥青混合料质量总量检验方法

本方法适用于热拌沥青混凝土路面在施工过程中各层沥青混合料的厚度、矿料级配、油石比及拌和温度的现场监测。通过拌和厂对混合料生产质量的总量检验,计算摊铺层的平均压实层厚度。

1. 准备工作

（1）对拌和机的各种称重传感器逐个认真标定,自动采集、记录打印的结果应经过校验,如与实际数量有差值时应求出修正系数,保证各项施工参数的准确性。

（2）开始拌和前应设定每拌和一盘沥青混合料的生产量,各个热料仓、矿粉、沥青等的标准配合比用量,设定各项施工温度。

2. 沥青混合料质量总量测试步骤

（1）拌和过程中计算机通过传感器采集每拌和一盘混合料的各项数据,由计算机自动处理或者逐盘打印这些数据,进行沥青混合料质量的在线监测。当计算机能够实时监测、自动处理、显示、保存所采集的各项数据时,也允许不逐锅打印数据,只打印汇总统计值。

（2）计算机必须逐盘采集各项数据,按各个料仓的筛分曲线,逐锅计算出矿料级配,与工程设计级配范围及容许的施工波动范围进行比较,实时评定矿料级配是否符合要求。当发现有不合格的情况,必须引起注意,如果连续3锅以上都出现不合格情况时,宜对设定值进行适当调整。

（3）计算机必须逐盘采集沥青结合料的实际使用量及沥青混合料的生产量,计算油石比（或沥青用量）,与设计值及容许的波动范围相比较,评定是否符合要求。如果连续3锅以上不符合要求时,宜对设定值适当调整。

（4）计算机必须实时监测和采集与沥青混合料生产有关的各种施工温度,与施工规范的要求进行比较,评定是否符合要求。

3. 沥青混合料总量检验的计算方法

（1）总量检验的报告周期可以是一个工作日或一个台班。施工停止时,计算机应自动计算并及时打印出各项数据的统计结果。

(2)对沥青混合料的矿料级配打印可以是全部筛孔的结果,但评定是否符合要求可只对5个控制性筛孔(0.075mm、2.36mm、4.75mm、公称最大粒径、一档较粗的控制性粒径筛孔)。并计算全过程各种指标的平均值、标准差、变异系数,进行沥青混合料生产质量的总量检验。

4. 计算平均压实厚度

利用一个评定周期的沥青混合料总生产量、施工总面积、沥青混合料密度按式(7-24)计算该摊铺层的平均压实厚度。

$$H = \frac{\sum m_i}{A \times d} \times 1000 \tag{7-24}$$

式中:H——该评定周期沥青路面摊铺层的平均施工压实厚度(mm);

m_i——每一盘沥青混合料的质量(t);

i——依次记录的盘次;

$\sum m_i$——一个评定周期内沥青混合料的总生产量(t);

A——该评定周期沥青路面摊铺层的实际总面积(m^2);

d——评定周期内摊铺层的现场压实密度的平均值,由钻孔试件的干燥密度(即试验室标准密度乘以压实度)测定得到(t/m^3)。

沥青混合料生产过程中的动态质量管理按《公路沥青路面施工技术规范》(JTG F40—2004)的相关方法进行。

一个沥青层全部铺筑完成后,应绘制出各个检测指标的变化过程,并计算总的平均值、标准差、变异系数。计算各个指标的总合格率,作为施工质量检验的依据。

计算机采集、计算的沥青混合料过程控制及施工质量总量检验的数据图表,均必须按要求随工程档案一起存档。

四、半刚性基层透层油渗透深度测试方法

半刚性基层透层油是指为使沥青面层与无机结合料稳定类基层结合良好,在基层上喷洒液体石油沥青、乳化沥青、煤沥青而形成的透入基层表面一定深度的薄层。透层油要渗透入基层一定深度,才能起到固结、稳定、联结、防水等作用。

本方法适用于测定半刚性基层透层油的渗透深度,以评价透层油的渗透效果。

1. 仪具与材料技术要求

(1)路面取芯钻机。

(2)钢板尺;量程不大于200mm,最小刻度1mm。

(3)填补钻孔材料:与基层材料相同。

(4)填补钻孔用具:夯、锤等。

(5)其他:毛刷、量角器、棉布等。

2. 方法与步骤

(1)准备工作

在透层油基本渗透或喷洒48h后,在测试段内随机选取芯样位置,钻取芯样。芯样直径宜

为 $\phi 100mm$,也可为 $\phi 150mm$,芯样高度不宜小于 50mm。

检查频度每 5000m² 取 1 组,每组 3 个芯样。

(2)测试步骤

①用水和毛刷(或棉布等)轻轻地将芯样表面黏附的粉尘除净。

②将芯样晾干,使其能分辨出芯样侧立面透层油的下渗情况。

③用钢板尺或量角器将芯样顶面圆周随机分成约 8 等份,分别量测圆周上各等分点处透层油渗透的深度(mm),估读至 0.5mm,分别以 $d_i(i=1,2,\cdots,8)$ 表示,如图 7-7 所示。

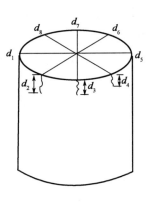

图 7-7 透层油渗透深度测试示意图

(3)填补钻孔

清理孔中残留物,钻孔时留下的积水应用棉布吸干。

采用与基层相同的材料(包括配合比)进行填补,并用夯、锤击实。

3. 计算

(1)单个芯样渗透深度的计算

去掉 3 个最小值,计算其他 5 点渗透深度的算术平均值。

(2)测试路段渗透深度的计算

取所有芯样渗透深度的算术平均值。

五、层间黏结强度测试方法

在路面设计、交工、竣工、养护过程中,层间黏结问题比较突出,因层间黏结不良导致的路面损坏问题也比较多,如沥青路面水平推移、车辙及拥包等病害,在实际工程中,准确测定层间黏结强度非常重要。本方法适用于测试和评价封层、黏层、透层及防水层(以下统称黏结层)与沥青混凝土层、水泥混凝土层、桥面板(以下统称结构层)等两种不同材料之间的层间黏结强度,也可以评价结构层-黏结层-结构层的黏结强度。

1. 仪具

(1)拉拔仪。

①拉拔仪主机:室内外能按照规定拉伸速度拉伸试件,拉伸时无明显振动和偏心的拉拔仪均可使用。拉伸速率为 25kPa/s ± 15kPa/s。

②拉头:用于黏结在测试路面或试件的表面,便于施加拉力;采用不锈钢或黄铜制作,直径一般为 100mm ± 0.1mm,也可根据测试要求选择相应尺寸的拉头。

(2)扭剪试验仪。

①扭矩计:一般扭矩计,配备一个扭杆,同时配一个扭矩读盘,显示最大扭矩。扭矩范围为 0~350N·m,准确至 10N·m。设备应配备插槽,其能够允许安装和移除。

②扭剪盘:用于黏结在测试路面或试件的表面,便于安装扭矩计并施加扭矩;采用低碳钢制作,直径为 95mm ± 5mm,厚度为 14mm ± 2mm。

(3)温度计:分辨力为0.1℃。

(4)量尺:钢尺,游标卡尺等。

(5)秒表:精确到1s。

(6)黏结剂:将拉头等黏结在测试路面或试件表面,如快凝性环氧树脂等。

(7)钻芯机:直径为100mm或200mm。

2. 方法与步骤

(1)拉拔试验

①准备工作:

a.试验前,施工的材料应充分的养生。根据现场情况,随机选择测试点,并在现场标注。测试、记录测点表面温度。

b.当进行结构层-黏结层层间黏结强度试验时,首先安装拉头、切割环槽。先用游标卡尺测试拉头直径,准确至0.1mm。清理试验点表面,将拉头底部涂布一层黏结剂,并快速黏附在需测点表面。待黏结剂涂布后应养生、完全固化后,用刀具沿拉头边缘小心切割一个环槽,深度至下卧层顶面。

c.当进行结构层-黏结层-结构层的层间黏结试验时,首先钻出环槽、安装拉头。在测点处采用钻芯机钻出一个环槽,内径为100~102mm,深度至下卧层表面10mm以下。清理环槽内碎片,后用游标卡尺实际测量环槽内径,准确至0.1mm。清洗、干燥测点表面后,涂布黏结剂,注意黏结剂不要进入环槽;养生并完全固化后,准备下一步试验。

②安装好拉拔仪,开动并进行拉拔测试。拉伸速率为25kPa/s±15kPa/s。当选择其他拉拔速度,则在报告中注明。

③试验拉断时,读取最大拉力 F 作为试验结果。

④试验拉断后注意观察断裂面情况,应在报告中详细注明。

⑤每个位置需要测试3个点,每个测点间距不小于500mm,总间距控制在2m内。

(2)扭剪试验

①准备工作:

a.进行现场黏结强度试验测试之前,施工完成的表面处治、封层、黏层、透层及防水层等材料应充分的养生。试验之前应先测试层间的温度,并在报告中注明。

b.根据现场情况,随机选择测试点,并在现场标注。

c.根据黏结层及以上部分的厚度不同采用不同的方法进行表面处理。

②当黏结剂形成足够强度后,将扭矩计安装在扭剪盘上。

③测量并记录路面温度。

④人工匀速推动扭杆,使得扭杆30s±5s内转动90°,同时需要确保扭杆扭剪盘与测试路面表面或试件表面平行(角度小于10°),当试验破坏时记录最大扭矩。

⑤检验破坏断面,详细记录。

⑥每个位置需要测试3个点,每个测点间距不小于500mm,总间距控制在2m内。

3. 数据处理

每个位置的3个测试值应不超过其平均值的20%,否则该位置的测试结果应舍弃。

参 考 文 献

[1] 中华人民共和国行业标准.公路土工试验规程:JTG E40—2007[S].北京:人民交通出版社,2007.

[2] 中华人民共和国行业标准.公路工程集料试验规程:JTG E42—2005[S].北京:人民交通出版社,2005.

[3] 中华人民共和国行业标准.公路工程沥青及沥青混合料试验规程:JTG E20—2011[S].北京:人民交通出版社,2011.

[4] 中华人民共和国行业标准.公路工程水泥及水泥混凝土试验规程:JTG E30—2005[S].北京:人民交通出版社,2005.

[5] 中华人民共和国国家标准.通用硅酸盐水泥:GB 175—2007[S].北京:中国标准出版社,2007.

[6] 中华人民共和国行业标准.公路工程无机结合料稳定材料试验规程:JTG E51—2009[S].北京:人民交通出版社,2009.

[7] 中华人民共和国行业标准.公路沥青路面施工技术规范:JTG F40—2004[S].北京:人民交通出版社,2004.

[8] 中华人民共和国行业标准.公路水泥混凝土路面施工技术细则:JTG/T F30—2014[S].北京:人民交通出版社股份有限公司,2014.

[9] 中华人民共和国行业标准.公路路面基层施工技术细则:JTG/T F20—2015[S].北京:人民交通出版社股份有限公司,2015.

[10] 中华人民共和国行业标准.公路路基施工技术规范:JTG/T 3610—2019[S].北京:人民交通出版社股份有限公司,2019.

[11] 中华人民共和国国家标准.混凝土外加剂:GB 8076—2008[S].北京:中国标准出版社,2008.

[12] 中华人民共和国国家标准.混凝土外加剂应用技术规范:GB 50119—2013[S].北京:中国建筑工业出版社,2013.

[13] 中华人民共和国行业标准.普通混凝土配合比设计规程:JGJ 55—2011[S].北京:中国建筑工业出版社,2011.

[14] 中华人民共和国国家标准.建设用卵石、碎石:GB/T 14685—2011[S].北京:中国标准出版社,2011.

[15] 中华人民共和国国家标准.建设用砂:GB/T 14684—2011[S].北京:中国标准出版社,2011.

[16] 中华人民共和国行业标准.公路桥涵施工技术规范:JTG/T F50—2011[S].北京:人民交通出版社,2011.

[17] 中华人民共和国行业标准.公路工程质量检验评定标准 第一册 土建工程:JTG F80/1—2017[S].北京:人民交通出版社股份有限公司,2018.

[18] 中华人民共和国行业标准.公路技术状况评定标准:JTG 5210—2018[S].北京:人民交通出版社股份有限公司,2019.

[19] 中华人民共和国行业标准.公路路基路面现场测试规程:JTG 3450—2019[S].北京:人民交通出版社股份有限公司,2020.

[20] 中华人民共和国行业标准.公路工程土工合成材料试验规程:JTG E50—2006[S].北京:人民交通出版社,2006.

[21] 中华人民共和国行业标准.公路土工合成材料应用技术规范:JTG/T D32—2012[S].北京:人民交通出版社,2012.

[22] 中华人民共和国行业标准.公路路面技术状况自动化检测规程:JTG/T E61—2014[S].北京:人民交通出版社股份有限公司,2014.

[23] 中华人民共和国行业标准.公路沥青路面设计规范:JTG D50—2017[S].北京:人民交通出版社股份有限公司,2017.

[24] 中华人民共和国行业标准.公路水泥混凝土路面设计规范:JTG D40—2011[S].北京:人民交通出版社,2011.

[25] 中华人民共和国行业标准.公路路基设计规范:JTG D30—2015[S].北京:人民交通出版社股份有限公司股份有限公司,2015.

[26] 中华人民共和国行业标准.公路排水设计规范:JTG/T D33—2012[S].北京:人民交通出版社,2012.

[27] 中华人民共和国行业标准.公路沥青路面再生技术规范:JTG/T 5521—2019[S].北京:人民交通出版社股份有限公司,2019.

[28] 交通运输部工程质量监督局,交通运输部职业资格中心.公路水运工程试验检测专业技术人员职业资格考试用书 道路工程:2018年版[M].北京:人民交通出版社股份有限公司,2018.

附 2020年度《道路工程》科目考试大纲

第一部分 考试说明

一、考试科目

考试分为试验检测师、助理试验检测师两个级别,均设《公共基础》科目和专业科目,其中,专业科目包括《道路工程》《桥梁隧道工程》《交通工程》《水运结构与地基》和《水运材料》等5个科目。公路水运工程试验检测师和助理试验检测师两者考试科目的设置和考试范围相同,考试内容的难易程度结合实际工作的性质不同有所侧重。

二、考试题型

考试题型共有四种形式:单选题、判断题、多选题和综合题。《公共基础》科目不设综合题,试卷设置单选题40道、判断题30道、多选题25道,总计120分;专业科目每套试卷设置单选题30道、判断题30道、多选题20道、综合题5道(含25道小题),总计150分。

(一)单选题:每道题目有四个备选项,要求考生通过对题干的审查理解,从四个备选项中选出唯一的正确答案,每题1分。

(二)判断题:每道题目列出一个可能的事实,通过审题给出该事实是正确还是错误的判断,每题1分。

(三)多选题:每道题目所列备选项中,有两个或两个以上正确答案,每题2分。选项全部正确得满分,选项部分正确按比例得分,出现错误选项该题不得分。

(四)综合题:设5大题25小题,内容包括试验检测原理、试验操作、案例分析及计算题等。每小题有四个备选项,要求考生从中选出一个或一个以上正确答案,每小题2分,选项部分正确按比例得分,出现错误选项该题不得分。其中,《桥梁隧道工程》《交通工程》科目设有选答题。

三、考试时间

《公共基础》科目考试时间为120分钟;专业科目考试时间为150分钟。

四、参考教材

交通运输部职业资格中心组织专家编写了公路水运工程试验检测专业技术人员职业资格考试用书,供广大考生复习备考。特别强调,考试用书中的内容和现行有效的国家法律法规、标准规范相对应的内容不一致时,应以现行有效的国家法律法规、标准规范的内容为准。

第二部分 《道路工程》考试大纲

★试验检测师

【考试目的】

本科目考试主要检验应考人员对道路工程专业相关的基本知识，公路工程质量检验评定、公路技术状况评定，工程原材料、混合料、现场检测等相关的主要试验内容、试验原理、试验方法的掌握情况，以及试验数据分析、试验报告编制及结论评定的综合能力。

【考试内容】

一、道路工程相关知识

（一）公路等级、路基路面结构、路基路面工程材料种类；
（二）路基路面设计的基本原理、指标与材料参数；
（三）路基路面施工工艺与质量要求。

二、土工试验

（一）土的组成、物理性质指标、工程分类及土样的制备；
（二）土的含水率、密度、比重、颗粒分析、界限含水率、天然稠度、砂的相对密度等物理性质指标的试验内容、方法与评价；
（三）土的酸碱度、烧失量、有机质含量、易溶盐含量等化学性质指标的试验内容、方法与评价；
（四）土的膨胀性、收缩性、渗透性、毛细管水上升能力等水理性质指标的试验内容、方法与评价；
（五）土的击实性、CBR、剪切性、固结压缩性、黄土湿陷性等力学性质指标的试验内容、方法与评价。

三、土工合成材料试验

（一）土工合成材料的分类、用途、取样方法与试样制备；
（二）道路工程常用土工合成材料的性能指标及质量要求；
（三）土工织物厚度、单位面积质量、几何尺寸等物理性质指标的试验内容、方法与评价；
（四）直接剪切摩擦、拉拔摩擦、拉伸强度、CBR顶破强力、梯形撕破强力、刺破强力等力学性质指标的试验内容、方法与评价；
（五）垂直渗透性、耐静水压、有效孔径等水力性质指标的试验内容、方法与评价。

四、集料试验

（一）集料的分类、技术性质和技术要求；

（二）粗集料的密度、颗粒级配、含水率、含泥量、泥块含量、针片状颗粒含量、有机物含量、坚固性、磨耗性、压碎值、磨光值、碱活性、软弱颗粒含量等指标的试验内容、方法与评价；

（三）细集料的密度、颗粒级配、含水率、含泥量、泥块含量、云母含量、轻物质含量、压碎指标、棱角性、细度模数、亚甲蓝试验、砂当量等指标的试验内容、方法与评价；

（四）矿粉的筛分、密度、含水率、亲水性、塑性指数、加热安定性等指标的试验内容、方法与评价；

（五）矿料级配理论及组成设计的方法与步骤。

五、基层与底基层材料试验

（一）基层、底基层材料的分类与技术要求；
（二）基层、底基层混合料配合比设计的方法与步骤；
（三）石灰的含水量、有效氧化钙氧化镁含量、石灰未消化残渣含量、水泥或石灰剂量、粉煤灰的细度、烧失量等原材料性能指标的试验内容、方法与评价；
（四）无机结合料稳定材料的最大干密度、最佳含水率、无侧限抗压强度、弯拉强度、抗压回弹模量等指标的试验内容、方法与评价；
（五）级配碎石的最大干密度、最佳含水率、CBR 强度、模量等指标的试验内容、方法与评价。

六、水泥与水泥混凝土试验

（一）水泥的等级判定、技术性质和技术要求；
（二）影响水泥物理特性的因素分析及水泥的标准稠度、密度、凝结时间、安定性、水泥胶砂流动度等物理性质指标的试验内容、方法与评价；
（三）影响水泥胶砂强度的因素及水泥胶砂强度的试验内容、方法与评价；
（四）化学性质对水泥性能的影响分析及水泥烧失量、氧化镁含量、三氧化硫含量、不溶物含量、碱含量、氯离子含量等化学性质指标的试验内容、方法与评价；
（五）影响新拌混凝土工作性的因素分析及混凝土凝结时间、坍落度、含气量、电通量、氯离子扩散系数等指标的试验内容、方法与评价；
（六）硬化水泥混凝土试件制备、养护方法及抗压弹性模量、抗压和抗弯拉强度、抗渗性等指标的试验内容、方法与评价；
（七）水泥混凝土配合比设计的方法与步骤；
（八）水泥混凝土外加剂的类型、作用机理、对混凝土性能影响及外加剂的细度、pH 值、氯离子含量、减水率、泌水率等指标的试验内容、方法与评价。

七、沥青与沥青混合料试验

（一）沥青的分类、取样方法及主要技术性质和技术要求；
（二）沥青性能的影响因素及沥青针入度、软化点、延度、针入度指数、黏附性、老化、密度、闪点、溶解度、蜡含量、动力黏度等指标的试验内容、方法与评价；
（三）改性沥青的类型、性能、技术指标及改性沥青弹性恢复、离析、旋转黏度等指标的试验内容、方法与评价；

（四）乳化沥青和改性乳化沥青的类型、性能、用途、技术指标及破乳速度、黏度、筛上剩余量、贮存稳定性等指标的试验内容、方法与评价；

（五）液体石油沥青的类型、性能、用途、技术指标及黏度、蒸馏体积、漂浮度、含水量等指标的试验内容、方法与评价；

（六）沥青混合料用纤维主要类型、技术性质及木质素纤维的吸油率、灰分、耐热性等指标的试验内容、方法与评价；

（七）沥青混合料的技术性质和技术要求；

（八）沥青混合料的密度、车辙、浸水马歇尔、冻融劈裂、飞散、渗漏、沥青含量等指标的试验内容、方法与评价；

（九）提高沥青混合料高温稳定性和水稳定性的技术措施；

（十）热拌沥青混合料配合比设计的方法与步骤；

（十一）稀浆混合料的类型、技术性质和技术要求及可拌和时间、稠度、黏聚力、负荷轮碾压、湿轮磨耗等试验内容、方法与评价；

（十二）稀浆混合料配合比设计的方法与步骤；

（十三）再生沥青混合料类型、技术要求及组成设计的方法与步骤。

八、路基路面现场检测

（一）路基路面检测的现场抽样方法；
（二）路基路面几何尺寸的试验内容、方法与评价；
（三）路基路面压实度的试验内容、方法与评价；
（四）路基路面平整度的试验内容、方法与评价；
（五）路基路面承载能力的试验内容、方法与评价；
（六）水泥混凝土路面强度的试验内容、方法与评价；
（七）路面抗滑性能的试验内容、方法与评价；
（八）沥青路面渗水的试验内容、方法与评价；
（九）路基路面损坏的试验内容、方法与评价；
（十）沥青路面施工质量控制指标、层间黏结强度及噪声的现场试验方法。

九、公路工程质量检验评定

（一）单位工程、分部工程和分项工程的划分；
（二）公路工程质量检验评定的标准与方法；
（三）路基工程的基本要求、实测项目、外观质量和合格标准；
（四）路面工程的基本要求、实测项目、外观质量和合格标准；
（五）工程交竣工验收的基本要求、实体检测及工程质量评定。

十、公路技术状况评定

（一）公路技术状况的评价体系和分级标准；

(二)路基路面的损坏类型;
(三)路基路面的评价指标、计算方法和评定方法。

★ 助理试验检测师

【考试目的】

本科目考试主要检验应考人员对道路工程专业相关的基本知识、公路工程质量检验评定、公路技术状况评定,工程原材料、混合料、现场检测等相关的主要试验内容、试验方法的掌握情况,以及试验检测的实际操作能力。

【考试内容】

一、道路工程相关知识

(一)公路等级、路基路面结构、路基路面工程材料;
(二)路基路面施工工艺与质量要求。

二、土工试验

(一)土的组成、物理性质指标及土样的制备;
(二)土的含水率、密度、比重、颗粒分析、界限含水率、天然稠度、砂的相对密度等物理性质指标的试验内容、方法;
(三)土的酸碱度、烧失量、有机质含量、易溶盐含量等化学性质指标的试验内容、方法;
(四)土的膨胀性、收缩性、渗透性、毛细管水上升能力等水理性质指标的试验内容、方法;
(五)土的击实性、CBR、固结压缩性、剪切性等力学性质指标的试验内容、方法。

三、土工合成材料试验

(一)土工合成材料的分类、用途、取样方法与试样制备;
(二)道路工程常用土工合成材料的性能指标;
(三)土工织物厚度、单位面积质量、几何尺寸等物理性质指标的试验内容、方法;
(四)直接剪切摩擦、拉拔摩擦、拉伸强度、CBR顶破强力、梯形撕破强力、刺破强力等力学性质指标的试验内容、方法;
(五)垂直渗透性、耐静水压、有效孔径等水力性质指标的试验内容、方法。

四、集料试验

(一)集料的分类和技术性质;
(二)粗集料的密度、颗粒级配、含水率、含泥量、泥块含量、针片状颗粒含量、有机物含量、坚固性、压碎值、磨光值、软弱颗粒含量等指标的试验内容、方法;
(三)细集料的密度、颗粒级配、含水率、含泥量、泥块含量、云母含量、轻物质含量、压碎指标、棱角性、亚甲蓝试验、砂当量等指标的试验内容、方法;

(四)矿粉的筛分、密度、含水率、亲水性、塑性指数、加热安定性等指标的试验内容、方法。

五、基层与底基层材料试验

(一)基层、底基层材料的分类和技术性质;
(二)石灰的含水量、有效氧化钙氧化镁含量、石灰未消化残渣含量,水泥或石灰剂量,粉煤灰的细度、烧失量等原材性能指标的试验内容、方法;
(三)无机结合料稳定材料的最大干密度、最佳含水率、无侧限抗压强度、弯拉强度、抗压回弹模量等指标的试验内容、方法;
(四)级配碎石的最大干密度、最佳含水率、CBR强度、模量等指标的试验内容、方法。

六、水泥与水泥混凝土试验

(一)水泥的等级划分和技术性质;
(二)水泥的标准稠度、密度、凝结时间、安定性、水泥胶砂流动度、水泥胶砂强度等物理、力学性质指标的试验内容、方法;
(三)水泥烧失量、氧化镁含量、三氧化硫含量、不溶物含量、碱含量、氯离子含量等化学性质指标的试验内容、方法;
(四)混凝土凝结时间、坍落度、含气量、电通量、氯离子扩散系数等指标的试验内容、方法;
(五)硬化水泥混凝土试件制备、养护方法及抗压弹性模量、抗压和抗弯拉强度、抗渗性等指标的试验内容、方法;
(六)水泥混凝土外加剂的类型及外加剂的细度、pH值、氯离子含量、减水率、泌水率等指标的试验内容、方法。

七、沥青与沥青混合料试验

(一)沥青的分类、取样方法及主要技术性质;
(二)沥青针入度、软化点、延度、针入度指数、黏附性、老化、密度、闪点、溶解度、蜡含量、动力黏度等指标的试验内容、方法;
(三)改性沥青的类型、性能、技术指标及改性沥青弹性恢复、离析、旋转黏度等指标的试验内容、方法;
(四)乳化沥青和改性乳化沥青破乳速度、黏度、筛上剩余量、贮存稳定性等指标的试验内容、方法;
(五)液体石油沥青黏度、蒸馏体积、漂浮度、含水量等指标的试验内容、方法;
(六)沥青混合料用纤维主要类型、技术性质及木质素纤维的吸油率、灰分、耐热性等指标的试验内容、方法;
(七)沥青混合料的技术性质要求;
(八)沥青混合料的密度、车辙、浸水马歇尔、冻融劈裂、飞散、渗漏、沥青含量等指标的试验内容、方法;

(九)稀浆混合料可拌和时间、稠度、黏聚力、负荷轮碾压、湿轮磨耗等试验内容、方法与评价;

八、路基路面现场检测

(一)路基路面检测的现场抽样方法;
(二)路基路面几何尺寸的试验内容、方法;
(三)路基路面压实度的试验内容、方法;
(四)路基路面平整度的试验内容、方法;
(五)路基路面承载能力的试验内容、方法;
(六)水泥混凝土路面强度的试验内容、方法;
(七)路面抗滑性能的试验内容、方法;
(八)沥青路面渗水的试验内容、方法;
(九)路基路面损坏的试验内容、方法;
(十)沥青路面施工质量控制指标、层间黏结强度及噪声的现场试验方法。

九、公路工程质量检验评定

(一)单位工程、分部工程和分项工程的划分;
(二)路基工程的实测项目内容及关键项目的相关要求;
(三)路面工程的实测项目内容及关键项目的相关要求;
(四)工程交竣工验收实体检测项目及抽查频率。

十、公路技术状况评定

(一)公路路基路面的损坏类型;
(二)公路路基路面的评价指标及检测方法。